U0478926

正阳旧志三种

朱仁天 校注

图书在版编目（CIP）数据

正阳旧志三种/朱仁天校注．—福州：福建教育出版社，2024.4
ISBN 978-7-5334-9856-6

Ⅰ.①正… Ⅱ.①朱… Ⅲ.①正阳县—地方志—明清时代 Ⅳ.①K296.14

中国国家版本馆CIP数据核字（2024）第003200号

Zhengyang Jiuzhi San Zhong

正阳旧志三种

朱仁天　校注

出版发行	福建教育出版社
	（福州市梦山路27号　邮编：350025　网址：www.fep.com.cn
	编辑部电话：0591-87812652
	发行部电话：0591-83721876　87115073　010-62024258）
出 版 人	江金辉
印　　刷	福州万达印刷有限公司
	（福州市闽侯县荆溪镇徐家村166-1号厂房第三层　邮编：350101）
开　　本	710毫米×1000毫米　1/16
印　　张	43.75
字　　数	601千字
插　　页	6
版　　次	2024年4月第1版　2024年4月第1次印刷
书　　号	ISBN 978-7-5334-9856-6
定　　价	168.00元

如发现本书印装质量问题，请向本社出版科（电话：0591-83726019）调换。

真陽縣志卷第一

汝南何□□□纂

地理志

真陽地交楚蔡水會淮汝曠野平原誠都會之要衝也秦漢郡縣以來歷代廢沿革文獻莫可徵矣鄭漁仲曰州縣之設有時而更山川之形千古不易馬端臨曰慎陽漢縣有淮水汝水石塘陂則其山川形勝土產風俗秩然可考也乃作地理志

疆域

真陽屬汝寧府東西廣一百四十里南北袤一百一十三里蔡縣治東至新蔡縣界七十里東南至息縣界九十五里至息縣治一百二十里南至羅山縣界四十里至羅山縣治一百九十里西南至信陽界七十里至信陽州治一百五十里西至確山縣界三十里至確山縣治九十里西北至本省汝陽縣界五十里至汝陽縣治一百二十里北至順天府二千四百一十里

真陽縣志卷之六　　　　　邑令安　折纂修

真陽縣志　卷之六

流寓

宋李儒字澤之其先太原人四世祖皋事晉王衛將特見委任子世其職公從幼善讀書請父置田為業公惡農乃遊泰州宋為虞部郎中贈朝請大夫上輕車都尉賜紫金鯡魚後寓真卒有元符元年十一月十六日墓碑石字多剝落無可校正

明王時輝字瀹漣原籍江西南昌府學生兩次擬元未遂所志來遊于真人知其為江右名儒咸師事之每暑夜口授諸生鑑史歷一代必諳其典廢之由問古人論評當否投子集諸書則諳其大旨若何一代之風氣若何晚年兩目俱瞽著述無傳惜哉

孝義

漢戴伯鸞汝南真陽人性至孝母卒伯鸞居廬殿粥非禮不行與弟艮俱有毀容時人稱之

明吳文紳真陽保人天性孝友成化十一年母楊

正陽縣志卷一

前任正陽縣知縣彭良籛纂修
正陽縣知縣楊德容校閱

沿革

正陽縣爲禹貢豫州之域周爲沈國地春秋時屬楚秦屬潁川郡漢初爲慎陽國高帝十一年淮陰舍人欒說封慎陽侯元狩五年侯欒買之有罪國除乃置慎陽縣屬汝南郡史記索隱曰慎陽本作滇陽永平五年失郎更刻誤以水爲心故續漢書陽作滇東漢魏晉皆因之劉宋始改曰真陽縣仍屬汝南郡東魏改置義陽郡北齊廢郡入保城縣隋開皇初廢十六年復置縣曰真邱大業初仍改真陽唐延載元年改淮陽縣神龍元年仍爲真陽縣宋金因之俱屬蔡州元屬息州明洪武四年省入汝陽縣弘治十八年復罪真陽縣屬汝寧府

國朝

因之仍屬汝寧府雍正元年改爲正陽縣

星野

周禮保章氏鄭氏註房心豫州
西漢天文志房心豫州
東漢天文志鎮星主嵩山豫州又曰玉衡第七星主豫州常以五年日候之丙午爲汝南史記天官書二十八舍主十二州宋鄭之疆候在歲星於辰在卯
晉天文志自氐五度至尾九度爲大火於辰在卯

序

　　朱仁天先生标点校注的《正阳旧志三种》即将付诸剞劂，这是一项很有意义的文化成果。

　　中国文化灿烂辉煌、博大精深，且源远流长，传承有序，其主要的原因是我们有绵绵不绝的历史记述。中国的史籍林林总总，浩如烟海，有二十四史这样皇皇的正史巨著，也有八千多部各类地方志书。相较于正史，方志的记述虽然局限在"一邑之小"，但内容却极为广泛，有古有今，有自然也有人文，是"一方之全书"，保存了丰富的地方史料，它可以补正史内容之不足，还可以纠正史记载之错谬，是中国史学的重要组成部分。随着当代史学研究"眼光向下"的学术转向，地方志以其承载着丰富的第一手史料，受到越来越多研究者的重视，成为史学研究重要的资料来源。与此相应，旧志整理也会渐渐成为古籍整理出版的热点之一。校注本《正阳旧志三种》便是这一时代潮流的产物。

　　正阳是河南省一个有两千多年历史的古县。西汉初年，置慎阳国。汉武帝废慎阳国，置慎阳县，此为正阳设县之始。南朝宋时，改名为真阳县。隋朝改名为真丘。唐朝曾改名为淮阳县，后再改名真阳。清雍正元年（1723），为避雍正皇帝名讳，改"真"为"正"，县名改为正阳县。

　　《正阳旧志三种》是明清时期纂修的三种县志的结集。其中，明嘉靖三十四年（1555）纂修的《真阳县志》，分地理志、建置志、职官志、学校志、选举志、田赋志、仪礼志、人物志、博物志、艺文志等十卷，下析七十二目，后附补遗一卷。每卷前有小叙，后有赞辞。该《志》体例谨严，内容广博，文字精练，是现存正阳县最早的一种县志。

清康熙三十五年（1696）纂修的《真阳县志》，全书八卷，纲目不甚明晰，分类略显杂乱。内容亦简略，惟《赋税》卷所载明末清初户口、田地、赋税数目较详，"武备志"则为其他两《志》所无。据序文所称"甫逾月而卷帙告成"可知，该《志》纂修工作较为匆忙草率。但它是现存正阳县的第一种清代县志。

清嘉庆元年（1796）纂修的《正阳县志》，全书十卷，含补遗二卷。前八卷与补遗二卷前均有《凡例》，故前后体例并不一致，内容分类亦不十分严格。但该《志》在三《志》中篇幅最大，内容较详，为后人留下了较为丰富的正阳历史资料。

中国古代方志修纂繁荣于明清时期，《正阳旧志三种》较完整地保存了方志繁荣时期正阳县的修志成果。三种志书在内容上具有明显的继承性，它们是研究明清区域社会、了解正阳历史文化不可多得的珍贵文献。但是，长期以来，这些方志文献似乎如无波之古井，沉寂澹然，不仅在史学研究中较少被利用，就连本地人也很陌生。本县历史教师朱仁天先生，酷爱乡邦文化，通过多方搜集，获取旧志全帙，并加以整理，校勘注释，初步完成了这三部旧志的现代化形式，这是一件非常有意义的事情。

在整理过程中，作者既忠实于原著文字，又照顾到了今人的阅读习惯，改繁体为简体，注释与校勘并重，纠正了原书的一些讹误，具有较高的专业水准。尤为称道的是，全书注释周详完整、简明精炼，适于一般读者阅读利用，有利于它的广泛传播。

《正阳旧志三种》是对现存正阳县明清三种县志的初次整理出版，这项工作前人没有做过，所以也填补了该地区文化建设方面的一项空白。整理者是本地人，热爱家乡历史文化，熟悉家乡地理风俗，对本县历史既具"温情与敬意"，对当地旧籍又有"了解之同情"。这是整理《正阳旧志三种》所具有的独特优势，也为研究者利用《正阳旧志三种》增添了可信度。

我是正阳人，幼年对家乡的点滴印象，还时常跳入我花甲的梦中，"会长大"的汉代石阙，城隍庙中的青石板，巨大的皂角树，老榆树嫩绿的榆钱，坍塌的城墙下与干涸的护城河边的一簇一簇的杂花……今天，所有这些，凭借这三部整理的旧志，都变成了规整的文字，摆在我的面前。

中国文化是一字一字写出来的，也是一步一步走出来的。感谢我从未谋面的朱仁天先生，感谢您为家乡文化传承所做的孜孜不倦的努力。感谢福建教育出版社与江金辉社长，感谢你们为国家区域文化传扬所做的矻矻穷年的努力。

孙 晓

2023年12月12日

（孙晓，中国社会科学院古代史研究所研究员、中国国学研究与交流中心主任，中国社会科学院大学博士生导师，《今注本二十四史》执行总编纂。）

整理凡例

一、此次整理的三种旧志分别是明嘉靖《真阳县志》、清康熙《真阳县志》、清嘉庆《正阳县志》，所依据的底本是河南省地方史志办公室编纂、大象出版社出版的《河南历代方志集成》影印本，同时参校了天一阁影印本明嘉靖《真阳县志》，中国国家图书馆与中山大学图书馆藏清康熙《真阳县志》，河南省图书馆、武汉大学图书馆与河南大学图书馆藏清嘉庆《正阳县志》等版本。

二、本书的标点符号，执行国家标准《标点符号用法》（GB/T 15834—2011）。不用省略号、着重号、专名号、连接号、分隔号。破折号、问号、叹号则尽可能少用。

三、文字方面，遵照《通用规范汉字表》（2013年版）将异体字统一为今天的通用规范字，如"窻"用"窗"，"旂"用"旗"，"濬"用"浚"，"檾"用"苘"，"簮"用"簪"，"洩"用"泄"，"倐"用"倏"，等等。但在人名中出现的异体字，如张璿（璇）、涂希濬（浚）、魏昇（升）等，则予以保留。因避讳而导致的改字，如避康熙帝玄烨名讳改"玄"为"元"，避孔子名讳改"丘"为"邱"，一般不再回改。但因避当朝讳而改前人姓名、前朝年号，或更改所引古书等，如因避乾隆帝弘历名讳改"周弘正"为"周宏正"，改"弘治"为"宏治"，则予以回改，并于首处出注说明。缺笔讳的字则直接补足笔画，如"胤"字。

四、段落上，遵照原文格式自然分段。《艺文志》中有些较长的文章，根据内容适当分段。

五、原书中的注文，多以双行小字夹注正文之下。整理时，针对不同的内容情况采用了多种处理方式。第1种，直接置于正文之中，与正文融于一体。如明嘉靖《真阳县志》卷一《地理志·疆域》中的"四至"，《山川》《塘堰》《镇店》下的说明性文字，等等。第2种，置于正文之中，但使用括号与其他正文加以区别。如清康熙《真阳县志》、嘉庆《正阳县志》的"修志姓氏"等。第3种，为了不影响正文阅读的流畅性，将之改为脚注。如明嘉靖《真阳县志》后附《补遗·艺文》中对诗歌标题所作的注释，清嘉庆《正阳县志》卷八、卷十的诗文中，这种情况更多。改为脚注时，均在前面写明"原注"二字，并对原注文内容加以双引号。

六、本书的注释，以典章制度、生僻字词、人名地名、书籍引文等为主，目的在于尽可能地为读者扫除旧志阅读中的语言障碍。有时还进行必要的辨析与校正，因此出注较多。因原计划三种《县志》分开出版，所以存在一些重复出注的情况，尤其是前两《志》之间。决定合出时，未再删除。虽然字数增多，但在阅读时也能减少来回翻检的麻烦。注释中涉及的引文出处，因引书多是常用古籍，故多标明卷目，未再一一标明页码，其版本信息可在附录"参考文献"中查阅。

七、明清三种《正阳县志》在历史上均无再版，仅有影印本。但在整理过程中，亦做了大量校勘工作。如：大象版明嘉靖《真阳县志》第16页"邑名"下漏印一行内容，参照天一阁影印本，将其补充了出来；清康熙《真阳县志》中存在大量模糊篇页，借助中国国家图书馆、中山大学图书馆藏本，相互比照，作了最大限度的完善；大象版清嘉庆《正阳县志》中前后漏印四叶内容，依据河南省图书馆藏本，将之予以了补全。明清三种《正阳县志》中有相当一部分重复内容，这些重复内容体现了三《志》之间的继承性，同时也为校勘工作创造了有利条件。此外，民国《重修正阳县志》中收录了很多明清旧志中的内容，这些内容同样为旧志整理提供了重要帮助。对于三

《志》中出现的引文，则尽可能找到原始文献出处，并进行比较甄别，去伪存真。以上这些校勘工作，均在注释中加以了说明。

八、在校勘中发现的其他讹、脱、衍、倒等问题，确凿无疑之处本书直接进行了更改，同时出注说明。如"汝宁知府全州蒋公昪"，三《志》均作"泉州"，且清嘉庆《志》作"蒋公昇"，根据清嘉庆《全州志》等文献记载，确应为"全州蒋公昪"，故在文中直接予以更正。对不能确定的或存疑、两通的地方，本书则以注释标明，以供读者明察。对于原书中因版刻不清而导致的少数无法辨识之字，本书中暂以■替代，以待后之博雅君子填充焉。

目 录

〔嘉靖〕真阳县志

序 ················ 3
序 ················ 5
序 ················ 7
目录 ·············· 9
真阳县图 ········ 11

镇店 ·············· 26
古迹 ·············· 27
土产 ·············· 28
风俗 ·············· 30
节序 ·············· 31

卷一　地理志

疆域 ·············· 15
建革 ·············· 16
分野 ·············· 17
形胜 ·············· 19
山川 ·············· 19
塘堰 ·············· 24

卷二　建置志

国名 ·············· 33
邑名 ·············· 34
城池 ·············· 35
公署 ·············· 37
官吏 ·············· 40
保甲 ·············· 43

街巷	……………………	44
坊牌	……………………	45
武备	……………………	46
仓邮	……………………	47
坛庙	……………………	47
集市	……………………	48
津梁	……………………	49

卷三　职官志

封侯	……………………	53
郡守	……………………	53
县令	……………………	54
达鲁花赤	……………………	55
知县	……………………	56
典史	……………………	59
教谕	……………………	60
训导	……………………	61
巡检	……………………	62
宦迹	……………………	62

卷四　学校志

儒学	……………………	65
庙亭	……………………	68
圃塾	……………………	70

卷五　选举志

进士	……………………	71
举人	……………………	72
贡士	……………………	74
例贡	……………………	77
吏掾	……………………	78
恩例	……………………	80
乡耆	……………………	81
义输	……………………	82

卷六　田赋志

户口	……………………	85
田亩	……………………	86
赋税	……………………	89
徭役	……………………	89
听差	……………………	93
税课	……………………	93
驿马	……………………	94

卷七　仪礼志

礼典	……………………	96
祀典	……………………	97
饮射	……………………	109

正阳旧志三种

宾兴 …… 111	卷九 博物志
乡仪 …… 111	祥异 …… 127
礼俗 …… 112	寺观 …… 131
恤政 …… 113	庄屯 …… 140

卷八 人物志

孝友 …… 115	卷十 艺文志
忠节 …… 117	文集 …… 142
儒林 …… 117	诗集 …… 163
循良 …… 118	
卓行 …… 118	真阳县志补遗
英气 …… 120	贞烈 …… 183
刚直 …… 120	古迹 …… 183
狷介 …… 122	坟墓 …… 184
善行 …… 122	艺文 …… 184
寓贤 …… 124	附录 …… 187
贞烈 …… 124	真阳县志跋 …… 200

〔康熙〕真阳县志

序 …… 205	院檄 …… 216
真阳县志图 …… 208	凡例 …… 218
修志姓氏 …… 214	目录 …… 220

卷一

沿革 …………………… 222

天文 …………………… 223

四至 …………………… 226

建置 …………………… 227

城池 …………………… 228

学校 …………………… 230

乐舞 …………………… 231

卷二

河防 …………………… 233

乡村镇集 ……………… 236

公署 …………………… 242

桥梁 …………………… 245

仓库 …………………… 246

社学 …………………… 247

街巷 …………………… 247

坊第 …………………… 248

卷三

祀典 …………………… 250

书院 …………………… 263

山川 …………………… 263

古迹 …………………… 265

风俗 …………………… 267

土产 …………………… 271

陵墓 …………………… 272

寺观 …………………… 272

卷四

赋税 …………………… 277

卷五

职官 …………………… 286

人物 …………………… 299

卷六

流寓 …………………… 312

孝义 …………………… 313

烈女 …………………… 315

方技 …………………… 320

卷七

艺文 …………………… 323

卷八

灾祥 …………………… 391

杂志 …………………… 395

武备志 …………………… 399

〔嘉庆〕正阳县志

正阳县图 …………………… 405	卷三
书重修正阳县志后 …… 410	坛庙 …………………… 455
序 …………………… 412	古迹 …………………… 459
序 …………………… 415	官师 …………………… 462
序 …………………… 417	
修志姓氏 …………………… 421	卷四
目录 …………………… 424	宦绩 …………………… 472
凡例 …………………… 426	选举 …………………… 479

卷一
沿革 …………………… 429
城池 …………………… 432

卷五
人物 …………………… 489
游寓 …………………… 506

卷二
山川 …………………… 439
学校 …………………… 444
建置 …………………… 447
田赋 …………………… 450

卷六
列女 …………………… 509

卷七
艺文（志）…………………… 526

卷八

艺文（诗）·················· 552

卷九

补遗（上）·················· 576

卷十

补遗（下）·················· 602

参考文献 ·················· 670

整理后记 ·················· 680

〔嘉靖〕真阳县志

徐霓 修 何麟 纂

明嘉靖三十四年（1555）刻本

序

县必有志，所以纪往迹、备参考而垂永久也。疆域万古不移，而封建之沿革、制度之损益、风俗之淳漓①、人物之盛衰，事以代异，变与时殊，甚有不容以一律齐者。不有所稽述会萃而编摩之，则当时法制文为之实、贤人君子之生，将遂散失泯灭于无存。后有豪杰之士，崛起于百世之下，不安于今而尚友乎古②，则亦何从而依据考证乎？故志之作，诚为政者之先务而不容后也。真阳，古滇阳，历代创废之由载在诸史，亦略可考。嘉靖己酉春③，余承乏是邑④，取旧《志》阅之，顾其脱略讹谬，辞旨芜谫⑤，不称垂经远，思改作之。时公务方旁午⑥，未遑也⑦。乃延诸乡先生崧岩何公⑧，

---

① 淳漓：厚与薄。多指风俗的淳厚与浇薄。
② 尚友：上与古人为友。《孟子·万章下》："以友天下之善士为未足，又尚论古之人。颂其诗，读其书，不知其人，可乎？是以论其世也，是尚友也。"
③ 嘉靖：明世宗朱厚熜年号，从公元1522年至1566年，前后共使用45年。嘉靖己酉，即嘉靖二十八年（1549）。
④ 承乏：暂任某职的谦称。
⑤ 芜谫：芜杂，浅薄。
⑥ 旁午：亦作"旁迕"。交错、纷繁。比喻事物繁杂。
⑦ 未遑：没有时间顾及；来不及。
⑧ 乡先生：古时尊称辞官居乡或在乡教学的老人。崧岩何公：何麟，字仁甫，号崧岩（又作松岩、松严），真阳（今正阳）人，嘉靖辛卯（1531）举人，官浙江湖州通判。本《志》卷五《选举志·举人》有传。

旁探博采，综核精究，巨细不遗，总为十卷，析为七十二目。上下千余年间，宛然如在目中，彬彬乎详备确当，号"全史"矣。后之有志于稽古者，繇是求之①，可庶几也。既成，捐俸锓梓②，以寿其传，遂言以弁诸首简。

时嘉靖乙卯八月吉③，泗郡静泉徐霓谨书④。

---

① 繇：同"由"。
② 锓梓：刻版印刷。书版多用梓木，故称。锓（qǐn），雕刻。
③ 嘉靖乙卯：嘉靖三十四年（1555）。
④ 静泉徐霓：徐霓，字叔望，号静泉，泗州（今安徽泗县）人，嘉靖二十八年（1549）任真阳知县。本《志》卷三《职官志·知县》有传。

序

《真阳县志》成，肇议者，邑徐侯；而采摭经传，引证百家，纂篇帙而会全书者，则乡先生何公也。有县然后有志，故首之以《疆域》。《疆域》具则典章著矣，物产出矣，故《职官》《学校》《选举》《田赋》《仪礼》《人物》之目次之。至于《祥异》，怪也；《艺文》，末也。而复掇之于篇终者何居①？以其事之有关乎是邑，是或考证之攸存，而不容漫弃焉者也。夫政莫大乎知务，而兴废之为急。先王之制，国必有史，以纪时事。今之郡邑，视古侯国等。邑可以无志，是国可以无史也。真阳初创时无志，继有志而弗究于义。意虽不谓之有志，可也非缺典与②！此正有司是邦者之责，而徐侯毅然成之，诚兴废举坠之大端矣！虽然，旃尝阅是《志》之刻，有二善焉。真阳固中原之域，而天下之区也，壤接申嵩，而水会淮汝。自昔名贤君子钟秀兹土者，如黄叔度之纯正、戴良之高达、伯鸾之孝友③，卓卓之行虽百世想见其人，称之者于今不衰。后进之士抱尚友之志，考其志而思其人，得无怃然曰："此吾乡之

---

① 何居：何故。居，助词。
② 与：同"欤"，文言助词。
③ 黄叔度、戴良、戴伯鸾，均为东汉汝南郡慎阳县（今河南省正阳县）人，本《志》卷八《人物志》均有传。

先达也，吾与之生同其地而不效其为人，非夫也。"于是乎勉而为善。则是《志》也，可谓示天下之大法。上而天文之异度，中而人事之异施，俯而地理之异宜，微者必录，繁者不遗，缺者有补，远者悉稽。自三代而下以迄今日，上下千百载，不俟旁探远涉，一披阅可得。则是《志》也，可谓畜天下之大识①。是故畜天下之大识则事该②，示天下之大法则可师事该。匪失之陋矣③，可师匪失之徒矣。二善备，可以传矣。是《志》之刻，其不可以已也。夫其不可以已也，夫昔者孔子欲说夏礼而杞不足征，欲说殷礼而宋不足征④，文献所系之重，粤有自矣。是《志》成，而后之人尚不病于无征哉！庸敬书之，以为序。

嘉靖乙卯季冬念九日⑤，儒学教谕莆田吴以斾拜书⑥。

---

① 畜：积；积聚。后作"蓄"。
② 该：古同"赅"，完备。
③ 匪：非，表示否定。
④ 《论语·八佾》："子曰：'夏礼吾能言之，杞不足征也；殷礼吾能言之，宋不足征也。文献不足故也，足则吾能征之矣。'"
⑤ 季冬：冬季的第三个月，即农历十二月。念：同"廿"，二十。
⑥ 儒学：元明清时代在各府、州、县设立的供生员修业的学校。此指真阳县儒学。教谕：宋代始置，元明清沿置，为县学的教官，主管文庙祭祀、教诲生员。吴以斾：字待招，号白野，兴化府莆田县（今福建省莆田市）人，曾任韶州教授。本《志》卷三《职官志·教谕》有简介。

序

  静泉徐公来令吾邑五载余矣,政通人和,百废俱举。当琴政之暇,乃进崧岩子麟于堂而言曰:"邑匪令罔治,令非志罔稽,志之残缺,责于谁归?吾将以志托子。"麟曰:"正德乙亥[①],张学谕志之矣[②]。"公曰:"规制初创,恐未精详也。"麟曰:"嘉靖壬寅[③],焦学谕志之矣[④]。"公曰:"人文初备,恐未宣朗也。吾敬以志托子。"麟辞弗获,乃取旧《志》,交互考订,错综斟酌,增益名物,删削繁芜。而复采辑《郡志》,参伍诸史,博核宪典,稽察簿牒,访诸耆旧,询诸刍荛[⑤]。汇集事实,总为十卷,以提其纲,析为七十二目,以开其蕴。略仿迁《史》[⑥],首之以小叙,而括之以赞辞。未三月,而编摩定矣。缮写成帙,以复于公。公阅之,曰:"'修史之

---

  ① 正德:明武宗朱厚照的年号,从公元1506年至1521年,前后共使用16年。正德乙亥:正德十年(1515)。
  ② 张学谕:张恕,时任真阳县儒学训导。本《志》卷三《职官志·训导》载其名,《职官志·宦迹》有传。学谕:学官名。宋代国子监与县学均置之。此指县学教官。
  ③ 嘉靖壬寅:嘉靖二十一年(1542)。
  ④ 焦学谕:焦济,时任真阳县儒学教谕。本《志》卷三《职官志·教谕》有小传,但称"嘉靖二十二年升任",与此处时间不符。
  ⑤ 刍荛:割草砍柴的人。
  ⑥ 迁《史》:指司马迁《史记》。二十四史之首,中国历史上的第一部纪传体通史。

难，无出于志'①，谓其详于事实而略于浮辞也。故辞章富丽者博而寡要，议论宏阔者泛而靡切，其于志之体远矣。读子之文，夫纲备而细不遗，规格严而辞有据，切而要，核而直，固古史之良也，可以为志矣！请寿诸梓以传。"麟遂书之，以为序。

嘉靖甲寅春三月望日②，崧岩何麟谨序。

---

① 马端临《〈文献通考〉序》："昔江淹有言'修史之难，无出于志'，诚以志者，宪章之所系，非老于典故者不能为也。"江淹（444—505），字文通，宋州济阳郡考城县（今河南省民权县）人，南朝政治家、文学家。

② 嘉靖甲寅：嘉靖三十三年（1554）。望日：农历每月十五日。

目 录

县境图、县城图、县治图、庙学图

卷第一

地理志（疆域、建革、分野、形胜、山川、塘堰、镇店、古迹、土产、风俗、节序）

卷第二

建置志（国名、邑名、城池、公署、官吏、保甲、街巷、坊牌、武备、仓邮、坛庙、集市、津梁）

卷第三

职官志（封侯、郡守、县令、知县、权摄①、典史、教谕、训导、巡检、宦迹）

卷第四

学校志（儒学、庙亭、圃塾）

---

① 权摄：暂时代理。但本《志》正文中并无此目内容。

卷第五

选举志（进士、举人、岁贡、例贡、吏掾、恩例、乡耆、义输）

卷第六

田赋志（户口、田亩、赋税、徭役、听差、税课、驿马）

卷第七

仪礼志（礼典、祀典、饮射、宾兴、乡仪、礼俗、恤政）

卷第八

人物志（孝友、忠节、循良、卓行、英气、刚直、狷介、善行、寓贤、贞烈）

卷第九

博物志（祥异、寺观、庄屯）

卷第十

艺文志（文集、诗集）

县境图

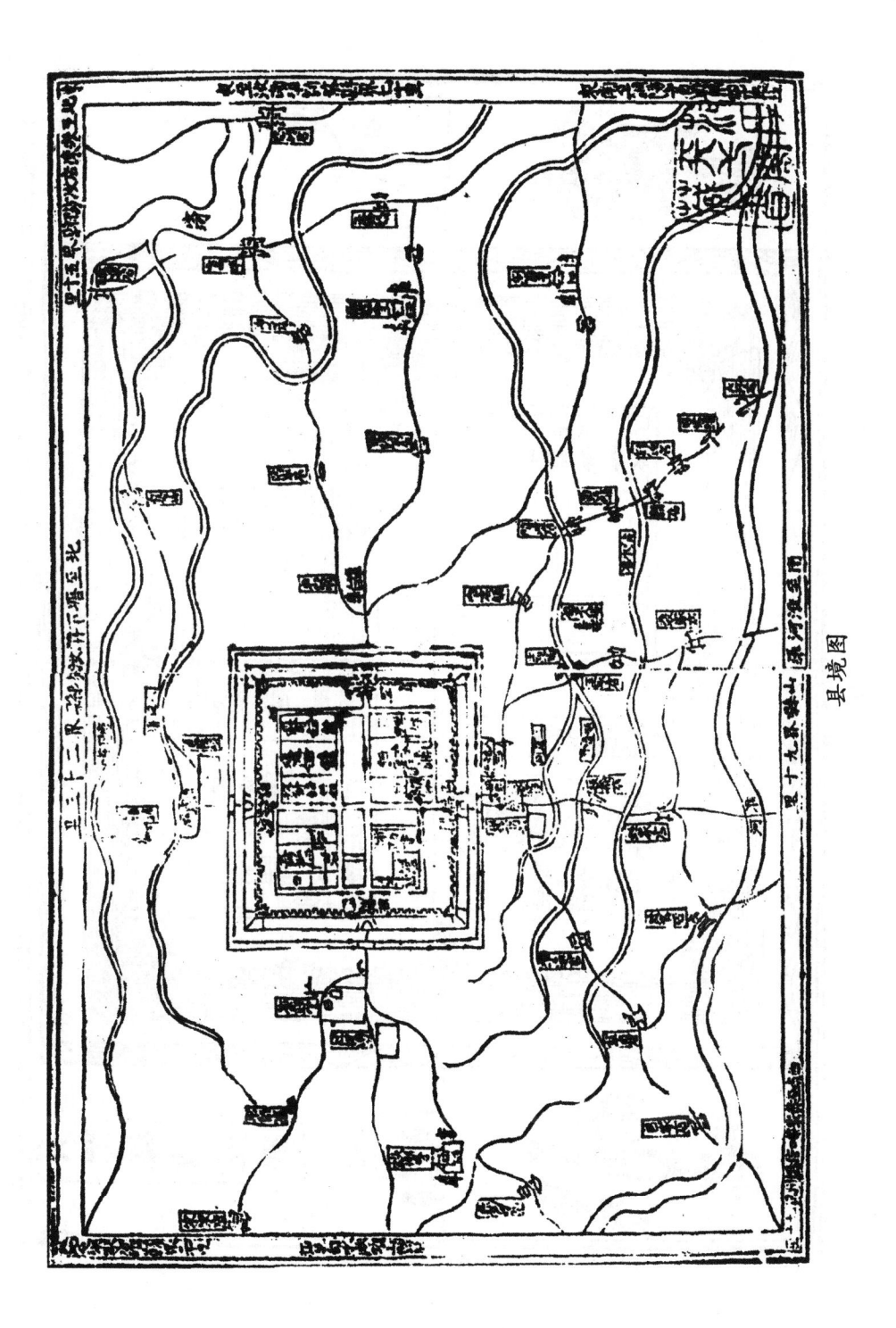

真陽縣城池圖

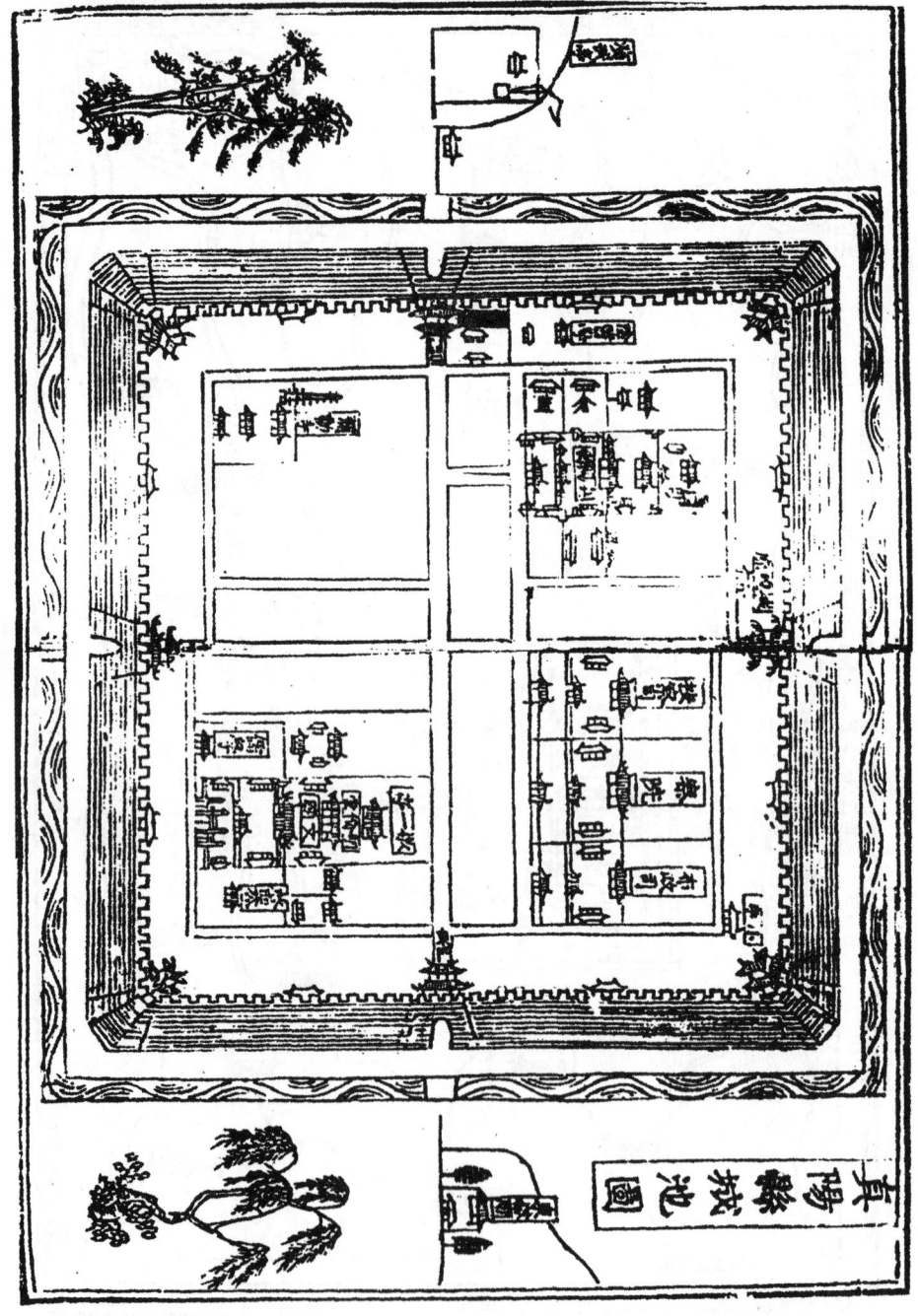

县城图

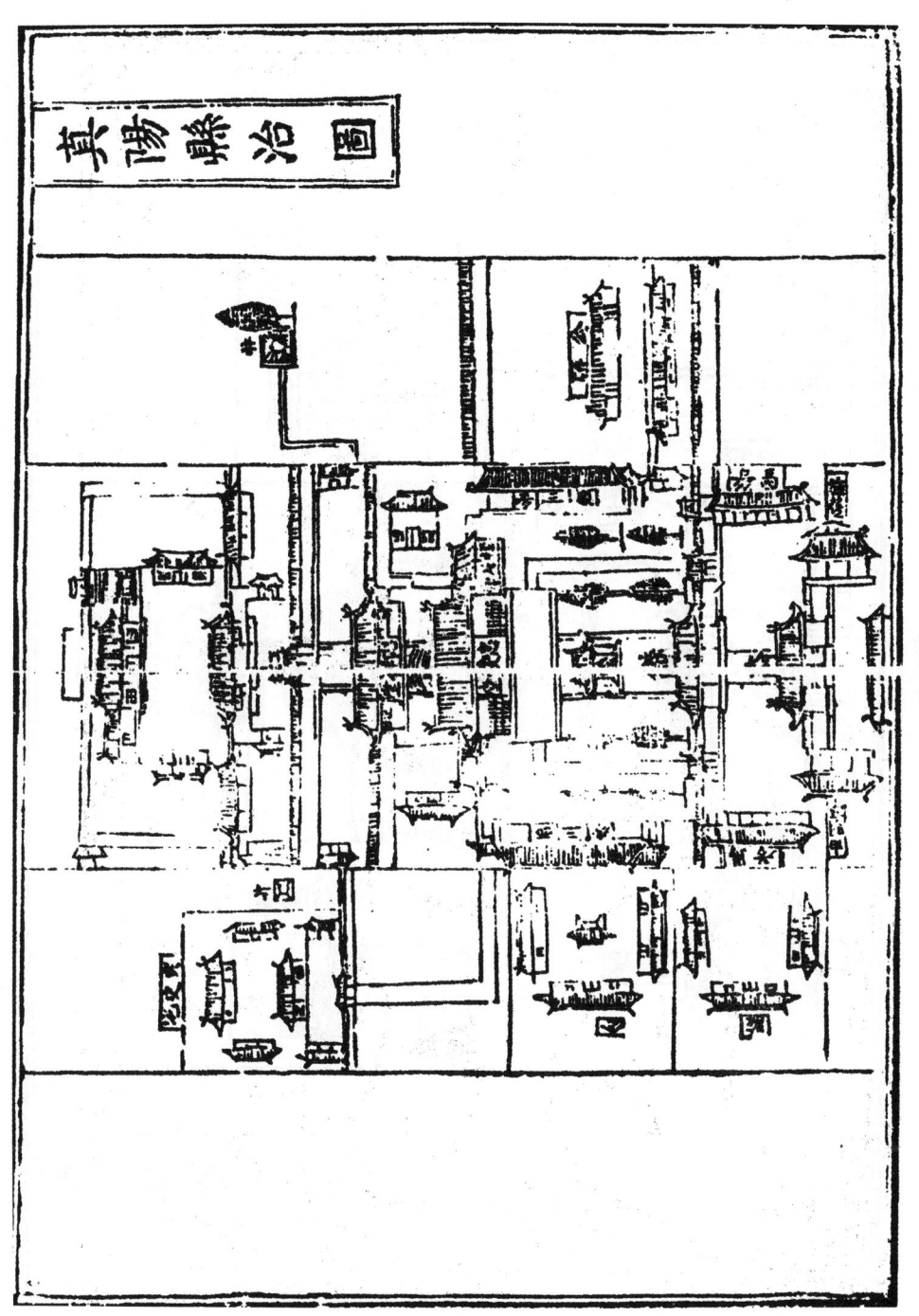

县治图

庙学图

襄陽縣儒學之圖

卷一　地理志

真阳地交楚蔡，水会淮汝，旷野平原，诚都会之要冲也。秦汉郡县以来，历代废兴沿革，文献莫可征矣。郑渔仲曰："州县之设，有时而更；山川之形，千古不易。"① 马端临曰："慎阳，汉县。有淮水、汝水、石塘陂。"② 则其山川形胜、土产风俗，秩然可考也。乃作《地理志》。

疆域

真阳属汝宁府，东西广一百四十里，南北袤一百一十三里③。

东至新蔡县界七十里，至新蔡县治一百二十里；东南至息县界四十五里，至息县治九十里；南至罗山县界九十里，至罗山县治一

---

① 语出郑樵《通志》卷四十《地理略第一·地理序》。郑樵（1104—1162），字渔仲，自号溪西遗民，兴化军莆田县（今福建省莆田市）人。因隐居于夹漈山，学者称"夹漈先生"。宋代史学家、校雠学家。一生著述颇丰，但多已亡佚，今存《通志》《夹漈遗稿》和《尔雅注》等数种。

② 语出马端临《文献通考》卷三百二十《舆地六·蔡州》。马端临（1254—1340），字贵与，号竹洲，饶州乐平（今江西省乐平市）人，宋元之际史学家，著有《文献通考》等。《文献通考》与唐杜佑《通典》、宋郑樵《通志》合称"三通"。

③ 广、袤：东西的宽度为广，南北的长度为袤。《说文解字·衣部》："南北曰袤，东西曰广。"

百二十里；西南至信阳州界七十里，至信阳州治一百四十里；西至白水港确山县界三十五里，西北至确山县界三十里，至确山县治九十里；北至汝阳县界二十三里①，至汝阳县治一百二十里；东北至寒冻汝阳县界五十里。北至本府一百二十里，至本省六百二十里，至顺天府二千四百里，南至应天府一千一百里②。

建革

真阳，唐虞夏殷皆豫州域，周为沈国地③，春秋属楚④，秦属颍川郡⑤。汉置慎阳县，属汝南郡⑥，东汉因之。魏晋皆如汉制。刘宋改真阳，仍属汝南郡。元魏因之，属义阳郡⑦。东魏置义阳郡，北齐废郡，入保城县⑧。隋开皇初废县，十六年复置⑨，曰真丘，大业初改真阳⑩。唐延载元年置淮阳县⑪，神龙元年仍为真阳⑫。宋金俱

---

① 汝阳县：今汝南县。
② 顺天府：今北京。应天府：今南京。时顺天府为京师，应天府为留都。今正阳县距北京约950公里，距南京约500公里。
③ 沈国：周朝姬姓诸侯国。故城在今河南省驻马店市平舆县射桥镇。公元前506年被蔡国所灭。西周时期，今正阳县北部属沈国，南部则属于江国。
④ 公元前623年，楚灭江，今正阳县境开始成为楚国属地。
⑤ 颍川郡：秦王政十七年（公元前230）置。以颍水得名，治所在阳翟（今河南省禹州市）。
⑥ 汝南郡：西汉高帝四年（公元前203）置。下辖三十七县，治所在平舆（今河南省平舆县射桥镇）。
⑦ 义阳郡：东晋末改义阳国置，治平阳县（今河南省信阳市）。
⑧ 保城县：据清嘉庆《正阳县志》卷十《补遗下·杂录·地里》"保城废县"条记载，故治在今正阳县熊寨镇宋店村西北4公里的小亮寺村。
⑨ 开皇：隋朝开国皇帝隋文帝杨坚的年号。开皇十六年，即公元596年。
⑩ 大业：隋炀帝杨广年号，自公元605年始。
⑪ 延载：武则天称帝后的第四个年号。延载元年，即公元694年。
⑫ 神龙：武周皇帝武则天和唐中宗李显的年号。神龙元年，即公元705年。

因之，属蔡州①。元属息州②。国朝洪武四年省入汝阳县③，弘治十八年复置今县④。

麟曰：真阳，古望邑也。洪武初何以废县，弘治末何以复县也？据元至正十一年六月⑤，颍州妖人刘福通据朱皋⑥，兵犯光州⑦、息县，遂破真阳，焚掠一空。虽欲县之，不可得也。及我国家平定，百余年来，教化首被，德泽首沾，民物殷阜，衣冠文物骎骎乎其盛矣⑧！虽欲不县，不可得也。郡县之兴废，有由然矣。⑨

分野⑩

房、心，宋，豫州。

---

① 蔡州：唐朝宝应元年（762）改豫州为蔡州，治汝阳县（今河南省汝南县）。宋金时期，仍称蔡州。

② 息州：治所在新息县广陵城（今河南省息县）。大约在元代初期，真阳县属息州。元至元三十年（1293），息州、真阳均改属汝宁府。

③ 洪武：明太祖朱元璋年号，从公元1368年至1398年，前后共使用31年。洪武四年，即公元1371年。

④ 弘治：明孝宗朱祐樘年号，从公元1488年至1505年，前后共使用18年。弘治十八年，即公元1505年。

⑤ 至正十一年：公元1351年。"正"字，原文误作"王"。

⑥ 朱皋：在今河南省固始县北五十里淮河南岸朱皋村。元末红巾军首领刘福通曾据此。

⑦ 光州：今河南省潢川县。据《明史·地理志》，光州为汝宁府属州，分领光山、固始、息县、商城4县。（《明史》卷四十二《地理三》）

⑧ 衣冠文物：比喻太平盛世，文人众多，文化兴盛。骎骎：迅疾。

⑨ 本段为本《志》编撰者何麟的议论。

⑩ 分野：指与星次相对应的地域。古人依据十二星次的位置划分地面上州、国的位置与之相对应，认为在该天区发生的天象预兆着各对应地方的吉凶。

[嘉靖] 真阳县志·卷一 地理志

《史记·天官书》："二十八舍主十二州①。宋、郑之疆，候在岁星，占于房、心②。"西汉《天文志》："房、心，豫州。"③东汉《天文志》："镇星主嵩山，豫州。"又曰："玉衡第七星主豫州，常以五午日候之，丙午为汝南。"④晋《天文志》："自氐五度至尾九度为大火，于辰在卯，宋之分野，属豫州。陈卓、范蠡、鬼谷、张良、诸葛亮、谯周⑤、京房、张衡分星次分野：房、心，宋，豫州。汝南入房二度。"⑥《史记正义》曰："房、心，宋之分野，豫州。"⑦

麟曰：《周礼·保章氏》："以星土辨九州，所封封域，皆有分星，以观妖祥。"⑧大然星土之说，谅有明征矣，周公岂欺我哉！天则有列宿，地则有州域，列居错峙，各有所属。日月五行运行，而吉凶垂象于封域矣。历考天文诸说，皆以豫州为房、心之分野。汝宁为豫州之中，真阳乃豫州之南境，其分野端在于房、心，不可诬

---

① 《史记正义》："二十八舍，谓东方角、亢、氐（dī）、房、心、尾、箕；北方斗、牛、女、虚、危、室、壁；西方奎、娄、胃、昴（mǎo）、毕、觜（zī）、参（shēn）；南方井、鬼、柳、星、张、翼、轸（zhěn）。《星经》云：'角、亢，郑之分野，兖州；氐、房、心，宋之分野，豫州；尾、箕，燕之分野，幽州；南斗、牵牛，吴、越之分野，扬州；须女、虚，齐之分野，青州；危、室、壁，卫之分野，并州；奎、娄，鲁之分野，徐州；胃、昴，赵之分野，冀州；毕、觜、参，魏之分野，益州；东井、舆鬼，秦之分野，雍州；柳、星、张，周之分野，三河；翼、轸，楚之分野，荆州也。'"
② "占于房、心"一句：原文作"占为房、心"，今据《史记》改。《史记正义》："岁星、房、心，皆东方之星，故宋、郑占候也。"
③ 语见《汉书》卷二十六《天文志》。
④ 这两句引文，实为刘昭注《续汉书·天文志》所引《星经》中的文字，非《天文志》正文。
⑤ 谯：原文误作"焦"，今改。谯周（201—270），字允南，巴西郡西充国县（今四川省西充县）人，三国时期蜀汉大臣、著名学者。
⑥ 语见《晋书》卷十一《天文上》。
⑦ 语见《史记》卷二十七《天官书》。
⑧ 语见《周礼·春官宗伯第三·保章氏》。

矣。天不虚示，人有实德则感格捷于影响矣。故曰"天人相与之际，甚可畏也"①。

形胜

左环汝颍，右拥天目②，北倚悬瓠③，南襟淮浦。确、罗诸山盘桓于西北，汝、洪二水周绕于东南。峻岭平畴，地灵川秀，风气渐开，人文渐著，自是蔡州之胜地也。

山川

山有二，曰：

南龙冈。在县南三里，冈极高峻，即县侯徐公霓均田处。父老感其德，立石于上，题曰"徐公均田台"。碑阴有教谕吴以旂《记》，云：

或问田可均乎？曰：势难、时难、人难。势难则沟河、道路靡夷，庄屯、冢墓弗一，非大垦辟之不可为也；时难则朝夕急于资生，经画缓于揣磨，非假数岁不能定也；人难则州县因

---

① 《汉书·董仲舒传》："臣谨案《春秋》之中，视前世已行之事，以观天人相与之际，甚可畏也。国家将有失道之败，而天乃先出灾害以谴告之，不知自省，又出怪异以警惧之，尚不知变，而伤败乃至。以此见天心之仁爱人君而欲止其乱也。"（《汉书》卷五十六）
② 天目：天目山，位于今河南省信阳市平桥区西北部，与驻马店市确山县接壤，属桐柏山余脉。
③ 悬瓠：悬瓠城，今河南省汝南县。因城北汝水屈曲如垂瓠而得名。《水经注·汝水》："汝水又东，径悬瓠城北。……城之西北，汝水枝别左出，西北流，又屈西东转，又西南会汝，形若垂瓠。"

[嘉靖] 真阳县志·卷一 地理志　19

循乎阡陌之废,豪强坐擅乎兼并之利,贫富不均,教养无法,甚为斯民病也。然则田终不可均乎?秦以匪人废,周以得人兴。《书》曰"丕平富"①,《诗》曰"我疆我理,南东其亩"②,周室之所以兴隆者,要在得人耳。窃闻真阳邑向此雉堞荒,楼橹鞠③,而城减④复新于柔兆摄提岁⑤,百制未备。士大夫历临是邑,镵汤相顾缩琴⑥,我徐侯甫莅厥事,发硎肯綮⑦,了无留难,是诚得人也。至论均田一事,乃其深造所自得者,曰:"总百里之地万顷,皆林林然黎元赤子之命所根也。此而弗均,民丽曷奠?"是故以仁心为立政之本,以井田为均田之要,毅然请诸当道而行之。效驾于南龙冈以始其事,告于神以示公。画一十字分为四区,以天、地、玄、黄为号,方里而区,区皆五顷四十亩,内有沟河、道路、庄屯、冢墓则除之。区各有

---

① 《尚书·康王之诰》:"昔君文武丕平富,不务咎。"言周朝先君文王、武王很公平,仁厚慈爱,不滥施刑罚,故得到人民拥护。

② 《诗经·小雅·信南山》:"信彼南山,维禹甸之。畇畇原隰,曾孙田之。我疆我理,南东其亩。"

③ 雉堞:古代城墙上掩护守城人用的矮墙,也泛指城墙。楼橹:古代供守兵瞭望敌军动静的无顶盖高台。鞠:有未加工、粗制的意思。

④ 减:古同"浤",沟渠。

⑤ 柔兆:岁阳名之一,指太岁在"丙"。摄提:岁阴名之一,指太岁在"寅"。《尔雅·释天》:"大岁在甲曰阏逢,在乙曰旃蒙,在丙曰柔兆,在丁曰强圉,在戊曰著雍,在己曰屠维,在庚曰上章,在辛曰重光,在壬曰玄黓,在癸曰昭阳。岁阳。大岁在寅曰摄提格,在卯曰单阏,在辰曰执徐,在巳曰大荒落,在午曰敦牂,在未曰协洽,在申曰涒滩,在酉曰作噩,在戌曰阉茂,在亥曰大渊献,在子曰困敦,在丑曰赤奋若。"柔兆摄提岁,即丙寅年,时为正德元年(1506)。

⑥ 此句不甚解,疑有衍文,清嘉庆《正阳县志》作"士大夫临是邑相顾束手"。

⑦ 发硎:指刀新从磨刀石上磨出来,十分锋利。比喻初展抱负或刚显露出才干。语出《庄子·养生主》:"今臣之刀十九年矣,而刀刃若新发于硎。"肯綮:指筋骨结合的地方。比喻要害或最重要的关键。语出《庄子·养生主》:"技经肯綮之未尝,而况大觚乎。"陆德明《经典释文》:"肯,著骨肉。綮,犹结处也。"

界，有封，有长，有票，四隅从十，纵横如一。可以立步而制亩，可以经土而塞争，可以安业而定分。昔苏洵不能因地之宜①，画于势之不利；叶适不能得数之精②，惑于时之积久；秦人病于付之匪人，变法至今为梗也。然则侯其得井田遗意乎？夫"井"字虚中环八，八家同锄粟于公也。"田"字立十环四，四隅之土如一，虽不言锄粟而公赋已寓其中矣。史所谓"地著而数详，民不习伪"③，《礼》所谓"审端径术，善相阪险、原隰，土地所宜"④，于此见侯之所以善于均田也。或论黄钟为万事之根本，根本既得，则度量衡自此合律。推之天下，田可分，禄可均，礼可制，乐可作，又不但均一邑之田已也。侯之善均田，或者其然欤！余闻邻封曾借寇⑤，巡抚曾叠奖。圣天子闻之，必侧席容贤，而问经界事矣。侯御是邑，精神流布，父老咸喜，未之前闻。兹又惧其去也，偕门人阮琮等，请刻石为记。余自惭文虽未能小好大好，而论撰其光明俊伟之政，皆不外学古积中而得。是均田无奇法，均于心耳。树石镌猷，安

---

① 苏洵（1009—1066）：字明允，号老泉，眉州眉山（今四川省眉山市）人，北宋文学家，与其子苏轼、苏辙并称"三苏"。

② 叶适（1150—1223）：字正则，号水心居士，温州永嘉（今浙江省温州市）人，南宋思想家、文学家、政论家。

③ 《通志·三皇纪第一·黄帝》："分于井而计于州，则地著而数详，民不习伪，官不怀私，城郭不闭，见利不争。"

④ 《礼记·月令》："王命布农事，命田舍东郊，皆修封疆，审端经术。善相丘陵、阪险、原隰，土地所宜，五谷所殖，以教道民，必躬亲之。"

⑤ 邻封：本为相邻的封地。泛指邻县，邻地。借寇：《后汉书·寇恂传》载，寇恂曾为颍川太守，颇著政绩，后离任。建武七年光武帝南征隗嚣，恂从行至颍川，百姓遮道谓光武曰："愿从陛下复借寇君一年。"后以"借寇"代指地方上挽留官吏。

知无马骏必拜之感①、杜预山顶之言乎②？爱而祝之者，真人也；述而识之者，真阳谕——莆人，名以旃，吴姓，白野其号也。书年月日则阏逢摄提格桂月谷旦③。

横山，在县西四十里④。南北斩然，东望平川，故名。知县张玺及张璹、陈标有《真阳八景》诗，此其一也，见《艺文志》⑤。

水有十二，曰：

北三里河，县北三里，自胡家冲发源。

八里河，县北八里，自火烧店南王家冲发源，东流，通张家河，达黑家河，入汝。

塘下沟河⑥，县北二十三里，自确山县金牛山发源，通淇河，经县北东流入汝。

汶水⑦，县北三十里，自青龙陂流于汝，今称汶口。

滇水⑧，源出县西王家冲，迳县南一里，东入汝。汉因取名置

---

① 马骏：即司马骏（232—286），字子臧，河内郡温县（今河南省温县）人，司马懿第七子，西晋宗室大臣。曾任征西大将军，镇守关中，使得西陲安宁一时。死后，"西土闻其薨也，泣者盈路，百姓为之树碑，长老见碑无不下拜"。（《晋书》卷三十八《扶风王骏传》）

② 杜预（222—285）：字元凯，京兆郡杜陵县（今陕西省西安市）人，魏晋时期军事家、经学家、律学家。史载："预好为后世名，常言'高岸为谷，深谷为陵'，刻石为二碑，纪其勋绩，一沉万山之下，一立岘山之上，曰'焉知此后不为陵谷乎'。"（《晋书》卷三十四《杜预传》）

③ 阏逢：岁阳名之一，即太岁在"甲"。摄提格：简称"摄提"，岁阴名之一，即太岁在"寅"。桂月：指农历八月。此月桂花盛开，故称。谷旦：良晨；晴朗美好的日子。旧时常用为吉日的代称。阏逢摄提格桂月谷旦：即嘉靖甲寅年（1554）八月吉日。

④ 在今确山县新安店镇顺山店村东。

⑤ 即《真阳八景》之《横山晚照》，详见本《志》卷十《艺文志·诗集》。

⑥ 当为今文殊河上游，正阳县、汝南县之间的界河。

⑦ 今名文殊河。此当指今文殊河北支流，在今汝南县梁祝镇。

⑧ 今名慎水河。

滇阳县①。

汝河，县东北七十里。《郡志》②："汝水源出汝州天息山，东南至河水入西平县界，流经上蔡、汝阳、新蔡、固始县，至朱皋镇合于淮。"元季因汝水泛滥为蔡州害，故自武阳涡水截断其流③，约水东注，其患稍宁。今之源止出西平云庄、诸石二山之间，流经上蔡、汝阳、真阳、新蔡，至光州入淮。

南三里河，县南三里，自陈家沟发源，经县南东流，入汝。

彭家河④，县南十二里，通间河，东南入淮。

白水港河⑤，县西南五十里，自确山县张家堰发源，东南入淮。

清水港河⑥，县南四十里，自确山县黄山发源，通板桥河，东南入淮。

间河，县南二十五里，源出确山县高皇陂，东流合撞陂港，经柳寨寺、西严店入于淮。

淮河，县南九十里，源出桐柏山南冈支流，潜流三十里，东出大复山，入郡境。流经信阳、罗山、真阳、息县，至光州合汝水东注，至固始县朱皋镇出郡境。又东南纳沂、泗⑦，入于海。《禹贡》

---

① 唐司马贞《史记索隐》："慎阳，属汝南。如淳曰：'音震'。阚骃云：'合作"滇阳"，永平五年，失印更刻，遂误以"水"为"心"。《续汉书》作"滇阳"也。'"（《史记》卷十八《高祖功臣侯者年表》注）

② 此《志》今已不详。驻马店市现存古代府志四部，最早的一部是成书于明万历三十六年（1608）的《汝南志》，其他为清代康熙元年（1662）《汝宁府志》、康熙三十四年（1695）《汝宁府志》和嘉庆元年（1796）《汝宁府志》。这四部府志都纂修于嘉靖《真阳县志》之后。

③ 武阳：当为"舞阳"。

④ 当为吕河上游的名称。

⑤ 今名白河，或称田白河，经熊寨镇、兰青乡南流，在陡沟镇西入淮。

⑥ 今名清水河，自西北往东南流，贯穿正阳县彭桥、铜钟等乡镇。

⑦ 沂、泗：沂水和泗水的并称。泗，原文误为"洫"，今改。

[嘉靖]　真阳县志·卷一　地理志　23

云："导淮自桐柏。"①

塘堰

阳陂塘，县东南五十里。
杨旺塘，县北二十里。
荻陂塘，县东北二十里。
量陂塘，县东二十五里。
鲁家塘，县东三十里。
盘龙塘，县南十二里。
秦陂塘，县东北二十里。
瓢陂塘，县东北二十五里。
南音塘，县南十二里。
丘陂塘，县南二十里。
古塘，县西南三十里。
遂陂塘，县西十二里。
浒陂塘，县东北三十里。
南塘，县南一里。
小刘陂塘，县北三十里。
桑陂塘，县东二十里。
界陂塘，县西南二十里。
蛟龙塘，县南二十里。
柿陂塘，县南三十里。

---

① 《尚书·禹贡》："导淮自桐柏，东会于泗、沂，东入于海。"

枣丘塘，县东八十里。

撞陂塘，县东北三十里。

下陂塘，县南六十里。

白土塘，县东八十里。

王义塘，县南三十里。

浅塘，县南九十里。

双泥塘，县南九十里。

徐受儿塘，县南三十里。

上陂塘，县南七十里。

较陂塘，县南七十里。

铜陂塘，县东二里。

朱贤塘，县东三十里。

上市塘，县南八十里。

丘斌塘，县南五十里。

高陂塘，县东南七十里。

焦陂塘，县北十五里。

侯塘，县东北三十五里。

小亮塘，县西北三十里。

蕲陂塘，县北三十里。

以上，塘三十八口，久废，不能积水。今俱开种①，每亩纳租三分，岁计租一百四十五两八钱八厘一毫八丝一忽。

----

① 这些陂塘在当时已经"久废"，失去积水功能而"俱开种"，变为良田。时至今日，其址更加难觅。

镇店

东杨家店①，县东二十五里。

阮家店②，县东二十五里。

王务桥店③，县东南五十里。

西严店④，县东七十里。

鮦阳寺店，县东南四十五里。

铜钟店，县南六十里。

大林店，县南八十里。

哈店⑤，县东南十二里。

板桥店⑥，县南三十里。

间河店，县东南二十五里。

孟家店⑦，县南六十里。

李通店⑧，县西南二十里。

蓝青店⑨，县西南四十里。

裴家店⑩，县南七十里。

---

① 今吕河乡杨店村。
② 阮家店：今名"新阮店"。
③ 王务桥：今写作"王勿桥"。
④ 原西严店乡，2005年撤乡，今为雷寨乡西严店社区。
⑤ 哈店：今名"台天"，属慎水乡。
⑥ 今彭桥乡板桥村。
⑦ 今皮店乡康店村。
⑧ 今清源街道李通村。
⑨ 蓝青：今写作"兰青"。
⑩ 裴家店：今写作"皮店"。

钟家店①，县南四十里。

陡沟店，县南六十里。

宋家店②，县西三十里。

山头铺店③，县北十八里。

鲁家店④，县东北二十五里。

张五店⑤，县东五十里。

油房店⑥，县东五十里。

寒冻店，县东北五十里。

汝南埠店，县东七十里。

岳城店⑦，县东九十里。

西杨家店⑧，县西五十里。

古迹

建安城，县南五十里⑨。

---

① 今彭桥乡老店村。
② 今熊寨镇宋店村。
③ 今慎水乡山头村。
④ 今袁寨镇鲁店村。
⑤ 今雷寨乡张伍店村。
⑥ 油房店：今写作"油坊店"。
⑦ 原岳城乡，2005年撤乡，今为汝南埠镇岳城村。
⑧ 原确山县杨店乡，2005年撤乡，今为双河镇杨店村。据清康熙《真阳县志》可知，西杨家店在清初已属确山县。
⑨ 在今铜钟镇建安村。2006年，建安故城遗址被公布为河南省第四批文物保护单位。

临淮城，县南八十里①。

固城，县东北七十里②。汉旧县，属汝南郡，晋因之。

真阳巡检司③，在县治东，景太四年建，正德元年废④。

铜钟巡检司，在铜钟店，今废⑤。

晾马台，在汝南埠北一里，台下有莲花池，台上有古井。

白狗堆，在县东南。

白狗城，梁为白狗堆，戍兵于此，重镇也⑥。

土产

谷宜九种：稻、豆、黍、菽、麦、菽粟、荞麦、芝麻、蜀秫。惟稻种名甚多，以口宜稻也。

---

① 在今皮店乡朱店村。2006 年，临淮故城遗址被公布为河南省第四批文物保护单位。

② 在今寒冻镇固城村。下文所谓"汉旧县"，乃指固城为汉代安成县故城址。对此，清嘉庆《正阳县志》卷十《补遗下·地里》"安成城"条有详细考证。2021 年，安成城遗址被公布为河南省第八批文物保护单位。

③ 巡检司：明代设置于关津、要冲之处，盘查过往行人，稽查无路引外出之人，缉拿奸细、截获脱逃军人及囚犯，打击走私，维护正常的商旅往来等的基层组织。类似于今天的公安派出所。巡检司始置于五代后唐时期，宋时置于沿边或关隘要地，或管数州数县，或管一州一县，以武臣担任，掌兵捕盗，职权颇重，后受州县节制。及金元时期，管辖限于一县。至明清两代，巡检司则为州县下属机构。

④ 景太（泰）四年：公元 1453 年。正德元年：公元 1506 年。

⑤ 据本《志》卷三《职官志·巡检》可知，正德元年（1506），铜钟巡检司还派有官吏，未废止。

⑥ 嘉庆《正阳县志》卷十《补遗下·地里》对"白狗城"的建置沿革有较详细的考查，并认为："旧《志》析白狗城、白狗堆而二之，误。"其地址，疑在今息县白土店乡。

畜有十一扰^①：犬、豕、牛、羊、马、驴、骡、鸡、鸽、鹅、鸭。

蔬有二十三种：葱、荇、韭、芥、菠、萝、笋、茄、荬、芹、藠葱、甘露藤、高蔓、箐、莙荙、荠菜、葖、苋、白菜、葫芦、瓜、瓠、豆角。惟瓜种名甚多。

果有二十三种：桃、杏、梅、李、莲实、藕、菱、茨、梨、柰、柿、榴、枣、葡萄、林檎、樱桃、沙果、银杏、荸荠、茨菇、栗子、西瓜、甜瓜。

木有十八种：松、柏、槐、柳、椿、楮、桑、棠、柘、桂、榆、杨、桐、梓、乌桕、冬青、紫荆，惟竹种名甚多。

花有二十一种：牡丹、芍药、海棠、地棠、木香、荼蘼、蔷薇、栀子、凤仙、玉簪、鸡冠、扁竹、金盏、兰、萱、月季、碧桃、捲丹、石竹、蜀葵，惟菊种名甚多。

草有十九种：蓬、茅、荻、蒿、萍、藻、荇、苹、麻、苎、芭蕉、蓼、茉莒、苇、蒲、莳萝、莼、荃、茴香。草类甚多，不尽录也。

鸟有十九种：鹭鸶、鸳鸯、杜鹃、黄雀、乌鹊、鸦、鸲鹆、水鸭、鹌鹑、雉、鹳、莺、鸥、鸠、鹞、啄木、鸥、鸽、燕雀。鸟类甚多，不尽录也。

鳞介十八种^②：鲭、鲤、鲢、鳅、鳝、鳗、鲦、鲇、鲂、鲨、鰕、黑鱼、蟹、蚌、龟、鳖、蛤蜊、螺蛳。

药有三十五种：香附子、金银花、枸杞子、地黄、茱萸、王不

---

① 扰：家畜。《周礼·夏官》："其畜宜六扰。"郑玄注："六扰，马、牛、羊、豕、犬、鸡。"

② 鳞介：泛指有鳞和介甲的水生动物。

[嘉靖] 真阳县志·卷一 地理志　29

留行、地榆、麦门冬、天南星、赤芍药、白芍药、苍术、米壳、黑牵牛、白牵牛、荆芥、紫苏、薄荷、天麻、瓜蒌、半夏、宜母草、马鞭草、菖蒲、艾、楮实子、车前子、红花、蒺藜、皂角、山查子、川芎、桑白皮、薏苡仁、无名异。

货有二十品：木、绵、葛布、绵布、绸、绢、丝绵、纱、包、白蜡、黄蜡、蜜椒、铜器、石灰、木灰、竹器、蓝靛、纻布、石器、苘麻。

麟曰：土地本生物以养人，因天地自然之利而樽节爱养之①，则财不可胜用矣。谓之豫州者，豫，安逸也。中土之民，好安逸而不知力本，此其财用每不足也。呼！巡行劝课之责，亦有所归矣。

风俗

地广土肥，五谷接产，居人易于聊生，颇不知积聚（《郡志》）。性轻剽，寡积聚（《一统志》）。重身守法，不好争斗（旧《郡志》）。性情质直，礼义疏简（旧《郡志》）。人性清和，乡间孝友，男务垦辟，女修织纴，士风习尚，文质彬彬（《舆地志》）。人性疏劲，风气果决（《隋志》）。民淳好简，知礼让（宋《地理志》）。士大夫家作事，不为世俗所惑，其营建婚嫁之类，惟用颁降历日为主，以决嫌疑、知趋避而已（《郡志》）。昔性轻剽，今务谨厚；昔俗强忮②，今敦道义。礼度之所品节，德教之所涵养，衣冠之所感激使然也。

---

① 樽节：节省。樽，通"撙"。
② 强忮（zhì）：固执。

节序

春正月元日，五更即栉盥①，祀先祀神，谒庙，贺尊长，亲识更贺。率分亲之内外、情之厚薄，为礼之隆杀也。

立春，官府率士民迎芒神于东岳庙，至县治公堂设春宴，远近来观，以芒神占岁水旱、人苦乐，至夜分乃鞭土牛。

上元，元夜作灯市，采松竹叶结棚，通衢悬纤巧华灯，五色烂然，烟火鼓乐，游赏彻三夜，十七日乃止。

二月二日，引龙。

社日②，乡社祀先农。

春分，水泮取鱼③。

三月三日，祀玄帝。

寒食。

清明，墓祭，插柳，看花。

夏四月八日，簪皂角芽；浮屠氏浴佛，男女趋之。

五月五日，饷角黍④，饮雄黄菖蒲酒，彩索缠儿女臂，簪艾叶榴花、佩菖蒲、涂雄黄以辟邪，捉蟆，衔墨，采药，隆师，逆女⑤，追节⑥。

夏至，食麦粥。

---

① 栉盥：也作"盥栉"，谓梳洗整容。
② 社日：古时祭祀土神的日子，一般在立春、立秋后第五个戊日。
③ 水：原文误作"永"，今改。
④ 角黍：以芦叶或竹叶裹成尖角的粽子。
⑤ 逆女：迎接女儿回娘家。
⑥ 追节：旧俗定亲后，男方逢节送礼于女方。

六月六日，曝衣，将曲酱。

秋七月七夕，乞巧。

中元，祀先，悬麻谷。

中秋，列瓜果酒饼，欢饮玩月。

社日，如春社。

九月重九，登高，赏菊，隆师，逆女，追节，饮茱萸酒。世俗相传始于费长房之教桓景也①。

冬十月下元，墓祭，烧寒衣。

冬至，士大夫驰贺，如元旦。

十二月八日，时谓之"腊日"，凡物于此日蓄之耐久。

二十四日，扫舍宇，祀灶神，妇女不许至。

除夕，易门神、桃符，修岁事，陈祀仪，老稚围饮，曰"守岁"。时多嫁娶。

赞曰：

渊渊滇水，源发淮康。

山围川绕，佳丽中央。

水陆交驰，风气所藏。

景物清朗，人性剽扬。

衣冠炫耀，文物辉煌。

昔也草莽，今也华邦。

绵绵历历，千载菲芳。

---

① 关于重阳节的起源传说，南朝梁时吴均《续齐谐记》记载："汝南桓景，随费长房游学累年。长房谓之曰：'九月九日汝家中当有灾，宜急去，令家人各作绛囊，盛茱萸以系臂，登高饮菊花酒，此祸消。'景如言，举家登山。夕还，见鸡牛羊一时暴死。长房闻之曰：'此可以代矣。'今世人每至九月九日登高饮酒，妇人带茱萸囊，盖始于此。"

卷二　建置志

堂帘高远①，将以严上下之分；寰区纷列，亦以饰封略之规。故制度贵于严密，而维持在于精敏。若领符印者视为传舍，则纲纪废弛而驭众之无资，规模简略而经世之无法。故曰：羡鱼在于结网，愿治贵于更化②。乃作《建置志》。

国名

滇阳。汉国名。以其在滇水之南，故名。

慎阳。汉高帝十一年二月甲寅③，淮阴舍人栾说封慎阳侯④，二千户。元狩五年⑤，国除，乃为县，属汝南郡。《史记索隐》曰："慎阳，属汝南，本作'滇阳'，永平五年⑥，失印更刻，遂误以

---

① 堂帘：厅堂所挂之帘。借指朝廷。
② 愿治：谓希望得到大治。
③ 汉高帝：汉高祖刘邦。高帝十一年，即公元前196年。
④ 栾说：《汉书·高惠高后文功臣表》作"乐说"。说，读作"悦"。
⑤ 元狩：西汉武帝刘彻使用的第四个年号，时间从公元前122年至公元前117年。元狩五年，即公元前118年。
⑥ 永平：东汉明帝刘庄的年号，使用时间从公元58年至75年。永平五年，即公元62年。

'水'为'心'。《续汉书》作'滇阳'也。"① 颜师古曰："'慎'字本作'滇'，音真，后误为'慎'耳。今犹有真丘、真阳，知音不改也。"②

义阳郡。东魏置，北齐废郡。

邑名

慎阳。汉栾买之有罪③，国除，因置慎阳县。

真阳。慎字从"心"，刘宋相沿，遂去"心"字，名曰真阳，仍属汝南郡。

真丘。隋初废县，后改曰真丘，开皇十六年置，大业初又改真阳④。

淮阳。唐改曰淮阳县，因其地里滨于淮水，故名。延载元年置，神龙元年仍为真阳县。

---

① 语出《史记》卷十八《高祖功臣侯者年表》注。但有学者对此提出质疑，认为旧说东汉"永平五年失印更刻"而"误为水为心"云云，不过是一个缺乏事实依据的民间传说，并无其事。（张伟然、蔡允贤：《官印与地名——"慎阳"及相关地名变迁的传说与史实》，《复旦学报（社会科学版）》2019年第3期。）
② 语出《汉书》卷二十八上《地理志》注。
③ 栾买之：西汉慎阳侯国第三位列侯。
④ 《河南历代方志集成·驻马店卷10·嘉靖〈真阳县志〉》影印时脱漏此句，此据上海书店影印《天一阁藏明代方志选刊续编60·嘉靖〈真阳县志〉》补。

城池

城：《汝南志》"真阳城，古慎阳城"①。洪武初废，正德元年复为县②，二年，知县齐公渊始筑土城③。周围八百丈，高二丈五尺，上阔一丈五尺，下阔二丈。六年，经流贼往来如平地然，知府毕公昭④、通判李公穆乃请于巡抚都御史邓公璋⑤，砌之以砖。适知县张公玺继此兵火之后⑥，以城池为急务，寝食弗遑，而大功告成矣。尝自为《祭后土文》，有曰：

维正德七年十月吉日，真阳知县张玺敢昭告于后土之神：惟神默主斯土，昭然灵见，阴相之功，著于一县。镇我疆土，福我民生，卫我灾患，鉴我民情。乃者奉朝廷改县之举，作城池保障之形。具此牲醴，聊表寸诚。伏望告祭之后，疆土宁谧，海波不兴，盗贼远避，禾黍丰盈，士民安堵，禄位崇升。亘古今而悠久，奠民物于太平。呜乎！显哉！尚享。

---

① 此《汝南志》当为强晟编纂的正德十六年（1521）刊行的三十八卷本《汝南志》，今已佚。

② 正德元年：公元1506年。

③ 齐渊：本《志》卷三《职官志·知县》有简介。

④ 毕昭：生卒不详，字蒙斋，济南府新城县（今山东省桓台县）人，工部尚书毕亨之子。明弘治十二年（1499）进士，正德四年（1509）任汝宁府知府。任内，兴学养民，境内大治，汝民建碑记其事。后迁佥都御史、山西巡抚等职。

⑤ 李穆：宣府（今河北省张家口市宣化区）人，正德七年（1512）任汝宁府通判。邓璋（？—1531），字礼方，号烟村，顺天府涿州（今河北省涿州市）人。明成化二十三年（1487）进士，授南昌府推官，又升任右佥都御史，巡抚辽东。正德中累官河南巡抚。迁右都御史，总制陕西三边军务，后改抚甘肃，又升任南京户部尚书。嘉靖十年（1531）卒，赠太子太保。

⑥ 张玺：本《志》卷三《职官志·宦迹》有传。

门：四，上各有楼，东曰接颍，南曰通楚，西曰达洛，北曰适蔡。本府推官陈公溥编定①。

角楼②：四隅各一座。

窝铺③：八座。

水关④：东二，西、南、北各一，泄城中水。

池：旧有池，淤浅。正德二年因取土筑墙，池始深广。岁久，又淤塞。正德二十二年，知县李公居仁疏通之⑤，阔三丈，深一丈。徐公霓复疏通之，更加深阔。冬夏水清冽，民甚便之。

桥：四门外各有桥，石甃⑥。

堤：池外有堤，高六尺，阔一丈。堤外复有小濠，阔一丈二尺，深一丈，濠各有栏有桥。南濠有凝秀楼，高峻耸观，徐公霓建，以便防守。

麟曰：《易》曰："王公设险以守其国。险之时用大矣哉！"⑦ 险者何？以城池也。时用者何？言随时修理之也。大者何？言保障而安之也。真阳城池创于正德壬申⑧，而崩坏于嘉靖辛丑⑨。李公居仁

---

① 推官：官名，别称司理、司李。唐朝始置，五代、宋、金、元因袭，职责有所变化。明朝为各府之佐贰官，正七品（属顺天、应天二府者从六品）。定制，每府设一员，亦有因事而增设者。掌理刑名，赞计典。清初沿明制。康熙六年（1667）省。陈溥：生卒不详，字介石，抚州府乐安县（今江西省抚州市乐安县）人。正德初年任汝宁府推官，后任浙江处州通判、山东盐运使等职。

② 角楼：在城墙四角所建的瞭望楼。

③ 窝铺：建于城墙上开阔地带，可供守城士兵执更、休息、放置器械及防身的临时性建筑。

④ 水关：旧时穿城壁以通城内外水的闸门。

⑤ 李居仁：本《志》卷三《职官志·宦迹》有传。

⑥ 甃（zhòu）：砌，垒。

⑦ 语出《周易·坎卦·彖》。

⑧ 正德壬申：正德七年（1512）。

⑨ 嘉靖辛丑：嘉靖二十年（1541）。

修之，耆老感其德而立石矣。今癸丑岁四月雨①，至七月犹未止也。城墙并门楼崩塌，至此极矣。徐公霓修之，八月工完。九月，归德寇师尚诏起②，杀掠破城，为中州害。真阳赖以保障，其功德之大又何如也。

公署

麟按③：县治、公署、学校、仓库、城郭，皆创置于正德初年。请置县者，汝阳知县隆庆雷公宗也④；相地定公署者，河南参政东阿刘公约⑤、佥事太原王公琼⑥、汝宁知府全州蒋公昇也⑦；总督其

---

① 嘉靖癸丑：嘉靖三十二年（1553）。
② 师尚诏（？—1553）：归德府睢州柘城（今河南省柘城县）人。明嘉靖三十二年（1553）二月率领农民暴动，历时九个月，转战河南、安徽、山东三省，最终兵败被俘而死。
③ 此段为《县志》编撰者何麟所写按语。
④ 雷宗：生卒不详，字希曾，隆庆卫（今北京市昌平区）人。明弘治十五年（1502）进士。次年，授河南汝阳知县。任内，曾修博爱桥，即今汝南县城北关石桥宏济桥。后任四川道监察御史，官至大中丞。
⑤ 参政：职官名。承宣布政使司（主管一省行政）设左、右参政各一人，分守各道，并分管粮储、屯田、军务、驿传、水利、抚名等事，为从三品官职。刘约，生卒不详，字博之，别号黄石，兖州府东阿县（今山东省东阿县）人。明成化十一年（1475）进士，曾任吏部验封郎中、河南布政司参政。
⑥ 佥事：职官名。相当于副职或者助理等职。明代时都督、都指挥、按察、宣慰、宣抚等司均置佥事官。王琼（1459—1532），字德华，号晋溪，别署双溪老人，山西太原府（今山西省太原市）人。明朝中期名臣，历事成化、弘治、正德、嘉靖四朝。在弘治朝后期，先后担任过河南参政、河南右布政使等职。
⑦ 全州：原文误作"泉州"，查《泉州府志》无其人，清嘉庆《全州志》卷六《选举·进士》有"蒋昇，下北隅人，成化二十三年丁未科费宏榜，仕至户部尚书，崇祀乡贤"，据改。蒋昇（1450—1526），字诚之，号梅轩，广西全州（今广西壮族自治区全州县）人。成化二十三年（1487）进士，授南海知县，以政绩卓异征入朝，擢监察御史。升河南汝宁知府，后历官多职，正德十六年（1521）升南京户部尚书。

事者，汝宁推官乐安陈公溥、本县知县肃宁齐公渊也；分治其工者，典史王玺①、阴阳训术涂希濂、义官阮兴也②。创置经始，功业不可泯，如此。

县治：在城西北。正德二年，推官陈公溥、知县齐公渊建。六年，遭兵火，知县张公玺建。岁久，弊坏，嘉靖三十一年徐公霓重修。

忠爱堂：五楹③，徐公霓重修。

思补堂：三楹，徐公霓创建。尝作《思补堂说》，而大书于木屏。其略曰：

> 堂曰"思补"，何也？曰：思补必于堂焉，因以名乎其堂也。方其政事既暇，退而独居于此之时，岂可默默已乎？必即吾之所为，反而思之曰：某事有弗善乎？某事有弗可乎？某事天理有弗当、人心有弗安乎？甚至恣己行私，欺上罔下，任喜怒以为赏罚，剥民膏脂以自利乎？有一于此，必深惩而痛割之，使不复萌诸心见诸行事，则吾之所为庶乎正大光明而俯仰无愧怍矣④。岂直曰"补过"而已哉⑤！

典史厅：三楹，堂西。

恒足库：三楹，堂东。

---

① 王玺：本《志》卷三《职官志·典史》有简介。
② 涂希濂、阮兴：本《志》卷五《选举志·义输》均有简介。
③ 楹：本义为厅堂前部的柱子，作量词为古代计算房屋的单位。一说一列为一楹，一说一间为一楹。
④ 庶乎：近似，差不多。
⑤ 直：只；仅仅。

仪门①：三楹。

角门②：左右各一楹。

戒石亭③：堂前甬道中。

大门：三楹。

六房④：左右各八楹。

马房：仪门外，左右各十楹。

钟楼：仪门外，左。

土地祠：仪门内，左。

狱：仪门内，右。

旌善亭：大门外，东。

申明亭⑤：大门外，西。俱徐公霓创建。

知县宅：思补堂后。

典史宅：县堂西北。

吏廨：仪门内，左。

---

① 仪门：礼仪之门。明清官署、邸宅大门内的第二重正门，是典礼、庆贺、迎送、祭拜的重要场所。

② 角门：明清官署、邸宅大门内的第一重门为正门，第二重正门为仪门。角门与仪门在同一面墙上，位于仪门的两侧，一般供非公职要员出处。

③ 戒石亭：宋代开始，在地方衙署大堂前立有刻着警戒官吏铭文的石碑，称"戒石"。明朝不仅明令各府州县在衙署堂前立戒石，并建亭加以保护，故有"戒石亭"之设。到了清代，因戒石亭居甬道正中出入不便，遂改为牌坊，架在甬道之上，故又称"戒石坊"。

④ 六房：吏房、户房、礼房、兵房、刑房、工房，为书吏办事机构。

⑤ 申明亭与旌善亭是明代在城乡各地建立的两个亭子，目的在于惩恶扬善，推行教化。具体来说，旌善亭是用来表彰善人义举，鼓励人们积极向善的，明嘉靖《太平县志》卷四《职官志上·公署》载，"凡民间有孝子顺孙、义夫节妇，则书其行实揭于亭，以寓劝善之意"。申明亭则相反，"凡民有作奸犯科者，书其名揭于壁，而耆民里长会断民讼者亦于是"，兼有惩戒警示和调解民事纠纷的作用。

学署：见《学校志》。

阴阳学：县治西。

医学：县治西。

察院①：县治东。

布政司②：察院左。

按察司③：察院右。

候官厅：布政司门左。

官吏

知县：正七品，月俸七石五斗。

幕典史④：未入流，俸三石。

属教谕：未入流，俸三石。

训导⑤：未入流，俸三石。

阴阳训术⑥

医训科⑦

---

① 察院：巡按御史至县停驻之所。

② 布政司：省级布政司官员巡历至县停驻之所，也称布政分司。

③ 按察司：省级按察司官员巡历至县停驻之所，也称按察分司。

④ 幕典史：典史。明前期典史专掌案牍，"典文移出纳"，处理县衙内日常事务，故称"幕"或"幕典史"。嘉靖后，巡捕职权转移给典史，开始主掌缉捕、监狱等。如无县丞、主簿，则典史兼领其职，可谓一县"群吏之长"。

⑤ 训导：明清时期，府设教授，州设学正，县设教谕，职司教育所属生员，其副职皆称训导。明代县儒学设教谕一人，训导二人；清代县儒学教谕、训导俱各一人。

⑥ 阴阳训术：明代地方阴阳学官，府曰正术，州曰典术，县曰训术，各一人。教习天文与术数。秩未入流，有官无禄。

⑦ 医训科：设员一人，选艺精者为之，不入流，无俸禄，职掌惠民药局，署为医学，下有医生。

学廪膳生员①：二十人。

增广生员：二十人。

附学生员：无定数。

司吏四人②：户、刑、铺长、儒学各一人。

典吏八人③：六房、承发、架阁各一人。

申明亭老人：保各一人。

木铎老人④：四人。

教读⑤：四人。

里长⑥：一百五十人。

书手⑦：保各一人。

---

① 廪膳生员：简称廪生，系明清两代地方学校中由官府供给粮食、俸禄的生员。明洪武二年（1369）令地方兴设学校，规定生员之数为府学四十人、州学三十人、县学二十人，每人每月给米六斗，地方官供给鱼、肉。但不久又命增广生员名额，不拘额数。于是先享有食廪者称为廪膳生员；后来增广的员额，没有食廪的待遇，称为增广生员。后又于增广生员之外，再加收生员，称为附学生。初入学者，皆排于附学生之列，必须在岁、科两试取得高等第，才能补为正式的廪膳生及增广生。地方贡入中央国子监的岁贡生，则从年资较久的廪膳生中选取或依次升入。

② 司吏：明清官衙中负责办理文书的小吏，也是主要办事人员。

③ 典吏：明代为中央和地方政权及其所属部门中的低级事务人员，为司吏下属吏员。在六房佐助司吏办事，在架搁库（储藏文牍档案的机构）、承发科（掌管文书收发的机构）则为主管。

④ 木铎：以木为舌的铜质大铃。古代宣布政教法令时，巡行振鸣木铎以提醒注意或召集群众。木铎老人：宣扬教化的老人。

⑤ 教读：在官方学馆中授课的教师。

⑥ 里长：明代里甲制度，以一百十户为一里，推丁粮多者十户为长，称里长。

⑦ 书手：担任书写、抄写工作的吏员。

甲首①：保各百户。

阴阳生：五人。

医生：五人。

察院门子②：二人。

布政司门子：二人。

按察司门子：一人。

县门子：三人。

皂隶③：二十七人。

仓斗级④：六人。

禁子⑤：七人。

铺司兵⑥：三十七人。

库子⑦：二人。

学门子：三人。

启圣祠门子：一人。

库子：二人。

斗级：二人。

---

① 甲首：明代里甲制度，一甲共十人，推一人为首，称甲首。《明史》卷七十七《志·食货一》："洪武十四年，诏天下编赋役黄册，以一百十户为一里，推丁粮多者十户为长，余百户为十甲，甲凡十人。岁役里长一人，甲首一人，董一里一甲之事。先后以丁粮多寡为序，凡十年一周，曰排年。"起初里长、甲首负责传达公事、催征税粮，后来官府聚敛繁苛，凡祭祀、宴飨、营造、馈送等费，都要里甲供应。

② 门子：旧时在官衙中侍候官员的差役。

③ 皂隶：衙门里的差役，负责在县衙内站堂值班等。

④ 仓斗级：主管官仓、务场、局院的役吏。

⑤ 禁子：也叫"禁卒"，在监狱看守罪犯的狱卒。

⑥ 铺司兵：在急递铺、总铺和分设各地的铺所设置的兵役，负责兵部及军事文书和军需物品的押运，还负责本县的治安事务及羁押看守轻罪犯人等。

⑦ 库子：管理官库的差役。下又云"库子二人"，或职守不同，另有所用。

乡保长、保副：近设，不限数，以防寇。

保甲

真阳保，县南。

黄里保，县东北。

柔远保，县南。

归化保，县南。

南和保，县南。

乐善保，县西南。

常丰保，县西南。

礼庄保，县西南。

守信保，县南。

朱黄保，县北。

塘上保，县北。

新兴保，县南。

柳寨保，县东。

浅塘保，县南。

汝南保，县东北。

麟曰：积甲为里，积里为保，积保为县。保甲亏，县斯累矣。吾邑之保虽十有五[1]，而里甲有未备焉者，差粮累之也。差粮累之者，以田亩之不均也。徐公霓乃慨然举县之田而均之，则平日之隐

---

[1] 此十五保与清嘉庆《正阳县志·店集》所载十五保名称数目俱同，但各保方位不尽一致。

谩田土者呈其诈，遮盖人户者露其奸。即其土田，即其人户，而补其亏缺。则里为完里，而县为完县矣。

街巷

宣化街，县治前。
显灵街，城隍庙前。
小十字街，北。
大十字街，南。
迎春街，接颍门内。
迎薰街，通楚门内。
迎宾街，达洛门内。
迎恩街，适蔡门内。
崇文巷，迎春街左。
寿仙巷，迎春街右。
循礼巷，迎薰街左。
育才巷，迎薰街右。
积善巷，迎宾街左。
修福巷，迎宾街右。
前溪巷，迎恩街左。
通津巷，迎恩街右。
旧庙巷，县后。
东关
南关

西关

北关

坊牌①

聚奎坊，在大十字街心，四面并楼，皆石。徐公霓为进士李经②，举人何麟、董宗舒、黎来、王廷儒建③。

宣化坊，县治前。

儒林坊，儒学右。

双璧坊，在迎春街，为成化癸卯科举人刘廷璧立④。

重光坊，在双璧坊左，为贡士刘廷璧立⑤。

京闱坊⑥，在迎薰街，为成化庚子科举人鲁杲立⑦。

进士坊，在迎恩街，为正德甲戌科进士李经立。

---

① 坊牌：牌坊。明代朝廷提倡为科举及第者立功名牌坊，借以表彰功名，引导社会形成读书应试、报效朝廷的风气。

② 进士：科举时代的科目。隋炀帝选拔人才，设进士科，为中国科举制开始的标志。唐宋因之，其时凡举人试于礼部合格者，称为"进士"。明清之制，会试中式者，再经殿试后赐进士及第（一甲）、进士出身（二甲）、同进士出身（三甲），此三甲皆通称为"进士"。李经：本《志》卷五《选举志·进士》有传。

③ 举人：历代含义不同，明清两代则指在乡试中被录取者。考中举人，可以进一步参加全国性的会试，同时也具备了做官的资格。何麟、董宗舒、黎来、王廷儒：本《志》卷五《选举志·举人》皆有传。

④ 刘廷璧：本《志》卷五《选举志·举人》有传。

⑤ 贡士：原指古代诸侯推荐给天子的士。唐宋时，以州（府）、县科举考试（乡贡、乡举）中式者称乡贡士。明代，贡士分两种情况：一为入京参加会试的举人，一为贡入国子监的生员。清朝时，会试中式者统称贡士。

⑥ 闱：原文误作"围"，清康熙《真阳县志》、嘉庆《正阳县志》俱作"闱"，据改。京闱，谓科举时代在京城举行的考试。

⑦ 鲁杲：本《志》卷五《选举志·举人》有传。

方岳坊，在汝南埠，为陕西右参政李经立。

拔秀坊，在迎宾街，为甲午科举人董宗舒立。

文英坊，在寿仙巷，为辛卯科举人何麟立。

文魁坊，在循礼巷，为己酉科举人王廷儒立。

登科坊，在迎薰街，为己酉科举人黎来立。

武备

教场①，在县西关外，为亩二十有四。演武亭，三楹。中建将台。俱知县张公玺市地为之。有《立教场祭文》：

> 正德七年十一月吉日，真阳县知县张玺谨以牲醴之仪致祭于武成王之神、武安王之神曰：自古国家，必设武备，卫我疆场，利我兵器。天未阴雨，彻彼桑土②，豺狼禽兽，莫敢予侮。兹立教场，演武习战，励我士民，威我郡县。惟神默佑，保障多方，奠安境土，永永平康。谨告。

民壮，即机兵③，一百七十二名。

义勇④，三十名。

烟墩⑤，五里一座，各路俱有。

---

① 教场：古时操练和检阅军队的场地。

② 语出《诗经·豳风·鸱鸮》："迨天之未阴雨，彻彼桑土，绸缪牖户。今女下民，或敢侮予？"即未雨绸缪之意。

③ 民壮：又称机兵，是明清时期政府设立的地方民兵，由精壮乡民组成，以补卫所军丁的不足。平时主要负责守卫城池，境内有寇匪或外患时则出战。

④ 义勇：又称枪手，"边陲为患，欲其募义勇战，以忠其上之谓也。……督察于兵宪，以听巡抚之调遣"（嘉靖《淄川县志》卷四《建设志·兵防》）。

⑤ 烟墩：烽火台。

仓邮

际留仓①，县治内，仪门西。

预备仓②，县治内，仪门东。

养贤仓，儒学内，文庙东。

总铺③，在县治西。

哈店铺，县东南十二里，徐公霓重建。

黄山铺，县东南四十里。

建安铺，县东南五十里。

铜钟铺，县东南六十里。

漫塘铺，县东南七十五里。

山头铺，县北二十里。④

坛庙

社稷坛⑤，县城西一里。

风云雷雨山川坛，城南一里。

---

① 际留仓：委积滞留粮食的仓库。
② 预备仓：明代各地为储藏赈济粮所设的粮仓，以救灾备荒为首要目的。
③ 铺：也称递铺或铺递，古代的邮驿站点，属于驿站在地方上的延伸，主要负责传递官方文书。明代在全国皆建有驿站，称为驿递，每隔十里置铺，铺有铺长；六十里设驿，驿有驿丞。
④ 以上共七铺，其中哈店、黄山、建安、铜钟、漫塘五铺在今正大路（218省道）沿线，且铜钟设有巡检司，可见明代时期正阳——大林一线即为交通要道。
⑤ 社稷坛：祭祀土地神和五谷神的地方。

邑励坛①，城北一里。

城隍庙，县治东北，吴文选记②。

八蜡庙，县城南，祀先啬、司啬、先农、邮表畷、猫虎、坊、水庸、昆虫之神，嘉靖甲寅徐公霓新建。

乡社坛，在各乡，每里一百户立坛一所，今民间多废。

乡励坛，在各乡，每里一百户立坛一所，今多废。③

集市

东关集；南关集；西关集；北关集；杨家店集④；西岩店集⑤；汝南埠集；朱家店集⑥；岳城店集；寒冻店集；阮家店集；王家店集⑦；裴家店集⑧；油房店集；铜钟店集；钟家店集⑨；涂家店集⑩；

---

① 励：古同"厉"。厉坛：祭无祀鬼神之坛。《明史》卷五十《礼四·厉坛》："泰厉坛祭无祀鬼神。《春秋传》曰'鬼有所归，乃不为厉'，此其义也。《祭法》，王祭泰厉，诸侯祭公厉，大夫祭族厉。《士丧礼》'疾病祷于厉'，《郑注》谓'汉时民间皆秋祠厉'，则此祀达于上下矣，然后世皆不举行。洪武三年定制，京都祭泰厉，设坛玄武湖中，岁以清明及十月朔日遣官致祭。……王国祭国厉，府州祭郡厉，县祭邑厉，皆设坛城北，一年二祭如京师。里社则祭乡厉。后定郡邑厉、乡厉，皆以清明日、七月十五日、十月朔日。"

② 吴文选《真阳新建城隍庙记》一篇，收录于本《志》卷十《艺文志·文集》。

③ 以上各坛庙，其祭祀礼仪分别详见本《志》卷七《仪礼志·祀典》。

④ 杨家店：据本《志》卷一《地理志·镇店》所载，真阳县有东杨家店、西杨家店。此杨家店集或在东杨家店，即今闾河乡杨店村。

⑤ 岩：据本《志》卷一《地理志·镇店》，应为"严"。

⑥ 朱家店：今皮店乡朱店村。

⑦ 王家店：今彭桥乡王店村。

⑧ 裴家店：今皮店乡。

⑨ 钟家店：今彭桥乡老店村。

⑩ 涂家店：今大林镇涂店村。

蓝青店集；陡沟店集；间河店集；宋家店集①。

津梁

汝南埠口，县东七十里。

袁家埠口②，县东北六十里。

涂家埠口，县南九十里③。

饶家埠口，县东南九十里。

潘家埠口④，县东南九十里。

黄家埠口⑤，县西南七十里。

南三里桥，县南三里。

北三里桥，县北三里。

柳寨桥⑥，县东三十里。

西岩店石桥⑦，县东七十里。

龙王港石桥⑧，县东七十里。

王雾桥⑨，县东四十里。

---

① 宋家店：今熊寨镇宋店村。
② 在今寒冻镇袁楼村，濒临汝河。
③ 在今大林镇涂店村，濒临淮河。"县南"应为"县东南"。
④ 在今皮店乡潘店村，濒临淮河。距县城约40公里，不到90里。
⑤ 当在今确山县双河镇张店村大黄庄南，濒临淮河。
⑥ 在今吕河乡杨店村东杨楼南吕河上。
⑦ 在今雷寨乡西严店社区北吕河上。
⑧ 在今汝南埠镇东汝河上。
⑨ 在今王勿桥乡北吕河上。

秔陂港桥①，县东六十里，元牛凤修，有《记》，见《艺文志》②。

土扶桥③，县东南六十里。

彭家桥④，县南十二里。

板桥⑤，今易石，县南三十里。

清水港桥⑥，县南五十五里。

间河桥⑦，县南二十五里，居民黎文章修。

撞陂义济桥⑧，县南二十里，元县丞边将仕⑨，义民乔海、马广建，潘遵正有《记》，见《艺文志》⑩。

陶家桥⑪，县西南二十五里。

八里桥，县北八里。

唐下沟永济桥⑫，县北二十三里，正德四年知县郭公仲辰建⑬，

---

① 在今寒冻镇北文殊河上。
② 即牛凤《修汶口秔陂港桥记》一篇，详见本《志》卷十《艺文志·文集》。
③ 在今铜钟镇土桥村南桥组北清水河上。
④ 在今慎水乡十二里湾村吕河上游。
⑤ 在今彭桥乡板桥村南清水河上。
⑥ 在铜钟镇北清水河上。
⑦ 在今吕河乡街北吕河上。
⑧ 在今吕河乡邱店村吕河支流上。
⑨ 县丞：职官名。自秦汉迄于清末，历代沿置。明代为知县佐贰官，正八品，分知县政，掌粮马、巡捕等事，民间称之为"二衙"。边将仕：生平不详。
⑩ 即潘遵正《重修撞陂义济桥记》一篇，详见本《志》卷十《艺文志·文集》。
⑪ 在今兰青乡杨楼村西清水河支流上。
⑫ 在今正阳县、汝南县交界的文殊河上。
⑬ 陈标《重建塘下沟永济桥记》记其事，详见本《志》卷十《艺文志·文集》。正德四年，即公元1509年。又，"唐下沟"当为"塘下沟"。

嘉靖三十一年又为山水崩坏①，义民谢敖见修未完②。

赞曰：

湟雉成形，黔黎以屯。

天泽定位，卑高以陈。

何以定分，纲纪士民。

何以劝化，标榜缙绅。

爰整庶务，爰洽神人。

机要执持，百度维新。

君子所劳，小人所循。

---

① 嘉靖三十一年：公元1552年。
② 谢敖：真阳保人，本《志》卷五《职官志·义输》载有其名。

卷三　职官志

长民之道①，平易而已矣。故奉职循理，马迁列为《循吏》②；而劳心抚字③，韩愈称为善人④。此云岩之敦本⑤，仙居之德化⑥，所以为令之龟鉴也⑦。令真阳者，与县为始，历年匪远，历官匪多。职业之勤惰，耳目之睹记，昭如也⑧。乃作《职官志》。

---

① 长民：为民之长；官长。古指天子、诸侯，后泛指地方官吏。
② 马迁：司马迁。循吏：善良守法的官吏。《史记·太史公自序》："奉法循理之吏，不伐功矜能，百姓无称，亦无过行。作《循吏列传》第五十九。"
③ 抚字：抚育爱养子女，在此指对百姓的安抚体恤。韩愈《顺宗实录四》："（阳城）出为道州刺史……在州，以家人礼待吏人，宜罚者罚之，宜赏者赏之，一不以簿书介意。税赋不登，观察使数诮让。上考功第，城自署第曰：'抚字心劳，征科政拙，考下下。'"
④ 韩愈《争臣论》："《传》曰：'惟善人，能受尽言。'谓其闻而能改之也。子告我曰：阳子可以为有道之士也；今虽不能及己，阳子将不得为善人乎哉？"文中，韩愈对阳城实际持批评态度。
⑤ 北宋理学家张载（1020—1077）担任云岩县令期间，奉公尽职，重视道德教化，"政事以敦本善俗为先"，提倡尊老爱幼，"使人知养老事长之义，因问民疾苦，及告所以训戒子弟之意"（《宋史》卷四百二十七《张载传》），政绩卓然，惠泽一方。
⑥ 北宋理学家陈襄（1017—1080）担任仙居县令期间，主张以德化民，亲笔写下《劝俗文》教育百姓，引导百姓改变陋习，倡导扬善之风。
⑦ 龟鉴：龟，龟甲。鉴，镜子。龟甲可占卜吉凶，镜子可照见美丑。比喻借镜（鉴）前事，警戒反省。亦作"龟镜"。
⑧ 昭如：明白貌。

封侯

汉栾说，淮阴舍人，得罪于韩信，信囚欲杀之，说因上变告信欲反状于吕后①，后用萧何计绐而杀之②。高帝十一年十二月，因封慎阳侯，二千户。

栾愿之③，中元六年封侯④。

栾买之，建元元年封侯⑤。元狩五年坐铸白金罪⑥，国除。

萧深明，唐封真阳侯⑦。

郡守

麟按：郡守有伟功于我真者，因并志之。

---

① 变告：谓告发谋反等非常事件。
② 绐（dài）：古同"诒"。欺骗；欺诈。
③ 栾愿之：西汉慎阳侯国第二位列侯，谥靖侯，在位四年。《史记·高祖功臣侯者年表》作"栾愿之"，《汉书·高惠高后文功臣表》作"栾愿"。
④ 中元：汉景帝三个年号中处于中间的一个。中元六年，即公元前144年。
⑤ 建元：西汉武帝刘彻使用的第一个年号。建元元年，即公元前140年。
⑥ 坐：定罪，由……而获罪。白金：西汉武帝元狩四年（前119）发行的银锡合金货币，分三等，称白金三品。铸白金，即私自盗铸货币。
⑦ 萧深明：唐朝无真阳侯萧深明。南朝时有萧渊明（？—556），又作萧明、萧深明，字靖通，初封贞阳侯，豫州刺史，后一度为南朝梁第五位皇帝。疑文中即此人之误，但贞阳侯非真阳侯。

［嘉靖］真阳县志·卷三 职官志

邓晨①，汉建武中任汝南太守②。按：滇水出慎阳县西，而东经慎阳县故城南，陂又东流积而为燋陂，陂水又东南流而为上慎陂，又东为中慎陂，又东南为下慎陂，皆与鸿郤陂散流③，其陂首受淮川，左结鸿陂④。汉成帝时，翟方进奏毁之⑤。建武中，晨为汝南太守，欲修复之，遂署都水掾⑥，起塘四百余，百姓得其利。

县令

刘陶，汉颍阴人，慎阳县长。政化大行，道不拾遗。以病去官。童谣歌曰："悒然不乐，思我刘君，何时复来，安此下民。"⑦

---

① 邓晨（？—49）：字伟卿，南阳郡新野县（今河南省新野县）人。东汉开国元勋邓宏之子，光武帝刘秀姐夫。辅佐刘秀登基，历任光禄大夫、中山太守、汝南太守、廷尉卿，定封西华侯。任汝南太守期间，"兴鸿郤陂数千顷田，汝土以殷，鱼稻之饶，流衍它郡"。（参见《后汉书》卷一十五《邓晨传》）

② 建武：东汉光武帝刘秀年号，也是东汉的第一个年号，从公元25年至56年，前后共使用32年。

③ 鸿郤陂：汉代著名水利工程。约在西汉武帝时开凿，成帝时毁废，民失其利，东汉初邓晨为汝南太守时复修。故迹在今河南省正阳、平舆、新蔡、息县一带。郤，又作"隙""郄"。

④ 此段按语文字，出自《水经注》卷三十《淮水》。句首"滇水"二字，《水经注》作"慎水"。

⑤ 翟方进（？—前7）：字子威，西汉汝南郡上蔡县（今河南省上蔡县）人。少时家贫，苦学成名，汉成帝时官至丞相，封高陵侯，后被迫自杀。生平事迹详见《汉书》卷八十四《翟方进传》。

⑥ 都水掾：官名，汉置，西汉属各卿，东汉属郡国，掌河渠水利等事，有时与水曹掾史并置，位在其上，也称监都水掾，或省称都水。掾（yuàn），原为佐助之意，后为副职官员或官署属员的通称。文中的"都水掾"，乃指许杨。《后汉书》卷八十二上《方术列传·许杨传》载："许杨字伟君，汝南平舆人也。……汝南旧有鸿郤陂，成帝时，丞相翟方进奏毁败之。建武中，太守邓晨欲修复其功，闻杨晓水脉，召与议之。……因署杨为都水掾，使典其事。"

⑦ 语出《后汉书》卷五十七《刘陶传》，又见《水经注》卷三十《淮水》。

巴肃，汉高城人，建和时举孝廉，与郭泰、范滂齐名，历慎阳令，以郡守非人辞去，改贝丘长①。

葛书举，字规叔，江阴人，宋熙宁三年进士，授淮南节度使推官，知蔡州真阳县事②。有惠政，民思之。

张云卿，真阳县尉。有学行，清介自守，安贫乐道，未尝苟求。应进士举，晚沾一命，士人惜之。文彦博举之③，《疏》云："切见蔡州真阳县尉张云卿，通经博古，欲望特除一西京学官，必能师表诸生，亦可敦薄俗，取进止。"④

达鲁花赤⑤

元朵阿达实，畏兀儿人，少聪敏，博通经史，得文资散官⑥。

---

① 据《后汉书》卷六十七《巴肃传》："巴肃字恭祖，勃海高城人也。初察孝廉，历慎令、贝丘长，皆以郡守非其人，辞病去。"巴肃任职慎令，并非慎阳令。两汉时期，慎县亦属汝南郡，治今安徽省阜阳市颍上县江口镇。另，"贝"字在原文误作"具"，今据改。

② 葛书举（1038—1091）：宋神宗熙宁三年（1070）进士，初调余杭任主簿，再任真阳知县，又改任左宣德郎，后任长垣知县，卒于任上。

③ 文彦博（1006—1097）：字宽夫，号伊叟，汾州介休县（今山西省介休市）人。北宋时期著名政治家、书法家。历仕四朝，出将入相。嘉祐三年（1058），出判河南等地，封潞国公。有《文潞公集》四十卷。

④ 语出《文潞公集》卷四十《举官·举张云卿》。西京学官：西京国子监学官。北宋以洛阳为西京，西京国子监即原河南府学。原文作"两京学官"，今据《文潞公集》改。

⑤ 达鲁花赤：蒙古语的音译。元官职名。指镇压者、制裁者、掌印者，转而有监临官、总辖官之意。元朝汉人不能任正职，朝廷各部及地方各路府州县在各官署主管之上均设达鲁花赤一员，由蒙古人或色目人充任，以监督汉官、掌管军政实权。后成为地方各级长官或首长的通称。

⑥ 文资散官：即文散官，金、元表示文职品级的称号。凡进士出身的皆授文散官，谓之文资官。其余皆为武散官，谓之右职，又谓之右选。文资以进士为优，右职以军功为优，皆循资，有升降定式而不可越。元沿金制，品秩略有不同。

出长真阳，清廉慈爱，兴利除害，划革时弊。凡遇循行劝课①，裹粮而出，恐扰百姓。时真阳粮本色②输入朱皋仓，民甚苦之。公乃力陈其害，许纳轻赍③，民甚感之。后秩满④，民为立石，记其廉善。有《记》见《艺文志》⑤。

知县

国朝齐渊⑥，直隶肃宁人，监生⑦，正德二年任⑧。创置县治，凡百经营，其功迹颇著。

郭仲辰，字时正，直隶东光人，监生，正德四年任。为政平恕，临事详明。独霸寇势盛，攻城焚掠，颇难支持，遂以此去。

张玺，见《宦迹》。

商辅，山东旸谷人⑨，监生，正德十二年任。

刘泌，直隶魏县人，监生，嘉靖元年任⑩。

---

① 循行：巡视；巡行。循，通"巡"。劝课：鼓励与督责。
② 本色：旧时纳税的名目。指原定征收的米麦等实物田赋。如改征其他实物或货币，则称折色。
③ 轻赍：元代诸色人户所负担的税粮，官府改令折价纳钞，称为轻赍，意为便于携带。
④ 秩满：谓官吏任期届满。
⑤ 即卫桂荣《朵阿达实廉善记》一篇，详见本《志》卷十《艺文志·文集》。
⑥ 国朝：旧时对本朝的称呼。
⑦ 监生：国子监生员的简称。明清两代在国子监（国家最高学府）读书或取得进国子监读书资格的人。
⑧ 正德二年：公元1507年。
⑨ 旸：当为"阳"。
⑩ 嘉靖元年：公元1522年。此言刘泌任职时间有误。据本《志》卷十《艺文志·文集》所录强晟《文庙灵星石门记》一文记载，正德十六年（1521），刘泌修建文庙灵星门时，已是真阳县知县。

刘宗儒，直隶武进人，举人，钧州学正升任。性刚果明决，不畏强御，直道自持。愧于阿奉上官，凌慢省府公差，以此取谤去官，邑人多惜之①。

计朝聘，见《宦迹》。

汤时来，湖广澧州人，举人，嘉靖十年任。谦厚谨慎，时多惠政。

周缜，字文密，云南人，举人，嘉靖十三年任。才识通敏，襟度坦夷，临事慈祥，民乐其宽。然牵于家乡之远、宦邸之孤，而未尽其才也。

高文昇，直隶五河人，监生，嘉靖十五年任。

龚泰显，湖广泸溪人，监生，嘉靖十六年任。

王萱，见《宦迹》。

田大宜，四川马湖府人，监生，嘉靖十九年丹阳县丞升任。

李居仁，见《宦迹》。

崔岳，字询之，号清溪，直隶广宗人，监生，嘉靖二十二年河东盐运司经历升任②。

王嘉会，字必大，号演西，浙江永嘉人，监生，宿州州判升任③。

---

① 此处未言刘宗儒何年任真阳知县。据康熙《真阳县志·职官》，刘宗儒于嘉靖三年（1524）任真阳知县。

② 河东盐运司：官署名，河东都转运盐使司的简称，掌河东（治所在今山西省永济市）盐政。经历：职官名，自金元至清代皆曾设置，职掌出纳文书。

③ 州判：职官名，知州的佐官，从七品，职掌粮务、水利、海防、巡捕等事。又，此处未言王嘉会何年升任知县。据嘉庆《正阳县志·官师》，王嘉会于嘉靖二十四年（1545）升任真阳知县。

[嘉靖] 真阳县志·卷三 职官志

陶承祖，字仲诒，号安亭，直隶天长人，选贡①，嘉靖二十六年任。资性爽恺②，遇事敏捷，听断明允，民心畏服。

徐霓，字叔望，号静泉，泗州人也。选贡。嘉靖二十八年，江西万安县县丞升今任。性聪慧，博通经史，积学砥行，志操端耿。凡所创为，必思古圣贤遇此如何处。所以百事精当，诸所兴革综理周密。而其大者，则在于兴学校、均田粮、增户口、获巨寇、平疑狱。循良政绩，震动汴藩③，巡按御史浦公之浩荐之于朝④，有曰："外朴中理，官久事习，区画均田而法行群邑，清理黄册而名慑巨奸，才守俱有可观，资格莫能自表。"则浦公之誉，必有所试矣。

《真阳县令题名记》，邑人李经撰：

守令之关于民社也大矣⑤，是故民情有好恶，朝廷有黜陟。公道之在天下，岂独于今为然哉！君子之居是官也，思上之所以任我与下之所以仰我者何如⑥。而立身行政，皆正谊明道，以求辙乎循良之途，则两无所负，而声名之隆可以垂诸不朽耳。否则，不重其任，不爱其身，则君民之责罔以塞。而吾之所以膺是

---

① 选贡：科举制度中由地方贡入国子监生员的一种。明代在岁贡之外考选学行兼优者充贡，称选贡。
② 爽恺：豪爽随和。
③ 汴藩：河南地方长官。汴，开封的简称，明代为河南承宣布政使司官署驻地。藩，即藩司，明清时布政使的别称，主管一省民政与财务的官员。
④ 巡按御史：职官名。明代中央政府均设有监察机关即都察院，都察院下属有十三道监察御史，监察御史平时在京城都察院供职，奉命巡按地方即为巡按御史。级别不高，为正七品，但职权较重。浦之浩：生卒不详，字子化，南直隶苏州府嘉定县（今上海市嘉定区）人。嘉靖二十年（1541）进士，初授中书舍人，嘉靖三十一年至三十二年（1552—1553）任河南巡按御史。
⑤ 民社：指人民和社稷。
⑥ 何如：何故、为什么。

名者①，宁不可畏乎哉？真阳设邑以来，传十余令。间或以行节称，或以政绩著，臧否之在人心，固有不可得而泯者。第姓氏失传，殊无征鉴。广宗清溪崔侯乃始勒著于石②，用以昭示久远，真盛志也。侯以簪缨世族③，来莅兹土，其孝行登闻遍出一时人物④，而达之民牧⑤，六事兼举⑥，真可谓穷达一致矣。侯其知所以自爱其名乎！后之尹若邑者，当亦鉴我侯刻石之意。

典史

张恺，乡贯无考，正德二年任。

刘资，山东人，正德四年任。

王玺，陕西绥德人，正德五年任。创设县治，功劳颇多。

徐守成，山东掖县人，正德十六年任。

王宽，山东掖县人，嘉靖六年任。

王仪。

朱泰，直隶广应人，嘉靖八年任。

丘桧，直隶桐城人，嘉靖十六年任。

---

① 膺：接受，承当。
② 广宗清溪崔侯：即上文"知县"中的崔岳，号清溪，北直隶顺德府广宗县（今河北省广宗县）人。
③ 簪缨世族：旧时指世代做官的人家。簪和缨，古时达官贵人的冠饰，用来把冠固着在头上。杜甫《八哀诗·赠左仆射郑国公严公武》："空余老宾客，身上愧簪缨。"
④ 遍出：清康熙《真阳县志》、嘉庆《正阳县志》均作"迥出"。
⑤ 民牧：旧指治理民众的君王或地方长官。
⑥ 六事：考察地方官吏政绩的六项内容。《金史·百官志一》："宣宗兴定元年，行辟举县令法，以六事考之，一曰田野辟，二曰户口增，三曰赋役平，四曰盗贼息，五曰军民和，六曰词讼简。六事俱备为上等，升职一等。"

[嘉靖] 真阳县志·卷三 职官志

李绅，山东黄县人，嘉靖十八年任。

刘文进，字益之，号南原，陕西真宁县人，嘉靖二十年任。

郑希钦，字大宾，号西桥，湖广麻城人，嘉靖二十四年任。

谢爵，字良贵，江西大庾县人，嘉靖二十五年任。精于刑律，颇知自守。

徐洙，字濬之，号玉峰，直隶宣城人，今任。

教谕

元卫桂荣，乡贯无考，真阳县学①。

王良辅，乡贯无考，真阳县学。

国朝陶贤，见《宦迹》。

孟仁，山东深泽人，正德十年任。

沈铭，浙江人，正德十六年任。

李充大，四川人，嘉靖七年任。

卢中望，号晴峰，四川涪州人，嘉靖十年任。

王黼，四川人，先任本府儒学训导，嘉靖十五年升任。

焦济，字汝楫，号巨川，平乡人。先任山东寿光县学训导，嘉靖二十二年升任。

曹栻，字汝敬，号桂潭，广西桂林人。举人，嘉靖二十四年署教谕事。持身谨严，问学笃实。虽居学署，而沉潜经史，朝夕不辍。教人有法，严条约，勤考课，士争自奋。

---

① 县学：科举时代在每县所设供生员读书之学校。明代县学又称"儒学"。此指卫桂荣任真阳县学教谕。

曹大本，号春谷，直隶宁陵人。举人，嘉靖二十六年署教谕事。性狷介，力学敦行，议论纯正，启迪剀切①。典福建、湖广两省文衡②，士林重之。

殷迁，见《宦迹》。

吴以旆，字待招，号白野，福建莆田人。先任江西袁州府儒学训导，升浙江杭州府海宁县儒学教谕，复任南昌府丰城县儒学并今任。

训导

王臣，正德二年任。

李威，直隶内黄人，正德六年任。

张恕，见《宦迹》。

丘纮，广西一山人，正德十六年任。

李克端，陕西咸阳人，嘉靖七年任。

周德兰，号南渠，陕西蒲州人。资性笃实，刻苦经传。每与诸讲论，开心见诚，终身无欺诈语。

李玺，字信之，号玉庵，直隶霍丘人，嘉靖二十三年任。

周恩，号草窗，直隶当涂人，嘉靖二十七年任。性刚直，博通经史，议论古今事略无滞碍。行磊落不群，诸生讲学，殊未见惰容。升山东宁阳学教谕，乃曰："吾太平有山水可徜徉矣③，又复何之？"遂归去。麟尝有诗赠之，曰："洒落胸襟道有传，淮西振铎已

---

① 剀切：切实，恳切；切中事理。
② 文衡：旧谓判定文章高下以取士的权力。评文如以秤衡物，故云。典文衡指担任科举取士的主考官。
③ 太平：指明代南直隶的太平府，府治在当涂县，下辖当涂、芜湖、繁昌三县。

三年①。蛟龙喜见池中起，桃李偏增墙下妍。莫道中州劳铸范，还将东鲁付青毡。莼鲈自古耽豪杰②，便说江头傍瓮眠。"

黄镇，字静之，号岱峰，山东武定州人，嘉靖三十年任。

巡检③

张荣，字子华，蠡吾人，景太四年任真阳巡检司。
张辰，弘治五年任真阳巡检司。
王浩，正德元年任铜钟巡检司。

宦迹

张玺，字国信，号松庵，直隶亳州人，监生，正德七年任。存心谨厚，遇事精敏。当霸贼残破之余，凡县治、公署、学校、城郭，荡然一空。公乃朝夕经营，修补阙坏④。宽严相济，虽用民力而民不怨。勤恤民隐⑤，抚安流离。凡有灾旱，侧然修省，民望允慰。尝自有诗曰："叨膺司牧治真阳，抚景其如倍感伤。前代旧规多剥落，国朝新制益开张。城池楼观新经画，贡赋差徭自度量。忠

---

① 淮西：泛指淮河上游今河南省东南部、安徽省北部一带，真阳县地处其中。唐朝曾以蔡州（治今河南省汝南县）为中心设淮西节度使，一度成为割据政权。振铎：谓从事教职。
② 莼鲈：《晋书》卷九十二《文苑·张翰传》载："翰因见秋风起，乃思吴中菰菜、莼羹、鲈鱼脍，曰：'人生贵得适志，何能羁宦数千里以要名爵乎！'遂命驾而归。"《世说新语·识鉴》亦载有此事，文字略异。后遂称思乡之情为"莼鲈之思"。
③ 巡检：职官名，巡检使的省称。在关津要害地以缉捕盗贼、盘诘奸伪为主要职责。明清时为州县属官，从九品，官署为巡检司。
④ 阙：同"缺"。
⑤ 民隐：民众的痛苦。

爱一心终不变，敢期民思颂甘棠①。"

计朝聘，字莘夫，四川成都人，举人，嘉靖五年任。宅心纯厚，谦恭简默。清苦自甘，布袍麦饭，人所难堪。接士大夫以礼。锐然民事，宽徭薄赋，爱惜民力。理繁治剧②，虽众论纷纭不能惑之。凡有争讼，开说百端，务当于理，民心自服，吏但受成而已③。政平讼理，上下归心。擢湖广茶陵知州。去之日，行李萧然。寻升澄江府太守④，至嘉靖三十一年方致仕⑤。历官几三十年，始终寒约，世所难及。

王萱，字启孝，号西麓，湖广石首人，举人，嘉靖十八年任。材识明敏，襟度坦夷。奖崇士类，拔其英敏者与之讲论。务敦实学，革浮靡之习，今之成就者率多教益。为政简易，勤恤民隐，划革时弊，吏民畏服。后升严州府通判。

李居仁，字安德，号寿庵，山东观城人，监生，嘉靖二十年任。性刚直，矩度严肃，诚以驭众，公以决事。凡吏民有欺诈者，甚恶。豪右巨滑辄绳以法，不少假贷⑥。讼者盈庭，一言而决。修举废坠，功绩颇著。焦学谕有《碑记》⑦。后以才能堪备边任⑧，调

① 甘棠：木名，即棠梨。《诗经·召南》有《甘棠》一诗，云"蔽芾甘棠，勿翦勿伐，召伯所茇"，颂扬召公的德政，表达对召公的赞美和怀念。《史记》卷三十四《燕召公世家》载："周武王之灭纣，封召公于北燕。……召公巡行乡邑，有棠树，决狱政事其下，自侯伯至庶人各得其所，无失职者。召公卒，而民人思召公之政，怀棠树不敢伐，哥咏之，作《甘棠》之诗。"后遂以"甘棠"称颂循吏的美政和遗爱。

② 理繁治剧：谓处理繁重难办的政务。

③ 受成：接受已定的谋略。引申为办事全依主管者的计划而行，不必自作主张。

④ 寻：顷刻，不久。

⑤ 致仕：旧时指交还官职，即退休。唐白居易《不致仕》诗云："七十而致仕，礼法有明文。"

⑥ 假贷：宽宥。

⑦ 焦济《真阳县重修城池记》一篇，详见本《志》卷十《艺文志·文集》。

⑧ 边任：边境地区的官职。

山西蒲县知县。

陶贤，直隶固安人，贡士，嘉靖十年任。性刚介寡合，学问该博。议论根据义理，择言而言，择地而蹈①。时学校初设，诸士乐于纵放，乃极力振作，设为科条，使动作率循规矩，为文约入绳墨，痛惩浮靡，一时风教为士林宗。

张恕，直隶来安人，贡士，正德十年任。性资谨严，仪表清修。博学多识，辩论不穷。端轨以范士，勤恳以课业，虽隆冬盛暑不废讲学，尤工于诗赋。开发蒙昧，洗涤尘俗，今之学业有成者，皆其造就之力。

殷迁，号梧亭，南京龙江卫人，贡士，嘉靖三十一年任。读书有沉潜功，简默重厚，凡事不苟。年过六旬，与诸生课业终日不倦。从游者甚多，为立课程考校之，间有惰其业者，必对众斥之，以此门下成就者甚多。

赞曰：

川谷异制，风气难平。

何事朴野，惟我淮城。

历历令尹，亹亹豪英。

国信草创，莘夫廉明。

启孝仁厚，安德纯诚。

卓哉静泉，百度惟真。

冥冥厥功，赫赫厥声。

---

① 择地而蹈：选择地方行走。形容做事小心谨慎。语出《史记》卷六十一《伯夷列传》："或择地而蹈之，时然后出言，行不由径，非公正不发愤。"

卷四　学校志

夫贤才乃国家之利器，而学校则贤才之渊薮①。学校未建，则师儒何所联属；教法未详，则士类何所范围？善人之不多，治理之难成矣。真阳学校，兴复之日久，涵养之日深，人材之日盛矣！况司牧者从而振作之，则贤才汇征于明时矣②。乃作《学校志》。

儒学

学，在迎薰街东，广五十步，袤一百二十步，正德二年创置③。后罹兵火，正德七年知县张公玺建。岁久倾圮，嘉靖二十八年徐公霓重修。有《记》，何麟撰：

> 帝王之典籍何始乎？庖羲氏之书契始也。典籍之垂宪何始乎？吾夫子之删定始也。自庖羲氏继天立极，尧舜禹汤文武迭

---

① 渊薮：渊，深水，鱼所居之处；薮，水边的草地，兽所聚之处。比喻人或事物聚集的地方。
② 汇征：语出《周易·泰卦》："初九：拔茅茹，以其汇，征吉。"孔颖达疏："汇，类也，以类相从。……征，行也。"后因以"汇征"谓连类而进。引申为进用贤者。
③ 正德二年：公元1507年。

兴，所谓《三坟》《五典》《八索》《九丘》，皆所以纪大道之要，而传数圣人之心也。吾夫子不得君师之位，乃取而删定之为"六经"以立教，是又所以衍数圣人之心，传之万世而不磨者也。夫不有典籍，则数圣人之道无以传；不有吾夫子之删定，则道之传自数圣人者又皆散逸无统而后世莫之宗。故今使圣人之道昭如日星，人皆知所传诵服习，而不至沦胥于夷狄禽兽者，则吾夫子之功德，夫孰得而媲美也哉！我国家稽古定制，自畿辅以至郡县莫不有学。而必立庙以祀之，所以崇圣道而昭师范也。真阳复县于正德元祀①，而学因之。历岁既久，栋宇垣墙时多倾圮。我邑侯徐君下车②，慨然有意修整之。请诸当道，得百金，计其费奚啻加倍③。乃权宜区处④，命邑幕宣城徐君洙以董治之⑤。于是自殿庑祠亭，以至堂斋廨舍，莫不轩明严敕⑥，焕然一新。视诸初建，倍轮奂焉⑦。始于嘉靖己酉五月十有五日⑧，而告成实以八月十有九日也。邑博士建业殷君迁⑨、姑熟周君恩⑩，偕其徒杨子舒、胡子廷玉、吴子希颜、

---

① 元祀：元年。
② 邑侯：旧时对县令的尊称。因其主理一邑，如古代之诸侯，故称"邑侯"。下车：官吏到任。
③ 奚啻：何止；岂但。亦作"奚翅"。
④ 区处：处理；筹划安排。
⑤ 邑幕：典史的代称。徐洙：本《志》卷三《职官志·典史》有载。
⑥ 敕：通"饬"。整治，整饬。
⑦ 轮奂：形容屋宇高大众多。
⑧ 嘉靖己酉：嘉靖二十八年（1549）。是年徐霓始任真阳县知县。
⑨ 邑博士：指县学的教官。博士，古代学官名。建业：南京的旧称。殷迁：时为真阳县儒学教谕。本《志》卷三《职官志·宦迹》有传。
⑩ 姑熟：当涂县治所在地。周恩：时为真阳县儒学训导。本《志》卷三《职官志·训导》有传。

涂子楩，登麟之堂，属以记之①。辞不果，进而语之曰："诸君知徐君之意乎？徐君所以拳拳乎学校而必先为之所者，岂徒观美而已乎？夫学，所以造士也。今之业是学者，皆所以服吾夫子之教，讲明乎'六经'之旨，将以措诸躬行而建诸事业者也。诸茂士讲习恒于斯②，弦诵恒于斯，游息恒于斯，其必思吾为臣而吾无愧于臣，吾为子而吾无愧于子，吾为夫吾为兄弟朋友吾无愧于夫与兄弟朋友。则其所以簋簪而砥砺③，切磋而琢磨者④，必有相观以善，相戒而不为不善者矣。他日措之事业，有不可观也哉；其于斯学，有不光美也哉。乃若视为泛常⑤，漫不加意，不求之身心，不体认'六经'之旨义，则虽呻吟占毕⑥，无益也。其于学校之修不修何与哉！"殷君、周君揖而谢曰："斯言也，是固徐君急先务之深意也。吾徒其亦知所自励矣。"徐君讳霓，字叔望，号静泉，泗人也。

明伦堂⑦，五楹，在文庙后。

---

① 属：连缀，接连。即"属文"，撰写文章之意。清康熙《真阳县志》此句作"属文以记"。

② 茂士：才德优秀的人。

③ 簋簪："簋"当为"盍"。盍簪，语出《周易·豫卦》："九四：由豫，大有得，勿疑，朋盍簪。"王弼注："盍，合也。簪，疾也。"孔颖达疏："群朋合聚而疾来也。"后因以指士人聚会。砥砺：砥、砺均为磨刀石。砥砺引申为磨炼。

④ 切磋琢磨：切、磋、琢、磨是对玉石象牙等加工的各种方法。《诗经·卫风·淇奥》："有匪君子，如切如磋，如琢如磨。"后以"切磋琢磨"比喻互相研究讨论，以求精进。

⑤ 乃若：至于的意思。为转接语。泛常：平常，寻常。

⑥ 占毕：诵读。《礼记·学记》："今之教者，呻其占毕，多其讯，言及于数，进而不顾其安。"郑玄注："呻，吟也。占，视也。简谓之毕。讯犹问也。言今之师自不晓经之义，但吟诵其所视简之文，多其难问也。"

⑦ 明伦堂：学宫的正殿，是读书、讲学、弘道、研究之所。

进德斋，三楹，堂左。

修业斋，三楹，堂右。

号房①，东西各九楹，在堂东。

仪门，堂前。

庠门，仪门前。

教谕宅，明伦堂东。

训导宅，仪门内西。

庙亭

先师庙，在明伦堂前，五楹。正德二年，推官陈公溥、知县齐公渊建。正德七年，知县张公玺继修，并设圣贤像。嘉靖十年，去圣贤像易以木主。旧称文宣王，今曰先师。旧曰大成殿，今曰先师庙。嘉靖二十八年，知县徐公霓重修，并添设先师及四配十哲各神龛帐幔。

东庑，五楹。

西庑，五楹。

神库②，三楹，庙左。

神厨③，三楹，庙右。

戟门④，三楹，庙前。

---

① 号房：儒学生员考试、住宿的地方。
② 神库：存放神灵牌位的仓库。
③ 神厨：烹调供神祭品的庖厨。
④ 戟门：立戟之门。古代帝王外出，在止宿处插戟为门。后立戟于门，以为仪饰。孔庙的戟门，亦称仪门，多是宫殿式建筑，在棂星门之后，也是大成殿前中轴线上的正门。

泮池①，戟门前，砖甃，上建石桥。

棂星门②，泮池前，旧木为之，正德十年③知县刘公泌易之以石。长史强晟有《记》④，见《艺文志》⑤。

石屏，棂星门前，长三丈，高一丈五尺，典史丘桧建。

起凤基，在石屏南。

潜蛟池，在基南。

启圣祠，戟门外，东。

乡贤祠，戟门外，西。

名宦祠，戟门外，东。俱嘉靖己酉徐公霓新建。

御制《敬一箴》碑亭⑥，在明伦堂后，嘉靖九年奉诏立。

---

① 泮池：古代学校前半圆形的水池。依古礼，天子太学"辟雍"四周环水，诸侯之学只能南面泮水，故称"泮宫"。因孔子曾受封为文宣王，所以建"泮池"为孔庙规制。生员入学亦称"入泮"。

② 棂星门：孔庙中轴线上的牌楼式木质或石质建筑。"棂星"即灵星，又名天田星。孔庙修棂星门，象征祭孔如同尊天。又传说棂星为天上文星，以棂星命名孔庙大门象征着孔子为天上星宿下凡，又意味着天下文人学士汇集于此，统一于儒学门下。

③ 正德十年：据本《志》卷十《艺文志·文集》所收录强晟《文庙灵星石门记》一文记载，当为"正德十六年"。

④ 长史：职官名。历代所职不同，多为幕僚性质。明清时期，在亲王、公主等府中设长史司，长官为长史，左、右各一人，正五品，"掌王府之政令，辅相规讽以匡王失，率府僚各供乃事，而总其庶务"（《明史》卷七十五《志·职官四》）。强晟（1451—?），字景明，号借山，河南汝阳（今汝南县）人。成化二十二年（1486）举人，先任陕西庆阳府真宁县（今甘肃省正宁县）教谕，后任秦府纪善、长史。诗名颇著，有《罗川蓊雪诗》《借山诗稿》《汝南诗话》等。主纂《汝南志》三十八卷，正德十六年（1521）刊行，今已佚。

⑤ 即强晟《文庙灵星石门记》一篇，详见本《志》卷十《艺文志·文集》。

⑥ 《敬一箴》：明世宗朱厚熜为教化天下、宣扬儒学，于嘉靖五年（1526）亲自撰写的劝诫文章。以统一格式颁行各地，立石于孔庙学宫。真阳县所立《敬一箴》碑，还建有碑亭加以保护。

御制《学规》卧碑①，在文庙内立。

圃塾

射圃②，在明伦堂东。

社学③，在适楚门外。

赞曰：

建国君民，教学为先。

贤哲汇征，师儒维联。

师儒维联，功业精专。

丕显多士，绎我皇言。

百王道统，列圣心传。

泮宫服习，视履其旋④。

经术经世，圣贤源渊。

---

① 《学规》卧碑：洪武十五年（1382），明太祖朱元璋命礼部定地方学校禁例十二条，约束在学生员，不得干涉词讼及妄言军政大事等，颁行天下，刻石置于各地孔庙学宫明伦堂之侧，称为卧碑。

② 射圃：习射之场。

③ 社学：明清两代在各府州县所设立教授民间子弟的学校。属于官办的地方童蒙教育机构，主要承担对儿童进行启蒙教育。

④ 视履其旋：语出《周易·履卦》"视履考祥，其旋元吉"。原书中"旋"字版刻不清，经孙晓先生提示得以辨识，特此致谢。

卷五　选举志

三代盛时，皆养士于庠序①，而贡于天子之庭。故宾兴之制起②，而科贡之途开矣。今之时，赞襄政化者胥此焉出③。真阳既县，则学校之渐深，科贡之渐盛也。然当其未县，则奠居真阳之土者，率起家于府县两庠，其家世、历履可考也。乃作《选举志》。

进士

李经，字文极，号南埠，塘上保人。正德庚午乡试④，甲戌中

---

① 庠序：商周时期的学校，后泛称学校。《孟子·滕文公上》："设为庠序学校以教之。庠者，养也；校者，教也；序者，射也。夏曰校，殷曰序，周曰庠，学则三代共之，皆所以明人伦也。"

② 宾兴：语出《周礼·地官司徒》"以乡三物教万民而宾兴之"，指周代乡举里选、由下而上的人才选拔制度。明代以后，成为一种府州县的科举典礼，多指地方官送别考生参加乡试、会试或贡生试，或迎接祝贺中式考生而举行的宴会仪式。

③ 赞襄：辅助，协助。胥：全，都。焉：乃，才。

④ 正德庚午：正德五年（1510）。乡试：明清两代每三年一次在省城举行的科举考试。中式者称举人，原则上即获得了选官的资格，同时可参加次年在京师举行的会试。文中指乡试中式。

唐皋榜进士①，任苏州吴县知县。精敏勤恪，莅政严明。邑丽都会，事极冗杂，乃能治理繁剧，动中机会。粮务奸弊，划革殆尽。节俭民财，爱惜民力，竟不肯俯仰舟楫贵要以取名誉②。历升户部主事、员外、郎中③，以功绩茂隆擢西安太守④。下车即问民疾苦，省视风俗。抑豪强，恤孤弱，恩威并著，州县感化。尤属意于学校，关中豪杰，多所拔擢，相继登科第者率多门下从游者。寻升本省副使⑤、参政。扬历中外，政迹显赫，人所难及。

举人

余文章，字公器，归化保人。府学生⑥，成化乙酉乡试⑦，任山西高平县知县，迁湖广德安府同知⑧。

鲁杲，真阳保人，府学生，成化庚子中顺天府乡试⑨。

---

① 甲戌：正德九年（1514）。唐皋（1469—1526），字守之，号新庵（一作心庵），别号紫阳山人，南直隶徽州府歙县岩镇（今安徽省黄山市徽州区）人。官至侍讲学士兼经筵讲官，曾奉旨出使朝鲜。因唐皋为正德甲戌科状元，故称此年会试榜为唐皋榜。
② 舟楫：比喻宰辅之臣。
③ 户部主事、员外（郎）、郎中：均为户部官职，官阶品级分别为正六品、从五品、正五品。
④ 西安太守：即西安知府。太守是汉代对郡守的称呼，为一郡之长，隋代废郡，太守不再是正式官名。明代的府与汉代的郡相当，故称知府为太守。
⑤ 副使：提刑按察使司（主管一省刑名按劾）设副使一人，为按察使副职，正四品。
⑥ 府学生：府学生员的简称。
⑦ 成化：明宪宗朱见深年号，从公元1465年至1487年，前后共使用23年。成化乙酉，即成化元年（1465）。
⑧ 同知：职官名。指正官之副。府同知，即知府的副职，正五品，每府设一二人，无定员，与通判分掌地方巡捕、粮务、屯田、水利、牧马等事。
⑨ 成化庚子：成化十六年（1480）。顺天府：明清两代设于京师（今北京）之府制。

刘廷璧，字廷玉，真阳保人。府学生，中成化癸卯科乡试①，任云南昆阳州②同知。性严毅，气局峻整。阐明经学，率循礼度，乡人至今称之。

陈标，见《人物》。

李经，见《进士》。

张诰，见《人物》。

何麟，字仁甫，号崧岩，真阳保人。府学生，中嘉靖辛卯乡试③，任浙江湖州府通判④。

董宗舒，字伯醇，号仝川，真阳保人。嘉靖甲午贡于京⑤，中顺天府乡试。初任直隶大名府通判，丁内艰⑥，今改任直隶太平府通判。

王廷儒，字仲珍，号见山，南和保人。本学生，中嘉靖己酉科乡试⑦。

黎来，字惟修，号敏庵，真阳保人。本学生，中嘉靖己酉科乡试。

---

① 成化癸卯：成化十九年（1483）。
② 昆阳州：属云南府，领县二：三泊、易门。治今云南省昆明市晋宁区昆阳街道。
③ 嘉靖辛卯：嘉靖十年（1531）。
④ 通判：官名。宋代初置于州府，和州府长官共同处理政务，地位略次于州府长官。明清时设于各府，分掌粮运及农田水利等事务，正六品，职位远较宋初为轻。
⑤ 嘉靖甲午：嘉靖十三年（1534）。
⑥ 丁内艰：即丁母忧，遭遇母亲去世。
⑦ 嘉靖己酉：嘉靖二十八年（1549）。

贡士[①]

刘裔，见《人物》。

单让，真阳保人，汝阳县学贡[②]，任山东临清州税课司大使[③]。

涂锐，见《人物》。

李濡绅，字德仪，汝阳县学贡，任直隶丰润县儒学训导。

张茂，字文盛，成化二十三年府学贡。

吴玺，见《人物》。

管濂，字尚清，弘治九年府学贡[④]。

涂钟，字文鸣，弘治十年府学贡。

江来朝，字宗本，南和保人，弘治十八年汝阳县学贡，任直隶广平府学训导。

张贵，字世荣，新兴保人，府学贡，任训导。

沈鸾，字应祥，府学贡，任直隶华亭县县丞。

裴辅，字良弼，真阳保人，正德二年本学贡。

[①] 在本《志》"目录"中，此目名为"岁贡"。岁贡是贡生的一种。明清科举之制，地方各府州县按照规定推荐优秀生员贡入国子监读书，有岁贡、选贡、恩贡、纳贡等名目，统称为"贡生"，亦可称"贡士"。

[②] 汝阳县学贡：意思是由汝阳县学贡入国子监读书，而成为贡生，获得做官资格。《明史》卷六十九《志·选举一》载："科举必由学校，而学校起家，可不由科举。学校有二：曰国学，曰府、州、县学。府、州、县学诸生入国学者，乃可得官，不入者不能得也。"《选举二》："举人、贡生不第、入监而选者，或授小京职，或授府佐及州县正官，或授教职。"

[③] 税课司：官署名。掌征收商贾、侩屠、杂市捐税及买卖田宅税契。设大使一人，从九品，典税事。

[④] 弘治九年：公元1496年。

朱绶，字朝佩，正德四年本县贡，任训导。

管绍，字继宗，号兰香，柳寨保人，本县贡，任湖广竹山县主簿①。

魏昇，字腾霄，归化保人，正德十年本学贡，任山东东昌府训导。

杨宁，正德十二年贡，任直隶昆山县主簿。

陆璇，字士衡，柔远保人，正德十四年贡，任山西榆次县学教谕。

单厚，字益之，让子，正德十六年贡。

杨润，字汝泽，号淮野，正德十六年贡，任山东济南府禹城县主簿，调陕西汉中府城固县。

裴文采，字尚质，号素庵，辅子。正德十六年贡，任湖广蕲州学训导。励志向学，研精章句，为文出人意表。教人有法，蕲州士子感之。

涂希沛，字遇卿，锐子，嘉靖三年贡。

张鋆，字朝仪，号淮滨，守信保人。嘉靖五年贡，任山东兖州府学训导，升青城县学教谕、陕西保安王府教授②。性笃实，勤学好问。凡所历任，惟务聚书。经史百氏，家所未有，亲自手录。虽医卜、律历、阴阳、兵略诸书，罔不涉猎，尤精于释老。与诸生讲

---

① 主簿：职官名。自汉代以后多有设置，是各级主官属下掌管文书簿籍的佐吏。明清时期，县主簿是知县的佐贰官，位置仅次于知县、县丞，正九品，主管户籍、缉捕、文书办理等事务。

② 保安王府：永乐元年（1403），第一代秦王朱樉嫡三子朱尚煜获封保安郡王，封地在陕西临洮府（今甘肃省临洮县），王府在西安城内（今西安市钟楼东北角）。王位前后传七代，至嘉靖二十三年（1544）保安恭懿王朱秉栈薨，不再袭封。按例，郡王府置教授一人，从九品，负责教授王府子弟。

说经学，亹亹不倦。所在以儒术著闻，四方从游者甚众。升保安王府教授，乃曰："藩府多不能行其志，仕亦何为？"即退而归于淮北之敝庐，士林咸器重之。

冯科，见《人物》。

王维垣，字大邦，真阳保人，嘉靖六年贡。

张孟登，字朝用，真阳保人，嘉靖七年贡，任直隶河间府训导。

范鼎，字调元，仪卫司人①，嘉靖九年贡，任陕西山阳县学训导。

李政，字大纲，真阳保人，嘉靖十三年贡。

吴文洪，真阳保人，嘉靖十五年贡。

徐锡，字汝泽，号西堰，真阳保人，嘉靖十八年贡，任直隶涞水县学训导。

项镛，字天和，号淮阳，归化保人，嘉靖十八年贡，任直隶武邑县学训导。苦志读书，博学多识，尤精于《洪范》数学②。尝以《春秋》授徒③，讲说精研，淮汝业是经者皆其所传授。

---

① 仪卫司：官署名。明洪武三年（1370）于诸王府置，设仪卫正、副及司仗等官，掌王府侍卫仪仗。此仪卫司应属崇王府。
② 《洪范》：《尚书》篇名。此文阐述了五行、五事、八政等共九个方面的内容，被称为"洪范九畴"，旧传为箕子向周武王陈述的"天地之大法"。数学：即术数，古代关于天文、历法、占卜的学问。历史上对《洪范》的解读，曾被引入术数一途，如南宋蔡沈《洪范皇极内篇》即被《四库全书总目》归入子部术数类。项镛研究《洪范》走的大概也是这条路子。
③ 《春秋》：书名。儒家经典之一。相传孔子根据鲁国的历史修订而成，为我国第一部编年体史书，记录了从鲁隐公元年（前722）到鲁哀公十四年（前481）共242年的历史。叙事极简，用字寓褒贬。为其作传者，以左丘明《春秋左氏传》、公羊高《春秋公羊传》、穀梁赤《春秋穀梁传》三者最为著名，合称为"春秋三传"。

董宗德，字汝崇，舒兄，嘉靖二十年贡。

张尚志，字士先，号山泉，汝南保人，嘉靖二十二年贡。

吴端，字正之，号居庵，嘉靖二十二年贡。

官大吉，字世祥，号巽庵，汝南保人，嘉靖二十二年贡。

王守介，字希惠，号北泉，真阳保人，嘉靖二十四年贡。

余廷学，字习之，号双泥，柔远保人，嘉靖二十五年贡。任山西潞安府学训导。

李修业，字行之，号清溪，真阳保人，嘉靖二十七年贡。

黎大绥，字显道，号西台，真阳保人，嘉靖二十九年贡。

陈洧，字公济，号惠川，浅塘保人，嘉靖三十一年贡。

杨舒，字春和，号槐轩，归化保人，嘉靖三十三年贡。

例贡①

胡文禄，字养贤，号龙池，真阳保人。任山东馆陶县主簿，历数岁，颇多恩惠及人。归来，门皂送者恋恋不忍去②。

冯裕，字天德，黄里保人，任陕西略阳县主簿。

王环，字朝服，号柿村，真阳保人，任陕西河州吏目③。性明敏，有才干，勤励职业，上下咸称其能。监司胡御史委摄清水县④，

---

① 例贡：明清科举制度中贡入国子监的生员之一种。因为不由考选而由生员援例捐纳，故称例贡。不算正途出身，但也获得了做官的资格。

② 门皂：看门的差役。

③ 吏目：职官名。明代各级部门多有设置，属于低级办事员。州置吏目一人，为州之属官，从九品，掌司奸盗、察狱囚、典簿录。若州无同知、判官，则分理州事。

④ 监司：负有监察之责的官吏。监司胡御史应为都察院的胡姓监察御史。委摄：委托代理。

裁处得宜，士民感之。升山东博兴县主簿。

王廷爵，字仲廉，号淮北，儒兄，任山西平陆县主簿。性诚实，心地坦夷。发言处事，刚介不挠，乡里称之。

何器，字子待，号蒙泉，麟子。

李守贞，字一之，号一斋，黄里保人。

刘继福，字申之，号庆庵，真阳保人。

黎柬，字惟敬，号肃庵，大本子①。

吏掾②

张盛，真阳保人，任南京留守卫经历司知事③，升陕西乾州判官④。

吴瑛，任邯郸递运所大使⑤。

王宏，任陕西仓大使⑥。

陆永，任陕西盘岭巡检。

---

① 黎大本：见本卷《义输》。

② 吏掾：亦作"掾吏"。明朝各衙门吏员。亦为选举途径之一。凡外府、外卫、盐运司首领官，中外杂职，入流、未入流官，多由吏员承差等选。

③ 经历司：官署名。明清中央及地方官署所设办事机构，掌理往来文移之事。知事：属官名。与经历分掌出纳文移，正八品、从八品、正九品不等。

④ 陕西：原文误作"山西"，查明崇祯陕西《乾州志·官师志·判官》有"张盛，真阳县人"，据改。判官：职官名。明代仅州置判官，无定员，从七品，分掌都粮、缉捕等事。里不及三十而无属县，则裁同知、判官。

⑤ 递运所：官署名。明代设于各水陆交通要道管理递送粮物之机构。隶兵部车驾清吏司。设大使、副使（后革）各一名主其事。以事务繁简，各备车船不等。大使：管理具体事务之官。明朝为低级官吏，皆八品以下，乃至不入流。

⑥ 仓大使：职官名。明清之仓官。掌地方仓庾之事。明代有布政使司仓大使、府仓大使，秩均为从九品；州仓大使与县仓大使秩未入流。

李信，任山西路村盐运司大使。

王顺，字德英，儒父①，承差②，任荆州府荆南驿驿丞③。为人慨慷，有才艺，志向高远。每议论时事，超然尘俗。尝静室课子，而谓之曰："何大复天下士也④，道在迩而不求亦惑矣。"乃令子往信阳师尊之。于是二子学业竟有成，乡里称服之。

阮岫，真阳保人，省祭⑤。性刚直，面折人过，乡人多惮之。

阮让，岫弟，省祭。练达世事，深沉有谋。霸寇势盛，杀掠近府，毕太守信任之⑥，防守汝城，多赖其策。

王宪，真阳保人，省祭。

刘茂，黄里保人，任淮安大河卫经历司知事。

刘钺，茂弟，省祭。

王瑀，真阳保人，省祭。

张贵，任仓大使。

杨浩，省祭。

张旺，省祭。

---

① 儒父：王廷儒之父。

② 承差：官府中听候差遣，转承文书的差役。

③ 驿丞：职官名。明清皆置，为驿站长官。《明史》卷七十五《志·职官四》："驿丞典邮传迎送之事。凡舟车、夫马、廪糗、庖馔、裯帐，视使客之品秩，仆夫之多寡，而谨供应之。支直于府若州县，而籍其出入。"

④ 何大复：何景明（1483—1521），字仲默，号白坡，又号大复山人，汝宁府信阳州（今河南省信阳市浉河区）人。弘治十五年（1502）进士，授中书舍人，官至陕西提学副使。文坛领袖，"前七子"之一。天下士：典出《史记》卷八十三《鲁仲连传》"始以先生为庸人，吾乃今日知先生为天下之士也"，意思是到今天才知道鲁仲连是天下杰出的高士。后遂以"天下士"称才德非凡之士。

⑤ 省祭：祭，古"察"字。省祭，即"省察"，负责纠察、督察的差吏，明代多设于州县，级别较低。

⑥ 毕太守：即汝宁府知府毕昭，本《志》卷二《建置志·城池》有注释。

彭万选，黄里保人，任浙江仓大使。

魏友，省祭。谦恭简默，谨言慎动，乐善循理，和悦处众，里人多爱敬之。

吴文贵，任湖广竹山仓大使。

贺仓，省祭。

张盛山，省祭。

张鹏，新兴保人，任湖广仓大使。

吴章，任湖广施州卫所吏目。

薛儒，字宗道，号莲川，省祭。

刘谦，省祭。

陈信，省祭。

李富，新兴保人，任浙江递运所大使。

李鉴，新兴保人，省祭。

恩例①

吴文选，字大用，号槐泉，玺子。少颖悟不群，长肆力学，而精于《春秋》。为诗文尚奇古，累入秋闱②，拂意，退而教授生徒。规矩严密，讲论精到，甚有感发于诸生，今之学业有成者多出门下。

董玘，字玉衡，号龙泉，玘弟。

---

① 恩例：指帝王为宣示恩德而颁布的条例、规定。此指通过皇帝降恩而授予某种名誉头衔，无实职。

② 秋闱：秋试考场。亦指在秋季举行的乡试。闱，科举时代对考场、试院的称谓。原文误作"围"，今改。

单学，字习之，号北川，让子。

王廷瑞，字国福，号黄山，柔远保人。

李文秀，字汝实。

（上五人，以生员奉恩诏冠带①）

董玘，舒伯，九十九岁。

何文秀，麟父，七十八岁。

阮训，让弟，七十五岁。

董俸，舒父，七十五岁。

杨安，绥父②，七十五岁。

（上五人，以年寿奉恩诏冠带③）

乡耆④

胡宣，文禄祖，年八十六岁。

王祥，环祖，年八十二岁。

胡朝，黄里保人，年八十四岁。敦尚礼节，乐与士夫为友。轻

---

① 恩诏：帝王降恩的诏书。冠带：帽子与腰带，指明朝官员所服的冠服。冠带生员是明朝政府对年老又屡次落第的生员实施的一种安抚政策，属于一种荣誉身份，区别于一般平民，并在地方社会享有特殊的权利与影响力。嘉靖《尉氏县志》卷三《人物类·冠带生员》载："生员之贡举不及者，赐之冠带，此我国朝重士之典也。整冠束带，以齿揩绅，以尊瞻视，其荣矣哉！"

② 绥：杨绥。见下文《义输》。

③ 明清时期，朝廷不定期对民间长寿且"德行著闻，为乡里所敬服"者进行赏赐，以示尊老尚贤。受赏者需要经过本地乡民、宗族、士绅推举，县、府、布政司筛选后逐级申报，皇帝恩准才能获选。一旦获选，不仅有官方给予俸禄钱粮，而且授冠带，赐匾额，进入官员序列，号称"寿官"，只是无实职，不参政。据《明世宗实录》记载，嘉靖年间曾八次对年寿者"恩诏冠带"。

④ 乡耆：乡里中年高德劭之人。

财仗义，尝舍地十二亩作义冢①，以济贫民，乡里重之。

陈策，年八十岁。

陈庆，年七十二岁。

黎珠，见《人物》。

项乾夫，镛父，年八十岁。

徐麟，锡父，年九十五岁。

董琰，玘弟，年八十岁。

谢友端，敖父②，年八十岁。

胡澄，朝佺，年七十岁。

涂希潛，锐子，年七十岁。

李秀，年七十岁。

裴璜，年七十二岁。

义输③

阮兴，字世隆，岫兄。诚实无伪，礼贤不倦。尝与何大复交，遣子侄师之，学皆有成。大复重其诚恪，作长篇以赠之④。

刘英，字世杰，继福祖。处己冲素⑤，接人和厚，乡里有不足，竭己济助。居尝劝人为善，乡党称之。

胡泰，归化保人。

---

① 义冢：旧时埋葬无主尸体的公墓。
② 敖：谢敖。见下文《义输》。
③ 义输：通过奉例纳银、为地方做慈善事业等途径获得编外官职。
④ 详见本《志》后《补遗·艺文》所收录何景明《怀旧吟寄阮兴》。
⑤ 冲素：冲淡纯朴。

史记，黄里保人。

谢敖，真阳保人。

王巡。

彭万里，黄里保人。

杨浩，归化保人。

江宝，汝南保人。

姚鹏举，新兴保人。

赖济，礼庄保人。

余凤，归化保人。

戴仪，汝南保人。

姚文书。

阮珍，真阳保人。

裴凰，真阳保人。

阮伦，真阳保人。

吴尚忠，柳寨保人。

冯儒，乐善保人。

史秀，塘上保人。

姚上，新兴保人。

黎大本，真阳保人。

钱汉，乐善保人。

王璇，真阳保人。

梁相，塘上保人。

李章，真阳保人。

张璧，礼庄保人。

（以上二十七人，俱奉例纳银义民官①）

涂希濂，字绍周，锐子，奉例纳阴阳训术。初设县治，经始创造，多所谟议；与汝阳分析差粮，多所斟酌，民甚感之。

阮昆，让子，奉例纳医训科。

冯祉，字天祜，黄里保人，奉例纳崇府典膳②。

杨绥，字朝佩，号南冈，新兴保人，奉例纳崇府引礼③。

赞曰：

悬瓠之南，百里之封。

山川之秀，贤者之钟。

伊洛文教，邹鲁家风。

才足华国，文以摩空。

绵绵科贡，济济英雄。

济济英雄，莫愧遭逢。

太上立德，其次立功。

---

① 义民官：简称义官，古代一种编外官职，明代较为盛行。由官府直接任命或采用其他奖励形式向社会颁布，在社会上拥有一定的地位，能直接参与当地官府、域内的管理事务。义官一般家境富裕，不拿俸禄，以贡献社会、服务于公益事业为己任。

② 崇府：崇王府。天顺元年（1457），明英宗朱祁镇封嫡六子朱见泽为崇王，成化十年（1474）就藩汝宁府汝阳县（今河南省汝南县），先后共传六王。崇祯十五年（1642），李自成陷汝宁，最后一代崇王朱由樻被俘遇害，崇府消亡。典膳：职官名。明制，王府长史司典膳所置典膳正一人，正八品；典膳副一人，从八品。掌祭祀、宾客，王若妃之膳馐。

③ 引礼：引导行礼。明制，王府长史司置引礼舍二人，未入流，掌接对宾客，赞相威仪。

卷六　田赋志

户口之日缩，赋役累之也。赋役之日重，田亩累之也。故郡县之法，莫善于均田，田亩均可坐而定也。奈何乐清净者惮其劳，短才智者苦其难，肆侵渔者恶其碍①，此其法之所以难行也。非志士仁人，曷足以语此。乃作《田赋志》。

户口

户二千一百七十二，口一万三千八百七十九②。（民户一千二百七十三，军户五百四十六，匠户二十四，力士户一，杂役户一百三

---

① 侵渔：侵夺，从中侵吞牟利。
② 疑此户口数字统计不足。当时，户口登记不足的现象在全国范围内都比较严重。据史学家何炳棣研究，"使户口登记不足的因素既出于法律本身的漏洞，也来自人们的欺骗行为，同时在某些地区，人们习惯于认为：为使赋役平等，少报户口是必要的。……在上述各种情况的共同作用下，明代的人口数据离事实越来越远是无足为奇的。"（何炳棣：《明初以降人口及其相关问题（1368—1953）》第一章《明代人口数据的实质》，中华书局。）

十二，寄庄户一百九十三①，校尉户三②。男子八千九百二十九口，成丁六千五百九十三口，不成丁二千三百三十六口；妇女四千九百五十口，大四千九百二十六口，小二十四口。）

田亩

官民田地三百六十四顷二十三亩八毫三丝五忽③。（官田地三顷九亩九分五厘六毫，民田地三百六十一顷十三亩五厘二毫三丝五忽④。）

据《郡志》，真阳不起科民田塘亦如前数⑤。嘉靖三十一年，县令徐公霓均田。有《记》，何麟撰。其略云：

　　天下之差起于赋，天下之赋出于田。田有不均则赋有不

---

① 寄庄户：户籍不属本县的外地人在本县拥有田产，设庄收租，谓之寄庄户。明至清代前期，由于对寄庄户的赋役征收存在诸多弊端，地主为逃避差徭，多在他处买田立庄，或假借外地官僚名义在本地设立田庄。
② 明代将全国户口按职业分工，划为民户、军户、匠户等籍。民户务农，并向国家纳农业税，服徭役；军户的义务是服兵役；匠户则必须为宫廷、官府及官营手工业服劳役。各户籍世袭职业，不容更改。明代中后期才有所松动。《明史》卷七十七《志·食货一》载："凡户三等：曰民，曰军，曰匠。民有儒，有医，有阴阳。军有校尉，有力士，弓、铺兵。匠有厨役、裁缝、马船之类。"
③ 顷、亩、毫、丝、忽：地积单位。1顷＝100亩，1亩＝10分，1分＝10厘，1厘＝10毫，1毫＝10丝，1丝＝10忽。
④ 官田、民田之分，《明史》卷七十七《志·食货一》载："明土田之制，凡二等：曰官田，曰民田。初，官田皆宋、元时入官田地。厥后有还官田，没官田，断入官田，学田，皇庄，牧马草场，城壖苜蓿地，牲地，园陵坟地，公占隙地，诸王、公主、勋戚、大臣、内监、寺观赐乞庄田，百官职田，边臣养廉田，军、民、商屯田，通谓之官田。其余为民田。"
⑤ 起科：对农田计亩征收钱粮。不起科民田塘，指本《志》卷一《地理志·塘堰》中所列举的三十八口塘，俱改为了良田。

平，赋不平则差之轻重相去岂直倍蓰什百而已哉①？富家田连阡陌，差粮则轻且寡，而贫穷无告者乃包陪倍纳②，甚至卖妻鬻子亦有之，其弊有不可胜言者。均田固井田遗意③，君子称物平施之仁也④。真阳创自正德纪元⑤，凡百制度，至是而废坠者多矣。我公来令之初，见其倾圮也，凡县治、学校、公署、城廓⑥，皆举而更新之。犹以为此其具观也，非为政之本也。朝夕所图为，惟急急均田之举焉。乃檄诸当道，请独任。乃诹吉⑦，矢心以示公⑧。乃始其事于邑之南龙冈，画一十字分为四区，以天、地、玄、黄为号。区皆方里，区地皆五顷四十亩，内有庄屯、道路、沟渠、古冢则除之。自冈抵东南界皆天字号也，自冈抵西南界皆地字号也，自冈抵西北界皆玄字号也，自冈抵东北界皆黄字号也。得区若干区，得顷若干顷，如鱼鳞然，较若画一，而县无余地矣。视地起粮，而赋无偏重矣；视

---

① 岂直：难道只是；何止。倍蓰：亦作"倍屣""倍徙"。谓数倍。倍，一倍；蓰，五倍。
② 陪：古同"赔"，偿还。清康熙《真阳县志》、嘉庆《正阳县志》均作"赔"。
③ 井田：相传为夏商周时期的土地制度。以方九百亩为一里，划为九区，形如"井"字，故名。其中为公田，外八区为私田，八家均私百亩，同养公田。公事毕，然后治私事。至春秋战国，井田制逐渐瓦解。
④ 称物平施：意思是根据物品的多少，做到施与均衡。语出《周易·谦卦》："君子以裒多益寡，称物平施。"
⑤ 纪元：年岁的始元。我国古代皆以新君即位之年或次年为元年。正德纪元，即正德元年（1506）。
⑥ 城廓：城墙，也泛指城市。城，指内城的墙。廓，古同"郭"，指外城的墙。
⑦ 诹吉：选择吉日。诹（zōu），在一起商量事情，询问。
⑧ 矢心：陈示衷心。

赋起差，而徭役无不均之叹矣。昔张横渠慨然有意三代之治①，欲试井田之法而未见之行事②，我公见之行事矣。况古人得志则泽加于民，而功德垂之不朽。然则我公功德之在人者，其亦不朽也哉！晦翁有言曰③："上有信以惠于下，则下亦有信以惠于上。"④今民心惠德之不已也。因举其事之始末，而记之如此。

洪武十三年⑤，诏陕西、河南、山东等布政司⑥，民间田土许尽力开垦，有司无得起科⑦。

洪武二十八年，令山东、河南开荒田地永不起科。

正统六年⑧，令山东、河南、北直隶并顺天府，但有开荒无额田地，俱从轻起科。

---

① 张横渠：张载（1020—1077），字子厚，祖籍大梁（今河南省开封市），生于长安（今陕西省西安市），后侨寓于凤翔府郿县横渠镇（今陕西省眉县横渠镇）并在该地安家、讲学，世称"横渠先生"。北宋思想家、教育家、理学创始人之一。

② 北宋土地兼并现象严重，人们认为"其弊皆起于废井田"，于是"天下之士争言复井田"。张载的言论尤为突出，他极力主张恢复井田制，认为"治天下之术，必自此始"（参见张载《经学理窟·周礼》）。

③ 晦翁：朱熹（1130—1200），字元晦，又字仲晦，号晦庵，晚称晦翁。祖籍徽州府婺源县（今江西省婺源县），生于南剑州尤溪县（今福建省尤溪县）。南宋理学家、思想家、教育家、诗人。

④ 语出朱熹《周易本义》卷二《下经·益》。

⑤ 洪武十三年：公元1380年。

⑥ 布政司：承宣布政使司的简称。明初设置，为掌理一省民事事务的行政机构。它与掌管一省刑名的提刑按察使司、掌管一省军事的都指挥使司合称"三司"，皆为省级行政区最高机关。

⑦ 有司：指官吏。古代设官分职，各有专司，故称。

⑧ 正统：明英宗朱祁镇的年号，从公元1436年至1449年，前后共使用14年。正统六年，即公元1441年。

赋税

夏税：小麦四百七石六斗一合九勺三撮二圭①。

丝：二百二两四钱一分六厘一毫九丝六忽八微②。

秋粮：米一千六百七十一石七斗八合四抄四撮七圭。

草③：一千一百四十一束八斤九两五分二厘。

官民桑枣：四千七百四十六株。官桑八十三株，该征丝绵五两四钱七分八厘；民桑四千六百三十七株，该征丝绵一百五十三两二分一厘九毫。民枣二十六株，该征枣子易米二石三斗四升。

徭役

银差④

黄蜡⑤：银六百二十五两。

---

①　石、斗、合、勺、撮、圭：容积单位。1石＝10斗，1斗＝10升，1升＝10合，1合＝10勺，1勺＝10抄，1抄＝10撮，1撮＝10圭。
②　两、钱、分、厘、毫、丝、忽、微：重量单位，相邻二者之间均为十进制。
③　草：主要是稻草，供官府和军队饲养牲畜与战马之用。
④　银差：徭役（均徭）中的各种差役，可分作力差和银差两类。银差，亦名"雇役"，指应役户纳银由官府雇人代役。以下各差后面的银两表示该差役应纳的总钱数。
⑤　黄蜡：一种取自蜂巢的黄色粗制蜜蜡，是当时真阳的土特产。本《志》卷一《地理志·土产》有"白蜡、黄蜡"。土特产为上贡物料，每年由各主管部门摊派于里甲。《明史》卷七十八《志·食货二》云："明初，令天下贡土所有，有常额。"至明中后期，上贡物料亦可折银征收。

京班皂隶①：银一百二十两。

胖袄②：银三十四两九钱。

府马丁③：银二十两。

府柴薪④：银十二两。

汝阳马驿馆夫：银七十七两八分。

县马丁：银八十两。

县柴薪：银六十两。

府第⑤：银五十三两九钱二分。

斋夫⑥：银四十八两。

文庙：银四十两。

社稷坛：银十二两。

岁贡：银二十两。

膳夫⑦：银三十二两。

邑励坛：银十五两。

乡饮⑧：银十四两。

风雷坛：银十八两。

牌坊：银十两。

乡贤祠：银三两。

---

① 京班皂隶：派充到京城衙门里的差役。
② 胖袄：棉上衣。元明时亦专指边防将士或锦衣卫的冬服。
③ 府马丁：供应府衙官员乘坐的马匹。
④ 府柴薪：府衙所用的杂木燃料。
⑤ 府第：当为府第修缮费用。
⑥ 斋夫：学舍中的仆役。
⑦ 膳夫：县学中的厨役。
⑧ 乡饮：指乡饮酒礼，古代嘉礼之一。此指承担乡饮礼仪活动之役。

八蜡庙：银四两。

启圣公祠：银三两五钱八分四厘。

料价①：银一百二十九两。

布政司皂隶：银三两五钱八分四厘。

按察司皂隶：银七两二钱。

守备司纸札②：银六两。

协济信阳州③：银二十两。

民校④：银一百二十两。

闰月银⑤：二十二两一钱。

（以上皆均徭⑥）

走递马四十二匹⑦：岁按均徭编置。

迎送夫一百五十名⑧：以一百五十名为率⑨，用则拨，不用则止。

（以上皆里甲⑩）

---

① 料价：物料折银后的统称。
② 守备司纸札：守备司所用纸张信函费用。
③ 协济信阳州：指真阳县按照上级调配将所征收赋税的一部分协助于信阳州。
④ 民校：王府校尉之一，充任藩王府家丁。属于来自民户的差徭，故名。纳银代役者每名代征年银十二两，因此真阳县每年被派充民校者有十人。
⑤ 闰月银：即闰月加征银。
⑥ 均徭：明代三大徭役（里甲、均徭、杂泛）之一。按民户丁粮之多寡派充的各种经常性杂役。《明史》卷七十八《志·食货二》："以上、中、下户为三等，五岁均役，十岁一更造。一岁中诸色杂目应役者，编第均之，银、力从所便，曰均徭。"
⑦ 走递马：驿站递铺中所用马匹。
⑧ 迎送夫：县里迎来送往所用力役。
⑨ 率（lǜ）：规格；标准。
⑩ 里甲：原为明代州县统治的基层单位，后转为明代三大徭役之一。每年由里长一人率领一甲十户来供应的正役。

力差①

府皂隶十五名：每名银三两，共银四十五两。

府军储仓斗级十名②：每名银三两，共银三十两。

府预备仓斗级六名：每名银三两，共银十八两。

县禁子七名：每名银四两，共银二十八两。

皂隶三十七名：每名银三两，共银一百一十一两。

门子三名：每名银三两，共银九两。

库子二名：每名银三两，共银六两。

斗级六名：每名银三两，共银十八两。

察院门子二名：每名银二两，共银四两。

布政司门子二名：共银四两。

按察司门子一名：银二两。

学库子二名：共银六两。

学门子三名：共银九两。

学斗级二名：共银六两。

启圣公祠门子一名：银三两。

县前急递铺司兵七名③：每名银三两，共银二十一两。

山头铺司兵五名：共银十五两。

哈店铺司兵五名：共银十五两。

黄山铺司兵五名：共银十五两。

---

① 力差：指应役户亲身服役。后亦可纳银代役。
② 军储仓：官仓名。明置，属户部。掌军粮积储。
③ 铺司兵：参见卷二《建置志·官吏》对"铺司兵"的注释。

建安铺司兵五名：共银十五两。

铜钟铺司兵五名：共银十五两。

漫塘铺司兵五名：共银十五两。

听差①

河夫一百六十四名②：每名银三两，共银四百九十二两。

进士坊牌③：名银一百两。

举人坊牌：名银八十两。

会试盘缠：名银二十四两。

举贡复班④：名银十二两。

岁贡：名银四十两。

生员应试：名银七两。

科场银。

税课⑤

---

① 听差：指各种临时性杂差。正德《朝邑县志》卷一《田赋》载："听差，差已足，无差而听差。"

② 河夫：指从事疏浚河道、修筑堤坝的夫役。

③ 坊牌：此指为建坊牌临时所设银差。又称牌坊银、旗匾银或坊价银，专供中式者竖旗、制匾、建牌坊之用，以荣耀乡里。

④ 举贡复班：居乡的旧科举人贡士回监报到，以参加下科会试。此指为资助此项"复班盘缠"的银差。

⑤ 税课：赋税。

[嘉靖] 真阳县志·卷六　田赋志

赁房屋①、酒醋课②：一贯五伯六十文③。

鱼课④：钞二十一锭三贯八伯三十六文。

商税：银四十两一钱一分。

户口盐钞⑤：一万三千五百五十二贯。

獐皮：四十四张。

羊皮：三十九张。

驿马⑥

郑州管城驿下马一匹零一蹄：马一匹，粮石银四十两，陪头银二十两，新加银十二两；一蹄，粮石银十两，陪头银五两，新加银三两。共银九十两。

叶县保安驿驴六头：每头粮石银二十两，陪头银十一两，新加银七两，共银二百二十八两。

卫辉府递运所水夫三名⑦：每名银十二两，共银三十六两。

麟曰：真阳官民田三百六十余顷，其地之狭如此；户口万余，其民之寡如此；贡赋、徭役、河夫、马头之类，其差役之繁且重如

---

① 赁房屋：对出租房屋所征之税。
② 酒醋课：对酿造及出卖酒醋所征之税。
③ 贯：旧时用绳索穿钱，每一千文为一贯。伯：通"百"，一百钱。文：量词，指旧时小铜钱。
④ 鱼课：对渔业生产和交易所征之税。
⑤ 户口盐钞：明代赋税之一种。政府发给官民人户定额食盐后，计口征钞，即户口食盐钞。弘治元年（1488）改钞纳银，仍名钞。后不再支盐，而征钞如故。
⑥ 驿马：驿站的差役，为驿站提供马匹等。其役被佥派外地，且较为繁重，一般由粮富丁多的大户承担。
⑦ 水夫：船工。

此；邑当南北冲要，而迎送供馈又如此。为民社寄者当有所处矣①！

赞曰：

夏禹制贡，物各辨方。

视我舆图，厥地中央。

国有定赋，赋有旧章。

司稼巡野，岁殊丰荒。

司牧稽古，劝课农桑。

毋泥庸调，毋惮驰张。

宽得一分，是谓循良。

---

① 民社：人民和社稷。此指真阳县。寄：寄托；依赖。处：决断；定夺。

卷七　仪礼志

夫礼，原于帝降而具于人心者也。纲纪百度以隆其治化，经纬庶事以美其风俗，是盖大中至正之矩、经常简易之法也。况夫国家会通自有定典，而风俗沿习不可逾则，此其品节文章所当率履者也①。乃作《仪礼志》。

礼典

庆祝：凡遇圣诞②、长至③、正旦④，知县率僚属先一日习仪于弥勒寺。至日，设龙亭于县治公厅中，设仪仗于露台之东西。各具朝服⑤，行礼告天。祝寿曰：

> 汝宁府真阳县知县臣某等，荷国厚恩，叨享禄位，皆赖天生我君，保民致治。今兹圣诞（正旦、长至），圣寿益增，臣某等下情无任欣跃⑥，感戴之至。

---

① 率履：遵循礼法。履，礼。
② 圣诞：在中国古代一般指皇帝的生日，又称万寿节。
③ 长至：夏至。夏至日白昼最长，故称。
④ 正旦：农历正月初一。
⑤ 朝服：又称为"具服"，是古代中国在大祀、庆成、正旦、冬至、圣节及颁诏开读、进表、传制等重大典礼时所穿的礼服，其基本样式是衣裳制（上衣下裳）。
⑥ 下情：谦词。指自己的心情或情况。无任：敬词。犹不胜。旧时多用于表状、章奏或笺启、书信中。

开读：凡遇诏敕至，知县具龙亭彩舆①、仪仗鼓乐，率僚属出廓迎至县厅，行礼如仪②。

日食：前期结彩，向日设香案于露台上，设金鼓于露台东西。至期，知县率僚属具朝服，行礼如仪。

月食：同日食。众官具常服③，行礼如仪。

鞭春④：塑春牛、芒神⑤，于立春先一日各官具常服、鼓乐、彩具出东郊，迎于县门外。土牛东向，芒神西向。赴公堂春宴。至日清晨，设香案、酒果，各官具朝服，行礼如仪。

新官到任：行礼如制。

朔望行香⑥：提调官早诣学⑦，师生出迎于门外。谒庙毕，引至明伦堂，讲书，考课，量行赏劝。

祀典

先师庙

先师孔子，旧称至圣文宣王，今嘉靖庚寅改称至圣先师⑧，彻

---

① 龙亭：即香亭。结彩为亭以盛香炉。也称香舆、香车。彩舆：彩轿。
② 如仪：按照仪式。
③ 常服：通常之服；日常穿的便服。
④ 鞭春：汉族岁时风俗，州县于立春日鞭打春牛，以祈丰年。也称"打春"。
⑤ 芒神：即句芒。传说为司春之神。
⑥ 朔望：朔日和望日。农历每月的初一与十五日。行香：此指官吏到孔庙焚香叩拜。
⑦ 提调官：负责指挥调度的官吏。诣学：指官员亲临县学。诣，晋谒、造访之意。特指到尊长那里去。
⑧ 嘉靖庚寅：嘉靖九年（1530）。

象易主①。四配旧称国称公②，今曰某圣某子③。十哲次于四配④，亦称曰先贤某子。两庑各称曰先儒某子，增祀后苍、王通、欧阳修、胡瑗四人，黜申党、公伯寮、秦冉、颜何、荀况、戴圣、刘向、贾逵、马融、何休、王肃、王弼、杜预、吴澄十三人⑤。以林放、蘧瑗、郑众⑥、卢植、郑玄、服虔、范宁七人各祀于乡。

祭期：每岁用春秋仲月上丁日⑦。

祭物：鹿一，帛九，羊二，猪六，兔九，大烛一对，中烛四对，小烛一百，细香五升，线香四束，檀香一斤，牙香半斤，绛香四两，和羹、豕膊肉、薨鱼、形盐、醢鱼、韭菹、菁菹、笋菹各十斤⑧，黍、稷、稻、粱、粟、糯米、荞麦面、枣、栗、榛、芡、菱角、鲊黄各一斗五升，酒米一石五斗，紫曲五升，大料、花椒各半

---

① 象：肖像。此指孔子塑像。主：木主。木制的神位，上书死者姓名以供祭祀。又称神主。

② 四配：指颜渊、曾参、子思、孟轲。旧时以此四人配祀孔子庙。颜渊、子思居东，曾参、孟轲居西，通称四配。元代，颜渊、曾参、子思、孟轲分别被称为兖国复圣公、郕国宗圣公、沂国述圣公、邹国亚圣公。

③ 嘉靖九年（1530），四配分别被改称为复圣颜子、宗圣曾子、述圣子思子、亚圣孟子。

④ 十哲：陪祀孔子的十位优秀孔门弟子的合称。分别是：闵损（子骞）、冉雍（仲弓）、端木赐（子贡）、仲由（子路）、卜商（子夏）、冉耕（伯牛）、宰予（子我）、冉求（子有）、言偃（子游）、颛孙师（子张）。

⑤ 以上共有十四人，其中申党被认为与从祀的申枨为同一人，去除重复，"厘去其一"，不算罢祀，故云十三人。（参见：《明史》卷五十《志·礼四》）其中，"戴圣"在原文中误作"戴成"，今改。

⑥ 郑众：东汉经学家。原文误作"郑重"，今改。

⑦ 仲月：指每季的第二个月，即农历二、五、八、十一月。因处每季之中，故称。上丁日：农历每月上旬的丁日。自唐以后，历代王朝规定每年仲春（二月）、仲秋（八月）的上丁之日为祭祀孔子的日子。

⑧ 薨（kǎo）：干的食物。形盐：供祭祀用的特制成虎形的盐。醢（hǎi）：古代用肉、鱼等制成的酱。菹（zū）：酸菜，腌菜。

斤，大椒三两，蜂蜜三斤，酱五升，清油四斤，手巾五条，炭一百斤，柴草各三担，庭燎随用①。

祭品：

先师位。羊一，豕一，中爵三，登一（太羹）②，铏二（和羹）③，簠、簋各二（黍、稷、稻、粱）④，左笾八（形盐、藁鱼、枣、栗、榛、芡、菱、鹿脯）⑤，右豆八（韭菹、菁菹、芹菹、笋菹、醓醢、兔醢、鹿醢、鱼醢）⑥，香案一，香炉一，大烛一对，中烛四枝，祝板一⑦，帛一段，酒尊一，篚一⑧。

四配。羊一，豕一，每作四分，每位爵三，太羹，和羹二，黍、稷各一；左形盐、枣、栗、鹿脯、菱角、藁鱼；右菁、芹、笋菹、鹿、兔、鱼醢；每位帛一段，烛一对，香案一。

十哲。东五位用豕作五分，每位爵一，和羹一，黍、稷、稻、粱各一；左形盐、栗、枣、鹿脯；右菁、芹菹、鹿、兔醢；帛共一段，烛一对，香案一。西五位同。

两庑。东庑五十四位，每四位一坛，每坛爵四，豕肉四分，黍、稷各一；左形盐、枣、栗、鹿脯；右菁、芹菹，鹿、兔醢；烛

---

① 庭燎：祭祀时用的照明火炬。铁制叉杆，上束绑松柴，行祭时用以照明。
② 登：古代礼器。用以盛太羹。亦作"镫"。太羹：不调五味的肉汁。亦作"大羹"。
③ 铏（xíng）：古代盛羹的小鼎，两耳三足，有盖。祭祀时用二件，分置登之左右，内盛和羹。和羹：配以不同调味品而制成的羹汤。
④ 簠（fǔ）、簋（guǐ）：中国古代祭祀和宴飨时盛放饭食的两种器具。簠为方形，盛稻、粱；簋为圆形，盛黍、稷。
⑤ 笾：古代用竹编成的食器，形状如高足盘，祭祀宴飨时用来盛果实、干肉。
⑥ 豆：古代祭祀或宴飨时用来盛放肉糜、腌菜等物的一种食器，形如高足盘（或有盖），一般为陶制、漆木制。"菁菹""笋菹"，原书分别误刻为"青菹""韭菹"，今据《明史》卷四十七《志·礼一》"笾豆之实"改。醓（tǎn）醢：带汁的肉酱。
⑦ 祝板：亦作"祝版"。书写祝文的木版、纸版等，祭祀时所用。
⑧ 篚：古代盛物的竹器。祭祀时用以装币帛。

一对，香炉一。中总设香案一，烛一对，酒尊一，帛一段。西庑五十五位同。

仪注①：前期三日斋戒，正祭前一日省牲②，至日以本县令长主祭，行三献礼，佐贰、学官行分献。其通引、赞唱、陪祭、分献、正献官就位，瘗毛血③，迎神，盥洗，奠帛，献爵，读祝，分献，亚献，终献，饮福，受胙，彻馔，送神，望瘗④，俱如仪。

祭文：

维岁次某年月朔日某干支，真阳县知县某等，敢昭告于至圣先师孔子：惟师德配天地，道冠古今，删述六经，垂宪万世。惟兹仲春（秋），谨以牲帛醴齐⑤，粢盛庶品⑥，式陈明荐。以复圣颜子、宗圣曾子、述圣子思子、亚圣孟子配。尚飨！

启圣祠

嘉靖庚寅肇祀孔子父叔梁纥，配以先贤颜无繇、曾点、孔鲤、孟孙氏四人⑦，从祀以先儒程珦、朱松、蔡元定三人⑧。

---

① 仪注：制度；仪节。

② 省牲：古代祭祀前，主祭及助祭者须审察祭祀用的牲畜，以示虔诚，称为"省牲"。

③ 瘗毛血：古时祭宗庙和孔庙的一种仪式。在正祭前一天杀牲口，用部分毛血贮放于净器中，当正祭时，赞礼官唱"瘗毛血"，由执事者捧毛血瘗于坎中。瘗（yì），掩埋，埋葬。

④ 望瘗：祭礼仪节之一。在明代祭宗庙及孔庙的礼仪中，当最后唱"望瘗"时，捧祝官与进帛官捧祝、帛至瘗毛血的地方焚化。

⑤ 醴齐：醴酒，甜酒。

⑥ 粢盛（zī chéng）：古代盛在祭器内以供祭祀的谷物。庶品：指众多祭品。

⑦ 颜无繇：颜路，复圣颜回（颜渊）的父亲。曾点：曾皙，宗圣曾参的父亲。孔鲤：孔子的儿子，述圣子思子的父亲。孟孙氏：鲁桓公之子庆父后代，指亚圣孟子的父亲。

⑧ 程珦：北宋理学家程颢、程颐的父亲。朱松：南宋理学家朱熹的父亲。蔡元定：南宋学者蔡沈的父亲，也是朱熹的学生，朱熹理学的主要创建者之一。

祭期：同，春秋仲月上丁日。

祭物：帛三，羊二，豕二，兔三，大烛一对，中五，小十，和羹、豚膊、鳖鱼、醢鱼、形盐、芹、韭、菁、笋酱各三斤，黍、稷、稻、粱、粟、榛、芡、枣、栗、菱角、鲊黄各五升，酒米三斗，蜂蜜、清油各一斤，紫曲一升，大料、大椒各一两，牙香八两，檀香四两，末香一升，线香四束，柴草各三担，庭燎一把。

祭品：启圣同先师，配如十哲，从祀如两庑。

仪注：同孔庙。

祭文：

  年月（以下同前），启圣公之神曰：惟公诞生圣嗣，为王者师，功德显著，万世仰依。惟兹仲春（秋），谨以牲醴，用伸告祭①。以先贤颜氏、先贤曾氏、先贤孔氏、先贤孟孙氏配。尚飨！

名宦祠

祀汉慎阳长刘陶、慎阳令巴肃②，宋淮南节度使推官知真阳县事葛书举、真阳县尉张云卿，国朝知县计朝聘。

祭期：同，丁日。

祭品：羊一，豕一，笾、豆各十。

祭文：

  惟神显宦名邦，作我遐轨，德政惟馨，后先继美。甫兹仲

---

① 用伸：用以表达。用，介词，凭，以。伸，表述，表达。
② 巴肃乃慎令，而非慎阳令，本《志》卷三《职官志·县令》注释中已有辨析。

春（秋），祇荐惟新①，神其昭格②，佑启后人。

乡贤祠

祀汉御史戴尊、孝子戴伯鸾、征君黄宪、戴良，宋虞部郎中李濡，国朝御史刘裔③。

祭期、祭品，俱如名宦。

祭文：

惟神发迹慎阳，扬休上郡，绍美前修，表仪后进。甫兹仲春（秋），实增景行，陈荐悃仪④，用昭常敬。

社稷坛

祭期：每岁用春秋仲月上戊日。

祭物：豕二，羊二，兔二，帛二，酒米八斗，黍、稷、稻、粱、粟各四升，米、麦、面各四升，鲊黄四升，蜂蜜一斤，榛、芡、枣、栗、菱各四升，和羹、豚膊肉、鳖鱼、醢鱼各六斤，笋、菁、韭、芹各六斤，真香、牙香、檀香、汴香各五两，椒料各一两，盐、油、酱各二斤，大、小烛四十四枝。

行礼如仪。

祭文：

维年月（同前），某等敢昭告于县社稷之神曰：品物资生，

---

① 祇荐：恭敬地祭献。祇，恭敬。荐，进献，祭献。
② 昭格：指神灵对下显示吉祥。昭，光明，引申为显示、显扬。格，通"徦"（gǔ），大。
③ 戴尊（遵）、戴伯鸾、黄宪、戴良、李濡、刘裔：本《志》卷八《人物志》均有传。
④ 悃：至诚，诚实，诚心。

蒸民乃粒①，养育之功，司土是赖。惟兹仲春（秋），礼宜告（报）祀，谨以牲帛醴齐，粢盛庶品，式陈明荐。尚飨！

风云雷雨山川坛

祭期：每岁用春秋仲月后社稷一日。

祭物：同社稷坛。

行礼如仪。

祭文：

　　维（同前），敢昭告于风云雷雨之神、真阳县境内山川之神、真阳县城隍之神曰②：惟神妙用神机，生育万物，奠我民居，足我民食。某等钦奉上命，悉职兹土，今当仲春（秋），谨具牲醴，用伸常祭③。尚飨！

八蜡庙

每岁用春秋仲月，同山川坛一日祭。

行礼如仪。

祭物：豕一，羊一，兔一，肉六斤，米、面各二盘，果六盘，汴香、真香、牙香、檀香各一两，鲞鱼、醢鱼各二斤，烛十对，盐半斤。

祭文：

　　惟神体天地生物之心，助造化成物之功，遗百种以济世，

---

① 蒸民：众民，百姓。亦作"烝民"。粒：通"立"，成。
② 城隍之神：守护城池的神。
③ 常祭：通常的祭祀。

创农器以成能，表田间之井授①，劝勤力以《豳风》②；猫虎食害民之物，坊庸备水害之惊③；俾昆虫之勿作，祐岁事以丰登。神机异用，一体同功，顺成疆土④，其蜡乃通。今兹仲春（秋），酌醴陈牲，神共昭鉴⑤，永锡炳灵。

邑厉坛

每岁以清明、中元、孟冬朔日祀之⑥，主以城隍。

祭品：羊一，豕一，果四。东西各设。里设厉牌，各羊一、豕一，同羹饭等物，铺设各厉牌位前。

礼同八蜡庙，但读厉文在复位后。前期三日，用三牲发牒城隍庙，行四拜礼。至日，迎城隍至坛，行一揖礼。祭毕，安神，一揖礼。

祭文：

惟年月日，某等钦奉礼部札付⑦，为祭祀本县阖境无祀鬼神等众事。该钦奉皇帝圣旨：普天之下，后土之上，无不有人，无不有鬼神。人鬼之道，幽明虽殊，其理则一。故天下之广，兆民之众，必立君以主之。君总其大，又设官分职于府州

---

① 井授：按井田制分授（田地）；按照人口分地。
② 《豳风》：《诗经》十五国风之一，共七首诗，多描写先秦时代豳地的农家辛勤劳作的生活情景，是中国最早的田园诗。
③ 坊庸：八蜡神中的"坊"和"水庸"。坊，同"防"，堤防。水庸：水沟。《礼记·郊特牲》："祭坊与水庸，事也。"郑玄注："水庸，沟也。"孔颖达疏："坊者，所以蓄水，亦以鄣水。庸者，所以受水，亦以泄水。"
④ 成：清康熙《真阳县志》中作"我"。
⑤ 共：清康熙《真阳县志》中作"其"。
⑥ 孟冬：冬季的第一个月，即农历十月。孟冬朔日，即农历十月一日。
⑦ 钦奉：犹敬奉。札付：官府中上级给下级的公文。

县以各长之，各府州县又于每一百户内设一里长以纲领之①，上下之职，纪纲不紊，此治人之法如此。天子祭天地神祇及天下山川，王国、各府州县祭境内山川及祀典神祇，庶民祭其祖先及里社土谷之神，上下之礼，各有等第，此事神之道如此。尚念冥冥之中无祀鬼神，昔为生民，未知何故而殁。其间，有遭兵刀而横伤者，有死于水火盗贼者，有被人取财而逼死者，有为饥饿冻死者，有被人强夺妻妾而死者，有遭刑祸而负屈死者，有天灾流行而疫死者，有为猛兽毒虫所害者，有因战斗而殒身者，有因危急而自缢者，有因墙屋倾颓而压死者，有死后无子孙者。此等鬼魂，或终于前代，或殁于近世，或兵戈扰攘，流移于他乡，或人烟断绝，久缺其祭祀。姓氏泯没于一时，祀典无闻而不载。此等孤魂，死无所倚，精魄未散，结为阴灵。或倚草附木②，或作为妖怪，悲号于星月之下，呻吟于风雨之时。凡遇人间节令，心思阳世，魂杳杳以无归；身堕沉沦，意悬悬而望祭。兴言及此，怜其惨凄，故敕天下有司，依时享祭。在京都有泰厉之祭，在王国有国厉之祭，在各府州有郡厉之祭，在各县有邑厉之祭，在一里又有乡厉之祭。期于神依人而血食③，人敬神而知礼。仍命本处城隍，以主此祭。

钦奉如此，今某等不敢有违。设坛于城北，以三月清明、七月十五、十月初一日，置备牲醴羹饭，专祭本县阖境无祀鬼神等众。灵其不昧，来享此祭。凡我一县境内人民，倘有忤逆

---

① 纲：原书误刻为"细"，今据《明会典》卷九十四改。
② 倚草附木：谓精灵倚托草木等物而成妖作怪。
③ 血食：谓受享祭品。古代杀牲取血以祭，故称。

不孝、不敬六亲者，有奸盗诈伪、不畏公法者，有拗曲作直、欺压良善者，有躲避差徭、靠损贫户者，似此顽恶奸邪不良之徒，神必报于城隍，发露其事，使遭官府。轻则笞杖决断，不得号为良民；重则徒流绞斩，不得生还乡里。若事未发露，必遭阴谴，使举家并染瘟疫，六畜田蚕不利。如有孝顺父母和睦亲族，畏惧官府遵守礼法，不作非为良善正直之人，神必达之城隍①，阴加护佑，使其家道安和，农事顺序，父母妻子保守乡里。我等阖县官吏人等，如有上欺朝廷、下枉良善、贪财作弊、蠹政害民者，灵必无私，一体昭报。如此，则鬼神有鉴察之明，官府非谄谀之祭。尚飨！

乡厉坛

凡各乡村，每里一百户内立坛一所，祭无祀鬼神，专祈祷民庶安康，孳畜蕃盛。

祭期：与厉坛同。

祭物：与乡社同。

祭文则曰：

真阳县某保里长某，率领某保里某人等，联名谨具状告于本县城隍之神：今奉县官裁旨②，该奉上司所行，为祀本乡无祀鬼神事，该奉云云（与邑厉文同）。

乡社坛

凡各处乡村人民，每里一百户内立坛一所，祀五土五谷之神，

---

① 原文无"神"字，今据《明会典》卷九十四补。
② 裁旨：宋代称太守以下地方长官的指示、命令为"裁旨"。

专为祈祷雨旸时若①，五谷丰登。每岁一户轮当会首，常川洁净坛场②，遇春秋二社，预期率办祭物③，至日约聚祭祀。

其祭用一羊一豕，酒果、香烛随用。祭毕，就行会饮。会中先令一人读《抑强扶弱之誓》，其词曰：

> 凡我同里之人，各遵守礼法，毋恃力凌弱，违者先共制之，然后经官。或贫无可赡，周给其家，三年不立，不使与会。其婚姻、丧葬有乏，随力相助，如不从众，及犯奸盗诈伪一切非为之人，并不许与会。

读誓词毕，长幼以次就坐，尽欢而退。务在恭敬神明，和睦乡里，以厚风俗。

其祭，会首行礼如制。其《祝文》曰：

> 维某年月日某县某乡某里某人等，谨致祭于五土之神、五谷之神曰：惟神参赞造化，发育万物，凡我庶民，悉赖生植。时惟仲春（秋），东作方兴（岁事有成）。谨具牲醴，恭伸祈告（报祭④），伏愿雨旸时若，五谷丰登，官赋足供，民食充裕，神其鉴知。尚飨！

麟曰：乡社、乡厉，何其志之详若是？夫志者，志其有以警其废也。若使此礼乡村不废，何为如是之赘。况乡社坛，所以祀一乡土谷之神，为民祈福也；乡厉坛，所以祀一乡无祀鬼神，为民祈福也。伏读洪武礼制，辞意恳到，仪文周悉，我国家深仁厚泽，溥博

---

① 雨旸时若：晴雨适时，气候调和。语出《尚书·洪范》："曰肃，时雨若；曰乂，时旸若。"

② 常川：经常；连续不断。

③ 办：原书误刻为"辨"，今据《明会典》卷九十四改。

④ 报祭：指报答恩德的祭礼。

周遍也如此①。然则此礼复见于率土乡村，而饰治其废坠之典，其在于良有司欤！

土地祠

祭期：春秋二仲上巳日。

祭文：

维神职司县土，德被生民，匡我愆谬②，奠我缉宁③，昭告微虔，尚歆常祀④。

旗纛之神

霜降日祀之。祭物羊一、豕一、果四。以操练民兵起祀。

庶人祀先礼

父母生身之恩最大，其鞠育劬劳⑤，详载《大诰》⑥，今再申明。民间有祖父母、父母在堂者，当随家贫富，奉养无缺；已亡者，依时祭祀，展其孝敬。为父母者教训子弟，为子弟者孝敬伯叔，为妻劝夫为善。如此，和穆宗族，不犯刑宪，父母妻子，朝夕相守，岂

---

① 溥博：周遍广远。《礼记·中庸》："溥博渊泉，而时出之。"孔颖达疏："溥，谓无不周遍；博，谓所及广远。"

② 谬：原文误作"缪"，今改。愆谬：错误，过失。

③ 缉宁：安和。

④ 歆：飨，祭祀时神灵享受祭品、香火。

⑤ 鞠育：抚养；养育。劬劳：劳累；劳苦。多指父母抚养儿女的劳累。《诗经·小雅·蓼莪》："哀哀父母，生我劬劳。……父兮生我，母兮鞠我，拊我畜我，长我育我。"

⑥ 《大诰》：明太祖朱元璋亲自写定、并颁行全国要求人人习之的法律文件。内容共七十四条，第二十四条为《谕官生身之恩》。《大诰》与后不久刊布的《大诰续编》《大诰三编》《大诰武臣》一起，统称《御制大诰》。

不安享太平？为之《祭文》，曰：

  孝孙某同阖门眷属告于高曾祖考妣之灵曰：昔者祖宗相继，鞠育子孙，怀抱提携，劬劳万状。每逢四时交代，随其寒暖，增减衣服，樽节饮食。或忧近于水火，或恐伤于蚊虫，或惧罹于疾病。百计调护，惟恐不安，此心悬悬，未尝暂息。使子孙成立至有今日者，皆祖宗劬劳之恩也。虽欲报之，莫知所以为报。兹者节届孟春（夏、秋、冬），天气将温（热、寒、凉），追感昔时，不胜永慕①，谨备酒肴羹饭，率阖门眷属以献。尚飨！

麟曰：孝敬祖先，皆出于人心之自然。故生事之以礼，死葬之以礼、祭之以礼者，非由勉强也。是以我皇祖谆谆于《太诰》②，又复谆谆于《教民榜》③，是举其人心之自然者而感之也。读是《祭文》，则孝敬之心有不油然而生矣乎？令者，民之父母也。能举是礼而申明之，则其感应捷如影响矣④。

饮射

  乡饮⑤：岁正月望、十月朔举行。有司预期躬造宾家下书敦

---

① 永慕：长久思念。
② 谆谆：反复告诫、教诲不倦的样子。《太诰》：即《大诰》。大，古通"太"。
③ 《教民榜》：即《教民榜文》。和《大诰》一样，《教民榜文》也是明朝初期朱元璋所颁布的一种特别刑事法规。
④ 影响：如影之随形，响之随声。即一方发生一种动作立即引起他方发生变化或行动的作用。
⑤ 乡饮：指乡饮酒礼，古代嘉礼之一。

请①，至日设席于明伦堂，行礼如制。

乡射②：射以观德，古道也。今皆废而不行。姑志之，以俟后之有作者。按礼，前期，戒射定耦③，选职事充司正④、司副、司射、司射器、请射、举爵、收矢、执旗、树鹄，陈设讫。至日，执事者入就位，请射者引主射正官及各官员子弟、士民俊秀者各就品位。司射器者以弓矢置于各正官及司射前，请射者诣正官前圆揖⑤，引诣司器前⑥，受弓矢讫，复位。司正执算入⑦，立于中后⑧，请射者诣射前曰⑨："请诱射。"引司射二人耦进，各以三矢搢于腰带之右⑩，以一矢挟于二指间。推年齿相让，年长者为上射，年幼者为下射。上射先诣射位，向鹄正立发矢，司正书"中"⑪，投算置于中，举旗者如所射应之。射毕，退立于旁，让下射者诣位。射讫，请射者俱引复位，收矢者收矢，复于射者，司正取所中算。请射者次请士民俊秀射，次请官员子弟射，次请品卑至品高者射，其就射位，发矢，取算书"中"，举旗，收矢，复位，皆如前仪。既毕，司正、副司正各持算白"中"于主射正官，举爵者酌酒授中者饮

---

① 《明史》卷五十六《志·礼十》"乡饮酒礼"条载："其仪，以府州县长吏为主，以乡之致仕官有德行者一人为宾。"
② 乡射：古代一种射箭饮酒的礼仪，兼具击射尚武的精神与修身培德的教化意义。虽然明代多次提倡举行乡射礼，但在民间时兴时废。
③ 耦：双，两个一组。
④ 司正：古代行乡饮、乡射礼或宾主宴会时的监礼者。
⑤ 据《明会典》卷七十八《儒学·学规》，此句末有一"毕"字。
⑥ 司器：即"司射器"。
⑦ 算：计算用的筹码。
⑧ 中：装算筹的器具。
⑨ 据《明会典》卷七十八《儒学·学规》，"射"字前有一"司"字。
⑩ 搢：插。
⑪ 书"中"：记录中靶的箭数。

之，中的者三爵①，中采者二爵②。饮讫，诣射者请诸属官以下仍捧弓矢纳于司射器③，还诣主射正官前相揖而退。

宾兴

生员应试④：先期，有司择日设宴于公堂。盛陈鼓乐，出饯于郊，夫马盘缠率宜从厚⑤。举人会试如应试礼，尤加隆焉。

科甲捷报：生员中乡试，举人中会试，捷音至县，有司备礼往贺，树旗送捷报牌。回日，遣夫马伞盖、金鼓旗队，清道结彩，出迎于郊，仍设宴以待。

岁贡出学：生员应贡，有司礼送考试。考中之日，亦备礼往贺，树旗悬扁⑥。赴部之日，应得夫马盘缠悉查照旧规。家事凉薄者⑦，有司当分外作兴⑧，以赠其行。

乡仪

冠礼：前期择日，主者告于祖先，北面再拜，告云："某之子某，年渐长成，将以某月日加冠于其首，重以成人之礼，成其子孙

---

① 中的：射在靶心。
② 中采：射在彩线。
③ 诣射者：《明会典》卷七十八《儒学·学规》中作"请射者"。
④ 应试：此指生员参加乡试。
⑤ 夫马：役夫与车马等。
⑥ 扁：同"匾"。
⑦ 凉薄：不富足。
⑧ 作兴：照顾，促成。

也。"冠必三加者，谕其志也。既冠而字之者，敬其名也。今士庶知礼者颇能行之，但师其意而已，岂能尽其详乎！

婚礼：凡男年十六、女年十四以上，并听婚娶。先遣媒氏通言，女氏许之，次命媒氏纳采纳币。至期，婿盛服亲迎，主婚者礼宾。明日，妇见祖祢毕①，次见舅姑②，婿往见妇父母。

丧礼：初终而敛，既葬而虞③，以及祥禫④，颇能循礼。

祭礼：正旦、清明、七月十五、十月一日，俱各祭其祖先。其祭物随时置办，肴物、酒果、香烛亦量力丰俭而已，亦颇知荐新⑤。民间墓祭者颇多。夫祭者，非物自外至者也，生于心者也，心怵而奉之以礼⑥。外则尽物，内则尽志，此孝子之心也，非伪为于外也。

礼俗

庶人常见礼仪：凡子孙弟侄甥婿见尊长、生徒见师范、奴婢见家长，久别行四拜礼，寻常近别行揖礼。其余亲戚长幼照依等第，久别行两拜礼，寻常近别行揖礼。

燕集：主人行礼举酌必以齿为序，如有专召，或姻家、或迎劳、或饯行，必先酌专召，然后及于众宾。坐席亦然。如或有爵者及远宾，所当先酌者亦如此。惟常宴则序齿举行，颇有斟酌。

---

① 祖祢：先祖和先父。亦泛指祖先。
② 舅姑：妇称夫的父母，即公婆。
③ 虞：古代一种祭祀名。既葬而祭为虞，有安神之意。
④ 祥禫：丧祭名。《礼记·杂记下》："期之丧，十一月而练，十三月而祥，十五月而禫。"禫（dàn），古代除去丧服的祭礼。
⑤ 荐新：以时鲜的食品祭献。
⑥ 怵：伤心。

庆吊①：嘉礼则庆之，有赠仪，有锦轴；凶礼则吊之，有赙仪，有铭旌。

节见：遇正月元日、尊长寿日，卑幼具盛服备礼谒拜庆贺，尊长受之不报；敌者具常服贺之②，则彼此答礼。

送迎：尊者、爵者如有远行，咸送之；来则咸迎之。少者、幼者各以其亲情为远近。祖道、饯赆如常仪③。

恤政

养老：民年七十以上及笃废残疾者，许一丁侍养，免其杂泛差役④；八十以上者，给酒肉絮帛；素有德行、为邻里称服者，别有隆礼。

养济院：县治西。周围垣墙，房屋整洁，门有坊扁。孤贫残疾、老无所依者，俱核实收养之，不限以数。月有粮，岁有薪，冬有布花；病有药，死有棺，葬有义冢。

惠民药局：县治东。设法措办药材，置医生切药，以济贫民之病者，多所全活⑤。

义冢：有四。一在县西关，遂平教谕李膺市地六亩为之⑥，焦

---

① 庆吊：庆贺与吊慰。亦指喜事与丧事。
② 敌：匹敌；对等。敌者，指与自己身份相等的人。
③ 祖道：古代为出行者祭祀路神和设宴送行的礼仪。饯赆：送别时赠送给远行者路费、礼物。
④ 杂泛差役：指各种零碎的临时性差役。
⑤ 全活：保全，救活。
⑥ 李膺：生平不详。曾任汝宁府遂平县（今河南省遂平县）教谕。查乾隆《遂平县志》卷十《仕籍下·教谕》，仅记载"李膺，广西桂林人"。

教谕有《碑记》①；一在县北二里，乡老胡朝地十二亩为之；一在县南十里，乡老黎珠地十亩为之；一在三里桥，乡民万敖地六亩为之。

祈祷：天时或旱或涝，或蝗或疫，县官率师友、耆老奔走群望②，索鬼神而遍祷之。乡村各从事焉。

赞曰：

淮城淮野，何以经维？

礼以制度，礼以文为。

雕镂黼黻③，率循以施。

典则渐备，是谓明时。

司牧会通，钦哉毋违。

维我封略，民有■■。

同文同轨，灿然礼仪。

---

① 焦教谕：焦济，曾任真阳县儒学教谕。本《志》卷三《职官志·教谕》有简介。焦济为李膺置义冢所作《碑记》，《志》未收录，今已不详。

② 群望：受祭于天子、诸侯的山川星辰。

③ 黼黻（fǔ fú）：礼服上所绣的华美花纹。借指辞藻，华美的文辞。

卷八　人物志

夫十室之邑，必有忠信①；百里之封，岂无人材？况嵩淮环绕而秀气之攸钟，伊洛渐被而文献之可睹，诚汝南之望邑，而人物之渊薮也。穷则矩度乡间②，达则赞襄政治③，豪杰之士彬彬乎其盛矣④！乃作《人物志》。

孝友⑤

汉戴伯鸾，汝南慎阳人，性至孝。母卒，伯鸾居庐啜粥，非礼不行，与弟良俱有毁容⑥，时人称之。⑦

国朝吴文绅，真阳保人，天性孝友。成化十一年，母杨氏构

---

① 语出《论语·公冶长》："十室之邑，必有忠信如丘者焉，不如丘之好学也。"
② 矩度：规矩法度。矩度乡间：指有规矩、守法度地生活于乡里。古以二十五家为间，一万二千五百家为乡，因以"乡间"泛指民众聚居之处。
③ 赞襄：辅助，协助。
④ 彬彬：形容文质兼备，引申为文雅貌。在此则为美盛、萃集貌。
⑤ 孝友：事父母孝顺，对兄弟友爱。《诗经·小雅·六月》："侯谁在矣，张仲孝友。"毛传："善父母为孝，善兄弟为友。"
⑥ 毁容：指因居丧哀戚而憔悴的面容。
⑦ 关于戴伯鸾的这段文字，出自《后汉书》卷八十三《戴良传》。因戴伯鸾的弟弟戴良，字叔鸾，故"伯鸾"同样应为字，其名已不知。

疾，文绅朝暮侍汤药，寝食不安。及疾革①，痛哭无时。结庐墓侧②，松柏林麓中有枯木复生，鸦鸟来巢。乡里异之。邑文张文贤喜其孝感③，立石以彰其事，教谕焦济有《诗》："亲病呻吟子不宁，欲将肝肺作汤羹。哀哀父母埋荒冢，庐墓三秋泪几泠④。"又曰："雪野荒凉卧草茅，为亲那得战勤劳。松楸枯朽回生意，更有奇禽木上巢。"

乐寿，黄里保人，生员。好礼有行，养亲至孝。正德六年，流寇经真阳杀掠，乡人皆逃走避之。寿父乐景林老不能行，寿独守其亲，不肯远离。贼感其孝，亦不为害，反跪拜哭泣而去。乡里称之。罗山张璿题《二子孝感诗》，有曰："亲病彷徨就养勤，亲终哀毁尚庐坟。昔年我亦伸情事，作志于今又见君。"又曰："男儿到此见刚肠，化暴全亲事出常。寥落不堪兵火后，此情谁肯达君王。"

张雄，真阳保人。父文贤有疾，朝夕左右，夜不安寝。尝焚香祝天，愿减己寿以益亲。及亲终，庐于墓侧，寝苫枕块⑤。每早哭奠毕，用衣包土筑墓四五次，虽极寒不废，今成大冢。雄年四十余，无子，服阕后得子⑥。乡人以为笃孝所感，立石以纪其事云。

胡子通，真阳保人，乡老胡宣长子，次曰子逵。弘治十五年大旱，宣以家口众多，岁谷不登，命二子各居。二子友爱甚笃，又不敢逆亲之命，不得已而异居。至正德四年，兄弟不舍，复合居一

---

① 疾革：病情危急。
② 结庐：此指为守丧搭建倚庐。《礼记·丧大记》曰："父母之丧，居倚庐、不涂，寝苫枕块，非丧事不言。"倚庐，古人为父母守丧时居住的简陋棚屋。
③ 邑文：清康熙《真阳县志》卷六《孝义》中作"邑人"。孝感：孝行获得感应。
④ 泠（líng）：通"零"，落。
⑤ 寝苫枕块：睡在草垫上，以土块为枕。古时居父母丧的礼节。
⑥ 服阕（què）：指守丧期满除去孝服。阕，终了。

处，家私财产略无间言。和睦终身，乡里异之。

忠节

国朝刘裔，黄里保人。永乐元年①，以监生擢监察御史，坐事谪旗手卫经历②。寻改行人③，奉命出使真腊国④，威仪简简⑤，不辱君命。回，仍为经历。宣德四年⑥，迁四川知县，致仕。

儒林⑦

国朝吴玺，字廷玉，文选父。汝阳县学贡，任香河县学训导。严毅刚方，苦志经史，而精于《春秋》。郡县两学从游者甚众，公朝夕讲说，纵横离合，率主胡《传》⑧。于是汝南《春秋》相继，科第甲于他郡。先生处己大严，士子讲论侍立终日，退而各有所得。

---

① 永乐：明成祖朱棣的年号，从公元1403年至1424年，前后共使用22年。永乐元年，即公元1403年。

② 坐事：因事获罪。谪：降职并外放。旗手卫：官署名。掌大驾金鼓、旗纛，金民间壮丁为力士随皇帝出入并守卫四门。经历：职官名。掌文书出纳。应为从七品。

③ 行人：职官名。掌朝觐聘问，接待宾客之事。

④ 真腊国：中国古代对中南半岛吉蔑王国的称呼。其境在今柬埔寨境内。刘裔出使真腊，或为郑和下西洋队伍中的一员。

⑤ 简简：盛大貌。

⑥ 宣德：明宣宗朱瞻基年号，从公元1426年至1435年，前后共使用10年。宣德四年，即公元1429年。

⑦ 本《志》目录中无"儒林"一目。

⑧ 胡《传》：胡安国《春秋传》，亦称《春秋胡传》。胡安国（1074—1138），又名胡迪，字康侯，号青山，谥号文定，学者称武夷先生，后世称胡文定公。建宁崇安（今福建省武夷山市）人，北宋学者。一生潜心研究《春秋》，所著《春秋传》成为后世科举士人必读的教科书。开创"湖湘学派"，明正统间从祀孔庙。

教子严而有法，客至延坐，子弟侍立，终日酒馔，奔走趋事，少有怠惰，必斥跪门外。任香河，约束严谨，分经会课，低昂主理胜①，痛革浮靡，门下成就者甚多。

循良②

国朝涂锐，字武英，希濂父。汝阳县学贡，任陕西陇西知县。性刚果，诚实无伪。抑强梁以安良善，令行禁止，境内宁谧。讼者盈庭，剖决曲直，民无怨言。台省因其贤能③，委修边墙④，宽严相济，夫役乐于所事。岁月勤劳，因以致疾。偶遇异人，以丸药遗之而愈，人以为忠诚所感。

卓行

汉黄宪，字叔度，汝南慎阳人。世贫贱，父为牛医。颍川荀淑至慎阳⑤，遇宪于逆旅⑥，时年十四。淑竦然异之，揖与语，移日不

---

① 低昂：指争高下。
② 循良：谓官吏奉公守法。亦指善良守法的官吏。
③ 台省：汉朝的尚书台、三国魏的中书省，都是代表皇帝发布政令的中枢机关。后因以"台省"指政府的中央机构。
④ 边墙：指长城。
⑤ 荀淑（83—149）：字季和，东汉颍川郡颍阴县（今河南省许昌市）人。曾任郎陵（治今河南省确山县西南）侯相，以品行高洁著称。有子八人，号八龙，皆有名当时。生平详见《后汉书》卷六十二《荀淑传》。
⑥ 逆旅：客舍。

能去。谓宪曰："子，吾之师表也。"既而前至袁阆所①，未及劳问，曰："子国有颜子②，宁识之乎？"阆曰："见吾叔度邪？"时同郡戴良才高倨傲，而见宪未尝不正容，及归，惘然如有失也。其母问曰："汝复从牛医儿来邪？"对曰："良不见叔度，不自以为不及③；既睹其人，则瞻之在前，忽焉在后④，固难得而测也。"同郡陈蕃、周举常相谓曰："时月之间不见黄生⑤，则鄙吝之萌复存于心。"及蕃为三公⑥，临朝叹曰："叔度若在，吾不敢先佩印绶矣。"太守王龚在郡⑦，礼进贤达，多所降致，卒不能屈宪。郭林宗少游汝南⑧，先过袁阆，不宿而退；进往从宪，累日方还。或以问林宗。林宗曰："奉高之器，譬诸氿滥⑨，虽清而易挹。叔度汪汪若千顷波，澄之不清，淆之不浊，不可量也。"宪初举孝廉，又辟公府，友人劝

---

① 袁阆：原文误作"袁阆"。余嘉锡《世说新语笺疏·德行第一》对此有详细考证，今据改。袁阆，字奉高，东汉汝南郡慎阳县（今河南省正阳县）人。为功曹，辟太尉掾。

② 颜子：颜回。荀淑把黄宪比作孔子最得意的门生颜回。

③ 原文"自以为"前脱一"不"字，今据《后汉书》卷五十三《黄宪传》补。

④ 瞻之在前，忽焉在后：出自《论语·子罕》："颜渊喟然叹曰：'仰之弥高，钻之弥坚。瞻之在前，忽焉在后。夫子循循然善诱人，博我以文，约我以礼，欲罢不能。既竭吾才，如有所立卓尔，虽欲从之，末由也已。'"为颜回仰慕孔子之言。忽焉，原文作"忽然"，今据改。

⑤ 月：原文误作"日"，今据《后汉书》卷五十三《黄宪传》改。

⑥ 陈蕃（？—168）：字仲举，汝南郡平舆县（今河南省平舆县）人。东汉名臣。东汉桓帝延熹八年（165）任太尉，故称"三公"（古代中央三种最高官衔的合称。东汉以太尉、司徒、司空为三公）。生平详见《后汉书》卷六十六《陈蕃传》。

⑦ 王龚：生卒不详，字伯宗，山阳郡高平县（今山东省微山县）人。东汉安帝建光二年（122）任汝南郡太守。政崇温和，好才爱士，引进郡人黄宪、陈蕃等。生平详见《后汉书》卷五十六《王龚传》。

⑧ 郭林宗：郭泰（128—169），字林宗，太原郡介休县（今山西省介休市）人。东汉名士。善于赏鉴人才，与许劭并称"许郭"。生平详见《后汉书》卷六十八《郭太传》。

⑨ 氿（guǐ）滥：小泉。《尔雅》曰："侧出氿泉，正出滥泉。"原文误作"汜滥"，今据《后汉书》卷五十三《黄宪传》改。

其仕，亦不拒之，暂到京师而还，竟无所就。年四十八而终，天下号曰"征君"。①

戴良，字叔鸾，尊四世孙也。少诞节②，才既高达，而论议尚奇，多骇俗。同郡谢季孝问曰："子自视天下孰可为比？"良曰："仲尼长东鲁，大禹出西羌，独步天下，谁与为偶？"举孝廉，不就。再辟司空府，弥年不到。州郡迫之，乃遁辞诣府③，悉将妻子，逃入江夏山中。优游不仕，以寿终。④

英气

汉戴尊⑤，字子高，慎阳人也。家富于财，好给施，豪侠尚气，食客常三四百人⑥。时人为之语曰"关东大豪戴子高"。平帝时为侍御史⑦，王莽篡位，称病归乡里。

刚直

国朝冯科，字士由，号淮溪，柳寨保人。嘉靖七年贡。赋性纯

---

① 关于黄宪的这段文字，出自《后汉书》卷五十三《黄宪传》。
② 诞节：放纵不拘。此句原文写作"少诞才节既高达"，今据《后汉书·戴良传》改。
③ 遁辞：因为故意躲闪或掩饰错误，或者由于理屈词穷或不愿以真意告诉他人时，用来搪塞的话。
④ 关于戴良的这段文字，出自《后汉书》卷八十三《戴良传》。
⑤ 戴尊：《后汉书·戴良传》作"戴遵"，乃戴良曾祖父。此段文字，亦源自《后汉书》卷八十三《戴良传》。
⑥ 食客：古代寄食于豪门贵家，帮忙帮闲的门客。
⑦ 平帝：即西汉平帝刘衎，公元前1年至公元5年在位。侍御史：汉代中央监察机构御史台的官职。在御史大夫之下，受命御史中丞，接受公卿奏事，举劾非法。

笃，持身正大，居家勤俭，处乡里无所怨尤。释褐为直隶交河县令①，奉职勤谨，刚直不阿。邑有富家匿盗，士夫率救之，竟置于法。耻于承奉要人以图侥幸，尝忤乡御史非理相干者②，乃为所浸润当道劾之③，乃落职。归而饮酒围棋，教训诸子，逍遥林下，乡里高之。

张诰，字忠甫，号乐竹，新兴保人。性聪慧殊常。为儿时，郡人宜城尹李景藩一见之曰："此儿甚奇异。"即以女许之。少长博学，为文简古，早岁中戊子乡试④。峻以持己，严以接物。不乐与俗人耦，往来硕儒。沉潜经史，寒暑不辍。清苦自甘，疏食饮水，澹如也⑤。嘉靖丁未⑥，释褐为青州通判，不以家累自随⑦。巡行属县，独乘原乘去小骡，一介不取。每集吕泾野《谕俗》语⑧，以勉时俗，吏民犯法辄以律例罪之。山东台省贤之，委收太山香课⑨。

---

① 释褐：旧制，新进士必在太学行释褐礼，脱去布衣而换穿官服。后用来比喻开始做官或进士的及第授官。

② 乡御史：疑为"都御史"，即都察院的长官，职责为纠劾百官，辨明冤枉，提督各道，为天子耳目风纪之司。清嘉庆《正阳县志》中即作"都御史"。

③ 浸润：进谗言。劾：检举揭发罪状。

④ 嘉靖戊子：嘉靖七年（1528）。

⑤ 澹如：恬静、安然的样子。

⑥ 嘉靖丁未：嘉靖二十六年（1547）。

⑦ 家累：家属。

⑧ 吕泾野：吕柟（1479—1542），字仲木，号泾野，西安府高陵县（今陕西省西安市高陵区）人。正德三年（1508）状元。明代著名理学家。吕泾野一生著述宏富，《谕俗》即《谕俗恒言》，西安碑林博物馆藏有明嘉靖二十六年重刻本。该重刻本《跋》文作者正是张诰。而重刻者、青州府临朐县知县王家士（汝宁府光山人）在《序》文中自称，是张诰督税至临朐，将自己珍藏的《谕俗恒言》示之，王家士读后认为此书极有益于移风易俗，才决定重新刊刻。（参阅王原茵：《西安碑林珍藏明嘉靖重刻本〈谕俗恒言〉》，《碑林集刊》总第十八辑，三秦出版社，2012年。）

⑨ 香课：明清时期政府对朝山香客征收的一项特殊税种。泰山香课税额最巨，影响最大。

日用豆粥，划革时弊，州县分收官竟不得意，恶而短之于上司，遂为当道所论。公慨然就道曰①："吾不得事君，宁不得事亲乎？"麟尝有《五君咏》，其一即乐竹也。曰："遐怀董贤策，振翮入青州。出境表幽隐，前旌收督邮。清风溢海口，介节拟鱼头②。混迹白云曲，被褐识许由③。"性好幽僻，乐于乡居，颇事耕耘以自给。然刚直太过，不善处乡，竟为盗所害，士林惜之。

狷介④

国朝陈标，字立之，号龙冈，常丰保人。中弘治乙卯乡试⑤。谨厚简默，志操端耿。绩学砥行⑥，介然特立。不苟同于人，不诡随于时。授山西垣曲令，何大复序而赠之⑦。临政勤敏，持守法度，凡事不苟，盖廉静孤介之士也⑧。

善行

国朝董广，真阳保人，通判董宗舒祖。性严毅刚方，乐善循

---

① 就道：上路；动身；出发。文中指去职归家。
② 鱼头：比喻为人刚直、办事不肯通融的人。
③ 许由：传说为尧舜时代的贤人、隐士。亦作"许繇"。
④ 狷介：正直孤傲，洁身自好。
⑤ 弘治乙卯：弘治八年（1495）。
⑥ 绩学砥行：治理学问，砥砺品行。
⑦ 详见本《志》后《补遗·艺文》所收录何景明《送陈子令垣曲序》。
⑧ 廉静：谓秉性谦逊沉静。孤介：耿直方正，不随流俗。

礼。与物无竞①，周给贫乏。见人为善，诱掖奖劝②；其为恶者，则深恶而痛绝之。族人颇众，每里社毕集，则谓之曰："公事毕，然乃敢治私事。汝不官税完③，则有明法矣。"人多感之。里人有强梁争讼者④，不畏官府而畏公之知。时巡检司每亲诣公第，咨询弥盗安民之策，公知之即趋走回避而不与言，乡里高之。

黎珠，字国用，真阳保人。性刚方质朴，敦礼让，重信义，豁达倜傥，轻财好交。治家严而有法，诸子孙凛凛不敢犯。善于启佑后人，每于郡城择学行高者，卑礼厚币招延家塾⑤，与之联属琢磨，故皆学业有成。黎氏子孙以儒业成名者，皆公义方之训也。尝修间河桥以济徒涉，置义冢以济贫民。其仗义修为，类多如此。邑侯尝扁其姓名旌善亭，以劝时俗云。

董宗德，字汝崇，玘子。性笃实，重厚简默，诚悫不欺，勤苦不惮。尝亲扶耒耜，耕耘纺织，衣食自力，俭于用财。顾刻意读书，虽隆冬盛暑，手不释卷。积累功深，经史透彻，为文条畅。场屋拂意⑥，应嘉靖二十年贡，即退筑一室，清苦自甘。酒后则放怀高歌，欣然自得。人劝之仕，则曰："人生贵适意耳，何必乃尔⑦？"游优田里，乡里高之。

---

① 与物无竞：谓与世人无所争竞。
② 诱掖：引导扶植。
③ 官税：官府所征收的租税。
④ 强梁：强横的人。
⑤ 币：原文误作"弊"，今改。
⑥ 场屋：科举时代试士的场所，又称科场。
⑦ 乃尔：犹言如此。

寓贤①

宋李濡，字泽之。其先太原人，四世祖皋事晋王卫将，特见委任，子世其职。公从姜善读书，诸父置田为业。农恶其畏己，乃游泰州，年数岁，能诵书。宋为虞部郎中②，赠朝请大夫③，上轻车都尉④，赐紫金绯鱼⑤。大宋元符元年十一月十六日⑥。墓志石字多剥落，无可校正⑦。

贞烈

国朝张氏，黄里保人。年十四，适生员胡英⑧。二十四岁，英亡，张氏哀毁逾礼，欲从以死，翁姑止之得不死。生一女方八个

---

① 寓贤：寄居（真阳县）的贤士。
② 虞部郎中：官名。秩六品。掌山泽、苑囿、场冶之事，辨其地产而为之厉禁。
③ 朝请大夫：文散官名。隋始置。唐为从五品上，文官第十二阶。宋从五品，第十三阶。
④ 上轻车都尉：勋官号。唐高祖改上开府仪同三司置。宋朝置为第五阶勋官，秩正四品。
⑤ 紫金绯鱼：古代一种服色制度。《宋史·舆服五》载："宋因唐制，三品以上服紫，五品以上服朱，七品以上服绿，九品以上服青。"又继承唐代的鱼袋制度，"内外升朝文武官员皆佩鱼。凡服紫者，饰以金；服绯者，饰以银"。宋神宗元丰元年（1078）后，去青不用，阶官至四品服紫，至六品服绯，皆佩鱼；九品以上则服绿，不佩鱼。此言"紫金绯鱼"或为"紫金鱼袋"之误。前置"赐"字，意为官品未及而受赐章服。
⑥ 元符元年：公元1098年。元符是宋哲宗赵煦的第三个年号，使用时间1098年至1100年。
⑦ 由此句可知，前面关于李濡生平的文字来自于其墓志。正因为"字多剥落，无可校正"，所以前面文字读起来有些不通。
⑧ 适：旧称女子出嫁。

月，乃竭力女工①，上事舅姑，下抚遗女，中馈自供②，仪容不饰。经今四十六年③，始终一节。虽宗党亲戚，未尝见其笑颜也。嘉靖初年，邑庠诸生状其贞烈于邑侯，计公欲旌其节操④，以励风俗，而未果也。今年六十有九岁。

吴氏，邯郸递运大使吴瑛女，适知县陈标子汝谟。年三十，汝谟亡，乏子女，茕茕独立，清苦自甘，誓不再嫁。日以纺织为事，饮食不给，则惟糟糠而已。内亲见其艰苦，或劝其嫁，遂捻香告于天曰："我为陈氏妇，将从陈氏于地下矣，此言何得而至。"坚节不渝。今几七十，始终一节，乡邦异之。

张氏，真阳保人，张五女，生员张季麟之姑也。六七岁时，里人某托媒氏求婚，请见之，而谓之曰："女首有疮矣。"女遂涕泣以回曰："我取辱矣。"及长，疮愈，媒氏复来，女曰："我何颜以适人也。"父母强之，女曰："更言此，吾将自缢矣。"父母不敢言。遂独居一室，足不逾阈⑤，为终身之计。父母既终，其衣食皆资于兄弟，又亲自织纺以自供。始终清白，人无间言⑥。年九十六卒，乡人称之曰："张氏比德于玉。"

赞曰：

地灵所萃，贤哲芬芳。

在淮之北，在汝之阳。

---

① 女工：即女红。女子所从事的纺织、刺绣、缝纫等手工劳动。
② 中馈：指家中供膳诸事。
③ 经今：至今；到现在。
④ 计公：指时任真阳县知县计朝聘。
⑤ 逾阈：跨过门限，出家室。阈，门槛。
⑥ 间言（jiàn yán）：非议之言。

厥德大畜,厥功维扬。

郁郁其盛,煌煌其光。

进以经世,退以式乡。

汝颍奇士①,殆非夸张。

济济忠孝,亹亹冠裳。

---

① 奇士:非常之士。德行或才智出众的人。"汝颍奇士",语出《三国志》卷十四《魏书·郭嘉传》:"太祖与荀彧书曰:'自志才亡后,莫可与计事者。汝、颍固多奇士,谁可以继之?'"是曹操对荀彧说的话。此后,历代典籍对"汝颍多奇士"一语多有言及。(详见吕友仁:《话说"汝颍多奇士"——汝颍地区一张光彩夺目的历史名片》,《〈汝南先贤传〉辑本注译·附录》,中州古籍出版社,2015年。)

卷九　博物志

　　夫浑沦于一，道固有无感无形之妙；散殊于万，物斯有成形成象之分。是以天人感格，而灾祥呈露之莫掩；时俗趣向，而宫室创建之维新。事物纷纭，纵横今古，探索赜乱之中，标张既往之迹。乃作《博物志》。

祥异

　　汉武帝元光五年夏，汝南大水，坏民庐舍。
　　安帝元初三年十月辛亥，汝南、乐浪冬雷。
　　顺帝永建四年，淫雨①，伤稼。
　　晋武帝太康元年四月，雨雹，伤麦豆。
　　惠帝永宁元年，霖雨②，淹害秋麦。
　　安帝义熙五年十一月丁亥，大风发屋③。

---

① 淫雨：连续不停的过量的雨。
② 霖雨：连绵大雨。
③ 发屋：吹翻屋顶。

武帝咸宁五年九月甲午①，麟见于汝南②。

隋大业中，河南有马生角，长数寸。

唐高宗仪凤二年，大旱。

高宗永淳二年夏，大旱。

玄宗开元三年七月，蝗飞蔽天。

宪宗元和十二年夏，雨雹，中人有死者。

德宗贞元十八年③，旱。

文宗开成二年，雨雹，害稼。

文宗开成三年秋，大蝗，草木叶皆尽。

懿宗咸通三年六月，蝗。

梁开平元年六月，许、陈、汝、蔡、颍五州蝝生④，有野禽群飞蔽空，食之皆尽。

晋天福七年四月，大蝗害稼。至八年四月，天下诸道州飞蝗害稼，食草木叶皆尽。诏州县长吏捕蝗。

周太祖广顺三年，汝南旬日内无鸟⑤，既而聚山谷中，集于林，压树枝皆折。

宋太祖建隆二年，蔡州霪雨害田禾，道路行舟。

太祖乾德二年四月，大蝗。

太宗端拱二年，汝南旱甚，民多饥死。

---

① 武帝咸宁五年（279），应置于上文"晋武帝太康元年（280）"之前。
② 麟：麒麟。古代传说中的一种动物，像鹿，全身有鳞甲，有尾。古代以其象征祥瑞。
③ 德宗贞元十八年（802），应置于上文"宪宗元和十二年（817）"之前。
④ 蝝（yuán）：即蝗蝻。蝗的幼虫。
⑤ 旬日：十天。

真宗大中祥符元年，醴泉出汝阳凤源乡，有疾饮之皆愈。

仁宗庆历八年，汝南蝗，陈、颍州蔽野。

英宗治平元年春，蔡、汝旱。

孝宗乾道元年六月，汝南蝗，宪臣姚岳贡死蝗为瑞①，上斥其佞，坐黜。

淳熙三年六月甲申，蝗起京东北，趣西南，蔽空如云翳日。七月，蔡、汝诸州蝗俄抱草自死。

淳熙十二年，淮水冰，断流。

太和四年②，黑虫食苗。

徽宗政和四年③，府畿、汝、蔡之间连山大小石皆变为玛瑙，尚方取以器玩④。

高宗绍兴三年七月⑤，淮西雨害禾麦。四年五月，淮西郡县坏圩田，害蚕麦。

光宗绍熙三年九月，淮西郡县稼皆肃于霜，民大饥。

元成宗大德二年，水旱，免田租十分之三，伤甚者尽免之，老病单弱者差税并免三年。

仁宗延祐三年冬十月，地震。

顺帝至正三年，霪雨自四月至七月不止。

---

① 宪臣：宋代指提点刑狱，即后之按察使。姚岳：字松卿，京兆府（今陕西省西安市）人。南宋绍兴二年（1132）进士。为岳飞器重，辟为属官。岳飞遇害后，投靠秦桧。

② 宋代无"太和"年号，疑为"政和"之误。但查《宋史·五行志》并未见本地有"黑虫食苗"记载。

③ 徽宗政和四年（1114），应置于上文"孝宗乾道元年（1165）"之前。

④ 尚方：古代制造帝王所用器物的官署。

⑤ 高宗绍兴三年（1133），应置于上文"孝宗乾道元年（1165）"之前、"徽宗政和四年（1114）"之后。

至正十一年，颍州妖人刘福通据朱皋，兵破真阳城，焚掠一空。

至正十二年，诏河南曾经盗贼之处，贫民不能自备牛种者，所在有司给之。

至正十九年，蝗飞蔽天，所落沟堑尽平，民大饥。

国朝洪武四年，省真阳入汝阳县。

洪武十一年，置真阳镇巡检司，寻废。

洪武二十六年，令天下有司，凡遇岁饥，先发仓廪赈贷，然后具奏。

永乐元年，令各处有司，春初差人巡视境内，遇有蝗虫初生，设法扑捕，务要尽绝，如是坐视致使滋蔓为患者，罪之。

宣德九年，差给事中、御史、锦衣卫河南捕蝗虫。

景泰四年，置真阳镇巡检司。

景泰四年，河南等处灾伤，令所在问刑衙门，责有力囚犯于缺粮州县仓纳米赈济。

天顺元年，蝗，免租。

成化九年，灾，免田租之半。

成化二十三年，诏河南等处军民，先因饥荒逃移将妻妾子女典卖与人者，许典卖之家受告准给原价赎取归宗，其无主愿留者听，隐匿者罪同。

弘治二年六月，大水，坏民庐舍。

弘治三年，大有年①。

----

① 大有年：意为大丰年。语出《春秋穀梁传·宣公十六年》："五谷大熟，为大有年。"

弘治十五年，旱。

弘治十八年，大有年。

弘治十八年，汝阳知县雷宗请置真阳县。

正德元年，改真阳镇巡检司于铜钟，寻废。

正德三年，大旱，人相食，田野沟壑皆死尸。

正德四年，大有年。

正德六年十二月，霸寇刘良至[①]，焚掠一空，知县郭仲辰逃。

正德十四年十月十二日戌时分，地震，屋瓦摇落，逾时乃止。后有远行者至，知震千余里。

今上嘉靖三年，旱。

嘉靖十年秋，大水，免田租之半。

嘉靖十三年，有年。

嘉靖十八年，大饥，差主事赈济。

嘉靖二十三年春夏，旱。

嘉靖三十二年夏四月，雨，至秋七月不止，坏公署、城垣、民居殆尽，谷、黍、秋、菽俱被涝伤，独稻倍收。时荒，盗起，免民田租之半。

寺观

弥勒寺，在县治前，明道二年寘僧公建[②]，洪武间僧清恩修，

---

① 刘良：当为"刘惠"。明正德五年（1510），刘六、刘七在霸州（今河北省霸州市）发动农民暴动，刘惠为领导者之一（故称"霸寇"）。次年，兵分两路，刘惠、赵燧等人率领的西路军，活跃于河南、安徽一带。正德七年（1512），兵败。

② 明道：北宋仁宗赵祯的第二个年号，使用时间为公元1032年至1033年。明道二年，即公元1033年。

后僧净能、道善重修。

佛圣寺，县东十里。

弥陀寺，县东南二十里。

双陂寺，县东北二十里。

广教寺，县东三十里，俗呼为柳寨寺。冈岭高峻，间河环绕，树木交翠，清幽殊常①。

兴福寺，县东南四十里。

顿教寺，县东北三十里。

清凉寺，县东五十里。

古城寺，县东五十里。

崇圣寺，县东七十里。

兴国寺，县东七十里。

万寿寺，县东八十里。

延寿寺，县东九十里。

台头寺，县东南九十里。

龙潭寺，县西北三十里。

王家寺，县西北三十里。

臧家寺，县西二十里。

诸葛寺，县西南四十里。

龙泉寺，县西南三十里。

铁佛寺，县西南三十里。

观音寺，县南七十里。

陡沟寺，县南七十里。

---

① 广教寺（柳寨寺）的位置，应在今吕河乡杨店村东杨楼。

文殊寺，县南七十里。

临淮寺，县南八十里。

华严寺，县南九十里。

裴家寺，县南六十里。

福寿寺，县南七十里。

重福寺，县南七十里。

大林店观音寺，县南八十里①。

铜钟寺，县南六十里。

万首寺，县东南四十里。

古岳寺，县东南三十里。

龙堂寺，县南五十里。

新兴寺，县东南三十里。

龙兴寺，县西南二十里。

圆觉寺，县南二十里。

西严寺，县东七十里。

彭家寺，县南十里。

龙台寺，县东二十里。

石佛寺，县南板桥店，三十里。

东岳庙，在东关外二百步，周围八亩。中为殿，义官赖济新建。后为后殿，殿东南有钟楼。西有厢房，前为庙门。又东为道院，院前有池，池中有井。元光州学正张琯有《记》②：

---

① 在大林镇街东南三里，1958年毁，2012年重修。
② 学正：宋、元、明、清国子监所属学官，协助博士教学，并负训导之责。元代在路、州、县学及书院亦设学正，为该校学官。明清州学设学正，掌教诲所属生员。张琯：生平不详。查清顺治《光州志》，元代光州学正有一"张琦"，系息县人。

粤惟清浊分而风气开，天地位而仪象著。岱宗东峙，俯瞰溟渤，巍乎尊冠五岳，神塞霄壤，与肇辟俱生，而宗祀万世者也。故《书》载虞舜巡狩，柴祭之礼①。而《管子》言上古封禅之君，无怀氏已降，多至七十余家②。虽不经见，要必有近似之者。自秦汉唐宋之际，金泥玉检③，史不绝书，咸以东封为太平盛事。我圣元近年锡赠今号，中统萧五祖代天子奉祀先儒④，杜止轩作《记》云："泰山惟天子与在境之诸侯得以祀之，且季氏之旅，孔子见议，况其下者乎？"⑤止轩之论固正矣。然迄至齐民吏士，淆混祷祠，或辇父载母，燃香步履，不远数百里而奔走山下以酬信怨者⑥，岁以万计。既无迫督而来，

---

① 《尚书·舜典》："岁二月，东巡守，至于岱宗，柴。"按：柴祭乃古代祭礼之一，祭时积柴，加牲其上而烧之。

② 《管子·封禅》："古者封泰山禅梁父者七十二家，而夷吾所记者十有二焉。昔无怀氏封泰山，禅云云。"

③ 金泥玉检：以水银和金为泥作饰，用玉制成的检。古代天子封禅所用。

④ 中统：元世祖（孛儿只斤·忽必烈）年号，从公元1260年农历五月至1264年农历七月，共使用四年零两个月。当时尚未改国号大元。萧五祖：萧居寿（1221—1280），本姓李，字伯仁，道号淳然子，汲县（今河南省卫辉市）人。太一道第五代祖师。元世祖即位，赐号太一演化贞常真人。至元中，建太一宫于两京，命居之，领祠事。据元王恽《秋涧先生大全文集》卷四十七《太一五祖演化贞常真人行状》载："（中统）二年冬，上命禜斗于厚载门，亲诣祝香，仍赍锦纹绫帔。四年秋，遣近侍护师，颁香岳渎等祠。"大概就包括"代天子奉祀先儒"事。

⑤ 杜止轩：杜仁杰（约1201—1282），原名之元（又名徵），字仲梁，号善夫（一作善甫），又号止轩，泰安州长清县（今山东省济南市长清区）人。元代散曲家。著作有《逃空丝竹集》《河洛遗稿》，皆已佚。查后人所辑《全元文·杜仁杰》《重辑杜善夫集》等，均未见本文所引之《记》。

⑥ "怨"字疑作"愿"。清康熙《真阳县志》、嘉庆《正阳县志》收录此文时俱作"愿"。

亦无冒躐之禁①。用是天下路府州县②、乡村聚落，连庙设像③，莫之胜数，以便水旱疫疠之所祷也④。

真阳，古慎国，土俗纯厚，尤敬祀鬼神。至元中⑤，县人陈福成洎其子良挈家来居。时残宋方下，长淮南北，邑里萧条，城东二里许，得岳庙废址。首倡邑人祁兴等，披草莱，铲荆棘，构正殿，修东西两廊。继继相承，立圣母殿、龙王堂、关王庙、增福所、子孙祠、拜神门，凡十座，计二十八楹。绘塑神像，华彩绚烂，丹青黝垩⑥。材木梁栋，砖石瓦甓，工匠粮饷，雇赏须索，率悉陈氏备。又偕袁友盛命木工造暖帐，殚极工巧，饰以金碧，所费不赀⑦，略无靳色⑧。日增月益，载梁载戢，首尾逾三十年。至大末⑨，功始毕。噫！可谓勤矣。进德修业之士，立志不坚，堕窳不恪⑩，校夫斯人得无颜厚乎⑪？抑又闻之，"鬼神无常享，享于克诚"⑫。人能尽诚尽敬，尽孝尽忠，当官不虐，临事奉公，惟其弗祀，祀则神明著而百福汝

---

① 冒躐：冒级躐阶之意。指逾越等级规定。躐（liè），超越。
② 用是：因此。
③ 连，疑为"建"之误。清康熙《真阳县志》、嘉庆《正阳县志》中均作"建"。
④ 疫疠：瘟疫。
⑤ 至元：元世祖（孛儿只斤·忽必烈）的第二个年号，从 1264 年至 1294 年，前后共使用 31 年。其中于 1271 年改国号为大元。
⑥ 黝垩：涂以黑色和白色。黝，黑色；垩，白土。
⑦ 不赀：数量极多，无法计量。亦作"不訾"。
⑧ 靳色：犹吝色。舍不得的神情。
⑨ 至大：元武宗（孛儿只斤·海山）的年号，从 1308 年至 1311 年，前后共使用 4 年。
⑩ 堕窳：懈怠无力。窳（yǔ），懒惰。恪：恭敬，谨慎。
⑪ 得无：能不；岂不。表示反问或推测。亦作"得亡"。
⑫ 语出《尚书·太甲下》："惟天无亲，克敬惟亲。民罔常怀，怀于有仁。鬼神无常享，享于克诚。"

归矣。敢以是为事神者告。真石既砻①，教谕王良辅因毕善赍书求文于仆②，辞不获免，叙岱岳颠末及创力始终以贻。仍系以铭曰：

  岩岩岱宗，屹天之东。上摩苍穹，宫殿雄古。式敷下土，威灵是主。休声洋洋，昭被遐荒。神应孔彰，孰善斯引，孰恶斯殒，阴骘明允。帝命司生，载和载平，毕康毕宁；帝命司育，实蕃实畜，登我百谷；帝命司春，嘘屈吹伸，蔼乎其仁。播气含理，与天同体，品汇咸喜。神之格思，念兹在兹。夫何远而，华堂疏绮。俾筵俾几，跄跄济济。醑酒割牲，来献其诚。有苾其馨，无可不可。以侑以妥，福我寿我。保国金汤，时雨时旸。丰年穰穰，有黍有稷。报祀不忒，勒石颂德。

  大元至大四年岁次辛亥月日立。

真武庙，在北关外，乡民胡明创建。罗山张璿《记》③：

  庙在真阳县城正北五十步许。洪武四年，以县编民不足，省入汝阳县。景泰间④，即其地为真阳巡检司。庙盖有旧基矣，香火绵延，逮今百五十余年。正德改元⑤，始请改巡检司为县，仍名曰真阳。呜呼！玄帝之神，本天乙化成，心契太虚，道传玉清，掌握枢机，斡旋造化。骖日驭月，驾风鞭霆，御灾捍

---

① 砻（lóng）：磨。文中意为碑石已准备好，等待刻字。
② 赍书：送信。仆：谦辞。旧时男子称自己。
③ 张璿：生卒不详。字天器，汝宁府信阳州罗山县（今河南省信阳市罗山县）人。弘治辛酉科（1501年）举人，安庆府望江县（今安徽省望江县）儒学训导，署教谕。
④ 景泰：明代宗朱祁钰的年号，从公元1450年至1457年，前后共使用八年。
⑤ 改元：旧时新皇帝就位时，不用旧君纪年之数，而以即位之次年为元年，称为"改元"。

患,福善祸淫①。求无不应,祷无不感,吾民阴佑默相之功,受赐多矣。庙有前宫后殿,以妥神灵;廊有东西楹舍,以崇护卫。金碧腾辉,檐牙高喙,为一方巨镇。岁有水旱疾疫,罔不致祷,祷必有应。邑之人崇信益坚,以时奉祀。神以厥土久居,保护爱惜于邑之人者亦无不至,所以灵贶昭彰②,捷如影响。庙历年既久,不能免风雨之侵。有所缺坏,有司必督乡社以整饬之。报德报功之典,亦天理民彝③,所当尽心者。孔子曰:"敬鬼神而远之。"④ 敬则不敢慢,远则不敢谄,盖以神之至尊无对、至公无私而然耳。知县亳州张公玺以县既有庙,庙必有碑,所以仗其威福,表其诚敬,以纪岁月于无穷也。乡老彭俊、胡朝实董厥事。于是命工立石,征文纪事,一以彰圣帝神贶之灵,一以表斯民信事之笃。佑国为民之功,诚天地覆载生成之力也。于是乎记。

龙王庙,在南关外。罗山张璿《记》:

国初,县本为镇,南关外路南已有庙,祀龙王神矣。成化间,邑人刘俊捐己地,迁其庙于路北。正德改元,以镇复为县。八年冬,邑侯亳州张公玺莅政。因岁时亢旱⑤,侯乃跣足露顶,不避炎热,斋心建坛⑥,致祷于庙。不多日,得澍雨之

---

① 福善祸淫:指行善的得福,作恶的受祸。语出《尚书·汤诰》:"天道福善祸淫,降灾于夏,以彰厥罪。"
② 灵贶(kuàng):神灵赐福。贶,赠、赐。昭彰:昭著;显著。
③ 民彝:犹人伦。旧指人与人之间相处的伦理道德准则。
④ 语出《论语·雍也》:"樊迟问知,子曰:'务民之义,敬鬼神而远之,可谓知矣。'"
⑤ 亢旱:大旱。
⑥ 斋心:祛除杂念,使心神凝寂。

〔嘉靖〕真阳县志·卷九 博物志

降，免云汉之灾，除旱魃之害①。民既病而复苏，禾既焦而复润。三农鼓舞，百谷顺成。张侯遂捐俸资，率其民以新庙貌。年来政务修举，民知向义。俊之子淮乃告于县曰："龙王庙地实淮父刘俊所舍，今幸廉明贤父母既新其庙，不有碑以纪岁月，后将湮没无所考矣。"侯允其请，而属璿为文。愚以龙王之神失下所同祀②，妙用神机，变化莫测，驾风鞭霆，腾云致雨，切于民事，所系非轻。矧神之位奠厥土③，享有香火于此地者有年矣，其默相阴佑之力居多信乎。神依人而血食，人敬神而知礼，不有碑以表章之，则神之卫人、人之事神者泯然不可见。今神功赫奕④，能具云雨以消旱灾；人心协和，能应祈祷以感灵贶。幽明一理，感格一机。且福善祸淫，锱铢不爽⑤，诚天地间至正至公之不可以邪媚惑者也。侯受朝廷大命，有民社之责，始至县以治民为急，民既治以事神为心。凡百治生，别无调度，瘠在己而肥在民也。方诸茧丝⑥，为事而不恤所当为者，真慢神而虐民者也。天壤何远哉，宜乎化及凡民，效信崇礼。父舍地以为庙，子砻石以立碑，后之人有感于斯文者，必指其名以道之，则侯之善政，概可见矣。故曰：观驯雉之

---

① 旱魃（bá）：传说中引起旱灾的怪物。
② 失：疑为"夫"字之误。
③ 矧（shěn）：另外；况且；何况。
④ 赫奕：显赫貌；美盛貌。
⑤ 锱铢不爽：犹言分毫不差。锱铢，旧制锱为一两的四分之一，铢为一两的二十四分之一。比喻极其微小的数量。
⑥ 茧丝：泛指赋税。敛赋如抽丝于茧，故云。

事，可以知鲁恭之仁①；观弃鱼之俗，可以知子产之惠②。是为记。

义勇武安王庙，罗山张璿撰《记》：

凡神之有功于一国者，一国祀之；有功于天下者，天下祀之。盖所以崇其德，报其功，以励夫后之人也。义勇武安王生为大将，没为明神，治《左氏春秋》辞行衮斧③，熟《太公兵法》阵布风云④，辅佐帝胄⑤，为时虎臣，志欲席卷吴魏，以复炎祚⑥，大有功于天下者也。庙祀其可废乎！真阳旧为镇，设巡检司。成化间，徙置城东南隅，去市百步许。日久庙坏，殆为草莽之墟。弘治五年⑦，巡检张辰捐资聚材，仍徙于旧庙之所。肖神像，新栋宇，立石为记，庠生陈标文之⑧。后庙又剥

---

① 《后汉书》卷二十五《鲁恭传》载：东汉章帝时，鲁恭为中牟令，专以德化为理，不任刑罚。时郡国螟蝗伤稼，独不入其境；有母雉将雏，落童子旁，童子仁而不捕。后以"驯雉"为称颂地方官吏施行仁政泽及鸟兽之典。

② 《孟子·万章上》载：有人给郑国的子产送了一条活鱼，子产让小吏（校人）把鱼养在池子里。后来小吏把鱼煮吃了，却对子产说鱼游不见了。子产说："得其所哉！"孟子对此事发议论道："故君子可欺以其方，难罔以非其道。"

③ 《左氏春秋》：又称《春秋左氏传》，简称《左传》。是对《春秋》的详细注解与补充，亦为儒家经典之一。相传为春秋时鲁国史官左丘明著。纪事起于公元前722年，终于前464年，资料丰富，叙事详明，文笔优美。衮斧：谓褒贬。古代赐衮衣以示嘉奖，给斧钺以示惩罚，故云。

④ 《太公兵法》：又称《太公六韬》，简称《六韬》。相传为周初太公望（即吕尚、姜子牙）所著，学者一般认为成书于战国时期。全书六卷，共六十篇。内容十分广泛，是一部集先秦军事思想之大成的著作。

⑤ 帝胄：皇族。指刘备。

⑥ 炎祚：汉朝的国统。汉自称以火德王，故称炎汉。

⑦ 弘治五年：公元1492年。

⑧ 庠生：科举时代府州县学的生员。科举制度下，童试录取后准入县学读书，以备参加高一级之考试，谓之"进学""入学"或"入泮"，士子称"庠生"或"生员"，俗称"秀才"。陈标：见《人物志》。时为庠生，后为举人。

落芜秽。正德改元，以镇为县，凿池筑城，庙基通近，遂又一湮没矣。邑侯张公玺见城下有石碣，篆曰"义勇武安王庙记"。石既腐朽，字多残缺，幸存其年与号耳。慨然叹曰："神为汉昭烈股肱①，其勋业载诸汗青，其英誉播诸寰宇，其威灵振乎天下，无处不祠，无代不祀，非若妖淫怪妄所可比拟者。"于是泽城南楼轩豁高爽之处②，迁神像于上，为奉祀之所。大望镇定我一方，保障我百姓，血食于无穷。庶前人建庙奉祀之意，不至于泯灭矣。崇德报功之盛③，爱礼存羊之意也④，邑人赵刚素有此志，今仍领其事以完厥美，侯之德益著矣。于是乎记。正德十年九月吉旦⑤。

三官庙，在县东北隅。义官赖济建。

七星庙，在县东⑥。

庄屯

崇府庄（三所：一在县北门内，一在马乡店，一在汝南埠店）、卢旗屯、钟旗屯、塔下屯、亮马台屯、杨旗屯、渚陂屯、陈旗屯、赖三八屯、萧旗屯、王旗屯、温增屯、东孟隆屯、卢庄屯、曹家

---

① 昭烈：指刘备。刘备谥号昭烈皇帝，故称。
② 泽，当为"择"。轩豁：敞亮。
③ 崇德报功：尊崇有德行的人，酬报有功劳的人。语出《尚书·武成》："惇信明义，崇德报功，垂拱而天下治。"
④ 爱礼存羊：由于爱惜古礼，不忍使它废弛，因而保留古礼所需要的祭羊。比喻为维护根本而保留有关仪节。语出《论语·八佾》："子贡欲去告朔之饩羊，子曰：'赐也！尔爱其羊，我爱其礼。'"
⑤ 吉旦：农历每月初一。
⑥ 七星庙：又称七井庙，在今油坊店乡街北五里，已重建。

屯、井陂屯、西孟隆屯、乌家屯、徐道屯、艾陂屯、大侯旗屯、班陂屯、塘下屯、马乡屯、小侯旗屯、隆升屯、虎头陂屯、麻张旗屯。

麟曰：此皆崇府之庄屯也，其地约有千顷。真阳之封疆虽有百里，然此庄屯皆在封略之内①，然则真阳地寡可知矣②。地既寡，其民有不贫矣乎？

赞曰：

天地得一，以清以宁。

乖和殊途，变异殊形。

令惟致和，百祥自生。

佛老鸣世，道理杳冥。

师徒倡和，饰治殿庭。

令惟斡旋，器数调停。

机权在我，吾道日星。

---

① 封略：封界；边境。
② 然则：连词，用在句子开头，表示"既然这样，那么……"。

卷十　艺文志

夫叙述功业，每托于编简，而张扬景物，恒籍诸词章。故寻绎前闻，则因革以之显著；稽察古典，则物理以之昭章。邑虽新建，地属名邦，缙绅大夫之述作，实形胜风教之关系也。乃作《艺文志》。

文集

卫桂荣《朵阿达实廉善记》一篇

天下一人心也，人心一天理也。善善恶恶，则不得私焉。善者真知其当好，恶者真知其当恶，则有公论矣。公论之所在，人心天理之所在。士大夫居官为政，固不能掩于平时之论。职满去任，人心之真好真恶形焉。好恶明，则毁誉公矣。循吏汉唐为盛，有去而立去思碑者①，有去日立生祠者②，有卧辙不许其去者，有截镫而拥马遮留者③，岂人心之无公论耶？

---

① 去思碑：又称"德政碑"，是地方百姓为离任官员立的纪念碑。去思，意即离去后仍被思念。清康熙《真阳县志》卷七《艺文志·碑记》收录有一篇《麻侯去思碑》。
② 生祠：旧时指为还活着的人修建祠堂。
③ 截镫：旧时用为对离职官吏表示挽留惜别的套语。亦作"截镫留鞭"。遮留：拦阻挽留。

真阳县达鲁花赤朵阿达实，从仕畏兀儿人氏，乃斡思弥世朝列之子，普鲁罕忽里国公之外孙也。昔故父尝为盐运副①，每以廉善训公，袭为随朝七品。公幼读书，试一经史，而得文资散官，出长斯邑。自下车来，以一廉为政，以一善为教，便民者存之，扰民者革之。三年之间，六事俱备。门无私谒，秋毫不取，与民相安无事，可谓廉善邑长矣。公之廉，真廉也；公之善，诚善也。彼有外廉而内贪，言善而行恶者，岂可同日而语哉！公于琴政之暇，他无所适，惟携"四书"，临学听讲②。谓诸生曰："圣朝设科取士，以德行为首。汝辈当务正心之学，为治平之具，庶不负明诏矣。"凡遇劝课农桑，裹粮而出③，惟恐扰民。教民于低下田畴改种禾稻，民获秋成之利。真阳县与朱皋仓相去三百余里，近年民病于输纳本色④。公与息州赵知州（亦廉介之士）隆冬盛寒不避奔走⑤，计禀省府⑥，不系濒河去处，许纳轻赍。民得其便，皆公之赐也。公之天性慈祥，不肆暴虐，凡处同僚，以和为贵，有难于己者不推辞，有利于人者则容让；凡御诸吏，未尝怒形于色，人皆服其德；凡待士夫，则谦恭自卑，似无官者。公之爱民如赤子，则民亦敬公如慈父。

公将任满，真阳之人诚有依依然不忍舍之意，慨然为公立碑，

---

① 盐运副：都转运盐使司副使，正五品。
② 四书：《论语》《孟子》《大学》《中庸》的合称。是重要的儒家经典。元明清时期，规定科举考试的命题范围限制在"四书"之内，以朱熹注释为标准，"四书"成为每位读书人的必读书。
③ 裹粮而出：携带干粮出发。
④ 病：苦恼，困恼。
⑤ 赵知州，查清嘉庆《息县志》卷三《知州》元朝有"赵奉训，失名，至顺二年任"。
⑥ 计禀：计议和禀告。

皆出于自然而然，岂威猛而迫之哉！嘱予为之记，予曰："县官，亲民之职也。上应列宿，出宰百里，所任非轻。一邑得其人则一邑受福，一邑非其人则一邑受其祸。何则古者有自县官而至太傅者、至宰执者、封公封侯者？圣代岂无之哉？皆自廉善而得之也。"予虽不敏，喜其人心天理公论皎然，勉强直述其事，亦有劝善黜恶之意。小而一邑，大而天下，皆相视为善，则唐虞雍熙之治可坐而致①，岂曰小补之哉！

（桂荣，元真阳县学教谕。）

潘遵正《重修撞陂义济桥记》一篇

洪山之麓，有泉一穴，其源不过滥觞②，从汇横注③，寖以成大④，盘折百余里，历真、息而入于淮。此桥乃经流之一也。古迹遗石断碑犹在，第陵迁物变⑤，创始者莫知其岁月；龟纹剥落，鲁豕难分⑥，纪事者无辨夫谁何。会天雨流澍⑦，山水迅作，澜狂湍

---

① 唐虞：唐尧与虞舜的并称。亦指尧与舜的时代，古人以为太平盛世。雍熙：谓和乐升平。
② 滥觞：江河发源的地方，水量非常浅小，仅能浮起一个酒杯，故称为"滥觞"。滥，泛，浮。觞：酒器。
③ 从：同"纵"。
④ 寖：渐渐；逐渐增多。
⑤ 第：但。陵迁物变：比喻社会、人事或自然界发生巨大变迁。
⑥ 鲁亥："鲁鱼亥豕"的缩写。意思是把"鲁"字错成"鱼"字，把"亥"字错成"豕"字。原指书籍在撰写或刻印过程中的文字错误。在此指碑刻因时间久远，文字已难以识别。
⑦ 澍：同"注"，灌注。

悍，怀阡襄陌①，势莫能已。车载马驰，憧憧往来②，临流盼望，徒成慨叹，乡氓病兹久矣。适保定边公将仕来佐是邑③，下车之日，首以桥梁道路为己责。当冲要者，躬督其役；居偏僻者，谕编民长分治之，兼命人吏张杰以敦匠事④。而闻风向义者，如乔海、乔仲贤等，会集耆宿马广曰："见义不为是谓无勇，临难不济则为非义。此实系吾辈事，何预官府？"于是众志金同，各捐私镪⑤，备廪饩粮⑥。日计庸工，运石于山，伐木于林。匠氏献巧，农丁输力，释耒耜而荷钎⑦，如父事子趋，不动声色而毕举，阅月以告成⑧。请记日月于仆，仍祈名扁其上。辞不获已，因曰：利物足以和义，《大易》有焉⑨；以义制事，《商书》载焉⑩。今睹是役，抑谁之功欤？然微海、广辈则无以成⑪，非我将仕公则不能遂成。且居者忘荡渌忧⑫，行者无揭厉劳⑬，济物之义于斯为盛，请题名曰"义济桥"云。

---

① 怀阡襄陌：指洪水汹涌，淹没田野的路。怀，包。襄，上。
② 憧憧：往来不停的样子。
③ 边将仕，时任真阳县县丞。
④ 人吏：指下级官吏。
⑤ 镪（qiǎng）：成串的钱。泛指钱币。
⑥ 饩（xì）：赠送食物。
⑦ 耒耜：翻土所用的农具。钎：打凿孔眼的工具，常用于采掘工程。此句指放下农活，从事修桥工作。
⑧ 阅月：经一月。
⑨ 《周易·乾·文言》："利者，义之和也。……利物足以和义。"
⑩ 《尚书·商书·仲虺之诰》："王懋昭大德，建中于民，以义制事，以礼制心，垂裕后昆。"
⑪ 微：无，非。
⑫ 荡渌：渌荡，奔腾激荡之意。
⑬ 揭厉：涉渡的意思。揭，撩起衣服渡水。厉，连衣涉水。语出《诗经·邶风·匏有苦叶》："深则厉，浅则揭。"毛传："以衣涉水为厉，谓由带以上也。揭，褰衣也。"

牛凤《修汶口秫陂港桥记》一篇

粟麦切于人食，布帛切于人衣，桥梁切于人行。三者，世不可阙也①。然而衣食之乏可就他方，桥梁之患惟止于此，是以有甚于彼二者也。真阳东北六十里，有邑曰秫陂，士人王良弼辅之第西北一里余②，有水曰汶口。秫陂港深三丈余，上通太陂，下接汝河。或暑雨暴至，其涨弥漫，深不可测，两岸左右，桑麻粟麦，一旦汩没③，四望潇然，奈无舟楫，不能遽渡，往来者甚病之。余处草茅④，痛切于心，然不敢以辱官长，故语乡间广业者，欲同力以成桥。人虽是之，奈倡而不和，尼而不行⑤，其愿谁复与遂耶？遂罄宿有囊箧物，贿石工，西二百里确山凿石，祷邻里有车者以输之，相岸口燥刚地以兴工。辅之先祖衣跣足，董子侄无朝暮展力而作⑥，四方纳力者寻至。大抵增旧者易，创始者难，故期年以遂成⑦。盖此壑千年一日也。后有圮缺⑧，请我同志者毋惮复葺。

（凤，本县雁亭人也。）

---

① 阙：同"缺"。
② 王良弼，字辅之。第：府第，宅第。
③ 汩没：埋没。
④ 草茅：山野乡间。
⑤ 尼：古同"昵"。相近，亲近。
⑥ 董：统率。
⑦ 期年：一年。
⑧ 圮缺：倾毁，残缺。原文误作"圯缺"，今改。

马蕙《真阳镇巡检司记》一篇

真阳，汉慎阳县也，隋改真阳县，唐、宋、元因之，其地皆属汝南焉。国朝平定天下，省县入汝阳，民之居是地者，止设保甲，今所谓真阳镇也。镇在汝阳之南，去县百有余里，南至罗山亦如之。息县在其东，确山在其西，地里绵亘，亦与去汝阳相离。土旷而沃，是以他郡邑民无业者多趋之。历岁既久，或遇水旱而值饥馑，则盗贼、狱讼能保其不繁乎？必设官在其地，庶乎有所畏惮而不敢为也①。

前汝宁守暨汝阳令方将以事上闻②，适居人江镇者已先具其事径自上请矣。由是真阳特设巡检司，以蠡吾张荣子华领巡检事③。子华负篆而来，乃相镇之巽隅④，得隙地一区，用建乃司。请于今郡守龙泉项公所勤⑤、邑令长垣郗侯廷震躬视视之⑥，或曰可⑦。遂命鸠工庀材⑧，范甓陶瓦⑨，建厅事三间，抱厦则减其二，司房在东

---

① 庶乎：也许可以。表示希望或推测出现某种结果。
② 方将：将要；正要。
③ 张荣：字子华，保定府蠡县（今河北省保定市蠡县）人，景泰四年（1453）任于真阳巡检司。本《志》卷三《职官志·巡检》有著录。
④ 巽隅：东南角。巽，八卦之一，代表风，位东南，主吉。
⑤ 项所勤：项斐，字所勤，吉安府龙泉县（今江西省遂川县）人，正统三年（1438）举人，授前军都督经历，景泰三年（1452）升汝宁知府。
⑥ 郗廷震：汝阳县知县，生平不详。
⑦ 躬视、或曰：清康熙《真阳县志》、嘉庆《正阳县志》收录此文时均分别作"躬亲""咸曰"，当是。
⑧ 鸠工庀材：招聚工匠，筹集材料。指土木工程兴建前的准备工作。庀（pǐ），具备、备办。
⑨ 范甓陶瓦：用模子烧陶制作砖瓦。甓（pì），砖。

者三间①，在西者如其数。建大门于前，设狱犴于后②。官吏有安居之廨，兵士有直宿之庐。缭以高垣，谨严固密，息盗除奸，诚得其所也。肇工于景泰四年之春正月，讫工于明年之秋八月。

子华感郡守公提调之勤、邑侯供助之费，不可无述，来征记以垂永久。予惟今之巡检犹古之关吏县尉，职在巡捕盗贼，禁察奸伪，良民得其安而已。苟或贪暴失职③，则将以御暴而反以为暴，与盗奚择哉④？今真阳巡检创建廨司，工力材木虽出于县，而其朝夕用心亦勤矣。加以捕获逋亡⑤，缉捉盗贼，数溢于额，使真阳一境农安其业，商乐其利，可谓能举其职者也，容可不书乎⑥？子华秩满，予记其衙门创始之由，因书此以为后来继是职者劝。

景太六年乙亥中秋吉日立。

（蕙⑦，彭城人⑧，汝宁府学教授。）

王廷相《新修真阳县记》一篇

真阳，汝宁属邑，襟淮带汝，沃壤冠淮右⑨，为南北要冲、《禹

---

① 厅事：官署视事问案的厅堂。抱厦：围绕厅堂，后面毗连着的小房子。司房：即刑房，负责记录口供、管理案卷的地方。
② 狱犴（àn）：监禁囚犯的地方。
③ 苟或：假如；如果。
④ 择：区别。此句意思是，与盗贼有何区别呢？
⑤ 逋亡：逃亡。
⑥ 容可：岂可；怎能。
⑦ 马蕙：字彦芳，徐州（今江苏省徐州市）人，宣德七年（1432）举人，曾任汝宁府学教授。
⑧ 彭城：徐州的古称。原文作"彭成"，今改。
⑨ 淮右：亦称"淮西"。隋唐以前，从长江下游通向中原一般都在今安徽省寿县附近渡淮，这一段淮水流向系自南向北，故习称今皖北豫东、淮河北岸一带为淮西或淮右。

贡》豫州之域①。古慎国,世传慎子国,恐或然也②。封建之岁月、境土之广狭、世系之修短,载籍寥寥,漫不可考。秦罢侯置守,裂天下而郡县之,故于汉为慎阳县。东魏置义阳郡,北齐省入保城县。隋废保城置真丘县,后改曰真阳。唐改曰淮阳,寻复旧。宋属蔡州,元属汝宁府。至正辛卯③,刘福通兵据朱皋④,犯光、息,遂攻真阳城,乃陷。兵燹屡经,民物为之一空矣。我太祖高皇帝传檄中原,天下大定,乃隶汝宁府。洪武四年,以县民编不足,省入汝阳县。景泰间,即其地为真阳镇,置巡检司。承平日久,民物日盛,草莽极目之乡变而为间阎阛阓之所⑤,何圣代安养之效有如是哉⑥!

皇帝御极之元年,今纪功豸史⑦、前汝阳令隆庆雷公宗,及前邯郸递运大使、邑人吴瑛,率以地远民且不便,请为县,隶府。以闻,诏可之。命下日,河南大参太原王公琼、东阿刘公约,郡守全州蒋公昇⑧,皆来度地,以定居焉。县治在城之乾隅⑨,即故县基。城隍庙在县西,察院两司在县之大街东、小街之北。弥勒院东即故

---

① 《禹贡》:《尚书》中的一篇。全文以山脉、河流等为标志,将全国划分为九州,并对每个州的疆域、山脉、河流、植被、土壤、物产、贡赋、少数民族、交通等自然和人文地理现象,作了简要的描述。真阳则属于豫州。
② 或然:或许可能。有可能而不一定。
③ 至正:元惠宗(孛儿只斤·妥懽帖睦尔)的年号。至正辛卯,即至正十一年(1351)。
④ 朱皋:今河南省信阳市固始县往流镇朱皋村。
⑤ 间阎:里巷内外的门。后多借指里巷。阛阓:街市;街道。
⑥ 圣代:古人对自己所处时代的美称。
⑦ 豸史:府推官的别称。
⑧ 全州:原文误作"泉州",今改。王琼、刘约、蒋昇等人,可见本《志》卷二《建置志·公署》注释。
⑨ 乾隅:西北角。乾,八卦的首卦,代表天、阳等。

儒学基，今徙于城之巽隅。学之西则仓储、阴阳、医学、养济、社学之所，则又在弥勒院前小街之南北也。坛壝①、射圃、演武之所，罔不各有其地。事既定，以日官涂希濂②、义官阮兴分董厥役。贰子晨夕展力，虽祁寒盛暑③，未尝少靳其劳④。推府乐安陈公溥则总其事。收流寓于土著中⑤，得千余家。增以保分，甲归乙附，势日振。首得肃宁齐侯渊，继以东光郭侯仲辰⑥，后先来令是邑。以及邑幕绥德王侯玺⑦，讲画区处，罔所忽。以故学校、官署之所，殆次第而成矣。独城与池尚未举焉。郡守新城毕公昭，复命王侯玺及濂、兴辈曰："保障莫如城池，且今贼马饮河，鸱张中土⑧，脱或噬脐无及⑨，悔将何如？"即并日促工，因其故址而高之深之，不再月而遂成。通府大同李公穆抵邑，犹以为未也，请于巡抚都宪邓公⑩，益之以砖，示坚久。王侯玺实又总督厥役，指画有方，而濂辈亦与焉。适邑令亳州张侯玺奉命而来，下车之初，兴学育材，悯劳恤匮，乃尤以城池为急务。遂偕王侯辈，誓诸鬼神，克殚心力，严以威惰而济之以宽，宽以恩勤而济之以严，日又环视⑪，劳赉不倦。

---

① 壝（wéi）：古代祭坛四周的矮墙。
② 日官：古代掌天象历数之官。由本《志》卷五《选举志·义输》知涂希濂"奉例纳阴阳训术"，大约因此被称为日官。
③ 祁寒盛暑：寒冷的冬天，炎热的夏季。形容气候条件恶劣的季节。祁、盛：大。
④ 少靳其劳：意为减少一点儿劳动。少，稍稍、稍微。靳，吝惜、不肯给予。
⑤ 流寓：指流落他乡而定居的人。
⑥ 齐渊、郭仲辰：本《志》卷三《职官志·知县》皆有著录。
⑦ 邑幕：典史的别称。王玺：本《志》卷三《职官志·典史》有简介。
⑧ 鸱张：像鸱鸟张翼一样。比喻嚣张，凶暴。
⑨ 脱或：倘或。噬脐无及：亦作"噬脐莫及"。自咬腹脐够不着。比喻后悔不及。
⑩ 邓公：邓璋。邓璋、毕昭等人，可见本《志》卷二《建置志·城池》注释。
⑪ 又：清康熙《真阳县志》中作"夕"，当是。

民乃德侯之赐①，无怨言而大功告举，可谓有金汤之固矣。间以堂宇仓库之火于兵者②，寻复之；学校号舍之弗称者，寻增之。凡百营为，悉中绳度，巍然甲于他邑焉。

夫以县治、学校之所记之③，凡百三十余楹，足以莅政而储材也；以院司、仓库之所计之，凡八十余楹，足以奉言而储畜也④；医卜、养济、社学之所，凡若干楹，足以备事；坛壝、祠庙之所，凡若干楹，足以事神。城围七百八十四丈，高二丈五尺也，池半之，皆足以奠民也。门四，曰适蔡、通楚、接颍、达洛。坊二十，即城隅、关厢之额扁者⑤。保十有五，即汝阳分析及归附之所编者。凡此，若予同年乡进士陈君标悉状其实⑥，以书抵予求记。嗟夫！百余年废邑，一旦化而为新如此，其气之真而复元⑦，时之冬而复春哉！盖亦遭逢圣世，气数之不偶耳。或者曰："邑固新矣，治亦有以新之可焉？"殊不知土地唐虞三代之土地也，吏民唐虞三代之吏民也。凡吏于斯土者，求尽乎吏之职；民于斯土者，求尽乎民之职。则上下亲，教化行，强梁可屏，奸宄可息⑧，侵渔可寝，盗窃可弭。冠裳文物、英华精采，可百倍于昔，唐虞三代淳厚之风可挽

---

① 德：感激。
② 之火于兵者：意即在战乱中被焚毁、破坏者。
③ 记：清康熙《真阳县志》、嘉庆《正阳县志》俱作"计"，当是。
④ 言：清康熙《真阳县志》作"官"，当是。畜，同"蓄"。
⑤ 关厢：城门外的大街与附近居民地区。
⑥ 若：清康熙《真阳县志》、嘉庆《正阳县志》俱作"皆"。乡进士：指乡试中式的人。明清称举人。陈标与王廷相同为明孝宗弘治八年（1495）河南乡试举人，故称"同年乡进士"。
⑦ 真：清康熙《真阳县志》、嘉庆《正阳县志》俱作"贞"，当是。
⑧ 奸宄：指违法作乱的人或事情。

而回也，圣天子轸念真民之明诏①，亦可以少副矣。孰谓邑新而治有不新者哉！是宜笔之以告来者。

正德八年冬十月立②。

（廷相，字仲衡，号浚川，仪封县人，兵部尚书③。）

赵时中《新修真阳县城池记》一篇

真阳本汝宁郡属邑，《禹贡》豫州之域。汉为慎阳县。东魏置义郡，北齐省入保城县。隋废保城置真丘县，后改为真阳。唐改曰淮阳④。宋属蔡州，元属汝宁。至正间兵乱，城无所保。我大明太祖高皇帝大定中原，隶汝宁府。洪武四年，以民寡不足编县，省入于汝阳县。景泰间为真阳镇，立巡检司。王化渐被，民风日淳。及今皇上正德之初，诏设县治。郡守蒋公昇偕知县雷公宗，以人克编户⑤，请为县，以隶府。上可其请，遂度而城之。齐公渊及郭公仲辰仅以土完城，以水环池，宛然一村落镇店之规模耳。适流贼顿起，出入如平地然，尚望其能御暴保民也哉！

亳州张公玺，字国信，继此兵荒之后，民疲财乏，曰："圣朝

---

① 轸念：悲切思念。
② 正德八年：公元1513年。
③ 王廷相（1474—1544）：字子衡（此作"仲衡"），号浚川，时人称王浚川、浚川先生、浚川公，开封府仪封县（今河南省兰考县）人。明代中期官员、诗人、哲学家。官至南京兵部尚书、都察院左都御史。廉洁奉公，学识渊博，与李梦阳、何景明等并称"前七子"。
④ 淮阳县名称使用时间从武则天延载元年（694）至唐中宗神龙元年（705），仅十一年。在此之前称真丘县，在此之后称真阳县。
⑤ 克：能够。编户：指编入户口的平民。人克编户，意为人口达到了一定的规模。

虽以道德为疆域，仁义为干橹①，民心为本根，法度为纲纪，然彻桑未雨②，严保障，谨封守。城廓沟地以为固者，一保民之重事也，岂可视为末节而不知急乎？"经营图画③，食寝弗遑④，乃谋于幕僚王公玺。自古国保于民，而民保于城。城以土，不惟不坚，抑且不久，乃以砖砌之。城高二丈五尺，上阔一丈五尺，下厚五尺，周围八百丈。外有池，池深一丈，阔一丈许。四面各有门，门覆以楼。东门曰接颖，南曰通楚，西曰达洛，北曰适蔡。东门里曰复阳，南门里曰新真，西门里曰回阳，北门里曰古慎。盖皆张侯之所扁也。侯本伟人达世，故凡董工匠者，靡不悉心竭力，务展其才。侯虽勿亟，而子来之众⑤，自有不能已者。盖静而有济，敏而有功，非图苟成者也，以故人不告劳，农不知役。深严静爽，巍然焕然，较之汝宁郡城之制，殆若弗及。北于连城接邑之修筑深浚者，盖未有过之者也。保民之功，孰大于是！

邑之人，老稚、贤不肖者，莫不腾欢抚掌，咸曰："有猷有谟⑥，真父母也。"不有文以彰厥迹，则后之人何知所本。庠生陆璇、单厚、张镗，乡老胡宣、冯贤等，各备资财，砻石征文，以纪其盛。愚谓自

---

① 干橹：小盾大盾。亦泛指武器。《礼记·儒行》："儒有忠信以为甲胄，礼义以为干橹；戴仁而行，抱义而处。"郑玄注："干橹，小楯、大楯也。"

② 彻桑未雨：在还没下雨前，就剥下桑根皮来捆扎门和窗。比喻事先做好准备。语出《诗经·豳风·鸱鸮》："迨天之未阴雨，彻彼桑土，绸缪牖户。"

③ 图画：谋划。

④ 食寝弗遑：形容吃饭睡觉都匆匆忙忙而不得安闲。遑，空闲、闲暇。

⑤ 勿亟、子来：语出《诗经·大雅·灵台》："经始灵台，经之营之。庶民攻之，不日成之。经始勿亟，庶民子来。"原意为开始规划莫着急，百姓如子都会来。在此形容知县张玺虽然不着急，但百姓如子女趋事父母一般，大量地自发而来。亟，急切。

⑥ 猷、谟：均为"谋略"之意。

[嘉靖] 真阳县志·卷十 艺文志

古称循良吏者，未始不以保民为本。今张侯完城固圉①，以卫民生；兴贤育才，以复民性；置养济院，以收孤老；立漏泽园，以藏枯骨。凡百有利于民者，兴之；有戾于民者，罢之。盖由立心端谨，行政平易，事不劳而功就绪。俾后之人视其城巍然，池深然，楼危然，门肃然，必思所以创之者恩泽之深，保固之久，如郑人之歌子产②、周人之思召伯③、晋人之怀羊祜者矣④。文纪其实，无敢虚诞，后之观风者亦将有所取焉。是为记。

正德十年七月撰。

（时中，罗山县人也，御史⑤。）

---

① 圉：边境。
② 子产（？—前522）：姬姓，公孙氏，名侨，字子产。郑国人，春秋时期著名政治家、思想家。公元前554年为卿，前543年执政，先后辅佐郑简公、郑定公。《史记·循吏列传》载："（子产）为相一年，竖子不戏狎，斑白不提挈，僮子不犁畔。二年，市不豫贾。三年，门不夜关，道不拾遗。四年，田器不归。五年，士无尺籍，丧期不令而治。治郑二十六年而死，丁壮号哭，老人儿啼，曰：'子产去我死乎！民将安归？'"
③ 召伯：生卒不详。姬姓，名奭。因采邑于召（今陕西岐山西南），故称召公（一作邵公）、召伯、召康公、召公奭。西周宗室、大臣。先后辅佐周成王、周康王，开创了"天下安宁，刑错四十余年不用"的"成康之治"，为周朝打下延续八百多年的坚实基础。《诗经·召南·甘棠》即为周人思召伯之作。
④ 羊祜（221—278）：字叔子，泰山郡南城县（今山东省新泰市）人。西晋时期杰出的政治家、军事家。晋武帝泰始五年（269），都督荆州军事，坐镇襄阳，屯田兴学，以德怀柔，深得军民之心。临终前上陈伐吴之计，令晋武帝完成统一大业。《晋书·羊祜传》载："襄阳百姓于岘山祜平生游憩之所建碑立庙，岁时飨祭焉。望其碑者莫不流涕，杜预因名为堕泪碑。荆州人为祜讳名，屋室皆以门为称，改户曹为辞曹焉。"
⑤ 赵时中：生卒不详，字宜之，汝宁府罗山县（今河南省罗山县）人。明成化甲午科（1474）举人。弘治壬子年（1492）任长沙府益阳县知县。正德初官御史，巡按庐、凤、淮、扬。时刘瑾遣给事中、御史分道盘察诸官吏，时中忤瑾意，未重劾大臣，被下狱，后削职为民。

张璿《真阳县新建庙学记》一篇①

孔子之圣，其道德功业，大如天地，昭如日星。会人物于一身，万象异形而同体；通古今于一息，百王异世而同神。后天地而生，知天地之始；先天地而没，知天地之终。凡有血气者，莫不尊亲。历代以来，其英君谊辟②，敬仰尊师，迭加徽号③，戴冕垂旒④，享以王祀。迨至我朝，列圣相承，右文致治⑤，益加崇礼。内而京师则立大学⑥，外而郡邑则各建学校，皆必创置大成殿，以为宗祀之所。春秋则有上丁之祭⑦，朔望则有拜谒之礼⑧，著为令典，传诸无穷。以故文运诞兴，政教备举，家诗书而户礼乐，超三皇而轶五帝⑨，亦孰非吾圣人道德功业之余泽欤？惟圣人道德功业之隆，覃被天下后世如此⑩，所以崇德报功之举，庙貌殿庑之制，不极其宏敞壮丽，则人心有所不安者。

方今天下一统，固无远近彼此之间，然论其地里形胜⑪，则河

---

① 庙学：旧指设于孔庙内的学校。清康熙《真阳县志》、嘉庆《正阳县志》收录此文时均作"儒学"。
② 谊辟：指明礼义的国君。谊，同"义"。辟，君主。
③ 徽号：褒扬赞美的称号。指帝王封授的爵号。
④ 冕：中国古代帝王及地位在大夫以上的官员们戴的礼帽，后专指帝王的皇冠。旒：古代帝王礼帽前后悬垂的玉串。戴冕垂旒，意为享受与帝王同等的待遇。
⑤ 右文致治：崇尚文治，使国家在政治上安定清平。右，崇尚，重视。
⑥ 大学：太学。大，通"太"。
⑦ 上丁之祭：详见本《志》卷七《仪礼志·祀典》"先师庙"。
⑧ 拜谒之礼：详见本《志》卷七《仪礼志·礼典》"朔望行香"。
⑨ 轶：超过。
⑩ 覃被：普遍施及。
⑪ 地里：土地、山川等的环境形势。

南自古为中州，汝宁又中州之乐土，而真阳实汝宁隶治邑也。汉为慎阳县，东魏置义阳郡，北齐省入保城，隋废保城置真丘县，后改真阳，唐改曰淮阳，省入汝阳。今皇上统御之初①，诏设县治，仍以"真阳"名之，盖万世不拔之定名也。学宫创于正德之二年，庙貌立于正德之五年。适值流贼猖獗，郡邑污坏，前令郭侯仲辰实罹其害。亳州张侯玺继之，视其城寥寥然，民落落然，时振振然思欲大有完备。顾民力有不堪者②，将何以妥圣人在天之灵，副朝廷遵崇之意③？且邑人之观瞻④，大有不可。虽其莅政之初，兵荒之后，新之之意惓惓有弗息者，以故庙制恢宏，学宫壮丽。又立号宇一十八楹，以为诸生寝处之所⑤。其劳其费，不惮经画之烦。虽然，守令之职，百责攸萃，而学校尤在所先者。张侯知其序而为之，非特异于漫不加省者，抑亦异乎不知所后先而为之者矣⑥。宜乎风俗丕变⑦，民物阜康⑧，侯之视民如赤子，而民之戴侯者真父母也。崇文之效有如是哉！

庙学既成，神人胥悦。不有石以纪厥实，则邑之胜事有遗简册，其何以示劝惩哉？侯人遣礼至，敢不悉心以彰厥美，遂援笔而为之文。诸士子果能思圣人立教之心，有司立学之意，则有体有用而有功于名教也⑨。后之继张侯而治真阳者，幸鉴其庙学之有废而

---

① 统御：统治；驭使。统御之初，指正德元年（1506）。
② 顾：表示轻微的转折，相当于"而""不过"。不堪：不能承当；不能胜任。
③ 副：相称，符合。遵：当为"尊"。
④ 观瞻：事物的景象、外观给人的印象。
⑤ 处：清康熙《真阳县志》、嘉庆《正阳县志》均作"息"。
⑥ 抑亦：也许、或许。
⑦ 宜乎：恰然，当然。丕变：大变。丕，大。
⑧ 民物阜康：人民经济富足，生活康乐。
⑨ 名教：名分与教化。指以儒家所定的名分与伦常道德为准则的礼法。

续美之，庶有报于吾先圣功德无疆之休也。故又系之以辞曰：

凡厥生民，物欲交蔽，不约于中，天理斯昧。於穆先圣，三纲五常，道行天下，礼让家邦。匪教弗启，匪学弗成，孔圣之道，日星昭明。殿宇秩秩，神像巍巍，堂庑翼翼，基址恢恢①。真侯张公，笃意奋力，撤旧为新，易疏以密。行施溥博②，弥远弥芳，事刻真石，万寿无疆。

正德十年仲秋月立。

（璿，罗山举人，署望江县学教谕③。）

强晟《文庙灵星石门记》一篇

凡王者之宫阙④，正门曰灵星，象天极也。吾夫子素王也，故其宫之正门亦得以称灵星，其尊至矣乎！汝宁之真阳，自洪武四年县废学毁，而夫子之宫丘墟者久矣。正德间始复为县，前令亳郡张君玺乃理旧址，复兴夫子之宫。所谓灵星门者，以木为之。岁久朽腐，弗称具瞻⑤。今令刘君泌乃谋易之以石，为久远计。遂出公帑⑥，俾民辇石于山⑦，召匠氏琢以为梁、为柱，务极工巧，若与公

① 秩秩：积聚众多之貌。巍巍：高大壮观之貌。翼翼：整齐有秩序的样子。恢恢：宽阔广大貌。
② 溥博：广大周遍。
③ 署：代理、暂任或试充官职。查万历《罗山县志·人物》、乾隆《望江县志·官师》，均载张璿任安徽望江县训导。
④ 阙：原文误作"厥"，今改。
⑤ 具瞻：谓为众人所瞻望。
⑥ 公帑（tǎng）：公款。帑，古代指收藏钱财的府库或钱财。
⑦ 俾：使。辇：载运；运送。

输辈争能①。经始于正德辛巳②，本年冬门成。侯节财用民，而民不知扰，邑人安之。于是士夫耆宿皆瞻仰咨嗟③，以为昔所未有。掌教沈君铭④、分教丘君纮⑤，命生徒牛拱极、张孟登以事关学政，不可无记，乃不远百里走予林下征文。予以《春秋》之法，大事必书，今真阳一石门之作，似不必书，第以吾夫子之故，似又不可不书也。且古人于王者之宫室，虽一瓦一甍，悉有铭识，矧吾夫子黉宫之石门⑥，可无记耶？抑吾夫子之道百世不毁，此灵星之石门亦将百世不毁矣。百世之下，此石门不毁，而真阳贤令之名若姓亦必百世不毁矣。有宰一邑，而得天下后世之名者，亦何人哉？侯，大名魏县人，由国学生拜鸿胪⑦，转今官，仕途方亨，宦有成绩，在真阳可书者多，此特记其尤著者耳。

（晟，号借山，汝阳人，秦府右长史⑧。）

吴文选《真阳新建城隍庙记》一篇

真阳县自汉、唐、宋、元以来，废兴不一。城隍历四代，香火

---

① 公输：复姓。这里特指公输班，为春秋时期鲁国的巧匠，又称鲁班（班，或作"般""盘"）。
② 正德辛巳：正德十六年（1521）。
③ 耆宿：年高有德者之称。亦作"耆夙"。咨嗟：赞叹。
④ 掌教：主管教授。此指教谕。沈铭：本《志》卷三《职官志·教谕》有载。
⑤ 丘纮：原文误作"立纮"，今据本《志》卷三《职官志·训导》"丘纮"改。
⑥ 黉（hóng）宫：学宫。黉，古代的学校。
⑦ 国学生：古代国学的学生。鸿胪：指在鸿胪寺任职。鸿胪寺是掌管朝会、筵席、祭祀赞相礼仪的机构。
⑧ 强晟：参见本《志》卷四《学校志·庙亭》"棂星门"注释。

继继①，迄今尤盛。正德丙寅②，罢镇置县，庙壝址在县之西。今嘉靖壬寅③，乡耆胡朝偕友董俸复迁于县治之寅方④。人神协谋，幽冥奠安。朝古朴好施与⑤，有范氏风⑥。朝子英早卒，三十年不子，壬寅诞一子焉，天果无知者耶？兹复积众财以营缮厥庙。功成，庙貌森严，周垣巍耸，正殿三楹，后殿三楹，两廊二十四楹，前门三楹。因丐文勒石⑦，以纪岁月。尝谓之：城与隍者，有捍外卫内之严险，为一方之保障也；神以"城隍"名者，有福善祸淫之灵应，为一方之依据也。历代朝家⑧，庙额封爵之颁赐，因虽不同，征诸祀典，许远有"危堞神护"之语⑨，李白有"言于城隍"之词⑩，韩愈之于潮⑪，信陵之于舒⑫，皆有祀章足征古今天下城隍之神也。抑

---

① 继继：相续不绝。

② 正德丙寅：正德元年（1506）。

③ 嘉靖壬寅：嘉靖二十一年（1542）。

④ 寅方：东北方。

⑤ 胡朝，本《志》卷五《选举志·乡耆》有简传。

⑥ 范氏：当指范仲淹（989—1052），北宋杰出的政治家、文学家。一生清廉俭朴、乐善好施。《宋史·范仲淹传》载："妻子衣食，仅能自充。而好施予，置义庄里中，以赡族人。泛爱乐善，士多出其门下，虽里巷之人，皆能道其名字。"

⑦ 丐文勒石：请人写碑文，刻于碑石。丐，请求。勒，雕刻。

⑧ 朝家：国家；朝廷。

⑨ 许远（709—757）：字令威，杭州新城（今浙江省杭州市富阳区）人。唐朝名臣。安禄山反，唐玄宗召其为睢阳太守，与张巡协力守城，外援不至，城陷被俘，不屈而死。唐代韦绚《刘宾客嘉话录》载："许远亦有文，其祭纛文，为时所称。……又祭城隍文云：'眢井鸠翔，危堞龙攫。'皆文武雄健，志气不衰，真忠烈之士也。"

⑩ 李白《天长节使鄂州刺史韦公德政碑》："公乃抗辞正色，言于城隍曰：'若三日雨不歇，吾当伐乔木，焚清祠。'精心感动，其应如响。"

⑪ 韩愈（768—824）在被贬潮州刺史后，曾作有《潮州祭神文五首》，其中之一为《祭城隍文》。

⑫ 信陵：麴信陵，生卒不详。唐德宗贞元元年（785）登进士第，为舒州望江（今安徽省望江县）令，有惠政。南宋洪迈《书麴信陵事》记载，麴信陵在舒州望江作有《祈雨文》三首。

斯神也，确乎正大，不流于淫；焕乎光明，不泥于阴。生气之凛凛，形声之洋洋，灵验感通，公私报应，盖不可得而诬也。国家命之以主持无祀，有司依之以默赞政刑①，以其神武有征应也。适今本府同知沈公麒来署吾邑②，公三秦人杰，早掇巍科③，其所存所发无不可对于神明者，益信阴阳表里之相为流通。噫！观庙貌之巍峨，过者起敬；仰神仪之严毅，谒者输诚④。神之灵应，不可以尽述也。

嘉靖二十四年仲冬立。

（选，慎人，大用其字也，别号槐泉云⑤。）

陈标《重建塘下沟永济桥记》一篇

去城北才一舍地⑥，有水曰塘下沟者，吾邑之境，汝汴之要津也。其源出于横山之麓，一泓澄澈，崖岸壁立，约高三四丈余，土力坚刚，不亏不崩，左堆右涛，其实森森然涯浸也。历览山川形胜之上，古人重水利以畜水灌田地。塘之堤埂，倾圮决裂，其遗迹宛然在目。考《郡志》，塘下堰在汝南百里，因名曰塘下沟。屡建桥梁，但职此者聊且粗略毕事而已。间遇积雨弥特，望无涯际，而奔桥澎湃，势涌川峡，声吼震雷，有不能胜其猛者。一搏激石折桥倾，石存其半，其余则泥淤湮没，漫不可寻。当此之时，停骖驻足

---

① 默赞：暗中赞助。
② 沈麒：西安卫人，举人，嘉靖间任汝宁府同知。
③ 掇：拾取；摘取。巍科：犹高第。古代称科举考试名次在前者。
④ 输诚：表明诚心，献出诚心。
⑤ 吴文选：本《志》卷五《选举志·恩例》有简传。
⑥ 一舍：三十里。

两岸①，以十金而求高师不可得也②。往来惧渡，率以神缆羁縻③，其彳亍④、其越趄⑤、其吁嗟恐惧何如哉！至乃天晴月皎，风静水落，徒涉者亦未免于厉揭淖之苦⑥，此者垂十数霜⑦。正德初，朝廷设县，始而命下未举。己巳冬⑧，东光郭公仲辰来令是邑，未下车由汝抵真，过渡此水，前拥后随而卒从如云，尚亦艰于上下。公即左顾右盼，故叹息者久之，口不言而心已许，遂慨然有修举志。明年，政通人和，吏民敬服，公始谋诸邑之父老曰："桥梁固为政者惠民之急务，然匪财不足以成之。财之出不在官则在民，未有官不取之于民者。设或于民而成此桥⑨，则是以民之膏脂沽己之重誉，作无益而害有益，其事不可，予实不忍为。汝其愿输财，听；不愿者，不强其所从也。"由是，真民重公之志，甲集于前，乙踵于后，愿为公成其事者颂声满庭矣。公乃赤心矢鬼神⑩，得所助凡若干，又复自捐俸资。即日庀材鸠工，爰度旧基，而坚筑之西山之石数百片于沟之两岸，厥材罔不称。又命公正者以司其财之出纳，稽其匠之工拙，慰其人之勤动。不疾不徐，不烦不扰，匠展所长，日献其勤，不岁余而桥成。佥乃请名于邑⑪，重所建也。公曰："往旦曰塘

---

① 骖（cān）：古代驾在车前两侧的马。
② 高师：疑为"舟师"之误。
③ 神：当为"绳"字之误。羁縻：系联。
④ 彳亍（chì chù）：慢步行走；形容小步慢走或时走时停。
⑤ 越趄（zī jū）：行走困难；想前进又不敢前进的样子。
⑥ 厉揭：涉水。又作"揭厉"。淖：烂泥。
⑦ 霜：年岁的代称。犹言秋。
⑧ 正德己巳年：正德四年（1509）。
⑨ 设或：假如，倘若。
⑩ 矢：通"誓"。发誓。
⑪ 佥：众人，大家。

［嘉靖］真阳县志·卷十　艺文志　　161

下沟桥，而名未立，有桥无名，何以示后世？桥有古今，渡之者无古今，请题曰'永济桥'。不知其可否乎？"彼桥南北之形状也，碧玉玲珑；桥东西之水口也，雷霆震惊；桥远近之车马也，往者悦来者忻，罔不德公之赐，且歌且谣，无复前日之愁叹。公乃有喜色，谓吾："此桥可无记乎？"予即忘其固陋，笔此以复。且以知公"永济"之名，后之继我公而令斯邑者，登永济之桥，读永济之碑，亦将以永济之心为心，而囿斯世斯民于太和之域。则我公作桥命名之义，其亦衍于无穷矣，孰谓无裨于世也？是为记。

焦济《真阳县重修城池记》一篇

邑侯李公，讳居仁，字安德，号寿庵，山东观城世族也①。由选贡进业大学，嘉靖庚子秋试②，选铨曹授真阳令③。公天资粹颖，容仪魁梧，且博学能文。下车即询民隐，兴利剪弊。不数月，而百废俱举，庶政维新④，吏民畏服。是岁秋，夷虏寇边⑤，抚按传檄⑥，预为设备，首以城池为重。公不日暇食⑦，陶砖凿石，躬自巡视，遂分工命民，各殚厥力。侯虽戒以勿亟，民自子来趋事，不两月而工告完矣。庠生胡廷玉等揖予言曰："公之德政如是，忠爱如是，其有功于生民如是，是弗可

---

① 世族：旧指世代显贵的家族。李居仁：本《志》卷三《职官志·宦迹》有传。
② 嘉靖庚子：嘉靖十九年（1540）。
③ 铨曹：主管选拔官员的部门。
④ 庶政：各种政务。
⑤ 寇边：敌人侵犯边境。
⑥ 抚按：巡抚和巡按的合称。
⑦ 不日暇食：没有时间吃饭。形容工作紧张、辛勤。

以不记乎!"予曰:"竭忠贞以藩屏国家者①,安社稷之臣也②。为臣而不以安社稷为计者,则为旷职③;安社稷而不以城池为重,则为弃民。城池固则社稷安矣,社稷安则臣职尽矣。此古人所以先保障而后茧丝者④,良有以也⑤。况真阳旧为巡检司,正德初始改为县,城虽筑而甚平,池虽凿而甚浅,地利之险不足恃也。我贤侯成千载之功于一旦,保万姓之生于无疆。向非贤侯素有爱民之心⑥,安能使民如是之易、成功如是之速哉?呜呼!外侮足以御矣,社稷足以安矣,功业足以远矣,贤侯之德业亦足以垂不朽矣!"是为记。

诗集

唐驾部员外郎祖咏《归汝坟山庄留别卢象》一首⑦

淹留岁将晏⑧,久废南山期。旧业不见弃⑨,还山从此辞。沤麻

---

① 藩屏:捍卫。
② 社稷:本指土神和谷神。因社稷为帝王所祭拜,后来就用社稷代表国家。
③ 旷职:旷废职守。
④ 茧丝:泛指赋税。文中指收取赋税。
⑤ 良有以也:指某些事情的产生是的确有些原因的。语出曹丕《与吴质书》:"少壮真当努力,年一过往,何可攀援!古人思秉烛夜游,良有以也。"
⑥ 向非:假若不是。
⑦ 驾部:官署名。掌舆辇、传乘、邮驿、厩牧之事。唐代设兵部驾部司。员外郎:官职名。原指正员以外的郎官。唐代在各部均设有员外郎,位在郎中之次。驾部员外郎,即兵部驾部司次官。祖咏(699—746):洛阳人,唐代诗人。开元十二年(724)进士及第,任过短期的驾部员外郎,仕途落拓。后移居汝水附近,渔樵终老。有诗一卷传世。汝坟山庄:祖咏的住地。坟,原文作"渚",今据《全唐诗》卷一百三十一祖咏诗改。下一首题目中"坟"字亦同。卢象:生卒不详。字纬卿,汶水人。有诗名。
⑧ 淹留:长期逗留;羁留。晏:迟,晚。
⑨ 旧业:故居。

入南涧，刈麦向东菑①。对酒鸡黍熟，闭门风雪时②。非君一延首，谁慰遥相思。

祖咏《汝坟秋同仙州王长史翰闻百舌鸟》一首③

秋天闻好鸟，惊起出帘帷④。却念殊方月，能鸣已后时。迁乔诚可早，出谷此何迟。顾影惭无对，怀群空所思。凄凉岁欲晚，萧索路将辞。留听未终曲，弥令心独悲。高飞凭力致，巧啭任天姿。反复知而静，间关断若遗⑤。花繁上林路，霜落汝川湄。且长凌风翮，乘春自有期。

祖咏《汝坟别业》一首⑥

失路农为业，移家到汝坟。独愁长废卷，多病久离群⑦。鸟雀

---

① 麦：原文作"楚"，今据《全唐诗》改。东菑：泛指田园。
② 闭：原文作"开"，今据《全唐诗》改。
③ 王翰（687—726）：字子羽，并州晋阳（今山西省太原市）人，唐代边塞诗人。曾任驾部员外郎，出为汝州（治今河南省汝州市）长史，改仙州（治今河南省叶县南）别驾。
④ 惊：原文作"鸟"，今据《全唐诗》改。
⑤ 关：原文作"开"，今据《全唐诗》改。间关：象声词。形容宛转的鸟鸣声。
⑥ 汝坟：原文作"汝濆"，今据《全唐诗》改。以下"汝坟"皆同。坟：堤岸；水边高地。《尔雅·释丘》："坟，大防。"《诗经·周南·汝坟》："遵彼汝坟，伐其条枚。"汝坟原无固定地点，但对《诗经》中"汝坟"的位置，今人有认为在平顶山市汝州，也有认为在驻马店市汝南、平舆、正阳一带的。《新唐书》卷三十八《地理志二》"汝州临汝郡"下对"襄城县"注释云："武德元年以县置汝州，并置汝坟、期城二县。贞观元年州废，省汝坟、期城。"唐代诗人祖咏出生时，汝坟县已废七十余年。但祖咏所建"汝坟别业"，仍应在今汝州一带，与今正阳县无涉。别业：本宅之外，在风景优美的地方，所建供游憩的园林房舍。也即别墅。
⑦ 久：原文作"有"，今据《全唐诗》改。

垂窗柳，虹霓出涧云。山中无外事，樵唱有时闻。

祖咏《寄王长史》一首

汝颍俱宿好，往来托层峦。终日何寂寥，绕篱生蕙兰。

鹿门山人孟浩然《行至汝坟寄卢征君》一首①

行乏憩予驾，依然见汝坟。洛川方罢雪，嵩障有残云。曳曳半空里，容容五色分。聊题一时兴，因寄卢征君。

溧阳尉孟郊《寄汝坟从弟楚材，时郊得入秦，楚材适楚》一首②

朝为主人心，夕作行路吟③。汝水忽凄咽，汝风流苦音。北阙秦门高，南路楚石深。分泪洒白日，离肠远青岑。何以寄远怀，黄鹤能相寻。

---

① 孟浩然（689—740）：字浩然，号孟山人，襄州襄阳（今湖北省襄阳市）人，唐代著名的山水田园派诗人。曾隐居鹿门山，故称"鹿门山人"。卢征君：卢鸿一（又作卢鸿），字浩然，本范阳人，徙家洛阳，唐代画家、诗人、隐士。曾隐居于嵩山。唐玄宗开元年间，几度被征，故称"征君"。

② 孟郊（751—814）：字东野，湖州武康（今浙江省德清县）人，一说洛阳人，唐代著名诗人。曾任溧阳县尉。有"诗囚"之称，与贾岛并称"郊寒岛瘦"。孟诗现存500多首，以短篇五古最多。此诗《全唐诗》卷三百七十八题作《汝坟蒙从弟楚材见赠，时郊将入秦，楚材适楚》。"楚材"在原文中作"楚村"，今据《全唐诗》改。

③ 夕作：《全唐诗》作"暮为"。

苏州刺史韦应物《淮上喜会梁州故人》一首①

江汉曾为客,相逢每醉还。浮云一别后,流水十年间。欢笑情如旧,萧疏鬓已斑②。何因不归去,淮上有青山。

左补阙皇甫冉《渡汝水向太和山》一首③

落日事搴陟④,西南投一峰。诚知秋水浅,但怯无人踪。

中书舍人韩翃《渡淮》一首⑤

淮水东南阔⑥,无风渡亦难。孤烟生乍直,远树望多圆⑦。春浪棹声急,夕阳帆影残。清流宜映月,今夜重吟看。

---

① 韦应物(737—792):字义博,京兆杜陵(今陕西省西安市)人,唐朝官员、诗人。因出任过苏州刺史,世称"韦苏州"。此诗题目中"梁州"二字,《全唐诗》卷一百八十六作"梁川"。

② 萧疏:原文作"萧索",今据《全唐诗》改。

③ 左补阙:唐代官职,掌供奉讽谏,大事廷议,小则上封事。皇甫冉(约717—770),字茂政,润州丹阳(今江苏省丹阳市)人,祖籍安定(今甘肃省泾川县),唐代诗人。太和山:即武当山。《水经注》卷二十八《沔水》载:"曾水导源县南武当山,一曰太和山,亦曰参上山,山形特秀,又曰仙室。"

④ 搴陟(qiān zhì):提衣涉水。

⑤ 据《全唐诗》卷四百四十七,此诗作者是白居易,而非韩翃。

⑥ 阔:原文作"地",今据《全唐诗》改。

⑦ 圆:原文作"团",今据《全唐诗》改。

隐君刘方平《淮上秋夜》一首[①]

旅梦何时尽，征途望每赊。晚秋淮上水[②]，新月楚人家。猿啸空山近[③]，鸿飞极浦斜。明朝南岸去，定折桂枝花。

抚州刺史戴叔伦《汝南别董校书》一首[④]

扰扰倦行役，相逢陈蔡间。如何百年内，不见一人闲。对酒惜余景，问程愁乱山。秋风万里道，又出穆陵关[⑤]。

平章武元衡《渡淮》一首[⑥]

暮涛凝雪长淮水，细雨飞梅五月天。行子不须愁夜泊，绿杨高

---

① 刘方平：生卒不详，洛阳（今河南省洛阳市）人。匈奴族。唐天宝年间诗人。曾隐居颍水、汝河之滨，终生未仕。故称"隐君"。此诗《全唐诗》卷二百五十一题作《秋夜思》。

② 淮上水：原文作"淮水上"，今据《全唐诗》改。

③ 猿啸：原文作"啸猿"，今据《全唐诗》改。

④ 戴叔伦（732—789）：字幼公（一作次公），润州金坛（今属江苏省常州市）人。唐代诗人。曾任新城令、东阳令、抚州刺史、容管经略使。此诗《全唐诗》卷二百七十三题作《别友人》。董校书，不详何人。

⑤ 穆陵关：古关隘名。又名木陵关，在今河南省信阳市新县东南部。《新唐书·地理志五》注载：光州光山县"南有木陵故关"，黄州麻城县"西北有木陵关，在木陵山上"。穆陵关在唐代为著名关隘。唐元和十二年（817），鄂岳观察使李道古讨吴元济，引兵出穆陵关。唐代诗人对穆陵关多有题咏，如刘长卿《穆陵关北逢人归渔阳》、许棠《过穆陵关》、王昌龄《送薛大赴安陆》等。

⑥ 武元衡（758—815）：字伯苍，缑氏（今河南省洛阳市偃师区东南）人。武则天曾侄孙，唐代诗人、政治家。元和二年（807），拜门下侍郎、同平章事。

处有人烟。

博士马戴《夕次淮口》一首①

天涯秋光尽，木末群鸟还。夜久游子息，月明歧路闲。风生淮水上，帆落楚云间。此意竟谁见，行行非故关。

（凡唐诗一十三首）

宋苏轼《正月十八日蔡州道上遇雪，次子由韵》二首②

兰菊有生意，微阳回寸根③。方忧集莫雪④，复喜迎朝暾⑤。忆我故居室，浮光动南轩。松竹半倾泻，未数葵与萱。三径瑶草合，一瓶井花温。至今行吟处，尚余履舄痕⑥。一朝出从仕，永愧李仲

---

① 马戴（799—869）：字虞臣，定州曲阳（今河北省曲阳县）人。晚唐著名诗人。咸通七年（866）擢国子太常博士。

② 宋苏轼：原文误刻为"苏宋轼"。苏轼（1037—1101），字子瞻、和仲，号铁冠道人、东坡居士，世称苏东坡、苏仙，眉州眉山（今四川省眉山市）人。北宋著名文学家、书法家、画家。宋神宗元丰二年（1079），"乌台诗案"发，苏东坡被诬陷入狱，年底结案，贬谪黄州（治今湖北省黄冈市黄州区）。此二首诗即是在元丰三年（1080）正月南下黄州路上所作。次韵：旧时古体诗词写作的一种方式。按照原诗的韵和用韵的次序来和诗。也叫"步韵"。

③ 寸：原文作"于"，今据《苏轼诗集合注》卷二十改。

④ 莫：古同"暮"。

⑤ 朝暾：初升的太阳。亦指早晨的阳光。

⑥ 尚：原文作"向"，今据《苏轼诗集合注》改。履舄（lǔ xì）：古代单底鞋称履，复底鞋称舄，故以"履舄"泛称鞋。

元①。晚岁益可羞，犯雪方南奔。山城买废圃，槁叶手自掀。长使齐安人②，指说故侯园。

铅膏染髭须，旋露霜雪根③。不如闭目坐，丹府夜自暾。谁知忧患中，方寸寓羲轩。大雪从压屋，我非儿女萱。平生学踵息，坐觉两镫温。下马作雪诗，满地鞭棰痕。伫立望原野，悲歌为黎元。道逢射猎子，遥指狐兔奔。踪迹尚可寻，窟穴何足掀。寄谢李丞相④，吾将返丘园。

元御史中丞马祖常《发淮浦》一首⑤

发淮浦兮溯黄流，鼓船舷兮极浮游。云漠漠兮天已秋⑥，揽芙蓉兮舣芳洲。酌吾酒兮乐无忧，怀佳人兮结绸缪。

---

① 扬雄《法言》："或问：'子，蜀人也，请人。'曰：'有李仲元者，人也。''其为人也，奈何？'曰：'不屈其意，不累其身。'曰：'是夷、惠之徒与？'曰：'不夷不惠，可否之间也。'……'仲元，世之师也。'"

② 齐安：即黄州。南齐置齐安郡，治齐安县（今湖北省麻城市西南）。隋开皇三年（583）改名黄州，治黄冈县（今湖北省武汉市新洲区）。

③ 霜雪：原文作"雪霜"，今据《苏轼诗集合注》改。

④ 李丞相：原指秦丞相李斯。李斯临刑前曾谓其中子曰："吾欲与若复牵黄犬俱出上蔡东门逐狡兔，岂可得乎！"此借指北宋御史中丞李定。李定劾苏轼《湖州谢上表》等诗文攻击时政，怨谤君父，逮轼赴御史台问狱，后被宋神宗降职为黄州团练副使。

⑤ 御史中丞：职官名。中央行政监察机关御史台长官。马祖常（1279—1338），字伯庸，光州（今河南省潢川县）人。元代色目人，著名诗人。自元英宗朝至顺帝朝，历任翰林直学士、礼部尚书、参议中书省事、江南行台中丞、御史中丞、枢密副使等职。

⑥ 漠漠：马祖常《石田先生文集》作"英英"。

马祖常《适意》一首

梦想苍龙阙①，盘桓汝水滨。郡侯偏爱客，秋雨更留人。馔盛尝鲈鲙②，樽空倒角巾。羁愁不能遣，争奈二毛新③。
（凡元诗二首）④

参政刘约、王琼《真阳寺中联句》一首⑤

霜风动寥廓（王），竺林抵暮晏。村杯泛楚醪（刘），宾筵杂僧馔。饮多酒圣伏（王），奇出阃兵战。封疆此中州（刘），磊落当代彦。光阴客里过（王），陵谷眼中变。辟地版图并（刘），编民闾里遍。高歌贺升平（王），长途敢言倦（刘）。

弘治乙丑九月十九日⑥，予偕博之寅长以设县事至真阳⑦，赋此。太原王琼题。

---

① 阙：原文作"门"，今据《石田先生文集》改。
② 尝：原文作"常"，今据《石田先生文集》改。
③ 二：原文作"一"，今据《石田先生文集》改。二毛：斑白的头发。
④ 以上唐、宋、元诗十七首，内容虽与汝水、淮水、汝南、蔡州等相关，但很难说与真阳有无联系。
⑤ 刘约、王琼：可参见本《志》卷二《建置志·公署》注释。
⑥ 弘治乙丑：弘治十八年（1505）。此年，刘约、王琼同至真阳"相地定公署"，留下此诗。次年，即正德元年（1506），真阳复为县。
⑦ 博之：刘约，字博之。寅长：对同官的敬称，泛指同僚。

参议溧阳史学《次王刘二公韵》二首①

王刘昨参汴，真阳寺中宴。我今出参蜀，过此亦留馔。拜诵壁间题，不觉心胆战。二公天下士，讵曰邦之彦。王公陟都台②，大人其豹变③。刘公勤旬宣④，马踏中州遍。我从二公后，远游宁辞倦。

真阳旧为县，使者每留宴。废弛百年后，复县仍设馔。王刘两藩伯⑤，议此曾白战。彻田安黎庶，设学储俊彦。富足礼义生，风俗亦丕变。比屋皆诗书，四野桑麻遍。丁宁齐令尹，政教幸无倦。

正德改元十月，溧阳史学次韵。

史学又《口占》一首⑥

汝南新邑号真阳，作邑于乡荷圣皇⑦。莫道经营莫与我⑧，曾行

---

① 参议：职官名。元朝中书省、明朝布政使司和通政使司、清朝各部及民初高级军事机关都设参议。此为河南承宣布政使司参议，秩级从四品。史学（1454—1513），字文鉴，应天府溧阳县（今江苏省溧阳市）人。成化二十三年（1487）进士，授户部山东司主事，迁户部河南司郎中，官终山东左参政。

② 都台：官署名。原指尚书省。唐武则天改称尚书省为都台。明清两代六部直接对君主负责，不设尚书省。正德元年，王琼擢升都察院右副都御史。故在诗中被称为都台。

③ 豹变：谓如豹纹那样发生显著的变化。比喻地位高升而显贵。

④ 旬宣：周遍宣示。语出《诗经·大雅·江汉》："王命召虎，来旬来宣。"毛传："旬，遍也。"

⑤ 藩伯：原指古代诸侯中的领袖。明清时指布政使。

⑥ 口占：谓作诗文不起草稿，随口而成。

⑦ 荷：承蒙，蒙受。圣皇：圣皇：对皇帝的尊称。此指皇恩。

⑧ 莫与我：与我无关的意思。

［嘉靖］真阳县志·卷十 艺文志

报可御前章。

真阳镇改为县，实出于巡抚①、藩臬诸公之建议②，予适在民曹③，其覆奏报可之章疏亦尝司④，故又口占一绝，以纪其实云。

张璿《题黄宪故址》一首

麒麟高冢卧蓬蒿，千载芳名北斗高。郭泰有言真国士，陈蕃推羡见人豪⑤。鸣驺入谷非容致⑥，鸿鹄中天未易招⑦。自恨晚生无复见，也将鄙吝自潜消。

陈标《游真阳故城》一首

数里方城故县场，物华人事总凄凉。鹤飞塔顶巢云汉⑧，鸦立松稍噪夕阳。遗址改为新市井，断碑剥落旧文章。闲中一览空惆怅，坐对东风思不忘。

---

① 巡抚：职官名。明代始设，巡视各地的军政、民政大臣。至清代则主管一省军政、民政。

② 藩臬：藩司和臬司。明清两代的布政使和按察使的并称。

③ 民曹：官署名。户部的代称。

④ 司：掌管，处理。

⑤ 郭泰、陈蕃：参见本《志》卷八《人物志·卓行》"黄宪"注释。

⑥ 鸣驺（zōu）：古代随从显贵出行并传呼喝道的骑卒。借指显贵。驺，古代养马的人（兼管驾车）。

⑦ 鸿鹄：即天鹅。因飞得很高，所以常用来比喻志向远大的人。鸣驺、鸿鹄均代指黄宪。

⑧ 云汉：高空。

罗山知县赵州韩崧《过真阳与张同寅叙旧》一首①

鸡声催晓雨初干，满马风光上绣鞍。俭朴尚存前代俗，人文高出旧时班。雨余地里禾苗盛，月满山城士庶安。共效忠贞臣子职，肯辞辛苦谩偷闲。

邑侯张玺《真阳八景》八首

道院龙池

玄门深处透灵湫②，神物居中不计秋。大志务酬天下望，一声雷雨遍皇州。

禅林雁塔

公余乘兴访招提③，坐对云林送夕晖。一塔耸然新笋立，碧霄真碍白云飞。

---

① 韩崧：生平不详。查现存各版本《罗山县志》均未见记载，清光绪《赵州志》卷七《科目表》载："韩崧，弘治十四年辛酉科（举人），陕西岐县知县。"明万历《岐山县志》载："韩崧，直隶赵州人，由举人正德十三年任。"同寅：同僚；旧称在一个部门当官的人。

② 玄门：老子《道德经》曰："玄之又玄，众妙之门。"后因以"玄门"指道教。此指道院。灵湫：深潭，大水池。古时以为大池中往往多灵物，故称。

③ 招提：原为四方僧的住处，后泛指寺院或僧房。引申指出家僧侣。

横山晚照

匹马行春过此山，省耕只待月明还①。桑林颇喜民安堵②，步武明时守令官③。

淮水春澜

桐柏源头彻底清，桃花流水簟纹平④。个中疑有金鳞在，好听春雷第一声。

南龙古冈

一带平冈接翠微⑤，此名谁与立稀奇。循行故老多来说，时有青云顶上飞。

朝元废观

立马斜阳读古碑，古碑无字只苔莓。凄凉往事知多少，试看周原禾黍离⑥。

---

① 省耕：视察春耕。多用于古代帝王。
② 安堵：安定；安居。
③ 步武：跟着前人的脚步。比喻模仿、效法。
④ 簟（diàn）纹：席纹。簟，竹席。
⑤ 翠微：青翠的山色，形容山光水色青翠缥缈。也泛指青翠的山。
⑥ 黍离：本为《诗经·王风》中的篇名。《毛诗序》："《黍离》，闵宗周也。周大夫行役，至于宗周，过故宗庙宫室，尽为禾黍，闵周室之颠覆，彷徨不忍去而作是诗也。"后遂用作感慨亡国之词，或用来形容苍凉荒芜的景象。

板桥霜华

满天金气挟衣单，枫叶凝寒色正酣。谁报鸡鸣乘晓发，小桥霜重暂停骖①。

水港流清

山中流水不知名，恬淡年年只自清。试问夷齐曾过否②，也须款立一濯缨③。

张璿《真阳八景》八首

（题同前）

巍然宫殿映山光，灵物其如此处藏。院宇鹤来仙侣降，湫泉龙喷雨花香。谁怜海上真蓬岛，我信人间古道场。天下苍生霖雨望，肯教终只卧南阳。

老僧卜胜建禅关，千古宗风振此间。云护山门苍柏老，雨迷苔藓断碑残。堂前说法天花坠④，坛上看经贝叶翻⑤。一塔凌霄名雁塔，题名多士与唐班⑥。

---

① 停骖：将马勒住，停止前进，有停车的意思。
② 夷齐：伯夷和叔齐的并称。商末周初两位著名的贤人。
③ 濯缨：洗涤帽缨。语出《孟子·离娄上》："沧浪之水清兮，可以濯我缨。"
④ 天花坠：传说佛祖讲经说法，感动了天神，天上各色香花从空中纷纷落下。后人据此概括出成语"天花乱坠"。
⑤ 贝叶：古代印度人用以写经的树叶。借指佛经。
⑥ 据王定保《唐摭言·慈恩寺题名游赏赋咏杂纪》记载："进士题名，自神龙之后，过关宴后，率皆期集于慈恩塔下题名。"即著名的雁塔题名。

推螺秀色枕碑塘，势入青冥隐夕阳①。满地桑榆垂暮景，一林烟霭弄昏黄。斜留雁塔禅林影，半散龙池道院光。到此令人情兴逸，无边佳致入诗囊。

昨夜天边宿雨收，长淮春水泊天浮。层层暖送桃花浪，细细香分杜若洲。鸥鹭往来常自适，鱼龙变化暂随流。发须已有潮宗势②，不到沧溟志不休③。

盘旋起伏势如蛇，千载相传作县题。春草长来鳞甲动，野云笼处爪牙迷。名腾海宇声华远，秀拔乾坤造化奇。从此人材科甲盛，好从天上六龙飞④。

事异时殊几战分⑤，昔年遗迹至今屯。萧萧丹灶空余鼎⑥，落落残碑不见文。春暖荒基云自锁，夕阳古木鸟犹闻。经过每感前朝事，犹有当时夜月存。

狂风刮地卷尘沙，渐起寒威苦道赊。红锦一林枫老叶，黄金满地菊残花。鸡鸣茅店天将曙，马渡霜桥月正斜。名利役人真自苦，拂衣何日是安家⑦。

远接山冈近接田，澄澄一脉透渊泉。虹光长跨东西尾，鸭绿中涵上下天。雨过翠浮云影淡，夜深青映月明圆。闲来我亦缨斯濯，涤尽尘嚣一豁然。

---

① 青冥：形容青苍幽远。指青天。
② 潮宗：当为"朝宗"。比喻川水流归大海。
③ 沧溟：大海。
④ 六龙：马八尺称为龙。古代天子的车驾为六匹马，故天子的车驾称为"六龙"。
⑤ 战：清康熙《真阳县志》作"代"，似更合理。
⑥ 丹灶：道士炼丹用的炉灶。
⑦ 拂衣：振衣而去。谓归隐。

陈标《真阳八景》八首

一脉灵源不记年，只今犹在古祠前。云生墨窟神龙势，月样清波玉兔圆①。游土观泉穿柏径②，道人泻水灌芝田。真阳黎庶知多少，咸仰威灵得自然。

八级浮图挺碧空③，风霜千古尚玲珑。云封宝顶藏金铎，日映瑶光射梵宫④。粉笔直凌层汉表⑤，玉簪倒插九霄中。登临几度犹堪拟，浑与星梯一样同。

慎城西去是横山，怪石悬萝不可攀。午日高升光亦少，夕阳西下影初还。老翁逆是黄昏后，稚子疑为清早间。昨晚东村看端的⑥，分明全不类人寰。

桐柏深渊昼夜流，桃花浪暖迫天浮⑦。一条素练飞长在，万斛琼珠滚未休。欲化欲腾翻巨鲤，自来自去偶群鸥。试看浩瀚无穷势，好与沧溟共一俦。

一陇南来绕慎阳，昔年人道古龙冈。低昂老势千年在，蟠屈真形百里长。两岸虽无青嶂耸，四时也有白云藏。太平民业司耕种，禾黍秋风满路香。

真阳城外是朝元，自是人间小洞天。遗迹有形三里地，古碑无

---

① 样：疑为"漾"之误。
② 土：疑为"士"之误。
③ 浮图：指佛塔。
④ 梵宫：指佛寺。
⑤ 层汉：高空。
⑥ 端的：底细；缘由；详情。
⑦ 迫：疑为"泊"之误。

字已千年。难寻铅汞烧丹室，不见胡麻种药田。料得烟霞更深处，也应还有旧神仙。

溪流如带滚银涛，苇荻枯时水落漕。两岸人家茅屋小，一溪春水板桥高。鸡啼夜月明如昼，马踏寒霜滑似膏。来往人行倍惆怅，囊金不惜醉香醪①。

可爱东南一水津，涓涓彻底绝纤尘。临形俯视沉银汉②，隔岸遥观跃锦鳞。客笑只输垂钓叟，渔歌偏称濯缨人。圣朝多少循良吏，几于水心一样同。

（题俱同前）

何麟《西岩八景》八首③

褒信春游④

天地来和气，川原亦敷荣⑤。荒城联绿野，古寺乱书声。把酒临桃绽⑥，援琴傍水清。浩欲迷去路⑦，深树鸟嘤嘤。

间河晚钓

闲日登临处，间河联枣丘。源源山下出，脉脉柳阴流。峻岭风

---

① 香醪：香气浓郁，指美酒。
② 银汉：天河，银河。
③ 西岩：即今西严店。以下八首诗是以西严店为中心，以其周围八景为题所写。
④ 褒信：古赖国之地。《后汉书·志》第二十《郡国二》"汝南郡"载："褒信侯国。有赖亭，故国。"刘昭注："《史记》：楚封王孙胜白公。杜预曰'褒信县有白亭'。"东汉延光四年（125）为褒信侯国。今信阳市息县包信镇。在今正阳县西严店东约25公里。
⑤ 敷荣：开花。
⑥ 桃绽：桃花蕾。
⑦ 欲：疑为"歌"之误。清康熙《真阳县志》即作"歌"。

光好，平原草色浮。渔矶闲扫罢①，明月散汀洲②。

慎阳夜月③

孤城环水立，古寺散钟声。寂寂碧云卷，辉辉明月生。流光黄宪宅，返照戴良城④。借问杯中月，为谁皎皎明。

淮林烟雨

淮水源桐柏，滔滔过息州。千家环浦口⑤，万柳列湾头。绿爱雨中洗，青宜波际浮。津亭联隐士，烟晓上林游。

金刚献翠

巍巍连楚水，渺渺镇淮康。野竹丛霄汉，白云起石堂。横天苍翠色，叠岭草花香。时倚檐前树，青青照我乡。

汝水回清

浩浩汝河水，潺潺昼夜声。源流天息麓⑥，波撼汝阳城⑦。堤柳含新绿，溪泉混大清。津亭风日好，皎皎濯吾缨。

---

① 渔矶：可供垂钓的水边岩石。
② 汀洲：水中小洲。
③ 原书中此诗题目空白，此据清康熙《真阳县志》补。
④ 黄宪、戴良：东汉时期慎阳（今正阳）县的两位贤人。参见本《志》卷八《人物志·卓行》。
⑤ 浦口：小河入江之处。
⑥ 天息：即天息山，伏牛山脉的山峰之一。《水经注》卷二十一《汝水》载："汝水出河南梁县勉乡西天息山。"
⑦ 汝阳：即汝阳县，明代汝宁府驻地，今河南省驻马店市汝南县。

柳寨禅室

云里前朝寺，阴阴古树环。上方鸣细磬，下界急流泉。禅室栖贫士，空斋业后天。老僧回草阁，儒客话松间。

濮公仙洞①

长淮山势绕，羽客始登仙②。宫院青云拂，松林明月圆。炼丹犹有穴，种药在南阡。乘鹤何时去，飡霞世自传③。

汝阳举人李銮《过真阳道中有感》一首④

行李萧萧踏软沙，长亭驻马夕阳斜。帝城回首千余里，民瘼关心几万家⑤。古巷夜深无吠犬，新城月落有啼鸦。近闻作县为良吏，忠爱存心一可嘉。

---

① 濮公：即濮公山，又名浮光山、弋山、弋阳山。在今息县城南三公里，西严店南近三十公里。淮河绕濮公山北而东流。《水经注》卷三十《淮水》云："淮水又东迳浮光山北，亦曰扶光山，即弋阳山也，出名玉及黑石，堪为棋。其山俯映长淮，每有光辉。"《读史方舆纪要》卷五十《河南五》曰："浮光山，（光山）县北八十里。一名浮弋山，即弋阳山也。山岩耸秀，俯映长淮，每有光耀，因名。亦曰濮公山，相传旧有濮公者隐于此。"

② 羽客：道士。

③ 飡（cān）：同"餐"。餐霞：餐食日霞，指修仙学道。语出司马相如《大人赋》："呼吸沆瀣兮餐朝霞。"

④ 李銮：生卒不详，汝宁府汝阳县（今河南省汝南县）人。弘治辛酉科（1501）举人，正德十五年（1520）任直隶旌德（今安徽省旌德县）知县。嘉靖四年（1525）任泾县（今安徽省泾县）知县，六年（1527）升任陕西邠州直隶州（今陕西省彬州市）知州。

⑤ 民瘼：民众的疾苦。语出《诗经·大雅·皇矣》："监观四方，求民之莫。"

徐公《九日登高有作》，广文吴、黄二公暨麟各和一首①

采菊南楼下，更登楼外楼。衣冠见文物②，经略忆名流③。秀气千溪合，秋光一望收。明年当此日，佳景对谁酬。（徐）

好作茱萸会④，邀朋月到楼。林峦青欲滴，城郭静如流。帽为休风落，泉堪勿幕收。歌声载路去，愧比双金酬⑤。（吴）

令节开华燕⑥，云霄独此楼。登临无俗伴，谈笑有儒流。明月天中彻，清光眼底收。茱醑香泛泛⑦，酩酊不嫌酬。（黄）

长空悬万象，高宴起南楼。令节黄花绽，新沟绿水流。狐潜知野静，稻熟见秋收。羡此清平日，何辞杯斝酬⑧。（麟）

补遗

固陵葛臣补《真志》遗⑨：古迹"白狗堆"，名宦"葛书举""张云卿"，皆其所补也。

赞曰：

---

① 徐公：指时任真阳县知县徐霓。广文：明清时期对教授、教官的别称。吴：指真阳县儒学教谕吴以旃。黄：指儒学训导黄镇。麟：本《县志》编纂者何麟。
② 衣冠：指绅士，借指礼教、斯文。文物：礼乐典章。
③ 经略：筹划治理。名流：名士之类的人物。
④ 茱萸会：古俗重阳节佩茱萸，相约登山宴饮，称茱萸会。
⑤ 双金：为"双南金"的略语，优质黄金。也比喻指优秀的两篇诗文或两个人。
⑥ 令节：佳节。燕：古同"宴"，宴饮。
⑦ 茱醑：茱萸酒。古代九月九日重阳节有饮茱萸酒的习俗，本《志》卷一《地理志·节序》即有记载。
⑧ 杯斝（jiǎ）：饮酒器的统称。亦指饮酒。
⑨ 固陵：固始的旧称。葛臣：字子良，号寝野，光州固始县（今河南省固始县）人。嘉靖戊子科（1528）举人。曾任光州通判，编纂有《光州志略》《固始县志》等。

〔嘉靖〕真阳县志·卷十 艺文志

维时草莽，古迹荒凉。
维新制度，舆地张扬。
称名杂物，焕发词章。
地以文显，功以文昌。
淮西事业，炳炳辉光。
天中风景，继继芬芳。
篇章汇集，今古昭章

《真阳县志》十卷终

真阳县志补遗

贞烈

则有汉戴氏五女。五女皆戴良女也①，性皆严明，勤事女工，姿貌虽不甚殊，咸克遵家训，而德行甚修。每有求姻，辄便许嫁，疏裳布被、竹笥木屐以遣之②。节操行义，有隐者之风焉。

古迹

则有白苟堆③。《通典》："戍城，在蔡州真阳县。"④ 后魏遣尧雄为南境守将⑤，雄曰："白苟堆，梁之北面重镇，请备之。"⑥《后魏

---

① 戴良：本《志》卷八《人物志·卓行》有传。
② 竹笥：用以盛放衣物书籍等的竹制盛器。木屐：以木材做底的拖板鞋。
③ 白苟堆：即"白狗堆"，本《志》卷一《地理志·古迹》有著录。
④ 《通典》卷一百七十七《州郡七·汝南郡》"真阳"注云："梁白狗堆戍城在此，后魏将尧雄曰'梁之北面重镇'也。"
⑤ 尧雄（499—542）：字休武，上党郡长子县（今山西省长治市）人，北魏、东魏名将。其生平事迹可参阅《北齐书》卷二十《尧雄传》、《北史》卷二十七《尧雄传》等。
⑥ 《北齐书》卷二十《尧雄传》："（陈）庆之复围南荆州，雄曰：'白苟堆，梁之北面重镇，因其空虚，攻之必克，彼若闻难，荆围自解，此所谓机不可失也。'遂率众攻之，庆之果弃荆州来。未至，雄陷其城，擒梁镇将苟元广，兵二千人。"

志》:"西淮州,治豫州界白苟堆。"① 《隋志》:"真阳县。又有白苟县,梁置淮州,后齐置齐兴郡。"② 唐李愬攻蔡③,入白苟、汶港④。

坟墓

则有宋虞部郎中李濡墓⑤。在县治后。

艺文

则有陕西提学副使何景明⑥:

怀旧吟寄阮兴⑦

君家高楼对芳树,开宴曾留三日住。铜槃绛爄暖照春⑧,金壶

---

① 语出《魏书》卷一百六中《地形志中》:"西淮州(萧衍置,魏因之。治豫州界白苟堆)。领郡一、县二。淮川郡(州治)。领县二:真阳、梁兴。"
② 语出《隋书》卷三十《地理志中》"真阳县"注:"又有白狗县,梁置淮州。后齐废州,以置齐兴郡,郡寻废。"
③ 李愬(773—821):字符直,洮州临潭县(今甘肃省临潭县)人。唐朝中期名将,西平郡王李晟第八子。唐宪宗元和十三年(818)十月,率军雪夜袭取蔡州(治今河南省汝南县),擒获叛将吴元济,讨平淮西之乱,使藩镇割据的局面暂告结束,唐朝恢复统一。
④ 李愬在袭取蔡州之前,派兵攻克了蔡州以南和西南的白狗、汶港和楚城诸城栅,切断了蔡州与申、光二州的联系。《资治通鉴》卷二百四十《唐纪五十六》"元和十二年"载:"(四月)丙申,十将阎士荣下白狗、汶港二栅。"
⑤ 李濡:本《志》卷八《人物志·寓贤》有传。
⑥ 提学副使:提刑按察使司按察副使、提督学道的省称,正四品,处理一省司法刑狱、监察按劾、学校教育及各种文化学术之事。何景明:参见本《志》卷五《选举志·吏掾》"何大复"注释。
⑦ 阮兴:真阳县人,本《志》卷五《选举志·义输》有简传。
⑧ 槃:同"盘"。爄(là):火的样子。

银漏寒催曙。知君重义多豪游，满门宾客为我留。珊瑚不避铁如意①，骅骝皆缠金络头②。尔时北上与君别，蔡州城外花如雪。梦里犹寻汝上云，醉中却忆淮西月。丈夫富贵各有因，如君立身亦不群。行年四十未白发，生儿十八期青云。君从秋日遥分手，我向东风一回首。山下长搴旧薜萝，楼前应长春杨柳。

赠杨静之归真阳诗③

人物遥从泮水看，眼中乡里旧衣冠。江鸿终拟登逵路④，海鹄还应爱羽翰。九日黄花聊对酒，千山红树正凭栏。真阳城外秋仍好，怅望西风白露繁。

送陈子令垣曲序⑤

真阳陈子为乡举士，绩学待用者二十年矣。不矫不附⑥，不害不干⑦，不矜不渎⑧，非其任不举，非其人不见，非其物不有。湛然

---

① 《世说新语·汰侈》记载，西晋时期，石崇和王恺比阔斗富。王恺拿一棵二尺来高的珍稀珊瑚树给石崇看，石崇看了，拿起铁如意就把它打碎了。王恺很生气，认为石崇妒忌自己的宝物。石崇说："不值得发怒，现在就赔给你。"于是就叫手下的人把家里的珊瑚树全都拿出来，有三尺高的、四尺高的，树干、枝条举世无双，光彩夺目者六七棵。

② 骅骝：周穆王八骏之一。泛指骏马。金络头：金饰的马笼头。此二句形容主人家的富有与招待之奢侈。

③ 杨静之：不详。"静之"疑为字。本《志》卷五《选举志·贡士》有"杨宁"者，不知是否其人。

④ 逵路：四通八达的大道。

⑤ 原注："陈子，名标。"整理者注：陈标，详见本《志》卷八《人物志·狷介》。

⑥ 矫：拂逆，违背。附：依傍，依附。

⑦ 害：妨碍，妨害。干：冒犯，冲犯。

⑧ 矜：自大，自夸。渎：轻慢，不敬。

[嘉靖] 真阳县志·真阳县志补遗　　185

不为①，洁也；暗然不为，隐也；皎然不为，白也。其视富贵也，若惴②；其接厚利也，若遗；其处蓬居而藿食也③，若大享也④。选于天官⑤，天官以为垣曲令。张给事曰⑥："夫令非难邪！纠吏而子众，宣力而布德，振发而启蔽，陈子难乎？"何子曰⑦："夫行，视其所立；为，视其所守；发，视其所蓄。安轮之车，其辙不逾；重兵之阵，其刚不缺；积竹之矢⑧，其中不靡。故推其所立曰行，施其所守曰为，出其所蓄曰发。故曰：不知其仕，视其处。夫陈子之处也，仕道备矣。"

《真阳志》既入梓⑨，适余来知县事，爰取而阅之⑩，谓《志》其有遗乎？邑冲务繁，诸未暇究，乃于《汉书》得戴氏五女之贞焉，于《玉海》得白苟堆之重镇之详焉⑪，于故老得宋李濡墓焉，于《何氏集》得其送陈标、阮兴、杨静之之诗文焉。此之不志，《志》其有遗

---

① 湛然：淡泊。
② 惴：又忧愁，又恐惧。
③ 蓬居：用蓬草盖的住所。指贫穷者住的简陋房屋。藿食：以豆叶为食。指粗食。
④ 大亨：亦作"大烹"。盛馔；丰盛的菜肴。
⑤ 天官：原为官名。《周礼》分设六官，以天官冢宰居首，总御百官。唐武后光宅元年（684）改吏部为天官，旋复旧。后世亦称吏部为天官。
⑥ 给事：职官名。给事中的省称。明代分设吏、户、礼、兵、刑、工六科给事中掌侍从规谏，稽察六部之弊误，有驳正制敕违失之权。张给事，不详何人，疑为吏部给事中。
⑦ 何子：何景明自称。子，中国古代士大夫的通称。
⑧ 积竹：犹攒竹。削竹胶合。
⑨ 入梓：谓刻印书籍。梓，刻板。
⑩ 爰：于是。
⑪ 《玉海》：南宋王应麟（1223—1296）编撰的一部规模宏大的类书。共204卷，分为天文、地理、官制、食货等21门。有较高的史料价值。

乎！因补之。更有遗者，以俟博雅君子①。至若真阳、铜钟二巡司②，宜入《建置》而不宜入《古迹》。诸如此类，俟更考订云。

嘉靖丙辰九月望日③，广陵白应虚书④。

附录

知县白应虚初至县作⑤

六月驱车渡汝梁，十年为令又真阳。早题辞赋惭元亮⑥，幸得遨游效子长⑦。带雨黍禾垂四野，倚云桑梓限殊方⑧。河阳自昔花无数，还拟移栽满讼堂。

中秋对月次答何少府⑨

百年吾道任行藏，汝水随缘对月光。客路转蓬堪一笑⑩，题诗

---

① 俟：等待。
② 至若：连词。表示提出另一个话题，用在下文的开头，相当于"至于"。
③ 嘉靖丙辰：嘉靖三十五年（1556）。
④ 广陵：扬州的古称。白应虚：生卒不详，字子直，扬州府江都县（今扬州市江都区）人。知县徐霓的继任者。由选贡历知新乐、桂东、真阳三县。工诗。
⑤ 以下诗作皆为当时新任知县白应虚所作。
⑥ 元亮：陶渊明（约365—427），字元亮，晚年更名潜，字渊明。别号五柳先生，私谥靖节，世称靖节先生。浔阳柴桑（今江西省九江市）人，一作宜丰人。东晋末到刘宋初杰出的诗人、辞赋家、散文家。
⑦ 子长：司马迁（前145年或前135年—？），字子长，汉左冯翊夏阳（今陕西省韩城市）人，西汉史学家、文学家、思想家。司马迁在20岁时，开始游历天下，实地考察历史遗迹，网罗放佚旧闻。
⑧ 殊方：远方，异域。
⑨ 少府：职官名。秦汉九卿之一，掌山海池泽之税，以供养天子。后汉改掌宫中服御等物。唐代为县尉的通称。明代已废。何少府，或指何麟。
⑩ 转蓬：随风飘转的蓬草。

隔岁感殊方。谁家笛奏梅花冷，何处风传桂子香。安得凌虚生羽翰①，琼楼飞上纵清狂。

九日南楼二首

其一

高楼一上思依依，返照孤城接翠微。汝水烟云初骋目，天涯涕泪欲沾衣。芳尊迟及黄花约②，客况遥随白雁飞③。向夕幽期明月在，满身凉露坐忘归。

其二

山中曾佩紫萸囊，十载红尘意不忘。对酒佳晨欣胜侣，登台此日又重阳。云霄北望丹梯迥，禾黍西成落照长。久拟陶潜捐印珮④，还同宋玉赋词章⑤。

信阳道中作

汝南行役此初程⑥，秋日秋风野葛轻。山雨乍飞还欲歇，稻苗

---

① 凌虚：凌驾云霄。羽翰：翅膀。
② 芳尊：亦作"芳樽"。精致的酒器。亦借指美酒。
③ 客况：客居的境况。
④ 西晋义熙元年（405）八月，陶潜（渊明）最后一次出仕，为彭泽县令，八十多天便解印辞官，从此归隐田园，成为中国第一位田园诗人。
⑤ 宋玉（前298—前222）：字子渊，战国时期楚国诗人、著名辞赋家，传世作品有《九辩》等。
⑥ 行役：旧指因服兵役、劳役或公务而出外跋涉。

才秀半先成。牵情世路缘难断，回首乡阅盗未平①。蓬鬓揭来吹渐短，此身空愧说儒生。

贻吴秀才希颜乞竹②

其一

种竹曾闻雨后移，移时记取向南枝。讼庭吏散凉阴满，对写新诗出每迟。

其二

尔家修竹拂青霄，万玉苍苍寒不凋。带雨连云移几种，同来静坐听箫韶。

雪夕过上蔡寄纪明府③

朔风吹雪满征轮，泥潦纵横度蔡埂。底事尘踪忙太剧④，山阴

---

① 盗未平：指嘉靖三十一年（1552）至嘉靖四十三年（1564）发生东南沿海的"嘉靖大倭乱"。明万历《扬州府志》载："维扬倭患至嘉靖甲寅以后极矣。"清初洪若皋《海寇记》称，此次倭乱"破浙东、杭、嘉、湖、苏、松、常、镇、淮、扬至南通，州诸沿江郡县不下数百处，杀伤人民百余万。守土以丧地被逮，总师以失律受诛者无数"。

② 吴秀才希颜：本《志》卷三《学校志·儒学》所载何麟《记》文中，"吴子希颜"者即是。

③ 明府：汉代对太守，唐代以后对县令的尊称。纪明府：查清康熙《上蔡县志》卷七《爵秩志·知县》，有"纪经纶，云南人，嘉靖间任"，应即此人。据鄂尔泰等修《云南通志》卷二十一《人物志·乡贤》知：纪经纶，字胐夫，临安府建水县（今云南省建水县）人，嘉靖甲午科（1534）举人，曾任成都府新都县、汝宁府上蔡县知县，升郧阳府通判、襄藩长史。

④ 底事：何事。

幽兴属何人。

春日同刘新蔡登观音阁二首①

其一

雕台背郭带曹溪，杂树垂阴拂水低。铃语虚廊风乍起，梵音香阁日初西。参禅有客时停盖，随喜清斋旋煮藜②。下界忽闻飘远磬，始知身与白云齐。

其二

三月春山始一游，联镳陶谢更风流③。排云楼观参差出，映水烟霞晻暧浮④。客路遽忻临宝地，尘寰谁信有丹丘⑤。结盟支遁年来意⑥，怪底凭阑去复留⑦。

---

① 刘新蔡：指时任新蔡县知县刘廷举。据清乾隆《新蔡县志》卷五《宦迹》："刘廷举，湖广麻城人，进士，嘉靖三十五年任。……历官广西按察司副使。"
② 随喜：旧指游览寺院。
③ 联镳（biāo）：指相等或同进。陶谢：晋末南朝宋初诗人陶潜、谢灵运的并称。前者是中国文学史上田园诗的开拓者，后者是山水诗的开创者。两人都擅长描写自然景物，在田园山水中寄寓自己的生活情趣，故常并称。
④ 晻暧（ǎn ài）：昏暗貌。
⑤ 丹丘：昼夜长明的神仙处所。
⑥ 支遁（314—366）：字道林，世称支公，也称林公。本姓关，陈留（今河南省开封市）人，或说河东林虑（今河南省林州市）人。东晋高僧、佛学家、文学家。
⑦ 怪底：难怪。

赠黄训导致仕为母①

黄宪师模重士林②,春来忽作别离吟。欲知此日陈情意③,正是当年捧檄心④。驿路烟花迎去马,故原松菊迟披襟。陶潜亦自怀归切,相对离觞思不禁。

冬夜慈氏寺用韵⑤

伊余微尚水云偏⑥,初地才临思爽然。极乐有宫双树护,浮生无住二毛颠。彩毫浪写三千首,锦瑟谁调五十弦⑦。独拥蒲团不成寐,坐看老衲礼诸天。

---

① 黄训导:黄镇,时任真阳县儒学训导。致仕:指交还官职,即辞官。
② 黄宪:东汉名士,真阳乡贤。在此借指训导黄镇。
③ 陈情:陈述自己的想法。晋时李密作《陈情表》,表中婉转地陈述了为孝养祖母,不能接受朝廷的征召。后因以《陈情表》泛指向朝廷提出辞官归隐孝养父母的呈文。此处亦用此意。
④ 捧檄:奉命就任。《后汉书·刘赵淳于江刘周赵列传序》载:东汉人毛义有孝名。张奉慕名拜访他,刚好府檄至,要毛义去任守令,毛义拿到檄,喜动颜色,张奉因此看不起他。后来毛义母死,毛义终于不再出去做官,张奉才知道他不过是为亲屈,感叹自己知他不深。后以"捧檄"为为母出仕的典故。
⑤ 慈氏寺:在信阳城内。民国《重修信阳县志》载:"慈氏寺,在城东北隅,古义阳山左侧。本明以前县署故址,洪武十五年建置僧正司。天顺间僧圆机重修。弘治八年殿宇倾圮,寺僧永空与同志正满、德托募捐重修,九年立碑纪之。"
⑥ 伊余:自指,我。微尚:微小的志趣、意愿。常用作谦词。
⑦ 唐李商隐《锦瑟》:"锦瑟无端五十弦,一弦一柱思华年。"

邹员外赴水部便道寿母①

仙郎摇珮入明光②,阿母高堂鬓未霜。青鸟音书传海上③,紫泥云锦下江阳④。当年妇道推纯孝,此日乡评重义方。更值故园鱼笋令,停车应献九霞觞⑤。

明港道中怀寄张信阳⑥

海内风流数曲江,相逢真使夙心降。讼庭吏散云生座,别馆诗成月满窗。今日循良须长者,古来申郢是名邦⑦。何时重对天中酒,醉倒冰壶百二双。

---

① 员外:职官名。员外郎的简称。邹员外,人物不详。水部:官署名。明洪武六年(1373)复置,为工部四属部之一,以郎中、员外郎为长贰。掌全国川泽、陂池、桥道、舟车、织造、券契、量衡之事。二十九年(1396),改称都水清吏司。

② 仙郎:唐代对尚书省各部郎中、员外郎的惯称。此为借用。明光:汉代宫殿名。后亦泛指朝廷宫殿。

③ 青鸟:神话传说中为西王母取食传信的三足神鸟。在文学作品中,常被当作传递音书的信使。

④ 紫泥:印泥。古人书函用泥封,并戳印以为凭信,汉天子用紫泥,故紫泥亦指诏书。

⑤ 九霞觞:亦称"九霞卮",酒杯名。借指美酒。

⑥ 张信阳:当指信阳知州张光远。清乾隆《信阳州志》载:"张光远,字文化,直隶新安人,举人,嘉靖三十六年任。"

⑦ 申郢:信阳古称义阳、申州,又名申城,属楚地,故称申郢。

王仲珍席上赋赠①

爱尔仙人王子乔②,芝兰气味挺清标③。霜蹄已见行千里,凤翮应看翥九霄④。晴日海边来鹤驾⑤,小春筵上奏云挠⑥。登堂为写长生颂,银笔醉挥虹霓摇。

用韵赠张子

停车共倒金曲卮⑦,白驹重咏意何迟⑧。故人书寄三秋后,客馆凉生七月时。暂对晚薰应有约,相逢尘世本无期。从今岭树烟云外,汝水茫茫系远思。

---

① 王仲珍:王廷儒,字仲珍,邑人。本《志》卷五《选举志·举人》有载。
② 王子乔:传说中的仙人名。汉刘向《列仙传·王子乔》:"王子乔者,周灵王太子晋也。好吹笙作凤凰鸣。"在此代指王仲珍。
③ 清标:清峻脱俗。
④ 风:疑为"凤"字之误。凤翮(hé):凤凰的羽翅。比喻杰出的人或杰出的才干。翥(zhù):鸟向上飞。
⑤ 鹤驾:对仙人车驾的敬称。据刘向《列仙传·王子乔》载,王子乔尝乘白鹤驻缑氏山头。后亦称太子的车驾为鹤驾。
⑥ 挠:疑为"铙"字之误。
⑦ 金曲卮:酒器。唐孟郊《劝酒》诗:"劝君金曲卮,勿谓朱颜酡。"
⑧ 白驹:比喻流逝的时间。《庄子·知北游》:"人生天地之间,若白驹之过隙,忽然而已。"

[嘉靖] 真阳县志·真阳县志补遗

中秋书怀

其一

阴云晻暖午初开，入暮携尊上石台。玄赏经年聊自觅①，客心对月转堪哀②。镜中鬓发霜先点，江上音书雁不来。好是情钟偏感慨，莫将宋玉浪疑猜。

其二

山中旧侣故多情，常共中秋看月明。一自风尘迷世网，每将游赏负心盟③。良宵皓彩真堪恋④，客舍芳尊且暂倾。独坐诗成还独咏，满天凉露欲三更。

秋日同邑中诸君看菊二首

其一

高云锦石讼庭闲，花满东篱客可扳。共采金英延白昼⑤，漫挥玉盏对南山。隔枝风静香初细，堕叶霜轻色更斑。四美于人堪发兴⑥，忍令午夜独醒还。

---

① 经年：经过一年或若干年。
② 客心：游子的心情。
③ 心盟：未表现于言词的内心誓约。
④ 皓彩：皎洁的月光。
⑤ 金英：黄色的花。此处特指菊花。
⑥ 四美：四种美好之事。指良辰、美景、赏心、乐事。发兴：激发意兴。

其二

重阳不见篱边菊,有约还同此日看。阶下百重繁影乱,尊前四海一时难。撩人佳兴诗先得,入手寒芳秀可餐。更拟高天追胜赏,遥从花外望银鞍。

何少府初度赋诗为寿[①]

少日声名动汝南[②],早从中岁卸朝簪[③]。鬅松鬓发还如旧[④],俯仰乾坤总不惭。尽取风花归品藻[⑤],每将玄理会沉酣[⑥]。野堂十月同春暖,腊酒盈觞荐海蚶。

再宿慈氏寺二首

其一

慈氏先朝寺,游人得屡过。炉香伴寒夜,碗茗一清歌。法界金

---

① 初度:谓始生之年时。《楚辞·离骚》:"皇览揆余初度兮,肇锡余以嘉名。"后因称生日为"初度"。
② 少日:昔日,年少时候。
③ 中岁:中年。朝簪:朝廷官员的冠饰。卸朝簪,指辞职去官。
④ 鬅(péng)松:头发松散的样子。
⑤ 风花:指用华丽辞藻写景状物的诗文。品藻:鉴别流品,品评人物。
⑥ 玄理:深远奥妙的道理。常指发挥道家思想的哲理。沉酣:醉酒酣畅。

光满①，祇园贝叶多②。皈依情转切，奔走愧如何。

其二

云窝三借榻，萍踪两经年。以我风尘客，来参雪窦禅③。梵音清磬发，幢影一灯悬。欲问龙池劫，焚香到曙天。

和答戴郑州二绝句④

其一

汝南五马暂徘徊⑤，河上旌旄夹道来⑥。今日中州须鲁卓⑦，黄金早筑最高台⑧。

---

① 法界：佛教语。梵文的意译。通常泛称各种事物的现象及其本质。金光：指神佛之光。喻神道佛法的力量。

② 祇园："祇树给孤独园"的简称。梵文的意译。印度佛教圣地之一。后用为佛寺的代称。

③ 雪窦：唐宋时的一些高僧名号，因挂单雪窦寺而得名。

④ 戴郑州：戴姓，曾在郑州为官。生平不详。查《郑州志》与《汝宁府志》均未见记载。

⑤ 五马：太守的代称。汉时以四马载车为常礼，惟太守则增一马，故称为"五马"。此指知府。

⑥ 旌旄：原为军中用以指挥的旗子。泛指旗帜。

⑦ 鲁卓：亦作"卓鲁"。东汉人鲁恭、卓茂的合称。据《后汉书》记载，二人均为以教化治县著称的县令。后世遂以"卓鲁"或"鲁卓"作为称美地方官有善政的典故。

⑧ 黄金台：黄金台，亦称招贤台，战国时期燕昭王筑，为燕昭王礼郭隗以致士之所。此指迎接新官到任。

其二

石髓黄精可疗饥①,公身如鹤郑人肥②。郎看溱洧春生早③,满道贤声是口碑。

除 夕

风烟雪后换真丘④,青镜韶光惜水流。湖上草堂虚旧业⑤,汝南柏叶进新筹⑥。初阳渐觉随更转,野性情知不世投。回首沧洲吾道在⑦,百年心事愧优游。

招邑中诸文学看花⑧

小斋花事总相宜,浅白深红更间之。有酒可斟诗可咏,同来花底坐迟迟⑨。

---

① 石髓:即石钟乳。古人用于服食。也可入药。黄精:药草名。多年生草本,中医以根茎入药。

② 原注:"时戴小疾。"整理者注:此句以一瘦(如鹤)一肥的形象对比,赞颂戴舍身为民、一心奉公的品德。

③ 溱洧:溱水和洧水。郑州境内的两条河流。代指郑州。

④ 真丘:真阳。真阳县在隋代一度改名为真丘。

⑤ 旧业:当指昔所从事的学业。

⑥ 筹(chōu):原为一种竹制的滤酒器具,后亦代指酒。古代风俗,以柏叶浸酒,元旦共饮,以祝寿和避邪。后来改为在除夕饮用柏叶酒。

⑦ 沧州:诗人在任真阳知县前曾任真定府定州新乐县(今河北省新乐市)知县,距离沧州不远,故以"沧州"代。

⑧ 文学:儒生。亦泛指有学问的人。

⑨ 迟迟:舒缓,从容不迫的样子。

毛汝阳席上用韵呈诸君子①

客路相逢汝水头，相看世故总虚舟②。年华眼底春过半，湖海尊前夜可留。潦倒陶潜思种柳③，栖迟王粲倦登楼④。勋名今日须公等，嗟我惟应卧一丘⑤。

用韵寄答顾行可

尺素空裁寄未成⑥，相思明月堕严城。鳞鸿总怪经年滞⑦，鸡黍常怀旧日盟⑧。作吏汝南惭拙政⑨，谈经洛下想余情。已看荐剡飞双阙⑩，伫听梧冈彩凤鸣。

---

① 毛汝阳：时任汝阳县（今河南省汝南县）知县毛沂。据康熙《汝阳县志》卷七《知县》："毛沂，云南人，举人，嘉靖三十六年任。"
② 虚舟：谓任其漂流的舟楫。常比喻人事飘忽，播迁无定。
③ 陶潜《五柳先生传》云："宅边有五柳树，因以为号焉。"
④ 栖迟：飘泊失意。王粲（177—217）：字仲宣，山阳郡高平县（今山东省微山县）人。东汉末年文学家，"建安七子"之一。以文才闻名天下，尤擅辞赋。代表作有《七哀诗》《登楼赋》等。倦登楼：东汉建安九年（204）秋，王粲在荆州久客思归，登上当阳东南的麦城城楼，纵目四望，万感交集，写下了著名的抒情赋作《登楼赋》。抒发了自己生逢乱世、长期客居他乡、才能不能得以施展而产生的思乡怀国之情和怀才不遇之忧。
⑤ 一丘：即一丘一壑，意指隐居山林。
⑥ 尺素：书写用的一尺长左右的白色生绢，借指书信。
⑦ 鳞鸿：鱼雁的代称。指书信。
⑧ 鸡黍：以鸡作菜，以黍作饭。指招待宾客的家常菜肴。借指深厚的情谊。
⑨ 拙政：拙于为政。用为谦词。
⑩ 荐剡（yǎn）：指推荐人的文书。双阙：借指京都。

寄题倦飞亭为刘新蔡

何处高人托兴奇①,楚云湘水总相宜②。名山有约亭先结,世路无媒心早知。它日栖迟投旧隐,平生飞动向明时。羽毛方见云霄上,只恐怀归渺未期。

---

① 托兴:借物寄托情趣。
② 楚云湘水:刘廷举原籍黄州府麻城县(今湖北省麻城市)人,白应虚曾在郴州桂东县(今湖南省郴州市桂东县)任知县,故云。

真阳县志跋

　　我国家有《一统志》①，以博采天下舆图之广、川谷风气之异，班班乎详且备矣②，若无庸于《县志》者③。顾彼之所载④，率宏纲巨要⑤，而纤微琐细之实，见诸幽遐而经行于一时者⑥，则固简册之所未书，而纪录之所不及，是故《县志》不可以无作也。真阳旧有《志》，而脱略俚劣⑦，与无《志》同。邑侯静翁徐公甫下车⑧，兴废举坠，百务惟新，慨然曰："政有大于是者乎？"即延崧岩何公，俾纂修之。未逾岁，而篇帙秩然成焉⑨。其文质⑩，其事核⑪，其考据

---

① 《一统志》：即《大明一统志》，明代李贤、彭时等撰修的地理总志。成书于天顺五年（1461）四月，共90卷，体例源自《大元大一统志》。该书曾于弘治、万历年间重新修订，增加了嘉靖、隆庆两朝以后建置相关的内容。
② 班班：明显貌；显著貌。
③ 无庸：毋庸；无须。
④ 顾：文言连词，但。
⑤ 率：皆，都。
⑥ 幽遐：僻远；深幽。
⑦ 脱略：脱漏，简略。俚劣：鄙俗，低劣。
⑧ 甫：刚刚，才。
⑨ 秩然：秩序井然；整饬貌。
⑩ 质：质朴，朴实。
⑪ 核：精确，详实。

精详而不谬，视旧《志》大有径庭矣①。呜呼！微静翁公之贤明，莫能识时务之大；微崧岩公之博雅，莫能成静翁公之大。兹《志》也，允足以悉史书之未备②，而传诸后矣。镇捧诵之，不能已于言③。敬跋。

嘉靖乙卯八月朔后三日④，儒学训导武定黄镇谨书⑤。

---

① 径庭：相差甚远。
② 允：确实，果真。悉：详尽地叙述。
③ 已：完成，完毕。
④ 即公元1555年农历八月初三日。
⑤ 黄镇：本《志》卷三《职官志·训导》有简介。

〔康熙〕 真阳县志

安圻 修，晏允恭、刘梦兰 纂

清康熙三十五年（1696）刻本

序

先王分茅胙土①，邦国既制，而后即有史，以编年纪事，诚巨典也②。兹时之郡邑，等古侯伯国，是昔之史犹今之志耳。志首封建，次则制度因革。与夫风气品谊，以及名物象数之繁，靡不毕萃于斯。致治者兴废举坠③，大端莫逾此焉。岁庚午仲春④，圻谬膺帝简⑤，筮仕慎阳⑥。斋宿三日后，巡阅城郭，则瓦砾载道；踏历阡陌，则繁蒿盈郊。子衿半鹑衣结缕⑦，黔黎多鸠形菜色⑧。辄不禁三叹，真邑之凋残，何至此极也？会绅士辈有因公至室者，圻殷殷以

---

① 分茅胙土：指分封侯位和土地。古时天子分封诸侯，用白茅包些土给他，表示分封土地。胙（zuò），赐予。

② 巨典：朝廷大法。

③ 致治者：使国家达到大治的人。

④ 庚午仲春：康熙二十九年（1690）二月。

⑤ 谬膺帝简：接受朝廷的任命。谬，谦辞。膺，担当、接受重任。

⑥ 筮仕：古人将出做官，卜问凶吉；亦指初出做官。

⑦ 子衿：《诗经·郑风·子衿》："青青子衿，悠悠我心。"毛传："青衿，青领也。学子之所服。"后因称学子、生员为"子衿"。鹑衣结缕：鹑鸟尾巴秃，像多次缝补的破衣一样。鹑衣结缕形容衣服破烂不堪。

⑧ 黔黎：黔首、黎民的合称，泛指百姓。鸠形菜色：形容形体枯瘦，脸色青黄的样子。

为政急务是咨①。佥曰②："真，僻壤也，兵燹屡经，无孑遗矣。图治规模，载在典籍，可考而知也。"圻闻之唯唯③，遂索旧志以观。肇作者徐君，成于嘉靖之乙卯④。继修者刘君，成于顺治之庚子⑤，距今三十年矣。时移事异，阙略孔多。圻寤寐辗转，思搜集附益于其末。顾未经请命宪台⑥，惴惴然弗敢径行也⑦。秋月，奉大中丞阎檄令⑧，郡邑续修志书。圻也欣逢盛举，不遑宁居⑨，爰进广文而谋焉⑩。延致成均晏君允恭⑪、刘君梦兰⑫，相与远稽近考，旁揽博采。前之虚诞者实之，后之遗漏者增之。删芜就简，去险即易，甫逾月而卷帙告成矣。展阅其间，纲目具举，灿焉如列眉⑬；巨细毕登，了然若指掌。参考有资，文献足征。虽曰藉以备省览⑭，实以绍懿

---

① 殷殷：恳切的样子。
② 佥：全，都。
③ 唯唯：恭敬应诺之词。
④ 指明嘉靖乙卯年（1555）知县徐霓在任时纂修的《真阳县志》。
⑤ 指清顺治庚子年（1660）知县刘必寿在任时纂修的《真阳县志》。今已佚。
⑥ 宪台：旧时对上官的尊称。
⑦ 惴惴然：忧惧不安的样子。
⑧ 大中丞：巡抚的别称。阎：阎兴邦（1635—1698），字涛仲，号梅公，直隶宣化（今河北省张家口市宣化区）人，祖籍山西忻州，隶属汉军镶黄旗。康熙二年（1663）举人。二十七年（1688）六月，擢河南巡抚。三十一年（1692）十二月，调任贵州巡抚。三十七年（1698），卒于任上。檄令：上级下达的文书指示。
⑨ 不遑宁居：无暇过安逸平静的生活。指忙于修志之事。
⑩ 广文：明清时期对教授、教官的别称。
⑪ 成均：古代的大学。此指国子监。晏允恭：生卒不详。字克让，真阳县人，监生。本《志》卷五《人物·监生》有著录。
⑫ 刘梦兰：生卒不详。字叶徵，真阳县人。本《志》卷五《人物·岁贡》有著录。
⑬ 列眉：两眉对列。谓真切无疑。
⑭ 省览：审阅；观览。

型于畴昔①，垂规范于奕祀也②。志也，而史存焉矣。则是编也，讵非为政之急务③，而不容或缓者与④？噫嘻！志真志也，真至今日盖难堪矣。求所以拊循而安辑之者⑤，司牧之事也⑥。若夫假以便宜⑦，宽以岁月，凡邑下吏，诚不能无厚望于诸上台大人焉⑧。

时康熙三十五年岁次丙子月应黄钟⑨，知真阳县事西河安圻谨撰⑩。

---

① 绍：继承。懿型：美好范型。畴昔：昔日，从前。
② 奕祀：世代，代代。
③ 讵：岂，难道。
④ 与：同"欤"。文言助词，表示反诘语气。
⑤ 拊循：亦作"拊巡"。安抚；抚慰。安辑：安定和睦。
⑥ 司牧：指地方长官。
⑦ 若夫：句首语气词，用在句首或段落的开始，表示另提一事。便（biàn）宜：对某事物有利益的事。
⑧ 上台：上司。
⑨ 康熙三十五年：公元1696年。此年以干支纪年则为丙子年，故曰岁次丙子。黄钟：表示月份时一般指农历十一月。
⑩ 西河：汾阳的古称。安圻：生卒不详。字玉调，山西汾阳县（今山西省汾阳市）人，监贡，康熙二十九年（1690）任真阳县知县。本《志》卷五《职官·知县》有著录。

真阳县志图

  古人之书，有图有谱，图之来也尚矣①。后世轻图谱而重书，盖有去图而并不能明其书者，图与书固互相征耳。真诚狭陋②，然山川之襟带，境壤之绣错③，村镇里市之罗列，虽累言莫悉④，画诸图而了若指掌，一披览而邑之大概可睹已⑤。爰志诸简端。

---

① 尚：古，久远。
② 真：指真阳县。狭陋：狭小，贫乏。
③ 绣错：色彩错杂如绣。
④ 累言莫悉：用很多语言也说不清楚。
⑤ 已：语气助词，表示确定。同"矣"。

真陽縣志

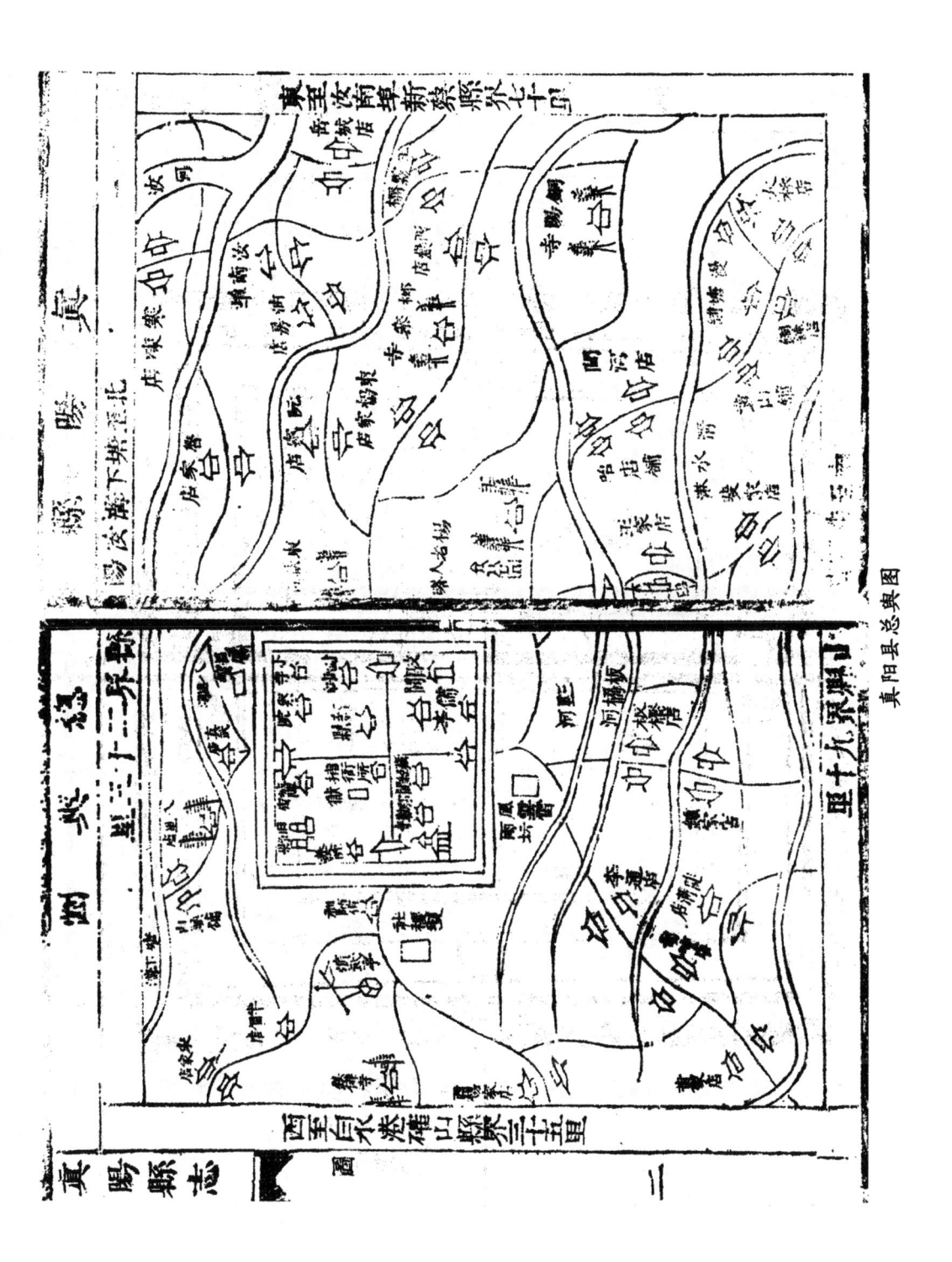

真阳县境舆楚鄎图

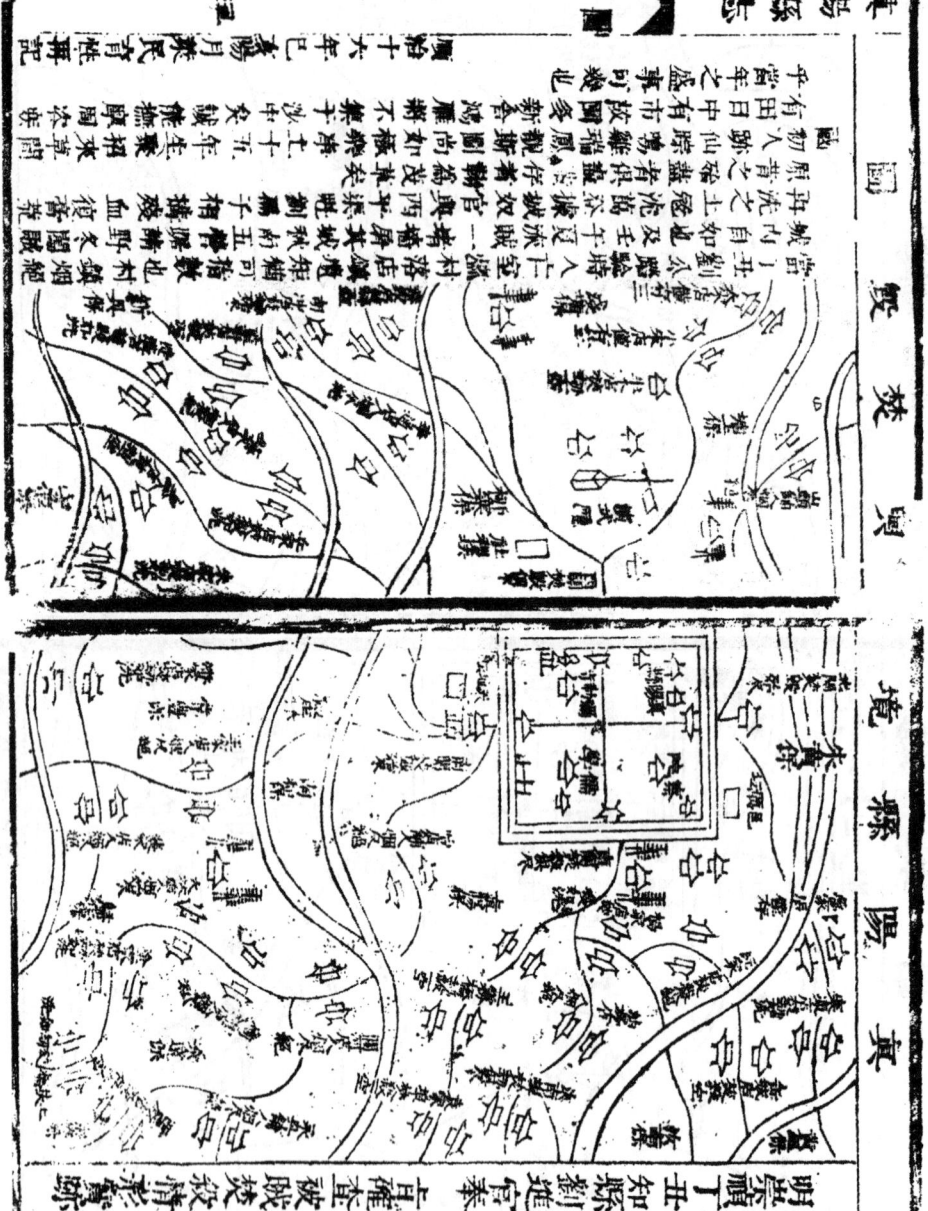

真陽縣城池圖

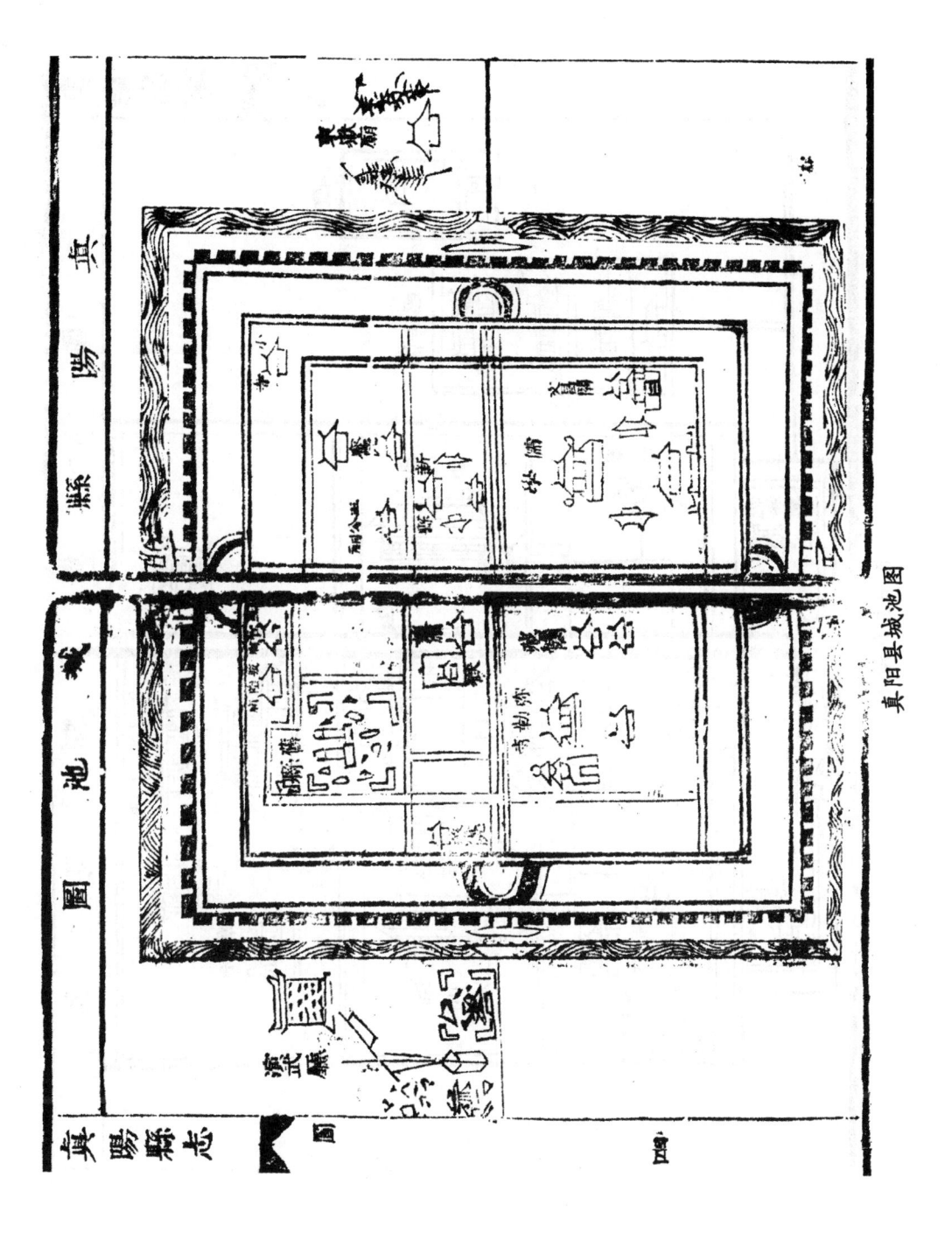

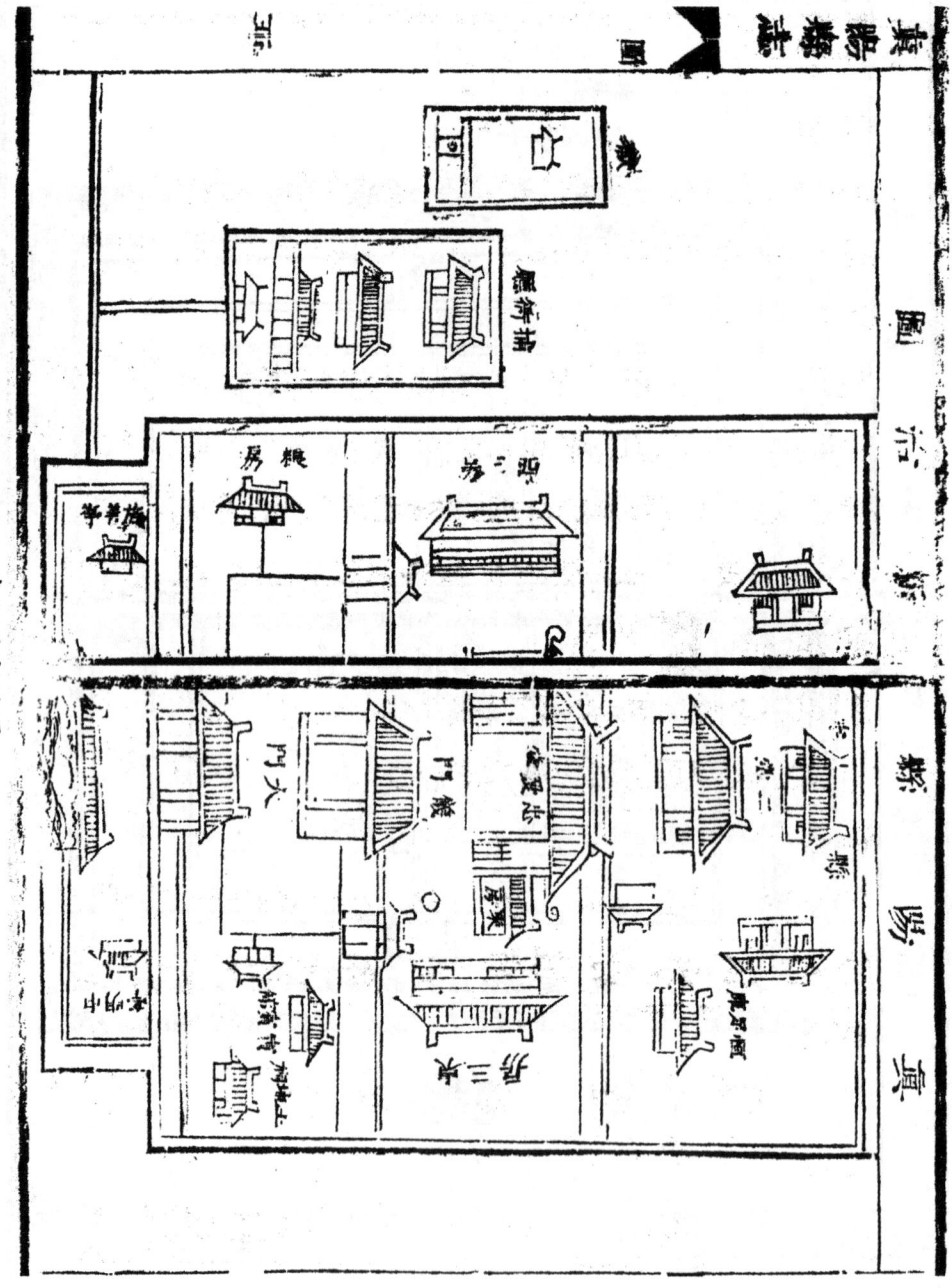

真阳县新治图

真陽縣儒學圖

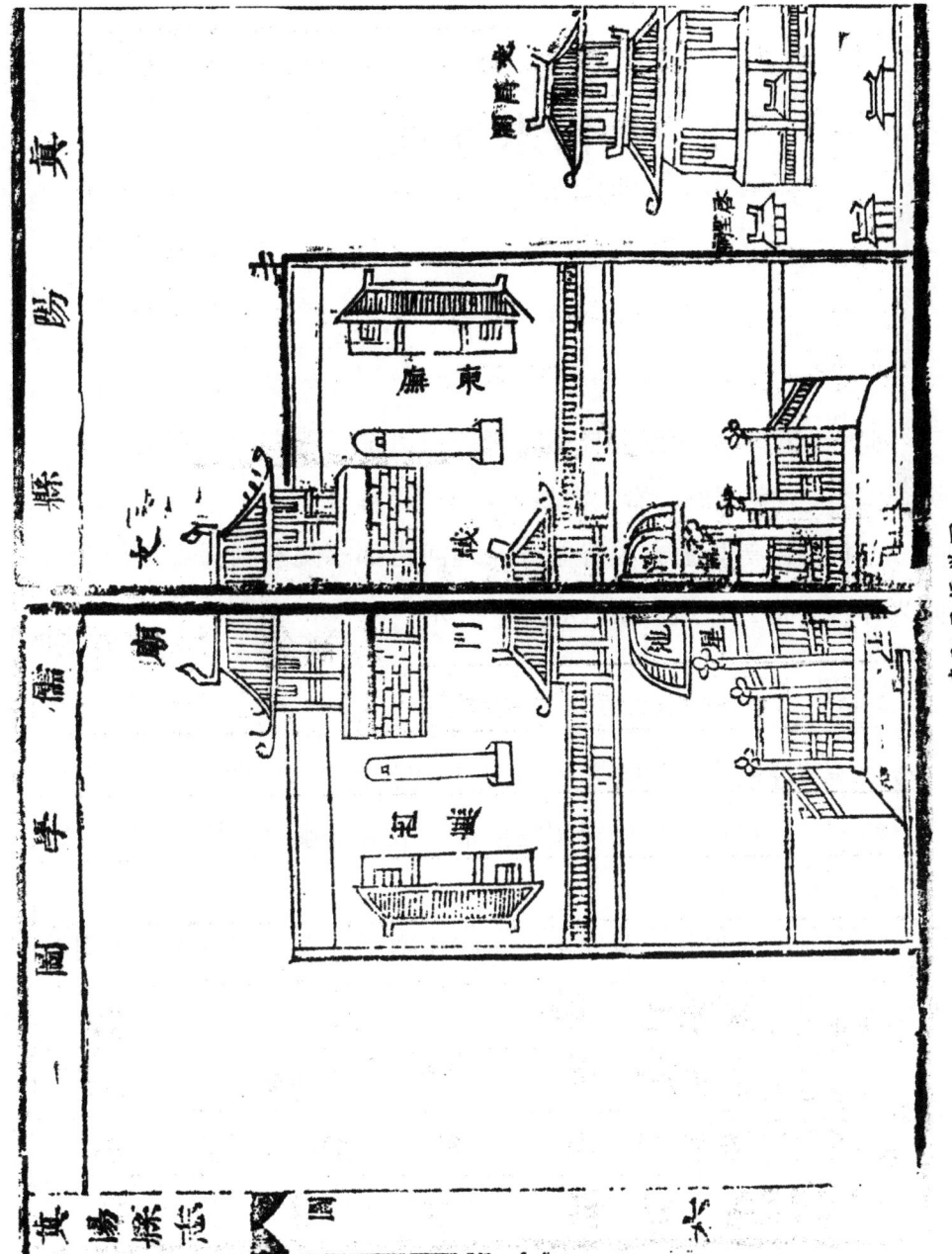

修志姓氏

总裁

巡抚河南等处地方提督军务兼理河道都察院右副都御史加十一级李国亮①（字朗庵，奉天海城人，壬子②）；

巡抚河南等处地方提督军务兼理河道都察院右副都御史加四级阎兴邦（字梅公，辽东籍宣府人，癸卯③）。

提调

河南等处承宣布政使司布政使加三级佟世雍（字熙臣，奉天人）；

河南等处提刑按察使司按察使加二级孟世泰（字绍孔，满洲籍临汾人，官监生）；

管理河南通省驿盐兼理粮务布政使副使分守开归河加四级周铨元（字衡山，奉天锦县人，监生）；

提督河南通省学政按察使司佥事加四级陈义晖（字松庵，浙江乌程人，进士）；

---

① 李国亮（1641—1706）：奉天海城（今辽宁省海城市）人，字朗庵。康熙十一年（1672）举人，官都察院右副都御史。康熙三十五年（1696），由河南布政使升任巡抚。
② 壬子：李国亮为康熙壬子年（1672）举人。
③ 癸卯：阎兴邦为康熙癸卯年（1663）举人。

巡理河南通省河道提刑按察使司佥事加二级李言（字孔彰，顺天大兴人，官监生）；

整饬抚民兼理粮饷河南按察使司分巡南汝道佥事加二级罗文现[①]。

督理

河南汝宁府知府董永祚（字子祈，奉天人，荫监生）；

河南汝宁府粮捕通判张国英（字公亮，奉天开原人，官生[②]）。

纂修

真阳县知县安圻（字玉调，山西汾阳人，监贡）。

同修

儒学教谕张顾行（字公■，开封西华人，举人）；

儒学训导张缙（字明卿，开封阳武人[③]，贡生）；

真阳县典史詹廷枢（字尊一，江南扬州人）；

廪监贡生晏允恭（字克让，邑人）；

岁贡生刘梦兰（字叶徵，邑人）。

[①] 罗文现字号籍贯等内容在原版刻中被挖去，已无法辨识。据雍正《河南通志》卷三十五《职官六》等记载：罗文现，奉天广宁（今辽宁省北镇市）人，正白旗，荫生，按察司佥事南汝守巡道，康熙三十五年（1696）任。

[②] 官生：清朝制度中，称应考乡试的高级官吏子弟为官生。

[③] 此句与上句中的"开封"二字在原书中均不甚清晰。据《清史稿》卷六十二《地理志九·河南》"开封府"条记载："雍正二年，陈、许、郑、禹直隶，割县十四隶之。……乾隆中……阳武、封丘属怀庆、卫辉。"在雍正二年（1724）由开封府独立出去的四州十四县中，就有属于陈州的西华县。阳武县则于乾隆四十九年（1784）从开封府割出，归属怀庆府。本《志》纂修于康熙三十五年（1696），故两地均属开封府。

院　檄①

　　巡抚河南等处地方提督军务兼理河道都察院右副都御史加四级阎②，为续修志书以存文献事。照得郡邑有志③，必信必征，始足传后。其间博而不支，简而能尽④，彬彬大雅⑤，上之可列于职方⑥，下之可藏于石室⑦，盖有关于政治者非浅也。豫省当天下之中，道里所均，古圣先贤大半发迹于斯，则轩辂所至⑧，未有不访其故实者。而郡邑之志，已三十余年莫之增修，其为遗漏者多矣。又昔年修志，止取备文，未加考订，或限以数日，或所托非人。本都院逐一查阅，《府志》如河南、南阳，《县志》如宜阳、河阴、兰阳等

---

① 原文无标题，今据原书版心"院檄"二字加。院檄：巡抚阎兴邦以都察院之名下发的文书。清代巡抚往往兼右副都御史，形式上又是都察院的官员，故下文多自称"本都院"。
② 阎：指阎兴邦，详见前《序》注释。
③ 照得：查察而得。旧时下行公文和布告中常用。
④ 博而不支，简而能尽：广博而不分散，简约而能全面。
⑤ 彬彬大雅：文质兼备，纯正规范。
⑥ 职方：职官名。《周礼》夏官有职方氏，掌天下之地图，主四方之职贡。后代多沿用。至清代，兵部设有职方清吏司。
⑦ 石室：古代藏图书档案处。
⑧ 轩辂：使臣所乘之车。代指出使巡视的大臣。

《志》，荒悖失伦，莫可枚举。至于安阳、汲县，及彰德、卫辉两府，首邑竟无志书①，尤为缺典。今本都院已将通省志书设局修正，而各府州县所送续册未能画一。又《通志》所载，限于定格，不能如府州县之详。则三十余年所遗者十之六七，自此渐远渐至凋残。文献无征，何从取信？矧此三十年②，皆我皇上生聚教养之所培育。其户口日增，土田日辟，文治隆而风俗厚，灾祥见而官民警，安可不大书特书，以为一代盛典哉？拟合通行续修。为此牌仰该县官吏③，照牌事理，即延择文学名儒，熟知典故、长于史事者，博采典章，搜罗遗帙。其旧《志》未载者，一一补之；旧《志》之舛伪者，悉改正之。不得以同名疑误相沿，不得以稗官小说搀入④。本都院又恐各属参差不齐，未归画一，将《凡例》开明，粘单于右，悉照此为规程。若夫序论之古雅典茂，俱属才人之大笔，在乎各自留心。稿成，先录草本，呈送本都院披阅裁定。其所费纸张工料，须量力捐资，慎毋丝毫派之民间。谅此不朽之盛举，可指日观成也。

右牌仰真阳县准此
康熙二十九年七月　日

---

① 首邑：清代，安阳县属彰德府，汲县属卫辉府，均为府治所在地，故称"首邑"。
② 矧：况且。
③ 牌仰：旧时公文用语。牌，一种下行公文；仰，在下行公文中表示命令。
④ 稗官小说：即野史小说，街谈巷说之言。《汉书·艺文志》："小说家者流，盖出于稗官。街谈巷语，道听途说者之所造也。"

凡　例

　　一、邑之田土户口，国家赋税攸关。旧《志》修于顺治己亥①，迄今三十余年，田土户口倍昔，赋税亦自倍昔矣。其间应续之数，自宜条分缕析，按籍确入，断不得漫增，以滋纷更也②。

　　一、河之系于邑者甚大，以利宜兴而害复宜去也。真属河渠历久，虽无泛滥浚塞，可或斁与③。若旧《志》之埠口塘堰，一以济津梁，一以杀水势，宜并入《河防志》内。至河道之源委，皆详志之《山川集》，无容更端而起议也。

　　一、旧《志》，《选举》《人物》有一人而再见者，殊失序录简括之体。真邑人物，表见无多④，至科贡等有懿行者，随叙其实于姓氏之下，不敢另立款项，徒厌阅者之目耳。

　　一、建置乃一邑重务，如城池、公署等，乌容圮而不修⑤，缺而不补。今备将庚子以后所修所补者详载之⑥，断未有取前人之事作近日之功也。

---

① 顺治己亥：顺治十六年（1659）。
② 纷更：变乱更易。
③ 斁（dù）：败坏。
④ 表见：记述，记载。
⑤ 乌容：哪里容许。
⑥ 庚子：指顺治庚子，即顺治十七年（1660）。

一、孝义节烈，风化关焉。凡实行昭著，已经旌表者，自当载之无遗。若略涉疑似，未洽舆情者，不敢滥收，慎名器益所以励操修也。

一、旧《志》载《职官》于异代则略，当代则详者，盖以异代之功德不容泯者则志之，若当代编年详载，非政治卓越未可妄为附会也。《续志》亦如其制焉。

一、志之宜续者固多，如《沿革》《天文》，旧《志》详而明，约而该，今括其义旨，止立小序于前，非从省也，亦于理无可增耳。盖前人之善，不可湮没而不传也。

一、学校为育养人才之地，自康熙年来屡经霪雨，殿庑倾圮无遗，今则规模如旧，庙貌一新，不可谓非创造之力也。《续志》详载，讵属溢美之辞①。

---

① 讵属：岂属。

目　录

卷之一

序、院檄、姓氏、凡例、总图、沿革、天文、四至、建置、城池、学校、乐舞

卷之二

河防、乡村、镇集、公署、桥梁、仓库、社学、街巷、坊第

卷之三

祀典、书院、山川、古迹、风俗、土产、陵墓、寺观

卷之四

赋税

卷之五

职官、人物

卷之六

流寓、孝义、烈女、方技

卷之七

艺文

卷之八

灾祥、杂志、旧序

卷　一

沿革

《传》曰："天道十年则一周矣，人事十年则一变矣。"① 矧真邑之置，自汉迄今，历几千百祀乎！其间治乱相仍，兴废迭见，凡载在史册者固昭然可考也。一披阅间而运会之升降，世道之消长，大概如斯已。

《禹贡》豫州之域②，周为沈国地③，春秋时属楚④，秦属颍川郡⑤，汉初为慎阳国。高帝十一年⑥，淮阴舍人栾说封慎阳侯，二千户。元狩五年⑦，侯栾买之有罪，国除，乃为县，属汝南郡。魏晋

---

① 语出胡安国《春秋传》。《春秋传》卷五《桓公中》"十年春，王正月"下云："十者，盈数也。天道十年则亦周矣，人事十年则亦变矣。"
② 《尚书·禹贡》将全国划分为九州，正阳县地理位置属于其中的豫州。
③ 沈国：周朝姬姓诸侯国。故城在今驻马店市平舆县射桥镇。公元前506年被蔡国所灭。西周时期，今正阳县北部属沈国，南部则属于江国。
④ 公元前623年，楚灭江，今正阳县境开始成为楚国属地。
⑤ 颍川郡：秦王政十七年（公元前230年）置。以颍水得名，治所在阳翟（今河南省禹州市）。
⑥ 汉高帝十一年：公元前196年。
⑦ 元狩五年：公元前118年。

皆如汉。唐、五代、宋，易名真阳县。东魏置义阳郡，北齐废郡，入保城县，隋开皇初废，十六年复置①，曰真丘。大业初②，仍改真阳。唐延载元年③，置淮阳县，神龙元年仍为真阳④。宋金俱属蔡州，元属息州。明洪武四年省入汝阳县⑤，弘治十八年复置⑥，属汝宁府。国朝因之，仍属汝宁府。

天文

列宿载之天文，州域列之地舆，良以在上者有合于下，在下者实丽乎上⑦，此星野所由昉也⑧。若夫察氛祥⑨，占休咎⑩，天时人事之理征矣。

《周礼·保章氏》注："房、心，豫州。"⑪

西汉《天文志》："房、心，豫州。"⑫

东汉《天文志》："镇星主嵩山，豫州。"又曰："玉衡第七星主

---

① 开皇十六年：公元596年。
② 大业：隋炀帝年号，自公元605年始。
③ 唐延载元年：公元694年。
④ 神龙元年：公元705年。
⑤ 明洪武四年：公元1371年。
⑥ 弘治十八年：公元1505年。
⑦ 丽：附丽，依附。
⑧ 由昉：发端，起始。
⑨ 氛祥：显示凶兆或祥瑞的云气。
⑩ 休咎：吉凶；善恶。
⑪ 《周礼注疏》中未见郑玄注有此句。《史记·天官书》中则有。疑为后人以《史记·天官书》注《周礼·保章氏》。
⑫ 语见《汉书》卷二十六《天文志》。

豫州，常以五午日候之，丙午为汝南。"①

《史记·天官书》："二十八舍主十二州，宋、郑之疆，候在岁星，占于房、心。"②

晋《天文志》："自氐五度至尾九度为大火，于辰在卯。宋之分野，属豫州。陈卓、范蠡、鬼谷、张良、诸葛亮、谯周、京房、张衡星次分野：房、心，宋，豫州。汝南入房二度。"③

甘公《星经》："房四星：一名右服，二名右骖，三名左服，四名左骖。"④

何麟《旧志》曰："历考天文诸说，皆以豫州为房、心之分野。汝宁为豫州之中，真阳乃豫之南境，其分野端在于房、心，不可诬也。"⑤

房心说

七曜由乎天衢，天下和平；由阳道，旱；由阴道，水⑥。

---

① 语见《后汉书·志》第十《天文上》注引《星经》。"丙午为汝南"一句，原文脱"丙午"二字，今据《后汉书》补。

② 语见《史记》卷二十七《天官书》。"占于房、心"一句，原文作"占为房星"，今据《史记》改。

③ 语见《晋书》卷十一《天文上》。

④ 《星经·房宿》："房四星，名天府，管四方，一名天旗，二名天驷，三名天龙，四名天马，五名天衡，六为明堂，是火星，春夏水，秋冬火。房为四表，表三道，日月五星常道也。上第一星名为右服，次将，其名阳环上道；二星名右骖，上相，其名中道；三名左服，次将，其名下道；四名左骖，上相，总四辅。左骖、左服，云东方及南方，可用兵；右骖、右服，云西方北方，不可用兵。"

⑤ 详见明嘉靖《真阳县志》卷一《地理志·分野》。

⑥ 《晋书·天文志》载："七曜由乎天衢，则天下平和；由阳道则旱丧；由阴道则水兵。"

日月蚀房，宜燮理①。

木守之，和平有庆。久之，当备兵。

火守之，有诏赦，至二十日防危。

金守之，民间积米布。

水守之，查奸谋。

土守之，立女，主兵旱。

客犯之，谷贵民移。

月及五星犯之，青主忧，白主兵。

彗孛入房，国邑乱。

流星如蛇曲入房，月晕围房贤者隐。

房星明，则王者昌。

房星步天歌

四星直下主明堂，键闭一黄斜向上。钩钤两个近其傍，罚有三星值键上，两咸夹罚似房状。房西一星号为日，从官两星日下出。②

房、钩，咸皆赤色。

罚、从，皆白色。

日，黑色。

键，黄色。③

按诸家《天文》历证汝南入房二度，然房为天之明堂。真阳肘腋汝南，其地东北洪汝交流，西南山岭耸峻，溱南、淮北之间，平

---

① 燮理：协和治理。
② 此《房星步天歌》来自于《步天歌》，这是一部以诗歌形式介绍中国古代全天星官的著作，今见最早记载于南宋郑樵编撰的《通志·天文略》。
③ 房宿包括房、钩钤、键闭、罚、东咸、西咸、日、从官共八个星官。

原旷野，山止水静，诚明堂之在地成形也。故风俗淳厚有似于汝，人材俊秀有似于汝，政教仪则有似于汝。今占其验，真为房无疑矣。矧旧属汝南之镇乎！

按保章诸家之说①，载之详矣。圻亦雕虫之识②，敢妄谈天乎？每于景星现，为国家祝太平之颂；彗星出，为一已警刑政之失。谨续。

四至

先王既有天下，规方千里，为甸服，余均分公、侯、伯、子、男，俾各有定域，所以正疆界固封守也。真虽丸邑，四境井然，可弗历指与！

属汝宁府，南境介汝、淮之间，广一百四十里，袤一百一十三里③。

东至新蔡县界七十里，至新蔡县治一百二十里。

东南至息县界四十五里，至息县治九十里。

南至罗山县界九十里，至罗山县治一百二十里。

西南至信阳州界七十里，至信阳州治一百四十里。

西至确山县界三十五里，至确山县治九十里。

西北至确山县界三十五里。

北至汝阳县界二十三里，至汝阳县治一百二十里。

---

① 保章：即保章氏，周代官名，春官之属，掌天文星历，观测其变动而测吉凶。见《周礼·春官宗伯·保章氏》。

② 圻：即真阳县知县安圻。

③ 广、袤：东西的宽度为广，南北的长度为袤。

东北至汝阳县界七十里。

至本府一百二十里。

至本省布政司六百二十里。

至顺天府二千四百里。

何麟《旧志》曰："左环汝颍，右拥天目，北倚悬瓠，南襟淮浦，确、罗诸山盘桓于西北，汝、洪二水周绕于东南。峻岭平畴，地灵川秀，自是蔡州之胜地也。"①

真邑晰自汝阳②，止照里分地，故寒冻店、汝南埠、岳城、固城、宋家店、山头铺，不无参差难齐之处。至襄城之右，上蔡之阳，汝阳之北，确山之南，旧皆有真阳地。数百年后倘鱼鳞没而故老凋③，谁其起古人而问之？

建置

古来役民之事不一，土木亦所宜务也。顾营缮为一邑大事，诚有不得已于此者，然而体恤有道焉。建置规模，凛凛惟旧制是循，而尤必察乎岁之盈歉，民之劳逸，以及时势缓急。故一役兴而民悦，身其劳者无怨心焉可耳。

---

① 语出何麟编纂的明嘉靖《真阳县志》卷一《地理志·形胜》。

② 晰：当为"析"。

③ 鱼鳞：即鱼鳞图册，中国古代官府为征收赋税而编造的一种土地登记簿册，因所绘图形排列状若鱼鳞而得名。

城池

《大易》之载城隍①,《葩经》之咏墉壑②,诚以金汤之巩固,安不忘危③,保民而壮皇图也④。粤昔先王,伊域伊匹,斥堠立雉⑤,诚百世不易之经哉。今溯其城池之沿革,各令之修葺疏浚者载之,以励将来。

《汝南志》:"真阳,即古慎阳。"洪武初废,正德元年复为县⑥。二年,知县齐渊始筑土城八百丈,高二丈五尺,上阔一丈五尺,下阔二丈。六年,经流寇往来如平地,本府知府毕昭、通判李公穆、知县张玺,继砌以砖。二十二年⑦,知县李居仁重修。嘉靖三十六年⑧,知县徐霓重修。

国朝知县迟焞⑨,重加补砌。顺治十五年六月⑩,大雨滂沱,自秋至春,连月不已,南门圮,东西南北城堞共坏二百一十七丈,知

---

① 《大易》:即《周易》。《周易·泰卦》:"上六:城复于隍。"这是有关"城隍"的最早记载。城,城墙。隍,没有水的护城壕。

② 《葩经》:指《诗经》。《诗经·大雅·韩奕》:"实墉实壑,实亩实籍。"墉,城墙。壑,壕沟。在诗中均作动词。

③ 忘:原文误作"妄"。

④ 皇图:封建王朝的版图。

⑤ 斥堠:瞭望敌情的碉堡。斥,侦查,伺望。堠(hòu),古代瞭望敌情的土堡。立雉:雉堞,古代城墙上掩护守城人用的矮墙。

⑥ 正德元年:公元1506年。

⑦ 此为嘉靖二十二年,即公元1543年。

⑧ 此年代有误。据明嘉靖《真阳县志》记载,嘉靖三十五年(1556)年,徐霓去职,白应虚继任真阳知县。

⑨ 迟焞:本《志》卷五《职官·知县》有传。

⑩ 顺治十五年:公元1658年。

县刘必寿修葺之①。康熙九年夏，霪雨，南门又圮，城堞又坏二百丈，知县任国标重为修葺②。康熙三十五年春旱，至四月雨，后至六月初六大雨，连绵不已，相继八月终，四城堞土基倒坏二百余丈，知县安圻设法重修之，四角楼亦复重盖之。

本府知府陈公溥③，题四城楼：东曰接颍，南曰适楚，西曰达洛，北曰适蔡。

角楼四座。

窝铺八座。

水道凡五：东二，西、南、北一。

池

旧有池，淤浅。正德二年，因取土筑城而池随城修，自觉深广。二十二年，知县李居仁疏通之。嘉靖三十六年，知县徐霓复疏通之。崇祯甲戌④，署县本府同知刘附凤重浚⑤，深一丈，阔三丈，各有桥，旧石甃因防寇撤，右易以木。池外有堤，高六尺，阔一丈。堤外关后复有小濠，阔一丈二尺，深一丈，濠各有栏有桥。今炎帝庙前桥废而淤塞矣。圻亦焉浚之。知县徐霓南建凝秀楼，今废。

---

① 刘必寿：本《志》卷五《职官·知县》有传。
② 任国标：本《志》卷五《职官·知县》有传。
③ 知府，应为"推官"。陈溥：生卒年不详，字介石，江西乐安（今江西省乐安县）人。正德初年任汝宁府推官，后任浙江处州通判、山东盐运使等职。
④ 崇祯甲戌：崇祯七年（1634）。
⑤ 署：暂代。刘附凤：北直隶人，举人。当时刘附凤以汝宁府同知的身份代理真阳知县。

学校

学在迎薰街东，广五十步，袤一百二十步。

先师大成殿，五楹。明正德二年，推官陈公溥[①]、知县齐渊创建。正德七年，知县张玺继修，设圣贤像。嘉靖十年，诏撤像易木主。二十八年，知县徐霓重修，并置先师及四配十哲各神龛帐幔。万历四十五年[②]，知县田京源重修[③]。国朝顺治八年[④]，知县迟煊、训导朱颁禄重修[⑤]。十六年，教谕彭如芝创修先师神龛[⑥]，后霪雨，庙倾圮。康熙二十五年，知县赵楫、典史阮世璘重修[⑦]。

明伦堂，五楹。顺治十八年，知县刘必寿、教谕彭如芝重修。

敬一亭，明伦堂后，嘉靖间奉诏立，废。

东庑，五楹。康熙二十七年，知县赵楫、典史樊琦重修。

西庑，五楹。康熙二十八年，府粮捕厅署邑事曹文蔚重修[⑧]。

神库，三楹，庙左，废。

神厨，三楹，庙右，废。

---

① 推官：官名，别称司理、司李。唐始置。明朝为各府佐贰官，府设一人，位次于知府、同知、通判，职责是"理刑名，赞计典"（《明史·职官志四》），即主管狱讼刑罚，负责执法。清初沿明制，康熙六年（1667）省。

② 万历四十五年：公元1617年。

③ 田京源，生平不详，史籍无载。

④ 顺治八年：公元1651年。

⑤ 朱颁禄：本《志》卷五《职官·训导》有传。

⑥ 彭如芝：本《志》卷五《职官·教谕》有传。

⑦ 赵楫、阮世璘：本《志》卷五《职官》皆有小传。

⑧ 粮捕厅：通判的官署。代指通判。曹文蔚：字苟山，安徽池州府贵池县（今安徽省池州市贵池区）人，监生，康熙二十八年（1689）任汝宁府通判，代理真阳知县。

戟门，三楹，知县赵楫重修。

泮池，旧有木桥，废。

棂星门，明正德十年知县刘泌建。

进德斋，三楹，伦堂左，废。

修业斋，三楹，伦堂右，废。

号房，东、西各九楹，伦堂东，废。

仪门，堂前，废。

庠门，仪门前，废。

名宦祠，三楹，戟门左，废。

乡贤祠，三楹，戟门右，废。

启圣公祠，戟门外东，旧学署前。顺治十六年，教谕彭如芝修建。

名宦、乡贤各三间，知县安圻重修建。

石屏，棂星门前，明典史丘桧建，废。

起凤基，石屏南，废。

潜蛟池，起凤基南，废。

射圃，明伦堂西。

学田，二顷八十亩。

乐舞[①]

帝之圣者尧，德有时穷；王之圣者禹，功有时息；师之圣者夫

---

① 篇名"乐舞"二字，原书无，但《目录》卷一末有"乐舞"之名，今据补。

子，其道久而弥芳，历代钦崇。勿替至我朝[①]，隆重之典尤为独至。"师表万世"则御制矣，乐舞八佾则特设矣[②]，猗欤休哉[③]！

乐舞生六十四名。

乐器全图。

乐章。

祭器。

舞衣。

宫墙南不数武即城垣[④]，旧开龙门，所以达文风而来秀气也。值明末流寇猖獗，壅塞至今四十余年矣。人文式微，科第罕见，不亦深足悼哉！

---

① 勿替：不废，相承。《诗经·小雅·楚茨》："子子孙孙，勿替引之。"

② 八佾：古代天子用的一种乐舞。佾，舞列，纵横都是八人，共六十四人。孔子号称素王，祭祀孔子时亦用八佾之舞的规格。

③ 猗欤：亦作"猗与"。叹词，表示赞美。休：美好，美善。

④ 武：半步，泛指脚步。

卷 二

河防

真邑平畴弥望①，域内之水求其浩瀚靡涯、汪洋大观者鲜矣。在南惟淮，在北惟汝，较诸水稍为巨焉。舟楫相通，盐稞无壅②，国裕民便，利赖居多。塘堰埠口，所在皆有，可约略纪也。

汝河，县东北七十里，详载《山川》。

汝南埠口，县东北七十里。

袁家埠口，县东北六十里。

淮河，县南九十里，详载《山川》。

涂家埠口，县南九十里。

饶家埠口，县东南九十里。

潘家埠口，县东南九十里。

---

① 平畴弥望：平坦的田野一望无际。
② 盐稞：或为"盐课"，旧时以食盐为对象所征的税课。泛指办理盐课事务。无壅：没有阻塞，畅通。

塘堰

阳陂塘，县东南五十里。

杨旺塘，县北二十里。

荻陂塘，县东北二十里。

量陂塘，县东二十五里。

鲁家塘，县东三十里。

盘龙塘，县南十二里。

秦陂塘，县东北二十里。

瓢陂塘，县东二十五里。

南音塘，县南十二里。

丘陂塘，县南二十里。

古塘，县西南三十里。

遂陂塘，县西十二里。

浒陂塘，县北三十里。

南塘，县南一里。

小刘陂塘，县北三十里。

桑陂塘，县东二十里。

界陂塘，县西南二十里。

蛟龙塘，县南二十里。

柿陂塘，县南三十里。

枣丘塘，县东八十里。

撞陂塘，县东三十里。

下陂塘，县南六十里。

白土塘，县东八十里。

王义塘，县南三十里。

浅塘，县南九十里。

双泥塘，县东南九十里。

徐受儿塘，县南三十里。

上陂塘，县南七十里。

较陂塘，县南七十里。

铜陂塘，县东二里。

朱贤塘，县东三十里。

上市塘，县南八十里。

丘斌塘，县东南五十里。

高陂塘，县东南七十里。

焦陂塘，在县北十五里。

侯塘，县东北三十五里。

小亮塘，县西北三十里。

蕲陂塘，县北三十里。

《汝南志》云："地瘠民贫，故土广赋轻。"[1] 识真阳之地利者，惟汉郡守邓晨一人耳[2]，因势利导，修复旧塘四百余口，涝足以杀水之势不伤禾于地，旱可以导塘之水而救谷于田。故《旧志》曰："五谷接种，高下兼施也。"后世牧民者倘仿而行之，谁谓今不古

---

[1] 明万历三十六年（1608）《汝南志》中未见此语，当为正德十六年（1521）强晟编纂的三十八卷本《汝南志》。

[2] 邓晨（？—49）：字伟卿，南阳郡新野县（今河南省新野县）人。东汉光武帝刘秀的姐夫。生平详见《后汉书》卷一十五《邓晨传》。据《水经注·淮水》记载，邓晨任汝南太守期间，以许杨（字伟君）为都水掾，修复鸿郤陂，"起塘四百余里，百姓得其利"。本《志》卷五《职官·郡守》有传。

若欤？

乡村镇集

乡之隶于邑者一定矣，其村落则难悉数也。二三萃处，不过即居者之姓氏以名之，至镇则大焉者矣。或集或否，因可得而详志之。

四关厢集轮转。

东杨家店，县东二十五里。

阮家店，县东二十五里。

铜钟店，县南六十里。

大林店，县南八十里。

裴家店，县南七十里。

陡沟店，县南六十里。

宋家店，县西三十里。

鲁家店，县东北二十五里。

油房店，县东北五十里。

寒冻店，县东北五十里。

汝南埠店，县东北七十里，汝阳界，自明弘治分晰后[1]，二百余年属真。前康熙二十四年，汝民有强悍者希图踞集射利[2]，赖属

---

① 晰：当为"析"。明弘治十八年（1505），真阳县自汝阳县析置。至清康熙三十五年（1696）本《志》修成时，复置不到二百年。

② 射利：谋取财利。

汝阳，阻抗真税。生员晏允恭等，控道宪①，申请部院②，重惩汝奸，立有《碑记》③，至河北晾马台俱属真焉。

岳城店，县东九十里。

西严店，县东七十里。

王家店，县东八十里。

白土店，县西南四十里。

胡冲店④，县西南四十里。

土扶桥店⑤，县东南七十里。

潘家店，县东南七十里。

增益店⑥，县西三十里，康熙十五年创修⑦。

新钟家店⑧，县南三十里，康熙十七年创修。

新丰集⑨，县东南三十里，康熙二十一年创修。

单家集⑩，县东北四十里，康熙二十三年创修。

王雾桥店，县东南五十里。

鲖阳寺店，县东南四十五里。

哈店，县东南十二里。

---

① 道宪：对道台的尊称。道台又称道员，是省（巡抚、总督）与府（知府）之间的地方长官。

② 部院：巡抚。清代各省巡抚多兼兵部侍郎和都察院右副都御史衔，故称巡抚为部院。

③ 即后文《分巡南汝道亲验汝南埠疆界请宪详批碑记》。

④ 今兰青乡胡冲村。

⑤ 今铜钟镇土桥村。

⑥ 今熊寨镇。

⑦ 康熙十五年：公元1676年。

⑧ 今彭桥乡新店村。

⑨ 今王勿桥乡新丰村。

⑩ 今袁寨镇单楼村。

板桥店，县南三十里。

间河店，县东南二十五里。

孟家店，县南六十里。

李通店，县西南二十里。

蓝青店，县西南四十里。

旧钟家店①，县南四十里。

山头铺店，县北十八里。

张五店，县东五十里。

西杨家店，县西五十里，属确山境。

朱家店，县南七十里。

叶家店②，县西南二十五里。

涂家店，县南九十里。

黄山铺，县东南三十五里。

《分巡南汝道亲验汝南埠疆界请宪详批碑记》：

  河南汝宁府真阳县为朋谋结党等事，蒙巡抚都察院加二级王批③，据分巡南汝道副使加一级又加二级项审看前事④。

  画里分疆，朝廷有一定之版籍；牧民治事，州县有不易之志书。原所以正疆界，而不容于紊乱挽越者。真阳一邑，远不具赘，系明季弘治十八年间自汝阳分出之区，内有汝南一埠。真阳之《镇店志》载有汝南埠店，真阳之《保分志》载有汝南

---

① 今彭桥乡老店村。
② 今清源街道乐堂村叶店。
③ 王：据康熙三十四年（1695）《河南通志》卷十四《职官·皇清·巡抚都御史》载，"王日藻，江南华亭人，进士，康熙二十一年至。"
④ 项：据康熙三十四年（1695）《河南通志》卷十四《职官·副使》载，"项一经，湖广汉阳人，进士，康熙十九年任分巡南汝道。"

保，真阳之《集市志》载有汝南埠集，真阳之《津梁志》载有汝南埠口。而汝南埠北一里台下之晾马屯，又载在真阳之《古迹志》。又汝南埠上之方岳坊，则真阳明进士李经任参政时所立也①。只缘兵燹之后，人民逃散，庐舍丘墟，基址空存，残碑卧草，不可问于熙恬者久矣②。迨至康熙十八年间③，真阳任知县以此埠志载首镇④，欲属父老而重新之。此有生员李世维等禀称，此埠不远有莲花寺一集，人所争趋，诚恐不能复兴。是以该令断议各起五日为率，而汝南埠遂由是而有起色矣。未几⑤，而莲花寺俱归之于汝南埠矣。虽然集甫云成，而生齿尚未繁聚，房舍犹未全修。至康熙二十年间，邓知县又出示招徕饬令⑥，立行■客限三年后领帖纳税，更由是而人稠集兴，争趋如鹜矣。至二十二年，现任赵知县查谓三载期及⑦，出示催令集民赴县领帖。此卖货当行，当行纳税，无容其抗玩者。乃有奸棍余应声父子与白永贵、康坦、刘君政等陡起戈矛，变乱成规，脱领眼前之行帖⑧，计成忘本之深谋，商注一十九人名目弃真投汝，讨示兴集。而真阳之数百年一定之汝南埠，顷刻间截为两段。时而以玉皇阁香炉上有"汝阳"字迹为说，时而

---

① 李经：本《志》卷五《人物·进士》有传。参政：职官名。承宣布政使司（主管一省行政）设左、右参政各一人，分守各道，并分管粮储、屯田、军务、驿传、水利、抚名等事，为从三品官职。
② 熙恬：谓安于逸乐。
③ 迨至：及至，等到。
④ 任知县：任国标，本《志》卷五《职官·知县》有传。
⑤ 未几：没有多久；很快。
⑥ 邓知县：邓咸亨，本《志》卷五《职官·知县》有传。
⑦ 赵知县：赵楫，本《志》卷五《职官·知县》有传。
⑧ 行帖：商行开业的凭帖。

以夏、王两令曾将石狮立碑为说①，又以崇圣寺碑文系汝阳教官所作为说。以致审断误听如簧巧口，不查地属何辖，竟以石狮为界，南属真，北属汝。此盖未尝亲履其地，实验其碑耳。讵知真民鼎沸，不甘妄夺，纷纷拦告本道。是以备述详由，呈请抚院大老爷。

蒙批，汝南埠口属真属汝，自有一定疆界，理应会勘明确，以杜葛藤。该厅县藐抗阻挠，殊属不合。仰该道仍执法确勘报夺。等因②。

遵即行令边通判带同真、汝两令毕集汝南埠上③，官民无数眼同相看，南头则有《真阳志》载崇圣寺之废基，北尾则有康熙十四年被盗焚劫、在真阳县结案之东岳庙，历历不爽。查香炉则注"天顺年间"字样，查石狮则系真阳进士李经所立岳坊之故物，再将崇圣寺汝阳教官所作之碑文一看，亦系"天顺六年"字样④。是真阳分于弘治十八年之后，自不得执前之天顺年间碑文为凭而滋混赖也。至于碑后另有两行大字，所注者俱姓氏，中有"万历年间"字样，查系民人龚姓等喜舍之碑座⑤，非竖立之碑石，亦并非汝教之作文，岂容牵纽扯天顺年间汝教之碑文为万历年间之事乎？墨刻现在并非虚假，诚不知

---

① 夏、王两令，或指夏国泰、王文焕两位知县。
② 等因：旧时公文用语。常用于叙述上级官署的令文结束时。
③ 边通判：边之铉。康熙三十四年（1695）《汝宁府志》卷七《官师·通判》载："边之铉，任丘人，拔贡，康熙二十二年任。"
④ 天顺：明英宗朱祁镇经夺门之变第二次登基后的年号，从公元1457年至1464年，前后共使用八年。天顺六年，即公元1462年，早于弘治十八年（1505），当时真阳全境尚属于汝阳县（今汝南县）。
⑤ 喜舍：谓行善施舍。

应声等何所据，以真阳之埠变为汝阳之地，而紊乱讨示以兴集；更不知汝阳县何所见而竟以此埠属汝，不一查察而遽然给示以分集，致令酿成一场争夺，真所不解也。再如，称《汝志》亦有"汝南埠"字样，本道细绎《汝志》之列，此不过指往息县之路径，原非汝阳县所管之汝南埠也。此外，试问汝阳再有何迹以藉口哉？又有刘凤翔一犯，以真阳之人买有汝阳县更名地①，私将真阳之晾马屯隐开三十五亩，真查则指为汝，汝查则指为真，及至行汝确查据文，并无报垦缘由②，所当行真丈照明例起科者也③。余应声等各依律拟杖④，犹觉辜有未尽。其汝南埠悉听真阳招兴集市，领帖纳税。仍请严批勒石⑤，嗣后不许奸棍把持变乱，永守疆界永绝争端可也。等因。呈详抚院大老爷⑥。

蒙批，如详发落，勒石为界，永绝争端。至该厅县不察的确，妄行审断，殊属瞻徇⑦，仰严饬⑧，附过缴⑨。等因，到道行县⑩。

蒙此，拟合勒石，永遵施行。

---

① 更名地：亦作"更名田"。清初政府将明代宗室藩王所遗田产改归原耕种佃农所有的土地。
② 报垦：向官府报告所开垦土地的亩数。
③ 起科：对农田计亩征收钱粮。
④ 杖：古代刑罚之一，用棍打。
⑤ 勒石：刻字于石。亦指立碑。勒，雕刻。
⑥ 呈详：犹言书面呈报。详，旧时对上陈报、请示的公文。
⑦ 瞻徇：徇顾私情。
⑧ 仰：下行公文中表示命令。严饬：严加整治；严肃告诫。
⑨ 附过：在官吏名簿上附记官吏的过失。
⑩ 到道行县：意为巡抚的批文要下达到道与县。

康熙二十五年四月，知县赵楫、典史阮世璘立。

公署

建县必置公署。有堂阶，所以辨等威、出政教也；衙舍，所以居官守也；廨宇，所以处吏胥也。若领印符者视为传舍，则纪纲废弛而驭众之无资，规模简略而经世之无法。故曰：羡鱼在于结网，愿治贵于更化。

旧县治在城内西北隅，今废。

旧徐霓自作《思补堂说》，其略曰：即吾所为，反而思之，某事有弗善乎？某事有弗可乎？某事天理有弗当、人心有弗安乎？甚至恣己行私，欺上罔下，任意喜怒以为赏罚，剥民膏脂以自利乎？有一于此，必深惩而痛割之，使不复萌诸心见诸行事，则吾之所为庶乎正大光明而俯仰无愧怍矣。岂直曰"补过"而已哉！

吏隐堂，三楹，知县吴安国建①。前有池沼，后有黄叔度墓②。

公廨③，诸楼阁、庭堂、门馆、祠宇俱基存。

旧典史衙舍，在县内，楼庭、花园基存。

狱，一所，在典史宅近，基存。

今县在接颍门内，顺治六年知县迟煇创建。

正堂，三楹，题曰"忠爱堂"。

八房④，八间。堂之左右，东吏、户、礼、承发，西兵、刑、

---

① 吴安国：本《志》卷五《职官·知县》有传。
② 黄叔度：黄宪，字叔度。本《志》卷五《人物·贤良》有传。
③ 公廨：官署。
④ 八房：县衙里的八个办事机构。

工、架阁。

东房①，一间。

仪门，三楹。

大门，三楹。

皂快房②，六间，仪门外东、西。

粮房，三间，大门内西。

寅宾馆③，三楹，门内土地祠后。

土地祠，三楹，寅宾馆前。

旌善亭，大门外东。

申明亭，大门外西。

恒足库，三间，堂后。

马房，五间，二堂左。

知县宅，在忠爱堂后。宅门一座，内堂三楹，左、右书房各三间，腰房三间，主房三间，左侧楼三间，右侧厅三间，厨房三间，周缭以垣，衙后即通迎恩街左。

今典史宅，国朝初僦居民宅④，岁估其值。在大十字街右，厅三楹，主楼三楹，左、右厢房各三间。按此原非官署，亦属与县衙鸾远况⑤。

---

① 东房：疑即东账房，主管县衙的财政收入和支出。
② 皂快：旧时州县衙役有皂、快、壮三班，皂班掌站堂行刑；快班又分步快、马快，原为传递公文，后掌缉捕罪犯；壮班掌看管囚徒。其成员通称差役，亦称皂快。皂快房，即这些差役居住的地方。
③ 寅宾馆：即客馆。
④ 僦（jiù）居：指租屋而居。僦，租赁。
⑤ 鸾（diào）远：指（距离）遥远。鸾，远。

［康熙］真阳县志·卷二

狱，一所，又在宅西，更可虞①。

学署，儒学左，废。

阴阳学、医学，俱在旧县西，废。

察院，迎恩街左，废。

布政分司，察院东，废。

按察分司，察院西，废。

候官厅，布政分司门左，废。

公署续志

新旧公署，言之指掌。圻于莅任之初，见县治偏于东南巽下②，且公廨错乱，询以故，佥曰："此非公署也，公署旧在西北隅，被寇毁，基存。"圻从而阅之，见其旺气森森，赤子皆在照临之下。奈历任未几，尚属阙事③，有志未逮，落成定不知在何日也。因作公署，自铭曰："公署之作，大要有四：曰义路，曰礼门，曰公堂，曰安宅。义路者，'周道如砥，其直如矢'④。礼门者，'君子所履，小人所视'⑤。公堂者，政令之堂也，利兴于斯，害除于斯，天地临于上，士民望于下，凛焉赫焉，不谓之公堂而不可。安宅者，居官守也，咏'退食自公'之诗，进退委蛇之度⑥，不谓之安宅乎？"

———————

① 可虞：使人忧虑。
② 巽：八卦之一，东南方。
③ 阙事：犹憾事。
④ 语出《诗经·小雅·大东》，原意是通京大道如磨刀石般平坦，又好像射出的箭一样笔直，用以形容周朝的政治清明，平均如一。
⑤ 语出《诗经·小雅·大东》，原意是王公贵族们可以漫步其上，平民百姓只能远远注视，用以形容周朝社会等级分明，人民各安其位。
⑥ 语出《诗经·召南·羔羊》："退食自公，委蛇委蛇。"意为退朝下班后享受着公家供应的佳肴，悠闲自得地踱着慢悠悠的步子。古代一般认为是赞美在位者的纯正之德。

谨续。

桥梁

昔子舆氏曰①："岁十一月徒杠成，十二月舆梁成。"②诚王政之大规也。国之通使臣、利商贾、便民涉，其效岂浅鲜哉③？

南三里桥，即明邑令欲疏以通东北三里河，以会于东北八里桥河，总归于寒冻河道未遂者。

北三里桥，在县北。

柳寨桥，在县东三十里。

西严店桥，在县东七十里。

龙王港石桥，在县东七十里。

王雾桥，在县东四十里。

秔陂港桥，在县东六十里，元牛凤修，有《记》④。

土扶桥，在县东南六十里。

彭家桥，在县南十二里。

板桥，在县南三十里，今易石。"八景"中《板桥霜华》，邑侯张玺及张璿、陈标俱有题咏⑤。

---

① 子舆氏：指孟子。孟子名轲，字子舆，故又称子舆氏。
② 语出《孟子·离娄下》。
③ 浅鲜：微薄；轻微。
④ 牛凤《修汶口秔陂港桥记》一篇，详见明嘉靖《真阳县志》卷十《艺文志·文集》。
⑤ 邑侯：旧时对县令的尊称。因其主理一邑，如古代之诸侯，故称"邑侯"。张玺、张璿《板桥霜华》，见本《志》卷七《艺文·诗》。陈标《板桥霜华》见于明嘉靖《真阳县志》卷十《艺文志·诗集》。

清水港桥，在县南五十里。

间河桥，在县南二十五里，明黎文章修，清黎起泰、何文重修，田瑄记①。

撞陂义济桥②，在县南二十里，元县丞边将仕，义民乔海、马广建，潘遵正记③。

北八里桥，通汝蔡。

塘下沟永济桥，在县北二十三里，正德四年知县郭仲辰建，嘉靖三十一年义民谢敖重修④。

仓库

仓以预荒，库以贮赋，古今定制也。真邑仓库，明末焚毁无遗。国朝定鼎以来，守土者渐为修整，犹未臻极盛。圻思亟为葺治，庶义输乐捐之储不至弃地⑤，而朝廷惟正之供得严出入矣⑥。

常平仓⑦，康熙三十三年巡抚檄行建仓，以便贮谷备荒，因于城西旧署新建仓十六间。

---

① 田瑄所写《碑记》，现存三部《县志》均未见记载。
② 撞陂：原文误作"撞北"，今据明嘉靖《真阳县志》、本《志》卷二《河防·塘堰》改。
③ 潘遵正《重修撞陂义济桥记》一篇，详见明嘉靖《真阳县志》卷十《艺文志·文集》。
④ 原文误作"嘉靖三年"，今据明嘉靖《真阳县志》卷二《地理志·津梁》记载，改正。
⑤ 义输乐捐之储：地方疏财好义之士为慈善事业所捐钱款。
⑥ 惟正之供：语出《尚书·无逸》："文王不敢盘于游田，以庶邦惟正之供。"言惟正税是进。后指正税，古代法定百姓交纳的赋税。
⑦ 常平仓：中国古代为调节粮价、备荒救灾在各地设置的粮仓。始于西汉，清代中叶之后大多名存实亡。

城内弥勒寺，寒冻店，铜钟店，岳城店，莲花寺，陡沟店，土扶桥，俱知县■■。

际留仓、预备仓①，俱旧县治内。

养贤仓，儒学内庙东，今废。

恒足库，堂后东。

架阁仓，大堂左。

社学

旧《志》有社、义二名。今义学可考②，系察院门南黄登瀛捐置。至社学③，传闻适楚门外，迄今世湮迹灭，地隅无从稽考，年月何由编书。如复葺之以义■■未始非善。

街巷

宣化街，旧治前。

显灵街，城隍庙前。

小十字街，北。

大十字街，南。

迎春街，接颍门内。

迎薰街，通楚门内。

---

① 预备仓：地方政府为储藏赈济粮所设的粮仓。存粮大都在春末贷给农户，秋收后收回，类似借贷。

② 义学：旧时由地方公益集资或私人筹资建立的一种免费学校。

③ 社学：由官府设立教授民间子弟的学校。

迎宾街，达洛门内。

迎恩街，适蔡门内。

崇文巷，迎春街左。

寿仙巷，迎春街右。

循礼巷，迎薰街左。

育才巷，迎薰街右。

积善巷，迎宾街左。

修福巷，迎宾街右。

前溪巷，迎恩街左。

通津巷，迎恩街右。

旧庙巷，旧县治后。

坊第

坊第者，朝廷优典而君子所慎重也。其在科目，标一人之名，昭然于四达之衢。翘望者咸耳目之，或爱或憎于是分焉，制行可不严与。至节烈之坊，尤足动人忾慕而寓激劝①。斯建坊之意也。

聚奎坊，大十字街中，原四座皆石。明县令徐公霓为进士李经，举人何麟、董宗舒、黎来、王廷儒建。今毁二。

宣化坊，旧县治前，废。

儒林坊，儒学右，废。

双璧坊，在迎春街，为成化癸卯科举人刘廷璧立，废。

重光坊，在双璧坊左，为贡士刘廷璧立，废。

---

① 忾慕：感慨思慕。激劝：激发鼓励。

京闱坊，在迎薰街，为成化庚子科举人鲁杲立[①]，废。

进士坊，在迎恩街，为正德甲戌科进士李经立，废。

方岳坊，在汝南埠，为陕西右参政李经立，废。

拔秀坊，在迎宾街，为甲午科举人董宗舒立，废。

文英坊，在寿仙巷，为辛卯科举人何麟立，废。

文魁坊，在循礼巷，为己酉科举人王廷儒立，废。

登科坊，在迎薰街，为己酉科举人黎来立，废。

贞节坊，在迎薰街，万历四十三年为故民陈嘉言妻卢氏立[②]。

贞烈坊，在小东关，天启七年为故民段华黼未婚妻危大姐立[③]。

---

① 鲁杲：原文误作"鲁果"，今据本《志》卷五《人物·举人》、明嘉靖《真阳县志》改正。

② 万历四十三年：公元1615年。

③ 天启：明熹宗朱由校的年号，从公元1621年至1627年，前后使用七年。天启七年，公元1627年。

卷　三

祀典

礼者，敬而已矣。士大夫持躬接物，安上治民，弗能斯须去者①。而明禋之举②，用以昭寅畏妥神灵③，尤为礼仪至要焉。故《语》曰："祀，国之大节；而节，政之所成也。慎制祀以为国典。"④旨哉言乎⑤！

先师

祭期，每岁春秋仲月上丁日。前期三日斋戒，祭先一日省牲，至日五鼓县令主祭，行三献礼，佐贰、学官行分献。其通引、赞唱、陪祭、分献、正献官就位，瘗毛血，迎神，盥洗，奠帛，献爵，读祝，分献，正献，终献，饮福，受胙，彻馔，送神，望瘗，

---

① 斯须：片刻，一会儿。
② 明禋：洁敬。指明洁诚敬的献享。
③ 寅畏：敬畏。昭寅畏妥神灵，意即显示敬畏、安置神灵。
④ 语出《国语·鲁语上》。
⑤ 旨哉言乎：意即这话说得好啊。

俱如仪。

祭文

惟师德配天地，道贯古今，删述六经，垂宪万世。惟兹仲春（秋），谨以牲帛醴齐，粢盛庶品，式陈明荐。以复圣颜子、宗圣曾子、述圣子思子、亚圣孟子配。尚飨！

乐章①

大哉宣圣，道德尊崇，维持王化，斯民是宗。典祀有常，精纯益隆，神其来格，於昭圣容。（迎神）

自生民来，谁底其盛，惟师神明，度越前圣。粢帛具成，礼容斯称，黍稷非馨，惟神之听。（奠帛）

大哉圣师，实天生德，作乐以崇，时祀无斁。清酤惟馨，嘉牲孔硕，荐修神明，庶几昭格。（初献）

百王宗师，生民物轨，瞻之洋洋，神其宁止。酌彼金罍，惟清且旨，登献于三②，於嘻成礼。（亚献、终献）

牺象在前，豆笾在列，以享以荐，既芬既洁。礼成乐备，神人和悦③，祭则受福，率遵无越。（彻馔）

有严学宫，四方来宗，恪共祀事，威仪雍雍。歆格惟馨，神驭旋复④，明禋斯毕，咸膺百福。（送神）

---

① 此祭祀先师孔子乐章，乃明洪武六年所制定。参见《明史》卷六十二《志第三十八·乐章一》。
② 登献于三：多作"登献惟三"。
③ 神人和悦：多作"人和神悦"。
④ 歆格惟馨，神驭旋复：原文作"欲格惟馨，神驭还复"，今改。

四配

颜回，字子渊，鲁人，明世宗改称复圣颜子[1]。

曾参，字子舆，南武城人[2]，明世宗改称宗圣曾子。

孔伋，字子思，鲁人，至圣孙、伯鱼子，明世宗改称述圣子思子。

孟轲，子子舆，邹人，明世宗改称亚圣孟子。

十哲

闵损，字子骞，鲁人。

冉耕，字伯牛，郓人。

冉雍，字仲弓，伯牛之族。

宰予，字子我，鲁人。

端木赐，字子贡，卫人。

冉求，字子有，仲雍之族[3]。

仲由，字子路，一字季路，弁人[4]。

言偃，字子游，吴人。

卜商，字子夏，卫人。

颛孙师，字子张，陈人。

（明世宗以上俱改称先贤某子）

---

[1] 明世宗：朱厚熜，年号嘉靖，公元1521年至1566年在位。嘉靖九年（1530），更定祀典，对孔子及四配十哲两庑的称号也都作了更改。

[2] 曾参，鲁国南武城人。原文脱"南"字，今补。

[3] 仲雍：或应作"仲弓"。冉耕、冉雍、冉求，乃同父异母三兄弟，号称"一门三贤"。

[4] 弁：一般写作"卞"。周代鲁国卞邑，位于今山东省泗水县泉林镇。

东庑

澹台灭明①，字子羽，武城人。

原宪，字子思，宋人。

南宫适，字子容，鲁人。

商瞿②，字子木，鲁人。

漆雕开，字子若，蔡人。

司马耕，字子牛，宋人。《家语》作"黎耕"③。

有若，字子有，一字子若④，鲁人。

巫马施，字子期，鲁人。《家语》作"期"。

颜辛，字子柳，鲁人。《史记》作"幸"。

曹䘏，字子循，蔡人。

公孙龙，字子石，卫人。一作"宠"，即公孙尼子。

秦商，字子丕，一字丕兹⑤，鲁人。

颜高，字骄，鲁人。《家语》作"刻"。

壤驷赤，字子从，秦人。一作"子徒"。

石作蜀，字子明，秦人。《家语》作"子蜀"。

公夏首，字子乘，鲁人。《家语》作"夏守"。

后处，字子里，齐人。《家语》作"石处"。

奚容蒧，字子皙，卫人。《家语》无"容"字。

---

① 澹台：复姓。原文误作"詹台"，今改。
② 商瞿：原文误作"瞿商"，今改。
③ 《家语》：即《孔子家语》，是一部记录孔子及孔门弟子思想言行的著作，是研究孔子及儒家的必备书。该书卷九《七十二弟子解》较为详细地介绍了孔门弟子的情况。
④ 原文脱两"子"字，今补。
⑤ 丕兹：文误作"不兹"，今据《孔子家语》改。

[康熙] 真阳县志·卷三

颜祖，字子襄，鲁人。

句井疆，字子野，卫人。《家语》"句"作"勾"。

秦祖，字子南，秦人。

县成，字子祺，鲁人。《家语》作"子横"。

公祖句兹，字子之，鲁人。

燕伋，字子思，秦人。《家语》作"级"。

乐欬，字子声，鲁人。《家语》作"欣"。

狄黑，字哲之，卫人。《史记》作"皙"。

孔忠，字子蔑。《家语》作"弗"。至圣兄南皮之子。

公西葴，字子尚，鲁人。

颜之仆，字子叔，鲁人。

施之常，字子恒，鲁人。

秦非，字子之，鲁人。

申枨，字子续，鲁人。

颜哙，字子声，鲁人。

（明世宗以上俱改称先贤某子）

左丘明，周末鲁人。

穀梁赤，周末鲁人。

高堂生，西汉鲁人。

毛苌，西汉赵人。

后苍，字近君，西汉东海郯人。

王通，字仲淹，隋龙门人。

胡瑗，字翼之，宋泰州人。

程颢，字伯淳，宋洛阳人。

邵雍，字尧夫，宋范阳人，徙洛。

杨时，字中立，宋将乐人。

司马光，字君实，宋夏县人，居洛。

朱熹，字仲晦，宋婺源人，徙建阳。

陆九渊，字子静，宋金溪人。

蔡沉，字仲默，宋建阳人。

许衡，字平仲，元河内人。

（明世宗以上俱改称先儒某子）

西庑

宓不齐，字子贱，鲁人。

公冶长，字子长，鲁人。《家语》名"芳"。

公皙哀，字季沉，齐人。一作"次"。

高柴，字子羔，卫人。《家语》作齐人。

樊须，字子迟，鲁人。

公西赤，字子华，鲁人。

梁鳣，字叔鱼，鲁人①。一作"鲩"。

冉孺，字子鲁，鲁人。《家语》作"儒"。

伯虔，字楷，鲁人。一字子折。

冉季，字子产，鲁人。

漆雕哆，字子敛，鲁人。

漆雕徒父，字子文，鲁人。《家语》作"从"。

商泽，字子秀，鲁人。一字子季。

任不齐，字子选，楚人。

---

① 梁鳣，多作"齐人"。

公良孺，字子正，陈人。一作"儒"。

公肩定，字子中，鲁人。《家语》无"定"字。

鄡单，字子家。

罕父黑，字子黑。《家语》"罕"作"宰"，一字索。

荣旂，字子祺，鲁人。

左人郢，字子行，鲁人。《家语》无"人"字。

郑国，字子徒，鲁人。《家语》作"薛邦"，《史记》以避汉高讳，改"邦"为"国"字，"郑"字乃"薛"字之误。

原亢，字子籍。《家语》作"桃"。

廉洁，字子曹，卫人。《史记》字庸。

叔仲会，字子期，鲁人。

公西舆如，字子上，鲁人。《家语》作公西舆。

邦巽，字子敛，鲁人。《家语》作"选"。

陈亢，字子禽，陈人。一字子亢。

琴张，字子开，卫人。一名牢，字子张。

步叔乘，字子车，齐人。

（明世宗以上俱改称先贤某子）

公羊高，齐人。

伏胜，秦邹平人。即伏生。

孔安国，至圣十一世孙。

董仲舒，西汉广川人。

杜子春，东汉河南人。

韩愈，字退之，唐河内人。

周敦颐，字茂叔，宋道州人。

欧阳修，字永叔，宋庐陵人。

张载，字子厚，宋郿县人。

程颐，字正叔，宋洛阳人。

胡安国，字康侯，宋崇安人。

张栻，字敬夫，宋汉川人。

吕祖谦，字伯恭，宋莱州人，徙金华。

真德秀，字景元，宋建安人。

（明世宗以上俱改称先儒某子）

薛瑄，字德温，明河津人。

（明穆宗入从祀称先儒薛子）

陈献章，字公甫，明新会人。

胡居仁，字叔心，明余干人。

王守仁，字伯安，明余姚人。

（明神宗入从祀俱称先儒某子）

启圣祠

明嘉靖庚寅肇祀孔子父叔梁纥，配以先贤颜无繇、曾点、孔鲤、孟孙激，今从祀以先儒周辅成、程珦、朱松、蔡元定。

祭期同，春秋仲月上丁日。先至圣，行礼，仪注同。

祭文：

惟公诞生圣嗣，为王者师，功德显著，万世仰依。惟兹仲春（秋），谨以牲醴，用审告祭，以先贤颜氏、先贤曾氏、先贤孔氏、先贤孟孙氏配。尚飨！

配享

颜无繇，回父，字路。

曾点，参父，字子晳。《史记》作"蒧"。

孔鲤，伋父，字伯鱼。

孟孙激，轲父，字公宜①。

（明世宗以上称先贤某子）

从祀

程珦，颢、颐父。

朱松，熹父。

蔡元定，沉父②。

（明世宗以上称先贤某子）

周辅成，敦颐父，未详何时增入从祀。兵燹后图籍就炉，李、罗、宋三位并莫考其讳字，止据学宫见祀列有数主。其从祀之始末，贤嗣之入祀，乡贯字讳，不敢妄为附会，阙之以俟博雅补详焉。

名宦祠

祭期同，丁日。

祭文：

　　惟神显宦名邦，作我遐轨，德政惟馨，后先继美。甫兹仲春（秋），祇荐惟新，神其昭格，佑启后人。

祀主八：

---

① 此句原文错简，作"孟孙激公轲父字宜"，今改。
② 沉：蔡沉，又作蔡沈（1167—1230），字仲默，号九峰，建州建阳（今福建省南平市建阳区）人，南宋学者，理学家蔡元定次子。

汉慎阳令刘陶①；

汉慎阳令巴肃②；

宋淮南节度使推官知真阳县事葛书举；

宋真阳县尉张云卿；

明真阳县知县计朝聘③；

国朝巡抚河南都察院右副都御史佟凤彩④；

国朝三省总督兵部尚书都察院右副都御史⑤。

乡贤祠

祭期同，丁日。祭文：

  惟神发迹慎阳，扬休上郡，绍美前修，表仪后进。甫兹仲春（秋），实增景行，陈荐悃仪，用申常敬。

祀主六：

汉御史戴尊；

汉孝子戴伯鸾；

汉征君黄宪；

戴良；

---

① 令：明嘉靖《真阳县志》作"长"。据《后汉书·刘陶传》，应为"慎阳长"。汉代官制中"令"与"长"的区别是根据县内居民的多寡，县万户以上为令，不满为长。

② 据《后汉书》卷六十七《巴肃传》记载，巴肃乃慎令，而非慎阳令。

③ 以上几位，本《志》卷五《职官志》中均有小传。

④ 佟凤彩（1622—1677）：字高冈，汉军正蓝旗人，清朝大臣。先任贵州巡抚、四川巡抚。康熙十一年（1672），任河南巡抚。康熙十六年（1677），卒于河南巡抚任上，谥勤僖。

⑤ 此处并无人名，后有脱文。且前文称，名宦祠"祀主八"，今仅列七位。查阅清嘉庆《正阳县志》卷二《学校·名宦祠》可知，第七位所缺人名为"朱昌祚"，第八位应为清初名臣、三省总督李荫祖。

宋虞部郎中李濡；

明御史刘裔①。

社稷坛

祭期每岁春秋仲月上戊日，祭左社之神、右稷之神。祭文：

  品物资生，蒸民乃粒，养育之功，司土是赖。惟兹仲春（秋），礼宜告（报）祀，谨以牲帛醴齐，粢盛庶品，式陈明荐。尚飨！

风云雷雨山川坛

祭期同社稷坛，祭风云雷雨之神、境内山川之神、城隍之神。祭文：

  惟神妙用神机，生育万物，奠我民居，足我民食。某等钦奉上命，忝职兹土，今当仲春（秋），谨具牲醴，用申常祭。尚飨！

八蜡祠

祭期同山川坛，祭先穑、司穑、百种农、邮表畷、猫虎、坊、庸②。祭文：

  惟神体天地生物之心，助造化成物之功，遗百种以济世，创农器以成能，表田间之井授，劝勤力以《豳风》；猫虎食害

---

① 以上六人，本《志》皆有传。其中，戴尊、黄宪、戴良、刘裔，传在卷五《人物》；戴伯鸾、李濡，传在卷六《孝义》《流寓》。

② 古时每年建亥之月（十二月），在农事完毕之后，祭祀诸神，以祈祷来年丰收，即八蜡祭祀。文中只介绍了七种神，少一种"昆虫"。

民之物，坊庸备水害之惊；俾昆虫之勿作，祐岁事以丰登。神机异用，一体同功，顺我疆土①，其蜡乃通。今兹仲春（秋），酌醴陈牲，神其昭鉴②，永锡炳灵。

邑厉坛

每岁以清明、中元、孟冬朔祀之，主以城隍。前期三日，用三牲发牒城隍庙，行四拜礼。至日行一揖礼，迎城隍至坛。祭毕，安神，一揖礼。厉文：

惟年月日，某等钦奉礼部札付，为祭祀本县阖境无祀鬼神等众事。该钦奉皇帝圣旨：普天之下，后土之上，无不有人，无不有鬼神。人鬼之道，幽明虽殊，其理则一。故天下之广，兆民之众，必立君以主之。君总其大，又设官分职于府州县以各长之，各府州县又于每一百户内设一里长以纲领之，上下之职，纪纲不紊，此治人之法如此。天子祭天地神祇及天下山川，王国、各府州县祭境内山川及祀典神祇，庶人祭其祖先及里社土谷之神，上下之礼，各有等第，此事神之道如此。尚念冥冥之中无祀鬼神，昔为生民，未知何故而殁。其间，有遭兵刀而横伤者，有死于水火盗贼者，有被人取财而逼死者，有为饥饿冻死者，有被人强夺妻妾而死者，有遭刑祸而负屈死者，有天灾流行而疫死者，有为猛兽毒虫所害者，有因战斗而殒身者，有因危急而自缢者，有因墙屋倾颓而压死者，有死后无子孙者，有车碾马踏而死者。此等鬼魂，或终于前代，或殁于近

---

① 我：明嘉靖《真阳县志》中作"成"。
② 其：明嘉靖《真阳县志》中作"共"。

世，或兵戈扰攘，流移于他乡，或人烟断绝，久缺其祭祀。姓氏泯没于一时，祀典无闻而不载。此等孤魂，死无所倚，精魄未散，结为阴灵。或倚草附木①，或作为妖怪，悲号于星月之下，呻吟于风雨之时。凡遇人间节令，心思阳世，魂杳杳以无归，身堕沉沦，意悬悬而望祭。兴言及此，怜其惨凄，故敕天下有司，依时享祭。在京都有泰厉之祭，在王国有国厉之祭，在各府州有郡厉之祭②，在各县有邑厉之祭，在一里又有乡厉之祭。期于神依人而血食，人敬神而知礼。仍命本处城隍，以主此祭。

钦奉如此，今某等不敢有违。设坛于城北，以二月清明（七月十五、十月初一）日，置备牲醴羹饭，专祭本县阖境无祀鬼神等众。灵其不昧，来享此祭。凡有一县境内人民，倘有忤逆不孝、不敬六亲者，有奸盗诈伪、不畏公法者，有拗曲作直、欺压良善者，有躲避差徭、靠损贫户者，似此顽恶奸邪不良之徒，神必报于城隍，发露其事，使遭官府。轻则笞杖决断，不得号为良民；重则徒流绞斩，不得生还乡里。若事未发露，必遭阴谴，使举家并染瘟疫，六畜田蚕不利。如有孝顺父母和睦亲族，畏惧官府遵守礼法，不作非为良善正直之人，神必达之城隍③，阴加护佑，使其家道安和，农事顺序，父母妻子保守乡里。我等阖县官吏人等，如有上欺朝廷、下枉良善、贪财作弊、蠹政害民者，灵必无私，一体昭报。如此，则鬼神有鉴察之明，官府非谄谀之祭。尚飨！

---

① 倚草附木：原文误刻为"倚草附本"，现据明嘉靖《真阳县志》改。
② 有：原文误刻为"县"字，今据明嘉靖《真阳县志》改。
③ 原文无"神"字，今据《明会典》卷九十四补。

土地祠

祭期春秋仲月上巳日。祭文：

维神职司县土，德被生民，匡我愆谬，奠我缉宁，昭告微虔，尚歆常祀。

旗纛之神

霜降日祀之，以操练民兵。祭文：

惟神正直无私，指挥军士，助扬威武，皆赖神力。某奉上命，守御兹土，惟兹霜降，谨以牲醴庶品，用伸常祭。

书院

贤良书院，旧县南，明知县黄瑞辉创①，即黄征君祠，废。慎阳书院，迎春街右寿仙巷，康熙二十九年知县安圻建修。

山川

形环势固而地气以聚者，存乎山；脉络流通而水利以兴者，存乎川。真邑平原旷野，既无名山可纪，若北汝南淮，则称巨津焉。凡在域中者，悉载之。山类则附乎山，川类则附乎川。乌可苟增②，以饰观听也。

---

① 黄瑞辉：本《志》卷五《职官·知县》有传。
② 乌：文言疑问词，哪，何。苟：随便，轻率。

南龙冈，在县南三里，极其高峻，徐公均田台即其处也①。

横山，在县西四十里，南北斩然，东望平川，故名。

北三里河，在县北，自胡家冲发源。

八里河，在县北，自火饶店南王家冲发源，东流，通张家河，达黑家河，入汝。

塘下沟河，在县北二十三里，自确山县金牛山发源，通淇河，经县北东流，入汝。此县龙之大界水也。

汶水河，在县东北五十里，自青龙陂流入汝，今称汶口。

滇水河②，源出县西王家冲，绕县南一里东北流，入汝。汉因取名滇阳。

汝河，在县东北七十里。《郡志》："汝水源出汝州天息山，东南至河水入西平县界，流经上蔡、汝阳、新蔡、固始县，至朱皋镇合于淮。"元季因汝水泛滥为蔡州害，自舞阳涡水截断其流，约水东注。今之源止起西平县云庄、诸石二山之间，流经上蔡、汝阳、真阳，至光州入淮。郡盐引稞，大赖此水。

南三里河，在县南，自陈家沟发源，经县东南流入汝。明知县沈恒念盐稞困乏③，且城居者不获水利，因为躬查形势，欲开导之，以通舟楫，以来商贾。后因流寇踏蹂，未遂其事。清初地荒人稀，官民议未及此。今地渐辟人渐聚，圻欲继此志而行之，则真民庶几有赖矣。

彭家河，在县南十三里，通间河，东南入淮。

---

① 徐公均田：参见本《志》卷七《艺文·碑记》所收录何麟《徐公均田记》一文。
② 即今慎水河。
③ 沈恒：本《志》卷五《职官·知县》有传。

白水港，在县西南三十里，自确山县张家堰发源，东入淮。

清水港，在县南四十里，自横山发源，通板桥河，东南入淮。

间河，在县南二十五里，源出确山县高皇陵①，东流合撞陂水，经柳寨寺、西严家店②，东南流入淮。

淮河，在县南九十里，源出桐柏山南冈支流，潜流三十里，东出大复山，入郡境。流经信阳、罗山、真阳、息县，至光州合汝水东注，至固始县朱皋镇出郡境。又东南纳沂、泗，入于海。《禹贡》云："导淮自桐柏。"③淮盐入郡县，率由淮分入于汝。

古迹

天壤内事过人往，湮没莫彰者何可胜道也。间有标异一时，其流韵遗迹数百余年犹卓然其不朽。上下今古弗为纪载，往哲之芳规既掩，何以昭示来兹乎！

建安城，县南五十里，始建莫考，今城池遗址尚存。

临淮城，县南八十里，朱家店即其故址。

固城，县东北七十里，汉建，属汝南郡。

黄宪故宅，旧县前。明邑令周绍稷建祠塑像④，孙继皋有《碑记》⑤，今俱废。邑人田育性有"祠灰碑已堕，像圮墓同墟"之句⑥。

---

① 高皇陵：疑为误。明嘉靖《真阳县志》、清嘉庆《正阳县志》俱作"高皇陂"。
② 西严家店：即今雷寨乡西严店社区。
③ 《尚书·禹贡》："导淮自桐柏，东会于泗、沂，东入于海。"
④ 周绍稷：本《志》卷五《职官·知县》有传。
⑤ 参见本《志》卷七《艺文·碑记》中孙继皋《黄征君祠堂记》一文。
⑥ 田育性：本《志》卷五《人物·岁贡》有载。

弥勒寺塔，城内，宋宣和间本院紫衣大士昭冥建①。

紫衣大士塔院，南关西，金大定间建②。

德仙塔，南关东里许，有墓志。

真阳巡检司，旧县东，明景泰四年建③，废。

铜钟巡检司，铜钟店，今废。

晾马台，汝南埠北里许。台下有莲花池，上有古井。

白狗堆，县东北④。

白狗城，县东南，梁时戍兵于此，重镇也。

原《志》八景⑤：

道院龙池。东岳庙后，遇旱投砖石将雨，所投悉涌出，相传有神物在其中。

禅林雁塔。弥勒寺内，崔巍千尺⑥，迥出霄汉。

横山晚照。晴空中夕阳微曛，灿若文锦，对之俗襟顿爽。

淮水春澜。春涨时雪浪排空⑦，为东南巨观。

南龙古冈。有台七，望之累累然⑧。明邑侯徐公霓均田经始于此，立石台上。

---

① 宣和：北宋徽宗的第六个年号，从公元1119年至1125年，前后使用七年。紫衣大士昭冥：生平不详。

② 大定：金世宗完颜雍的年号，从公元1161年至1189年，前后使用二十九年。原文误将"金大定"作"宋大定"，今改。

③ 景泰四年：公元1453年。

④ 据嘉庆《正阳县志》卷十所载，白狗堆与白狗城实为一处，故此云"县东北"应为"县东南"。

⑤ 明嘉靖《真阳县志》卷十《艺文志·诗集》中，分别有张玺、张璹、陈标为"八景"所作八首诗。

⑥ 崔巍：形容山、建筑物等高大雄伟。

⑦ 雪浪：白色浪花。

⑧ 累累然：繁多、重积的样子。

朝元废观。建废莫考，止遗址一墟而已。故老传每春云秋月，有见仙人形影于烟雾中者。

板桥霜华。唐温庭筠经此，有"鸡声茅店月，人迹板桥霜"之句①。

水港流清。县南四十里，澄彻见底，游鱼历历可数。

何麟《志》八景②：

裦信春游，间河晚钓，慎阳夜月，淮林烟雨，金刚献翠，汝水廻清，柳寨禅室，濮公仙洞。

风俗

《郡志》曰："地广土肥，五谷接产，居人易于聊生，颇不知积聚。"旧《郡志》曰："重身守法，不好争斗。"又曰："性情质直，礼义疏简。"③《舆地志》曰："人性清和，乡间孝友。男务垦辟，女修织纴。士风习尚，文质彬彬。"④《隋志》曰："人性疏劲，风气果

---

① 此说牵强附会。温庭筠诗句出自《商山早行》，商山在今陕西商洛市丹凤县商镇南，作者曾于唐宣宗大中末年离开长安，经过商山，有此诗。诗中"板桥"非真阳县之板桥。

② 明嘉靖《真阳县志》卷十《艺文志·诗集》中，有何麟为此八景所作八首诗，总题《西岩八景》。

③ 以上《郡志》今已佚。

④ 《舆地志》：南朝梁陈时期学者顾野王摘抄各种书籍材料所编的一部地理书。原书三十卷，已佚。今有顾恒一等辑注本。此句关于汝南习尚，明《寰宇通志》卷八十七、《明一统志》卷三十一均有引用。

决。"① 宋《地理志》曰："民淳好简，知礼让。"② 又《郡志》曰："士大夫家作事，不为世俗所惑。其营建婚嫁之类，惟用颁降历日为主，以决嫌疑知趋避而已。"③《汝南志》曰："地瘠民贫。"何麟《旧志》曰："昔性轻剽，今务谨厚；昔俗强忮④，今敦道义。礼度之所品节，德教之所涵养，衣冠之所感激使然也。"⑤ 历考诸《志》，真邑风俗大略可睹矣。

冠，遵时制。

婚，凡男十六、女十四以上。先礼媒氏通言，纳采纳币皆随其家之有无。至期，婿亲迎。又明日，妇见祖祢礼毕⑥，次见舅姑⑦，婿往见妇父母。

丧，初终而敛，既葬而虞⑧，以及祥禫⑨，近俗颇事释道追荐⑩。

孝义社专为豫凶，凡社不问贫富，愿入者听。月朔望二会，或止会朔。各出赀若干，以谨厚者一人掌之。会中有丧，率有赠有奠，舆绋供具皆取办焉⑪。不如仪者⑫，众共罚以金。

---

① 《隋书》卷三十一《地理志下》："江都、弋阳、淮南、钟离、蕲春、同安、庐江、历阳，人性并躁劲，风气果决，包藏祸害，视死如归，战而贵诈，此则其旧风也。"其中并未言真阳。
② 查《宋书·州郡志》《宋史·地理志》均未见此语。
③ 此《郡志》应与上同，已佚。
④ 强忮（zhì）：固执。
⑤ 何麟《旧志》：即明嘉靖三十四年（1555）何麟纂修《真阳县志》十卷补遗一卷。
⑥ 祖祢：先祖和先父。亦泛指祖先。
⑦ 舅姑：妇称夫的父母。俗称公婆。
⑧ 虞：古代一种祭祀名。既葬而祭为虞，有安神之意。
⑨ 祥禫：丧祭名。《礼记·杂记下》："期之丧，十一月而练，十三月而祥，十五月而禫。"禫（dàn），古代除去丧服的祭礼。
⑩ 追荐：诵经礼忏，超度死者。泛称追悼、祭奠。
⑪ 绋（fú）：古代出殡时拉棺材用的大绳。
⑫ 如仪：按照仪式。

祭，正旦、清明、七月望、十月朔，各祭其祖先，民间墓祭者颇多。外则尽物，内则尽志，此孝子之用心也。

正月元日，五鼓枊盥，祀先祀神，谒庙，贺尊长，亲戚互相贺，望云气，占风角，说好梦，为一年庆兆。

立春，官率士民迎芒神于东岳庙，至县治公堂设春宴，远近来观。以芒神占岁水旱、人闲忙。看五谷盆，以占五谷之丰歉。夜分鞭土牛。

上元，灯市精纤巧华，五色烂然，火树银花，钲铙檀板，游赏彻三夜乃止。

二月二日，引龙。

社日，乡社祀先农。

春分，水泮取鱼。

三月三日，祀元帝①。

清明，墓祭，添墓土，挂纸钱，放纸鸢，看花，插柳，踏青。

谷雨，禁蝎②。

四月八日，簪皂头芽。

五月五日，设角黍③，饮雄黄菖蒲酒，彩索缠儿女臂④，簪艾

---

① 元帝：本"玄帝"，因避康熙帝玄烨名讳改。传说三月三是玄武大帝（即道教所尊奉的真武大帝）的诞辰。

② 谷雨禁蝎的习俗在古代北方流行较广。其做法是在门上或墙上贴一张压蝎符。符上一般有咒语和图画，都与蝎子有关。如有的画着雄鸡衔虫，爪下抓有一只大蝎子。禁蝎习俗体现了古人提前做好夏季毒虫病害预防的意识。

③ 角黍：以芦叶或竹叶裹成尖角的粽子。

④ 臂，原文误作"背"，今据明嘉靖《真阳县志》改。

叶，捕蛤蟆，衔墨，采药，隆师，逆女①，追节②，宴姻娅③。

夏至，食麦粥。

六月六日，曝衣晒书，窨曲酱④。

七月七夕，乞巧。

中元，祀先，悬麻谷，亲戚以纸钱馈遗新亡者。

八月中秋，列瓜果酒饼，欢饮玩月，戚识馈月饼。

九月重九，韵士登高⑤，赏菊，隆师，逆女，追节，宴姻娅，饮茱萸酒，世俗相传始于费长房之教桓景也⑥。

十月朔日，墓祭，焚楮衣⑦。

十一月冬至，士夫驰贺，民间不尚。

十二月八日，时谓之"腊日"，蓄诸物。

二十三日，祀灶神。

除夕，易门神、桃符、春帖，老稚斗爆竹，修岁事，陈祀仪，家人聚饮，曰"守岁"。时多嫁娶。

---

① 逆女：迎接女儿回娘家。
② 追节：旧俗定亲后，男方逢节送礼于女方。
③ 姻娅：亲家和连襟。泛指姻亲。
④ 窨（xūn）：同"熏"。
⑤ 韵士：风雅之士。
⑥ 费长房、桓景：均为东汉汝南郡人。南朝梁时吴均《续齐谐记》记载："汝南桓景，随费长房游学累年。长房谓之曰：'九月九日汝家中当有灾厄，宜急去，令家人各作绛囊，盛茱萸以系臂，登高饮菊花酒，此祸消。'景如言，举家登山。夕还，见鸡牛羊一时暴死。长房闻之曰：'此可以代矣。'今世人每至九月九日登高饮酒，妇人带茱萸囊，因此也。"（《太平御览》卷三十二《时序部·九月九日》引《续齐谐记》）
⑦ 楮：纸的代称。楮衣：纸做的衣服。十月朔日（即初一）为"寒衣节"，它与清明节、中元节并称一年中的三大"鬼节"。此时，天气转寒，人们穿上寒衣的时候想起逝去的亲人，于是用纸扎好衣服，上坟祭祀，烧了给先人送去，想象让先人在冥间度过温暖的冬天。实则通过这种方式寄托对逝去亲人们的怀念。

按：风俗者，政治之流也。盖播而为风，习而成俗，权操自上耳。真俗有可观者，务谨厚，敦道义，庶几古之遗风。然崇尚靡文，以希观美，虽在贤智亦随乎流俗而不能自异。何哉？黜浮还淳，司牧者不得辞其责矣①。

土产

四方土性，刚柔异也，故其生植各别。如上土有金银珍宝之奇、锡铜铅铁之异，或漆林鱼盐，或缟绨枲纻②；下如真产，不越五谷、蔬果、花木、鱼鸟之常，尚不能与他郡等，敢曰特产哉！今也察土之宜，因地之利，有裨于民者载之，有益于国者载之，岂徒曰遇物能名而称博雅乎？

稻，种名甚多。豆，有黄、黑、青三种。大麦。小麦，名亦多。黍稷。荞麦。芝麻。粟谷，种名颇多。薥秫。小豆。江豆。菀豆③。鸡虱豆。

畜类：不越六畜之属，亦无特产。
蔬类：莲藕、云药，则其特者。
果类：亦与各处同，尚有不能同。
木类：亦如上。
花类：寻常者有，奇异者无。
竹类：义竹、紫竹、水竹、贵竹、斑竹。
禽类：野雉之类，则其特者。

---

① 司牧：管理，统治。
② 缟绨枲纻（gǎo chī xǐ zhù）：几种纺织品。
③ 菀豆，或为"豌豆"之误。

[康熙] 真阳县志·卷三

鳞类：亦同他处。但家置庄池，取杨罗江鱼苗养之，越岁成鱼，举网可得，於牣可羡①。登之盘俎，宾主交欢，亦一乐也。

兽类：兔。

陵墓

周慎子将军墓，城南三里，即南龙冈七星台也②。

汉黄宪墓③，旧县吏隐堂后，唐颜真卿书碑。

真邑荒陬僻壤④，非建都地也，墓尚寥寥，安问陵哉。

寺观

梵宇琳宫⑤，所在不一。其间有建有毁有复，率考之《志》。真《志》弗苟录，但取足征者耳。

义勇武安王庙，在南关外。明正德十年知县张公玺筑城，见石上篆曰"义勇武安庙"，因创建。

三官庙，在旧县东北隅，城隍庙左，义官赖济建。

真武庙，在北关外，明乡民胡明创建，毁于兵寇。国朝顺治九

---

① 於牣可羡：牣，满。意为满池的鱼儿让人羡慕。《诗经·大雅·灵台》："王在灵沼，於牣鱼跃。"
② 即今李冢汉墓群。共有七座汉墓，2001年因修公路对五号、六号墓进行了考古发掘，出土有铜器、铅器、铁器、石器、陶器等。2006年，李冢汉墓群被公布为河南省第四批文物保护单位。
③ 2008年，黄叔度墓被公布为河南省第五批文物保护单位。
④ 荒陬（zōu）僻壤：荒远的角落，偏僻的地方。陬，角落。
⑤ 梵宇琳宫：雕饰华美的佛殿道院。

年，街民吴守耕重修。

东岳庙，在东关外二百步，周围八亩。后为道院，院前有池，池中有井，"八景"中"道院龙池"即其所也。元至大四年①，陈福成及祁兴等创建。

弥勒寺，在迎薰街右育材巷，明道二年寘僧公建②，明洪武间僧清恩修，后僧净能、道善重修。内有塔，"八景"中"禅林雁塔"③，此其处也。

黄公祠，在旧县治前，征君故宅基也，废。今春秋有祀。

王公祠④，在察院门西，明敕赐特祠也⑤，今春秋有祀。

小寺，在城东北隅，明邑人董建，即仙姑修行所。

藏经阁，在弥勒寺东，明万历间邑举人王家斡修⑥。

小关王庙，在城东北隅，小寺左，明叶仲敖修。

炎帝祠，在南关东，今塑龙王像于内，又稍水火。

祖师庙，在西关外。

石佛寺，在东关外，久废。本府粮捕厅曹文蔚重建，有《序》载《艺文》⑦。

---

① 至大：元武宗（孛儿只斤·海山）的年号，从1308年至1311年，前后共使用四年。至大四年，即公元1311年。

② 明道：北宋仁宗赵祯的第二个年号，使用时间为公元1032年至1033年。明道二年，即公元1033年。

③ 原书无"中"字，此据上段写法及本段语意补。

④ 王公：王信，号孚宇，陕西真宁（今甘肃省正宁县）人。崇祯八年（1635），因率兵御寇遇难，朝廷要求专祠特祀。本《志》卷五《职官·知县》有传。本《志》卷七《艺文·碑记》中刘广生《敕祀赠光禄寺少卿真阳令王公专祠碑记》一文，专记其事。

⑤ 敕赐：皇帝的赏赐。

⑥ 王家斡：本《志》卷五《人物·举人》有小传。

⑦ 详见本《志》卷七《艺文·碑记》中曹文蔚《重建石佛寺记》一文。

大悲庵，在东关外。

准提庵，在城东南隅，监贡晏允恭等创建①。

甘泉寺，在城外艮隅②。

玉皇阁，在甘泉寺东。

十方院，在南关外，风云坛北。明万历戊午年③，邑人李芳募修。

弥陀寺，县东南二十里。

双陂寺，县东北二十里。

广教寺，县东三十里，俗呼柳寨寺。冈岭高峻，间河环绕，林木交翠，清幽殊常，何松岩《八景》之一④。

兴福寺，县东四十里。

顿教寺，县东北三十里。

清凉寺，县东五十里。

古城寺，县东五十五里。

崇圣寺，县东七十里。

兴国寺，县东七十里。

万寿寺，县东八十里。

延寿寺，县东九十里。

台头寺，县东南九十里。

龙潭寺，县西北三十里，后为寨。

---

① 详见本《志》卷七《艺文·碑记》中任国标《创建准提庵记》一文。
② 艮隅：东北方；东北角。
③ 万历戊午年：万历四十六年（1618）。
④ 何麟《西岩八景》八首，嘉靖《真阳县志·艺文志》已录，本《志》卷七《艺文·诗》亦录，此景诗题《柳寨禅室》。

王家寺，县西北三十里。

臧家寺，县西二十里，复修。

诸葛寺，县西南四十里，重修。

龙泉寺，县西南三十里。

铁佛寺，县西南三十里。

观音寺，县南七十里。

陡沟寺，县南七十里。

文殊寺，县南七十里。

临淮寺，县南八十里。

华严寺，县南九十里。

裴家寺，县南六十里。

福寿寺，县南七十里，久废。康熙二十七年，邑廪生卢世芳重建。

重福寺，县南七十里。

观音寺，县南八十里。

铜钟寺，县南六十里。

万首寺，县东南四十里。

古岳寺，县东南三十里。

龙堂寺，县南五十里。

新兴寺，县东南三十里。

龙兴寺，县东南二十里。

圆觉寺，县南二十里。

西严寺，县东七十里。

彭家寺，县南十里。

龙台寺，县东二十里。

石佛寺，县南三十里。

三官庙，涂家店，县东南九十里。

卷　四

赋税

《周礼》献版籍①，重民数也；《洪范》载食货②，明赋税也。真自明洪武、正统以迄我国朝数百年矣，载在旧《志》，毋有遗者。但户口之倏耗倏登③，生计之时绌时盈④，不谓天道之主宰不可，不谓时事之推迁不可⑤。今我清中外廓定，车书统于海甸⑥，玉帛辑于

---

　①　《周礼》：儒家经典之一，"三礼"之首。主要记载周朝的典章制度。《周礼·秋官司寇·司民》载："司民掌登万民之数。自生齿以上，皆书于版。辨其国中，与其都鄙，及其郊野，异其男女，岁登下其死生。及三年，大比，以万民之数诏司寇。司寇及孟冬祀司民之日，献其数于王，王拜受之，登于天府。内史、司会、冢宰贰之，以赞王治。"版籍：登记户口、土地的簿册。

　②　《洪范》：《尚书·周书》中的一篇。《洪范》载："八政：一曰食，二曰货……"食，与农事饮食相关等事。货，钱财布帛衣服等物。食货泛指财政经济等事。

　③　倏：极快地，忽然。

　④　绌：不足，不够。原文误作"诎"，今改。

　⑤　推迁：推移变迁。

　⑥　车书：《礼记·中庸》："今天下车同轨，书同文。"谓车乘的轨辙相同，书牍的文字相同，表示文物制度划一，天下一统。后因以"车书"泛指国家的文物制度。海甸：近海地区。

来同①，生聚教育之法克迈前代者矣②。

弘治十八年，复置真邑，户口无考。

嘉靖三十一年，户二千一百七十二丁③，口一万三千八百七十九口，田地三百六十四顷二十三亩。

编保十五：真阳保、柔远保、归化保、南和保、乐善保、常丰保、礼庄保、守信保、新兴保、柳寨保、浅塘保、汝南保、黄里保、塘上保、朱黄保。

保编十里，丁审九则④，丁不派银，随地一例起科。

万历六年，奉诏屡下丈量：户口一万六千二百八十六丁，田地五千四百二十八顷八十二亩九分二厘五毫九丝五忽⑤，赋税一万二千四百七十二两五钱四分二厘六毫八丝一忽三微五纤⑥。

万历四十七年，加辽饷⑦。

天启年，户口、田地同。

---

① 玉帛：古代指国与国间交际时用作礼物的玉器和丝织品。辑：聚集。来同：犹言来朝。

② 克迈：超越之意。

③ 丁：成年男子。《清史稿·食货志一》："凡民，男曰丁，女曰口。男年十六为成丁，未成丁亦曰口。丁口系于户。"

④ 康熙初年，任直隶灵寿知县的陆陇其在《编审人丁议》中说："查旧例，人丁五年一审，分为九则，上上则征银九钱，递减至下下则征银一钱，以家之贫富为丁银之多寡，新生者添入，死亡者开除，此成法也。"（《三鱼堂外集》卷一）

⑤ 顷、亩、分、厘、毫、丝、忽：地积单位。1顷=100亩，1亩=10分，1分=10厘，1厘=10毫，1毫=10丝，1丝=10忽。

⑥ 两、钱、分、厘、毫、丝、忽、微、纤：古代银子的计量单位，相邻二者之间均为十进制。

⑦ 辽饷：为筹措明末辽东驻军的饷项而加派的田赋银。

崇祯元年，加月饷①，户口、田地同。十年，加练饷②。流寇交横，而地非其地，人非其人，田地赋税不可问矣。十六年，户口、田地、赋税俱无。及我国朝顺治二年，复覩天日矣。

顺治二年，始得田地六百五十五顷三十九亩四分七厘五毫。自顺治三年起，至顺治十六年止。顺治三年正月内，巡按宁奉旨免荒征熟③。除原额不载外，钱粮一条鞭④。其存留起运，颜料、牛角、折米、更名等项，备载赋役，确数可■。

顺治十六年，户口旧丁并节年编出新丁⑤，共五千九百六十一丁，丁不派银，随地一例起科。田地八百八十二顷五亩。本年三月内，奉察院御史徐⑥，又增自首地三百七十五顷⑦，当年起科。又新垦地一百一十顷，俟限满入册。起科田地共成一千三百余顷之数矣。赋税三千四百一十五两六钱一分七厘二毫九忽。自首银一千六百四十一两八钱四分五厘五毫一丝一忽八微三纤。

顺治十七年，户口五千九百六十一丁。历来丁不派银，止照地亩一例派征，并无另征丁银。田地八百八十二顷二十五亩六分二

---

① 月饷：旧时兵丁的每月粮饷。

② 练饷：明末为练兵所需军饷而征收的一种苛税。与当时的辽饷、剿饷并称为"三饷"。

③ 巡按宁：宁承勋，生卒年不详，顺天府大兴县（今北京市大兴区）人，举人，顺治二年（1645）任河南道巡按监察御史。

④ 自明万年九年（1581）全国推行"一条鞭法"后，赋役统一，计亩征银。清初沿袭明制，继续推行一条鞭法，直至雍正年间在此基础上正式改行摊丁入亩。

⑤ 节年：积年；历年。

⑥ 御史徐：徐化成（？—1674），字文侯，满洲籍昌平（今北京市昌平区）人，贡士，顺治十六年（1659）任河南左布政使。因政绩显著，康熙十年（1671）特旨召见，嘉勉其劳，升任都察院右都御史，巡抚湖广。

⑦ 自首地：清初为增加赋税收入，对于隐匿熟地不纳钱粮者，允许自首免罪，然后对其照例征粮。这种由自首而清理出的隐漏田地，称为自首地或自首田。

厘，赋税银三千四百一十五两六钱一分七厘二毫九忽。自首地三百七十五顷，自首银一千六百四十一两八钱四分五厘五毫一丝一忽八微三纤。劝垦地一百一十顷，俟限满入册行粮。

顺治十八年，户口六千二百六十二丁，田地一千三百七十一顷二十八亩七分七厘，赋税连闰共派银五千三百一十五两一钱七分二厘三毫五丝。

康熙元年，户口六千三百五十五丁，田地一千三百七十二顷二亩七厘①，赋税银四千五百一十九两九钱二分九毫四丝。

康熙二年，户口六千三百五十五丁，田地一千三百七十二顷二亩七厘，赋税银四千四百八十五两三分二厘七毫九丝。

康熙三年，户口六千三百五十五丁，田地一千三百七十三顷七十六亩三分七厘，赋税四千四百九十两七钱三分四毫八丝二忽七微。

康熙四年，户口六千三百五十五丁，田地一千三百七十三顷七十六亩三分七厘，赋税银四千四百九十两七钱三分四毫八丝二忽七微。

康熙五年，户口六千三百五十五丁，田地一千五百二十五顷七十四亩七分三厘三毫，赋税银四千六百四十八两三钱五分三厘三毫七丝。

康熙六年，户口六千三百五十五丁，田地一千五百二十七顷二十六亩七分三厘三毫，赋税连闰银四千七百五十八两九钱四分七厘二毫九丝五忽。

康熙七年，户口七千一百四十二丁，田地一千五百三十五顷三

---

① 千：原书误刻为"十"，今改。

正阳旧志三种

十三亩一分三厘三毫，赋税五千一十八两八钱八分二厘九毫五丝。

康熙八年，户口七千一百四十二丁，田地一千五百六十五顷五十九亩一分三厘三毫，赋税银五千一百一十七两八钱六毫二丝。

康熙九年，户口七千一百四十二丁，田地一千五百六十五顷九十三亩七分三厘三毫，赋税连闰银五千二百二十七两二钱三分一厘二丝。

康熙十年，户口七千一百四十二丁，田地一千五百六十六顷七十四亩三分三厘三毫，赋税银五千一百二十一两五钱六分六厘四毫二丝。

康熙十一年，户口七千一百四十二丁，田地一千五百六十七顷七十一亩三分三厘三毫，赋税连闰银五千二百三十三两一钱五分九厘四毫六丝。

康熙十二年，户口七千一百四十二丁，田地一千五百六十七顷七十一亩三分三厘三毫，赋税银五千一百二十四两七钱三分七厘二毫八丝。

康熙十三年，户口七千八百四十一丁，田地一千五百六十七顷七十一亩三分三厘三毫，赋税银五千一百二十四两七钱三分七厘二毫八丝。

康熙十四年，户口七千八百四十一丁，田地一千五百六十七顷七十一亩三分三厘三毫，赋税连闰共银五千二百三十三两一钱五分九厘四毫六丝。

康熙十五年，户口七千八百四十一丁，田地一千五百六十七顷七十一亩三分三厘三毫，赋税银五千一百二十四两七钱三分七厘二毫八丝。

康熙十六年，户口七千八百四十一丁，田地一千五百六十七顷七十一亩三分三厘三毫，赋税银五千一百二十四两七钱三分七厘二毫八丝。

康熙十七年，户口七千九百九十四丁，田地一千五百六十七顷七十一亩三分三厘三毫，赋税连闰五千二百三十三两一钱五分九厘四毫六丝。

康熙十八年，户口七千九百九十四丁，田地一千五百六十七顷七十一亩三分三厘三毫，赋税银五千一百二十四两七钱三分七厘二毫八丝。

康熙十九年，户口七千九百九十四丁，田地一千五百六十七顷七十一亩三分三厘三毫，赋税连闰银五千二百三十三两一钱五分九厘四毫六丝。

康熙二十年，户口七千九百九十四丁，田地一千五百六十七顷七十一亩三分三厘三毫，赋税五千一百二十四两七钱三分七厘二毫八丝。

康熙二十一年，户口七千九百九十四丁，田地一千五百六十七顷七十一亩三分三厘三毫，赋税五千一百二十四两七钱三分七厘二毫八丝。

康熙二十二年，户口八千三百五十三丁，田地一千五百六十七顷七十一亩三分三厘三毫，赋税连闰银五千二百三十三两一钱五分九厘四毫六丝。

康熙二十三年，户口八千三百五十三丁，田地一千五百六十七顷七十一亩三分三厘三毫，赋税五千一百二十四两七钱三分七厘二毫八丝。

康熙二十四年，户口八千三百五十三丁，田地一千五百六十七顷七十一亩三分三厘三毫，赋税五千一百二十四两七钱三分七厘二毫八丝。

康熙二十五年，户口八千三百五十三丁，田地一千五百六十七顷七十一亩三分三厘三毫，劝垦三顷一十九亩，赋税连闰垦共银五千二百三十三两一钱五分九厘四毫六丝。

康熙二十六年，户口八千三百五十三丁，田地一千五百六十七顷七十一亩三分三厘三毫，劝垦三顷三十三亩，赋税连垦五千一百二十四两七钱三分七厘二毫八丝。

康熙二十七年，户口八千三百五十三丁，田地一千七百四十二顷八十一亩八分三厘三毫，劝垦九顷九十亩，捐垦二十顷零七亩，赋税连垦共五千一百二十四两七钱三分七厘二毫八丝。

康熙二十八年，户口八千三百五十三丁，田地一千七百四十二顷一十一亩八分三厘三毫，捐垦地二十顷零七亩，赋税五千一百二十四两七钱三分七厘二毫八丝。

康熙二十九年，户口八千七百三十二丁，田地共垦一千七百八十顷五十一亩二分七厘七毫一丝五忽，赋税连垦五千九百六十六两四钱三分六厘七毫四丝二忽五微。

康熙三十年，户口八千七百三十二丁，田地一千八百二十顷七十一亩二分七厘七毫一丝五忽，赋税六千二百二十七两一钱三分六厘四毫九丝二忽五微。

康熙三十一年，户口八千七百三十二丁，田地一千八百二十三顷八十二亩一分七厘七毫一丝五忽，赋税六千一百一十一两六钱四分五毫六丝二忽五微。

康熙三十二年，户口八千九百六十三丁，田地一千八百五十顷二十二亩一分七厘七毫一丝五忽，赋税六千二百两一钱五分二厘八毫四丝二忽五微。

康熙三十三年，户口八千九百六十三丁，田地一千九百零一顷八十二亩一分七厘七毫一丝五忽，赋税六千五百四两六钱八分三厘一毫九丝二忽五微。

康熙三十四年，户口八千九百六十三丁，田地一千九百零四顷六十六亩六分七厘七毫一丝五忽，赋税六千三百八十二两六钱九分二厘七毫四丝二忽五微。

康熙三十五年，户口八千九百六十三丁，田地一千九百四十五顷五十五亩二分七厘七毫一丝五忽，赋税六千五百一十九两五钱九分九厘四毫一丝二忽五微。

以上通共丁地实征起存本折，扣解优免，并补征颜料及劝垦、自首、更名、地亩等项，遵照确数，款项分别支解。临清、广积麦折米除原额不载外①，除荒征熟该米四十三石五斗四升六合②，价值每石八钱。除荒实征银三十四两八钱三分六厘八毫，今仍征粮米亦该折米四十三石五斗四升六合，用遵确数。按《赋税志》修于顺治己亥③，今三十余年，地日以辟，民日以聚，而钱粮、户口、地亩较前倍增矣，钦奉大中丞阎檄作《赋税续志》④，诚重事也。于是诏父老而告之曰：方今圣天子下开垦之令，以六年为期，今大中丞施

---

① 临清、广积：明清时期建在大运河沿岸临清、德州两地的两个漕运仓库的名称。这里应指往此处缴纳的粮米。

② 石、斗、升、合：容积单位。1石＝10斗，1斗＝10升，1升＝10合。

③ 《赋税志》：当指知县刘必寿在任时所修《真阳县志·赋税志》。顺治己亥：顺治十六年（1659）。

④ 大中丞阎檄：即本《志》卷前所录河南巡抚阎兴邦《院檄》。

鸿庀之德①，暂就下则②，真薄赋轻徭之仁，十年生聚之术也。尔编氓尚可不尽力于南亩③，有负皇恩之爱养乎④？遍示乡城士民，歌舞共相颂，万年有道之长也云尔。

盐引⑤，每年销三千三百引。

当税⑥，每年五两，解布政司⑦。

老税⑧，每年三两八钱，解布政司。

活税⑨，每年无定额，照各季册报多寡解布政司。

牙税⑩，每年二两三钱五分，解布政司。

---

① 鸿庀：敬称尊长的庇护关怀。庀，通"庇"。
② 下则：田赋之下等者。乾隆三十二年（1767）《皇朝通典》卷七《食货·赋税上·田赋》："田赋有二：曰民田，曰屯田。皆分上、中、下三则。"
③ 编氓：编入册籍的民丁。指平民。南亩：南边的田亩。因南坡向阳，利于植物生长，故田地多向南开垦。后泛称田亩。
④ 爱养：爱护养育。
⑤ 盐引：古代官府在商人缴纳盐价和税款后，发给商人用以支领和运销食盐的凭证。
⑥ 当税：亦称"当捐"。康熙三年（1664）开始，官府向当行业征收的捐税。
⑦ 解：解缴。基层组织代收资金或货物上缴上级主管部门的过程。
⑧ 老税：清代河南省征之税。老税是原有定额之税，与新增额税相对而言。
⑨ 活税：即临时征收之税，或称不定税。
⑩ 牙税：向牙商（中间商）征收的捐税。

[康熙] 真阳县志·卷四

卷　五

职官

栾萧封侯而后①，真已建为县矣，墨绶、铜章、庶司咸备②。凡以课其才③，课其职，并以课其政，才与职称而政隆焉。官斯地者，人往而职存，职谢而政在，职与政俱堪不朽。实若人之才，足以不朽也。虽曰志其时，志其地，志其官与名，予夺隐而劝惩寓矣④。

封侯

汉栾说，淮阴侯舍人，得罪于韩信，信因欲杀之，说因上变告信反状于吕后⑤，后用萧何计，绐而杀之⑥。高帝十一年十二月⑦，

---

① 栾萧：指下文的栾说、萧深明。
② 墨绶：结在印钮上的黑色丝带。县官及其职权的象征。铜章：古代铜制的官印。唐以后称郡县长官或指相应的官职。庶司：各官署；诸衙门。
③ 课：根据一定的标准验核。《说文解字》："课，试也。"
④ 予夺：指赞许和贬低。劝惩：奖惩。《左传·成公十四年》："惩恶而劝善，非圣人，谁能修之？"后言劝惩本此。
⑤ 变告：谓告发谋反等非常事件。
⑥ 绐（dài）：古同"诒"。欺骗；欺诈。
⑦ 高帝：汉高祖刘邦。高帝十一年，即公元前196年。

因封慎阳侯，二千户。

栾愿之，中元陆年封①。

栾买之，建元元年封②。元狩五年侯坐铸白金罪③，国除。

唐萧深明，封慎阳侯④。

郡守

何麟《旧志》白⑤："按太守有伟功于我真者，因并志之。"

汉邓晨⑥，建武中任汝南太守。按：慎水出慎阳县西，而东经慎阳县故城南，陂又东流积而为焦陂，陂水又东南流而为上慎陂，又东为中慎陂，又东南为下慎陂，陂水皆与鸿隙陂散流，其陂首受淮川，左结鸿陂。先是成帝时翟方进奏毁之，及晨为汝南太守，欲修复之，遂署都水掾⑦，起塘四百余口，百姓赖其利。

---

① 中元：汉景帝三个年号中处于中间的一个。中元六年，即公元前144年。

② 建元：西汉武帝刘彻使用的第一个年号，使用时间为公元前140年至公元前135年。

③ 元狩：西汉武帝刘彻使用的第四个年号，使用时间为公元前122年至公元前117年。元狩五年，即公元前118年。坐：定罪，由……而获罪。白金：西汉武帝元狩四年（前119）发行的银锡合金货币，分三等，称白金三品。铸白金，即私自盗铸货币。

④ 萧深明：唐朝无真阳侯萧深明。南朝时有萧渊明（？—556），又作萧明、萧深明，字靖通，初封贞阳侯，豫州刺史，后一度为南朝梁第五位皇帝。疑文中即此人之误，但贞阳侯非真阳侯。

⑤ 白：疑为"曰"字之误。

⑥ 邓晨：本《志》卷二《河防·塘堰》下有注释。

⑦ 都水掾：官名，汉置，西汉属各卿，东汉属郡国，掌河渠水利等事，有时与水曹掾史并置，位在其上，也称监都水掾，或省称都水。掾（yuàn），原为佐助之意，后为副职官员或官署属员的通称。文中的"都水掾"，乃指许杨。《后汉书》卷八十二上《方术列传·许杨传》载："许杨字伟君，汝南平舆人也。……汝南旧有鸿郤陂，成帝时，丞相翟方进奏毁败之。建武中，太守邓晨欲修复其功，闻杨晓水脉，召与议之。……因署杨为都水掾，使典其事。"

[康熙] 真阳县志·卷五

县令

汉为令为长，有丞、簿、尉；唐置令，丞、簿、尉各一人；宋以京朝官知县事，丞、簿、尉各一员。

汉

刘陶，颍阴人，慎阳县长。政化大行，道不拾遗。以病去。童谣歌曰："悒然不乐，思我刘君，何时复来，安此下民。"①

巴肃，高城人，建和时举孝廉，与郭泰、范滂齐名，历慎阳令，以郡守非人辞去，改贝丘长②。

宋

葛书举，江阴人，字规叔，熙宁三年进士，授淮南节度使推官，知蔡州真阳县事。有惠政，民思之。

张云卿，真阳县尉。有学行，清介自守，安贫乐道，未尝苟求。应进士第。文彦博举之，《疏》云："切见蔡州真阳县尉张云卿，通经博古，欲望特除西京学官③，必能师表诸生，亦可敦薄俗。"④

达鲁花赤

元制：达鲁花赤一员，谓之监县。县尹一员⑤，丞、主簿、尉

---

① 语出《后汉书》卷五十七《刘陶传》，又见《水经注》卷三十《淮水》。

② 据《后汉书》卷六十七《巴肃传》："巴肃字恭祖，勃海高城人也。初察孝廉，历慎令、贝丘长，皆以郡守非其人，辞病去。"巴肃任职慎令，并非慎阳令。两汉时期，慎县亦属汝南郡，治今安徽省阜阳市颍上县江口镇。另，"贝"字在原文误作"具"，今据改。

③ 西京学官：西京国子监学官。北宋以洛阳为西京，西京国子监即原河南府学。原文作"两京学官"，今据《文潞公集》改。

④ 与明嘉靖《真阳县志》著录张云卿小传相比，这段话略简。

⑤ 县尹：元朝每县置达鲁花赤一人，以蒙古人任之；置县尹一人，以汉人任之，同理县事。

各一员，典史一员。

元朵阿达实，畏兀儿人，少聪敏，博通经史，得文资散官。出长真阳，清廉慈爱，兴利除害，划革时弊。凡遇循行劝课①，裹粮而出，恐扰百姓。时真阳粮本色输入朱皋仓②，民甚苦之。乃陈其害，许纳轻赍③，民甚感之。后秩满④，民为立石记其廉善⑤。

知县

明制：知县一员，典史一员，儒学教谕一员，训导一员。

明

齐渊，直隶肃宁人，监生，正德二年任，创置县治。

张玺，字国信，号松庵，直隶亳州人，监生，正德七年任，谦厚精敏。当霸贼残破之余，凡县治、公署、学校、城郭，荡然一空。乃朝夕经营，修补缺坏。宽严相济，勤恤民隐，安抚流离，民望允慰。尝自咏云："前代旧规多剥落，国朝新制益开张。"⑥

刘宗儒，直隶武进人，举人，嘉靖三年任。直道自持，耻于阿奉上官，以此取谤去。

计朝聘，字莘夫，四川成都人，举人，嘉靖五年任。清苦自甘，布袍麦饭，人所难堪。接士大夫以礼。锐于民事，宽徭薄赋。

---

① 循行：巡视；巡行。循，通"巡"。劝课：鼓励与督责。
② 本色：旧时纳税的名目。指原定征收的米麦等实物田赋。如改征其他实物或货币，则称折色。朱皋：在今河南省固始县北五十里淮河南岸朱皋村，是古代淮河沿岸的一个物资集散地。
③ 轻赍：元代诸色人户所负担的税粮，官府改令折价纳钞，称为轻赍，意为便于携带。
④ 秩满：谓官吏任期届满。
⑤ 卫桂荣《朵阿达实廉善记》，明嘉靖《真阳县志》卷十《艺文志·文集》有收录。
⑥ 全诗见明嘉靖《真阳县志》卷三《职官志·宦迹》。

理繁治剧，虽众论纷纭不能惑之，吏但受成而已。擢湖广茶陵知州，寻升澄江府太守①。

王萱，字启孝，号西麓，湖广石首人，举人，嘉靖十六年任②。奖崇士类，拔其英敏者与之讲论。务敦实学，划革时弊，吏民畏服。

李居仁，字安德，号寿庵，山东观城人，监生，嘉靖二十年任。讼者盈庭，一言而决。调山西蒲县。

徐霓③，字叔望，号静泉，泗州人，选贡，嘉靖二十八年任，由江西万安县丞升。慧博端耿。凡所创为，必思曰："古圣贤遇此如何处？"兴学校，均田粮，增户口，获巨寇，平疑狱。巡按御史浦之浩荐于朝曰④："外朴中理，宦久事习，区画均田而法行郡邑，清理黄册而名慑巨奸，才守俱有可观，资格莫能自振。"⑤

周绍稷，字象贤，号大霞，云南永昌卫人，举人，嘉靖四十二年任。文学著兴，查科派⑥，剿巨寇，捐金构故参政李经别宅，创建黄公祠，供春秋二祭。后河南督学道移文崇祀名宦，未蒙部行，竟属废典。其子思永，刻有《遗爱稿》。

---

① 寻：顷刻，不久。
② 明嘉靖《真阳县志》作"嘉靖十八年任"。
③ 霓：原书误刻为"電"字，今改。
④ 巡按御史：职官名。明代中央政府均设有监察机关即都察院，都察院下属有十三道监察御史，监察御史平时在京城都察院供职，奉命巡按地方即为巡按御史。级别不高，为正七品，但职权较重。浦之浩：生卒不详，字子化，南直隶苏州府嘉定县（今上海市嘉定区）人。嘉靖二十年（1541）进士，初授中书舍人，嘉靖三十一年至三十二年（1552—1553）任河南巡按御史。
⑤ 徐霓这段文字，乃取自明嘉靖《真阳县志》，有较多脱文。详见嘉靖《真阳县志》卷三《职官志·知县》。
⑥ 科派：官吏巧立名目，私行摊派索取，谓之科派。

卢守，号我泉，直隶长垣人，贡士，隆庆二年任。初任山东掖县，以面折当道，改三水县，调本县。赋性慷慨，不事婟阿①，秉节清苦，刻意振刷，三年间百务具举。捐俸修学宫，毫发不费民力。清审均徭，始议条鞭之法。申请两院②，允议遍谕通省行之。人至今颂"卢青天"云。

吴安国，字文仲，号挺庵，直隶长洲人，进士，万历年任。英粹倜傥，词赋推重一时，著作甚富。

吴东，号青郊，广宁人，万历八年任。聪明敏捷。人经一面，事经一过，三年后直呼其名，言其事。人莫敢犯。

董三秦，号辅京，陕西龙德人，选贡，万历年任。公明威廉，粹白自矢③，无敢干以私者。

李懋孝，号淳宇，直隶滑县人，贡士，万历二十八年任。严肃耿介。每公出，命执高脚牌二面，上书"拿积棍，安良民"。奸猾慑服，畏若神明，一境肃然。

麻永吉，号又存，大名县人，沉毅精明，立坐柜之法④，民便赋徭，尤优于待士，有《去思碑》⑤。

黄瑞辉，号新寰，宣化人，举人，万历年任。胆智明决，创贤良书院。弭盗尤为首政。每获巨盗，命役如武弁法大捆，松紧在握，迸去左右⑥，亲执小具，口耳秘讯，务得情实。有思维新者，

---

① 婟阿（ān ē）：亦作"婟婀"。依违阿曲，无主见。在此有阿谀附合之意。
② 两院：指抚、按两院，分别是巡抚、巡按御史的别称。
③ 粹白自矢：纯洁而立志不移。粹白，纯洁。自矢，犹自誓，立志不移。
④ 坐柜：犹言站柜台。指做生意。
⑤ 详见本《志》卷七《艺文·碑记》所收录董光宏《麻侯去思碑》。
⑥ 迸：通"屏"。驱逐，排除。

许立功自赎,释放归农,朔望应卯①。如有暴客奸人经过及民间有警②,令其飞报,即星夜驰出,每擒贼于火场中。四野宁谧,从未有及此时者也。

沈恒,号连栖,陕西宁羌人,岁贡,万历年任。治真五年,民疾苦纤细毕闻,每于乡约所讲期③,先令童子歌《蓼莪》《棠棣》二诗④。复刊《孝义故事》布散民间,读未竟令人良心勃勃而起。升宝庆通判。⑤

王信,号孚宇,陕西真宁人,恩贡,崇祯年任。出抚土寇,突遭流贼数万,被执,欲挟赚真、罗二城。不从,贼大恨之,断首带去。邑生员田育性鼓率乡民勇义追至淮南,获其首以归。敕增光禄寺少卿,祠祀于邑⑥。

刘进官,号荣我,辽阳人,岁贡,崇祯五年任。时当土寇生发,城门闭者九月,令下车⑦,募民兵,设方略,扑灭之。

---

① 朔望应卯:指每月初一、十五到官府里报到,以防止继续作案。

② 暴客:强盗;盗贼。

③ 乡约所:明清时期,朝廷大力提倡和推广乡约组织,以进行道德教化和基层治理,乡约所就是进行伦理说教的场所。每月朔望日,咸集耆老等,宣读圣谕广训及钦定条律,教化民众,旌别善恶,成为一种定期的政治教育活动。

④ 《蓼莪》《棠棣》:《诗经·小雅》中的两首诗。其中,《蓼莪》歌颂父母的养育之恩,抒发不能终养父母的痛极之情;《棠棣》即《常棣》,是一首歌颂兄弟亲情的诗歌。

⑤ 据民国《重修正阳县志·艺文》中刘廷昶《后乐亭碑记》一文可知,明万历四十八年(1620)真阳知县是尹应祥,此处漏载。尹应祥事迹,可参阅本《志》卷七《艺文·碑记》中李宗延《尹令君台谏交荐序》一文。

⑥ 王信:事迹详见本《志》卷七《艺文·碑记》中刘广生《敕祀赠光禄寺少卿真阳令王公专祠碑记》一文。

⑦ 下车:官吏到任。

国朝

李之毅，号①，山东人，岁贡，顺治三年任，甫两月病卒于官。

马超群，号②，山东阳信人，岁贡，顺治四年任，调竹溪县。

崔凤鸣，号竹所，满洲人，顺治五年任。

迟焞，号焕宇，广宁人，顺治六年任。廉明敏捷，以少年始仕。创立县治，补葺城垣，饬文庙，建两庑。擒巨盗百余人，孤村荒舍不门户墙垣而居。上下词讼，片言而剖，无不诚服。莅治五年，升岢岚牧。又五年，升太平府知府。取道于真，童叟挽留不绝。

饶国士，号明理，直隶延庆州人，贡士，顺治十年任。

顾豹文，字季蔚，号且庵，浙江钱塘人，进士，顺治十三年任。精明缜密，甫下车即辩寒冻店经界，以疏盐法。每课士③，笔指口授，毫无倦色。十四年，钦取入内，擢御史。

王文焕，号从素，顺天人，恩贡，顺治十五年任。由陕西苑马监升④，未月余，以病致仕⑤。

刘必寿，字静山，号介眉，湖广景陵县人，顺治十六年任，以老致仕。

夏国泰，号大来，广宁人，荫生，康熙三年任，以病致仕。

---

① 原文"号"字后空两格，缺。

② 原文"号"字后空两格，缺。查清康熙《阳信县志·选举志》载："马超群，字沧涛。"

③ 课士：考核士子的学业。

④ 苑马监：明代马政中官牧的一种形式。在兵部下设苑马寺、监、苑三级机构，负责养马。寺设卿、少卿、寺丞等，监设监正、监副等，苑设圈长。一圈长率牧马夫五十人，每夫牧马十匹。

⑤ 致仕：旧时指交还官职，即退休。唐白居易《不致仕》诗云："七十而致仕，礼法有明文。"

任国标，号君佐，山西霍州人，拔贡，康熙六年任。敦崇学校，作育士子，考课惟勤。士贫不能自给，藉以生全者甚众①。爱养百姓，正赋之外，纤毫弗取。治真十三载，谨守清操如一日。以病致仕。去之日，囊橐萧然②。士民不忍别，相泣于道，立《去思碑》。

李景明，山东聊城人，举人，康熙十九年任。甫五月，病卒于官。

邓咸亨，号③，广西全州人，举人，康熙二十年任。因各保人户星散不一，里甲催输维艰，画定保分，俾办国赋者无道路奔走之劳。被论降调去任④。

赵楫，号用济，山西辽州人，例监，康熙二十二年任，被论去任。

安圻，号玉调⑤，山西汾阳县人，监贡，康熙二十九年见任⑥，续修本《志》。

典史

明

王玺，陕西绥德人，正德五年任。创设县治，功力颇多。

谢爵，字良贵，江西大庾县人，嘉靖二十五年任。精刑律，颇

---

① 生全：保全生命，全身。
② 囊橐萧然：形容缺乏财物，没有什么积蓄。囊橐，盛物的袋子。大称囊，小称橐。借指行李财物。萧然，空寂的样子。
③ 原文"号"字后空两格，缺。
④ 被论：遭到举报或控告。降调：降职调任。
⑤ 本《志》前《修志姓氏》载，安圻"字玉调"。
⑥ 见任：受到信赖而任用。

知自守。

王栋，字栢冈，夏县人，万历年任，多才有守。

王化行，大兴县人，天启年任。精骑射。未尝不取，人有美颂；未尝不刑，人无怨言。①

国朝

张承惠，直隶大兴县人，顺治二年任，升蓟州吏目②。

郭大任，山西富平人，顺治十一年任。持捏正官短长，见恶上台③，去。

张恒胤，陕西渭南县人，顺治十三年任，诖误去任④。

沈邦达，浙江山阴县人，顺治十六年任。

张扩，陕西韩城县人，康熙三年任，升广东阳山县巡检。

屠世英，浙江乌城县人，康熙十九年任，丁父忧去任。

阮世璘，顺天宛平县人，康熙二十一年任，因病致仕。

樊琦，江南铜陵县人，康熙二十六年任，被论去。

詹廷枢，江南扬州府人，康熙三十四年见任。

教谕

元

卫桂荣。

王良辅。

---

① 据民国《重修正阳县志·艺文》中刘廷昶《后乐亭碑记》一文的落款"明万历四十八年岁次庚申季夏，典史叶元申立"可知，此处漏载一位典史叶元申。

② 吏目：职官名。清代在地方各州置吏目一人，秩从九品，掌平诉讼、诘奸慝、弥盗窃及收容、赈济等事。

③ 上台：上司，上官。

④ 诖误：被牵连而受到处分或损害。

二公乡贯俱无考。四百余年，犹著名于简册。倘无善行，岂不为前人所笔削乎？

明

陶贤，直隶固安人，岁贡，嘉靖十年任。时学校初设，诸生乐于放纵，极力振作，设为科条①，率循规矩。为文约，入绳墨②。一时风教为士林宗。

殷迁，字梧亭③，南直龙江人，岁贡，嘉靖三十一年任。简默重厚，凡事不苟。年过六旬，与诸生课业终日不倦。间有隳其业者④，必对众斥之。门下成就者甚多。⑤

国朝

董绍舒，叶县人，岁贡，顺治四年任。

王国耀，偃师县人，岁贡，顺治八年任。

彭如芝，字德馨，号清源，南召县人，岁贡，顺治十四年任。奉裁补汝阳县教谕。

黄谏，号荩臣，嵩县人，监贡，康熙十七年任。升浙江瑞安县知县。

张顾行，号庸庵，西华县人，举人，康熙二十六年见任。

---

① 科条：法令规章。
② 绳墨：指木工打直线的墨线，比喻规矩或法度。
③ 明嘉靖《真阳县志》作："殷迁，号梧亭。"
④ 隳：古通"惰"，懒惰。
⑤ 据清嘉庆元年（1796）彭良弼修《正阳县志》卷二《学校》可知，明万历二十八年真阳县教谕为宋久文，此处漏载。

训导

明

张恕,直隶来安人,岁贡,正德十年任,重刻《天禄阁外史》。

黎载,四川人,岁贡,修云路腾蛟池,刊《圣门弟子录》《圣诞考》,是科发者二人①。

刘嘉绩,字喜闻,陕西朝邑人,岁贡,天启年任。创修文昌阁。辨字学②,传等韵③,以性灵取时艺④,以全书博古籍,守其法可以入大家之林。著有《礼书》,行于世。⑤

国朝

温之鼎,仪封县人,岁贡,顺治三年任,升河内县教谕。

朱颁禄⑥,号在其,中牟县人,岁贡,顺治四年任。修奎楼,课文艺,讲学规,绳人以礼,翼人以力。署县事三月,葺城垣,立窝铺。升辉县教谕,寻升景陵知县。

张其美,号尊五,孟县人,岁贡,顺治十三年任。淳庞诚朴⑦,十六年奉旨裁。

徐珊,杞县人,岁贡,康熙四年任。以老致仕。

张鉁,睢州人,岁贡,康熙九年任。以老休职。

---

① 此句意为在黎载任训导期间的一次科举考试中有两名生员考中。
② 字学:小学,文字学。
③ 等韵:一种分析汉字字音结构的方法。是汉语音韵学的一个分支。
④ 时艺:即时文、八股文。
⑤ 据清嘉庆元年(1796)彭良弼修《正阳县志》卷二《学校》可知,明万历二十八年真阳县训导为乔茂魁,此处漏载。
⑥ 原文脱一"禄"字,今据本《志》卷一《学校》补。清嘉庆《正阳县志》中亦均作"朱颁禄"。
⑦ 淳庞:淳厚。诚朴:诚恳朴实。

杨金章，扶沟人，岁贡，康熙十三年任。以老休职。

苏济世，号道济，许州人，岁贡，康熙二十二年任。因病致仕。

胡从虞，号僖三，西华县人，岁贡，康熙二十六年任。

燕光蕴，通许人，岁贡，康熙三十年任。

姜珺，太康人，岁贡，康熙三十三年任。

张缙，阳武人，岁贡，康熙三十五年见任。

按：旧《志》列《宦迹》，入祀名宦已无间矣。其间若元朵阿公改朱皋仓本色以纳轻赍，又教民于低下田畴改种禾稻，真民至今乐其乐而利其利①；明张公玺创砖城，浚湟池②，复仓储，广学庙，作兴蔚起于一时③，保障远及于奕世④；徐公霓均田粮，增户口，修邑志，垂典献，民无不均之叹，世有旧章之守，此真以劳定国⑤，皆有功于民者也。至汉太守邓晨，起塘四百余口，真民赖其利者数十世，当援郡守有功于邑，邑得并书之例。厥后有以政绩著者，有以德教彰者，事迹虽异，要之无其实而声称则难概及焉。国朝详载无遗，亦不能无美恶之殊致也⑥。

---

① 《礼记·大学》："《诗》云：'於戏，前王不忘！'君子贤其贤而亲其亲，小人乐其乐而利其利，此以没世不忘也。"

② 湟池：亦作"黄池"，城墙周围的水池。汉代枚乘《七发》："辇道邪交，黄池纡曲。"唐李善注："黄当为湟。湟，城池也。"

③ 作兴：兴办，发起。蔚起：蓬勃兴起。蔚，原文误作"尉"，今改。

④ 奕世：累世，代代。

⑤ 《国语·鲁语上·展禽论祭爰居非政之宜》："夫圣王之制祀也，法施于民则祀之，以死勤事则祀之，以劳定国则祀之，能御大灾则祀之，能捍大患则祀之。"

⑥ 殊致：不相同；不一致。

人物

何麟《旧志》曰："十室之邑，必有忠信；百里之封，岂无大材①？况嵩淮环绕，而秀气之攸钟；伊洛渐被，而文献之可观。诚汝南之望邑，而人物之渊薮也。穷则矩度乡间，达则赞襄政治，豪杰之士彬彬乎其盛矣！"

人材者，山川灵淑之气钟毓而生②。真邑人物，自汉以来，凡勋业之表著③，文章志节之炳烈④，可谓搜载无遗。是扬徽异代者⑤，固昭昭于畴昔，而作桢王国者⑥，方济济乎来兹⑦。实核而严纪之⑧，庶几直道之不泯与。

贤良

汉黄宪，字叔度，汝南慎阳人。世贫贱，父为牛医。颍川荀淑至慎阳，遇宪于逆旅，时年十四。淑竦然异之，揖与语，移日不能去。谓宪曰："子，吾之师表也。"既而前至袁阆所⑨，未及劳问，

---

① 大材：何麟《旧志》作"人材"。
② 钟毓：钟灵毓秀。指美好的风土诞育优秀人物。
③ 表著：显扬昭著。
④ 炳烈：光明刚直。
⑤ 徽：美好的（名声）。
⑥ 桢：古代打土墙时所立的木柱，泛指支柱。作桢：可作为支柱、骨干（的重要人才）。
⑦ 济济：形容人多，阵容盛大。
⑧ 实核：核实。纪：通"记"。记录，记载。
⑨ 袁阆：原文误作"袁阆"。余嘉锡《世说新语笺疏·德行第一》对此有详细考证，今据改。袁阆，字奉高，东汉汝南郡慎阳县（今正阳县）人。为功曹，辟太尉掾。

曰："子国有颜子，宁识之乎？"阆曰："见吾叔度耶？"时同郡戴良才高倨傲，而见宪未尝不正容，及归，惘然如有失也。其母问曰："汝复从牛医儿来耶？"对曰："良不见叔度，不自以为不及①；既睹其人，则瞻之在前，忽焉在后②，固难得而测也。"同郡陈蕃、周举常相谓曰："时月之间不见黄生③，则鄙吝之萌复存于心。"及蕃为三公，临朝叹曰："叔度若在，吾不敢先佩印绶矣。"太守王龚在郡，礼进贤达，多所降致，卒不能屈宪。郭林宗少游汝南，先过袁阆，不宿而退；进往从宪，累日方还。或以问林宗。林宗曰："奉高之器，譬诸氿滥④，虽清而易挹。叔度汪汪若千顷波，澄之不清，淆之不浊，不可量也。"宪初举孝廉，又辟公府，友人劝其仕，亦不拒之，暂到京师而还。年四十八终，天下号曰"征君"。

戴良，字叔鸾。才节既高达，而论议尚奇，多骇俗。同郡谢季孝问曰："子自视天下孰可为比⑤？"良曰："仲尼长东鲁，大禹出西羌，独步天下，谁与为偶？"举孝廉，不就。再辟司空府，弥年不到。州郡迫之，乃遁辞诣府，悉将妻子，逃入江夏山中。优游不仕，以寿终。

忠贞

汉戴尊⑥，字子高，慎阳人。家世富于财，好施给，豪侠尚气，

---

① 原文"自以为"前脱一"不"字，今据《后汉书》卷五十三《黄宪传》补。
② 瞻之在前，忽焉在后：颜回仰慕孔子之语。出自《论语·子罕》。
③ 月：原文误作"日"，今据《后汉书》卷五十三《黄宪传》改。
④ 氿（guǐ）滥：小泉。《尔雅》曰："侧出氿泉，正出滥泉。"原文误作"汎滥"，今据《后汉书》卷五十三《黄宪传》改。
⑤ 比：原文误作"此"，今据《后汉书》卷八十三《逸民列传·戴良传》改。
⑥ 戴尊：《后汉书·戴良传》作"戴遵"，乃戴良曾祖父。此段文字，亦源自《后汉书》卷八十三《戴良传》。

食客常三四百人。时人为之语曰"关东大侠戴子高"。平帝时为侍御史，王莽篡位，称病归乡里。

进士

明李经，字文极，中正德甲戌科进士①，初授吴县尹。精敏勤恪，历户部主事、员外、郎中，以功绩茂隆擢西安太守。下车即问民疾苦，尤属意于学校。关中豪杰，多所拔擢，相继登科第者，率多门下士。寻升本省副使、参政。

举人

明

余文章，字公器，归化保人，成化乙酉科②。

鲁杲，成化庚子科③。

刘廷璧，字挺玉，真阳保人，成化癸卯科④。

陈标，字立之，号龙冈，常丰保人，弘治乙卯科⑤。授垣曲县令，持守法度，凡事不苟。何大复序而赠之⑥。盖廉静孤介之

---

① 正德甲戌：正德九年（1514）。
② 成化乙酉：成化元年（1465）。
③ 成化庚子：成化十六年（1480）。
④ 成化癸卯：公元1483年。原文误作"癸酉"，明成化年间（1465—1487）无癸酉年，今据明嘉靖《真阳县志》改。
⑤ 弘治乙卯：公元1495年。原文误作"乙酉"，明弘治年间（1488—1505）无乙酉年，今据明嘉靖《真阳县志》改。
⑥ 何大复：何景明（1483—1521），字仲默，号白坡，又号大复山人，汝宁府信阳州（今河南省信阳市浉河区）人。弘治十五年（1502）进士，授中书舍人，官至陕西提学副使。文坛领袖，"前七子"之一。明嘉靖《真阳县志》后《补遗·艺文》收录有何景明《送陈子令垣曲序》。

士也①。

张诰，字忠甫，号乐竹，新兴保人，嘉靖戊子科②。性聪慧殊常，早岁中乡试，嘉靖丁未，授青州通判。不以家累自随。行属县，独乘一骑，一介不取。去太山香稞③，划革时弊，为当道所忌，乃慨然就道曰："吾不得事君，宁不得事亲乎？"遂归。

何麟，字仁甫，号松岩，真阳保人，嘉靖辛卯科。官通判，倜傥潇洒，归林下以著述为事，纂修《汝南人物考》《圣学统宗》诸书。

董宗舒，字伯醇，号仝川，真阳保人，嘉靖甲午科。累官通判，历滦州知州、户部员外、乌撒府用④。

王廷儒，字仲珍⑤，号见山，南和保人，嘉靖己酉科⑥。

黎来，字惟修，号敏庵，真阳保人，嘉靖己酉科⑦。

陈昌言，字思俞，号芝田，常丰保人，嘉靖戊午科。初仕宁羌知州，升兖州府同。督理济宁河工，上《治河十三事》⑧，当事者著

---

① 廉静：谓秉性谦逊沉静。孤介：耿直方正，不随流俗。
② 嘉靖戊子：嘉靖七年（1528）。
③ 稞：当为"课"。参见明嘉靖《真阳县志》卷八《人物志·刚直》。
④ 乌撒府：治所在今贵州省威宁县，是一种军民府（土府），隶属贵州都司。府用：疑为"府同"之误。
⑤ 仲珍：原文误作"仲琛"，明嘉靖《真阳县志》卷五《选举志·举人》中、《附录》白应虚《王仲珍席上赋赠》诗中均作"仲珍"，今据改。
⑥ 嘉靖己酉：原文误作"嘉靖乙酉"。明嘉靖《真阳县志》及本《志》卷二《坊第》中均作"嘉靖己酉"，查《国朝河南举人名录·嘉靖二十八年己酉科》确有"王廷儒"之名，今据改。
⑦ 嘉靖己酉：原文误作"嘉靖乙酉"。明嘉靖《真阳县志》及本《志》卷二《坊第》中均作"嘉靖己酉"，查《国朝河南举人名录·嘉靖二十八年己酉科》确有"黎来"之名，今据改。
⑧ 原文在"治河"前脱一"上"字，今据清嘉庆《正阳县志》补。

为令①。升淮安太守，致仕。归著《临云轩集》，王穉登序之②。

单可大，字希化，号中山，真阳保人，嘉靖丁卯科③。

叶润，字德甫，号玉台，柳寨保人，万历己卯科。

王家幹，字伯祯，号养嵩，常丰保人，万历戊子科。中后弃人间事，游心方外④，参宗门颇得妙悟⑤。

施泽久，字舜卿，号赞宇，万历戊子科。

钟声宏，字元实，真阳保人，万历戊午科。

涂扩然，字广白，真阳保人，崇祯庚午科。仕河间府通判。

袁润，字玉辉，崇祯丙子科。

国朝

张其道，字路白，新兴保人，顺治庚子科，河内县教谕。

恩贡⑥

国朝

贺来苏，字羽鸣，塘上保人，顺治二年贡，工翰墨。

余熙，字同六，乐善保人，顺治八年贡。考选知县，改延津教谕，裁补安阳县教谕，升山东寿光知县。余天爵子，天爵以至

---

① 著为令：将之作为规章制度。
② 王穉登（1535—1612）：字百穀，号松坛道士，苏州府长洲县（今江苏省苏州市）人。明朝后期文学家、书法家。
③ 嘉靖年间无丁卯年，此说误。据嘉庆《正阳县志》卷四《选举·举人》应为"隆庆丁卯科"，时在隆庆元年（1567）。
④ 方外：世外。指僧道等。
⑤ 宗门：佛教语。禅宗的自称，而称其他各宗为"教门"。
⑥ 恩贡：科举制度中贡入国子监的生员之一种。清代恩贡有两种：一种是遇国家庆典或皇帝登基的大典之年，皇帝特别恩赐的贡生；另一种是先贤后裔蒙恩入监，亦称恩贡。

孝闻。

钟惕，字喻义，真阳保人，康熙元年贡，考选州判。

贺斐，字予璧，汝南保人，康熙十五年贡。

拔贡①

邹宗孟，字养纯，号亚夫，乐善保人，顺治五年贡。考选通判，改授山西布政司经历②，仍六品服俸。

杨作楫，字岩叟，号弼公，新兴保人，以顺治三年贡入太学，授湖广衡阳知县。莅政宽严适宜，教养有法，革从前积弊。因老致仕，归里。

吴道成，字子韶，号宪黄，归化保人，顺治十一年贡。

王振常，字仁先，新兴保人，康熙十一年贡。

冯宗班，字定远，守信保人，康熙二十五年贡。

岁贡③

明

刘裔，黄里保人。永乐元年④，以贡生擢监察御史。坐事谪旗

---

① 拔贡：科举制度中贡入国子监的生员之一种。是各省学臣于通省生员内遴选文行兼优者拔入太学的贡生。拔贡进国子监肄业，三年期满，由祭酒分别等第，核实保荐，任知县、教职。乾隆时，定制每十二年选拔一次。

② 布政司经历：官名。清朝沿用明朝官制，在布政使官署中设经历官一人，掌管出纳文书等事，实为官署内部的事务长，类似后代的"办公室主任"，为从六品。但邹宗孟考选的是通判，故仍享受通判的六品服俸。

③ 岁贡：科举制度中贡入国子监的生员之一种。明清两代，各直省每年从府、州、县学中选送资深的廪生升国子监肄业，谓之岁贡生，简称"岁贡"。

④ 永乐元年：公元1403年。

手经历①，寻改行人②。奉命出使真腊国③，威仪简简④，不辱君命。宣德四年⑤，迁四川知县，致仕。

涂锐，字武英，希廉父，任陕西陇西知县。性刚果，诚实无伪。抑强梁以安良善，令行禁止，境内宁谧。讼者盈庭，剖决曲直，民无怨言。修边墙⑥，宽严相济，夫役乐于所事。

张銮，字朝仪，号淮宾⑦。务聚书，史、医、卜、律、历、阴阳、兵略，无不涉猎。

祝伟，字南皋，好作寓言，著《墙壁子》《隐人赟》诸集行于世。

何器，公安县主簿。

何应铨，字石楼。

刘光启，文名颇重。

刘以清，字洁泉，桂东知县。

王默，字青丘，阳武县训导。

刘化，字心吾，真阳保人。

祝君文，字太华，长葛县训导。

刘仰，字碧虚，真阳保人，密县教谕。

李绂，商丘训导，永城教谕，淮安府教授。

冯科，字士由，号淮溪，柳寨保人。嘉靖七年，授直隶交河

---

① 坐事：因事获罪。谪：降职并外放。旗手：旗手卫，官署名。掌大驾金鼓、旗纛，金民间壮丁为力士随皇帝出入并守卫四门。经历：职官名。掌文书出纳。应为从七品。

② 行人：职官名。正八品，掌捧节奉使、朝觐聘问、接待宾客等事。

③ 真腊国：中国古代对中南半岛吉蔑王国的称呼。其境在今柬埔寨境内。刘裔出使真腊，或为郑和下西洋队伍中的一员。

④ 简简：盛大貌。

⑤ 宣德四年：公元1429年。

⑥ 边墙：指长城。

⑦ 淮宾：明嘉靖《真阳县志》作"淮滨"。

令。邑有富家匿盗，士大夫率救之，竟置于法。乡御史以非礼相干①，耻于承奉，乃归。教训诸子，逍遥林下。

吴玺，字廷玉，任香河县训导。严毅刚方，而精于《春秋》，从游者甚众。虽纵横离合，而率主胡《传》②。分经会课，其低昂主于理③，痛革浮靡。于是归以《春秋》授汝南士，相继科第，甲于他乡。

刘延昶，字振寰，荆州同知。

杨寿徵，字静轩，白水县知县。

钟凤韶，字赓虞，庄浪县知县。

徐德容，字科宇，荥泽县教谕。

董楫，字仙舟，峡江县知县。

陈允，字伯奎，常丰保人。被寇时，叫曰："受朝廷衣冠，何难于死，其如老母何？"遂遇难。

董其成，字建白，真阳保人。

邹应宿，字朗门，乐善保人，禹州训导。

国朝

李成华，字蕚然。

田育性，字不远，号圣拙。

储昌印，字庆裔，归化保人，顺治五年贡。初授原武训导，裁补河阴县训导。

---

① 乡御史：清嘉庆《正阳县志》作"都御史"，当是。
② 胡《传》：胡安国《春秋传》，亦称《春秋胡传》。胡安国（1074—1138），又名胡迪，字康侯，号青山，谥号文定，学者称武夷先生，后世称胡文定公。建宁崇安（今福建省武夷山市）人，北宋学者。一生潜心研究《春秋》，所著《春秋传》成为后世科举士人必读的教科书。开创"湖湘学派"，明正统间从祀孔庙。
③ 低昂：指争高下。

刘以湛，字铉海，号承宠，真阳保人，顺治七年贡。性行纯笃，潜心理学。初授邓州训导，执经授业者甚众。升汜水教谕，奉裁回籍，补许州学正①。

何天宠，字君锡，南和保人，顺治九年贡。德重一乡，动期古处②，足迹不履公堂，有澹台遗风③。武陟县训导。

潘衍，字仲伦，真阳保人，顺治十一年贡，江西都昌县丞④。

袁锭，字珠辉，真阳保人，顺治十三年贡。

储永固，字养重，归化保人，顺治十五年贡。

吕洪响，字禽如，乐善保人，顺治十七年贡。

王位中，字统一，乐善保人，康熙元年贡。

张道行，字同之，真阳保人，康熙元年贡。汝宁府学。

赵翼明，字助之，浅塘保人，康熙九年贡，扶沟县训导。

王忠望，字季扬，南和保人，康熙十一年贡，邓州训导。

王珙，字冰壶，浅塘保人，康熙十三年贡。

陈斌，字宪章，乐善保人，康熙十五年贡。

徐中节，字和发，柔远保人，康熙十七年贡，巩县训导。

李特生，字玉立，礼庄保人，康熙十九年贡。

---

① 学正：明清州学设学正一人，初未入流，雍正时定秩正八品，职掌祭祀文庙，教诲所属生员，训导佐之。

② 古处：谓以故旧之道相处。古，通"故"。

③ 澹（tán）台：指孔子的学生澹台灭明，复姓澹台，名灭明，字子羽，鲁国武城（今山东省临沂市平邑县）人。孔门七十二贤之一。《论语·雍也》记载："子游为武城宰。子曰：'汝得人焉尔乎？'曰：'有澹台灭明者，行不由径，非公事未尝至于偃之室也。'"澹台遗风即指这种行事光明磊落，坦荡无私的精神。

④ 都昌：原书误作"都康"。江西无都康县。清嘉庆《正阳县志》即作"都昌"。查清康熙《都昌县志·秩官志》载："潘衍，河南人，由贡士（顺治十七年任都昌县丞）。"今据改。

王心传，字接之，新兴保人，康熙二十一年贡。

李东生，字赞铉，礼庄保人，康熙二十三年贡。

袁纲，字泰挹，府学生，康熙二十五年贡，系真阳人。

黎时雍，字纯野，乐善保人，康熙二十五年贡。

王祚远，字世勋，黄里保人，康熙二十七年贡。

傅孕淮，字枚卜，礼庄保人，康熙二十九年贡。

幸君惠，字中觊，塘上保人，康熙三十一年贡。

刘梦兰，字叶徵，柔远保人，康熙三十三年贡。

孙谋，字燕翼，柔远保人，康熙三十五年贡。

监生①

张克孝，字百先，南和保人，康熙十五年廪监，考选州同②。

张克第，字善长，南和保人，康熙十五年附监，考选县丞。

晏允恭，字克让，浅塘保人，康熙二十九年廪监。

袁大演，字晖烈，真阳保人，康熙二十九年附监。

龚长春，字复生，归化保人，康熙二十九年附监。

樊仙根，字立公，真阳籍，江南铜陵人，康熙二十九年俊监，考选县丞。

汪澄泓，朱黄保人，康熙二十九年俊监。

吴瑄，礼庄保人，康熙二十九年俊监。

---

① 监生：国子监肄业生的总称。监生名目繁多，有贡监（包含岁贡、恩贡、拔贡等）、恩监、荫监、优监、例监等。廪生、增生、附生及俊秀援例捐纳取得监生资格者叫例监。此处所称监生即属此类。故下文又有廪监、附监、俊监之分。例监是一种出身，不一定在国子监读书。

② 州同：职官名。即州同知，为知州的副职。

张汉臣，塘上保人，康熙二十九年俊监。
郭国宁，真阳保人，康熙二十九年俊监。
李元亨，柔远保人，康熙二十九年俊监。
杨州俊，浅塘保人，康熙二十九年俊监。
于绪曾，黄里保人，康熙三十年俊监。
刘玫，归化保人，康熙三十年俊监。
刘璟，柔远保人，康熙三十年俊监。
李文新，柳寨保人，康熙三十年俊监。
彭琰，守信保人，康熙三十年俊监。
吴瑗，新兴保人，康熙三十年附监。
黄里，新兴保人，康熙三十年俊监。
李玺，真阳保人，康熙三十年俊监。
周冕，朱黄保人，康熙三十一年俊监。
赵君禄，黄里保人，康熙三十年俊监。
冯斌，常丰保人，康熙三十年府学附监。
赵天禄，新兴保人，康熙三十一年俊监。
赵籧，新兴保人，康熙三十一年俊监。
吴璜，新兴保人，康熙三十二年俊监。

武举[①]

---

① 武举：武举是科举制度中专为选拔武官而设的考试，亦称"武科"。此处则为武举人的简称。清代武科考试每三年举行一次，分为武童试、武乡试、武会试、武殿试四级。每一级考试都有内外场之分，外场试马射、步射和硬弓、舞刀、掇石等，内场默写"武经七书"。武举授官，拣选一、二等者，汉军授门千总，汉人授营千总；三等者，汉军、汉人均授卫千总。

国朝彭肃如,字予远,守信保人,康熙壬子科①,候选千总②。

武职

汪鸿程,字渐白,守信保人,行伍。顺治五年,题授陕西兴安营守备③。顺治八年,功加署都司④。顺治十三年,升开封府副将中军都司,本年奉旨封赠。

吏掾⑤

明王顺,字德英。

义输⑥

明阮兴,字世隆。

涂希濂,字绍周。

---

① 康熙壬子:康熙十一年(1672)。
② 千总:职官名。始置于明,有随征千总、随营千总之别,为营以下千人左右部队的指挥官。清代在绿营中设置,位在守备之下,秩正六品,掌巡守营哨汛地,亦称"营千总"。
③ 守备:职官名。明代镇守边防五等将官之一,守一城一堡。清代时为绿营统兵官,为绿营兵中级军官,位在都司之下,为五品武官,称为营守备。掌理营务粮饷,或为参将、游击的中军。
④ 都司:原为明朝都指挥使司的简称,后亦用作武职官员的简称,位阶约为今中级军官。清朝沿袭,正式定为正四品绿营武官。掌一营之军政,或充协标中军官。清朝绿营,军阶由高至低分别为提督、总兵、副将、参将、游击、都司、守备、千总及百总。
⑤ 吏掾:亦作"掾吏"。明朝各衙门吏员。亦为选举途径之一。凡外府、外卫、盐运司首领官,中外杂职,入流、未入流官,多由吏员承差等选。
⑥ 义输:通过奉例纳银、为地方做慈善事业等途径获得编外官职。

乡耆①

刘庭，字斗南，世以礼让教。

杨进用，存心忠厚，有古君子风。

按：《明志·姓氏》之纪载，瀚海难罄矣。逆考先代人物，至明，固邑寥寥无多，第录其堪传者数人，示崇贤也。至当代，则编年详载如制，以遵时也。

---

① 乡耆：乡里中年高德劭的人。

卷　六

流寓①

宋李濡，字泽之。其先太原人，四世祖皋事晋王卫将，特见委任，子世其职。公从幼善读书，诸父置田为业，公恶农，乃游泰州。宋为虞部郎中②，赠朝请大夫，上轻车都尉，赐紫金绯鱼。后寓真，卒。有元符元年十一月十六日墓碑石③，字多剥落，无可校正。

明王时辉，字浠涯，原籍江西南昌，府学生。两次拟元，未遂所志，来游于真。人知其为江右名儒，咸师事之。每暑夜口授诸生，鉴史历一代必诰其兴废之由④，问古人论评当否；授子集诸书则诰其大旨若何，一代之风气若何。晚年两目俱瞽，著述无传，惜哉！

---

① 流寓：指流落他乡而定居的人。
② 虞部郎中：官名。秩六品。掌山泽、苑囿、场冶之事，辨其地产而为之厉禁。
③ 元符元年：公元1098年。元符是宋哲宗赵煦的第三个年号，使用时间1098年至1100年。
④ 诰：上告下曰诰。《说文解字》："诰，告也。"段玉裁注："以言告人，古用此字，今则用告字。以此诰为上告下之字。"

孝义

汉戴伯鸾,汝南慎阳人,性至孝。母卒,伯鸾居庐啜粥,非礼不行。与弟良俱有毁容①,时人称之。②

明吴文绅,真阳保人,天性孝友。成化十一年,母杨氏构疾,文绅朝暮侍汤药,寝食俱废。及疾革③,泣恸如孺子。葬,结庐墓侧,松柏林麓中枯木复生,鸦鸟来巢。邑人张文贤立石以彰其事,教谕焦济有诗哀之。

乐寿,黄里保生员,养亲至孝。正德六年,流寇经真阳,乡人皆走避之。寿父乐景林老不能行,寿独守其亲,不肯去。贼感其孝,皆跪拜哭泣而去。罗山张璿题吴、乐二子《孝感》诗。

张雄,真阳保人。父文贤有病,焚香祝天,愿减己寿以益亲。亲终,庐于墓侧,每早哭奠毕,用衣包土筑墓,冢如山然。雄四十余无子,服阕后得子,乡人以为笃孝所感云。

胡子通,真阳保人,乡老胡宣子。长子通、次子达④,二子友爱甚笃。弘治十五年大旱,宣以岁谷不登,家口众多,命二子各居。二子意不忍,又不敢逆亲之命,不得已而异居。至正德四年,兄弟终不忍,复合居一处,无间言。

冯尔栋,寒冻店人,邑庠生。崇祯七年正月间,其叔及兄弟,

---

① 毁容:指因居丧哀戚而憔悴的面容。
② 关于戴伯鸾的这段文字,出自《后汉书》卷八十三《戴良传》。因戴伯鸾的弟弟戴良,字叔鸾,故"伯鸾"同样应为字,其名已不知。
③ 疾革:病情危急。
④ 达:明嘉靖《真阳县志》卷八《人物志·孝友》中作"逵"。

悉被寇围。栋持刀往救之，俱得脱去，独栋孤身遇难。其妻杨氏，为栋备衣衾棺椁，至葬期前一日夜，缢于柩侧。明令田嘉谷申其事于上①。令刘必寿曰："孝友躬行，刑于寡妻②，所谓惟斯人也而有斯妇。"

周志德，邑庠生，真阳保人。父重光，弟懋德、之德。懋德娶杨氏，生二子。当土寇蜂起，光与乡人约曰："宁死贼手，勿死兵手。"贼头王舟率众攻光，被执，懋德、之德同光死。志德带重伤，贼误舍之。杨氏携二子潜于他所。三越月，杨督师住扎汝宁，王舟招安受职，志德亲戮舟于督师门首，甘以身从法。督师壮其义，宥而旌之。无何③，二子继亡，杨氏自缢死，杨可诲助棺葬焉。令刘必寿曰："志德毙贼成志，其烈孝为至著矣！懋德、之德杀身以殉父，娶妇杨氏轻生以殉夫，何正气咸聚一门耶？"

董广，真阳保人，宗舒祖。性严毅，见人为善，诱掖奖劝④；其为恶者，则深恶而痛绝之。族人颇众，每里社毕集，谓之曰："公事毕，然后敢治私事。汝不官税完，则有明法矣。"里人有强梁争讼者⑤，不畏官府而畏广知之。

黎珠，字国用，真阳保人。刚方质朴，治家严而有礼，训子孙以义方。每择郡城有学行者，招延家塾，与之联属琢磨。诸子孙凛凛不敢犯。尝修间河桥⑥，置义冢。

---

① 田嘉谷：本《志》卷五《职官·知县》未载此人。
② 刑于寡妻：语出《诗经·大雅·思齐》："刑于寡妻，至于兄弟，以御于家邦。"刑：通"型"，法式，典范，榜样。
③ 无何：没有多久；不久。
④ 诱掖：引导扶植。
⑤ 强梁：强横的人。
⑥ 尝：原文误作"常"，今据明嘉靖《真阳县志》改。

董宗德，字汝崇，嘉靖间明经①。刻意读书，虽隆冬盛暑，手不释卷。独筑一室，清苦自甘。酒后则放怀高歌，欣然自得。人劝之仕，则曰："人生贵适意耳，何必乃尔。"终优游田里焉。

叶印龙，守信保人，父叶才春早卒，随胞叔三春抚养成立。三春染病垂危，思肉食，龙焚香祝天，割臂肉以啖之，三春病寻愈。县给扁旌奖②。

曹文玉，乐善保民。其母病笃，医药无效，玉斋沐祷祝，割股肉奉母食之，后病果痊。县给扁褒赠。

烈女

纲常伦理，原为维持风俗之具，匪特男子能无愧也③，即闺阃巾帼④，往往有克尽者。第处顺易⑤，处逆难，间或变故猝临⑥，守志不渝，时势迫协，誓死靡他⑦，其为风化攸关，匪细务也⑧。职司民社⑨，顾令峻节奇行沉沦草莽间泯灭无闻⑩，亦属致治者之阙事焉⑪。

---

① 明经：明清对贡生的尊称。
② 扁：同"匾"。
③ 匪特：非特。不仅；不但。
④ 闺阃：古称女子所居住的内室。巾帼：古代妇女的头巾和发饰。闺阃巾帼借指妇女。
⑤ 第：但。
⑥ 间或：偶尔、有时候。
⑦ 靡他：亦作"靡它"，谓无二心。
⑧ 匪：假借为"非"，表示否定。
⑨ 职司：执掌。民社：指州、县等地方。亦借指地方长官。
⑩ 顾：文言连词，反而、却。峻节奇行：高尚的节操，不同于凡俗的行为。
⑪ 致治者：使国家在政治上安定清平的人。此指地方长官。阙事：失事、误事之意，犹指憾事。

明

张氏,真阳保张五之女,生员张季麟之姑也。七岁时,里人托媒氏求婚,请见之,谓曰:"女首有疮矣。"女遂涕泣以回曰:"我取辱耳。"及疮愈,媒氏复求,女曰:"我何颜以适人也。"① 父母强之,女曰:"更言此,吾将自缢矣。"父母不敢言。独居一室,足不逾阈②。父母终,其衣食皆资于兄弟。年九十六卒。乡人比其德于玉焉。

张氏,黄里保人。年十四,适生员胡英。二十四,英亡,有女方八月,张欲从以死,翁姑止之。乃竭力女工,上事舅姑,下抚遗女,四十余年。虽宗党亲戚,未尝见其笑颜也。嘉靖初,邑侯旌其节操。

吴氏,邯郸递运大使吴英女③,适陈标子汝谟④。年三十,汝谟亡,乏子女,茕茕独立,有劝其嫁者,遂捻香告于天曰:"我为陈氏妇,将从陈氏于地下,此言何得而至。"七十终。

卢氏,常丰保人,卢寅女,陈嘉言妻。夫丧子幼,事舅姑以孝闻。氏殁,邑令沈公上其事,建坊于门。

徐氏,黄里保人。年十八,适乐元为妻。二十六,元亡。遗腹六月,历四月生一子,名九成。抚育在抱,岁时祭扫外,未尝出阃外一步。不幸九成又早夭,独茹苦死守六十年终。

失姓氏,三世隐节。氏名、年月,大半无考。故老相传其事

---

① 适人:谓女子出嫁。
② 逾阈:跨过门限,出家室。阈,门槛。
③ 递运大使:官名。明置递运所,设大使、副使各一人,分隶于府、州、县,掌运递粮物。吴英:明嘉靖《真阳县志》作"吴瑛"。本《志》卷七王廷相《新修真阳县记》中亦作"吴瑛"。
④ 陈标:邑人,曾任山西垣曲县令。本《志》卷五《人物·举人》有传。

曰：生员裴景度，世居南关，存日约在万历中年。度母陈氏，少年孀居，以抚景度由。度祖母某早年丧夫，为景度父尚在襁褓，茹苦隐忍，曰："现有稚子，岂可改嫁？"子成立，娶陈氏，生景度。度三岁，而陈氏夫又亡，陈曰："姑为孤子，苦而无功，我即姑子也。况有景度，十余年后即可快姑心矣。"景度娶某氏，无所出，度又卒。卒之三日，陈促窆景度①，度妇曰："不可，骨未冷也。"卒之三月，陈又促窆，妇曰："不可，服未终也。"卒之三年，陈又促窆，妇曰："不可，二寡妇未终也。"陈泣慰之曰："汝不知寡妇之苦。我当日上有老姑，下有幼子，家事稍殷，万苦千辛以至今日。方今裴门冷落，仓箱无升合之积，门厅无三尺之婢，万一母子不合，回想青春少年，晚矣！"陈氏姑痛哭叫号曰："老天老天，以不中用人耽误两个少年，何不令我早死。"撞石几绝。二妇扶起，相守于景度柩侧。几年后，学博刘嘉绩闻其事②，扁于门曰"柏舟并美"③，月送谷几斗。又几年，谷贵民离，寇焚关厢④。不审景度之骨、三妇之骸，有人殓殡否？

王氏，寒冻店人，生员王铭妻。夫年十七故，氏年十八，长子基固方二岁，次子际泰方月余，舅姑皆七旬。遭不同母之伯叔逼

---

① 窆（biǎn）：将棺木葬入墓穴，即下葬。
② 学博：唐制，府郡置经学博士各一人，掌以五经教授学生。后泛称学官为学博。刘嘉绩：本《志》卷五《职官·训导》有传。
③ 扁：在门户上题字。柏舟：原为《诗经·鄘风》篇名，《毛诗序》曰："柏舟，共姜自誓也。卫世子共伯早死，其妻守义，父母欲夺而嫁之，誓而弗许，故作是诗以绝之。"后因以谓丧夫或夫死矢志不嫁。
④ 关厢：城门外的大街与附近居民区。

嫁，利其产①。氏誓抚二子，皆入泮②。年七十六终，明清二代，屡经旌扁其庐。

刘氏，生员陈侣妻。年甫二旬夫故，幼子甫一岁。家事艰辛，氏冰蘖自茹③，抚孤子玉成。逾八十岁而陨于寇。

横山烈妇，隐节也，详见赵南星、陈昌言《碑记》④。

危大姐，乡耆危世文（后复姓寇）女也。六岁时，许聘邑人段我用子华蘭⑤。蘭缘木摘桑，坠伤左足，其父请辞婚焉。女闻，泣语其母曰："天作婚姻，一言已定。婿之不幸，吾之命也。贫富好丑，愿生死以之。"后年十四，蘭病故，俗以孝服相加。遗女闻，痛苦绝倒，断欲往吊。父兄止之，不果，乃请以生平之针指归之。其母曰："此物尚可留为异日用。"女曰："此物可再用，段子可再起乎？"遂密登楼自缢。有司上其事，敕赐建坊旌表贞烈⑥。

寇氏世文女，适儒童王瓒。翁卒，事姑曲谨不懈⑦。年十七，瓒亡。志在殉夫，闭户自缢者三，屡为姑觉救。遂自矢不茹荤，衣缟素。日夕痛苦，如始丧也。家贫，有议聘者，姑阴许之。氏侦知，即托疾不食而卒。御史吴以其事上闻。

---

① 利：占；谋利。

② 入泮：古代学宫前有泮水，故称学宫为"泮宫"，童生初入学为生员则称为"入泮"。

③ 冰蘖自茹：同"饮冰茹蘖""饮冰食蘖"。指生活清苦，为人清白。冰蘖，亦作"冰蘖""冰檗"。冰最寒，蘖味苦。冰蘖指处境清苦如饮冰食蘖。多用来形容妇女的苦节。

④ 此处不甚解。赵南星作品题为《古诗为横山烈妇作》，本《志》卷七《艺文·诗》有录，但未闻有关于横山烈妇的《碑记》。另据王祖嫡《师竹堂集》卷十九《烈妇传》记载，陈昌言曾亲眼目睹横山烈妇殉夫一事，或作有《碑记》，亦未可知。

⑤ 许聘：女方接受男方的聘礼。谓允婚。

⑥ 旌表：封建时代由官府立牌坊、赐匾额对遵守封建礼教的人加以表彰。

⑦ 曲谨：谨小慎微。

国朝

钟氏，真阳保钟凤楼女。年十九，于归南和保生员田既霈子田育明①。生女甫三岁，子方三月，当崇祯壬午夏②，城破，举家被掳。氏自缢，贼以刀砍绳刺左肋而去。逾时，氏苏。至十一月，闯贼复攻真阳，育明掳去，莫知所终。氏忧愤成疾，几不欲生。顺治甲午③，女许聘，子结姻。氏叹曰："吾为夫抚孤，今大事已完，可以无生。"遂水米不入口，六日而卒。邑士民上其事于邑令，因闻于上台，具题旌表。守道桑为立石墓前④，曰："节不足以尽之，当加一'烈'字。"仍赠锡育明以生员名奉祀焉⑤。

周氏，真阳保民许大金妻。金故，氏年廿余，生子可成仅一岁。氏心如冰蘖，节凛雪霜，育子成立。寿终八十五岁。合邑具呈请旌，奉旨给银建坊。

刘氏，守信保人庠生王之纯妻。纯故，氏年廿四，恸夫欲以身殉。亲戚以子幼力劝，至再乃不死⑥。家贫不能雇工成坟葬夫，氏率长子七岁、次子五岁，以衣裹土，又结小草庐于墓侧，置子在襁褓者，未旬日而坟成⑦。后诸子渐成立，延师教训。氏自甘淡泊，亲纺绩以办束金⑧。是以子遵义入庠，遵道、遵路并食饩⑨，遵帝亦

---

① 于归：指女子出嫁。语出《诗经·周南·桃夭》："之子于归，宜其室家。"
② 崇祯壬午：崇祯十五年（1642）。
③ 顺治甲午：顺治十一年（1654）。
④ 守道：清初，布政使下设左右参政、参议，驻守在某一地方，称为守道。桑：桑芸，顺治十三年（1656）任河南布政使司右参议，分守汝南道。
⑤ 赠锡：赠赐。锡，通"赐"。
⑥ 至再：反复多次。
⑦ 旬日：十天。
⑧ 束金：束脩之金。旧时入塾的学费。
⑨ 食饩（xì）：指明清时经考试取得廪生资格的生员享受廪膳补贴。亦即成为廪生。

登吏籍。四子咸克底于成。

李氏，生员雷雨辰妻也。夫殁，时氏年甫廿五，子声扬未满二周。茹荼啖齑①，甘贫誓守，以抚遗孤。迨成童，训课严厉，寒暑无间，躬织纴以供衣食。扬克承母志，早岁即列黉序②。其艰苦之衷，坚贞之操，视柏舟为尤烈焉。郡守熊公③、学使吴公同给扁褒荣之④。盖康熙二十一年事也。

方技

道，形而上者也；艺，形而下者也⑤。艺也，而道通焉。如《周礼》之载，冯相⑥、保章⑦、疡医⑧、太卜之家学⑨，精星纬术⑩，

---

① 茹荼啖齑（jī）：比喻受尽苦难。荼，苦菜。齑，同"齏"，捣碎的姜、蒜、韭菜等。
② 黉序：古代的学校。
③ 郡守：即知府。熊公：熊仲龙。据清康熙三十四年（1695）《汝宁府志》卷七《官师·知府》记载："熊仲龙，汉阳人，贡监，康熙十二年任。"
④ 学使：即学政。清代钦派各省的教育行政长官。掌一省学校教育之政令，及按期巡视所属各级儒学、考核教育、考课生童、考选贡生等事。三年一任。不问本人官阶大小，在充任学政时，与督、抚平行。吴公：未详何人。
⑤ 《周易·系辞上》："形而上者谓之道，形而下者谓之器。"
⑥ 冯相：即冯相氏。周官名。掌天文。《周礼·春官宗伯·冯相氏》："冯相氏掌十有二岁，十有二月，十有二辰，十日，二十有八星之位。辨其叙事，以会天位。冬、夏致日，春、秋致月，以辨四时之叙。"
⑦ 保章：即保章氏。周官名。掌天文星历。《周礼·春官宗伯·保章氏》："保章氏掌天星，以志星辰日月之变动，以观天下之迁，辨其吉凶。"
⑧ 疡医：周代医官之一，主治疮伤外科。《周礼·天官冢宰·疡医》："疡医掌肿疡、溃疡、金疡、折疡之祝药，劀杀之齐。"
⑨ 太卜：即大卜。周代卜筮官之长。掌管卜筮。《周礼·春官宗伯·大卜》："大卜掌三兆之法……掌三易之法……掌三梦之法。"
⑩ 星纬术：犹星相术。

用刀圭①，犹属福世而泽民者也。载之以备参者。

张真人，涉济河遇青城赵真人，一见奇之，授以导引术。真人返，杜门谢客。崇祯年间，已七十矣，每语人曰："杀运近矣，将奈何？"闻者皆以为迂，未几岁而寇渡河，人咸服真人之神。一日，积柴塔为羽化计②，真僧诘之曰："何不待瓜熟果成，自然飞升耶？"真人曰："自作了当，未可——为人言也。每怪修行人反多怖死，念又笑世人遇忠孝节烈场中不能似我爽快而多回覆耶③。"弟子余熙曰："何日可再见乎？"真人曰："洞中方七日，世上已千年。后日人自见我，恐非今日我见之人也。"焚化时，轻风微起，青气一缕直入天际，异香满室。

刘清渠，少游真、息间，矢志烟霞④，怡情林壑。偶游大树下，遇异人曰："丈夫生世，大则公卿将相，小亦可以利世福民，何必羡势禄之宠荣始毕生愿哉⑤？吾则授尔以黄帝《素问》秘书⑥，汝当大有功于世，上可以动王侯，次可以近公卿，下可以济众生。"遂从而与之游。数年，及其归来，肝肠肺腑洞然若仙。一时求之者，不惮数百里，咸以神医目之。后授其徒晏恩荣，亦成名于世。

丁玺，自少及髦⑦，业医。至末年，偶恙，自诊脉，危矣，谓妻曰："速告诸戚而辞之。"人皆谓名医，知于生前者。

---

① 刀圭：中药的量器名。
② 羽化：旧时迷信的人说仙人能飞升变化，把成仙称为羽化。
③ 回覆：犹"反覆"。翻悔；变化无常。
④ 烟霞：烟雾和云霞，泛指山林、山水。矢志烟霞意为有隐居山林之心。
⑤ 此句不甚解。"始"或为"矢"之误。
⑥ 《素问》：医学著作。与《灵枢》为姊妹篇，合起来就是中国最早的医学典籍《黄帝内经》，相传为黄帝所作。
⑦ 髦：毛中的长毫，喻英俊杰出之士。此处似为"耄"意。

晏三才，抉青鸟之微①，尤精阳克宅择，不拘横推②，亦得福世宜人之传。

---

① 青鸟：即青乌。鸟，系"乌"字之讹。指堪舆之术。
② 横推：指看黄历，择日。

卷　七

艺文

人声之精者为言，文辞之于言又其精也。真自嵩淮毓秀，人文萃聚，由昔迄今，达者名公巨卿，穷则骚客逸士。抒灵吐奇，或叙述功业，或表扬芳型，以及吟咏景物。要皆藻采缤纷，绮丽炳蔚，匪同捃摭自固徒饰观听已也①。

碑记

真阳巡检司记②

马　蕙（汝宁府学教授，彭城人）③

真阳，汉慎阳县也，隋改真阳县，唐、元、宋因之④，其地皆

---

① 捃摭自固：搜罗材料以巩固自己的地位。已：罢了。
② 此文原已收录于明嘉靖《真阳县志·艺文志》，题作《真阳镇巡检司记》。
③ 马蕙：字彦芳，徐州（今江苏省徐州市）人，宣德七年（1432）举人，历官汝宁府教授。据明嘉靖《真阳县志》载，此文作于明景泰六年（1455）中秋日。
④ "唐、元、宋"，明嘉靖《真阳县志》、清嘉庆《正阳县志》俱作"唐、宋、元"，当以之为是。

属汝南焉。国朝平定天下，省县入汝阳，民之居是地者，止设保甲，今所谓真阳镇也。镇在汝阳之南，去县百有余里，南至罗山亦如之。息县在其东，确山在其西，地里绵亘，亦与去汝阳相离。土旷而沃，是以他郡邑民无业者多趋之。历岁既久，或遇水旱而值饥馑，则盗贼、狱讼能保其不繁乎？必设官在其地，庶乎有所畏惮而不敢为也①。

前汝宁守暨汝阳令方将以事上闻，适居人江镇者已先具其事径自上请矣。由是真阳特设巡检司，以蠡吾张荣子华领巡检事②。子华负篆而来，乃相镇之巽隅③，得隙地一区，用建乃司。请于今郡守龙泉项公所勤、邑令郚侯廷震躬亲视之，咸曰可。遂命鸠工庀材④，范甓陶瓦⑤，建厅事三间，抱厦则减其二，司房在东者三间，在西者如其数。建大门于前，设狱犴于后⑥。官吏有安居之廨，兵士有直宿之庐。缭以高垣，谨严固密，息盗除奸，诚得其所也。肇工于景泰四年之春正月，讫工于明年之秋八月。

子华感郡守公提调之勤、邑侯供助之费，不可无述，来征记以垂永久。予惟今之巡检犹古之关吏县尉，职在巡捕盗贼，禁察奸伪，良民得其安而已。苟或贪暴失职，则将以御暴而反以为暴，与盗奚择哉？今真阳巡检创建衙司，工力材木虽出于县，而其朝夕用

---

① 庶乎：也许可以。表示希望或推测出现某种结果。
② 张荣：字子华，保定府蠡县（今河北省蠡县）人，明景泰四年（1453）任于真阳巡检司。
③ 巽隅：东南角。
④ 鸠工庀（pǐ）材：招聚工匠，筹集材料。指土木工程兴建前的准备工作。庀，具备、备办。
⑤ 范甓（pì）陶瓦：用模子烧陶制作砖瓦。甓，砖。
⑥ 狱犴（àn）：监禁囚犯的地方。

心亦勤矣。加以捕获逋亡，缉捉盗贼，数溢于额，使真阳一境农安其业，商乐其利，可谓能举其职者也，容可不书乎？子华秩满，予记衙门创始之由，因书此以为后来继是职者劝。

新修真阳县记[1]

王廷相（号浚川，兵部尚书，仪封人）[2]

真阳，汝宁属邑，襟淮带汝，沃壤冠淮右[3]，为南北要冲、《禹贡》豫州之城。古慎国，世传慎子国，恐或然也[4]。封建之岁月、境土之广狭、世系之修短，载籍寥寥，漫不可考。秦罢侯置守，裂天下而郡县之，故于汉为慎阳县。东魏置义阳郡，北齐省入保城县。隋废保城置真丘县，后改曰真阳。唐改曰淮阳，寻复旧。宋属蔡州，元属汝宁府。至正辛卯[5]，刘福通兵据朱皋[6]，犯光、息，遂攻真阳城，乃陷。兵燹屡经，民物为之一空矣。我太祖高皇帝传檄中原，天下大定，乃隶汝宁府。洪武四年，以县民编不足，省入汝阳县。景泰间，即其地为真阳镇，置巡检司。承平日久，民物日

---

① 此文原已收录于明嘉靖《真阳县志·艺文志》。

② 王廷相（1474—1544）：字子衡（此作"仲衡"），号浚川，时人称王浚川、浚川先生、浚川公，开封府仪封县（今河南省兰考县）人。明代中期官员、诗人、哲学家。官至南京兵部尚书，都察院左都御史。廉洁奉公，学识渊博，与李梦阳、何景明等并称"前七子"。据明嘉靖《真阳县志》载，此文作于明正德八年（1513）冬十月。

③ 淮右：亦称"淮西"。隋唐以前，从长江下游通向中原一般都在今安徽省寿县附近渡淮，这一段淮水流向系自南向北，故习称今皖北豫东、淮河北岸一带为淮西或淮右。

④ 或然：或许可能。有可能而不一定。

⑤ 至正：元惠宗（字儿只斤·妥懽帖睦尔）的年号。至正辛卯，即至正十一年（1351）。

⑥ 朱皋：今河南省信阳市固始县往流镇朱皋村。

盛，草莽极目之乡变而为间阎阛阓之所①，何圣代安养之效有如是哉！

皇帝御极之元年，今纪功豸史②、前汝阳令隆庆雷公宗③，及前邯郸递运大使、邑人吴瑛，率以地远民且不便，请为县，隶府。以闻，诏可之。命下日，河南大参太原王公琼④、东阿刘公约⑤，郡守全州蒋公昇⑥，皆来度地，以定居焉。县治在城之乾隅⑦，即故县基。城隍庙在县西，察院两司在县之大街东、小街之北。弥勒院东即故儒学基，今徙于城之巽隅。学之西则仓储、阴阳、医学、养济、社学之所，则又在弥勒院前小街之南北也。坛壝⑧、射圃、演武之所，罔不各有其地。事既定，以田官涂希濂⑨、义官阮兴分董厥役。二子晨夕展力，虽祁寒盛暑，未尝少靳其劳⑩。推府乐安陈

---

① 间阎：里巷内外的门。后多借指里巷。阛阓：街市；街道。
② 豸史：府推官的别称。
③ 雷宗：生卒年不详，字希曾，隆庆卫（今属北京市昌平区）人。明弘治十五年（1502）进士。次年，授河南汝阳知县。任内，曾修博爱桥，即今汝南县城北关石桥宏济桥。后任四川道监察御史，官至大中丞。
④ 王琼（1459—1532）：字德华，号晋溪，别署双溪老人，山西太原府（今山西省太原市）人。明朝中期名臣，历事成化、弘治、正德、嘉靖四朝。在弘治朝后期，先后担任过河南参政、河南右布政使等职。
⑤ 刘约：生卒年不详，字博之，别号黄石，兖州府东阿县（今山东省东阿县）人。明成化十一年（1475）进士，曾任吏部验封郎中、河南布政司参政。
⑥ 全州：原文误作"泉州"，今改。蒋昇（1450—1526），字诚之，号梅轩，广西全州（今广西壮族自治区全州县）人。成化二十三年（1487）进士，授南海知县，以政绩卓异征入朝，擢监察御史。升河南汝宁知府，后历官多职，正德十六年（1521）升南京户部尚书。
⑦ 乾隅：西北角。
⑧ 壝（wéi）：古代祭坛四周的矮墙。原文中"壝"误作"遗"，今改。
⑨ 田官：即农官，职掌农事、粮税等。但明嘉靖《真阳县志》卷十《艺文志》文中称涂希濂"日官"。
⑩ 少靳其劳：意为减少一点儿劳动。少，稍稍、稍微。靳，吝惜、不肯给予。

326　　　正阳旧志三种

公溥则总其事。收流寓于土著中，得千余家。增以保分，甲归乙附，势日振。首得肃宁齐侯渊①，继以东光郭侯仲辰②，后先来令是邑。以及邑幕绥德王侯玺③，讲画区处，罔所忽。以故学校、官署之所，殆次第而成矣。独城与池尚未举焉。郡守新城毕公昭④，复命王侯玺及濂、兴辈曰："保障莫如城池，且今贼马饮河，鸱张中土，脱或噬脐无及⑤，悔将何如？"即并日促工，因其故址而高之深之，不再月而遂成。通府大同李公穆抵邑⑥，犹以为未也，请于巡抚都宪邓公⑦，益之以砖，示坚久。王侯玺实又总督厥役，指画有方，而濂辈亦与焉。适邑令亳州张侯玺奉命而来⑧，下车之初，兴学育材，悯劳恤匮，乃尤以城池为急务。遂偕王侯辈，誓诸鬼神，克殚心力，严以威惰而济之以宽，宽以恩勤而济之以严，日夕环视，劳赍不倦。民乃德侯之赐⑨，无怨言而大功告举，可谓有金汤之固矣。间以堂宇仓库之火于兵者，寻复之；学校号舍之弗称者，

---

① 齐渊：本《志》卷五《职官·知县》有传。

② 郭仲辰：字时正，直隶东光县（今河北省东光县）人，监生，正德四年（1509）任真阳县知县。

③ 邑幕：典史的代称。王玺：本《志》卷五《职官·典史》有传。

④ 毕昭：生卒年不详，字蒙斋，济南府新城县（今山东省桓台县）人，工部尚书毕亨之子。明弘治十二年（1499）进士，正德四年（1509）任汝宁府知府。任内，兴学养民，境内大治，汝民建碑记其事。后迁金都御史、山西巡抚等职。

⑤ 脱或：倘或。噬脐无及：亦作"噬脐莫及"。自咬腹脐够不着。比喻后悔不及。

⑥ 通府：通判的别称。李穆：宣府（今河北省张家口市宣化区）人，正德七年（1512）任汝宁府通判。

⑦ 邓公：邓璋（？—1531），字礼方，号烟村，顺天府涿州（今河北省涿州市）人。明成化二十三年（1487）进士，授南昌府推官，又升任右金都御史，巡抚辽东。正德中累官河南巡抚。迁右都御史，总制陕西三边军务，后改抚甘肃，又升任南京户部尚书。嘉靖十年（1531）卒，赠太子太保。

⑧ 张玺：本《志》卷五《职官·知县》有传。

⑨ 句首原无"民"字，今据明嘉靖《真阳县志》补。

寻增之。凡百营为，悉中绳度，巍然甲于他邑焉。

夫以县治、学校之所计之，凡百三十余楹，足以莅政而储材也；以院司、仓库之所计之，凡八十余楹，足以奉官而储蓄也；医卜、养济、社学之所，凡若干楹，足以备事；坛壝、祠庙之所，凡若干楹，足以事神。城围七百八十四丈，高二丈五尺，池半之①，皆足以奠民也。门四，曰适蔡、通楚、接颍、达洛。坊二十，即城隅、关厢之额扁者②。保有十五，即汝阳分析及归附之所编者。凡此，皆予同年乡进士陈君标悉状其实③，以书抵予求记。嗟夫！百余年废邑，一旦化而为新如此，其气之贞而复元，冬而复春哉！盖以遭逢圣世，气数之不偶耳。或曰："邑固新矣，治亦有以新之可焉？"殊不知土地唐虞三代之土地也，吏民唐虞三代之吏民也。凡吏于斯土者，求尽乎吏之职；民于斯土者，求尽乎民之职。则上下亲，教化行，强梁可屏，奸宄可息④，侵渔可寝，盗窃可弭。冠裳文物、英华精采，可百倍于昔，唐虞三代淳厚之风可挽而回也，圣天子轸念真民之明诰⑤，亦可以少副矣。孰谓邑新而治有不新者哉！是宜笔之以告来者。

---

① 池：原文误作"也"，今据明嘉靖《真阳县志》改。
② 此句原文脱一"扁（匾）"字，今据明嘉靖《真阳县志》补。
③ 状：原文误作"收"，今据明嘉靖《真阳县志》改。乡进士：指乡试中式的人。明清称举人。陈标与王廷相同为明孝宗弘治八年（1495）河南乡试举人，故称"同年乡进士"。
④ 奸宄：指违法作乱的人或事情。
⑤ 轸念：悲切思念。诰：明嘉靖《真阳县志》中作"诏"。

吏隐堂记

明　吴安国（字文仲，邑令，长洲人）①

夫士怀瑾握玉②，非徒以自炫饰，欲有所用之。当其栖迟草壤之时③，曷尝不矫首云路④，顿足康庄⑤？即徼一命之荣⑥，假百里之便，固当表见其所树立，而浸淫乎夙所许钟鼎旗常之业⑦，此其志顾不伟哉！而古之达人大观⑧，方以圭组为累⑨、案牍为劳，悠然有丘壑之想⑩。若漆园寄傲⑪、彭泽兴思⑫，文园雅非所好⑬，河阳自甘

---

① 吴安国：字文仲，苏州府长洲县（今江苏省苏州市）人。万历五年（1577）进士，次年授真阳知县。后调永康知县，入为刑部郎中，出任宁波知府，官至浙江参议。著有《累瓦三编》《今是堂集》《葆光轩稿》等。本《志》卷五《职官·知县》有小传。

② 怀瑾握玉：即"怀瑾握瑜"。比喻怀有高贵的美德与才能。瑾、瑜，美玉，比喻美德。语出屈原《楚辞·九章·怀沙》："怀瑾握瑜兮，穷不知所示。"

③ 栖迟：滞留。语出《诗经·陈风·衡门》："衡门之下，可以栖迟。"

④ 矫首：昂首；抬头。云路：青云之路。比喻显达的仕途。

⑤ 康庄：平坦宽广、四通八达的道路。

⑥ 徼：通"邀"。取得。一命之荣：受任一官的荣耀。

⑦ 钟鼎：钟和鼎，古代重器。借指高官重任。旗常：旗与常。旗画交龙，常画日月，是王侯的旗帜。借指王侯。

⑧ 达人大观：明白事理的人能洞察事物的全貌。此指明白事理、洞察人世的人。

⑨ 圭组：印绶。借指官爵。

⑩ 丘壑：山谷，借指隐居的地方。丘壑之想指隐逸的心愿。

⑪ 漆园寄傲：漆园指庄子。庄子曾为漆园小吏，学识渊博，楚威王重金聘他为相，但他却说："子亟去，无污我。我宁游戏污渎之中自快，无为有国者所羁，终身不仕，以快吾志焉。"（《史记·老子韩非列传》）

⑫ 彭泽兴思：彭泽指陶渊明。陶渊明曾担任彭泽令，但很快离职而去，归隐田园，留下大量诗作，被誉为"隐逸诗人之宗""田园诗派之鼻祖"。

⑬ 文园：指司马相如。西汉文学家司马相如曾任孝文园令，故称。

宦拙①，此何以称焉？夫富贵显达，何异飘风；得失荣辱，总同晞露。藉使登名麟阁②，宣绩燕然③，犹曰名与身孰亲乎？而彼偃亢自高④，孑然遗世，乃甘湮没而无闻，是箕颍为洁而元凯非夫也⑤。要当使庙廊无失山林之气，轩冕不渝韦布之操而已⑥。

予家苏之阊阖⑦，虎阜诸山不数里而近时蹑屐焉。而或放棹澄湖，山色天光，上下一碧，情景所会旷如也⑧。既而驰驱两都⑨，跋涉千里，览钟华泰岱之雄，挹长江大河之胜，辄神游而心寄于其间。予盖有隐心焉，迨释褐出宰慎阳⑩。慎阳，汝之下邑也，无山

---

① 河阳：指潘岳。西晋文学家潘岳任河阳令，"岳才名冠世，为众所疾，遂栖迟十年。出为河阳令，负其才而郁郁不得志"。（《晋书》卷五十五《潘岳传》）

② 藉使：假使。麟阁："麒麟阁"的省称。汉代阁名，在未央宫中。西汉宣帝时曾画霍光等十一位功臣像于阁上，以表扬其功绩。后世多以"麒麟阁"或"麟阁"表示卓越的功勋和最高的荣誉。

③ 燕然："燕然山"的省称。《后汉书·窦宪传》记载，东汉永元元年（89），车骑将军窦宪领兵出塞，大破北匈奴，乘胜追击，"遂登燕然山，去塞三千余里，刻石勒功"而还。

④ 偃亢：俯仰；起伏。随世俗沉浮或进退，或指生活悠然自得。

⑤ 箕颍：箕山和颍水。相传尧时，贤者许由曾隐居箕山之下、颍水之阳。后因以"箕颍"指隐居者或隐居之地。元凯：亦作"元恺"。"八元八凯"的省称。传说高辛氏有才子八人，称为八元；高阳氏有才子八人，称为八恺。此十六人之后裔，世济其美，不陨其名。舜举之于尧，皆以政教称美。（见《左传·文公十八年》）后以"元凯"泛指贤臣、才士。

⑥ 轩冕：古时大夫以上官员的车乘和冕服。后借指官位爵禄，国君或显贵者，泛指为官。渝：改变，违背。韦布：古指未仕者或平民的寒素服装。借指寒素之士，平民。明代洪应明《菜根谭·概论》曰："居轩冕之中，不可无山林的气味；处林泉之下，须要怀廊庙的经纶。"

⑦ 阊阖：传说中西边的天门。此应指苏州的阊门。

⑧ 旷如：开阔貌。

⑨ 两都：指南京和北京。1421年，朱棣迁都北京，将南京改为留都，设南京六部等机构，行双京制，应天府（南京）和顺天府（北京）合称二京府。

⑩ 释褐：旧制，新进士必在太学行释褐礼，脱去布衣而换穿官服。后用来比喻开始做官或进士的及第授官。

水游观之境。终日兀兀①，兼以予性迂懒，不长作吏，淮阳之病未瘳②，而庄舄之吟顿发矣③。幸而期月之间，案无留牍，坐有余啸。邑大夫陈君思俞者④，两河间博物君子也，与予有倾盖之雅⑤、忘年之谊。每公暇，则相上下今古，商榷文艺，唱酬风月，梦寐湖山。

予殆不知官之作吏，而身之非隐也。第恨栖息无地，兴寄萧然，旧业久荒，宦情日拙。适署东有隙地，广可三亩，七十年来如有所待。乃营度其中，构堂三楹。前临方池，后翼曲亭，杂树花竹周于轩槛⑥。鸠工聚材，悉捐俸以给，而一不烦于民。不浃月而告成事⑦。凡朝霞夕月四时之景，造物所与人而不忌者，予皆得以领略其概。而与思俞觞于斯、咏于斯，虽赋谢安仁，诗惭谢朓⑧，而亦得以自适矣。夫晨门隐于抱关⑨，而予窃起制科⑩，亲逢盛世，非

---

① 兀兀：不动的样子。
② 淮阳之病：《汉书·汲黯传》记载，西汉武帝起用罢职的汲黯为淮阳太守，汲黯称病，力不能任，武帝问他是否"薄淮阳"（轻视淮阳），要他"卧而治之"。汲黯遂赴淮阳，治郡清明。后世用作咏地方长官的典故。
③ 庄舄（xì）之吟：《史记·张仪列传》记载，战国时越人庄舄在楚国做官，虽富贵，不忘故国，生病的时候，病中的呻吟声仍然是越国的口音。后遂以"庄舄吟"或"庄舄越吟"表达不忘故国家园，爱国怀乡的思想感情。
④ 陈君思俞：陈昌言，字思俞。本《志》卷五《人物·举人》有传。
⑤ 倾盖：途中相遇，停车交谈，双方车盖往一起倾斜。形容一见如故。
⑥ 轩槛：厅堂上长廊的栏杆。
⑦ 不浃月：不到一个月。
⑧ 安仁：潘岳，字安仁，西晋文学家，善于作赋。谢朓：南齐诗人，长于山水诗。
⑨ 晨门隐于抱关：出自《后汉书·王龚传》："然则立德者以幽陋好遗，显登者以贵涂易引。故晨门有抱关之夫，柱下无朱文之轸也。"意即修德之人因幽陋被遗忘，所以看守城门的人中可能隐藏着贤者。
⑩ 制科：由皇帝下诏书考试的科目称制科，也称制举。吴安国乃进士出身，此处制科或指殿试进士。

其时也；方朔隐于金门①，而予越在下吏，铅椠无能②，非其人也。然于古之所称吏隐者，窃有愿焉。因额其堂曰"吏隐"，而记予之意如此。

真阳新建儒学记③

明　张　璿（孝廉，罗山人）④

孔子之圣，其道德功业，大如天地，昭如日星。会人物于一身，万象异形而同体；通古今于一息，百王异世而同神。后天地而生，知天地之始；先天地而没，知天地之终。凡有血气者，莫不尊亲。历代以来，其英君谊辟⑤，敬仰尊师，迭加徽号⑥，戴冕垂旒⑦，享以王祀。迨至我朝，列圣相承，右文致治⑧，益加崇礼。内而京师则立大学，外而郡邑则各建学校，皆必创置大成殿，以为宗祀之所。春秋则有上丁之祭，朔望则有拜谒之礼⑨，著为令典，传诸无

---

① 方朔：东方朔的省称。《史记·滑稽列传》记载，西汉时期著名文学家东方朔，以诙谐机智著称，官拜金马门待诏，他认为自己是"所谓避世于朝廷间者"，并歌曰："陆沉于俗，避世金马门。宫殿中可以避世全身，何必深山之中，蒿庐之下。"李白《玉壶吟》诗云："世人不识东方朔，大隐金门是谪仙。"
② 铅椠：原为古人书写文字的工具，此指文字写作。
③ 此文原已收录于明嘉靖《真阳县志·艺文志》，题作《真阳县新建庙学记》。
④ 张璿：生卒年不详。字天器，汝宁府信阳州罗山县（今河南省信阳市罗山县）人。弘治辛酉科（1501年）举人，安庆府望江县（今安徽省望江县）儒学训导，署教谕。
⑤ 谊辟：指明礼义的国君。谊，同"义"。辟，君主。
⑥ 徽号：褒扬赞美的称号。指帝王封授的爵号。
⑦ 冕：中国古代帝王及地位在大夫以上的官员们戴的礼帽，后专指帝王的皇冠。旒：古代帝王礼帽前后悬垂的玉串。戴冕垂旒，意为享受与帝王同等的待遇。
⑧ 右文致治：崇尚文治，使国家在政治上安定清平。右，崇尚，重视。
⑨ 上丁之祭、拜谒之礼：详见本《志》卷三《祀典·先师》。

穷。以故文运诞兴，政教备举，家诗书而户礼乐，超三皇而轶五帝，亦孰非吾圣人道德功业之余泽欤？惟圣人道德功业之隆，覃被天下后世如此①，所以崇德报功之举，庙貌殿庑之制，不极其宏敞壮丽，则人心有所不安者。

方今天下一统，固无远近彼此之间，然论其地里形胜，则河南自古为中州，汝宁又中州之乐土，而真阳实汝宁隶治邑也。汉为慎阳县，东魏置义阳郡，北齐省入保城，隋废保城置真丘县，后改真阳，唐改曰淮阳，省入汝阳。今皇上统御之初②，诏设县治，仍以"真阳"名之，盖万世不拔之定名也。学宫创于正德之二年，庙貌立于正德之五年。适值流贼猖獗，郡邑污坏，前令郭侯仲辰实罹其害③。亳州张侯玺继之，视其城寥寥然，民落落然，时振振然思欲大有完备。顾民力有不堪者，将何以妥圣人在天之灵，副朝廷尊崇之意？且邑人之观瞻，大有不可。虽其莅政之初，兵荒之后，新之之意惓惓有弗息者，以故庙制恢宏，学宫壮丽。又立号宇一十八楹，以为诸生寝息之所。其劳其费，不惮经画之烦。虽然，守令之职，百责攸萃，而学校尤在所先者。张侯知其序而为之，非特异于漫不加省者，抑亦异乎不知所后先而为之者矣④。宜乎风俗丕变⑤，民物阜康⑥，侯之视民如赤子，而民之戴侯者真父母也。崇文之效

---

① 覃被：普遍施及。
② 统御：统治。原文误作"御统"，今据明嘉靖《真阳县志》改。
③ 据明嘉靖《真阳县志》卷九《博物志·祥异》记载，正德六年（1511）十二月，河北霸州由刘六、刘七领导的农民暴动波及河南，其中由刘惠领导的一支队伍转战至真阳，将真阳县城"焚掠一空"，时任知县郭仲辰逃跑。
④ 抑亦：也许、或许。
⑤ 宜乎：恰然，当然。丕变：大变。丕，大。
⑥ 民物阜康：人民经济富足，生活康乐。

有如是哉！

庙学既成，神人胥悦。不有石以纪厥实，则邑之胜事有遗简册，其何以示劝惩哉？侯人遣礼至，敢不悉心以彰厥美，遂援笔而为之文。诸士子果能思圣人立教之心，有司立学之意，则有体有用而有功于名教也。后之继张侯而治真阳者，幸鉴其庙学之有废而续美之，庶有报于吾先圣功德无疆之休也。故又系之以辞曰：

凡厥生民，物欲交蔽，不约于中，天理斯昧。於穆先圣，三纲五常，道行天下，礼让家邦。匪教弗启，匪学弗成，孔圣之道，日星昭明。殿宇秩秩，神像巍巍，堂庑翼翼，基址恢恢①。真侯张公，笃意奋力，撤旧为新，易疏以密。行施溥博②，弥远弥芳，事刻真石，万寿无疆。

正德十年仲秋月立。

灵星石门记③

强　晟（号借山，秦府右长史，汝阳人）④

凡王者之宫阙，正门曰灵星，象天极也。吾夫子素王也，故其宫之正门亦得以称灵星，其尊至矣乎！汝宁之真阳，自洪武四年县

---

① 秩秩：积聚众多之貌。巍巍：高大壮观之貌。翼翼：整齐有秩序的样子。恢恢：宽阔广大貌。
② 溥博：广大周遍。
③ 此文原已收录于明嘉靖《真阳县志·艺文志》，题作《文庙灵星石门记》。
④ 强晟（1451—?）：字景明，号借山，河南汝阳（今汝南县）人。成化二十二年（1486）举人，先任陕西庆阳府真宁县（今甘肃省正宁县）教谕，后任秦府纪善、长史。诗名颇著，有《罗川翦雪诗》《皆山诗稿》《汝南诗话》等。主纂《汝南志》三十八卷，正德十六年（1521）刊行，今已佚。

废学毁，而夫子之宫丘墟者久矣。正德间始复为县，前令亳郡张侯玺乃理旧址，复兴夫子之宫。所谓灵星门者，以木为之。岁久朽腐，弗称具瞻①。今令刘公泌乃谋易之以石，为久远计。遂出公帑，俾民辇石于山②，召匠氏琢以为梁、为柱，务极工巧，若与公输辈争能③。经始于正德辛巳④，本年冬门成。节财用民⑤，而民不知扰，邑人安之。于是士夫耆宿皆瞻仰咨嗟，以为昔所未有。掌教沈君铭、分教丘君纮⑥，命生徒牛拱极、张孟登以事关学政，不可无记，乃不远百里走予林下。予以《春秋》之法，大事必书，今真阳一石门之作，似不必书，第以吾夫子之故⑦，似又不可不书也。且古人于王者之宫室，一瓦一甓，悉有铭识，矧吾夫子黉宫之石门⑧，可无记耶？抑吾夫子之道百世不毁，此灵星之石门亦将百世不毁矣。百世之下，此石门不毁，而真阳贤令之名若姓亦必百世不毁矣。有宰一邑，而得天下后世之名者，亦何人哉？侯，大名魏县人，由国学生转鸿胪⑨，拜今官，仕途方亨，宦有成绩，在真阳可书者多，此特记其尤著者耳。

---

① 具瞻：谓为众人所瞻望。
② 俾：使。辇：载运；运送。
③ 公输：复姓。这里特指公输班，为春秋时期鲁国的巧匠，因此又称鲁班。
④ 正德辛巳：正德十六年（1521）。
⑤ 明嘉靖《真阳县志》中此句前有"侯"字。
⑥ 掌教、分教：这里分别指时任真阳县儒学的教谕、训导。
⑦ 第：但。
⑧ 矧：况且，何况。黉宫：学宫。黉（hóng），古代的学校。
⑨ 国学生：古代国学的学生。原文作"国学士"，今据明《真阳县志》改。鸿胪：指在鸿胪寺任职。鸿胪寺是掌管朝会、筵席、祭祀赞相礼仪的机构。

重修儒学记①

明　何　麟（邑人）

帝王之典籍何始乎？庖羲氏之书契始也②。典籍之垂宪何始乎？吾夫子之删定始也③。自庖羲氏继天立极，尧舜禹汤文武迭兴，所谓《三坟》《五典》《八索》《九丘》④，皆所以纪大道之要，而传数圣人之心也。吾夫子继数圣人之后，位不在而道在，乃取其籍而删定⑤，笔为"六经"以立教，是又所以衍数圣人之心，传之万世而不磨者也。夫不有典籍，则数圣人之心无以传；不有夫子之删定，则道之传自数圣人者又皆散逸无统而后世莫之宗。故今使其道昭如日星，人皆知所传诵服习而不彝伦攸斁者⑥，则吾夫子之功德，夫孰得而媲美哉！

---

① 此文原载于明嘉靖《真阳县志》卷四《学校志》"儒学"下。
② 庖羲氏：即伏羲。中国神话中人类的始祖。东汉许慎《说文解字叙》曰："古者庖羲氏之王天下也，仰则观象于天，俯则观法于地，视鸟兽之文与地之宜，近取诸身，远取诸物，于是始作《易》八卦，以垂宪象。及神农氏结绳为治，而统其事，庶业其繁，饰伪萌生。黄帝之史官仓颉，见鸟兽蹄迒之迹，知分理之可相别异也，初造书契。仓颉之初作书，盖依类象形，故谓之文。其后形声相益，即谓之字。"
③ 孔子晚年回到鲁国，专心整理文献，删述六经，给后人留下了一批珍贵的典籍。《史记·孔子世家》："孔子之时，周室微而礼乐废，《诗》《书》缺。追迹三代之礼，序《书传》，上纪唐虞之际，下至秦缪，编次其事。""古者《诗》三千余篇，及至孔子，去其重……礼乐自此可得而述，以备王道，成六艺。"
④ 这是传说中三皇五帝时期的几种典籍。最早记载见于《左传·昭公十二年》，楚灵王称赞左史倚相："是良史也，子善视之，是能读《三坟》《五典》《八索》《九丘》。"
⑤ 此句与明嘉靖《真阳县志》卷三《学校志·儒学》所载有所不同。
⑥ 彝伦攸斁（dù）：伦常败坏。彝伦，伦常；攸，语助词；斁，败坏。"斁"在原书中误作"数"，今改。此句在明嘉靖《真阳县志》中作："人皆知所传诵服习，而不至沦胥于夷狄禽兽者。"

我国家稽古定制，自畿辅以至郡县莫不有学。而必立庙以祀之，所以崇圣道而昭师范也。真阳复置县于正德元祀，而学因之。历岁既久，栋宇垣墙多倾圮。邑侯徐君下车①，慨然欲修整之。请诸当道，得百金，计其费则数倍。乃权宜区处，命邑幕宣城徐君洙以董治之②。自殿庑祠亭，以至堂斋廨舍，莫不焕然一新。视诸初建，倍轮奂焉③。始于嘉靖己酉五月十有五日④，而告成实以八月十有九日也。

　　邑博士建业殷君迁⑤、姑熟周君恩⑥，偕其徒杨子舒、胡子廷玉、吴子希颜、涂子梗，登麟之堂，属文以记⑦。辞不果，进而语之曰："诸君知徐君之意乎？徐君所以拳拳乎学校而必先为之所者，岂徒观美而已乎？夫学，所以造士也。今之业是学者，皆所以服吾夫子之教，讲明乎'六经'之旨，将以措诸躬行而建诸事业者也。诸茂士讲习恒于斯⑧，弦诵恒于斯，游息恒于斯，其必思吾为臣而无愧于臣，吾为子而无愧于子，吾为夫为兄弟朋友而无愧于夫与兄

---

① 知县徐霓到任，时在嘉靖二十八年（1549），即下文的嘉靖己酉。
② 徐洙：字濬之，号玉峰，直隶宣城（今安徽省宣城市宣州区）人。时任真阳县儒学训导。
③ 轮奂：形容屋宇高大众多。
④ 嘉靖己酉：嘉靖二十八年（1549）。
⑤ 邑博士：指县学的教官。博士，古代学官名。建业：南京的旧称。殷迁：时任真阳县儒学教谕。本《志》卷五《职官·教谕》有传。
⑥ 姑熟：当涂县治所在地。周恩：号草窗，南直隶当涂（今安徽省当涂县）人，时任真阳县儒学训导。
⑦ 属文：撰写文章。
⑧ 茂士：才德优秀的人。

弟朋友。其所以盍簪而砥砺①，切磋而琢磨者②，必有相观以善，相勉而不为不善者矣。他日措之事业，不有可观也哉③；其于斯学，有不光美也哉。若乃视为泛常④，漫不加意，不求之身心，不体认'六经'之旨义，则虽穷年呫毕无益也⑤。其学校之修不修何与哉！"殷君、周君揖余而谢曰："斯言也，是固徐君急先务之深意也。吾侪其亦知所自励矣。"

嘉靖三十年岁次辛亥三月立。

重修明伦堂记

国朝　顾豹文（字季蔚，号且庵，钱塘人）⑥

圣人之道，历万古而不敝者也，而学宫则有时乎废兴。真之庠⑦，远者不可考。至正之变，刘孽蹂焉⑧，虽欲庠之，不可得也，其能庠乎？垂百有余年，而文物日盛，乃设县治。更二年，乃创学

---

① 盍簪：语出《周易·豫卦》："九四：由豫，大有得，勿疑，朋盍簪。"王弼注："盍，合也。簪，疾也。"孔颖达疏："群朋合聚而疾来也。"后因以指士人聚会。砥砺：砥、砺均为磨刀石。砥砺引申为磨炼。

② 切磋琢磨：切、磋、琢、磨是对玉石象牙等加工的各种方法。《诗经·卫风·淇奥》："有匪君子，如切如磋，如琢如磨。"后以"切磋琢磨"比喻互相研究讨论，以求精进。

③ 不有：明嘉靖《真阳县志》作"有不"。

④ 若乃：至于。用于句子开头，表示另起一事。明嘉靖《真阳县志》作"乃若"。泛常：平常、寻常。

⑤ 呫毕：亦作"呫哔"，犹占毕，后泛指诵读。

⑥ 顾豹文：字季蔚，号且庵，浙江钱塘（今浙江省杭州市）人，进士，顺治十三年（1656）任真阳知县。本《志》卷五《职官·知县》有传。

⑦ 庠（xiáng）：古代称学校。

⑧ 刘孽：对元末红巾军首领刘福通的辱称。至正十一年（1351），刘福通在颍州领导红巾军反元，随即进军河南，相继攻克朱皋、罗山、真阳、确山等地。

338　　　　正阳旧志三种

宫。更三年，乃立庙貌，旋毁于寇。更五年，乃建庙学，详载郡人张璿《记》中。邑自此日起矣，名贤巨公①，后先相望不绝。及明失其驭，所在蜂起。壬午之夏②，流氛入汝③，慎阳为墟。钟簴零越④，鞫为茂草⑤。迨我国朝扫除寓合，崇尚文教，首诏郡邑修举学宫，广厉师儒⑥。前令迟君撤荆榛⑦，筑庙五楹，以祀先师。饶君继之⑧，成戟门⑨。春秋俎豆⑩，岁无或忒⑪。

今年七月，余承乏兹土⑫，首谒庭下，载拜起⑬。榱角筵几⑭，肃乎备观。及循行庑间，制称隘矣。至伦堂一区，延不容膝，袤不逾丈⑮，缭以泥垣，覆以茆茨⑯，旅进旅退，无所厝趾⑰。夫庙堂者，

---

① 巨公：指高官显贵。

② 壬午：指明崇祯壬午年，即崇祯十五年（1642）。是年，李自成领导农民军攻陷汝宁府，波及真阳。

③ 流氛：寇乱。

④ 钟簴（jù）：即"钟虡"。借指社稷王朝。簴，古代挂钟磬的架子上的立柱。钟簴零越意指王朝更迭。

⑤ 鞫为茂草：谓杂草塞道。形容衰败荒芜的景象。鞫，通"鞠"，穷尽。

⑥ 广厉：广泛激励。

⑦ 迟君：迟焞，号焕宇，奉天广宁（今辽宁省北镇市）人，顺治六年（1649）任真阳知县。本《志》卷五《职官·知县》有传。荆榛：亦作"荆蓁"。泛指丛生灌木。

⑧ 饶君：饶国士，号明理，直隶延庆州（今北京市延庆区）人，贡士，顺治十年（1653）任真阳知县。本《志》卷五《职官·知县》有传。

⑨ 戟门：孔庙的正门之一，礼仪之门，在明伦堂前的中轴线上。

⑩ 俎豆：俎和豆。古代祭祀、宴飨时，用来盛祭品的两种礼器。代指祭祀、奉祀。

⑪ 忒（tè）：差错、失误。

⑫ 承乏：暂任某职的谦称。

⑬ 载拜：同"再拜"。古代一种隆重的礼节，表示恭敬之意。

⑭ 榱角：即"榱桷"（cuī jué）。屋椽。筵几：坐席与几案。古代礼敬尊长或祭祀行礼时的陈设。

⑮ 延、袤：长度和广度。此句形容指面积较小。

⑯ 茆茨（máo cí）：亦作"茅茨"。茅草编的屋顶，亦指茅屋。

⑰ 无所厝趾：形容没有地方可以落脚。厝（cuò）：安置，措置。趾，脚。

二仲则祭①，朔望则谒，先圣实式凭之②，如曾祖之有寝庙也。若夫伦堂，则师弟以渐德业于斯，以程艺事于斯。则守是土者，亲承正人，祈求谠论③，箴政治之得失，考风俗之贞淫，亦必于斯，如妇子之有家室也。《记》不云乎："君子将营宫室，宗庙为先。"④今庙堂已备制，伦堂之作又乌可已⑤？顾余力不及成之⑥，又未敢遂劳吾民为之。都人士前揖余曰⑦："师幸志存之，二三子敢不惟力是视。"邑有王生履素者，鸡坛之宿也⑧，立输百缗⑨，鸠工庀材，而诸子之乐于役者，盖鳞相次也。余稍简民之无艺者⑩，输作佐之⑪，堂之成也有日矣。儒林英绝，搏风干霄，盖企予俟之耳⑫。凡怀尊亲之志者勉旃⑬，无徒让美于多士也。

① 二仲：指仲春、仲秋。即农历的二月和八月。
② 式凭：依靠，依附。
③ 谠论：正直的言论。清嘉庆《正阳县志》收录此文中无此句。
④ 语出《礼记·曲礼下》。
⑤ 乌可已：哪里可以停止；怎么可以作罢。
⑥ 顾：表示轻微的转折，相当于"而""不过"。
⑦ 都人士：原指居于京师有士行的人。在此当指居于县城有士行的人。
⑧ 鸡坛：交友拜盟之典。鸡坛之宿意为在朋友中比较有名望者。
⑨ 输：捐献。缗：原为古代穿铜钱用的绳子。亦用作计量单位，指成串的铜钱，每串一千文。一千文铜钱约相当于一两银子，百缗相当于一百两银子。
⑩ 简：选择。
⑪ 输作：因犯罪罚作劳役（的人）。
⑫ 企予俟之：踮起脚跟来等待，形容盼望之心切。企：踮起脚跟。予：相当于"而"，助词。原文误作"于"，今改。俟：等待。
⑬ 勉旃：努力。多于劝勉时用之。旃，语助词，之焉的合音字。

黄征君祠堂记

孙继皋①

汝南故有黄叔度祠,岁久不饬②,且坏③。某君以职事荐苹藻于祠下④,周览太息,乃始葺而新之。盖东汉之世距今千三百年,其人与骨俱朽久矣,而其祠辄坏辄理,其名犹若新也。夫俾叔度与当世之贤豪比迹而论列,则慷慨不若李、范⑤,死国不若陈、窦⑥,流

---

① 孙继皋(1550—1610):字以德,号柏潭,南直隶无锡(今江苏省无锡市)人。明万历二年(1574)状元,授翰林院修撰。历任经筵讲官、少詹事兼侍读学士、礼部转吏部侍郎等职。著有《孙宗伯集》十卷。

② 饬:修整,整治。

③ 且:将要。

④ 荐:进献,祭献。苹藻:苹与藻,皆水草名。古人常采作祭祀之用,泛指祭品。

⑤ 李、范:李膺、范滂。李膺(110—169),东汉颍川郡襄城县(今河南省襄城县)人,字元礼。初举孝廉,历任青州刺史、渔阳、蜀郡太守,转护乌桓校尉,后为河南尹,司隶校尉。与太学生郭泰等交游,反对宦官专权,声名甚高,有"天下楷模李元礼"之誉。在党锢之祸中,下狱而死。范滂(137—169),字孟博,东汉汝南郡征羌县(治今河南省漯河市召陵区东南)人。东汉名士"八顾"之一。初举孝廉,官至光禄主事。后任汝南郡功曹,因触怒宦官,被捕送京城。及释放还乡,受到数千士大夫欢迎。灵帝初遭党锢祸,拘捕被杀。

⑥ 陈、窦:陈蕃、窦武。陈蕃(?—168),字仲举,东汉汝南郡平舆县(今河南省平舆县)人。初仕郡,后举孝廉,历官乐安、豫章太守、太尉等职。与李膺等反对宦官专权,受到太学生敬重,当时称为"不畏强御陈仲举"。灵帝时为太傅,与外戚窦武谋诛宦官,事泄被杀。窦武(?—168),字游平,东汉扶风郡平陵县(治今陕西省咸阳市西北)人。初以品学兼优知名关西。长女为桓帝皇后,历拜郎中、越骑校尉等。桓帝卒,他迎立灵帝,任大将军,封闻喜侯,掌握朝政。任用名士李膺等人,与陈蕃谋诛宦官,事泄,被族诛。

化一方不若荀、陈①，盖史亦谓其言论风旨亡所表见②，而胡以没而祠，祠而至今不绝也③？

嗟夫！方汉之季，士争骛卓诡之行④，相矜以声，相高以死⑤。当此之时，服桁杨、齿刀锯⑥，甘心而不悔者，盖肩相摩踵相接也⑦。其祸至于正人尽而社稷从之。识者于此亦咨嗟，叹诸贤之少激矣⑧！叔度何不足为蕃，为武，为膺，为滂？顾以为捐吾生亡救于天下，而又趋之，吾弗忍也。吾既不能以一木支大厦之颠⑨，而又沾沾百里以为惠，使天下犹得而窥其浅深，若太丘、朗陵者⑩，吾又弗为也。所谓"隤然其处顺，渊乎其似道"者⑪，真知叔度哉！

后世浅衷之夫以为叔度名迹两晦，此特善自匿者。嗟夫！荀季

---

① 荀、陈：荀淑、陈寔。荀淑（83—149），字季和，东汉颍川郡颍阴县（今河南省许昌市魏都区）人。博学多才，不好章句。自安帝时历为郎中、当涂长、郎陵侯相。莅事明理，号为"神君"。寻弃官归乡后闲居，常以资财周济宗族。品行为名士所重，李固、李膺尊他为宗师。陈寔（104—187），东汉颍川郡许县（今河南省许昌市）人，字仲弓。少为县吏，有志好学，县令邓邵使受业太学。除太丘长，修德清静，百姓以安。党锢祸起，人多逃避求免，寔自请囚禁。遇赦得出。居乡间，累征不就。卒于家，海内往吊者三万余人。谥文范先生。

② 亡：同"无"，没有。

③ 胡以：何以，为什么。

④ 争骛：争相追逐。卓诡：高超奇异。

⑤ 相矜以声，相高以死：以声名互相夸耀，以死国互相拔高。

⑥ 桁（háng）杨：古代夹颈项、脚胫的刑具。刀锯：古代的刑具。刀以割，锯以刖。桁杨刀锯泛指各种刑具。

⑦ 肩相摩踵相接：肩与肩相摩，脚与脚相接。形容往来人多，拥挤不堪。即"摩肩接踵"。踵，脚跟。

⑧ 少激：稍过激烈。少，稍稍，稍微。

⑨ 颠：倾倒，覆亡。

⑩ 太丘、朗陵：分别代指陈寔、荀淑。二人曾分别在太丘、朗陵为官，故称。

⑪ 隤然其处顺，渊乎其似道：随和地顺应变化，道深不可测。语出《后汉书·黄宪传》。

和之贤也，郭林宗之鉴也①，戴良之高才也，蕃举之盛名也，咸匪乐自损而妄誉人者，而靡不退然深服，远去鄙吝，叔度之长岂直善自匿也乎哉②！假令叔度而遭时得志，其建竖必在当时诸贤之上③。何者？善藏者必善用，倏而蠖屈④，倏而龙跃。自千载之下隃度之⑤，其办此也必矣。惟其实能办之，而其言论风旨又一无所见，此真善处浊世者，乃叔度所以贤也。

虽然，叔度并其当时之名与迹欲晦之，而后之人乃区区尸而祝焉⑥，岂叔度之情乎⑦？盖名以浊世晦者，必以清时显。古之翳迹岩薮而垂声来祀者⑧，非一也。则叔度之久而获祠于其乡也，固显晦之理也哉。且使后之人游于其祠，而夷考其人⑨，缘其人以求其意，庶其有风乎！某君之为是举也，知政本矣。余故记之，以诏来者，俾永勿坏。

---

① 郭林宗：郭泰（128—169），或作郭太，字林宗，东汉太原郡界休县（今山西省介休市）人。博通典籍，善谈论。尝游洛阳，与河南尹李膺相友善，名震京师。以善于赏鉴、品评海内人士著称，然不为危言核论。党锢之祸起，泰独得免，闭门教授，弟子数千。
② 岂直：难道只是；何止。
③ 建竖：犹建树。
④ 蠖屈：形容像尺蠖一样的屈曲之形。《周易·系辞下》："尺蠖之屈，以求信（音伸）也；龙蛇之蛰，以存身也。"
⑤ 隃度：遥测。隃，古通"遥"，遥远。
⑥ 区区：诚挚。尸：立神像或神主。祝：祷告，向鬼神求福。"尸而祝之"乃祭祀之意。
⑦ 情：清嘉庆《正阳县志》作"心"，似更合理。
⑧ 翳迹岩薮：隐匿行迹于山泽。意即在野不仕。垂声来祀：留传声名于后世。
⑨ 夷考：考察。

关侯庙碑记

吴安国（邑令）

　　天地之正气恒钟于人，日月有薄蚀，山川有崩竭，而正气之在人亘千万年不可磨灭。故于子则为孝，于臣则为忠，生则为人，而没则为神，其理有固然者。当汉之末，炎祚式微①，篡贼蜂起，操以枭獍之黠虎踞中原②，权以鬼蜮之雄鸱张江左③。堂堂帝室之胄④，欲信大义于天下，而势力单弱，旋致颠越⑤。侯起而佐之，分结君臣，情联兄弟，忠烈高于千古，威勇冠于三军，间关百战之中，以肇巴蜀三分之业。其摧廓之勋⑥、慷慨之节，虽与日月争光可也。

　　方侯威震华夏之时，操贼君臣骇胆栗魄，仓皇失计，议迁许都，即枭操首无难者。奈之何天不祚汉，权贼效逆，暗伤股肱，功烈不竟，可胜痛哉！呜呼，操汉贼也，权亦汉贼也。论者谓报效曹瞒有国士之风⑦，而不知侯之留曹计非得已，诚重其死欲得操之间

① 炎祚：五行家谓刘汉以火德王，因以"炎祚"指汉朝的国统。式微：衰落、衰微。
② 枭獍：亦作"枭镜"。枭，食母的恶鸟。獍，食父的恶兽。枭獍比喻不孝的人或凶狠忘恩的人。
③ 鬼蜮：指害人的鬼和怪物。比喻阴险的人。鸱张：鸱鸟张翼，伺机猎物。形容凶残之人伺机夺取。江左：古时在地理上以东为左，江左也叫"江东"，指长江下游南岸地区。
④ 帝室之胄：帝室的后裔皇族。指刘备。出自《三国志·蜀书·诸葛亮传》中的"隆中对"："将军既帝室之胄，信义著于四海，总揽英雄，思贤如渴。"
⑤ 颠越：陨坠、衰落。
⑥ 摧廓："摧陷廓清"的简写。摧陷，摧毁；廓清，肃清。攻破敌阵，肃清残敌。
⑦ 国士：一国中才能最优秀的人物。此句针对的是陈寿在《三国志·蜀书·关张赵马黄传》中的评论："羽报效曹公，飞义释严颜，并有国士之风。"

而图之，乃以报效宗国也。策马刺良①，实坚操之心尔，安有徇匹夫之小谅②，感儿女之私恩，忘君父之大仇，谓为报效曹贼而称国士者哉？

论者又谓操方强盛，权可以援，宜通和好稍示羁縻③，绝婚骂使不无失计④。夫权与操声势相倚，操既就歼，次及于权，权不利于汉事之成也章章明甚，权之君臣亦知之矣。即通和好而示羁縻，权肯为吾援乎？非特不为吾援，肯一日忘图我之心乎？其卒堕于吕蒙之谲者⑤，天也，而未可以成败论也。呜呼！天若使汉室之遂兴，必不使白衣之橹行于威震华夏之日⑥；天若使汉统之未绝，必不使营中之星殒于师出祁山之后⑦。此予每读二侯之传辄为之掩卷长叹，涕泗沾襟而不能止也。

夫以侯之烈凛凛若生，即庸夫、担卒、妇人、赤子，皆知尊奉敬畏，而况有忠臣烈士之心者哉？由汉迄今凡几千百年，而侯之神庙食天下者，自大都通邑以暨遐陬僻壤无虚祀焉⑧。谓正气之在宇

---

① 良：指袁绍的大将颜良。建安五年（200），曹操击破刘备，关羽被俘，遂随曹操在官渡之战中迎击袁绍军，刺袁绍大将颜良于万众之中，解白马之围，封汉寿亭侯，不久辞归刘备。

② 徇：舍身。匹夫之谅：同"匹夫小谅"。指普通老百姓所抱守的小节小信。

③ 羁縻：笼络；怀柔。

④ 绝婚骂使：根据《三国志》记载，孙权曾经派遣使者去荆州，希望关羽能把女儿许配给自己的儿子。结果关羽不仅拒绝，还大骂来使，孙权大为震怒。有人认为关羽此举激怒了孙权，造成了孙刘联盟的破裂，所以孙权后来才会让吕蒙偷袭荆州。

⑤ 谲（jué）：欺诈；诡诈。

⑥ 此句指的是：建安二十四年（219），关羽率领大军攻打曹魏的襄阳吕常和樊城曹仁，东吴吕蒙"尽伏其精兵舳舻中，使白衣摇橹，作商贾人服，昼夜兼行"，成功偷袭关羽后方公安、南郡，最后占领了荆州。

⑦ 此句指的是：蜀建兴十二年（234），诸葛亮出师北伐，病逝于五丈原。

⑧ 大都通邑：四通八达的大城市、大都会。同"通都大邑"。遐陬僻壤：指边远偏僻的地方。

宙间可磨灭也？真阳郭南有侯庙，民奉祀惟谨，而庙碑未立，非所以表功德垂久远①。予乃为诠次前语勒之石②，而侑以诗③，俾祀侯者得而歌之。其辞曰：

汉室不竞炎精幽，离离禾黍悲宗周④。洛阳宫阙烬不收，豺狼纷突窥皇州。中山帝胄谁与俦，间关荆豫穷莫投。千古正气钟君侯，手扶日月归金瓯⑤。精忠耿耿贯斗牛，投剑大叫驱貔貅。不诛逆臣死不休，摧枯拉朽将略优。六军水没擒其酋，奸雄夺魄争抱头。宁知江左生衅仇，白衣摇橹多谲谋。忠臣殒命志莫酬，天地晦色山川愁。我言及此双涕流，兴亡有数侯何尤。千年庙食神灵游，凛凛遗貌城南陬。虎头猿臂须蟠虬，英风飒飒生松楸。老幼瞻拜拥道稠，桂酒酹分椒浆羞⑥。侯兮侯兮神其留，福我真民千万秋。

读吴公关侯庙碑赞

明　陈昌言（邑人）⑦

桓桓关侯⑧，人中之龙。三分秉义，千古称雄。当其盟汉，志

---

① 所以：用此；用来。

② 诠次：编次排列。这里带有自谦的意味。

③ 侑：助，佐助。

④ 此句以《诗经·王风·黍离》的典故哀叹汉朝的衰亡。《毛诗序》："《黍离》，闵宗周也。周大夫行役，至于宗周，过故庙宫室，尽为禾黍，闵周室之颠覆，彷徨不忍去而作是诗也。"后遂用作感慨亡国之词，或用来形容苍凉荒芜的景象。

⑤ 金瓯：金制的盆盂。比喻疆土之完固，亦用以指国土。

⑥ 桂酒：加桂花泡制的酒。酹：把酒洒在地上表示祭奠或起誓。椒浆：用有香味的椒浸泡的酒浆。羞：同"馐"。精美的食品。此句意为人们用美酒和美食来祭祀关公。

⑦ 陈昌言：字思俞，号芝田，真阳县常丰保人，嘉靖三十七年（1558）举人。本《志》卷五《人物·举人》有传。

⑧ 桓桓：威武勇猛的样子。

一心同。戮力于国，百折而东。魏贞如鬼[1]，吴公沙虫。南北盘踞，侯而时恫。侯心如日，斩瞒除凶[2]。瞒之不死，天诱其衷[3]。惟吴作孽，侯赍志终[4]。人未亮侯[5]，与吴合纵。吞吴失策，千古忡忡。籍令和吴，吴岂作忠。侯之在蜀，吴魏夹攻。侯虽即世[6]，三国旋空。粤我汝南，计当魏封。家尸人祝[7]，吴楚同风。当时君庙，渺矣蒿蓬。生也不幸，死也如虹。真阳有祀，繄兮惟崇[8]。金汤之固，等于少嵩。霸贼肆虐，恃侯帡幪[9]。乃饰侯祀，乃纪侯功。岁时伏腊[10]，伐鼓考钟[11]。拜书碑后，比彼《閟宫》[12]。

东岳庙碑记[13]

张 琯（光州学正）[14]

粤惟清浊分而风气开，天地位而仪象著。岱宗东峙，俯瞰溟

---

[1] 贞：古同"桢"，桢干。魏贞，指魏国的骨干人才，或称魏国的大将。
[2] 瞒：指曹操。曹操小字阿瞒，故称。
[3] 天诱其衷：谓上天开导其心意。
[4] 赍志终：即"赍志而殁"，心愿未能达成而死去。赍，怀抱着。
[5] 亮：谅解；原谅。
[6] 即世：去世。
[7] 家尸人祝：家家户户祭祀（关羽）。
[8] 繄兮：句首叹词。
[9] 帡幪（píng méng）：帐幕。引申为覆盖、荫护。
[10] 伏腊：指伏祭和腊祭之日，泛指节日。
[11] 伐鼓考钟：敲击钟鼓。指祭祀。伐、考，都有"敲击"之意。
[12] 《閟宫》：《诗经·鲁颂》中的一首。此诗以鲁僖公作閟宫为素材，广泛歌颂僖公的文治武功。
[13] 此文原载于明嘉靖《真阳县志》卷九《博物志》"东岳庙"下。
[14] 张琯：生平不详。查清顺治《光州志》，元代光州学正有一"张琦"，系息县（今河南省信阳市息县）人。

渤，巍乎尊冠五岳，神塞霄壤，与肇辟俱生，而宗祀万世者也。故《书》载虞舜巡狩，柴祭之礼①。而《管子》言上古封禅之君，无怀氏已降，多至七十余家②。虽不经见，要必有近似之者。自秦汉唐宋之际，金泥玉检③，史不绝书，咸以东封为太平盛事。我圣元近年锡赠今号，中统萧五祖代天子奉祀先儒④，杜止轩作《记》云："泰山惟天子与在境之诸侯得以祀之，且季氏之旅，孔子见议，况其下者乎？"⑤止轩之论固正矣。然迄至齐民吏士，淆混祷祠，或辇父载母，燃香步履，不远数百里而奔走山下以酬信愿者，岁以万计。既无迫督而来，亦无冒躐之禁⑥。用是天下路府州县⑦、乡村聚落，建庙设像，莫之胜数，以便水旱疫疠之所祷也。

---

① 《尚书·舜典》："岁二月，东巡守，至于岱宗，柴。"按：柴祭乃古代祭礼之一，祭时积柴，加牲其上而烧之。

② 《管子·封禅》："古者封泰山、禅梁父者七十二家，而夷吾所记者十有二焉。昔无怀氏封泰山，禅云云。"

③ 金泥玉检：以水银和金为泥作饰、用玉制成的检。古代天子封禅所用。检，原文误作"俭"，今改。

④ 中统：元世祖（孛儿只斤·忽必烈）年号，从公元1260年农历五月至1264年农历七月，共使用四年零两个月。当时尚未改国号大元。萧五祖：萧居寿（1221—1280），本姓李，字伯仁，道号淳然子，汲县（今河南卫辉市）人。太一道第五代祖师。元世祖即位，赐号太一演化贞常真人。至元中，建太一宫于两京，命居之，领祠事。据元王恽《秋涧先生大全文集》卷四十七《太一五祖演化贞常真人行状》载："（中统）二年冬，上命禜斗于厚载门，亲诣祝香，仍赉锦纹绫帔。四年秋，遣近侍护师，颁香岳渎等祠。"大概就包括"代天子奉祀先儒"事。

⑤ 杜止轩：杜仁杰（约1201—1282），原名之元（又名徵），字仲梁，号善夫（一作善甫），又号止轩，泰安州长清县（今山东省济南市长清区）人。元代散曲家。著作有《逃空丝竹集》《河洛遗稿》，皆已佚。查后人所辑《全元文·杜仁杰》《重辑杜善夫集》等，均未见本文所引之《记》。

⑥ 冒躐（liè）：冒级躐阶之意。指逾越等级规定。躐，超越。

⑦ 用是：因此。

真阳，古慎国，土俗纯厚，尤敬祀鬼神。至元中①，县人陈福成洎其子良挈家来居。时残宋方下，长淮南北，邑里萧条，城东二里许，得岳庙废址。首倡邑人祁兴等，披草莱，铲荆棘，构正殿，修东西两廊。继继相承，立圣母殿、龙王堂、关王庙、增福所、子孙祠、拜神门，凡十座，计二十八楹。绘塑神像，华彩绚烂，丹青黝垩②。材木梁栋，砖石瓦甓，工匠粮饷，雇赏须索，率悉陈氏备。又偕袁友盛命木工造暖帐，殚极工巧，饰以金碧，所费不赀③，略无靳色④。日增月益，载筑载戢⑤，首尾逾三十年。至大末⑥，功始毕。噫！可谓勤矣。进德修业之士，立志不坚，堕窳不恪⑦，校夫斯人得无颜厚乎⑧？抑又闻之，"鬼神无常享，享于克诚"⑨。人能尽诚尽敬，尽孝尽忠，当官不虐，临事奉公，惟其弗祀，祀则神明著而百福汝归矣。敢以是为祀神者告。真石既砻⑩，教谕王良辅因毕善赍书求文于仆⑪，辞不获免，叙岱岳颠末及创力始终以贻。仍系以铭曰：

岩岩岱宗，屹天之东。上摩苍穹，宫殿雄古。式敷下土，威灵是主。休声洋洋，昭被遐荒。神应孔彰，孰善斯引，孰恶斯殒，阴

---

① 至元：元世祖（孛儿只斤·忽必烈）的第二个年号，从1264年至1294年，前后共使用三十一年。其中于1271年改国号为大元。
② 黝垩（yǒu è）：涂以黑色和白色。黝，黑色；垩，白土。
③ 不赀：数量极多，无法计量。亦作"不訾"。
④ 靳色：犹吝色。舍不得的神情。
⑤ 筑：明嘉靖《真阳县志》作"梁"。
⑥ 至大：元武宗（孛儿只斤·海山）的年号，从1308年至1311年，前后共使用四年。
⑦ 堕窳（yǔ）：懈怠无力。窳，懒惰。恪：恭敬，谨慎。
⑧ 此句意为：与此人相对照，能不感到羞耻吗？
⑨ 语出《尚书·太甲下》："惟天无亲，克敬惟亲。民罔常怀，怀于有仁。鬼神无常享，享于克诚。"
⑩ 砻（lóng）：磨。文中意为碑石已准备好，等待刻字。
⑪ 赍书：送信。仆：谦辞。旧时男子称自己。

鹭明允。帝命司生，载和载平，毕康毕宁；帝命司育，实蕃实畜，登我百谷；帝命司春，嘘屈吹伸，蔼乎其仁。播气含理，与天同体，品汇咸喜。神之格思，念兹在兹。夫何远而，华堂疏绮。俾筵俾几，跄跄济济。酾酒割牲，来献其诚。有苾其馨，无可不可。以侑以妥，福我寿我。保国金汤，时雨时旸。丰年穰穰，有黍有稷。有祀不忒，勒石颂德。

大元至大四年岁辛亥立。

敕祀赠光禄寺少卿真阳令王公专祠碑记

刘广生（罗山县人，刑部尚书）①

崇祯八年正月②，流寇入汝宁，围真阳。王公鼓励忠勇登陴誓守，又出奇斩其渠魁③，贼退去。二月十三日，土寇乘机聚众，将投贼之自颍、凤来者④，公亲往弹压训定⑤。贼至，合围困公，公按剑怒骂，遂遇害。直指者上其事⑥，天子下所司勘得实，又下部予赠予荫予祭葬，敕建祠真阳县治，崇表节烈。盖圣天子所以彰往诏来，甚巨典

---

① 刘广生：字载甫，汝宁府罗山县（今河南省罗山县）人，明万历二十九年（1601）进士，授刑部主事，升常州知府、浙江提学副使，后任陕西河西道、湖广右参政、山东按察使、湖广右布政使、陕西左布政使、陕西巡抚、南京刑部尚书等职。曾组织编修《常州府志》。天启七年（1627），重新编纂了《罗山县志》，今已佚。
② 崇祯八年：公元 1635 年。
③ 渠魁：首领；头领。
④ 颍、凤：颍州、凤阳。1635 年，李自成与高迎祥、张献忠率农民军攻下凤阳府，掘明皇室的祖坟，焚毁皇觉寺。之后，因内部矛盾，李自成农民军西走甘肃。此所谓"贼之自颍、凤来者"，或为李自成农民军的一支。
⑤ 弹压：镇压；制服。训定：谓平定之而使顺服。
⑥ 直指者：即"直指"，亦称"直指使者""绣衣使者""绣衣直指"等。职官名。汉武帝时置，为奉派出巡各地督察处理政事的官员。明清时期，为巡按监察御史的别称。

也。比予方里居在危城中①,闻公所以死状,甚悉而心痛之。

盖真号难治,公下车以至诚感动之,积逋输将如归市②,称"神君"焉。自闻寇警,意象闲定,一切捍患御侮事,靡不殚其力经纪之。迨贼逼真城,公能用少击众,居逸待劳。贼创去,真已屹然无恙。真之南将聚众迎贼,公曰:"贼方东来,吾民蠢动助贼为虐,诛之不胜,其单骑往也。"至则宣谕朝廷威德,众皆悔罪,泣血稽首,各投刀剑去。而孰意贼以马步数十万猝至哉,左右拥公骑马走,公叱之曰:"吾一去,此方无遗类③,且吾正欲击贼,胡不令乡勇得一当百④?"于是公挺身出斗,而贼无数蹴公使降,公骂不绝口。公拔剑自刎不得,贼将胁公临真,次临罗,天中诸城第示以公面。贼亦何所求而不如意。公不死,诸城其必断送。谓朝廷疆土何!谓无数生灵何!而公则厉声瞋目骂贼曰:"贼奴不杀我,无想我为若吓诱诸城矣。"语毕,刃之。嗟乎哉!次子文凤,乃得真庠义生田育性率兵救援。公已殉难,遂与本店生员寇铨觅首合身以归。颜如生,犹舒指以握子手。观者诧叹异哉。盖公骂贼求死,凛凛有生气固宜。而又以其不畏死之力,保全真、罗无数生灵之命,并保全汝南诸郡邑列城之生民。此其功岂寻常一死塞责,而无所补于朝廷之封疆赤子者可同年道哉?圣天子闻而为之恻然,恤典有加,专祠特祀。

盖公之生也有为,而死且不朽矣。在昔温序为护羌校尉,行部

---

① 里居:古指官吏告老或引退回乡居住。
② 积逋:指累欠的赋税。输将:指缴纳赋税。归市:趋向集市。形容人多而踊跃。
③ 遗类:指残存者或留下其同类。
④ 原书无"百"字,疑脱,今据民国《重修正阳县志》补。

为苟宇所劫①，欲降序不得，卒自杀②；张、许守睢阳，困久绝食至杀妾烹仆，不少变，卒死③。公忠烈之气直可媲美前哲，而保全多城之勋并及死后。夫公之祠于真，夫宁惟真，即列城其尸而祝之矣。公七阅月间④，爱民抚字⑤，不忍以茧丝害其保障⑥，去胥蠹⑦，平雀鼠⑧。公固循吏⑨！公为诸生，笃于行谊⑩，父病请身代；居丧，勺水不入口者五日，又庐墓侧三年。公固孝子！语云："平日能为良吏，则急难为忠臣。"⑪又云："求忠臣必于孝子。"⑫斯二者，足以概公生平矣！忠义之气，上烛日星，下亘河岳。公将歆格于斯⑬，以英灵永奠中土，用报圣天子特祠至意。公之功宁有穷哉！公讳信，号孚宇，陕西宁州人，以明经训灵璧，荐擢真阳。余守关中

---

① 苟宇：原文误作"荀宇"，今据《后汉书·温序传》改。

② 温序（？—30）：字次房，东汉太原郡祁县（今山西省晋中市祁县）人。仕州从事。光武建武二年征为侍御史。六年，拜谒者，迁护羌校尉。行部至襄武，为隗嚣别将苟宇所拘劫。欲使从己，序谓受国重任，分当效死，伏剑而死。（详见《后汉书》卷八十一《独行列传·温序传》）

③ 安史之乱时，河南节度副使张巡与睢阳太守许远以不到七千人的微弱兵力，抗击十三万叛军，苦守睢阳十个月，城中粮尽，"巡乃出其妾，对三军杀之，以飨军士"。最终孤立无援，城陷被杀。（详见《旧唐书·列传第一百三十七》《新唐书·列传第一百一十七》）

④ 阅月：经过一月。阅，经历。此句意即王信在任七个月。

⑤ 抚字：谓对百姓的安抚体恤。

⑥ 茧丝：泛指赋税。敛赋如抽丝于茧，故云。

⑦ 胥蠹：指古代官府中侵吞财物的胥吏。他们犹如蛀食衣物书籍的蠹虫，故称胥蠹。

⑧ 雀鼠：比喻因小事而争讼。

⑨ 循吏：奉法循理的官吏。

⑩ 行谊：品行，道义。

⑪ 此句应为俗语，未见典籍出处。

⑫ 《后汉书·韦彪传》："事亲孝，故忠可移于君，是以求忠臣必于孝子之门。"

⑬ 歆格：神灵享用供品。歆，古指祭祀时神灵先闻祭品的香气。格，至、来。

时①，公与两嗣皆以文字之知，出余门。敢谓不文，乃捉笔而为之记，并系以奠神之词。词曰：

神之生兮兹土，神之死兮兹祜，英灵植兮皇万古，霓乃疆兮邸乃武，神逄逄兮山岳抚②。

徐公均田记③

何　麟

天下之差起于赋，天下之赋出于田。田有不均则赋有不平，赋不平则差之轻重相去岂直倍蓰什百而已哉④？富家田连阡陌，差粮则轻且寡，而贫穷无告者乃包赔倍纳，甚至卖妻鬻子亦有之，其弊有不可胜言者。均田固井田遗意⑤，君子称物平施之仁也⑥。真阳创自正德纪元⑦，凡百制度，至是而废坠者多矣。我公来令之初，见其倾圮也，凡县治、公署、学校、城郭，皆举而更新之。犹以为此其具观也，非为政之本也。朝夕所图为，惟急急均田之举焉。乃檄

---

① 关中：代指陕西。原文误将"关中"作"河南"，民国《重修正阳县志》中收录此文作"余官关中时"，据刘广生任职履历、王信籍贯推断，当为"关中"，今改。

② 此段奠神之词，意不甚通。清康熙三十四年（1695）《汝宁府志》作："神之生兮兹土，神之死兮兹祐。英灵植兮垂万古，血食兹疆兮钦尔，神武亿载兮山岳抚。"当是。

③ 此文原载于明嘉靖《真阳县志》卷六《田赋志》"田亩"下。

④ 岂直：难道只是；何止。倍蓰：亦作"倍屣""倍徙"。谓数倍。倍，一倍；蓰，五倍。

⑤ 井田：相传为夏商周时期的土地制度。以方九百亩为一里，划为九区，形如"井"字，故名。其中为公田，外八区为私田，八家均私百亩，同养公田。公事毕，然后治私事。至春秋战国，井田制逐渐瓦解。

⑥ 称物平施：意思是根据物品的多少，做到施与均衡。语出《周易·谦卦》："君子以裒多益寡，称物平施。"

⑦ 纪元：年岁的始元。我国古代皆以新君即位的次年为元年。正德纪元，即正德元年（1506）。

诸当道，请独任。乃诹吉①，矢心以示公②。乃始其事于邑之南龙冈，画一十字分为四区，以天、地、玄③、黄为号。区皆方里，区地皆五顷四十亩，内有庄屯、道路、沟渠、古冢则除之。自冈抵东南界皆天字号也，自冈抵西南界皆地字号也，自冈抵西北界皆玄字号也，自冈抵东北界皆黄字号也。得区若干区，得顷若干顷，如鱼鳞然，较若画一，而县无余地矣。视地起粮，而赋无偏重矣；视赋起差，而徭役无不均之叹矣。昔张横渠慨然有意三代之治④，欲试井田之法而未见之行事，我公见之行事矣。况古人得志则泽加于民，而功德垂之不朽。然则我公功德之在人者，其亦不朽也哉！晦翁有言曰⑤："上有信以惠于下，则下亦有信以惠于上。"⑥ 今民心惠德之不已也。因举其事之始末，而记之如此。

县令题名记⑦

李　经（邑人）

守令之关于民社也大矣⑧，是故民情有好恶，朝廷有黜陟。公道

---

①　诹吉：选择吉日。原文误作"诹言"，今据明嘉靖《真阳县志》改。
②　矢心：陈示衷心。
③　玄：此文中"玄"字未避康熙帝玄烨讳改"元"字。或因此文属明嘉靖《真阳县志》中旧文而疏忽。
④　张横渠：张载（1020—1077），字子厚，祖籍大梁（今河南开封），生于长安（今陕西西安），后侨寓于凤翔府郿县横渠镇（今陕西省眉县横渠镇）并在该地安家、讲学，世称"横渠先生"。北宋思想家、教育家、理学创始人之一。
⑤　晦翁：朱熹（1130—1200），字元晦，又字仲晦，号晦庵，晚称晦翁。祖籍徽州府婺源县（今江西省婺源县），生于南剑州尤溪县（今福建省尤溪县）。南宋理学家、思想家、教育家、诗人。
⑥　语出朱熹《周易本义》卷二《下经·益》。
⑦　此文原载于明嘉靖《真阳县志》卷三《职官志》"知县"下。
⑧　民社：指人民和社稷。

之在天下，岂独于今为然哉！君子之居是官也，思上之所以任我与下之所以仰我者何如①。而立身行政，皆正谊明道，以求辙乎循良之途，则两无所负，而声名之隆可以垂诸不朽耳。否则，不重其任，不爱其身，则君民之责罔以塞②。而吾之所以膺是名者③，宁不可畏乎哉？真阳设邑以来，传十余令。间或以行节称，或以政绩著，臧否之在人心④，固有不可得而泯者。第姓氏失传，殊无征鉴。广宗清溪崔侯乃始勒著于石⑤，用以昭示久远，真盛志也。侯以簪缨世族⑥，来莅兹土，其孝行登闻迥出一时人物，而达之民牧⑦，六事兼举⑧，真可谓穷达一致矣。侯其知所以自爱其名乎！后之尹若邑者，当亦鉴我侯刻石之意。侯讳岳，字询之，直隶广宗人。嘉靖二十二年立。

---

① 何如：何故、为什么。
② 罔：无；没有。塞：尽。
③ 膺：接受，承当。
④ 臧否：褒贬，评论。
⑤ 崔侯：崔岳，字询之，号清溪，北直隶顺德府广宗县（今河北省广宗县）人，监生，嘉靖二十二年（1543）由河东盐运司经历升任真阳知县。
⑥ 簪缨世族：旧时指世代做官的人家。簪和缨，古时达官贵人的冠饰，用来把冠固着在头上。
⑦ 民牧：旧指治理民众的君王或地方长官。
⑧ 六事：考察地方官吏政绩的六项内容。《金史·百官志一》："宣宗兴定元年，行辟举县令法，以六事考之，一曰田野辟，二曰户口增，三曰赋役平，四曰盗贼息，五曰军民和，六曰词讼简。"

麻侯去思碑

董光宏①（河南参政、前河南督学道②）

今上之三十六年③，予奉命程士汝南④，则识西平有麻邑侯云⑤。麻侯先令于真，其治绩濊泽皆在真⑥。盖三阅岁而以计优调剧⑦，真之士民如失保母。未几，予以量迁⑧，侯亦以忧去⑨，绝后漠不相闻矣。会戊午⑩，宾兴届期⑪，绣衣使者簿予入闱襄事⑫。惟时真士钟

---

① 董光宏（1556—1628）：字君漠，宁波府鄞县（今浙江省宁波市鄞州区）人。明万历二十九年（1601）进士，授刑部主事，曾任河南提学佥事、参议、副使、参政，江西右布政，顺天府尹，升南大理卿，致仕加南京兵部右侍郎。有《秋水阁集》。

② 督学道：学官名。又称"提学道""提督学道"。清朝道员之一。负责各省学校教育事宜。各省均置，系按察使佥事衔，以各部郎中进士出身者补用。雍正四年（1726），各省督学改为提督学政。

③ 今上：称当代的皇帝。今上三十六年：即万历三十六年（1608）。

④ 程士：考核士子。程，衡量、考核。

⑤ 麻邑侯：麻永吉，号又存，大名府大名县（今河北省大名县）人，举人，万历三十三年（1605）任真阳知县，三十六年（1608）调任信阳知州管西平县事。本《志》卷五《职官·知县》有传。

⑥ 濊（huì）泽：深厚的恩泽。

⑦ 三阅岁：经过三年。计优调剧：考核优秀，调到政务较繁重的地方。

⑧ 量迁：即"量移"，原属唐朝赦宥制度的一项，意指官吏因罪远谪，遇赦酌情调迁近处任职。发展到明末清初，顾炎武在《日知录》卷三十二"量移"条云："今人乃称迁职为量移，误矣。"可见此处的"量迁"即迁职之意。

⑨ 忧：指父母之丧。

⑩ 戊午：指万历四十六年（1618）。

⑪ 宾兴：科举时代，士子将参加乡试时，地方官设宴款待，称为"宾兴"。此处代指乡试。

⑫ 绣衣使者：巡按监察御史的别称。入闱襄事：进入考场帮忙做事。指参与乡试事务。

生声宏、董生汉文、刘生讳庚讳份者①，谒予而言曰："邑令麻侯，使君之所知也②，其字民慈以肃③，其鉴士明以公，其立法惟弊之塞而利之开，其兴作惟度之修而典之饬④。今去兹土已十余稔矣⑤，而召歌舆诵益籍甚⑥。且四生受知于侯最深，宜立石以志不忘。云根铁笔咸秩久矣⑦，独未得高明一言以传不朽，是以久湮兹役。今使君于侯有一面之谊，而宏于使君又有一日之雅。敢乞麻侯之传于使君，使君又何可以辞？"予应之曰唯唯⑧。迨出闱⑨，而钟生入彀⑩。钟生，予之小友、侯之高弟也，伏膺阶下复再四以请予曰："侯之去任辞世计数年矣，今墓木将拱⑪，而沦泽在人心，棠荫在士类⑫，日愈久而名愈光，容愈杳而思愈切，侯尚可及也哉！"予重违四生之意⑬，兼曲慰真士民之心，于是乎不复让也。侯名永吉，字又存，

---

① 此四生：钟声宏、董汉文、刘庚、刘份，应当都是麻永吉的门生，且都去参加当年的乡试，所以在省城开封拜见了作者。最后，钟声宏考中该科举人。
② 使君：汉代称呼太守刺史。汉以后用做对官吏、长官的尊称。
③ 字民：抚治、管理百姓。字，治理。
④ 度之修而典之饬：典度得以修饬，或修饬典度。修饬，整治。典度，典章制度。
⑤ 稔：年。古代谷一熟为年。
⑥ 舆诵：众人的议论。籍甚：盛大；盛多。
⑦ 云根：山石。此指碑石。铁笔：刻刀。咸秩：谓皆依次序行事。
⑧ 唯唯：恭敬应诺之词。
⑨ 出闱：旧时指科举考试结束后考生离开试院。
⑩ 入彀（gòu）：《唐摭言·述进士上篇》记载，唐太宗在端门看见新考中的进士鱼贯而出，高兴地说："天下英雄入吾彀中矣！"后用"入彀"比喻人才入其掌握，被笼络网罗。在此指通过乡试，成为举人，进入更高层级的进士考试。
⑪ 墓木将拱：坟墓上的树木将要有两手合抱那么粗了。指人死去多年。借指时光流逝得很快。语出《左传·僖公三十二年》："尔何知？中寿，尔墓之木拱矣。"
⑫ 棠荫：即"棠阴"。《史记·燕召公世家》记载，周时召伯巡行南国，曾在棠树下听讼理事。召公死后，人民思念召公之政，爱其树不忍剪伐。后以"棠阴"誉称去职官吏的政绩。
⑬ 重（zhòng）违：犹难违。

〔康熙〕真阳县志·卷七

大名人，中辛卯科乡试，诰封文林郎，列衔州刺史。铭曰：

沙麓之区①，雕水绕焉，钟英蜚秀，申生大贤。玮瑰倜傥，是曰麻侯，飞舄霓冕②，来莅中州。惟侯之来，人歌五袴③，民皆黄虞，士皆叔度。惟侯之去，桃李依然，耆老垂涕，儒弁凄颜。莱芜成邑，刀剑成牛，云谁之德，曰惟我侯。丰碑久徙，疑若有待，建于何年，戊午之岁。载侯之德，没后弥光，碣传有限，史笔无疆。石马翁仲④，皆成乌有，独有口碑，永贻不朽。

---

① 沙麓：大名县旧有沙麓山。
② 飞舄：指可乘以飞行的仙鞋。舄，鞋的通称。《后汉书·王乔传》记载，明帝时王乔为叶令，有神术，每月朔望，常自县来朝。帝怪其来数，而不见车骑，令太史伺之。其至，辄有双凫从东南飞来，举罗张之，但得一舄，乃所赐尚书履。此即"王乔凫舄"典故。后以"飞舄"表示地方官的足迹所至。
③ 歌五袴：《后汉书·廉范传》记载，东汉廉范任蜀郡太守。到任后，废除旧令，让人储水备灾。百姓称便，生产发展，民物丰盛。民间作歌颂扬说："廉叔度，来何暮。不禁火，民安作。平生无襦今五绔。"绔，通"袴"，即裤子。后以"歌五袴"为歌颂地方官吏施行善政的典故。
④ 石马：石雕的马。古时多列于帝王及贵官墓前。翁仲：传说阮翁仲为秦代一丈三尺的巨人，秦始皇命他守边，匈奴人很怕他。他死后，秦始皇下令仿照其形状铸成铜人。后指铜像或石像，也专指墓前的石人。

尹令君台谏交荐序①

李宗延（郡人，吏部尚书）②

滇隶汝郡之宇下③，所谓股肱之邑也。邑之北，为房，为柏④，滇人让悍焉；邑之南，为江，为黄⑤，滇人让谲焉；其东南，为寖，为鄀⑥，滇又让儇且巧焉⑦。夫不悍、不谲、不儇巧，不几于善国乎？所称善国者，教化明，风俗正，上下各安其一定之分，而不敢越法纪一步。乃阴持有司之短长⑧，雌黄在口吻间，时而蝥官蝥吏，

---

① 尹令君：尹应祥，号甫侪，山东济南府滨州（今山东省滨州市）人。万历二十二年（1594）举人，授北直隶阜城县知县。令君，对县令的尊称。据民国《重修正阳县志·艺文》收录的刘廷昶《后乐亭碑记》一文判断，尹应祥任真阳知县时在明万历四十八年（1620）前后。（详见民国《重修正阳县志》卷六，第二十八叶。）台谏：唐宋时以专司纠弹的御史为台官，以职掌建言的给事中、谏议大夫等为谏官。两者虽各有所司，而职责往往相混，故多以"台谏"泛称之。明初废谏院，以给事中兼领监察与规谏，两者开始合流。故此处"台谏"是对给事中的尊称。交荐：共同举荐。

② 李宗延（1563—1627）：字景哲，号嵩毓，汝宁府汝阳县（今汝南县）人。明万历十年（1582）举人，万历十四年（1586）进士，授湖广黔阳（今湖南省洪江市）知县。后任山东长清、陕西咸阳知县。升浙江道监察御史，不久任左都御史。天启元年（1621），擢升都察院都御史，任户部尚书。天启六年（1626），明熹宗又擢选他为兵部尚书，继而改任吏部尚书。次年病故，追赠太子太保，谥号"庄靖"。

③ 滇：据说真阳在汉代为滇阳。《史记索隐》曰："慎阳，属汝南，本作'滇阳'，永平五年，失印更刻，遂误以'水'为'心'。《续汉书》作'滇阳'也。"颜师古曰："'慎'字本作'滇'，音真，后误为'慎'耳。"

④ 房、柏，即古房国、柏国，故址分别在今河南省遂平县、平舆县。

⑤ 江、黄，即古江国、黄国，故址分别在今河南省正阳县南、潢川县。

⑥ 寖、鄀，即古寖丘、鄀丘，故址分别在今安徽省临泉县、太和县。寖丘在西汉为寖县，东汉光武帝时改名为固始县，在慎阳县东北，与今天正阳东南的固始县并非一地，太和县亦在东北，故疑文中所言"东南"有误。

⑦ 儇（xuān）：慧黠而轻薄。

⑧ 有司：指官吏。古代设官分职，各有专司，故称。

因而蟊良善人，有"土察院"之号，此何以称焉？嗟乎！滇割吾汝之南鄙，聂尔于淮水之阳，其夫马之驰逐①，供亿之腆鲜②，伏腊之筐篚③，不得不备责之乎里甲④。里之薄，役之厚也；役之肥，民之瘠也。驯至今日，亩括镪几三百⑤，而史而胥而祗候诡于身之无所给⑥，而又饱愚弱之所输，父子兄弟世相啖也，肥极矣。因损其余，广结纳于梁苑、申苑、瓠城之豪有力者⑦，出则捆载，入则歌舞，怒马轻裘⑧，翘其威于有司之上以自雄⑨。官有不良于去者间归咎乎若曹⑩，若曹亦矜为己力不少逊谢⑪。以此，士君子视侠为鬼蜮⑫，视滇为官阱。呜呼！此可以瞽阘茸龌龊之辈⑬，惑寻常簿书之吏，而难侧于高莘卓仪之庭⑭。

不闻世有贤令乎，左右竦之以逻事者在门⑮，令曰："吾讯无赎

---

① 夫马：役夫与车马等。
② 供亿：供给，供应。腆鲜：丰厚鲜美。
③ 伏腊：古代两种祭祀的名称。"伏"在夏季伏日，"腊"在农历十二月。筐篚：盛物竹器。方曰筐，圆曰篚。祭祀时用以盛币帛。代指祭祀用的礼品。
④ 里甲：明代州县统治的基层单位；后转为明代三大徭役（里甲、均徭、杂泛）名称之一。起初里长、甲首负责传达公事、催征税粮；以后官府聚敛繁苛，凡祭祀、宴飨、营造、馈送等费，都要里甲供应。
⑤ 括：征集，搜刮。镪（qiǎng）：成串的钱。泛指钱币。
⑥ 史、胥、祗候：均为古代官府的小吏。祗候，原文作"祗侯"，今改。
⑦ 梁苑：代指开封。申苑：代指信阳。瓠城：代指汝阳（今汝南）。
⑧ 怒马轻裘：骑着健壮的骏马，穿着轻暖的皮衣。形容生活豪奢。裘，皮衣。
⑨ 有司：清嘉庆《正阳县志》中作"衿生"（读书人、士人），似更合理。
⑩ 官有不良于去者：指违法乱纪的官员。归咎：归罪、委过。若曹：这等人。
⑪ 逊谢：自责而请罪。
⑫ 侠：仗着自己的力量帮助被欺侮者的人或行为。鬼蜮：害人的鬼和怪物。
⑬ 瞽：瞎。此处引申为蒙蔽之意。阘（tà）茸：资质驽钝愚劣。龌龊：品行卑劣。
⑭ 此句清嘉庆《正阳县志》作"而难侧足于高等卓异之庭"。
⑮ 竦：通"悚"。悚惧。逻事者：从事巡逻侦探工作的人。

也,赎无一之不谷也,谷无粒之不报当路也①。吾征无羡也②,羡无一之不帑也,帑无锱铢之私吾橐也③。安得诸上大夫日坐我堂皇之上④,面睹其行事,请益而质成焉⑤!吾何恤乎逻者?"彼逻者咋舌而屏去⑥。尹公符之矣。余读邑博士刘君所持《德政状》⑦,如新大成殿、葺明伦堂、移文昌祠,敷教有本矣⑧。朔望群诸弟子员讲说诗书,谆谆于敦伦励行之为。兢兢月三课举于艺⑨,甲乙其次第,树之的以鼓其趋,彬彬乎薰其德而市于庭⑩。市人子之就社塾也,端蒙养也。饩之粟月石,而师无内顾有专政。"圣谕六言"日星炳矣⑪,二百年来久道化成乎天下。俗吏忽为迂事,而解说督劝。抱赤子于膝下,聒聒然若蜾蠃之祝其子也⑫。窭生活计涩矣⑬,稻若而

---

① 当路:身居要津。指掌握政权者。
② 羡:有余,余剩。
③ 帑(tǎng):代指收藏钱财的府库或钱财。锱铢:锱与铢都是极小的计算单位,用以比喻极细微。橐(tuó):一种口袋。
④ 安得:岂可。堂皇:官吏办事的大堂。
⑤ 质成:谓请人判断是非而求得公正解决。
⑥ 屏:清嘉庆《正阳县志》作"潜"。
⑦ 《德政状》:为表彰真阳知县尹应祥而写的功德政绩报告。
⑧ 敷教:传布教化。也作"敷化"。
⑨ 于:清嘉庆《正阳县志》作"子",似更合理。
⑩ 彬彬:形容文质兼备。后往往用以形容人的行为文雅有礼。市于庭:清嘉庆《正阳县志》作"式于度"。
⑪ 圣谕六言:又称圣谕六条、教民六条、圣训六条等,是明太祖朱元璋为教化人民,促进社会和睦说的六句话:"孝顺父母,尊敬长上,和睦乡里,教训子孙,各安生理,毋作非为。"又:此句前原脱"蒙养也饩之粟月石而师无内顾有专政圣谕六"19字,今据清嘉庆《正阳县志》补。
⑫ 蜾蠃之祝其子:古人误认为蜾蠃不产子,喂养螟蛉为子,久而久之长得一样了。语出汉代扬雄《法言·学行》:"螟蛉之子殪,而逢蜾蠃,祝之曰:'类我!类我!'久则肖之矣。"
⑬ 窭(jù)生:贫困的书生。

釜①，锱若而缗，起菜色而润之以酥。建厂烹谷，饭馁者、袄冻者、医病者、赒孤独者及荷桎梏者靡不饲焉，生养备矣。他如歼萑苻②、绳博塞③、斥狐鼠④、搜侵渔⑤，种种善政靡得而记云，大都行不影愧，居不衾愧⑥，三尺可白于朝廷⑦，四知可对于天地⑧。

不屑屑于扑侠，不棘棘于威侠，镕之以孝弟，惺之以忠良⑨，惕之以铁钺，俾其洗念涤虑⑩，弃其旧染，铲其痼习，渐就于平康正直之路，盖以不治治之也。即龚、黄、卓、鲁⑪，奚以逾焉？政未及期，民誉四起。屯御史芳菱卢公⑫、给谏秀水祝公⑬、御史宪松

---

① 若而：若干。
② 萑苻：泽名。《左传·昭公二十年》："郑国多盗，取人于萑苻之泽。"后以称盗贼出没之处。在此代指盗贼。
③ 博塞：又作"博簺"，古代的一种赌博性游戏。在此代指赌徒。
④ 狐鼠：城狐社鼠。喻小人、坏人。
⑤ 侵渔：侵夺，从中侵吞牟利。此指侵夺他人财物的人。
⑥ 行不影愧，居不衾愧：亦作"行不愧影，寝不愧衾"。意思是比喻为人行为光明，问心无愧。出自《宋史·蔡元定传》："独行不愧影，独寝不愧衾。"
⑦ 三尺：原代指法律。古时把法律条文写在三尺长的竹简上，故称法律为"三尺法"，简称"三尺"。这里指秉公执法。
⑧ 四知：《后汉书·杨震传》记载，东汉杨震任太守时，昌邑县令王密夜间送十斤黄金予杨，谓深夜无人知晓。杨震回答："天知、神知、我知、子知，何谓无知！"不接受王密馈赠。后多用为廉洁自持、不受非义馈赠的典故。
⑨ 惺（xīng）：觉悟，醒悟。
⑩ 洗念涤虑：亦作"洗心涤虑"。比喻彻底改变过去不好的思想和念头。
⑪ 龚、黄、卓、鲁：龚遂、黄霸、卓茂、鲁恭，均为汉代循吏。后因以指贤能的官吏。
⑫ 屯：清嘉庆《正阳县志》作"此"字。芳菱卢公：卢谦（1561—1635），字吉甫，号芳菱，庐州府庐江县（今安徽省庐江县）人。明万历三十二年（1604）进士，任永丰县知县、河南道监察御史、江西右参政等职。
⑬ 给谏：六科给事中的别称。秀水祝公：未详何人。

张公交荐于朝①，以风有位。博士弟子员相率称觥②，而李子述其大概无美词也。虽然滇、汝骨肉之邦也，汝之岁徭四倍于滇，滇之津贴十倍于汝，绝不经之暴费，斩额外之苛敛，猾役积蠹勿庸侵牟其间③，夫岂异人任哉？布圣天子之德泽手授之民，竭方百里之赋税手授之官，明府与闾阎呼吸相连④、肝胆相照而痛痒之相关，滇之民苏然更生矣，滇之政奕然改观矣，滇之令褎然房⑤、柏、江、黄、 寗、郟之上矣。兹者交荐，特其嚆矢云尔⑥。博士刘君曰⑦："我公于阜城治矣，郑州治矣，郾城治矣⑧，历历乎丰碑载之矣。毓山海之奇秀，衍洙泗之家法⑨，其于滇也何有⑩！"遂录其言以为之贺。

---

① 宪松张公：张至发（1573—1642），字圣鹄，号宪松，山东济南府淄川县（今山东省淄博市淄川区）人。明万历二十九年（1601）进士，历任玉田、遵化知县，礼部主事，改御史，巡按河南，累迁大理寺丞、顺天府丞、礼部尚书等。

② 称觥：举杯敬酒，表示祝贺。

③ 猾役：刁滑的差役。积蠹：积年累月的恶习或不断行恶的人。侵牟：侵害掠夺。

④ 明府：对县令尹应祥的尊称。闾阎：原指古代里巷内外的门，后泛指平民百姓。

⑤ 褎（yòu）然：美好出众的样子。

⑥ 嚆矢：响箭。因发射时声先于箭而到，故常用以比喻事物的开端。犹言先声。

⑦ 刘君：极有可能是明天启年间任真阳县教谕的刘嘉绩。

⑧ 尹应祥在明万历二十二年（1594）考中举人之后、担任真阳县志之前，先后在此三地任职。

⑨ 洙泗：洙水和泗水。春秋时属鲁国地，孔子在洙泗之间聚徒讲学。后因以"洙泗"代称孔子及儒家。家法：师徒授受自成一家之说的学风。后泛指学术、文艺相传的流派风格。

⑩ 何有：用反问的语气表示没有什么困难。

天禄阁外史序

王　鏊（字守溪，姑苏人）[①]

黄叔度所著《外史》八卷[②]，议论醇雅，气象明裕，质而尽美，婉而成章，得《国语》《左氏》之体而无其艳[③]，拟子长、孟坚之雄而无其陋[④]，皆孔氏之遗言逸论而书史之所不载者也。试读一过，诚有令人毛发泠泠[⑤]、凛然透骨，精神爽达、乐而忘倦者。春花明而秋云敷，江涛雄而蛟龙鸣，一造化自然之昭著，岂人之所能与其工哉[⑥]？考之当时，与叔度并举孝廉，如周子居、艾伯坚、郅伯向、

[①] 王鏊（1450—1524）：字济之，号守溪，晚号拙叟，学者称为震泽先生，苏州府吴县（今江苏省苏州市吴中区）人。明成化十一年（1475）进士，授翰林编修。历侍讲学士、日讲官、吏部右侍郎、吏部左侍郎、户部尚书、文渊阁大学士等职。明代名臣、文学家。有《震泽编》《震泽集》《震泽长语》《震泽纪闻》《姑苏志》等传世。

[②] 《天禄阁外史》八卷，旧题汉黄宪撰。该书体例仿《战国策》，记黄宪游说汉末诸侯王事迹。然而其事史书未载，其书明代以前亦无称引著录者，因而被人认为是伪书。明代徐应雷、李诩等人指认此书为嘉靖时昆山人王逢年所伪作，但又被今人所否定。究竟出自谁手，未有定论。

[③] 《国语》：相传是春秋时期左丘明所撰的一部国别体著作。该书的编纂方法是以国分类，以语为主，故名"国语"。《左氏》：即《左传》《春秋左氏传》，旧传为春秋时期左丘明著，是中国古代一部叙事完备的编年体史书，更是先秦散文著作的代表。

[④] 子长：司马迁（前145—约前87），字子长，夏阳龙门（今陕西韩城，一说山西河津）人。西汉史学家、文学家，著有中国第一部纪传体通史《史记》。孟坚：班固（32—92），字孟坚，扶风郡安陵县（今陕西省宝鸡市）人。东汉大臣、史学家、文学家，编撰了中国第一部纪传体断代史《汉书》，与司马迁并称"班马"。

[⑤] 泠泠：形容清凉。

[⑥] 工：精巧，精致。

封武兴、盛孔叔此五人者①，皆产于汝南，而文章事业寥寥无闻。而叔度独有仲尼作《春秋》之志，扶世教植人纪，真汉世隐君子之出类者矣②。宜其见推于林宗③，受式于元礼④，而一时诸君子咸高让之也。然此书不恒有于世，仅出于晋后，藏于唐之田弘万卷楼，复流散不传。至宋，韩洎学士乃得之秘阁典籍中⑤，加之以论赞，岂斯文之绝续果有数乎？世又有疑之者，以范晔不立传必其未见此书⑥，而当时所封诸侯王之国不免有一二之舛，况叔度之高驾又非汉之诸侯王所能聘者。其文多自述之辞，虽或出弟子之所记而事不征诸列国，以或类于《左氏》之诬未可知也⑦。晋谢安直褒此书而

---

① 此五人与黄叔度一起并称为东汉汝南郡"六孝廉"。东汉应劭《风俗通义·十反》记载有六孝廉之事。此外，南宋吴垌《五总志》引《汝南传》云："太守李伥选周子居、黄叔度、艾伯坚、郅伯向、封武兴、盛孔叔为六孝廉，以应岁举，未行，伥死，子居等遂驻行丧。伥妻于柩侧下帐见六孝廉，厉以宜行。子居叹曰：'不有行者莫宣公，不有止者莫恤居。'于是与伯坚即日辞行，留封、黄四人随柩。时人以为知礼。"其中，周子居，即周乘，字子居，安成县（治今正阳县寒冻镇）人，官至交州刺史、泰山太守等。原文误作"周之居"。郅伯向，原文误作"郅伯尚"。封武兴，即封祈，字武兴，官至豫章太守。原文误作"封或兴"。今俱改。

② 隐君子：隐居的高士。

③ 《后汉书·黄宪传》载："郭林宗游汝南，先过袁闳，不宿而退；进往从宪，累日方还。或以问林宗，曰：'奉高之器，譬诸氿滥，虽清而易挹。叔度汪汪若千顷波，澄之不清，淆之不浊，不可量也。'"

④ 此句不甚解。史籍未见有关黄宪与李膺（元礼）的交往情况。

⑤ 韩洎：北宋京兆府长安（今陕西省西安市）人。进士及第。与兄韩溥俱有文名。《天禄阁外史》每篇都有韩洎赞。

⑥ 范晔（398—445）：字蔚宗，顺阳郡顺阳县（今河南省淅川县南）人。南朝宋时著名史学家、文学家、官员，编撰有《后汉书》。《后汉书》中虽有《黄宪传》，但未提及《天禄阁外史》。

⑦ 《左氏》之诬：由于《左传》记事大量取用传说和传闻，对历史作了较多的文学加工，所以也受到一些批评。如范宁《穀梁传集解·自序》说："左氏艳而富，其失也诬。"韩愈《进学解》说："《春秋》严谨，《左氏》浮夸。"胡安国说："事莫备于左氏……失之诬。"欧阳修也写过一篇著名的《左氏失之诬论》。

不辨其同异①，何耶？意者晋时隐君子值晋室之末运，忠愤激烈而不敢言，托为此书，引类属讽，言之者无罪，闻之者足以劝，其或然与。初，予承乏翰林，三山林公手授是编②，曰："此某三世家藏之，吴中亦得见此不耶？"后二十余年，乞归休老，日于仲山徐公论文林下③，因检出以示人，佥曰："是不传之秘也。"一时学者争手抄而私宝之。予恐其未知所从得也，故书之简端。④

创建准提庵记

国朝　任国标（邑令）

余髫龄从事乡塾⑤，诵读时艺之外⑥，而于大乘诸品靡不究心⑦，独敬礼准提大士⑧。自释褐仕途，簿书征督之扰胼手胝足⑨，日无宁

---

① 谢安（320—385）：字安石，陈郡阳夏（今河南省太康县）人。东晋时期政治家、军事家、名士。《天禄阁外史》卷前有谢安《外史总评》，但被人认为是"伪序"。

② 三山林公：三山是福州的别称。林公疑为林聪。林聪（1415—1482），字季聪，号见庵，福建宁德（今福建省宁德市蕉城区）人。明正统四年（1439）进士。官至刑部尚书、太子少保。

③ 徐源（？—1515）：字仲山，号椒园道人，苏州府长洲（今江苏省苏州市）人。明成化十一年（1475）进士，授工部主事，历广东左参政、湖广左布政使等。文章博雅，尤喜为诗，书有米家父子风。有《山东泉志》《瓜泾集》等。

④ 明刻本序文末题："嘉靖二年乞恩致仕姑苏守溪王鏊撰。"

⑤ 髫：古代小孩头上扎起来的下垂头发。髫龄：童年，幼年。

⑥ 时艺：即时文、八股文。

⑦ 大乘：一种佛教派别。它包括实践和理论两个方面，强调"自利、利他，利益一切众生"，提倡以"六度"为主的修行"菩萨行"。大乘佛教谓人人可以成就佛陀一样的智慧，故名"大乘"。

⑧ 准提：佛教菩萨名，梵语的音译，意为"清净"。密宗列为莲华部六观音之一。其形象作三目十八臂。

⑨ 胼手胝足：手掌脚底因劳动过度，皮肤久受摩擦而产生厚茧。形容极为辛劳。

刻，遂致绣佛之愿，有间初心。然居恒坐卧，以心相印，俨对菩提，一念不敢有忽。迨承乏兹土，瞻仰瞿昙①，兵燹之后，虽无玉栋珠宫，然庄严法相犹有存焉。邑之内外，独无准提梵宇。因自思曰："慎邑，人文渊薮，岂乏达长者其人，而作黄金布地盛事乎②？"遂有创建之心焉。

第迩来公私旁午③，来往驿骚④，疲困极矣，以故数年于兹，有志未逮。适诸生晏子允恭、义民郭之基等，不约而有同心，力任创举。择地于城东南隅，建庵塑像，为一邑观瞻。丐文于余⑤，余惟人事修而天工斯建，官箴肃而民社爰安⑥，所以墠坛立像始自生聚之年⑦，劝善崇功皆为守土之责。以今视昔，而今日之人烟辐辏较昔时之哀鸿仳离⑧，功相倍也。愿一邑士民随缘而助，共襄盛举，庶招提利建而白象晨嘶⑨，兰若弘开则青狮夜见⑩。俾吾邑善信朝夕奉持，皈依佛法，去其邪侈。佛在心头如月印万川，万川万月、万川一月也；佛呈千手，千手千佛、千手一佛也。月在天之中，心在人之中，作福故在人心，心之所在即佛之所在。斯庵之作，其即天中之月、心头之佛乎！余故乐为记，以劝夫慎之为善者，非余与二

---

① 瞿昙：释迦牟尼的姓。一译乔达摩（Gautama）。亦作佛的代称。

② 黄金布地：《贤愚经》上有个"布金买地"的佛教故事，讲的是舍卫国的须达长者以布满园地的黄金来买地，为世尊建造讲经说法之精舍的故事。

③ 第：但。迩来：近来。旁午：亦作"旁迕"。交错、纷繁。比喻事物繁杂。

④ 驿骚：扰动；骚乱。驿，通"绎"。

⑤ 丐文：请人写碑文。丐，请求。

⑥ 官箴：做官的戒规；官吏应守的礼法。民社：人民与社稷。

⑦ 墠（shàn）：古代祭祀或会盟用的场地。

⑧ 人烟辐辏：住户人家像车轮上的辐条聚集在毂上那样汇集在一处。比喻人口比较密集。哀鸿：悲鸣的鸿雁。后比喻流离失所的灾民。仳离：夫妻分离。特指妇女被遗弃而离去。

⑨ 招提：原为四方僧的住处，后泛指寺院或僧房。白象：佛教中普贤菩萨的坐骑。

⑩ 兰若：寺庙，即梵语"阿兰若"的省称。青狮：佛教中文殊菩萨的坐骑。

三子耀世俗之观瞻，邀后来之福利，因将之以醒心者也。

重建石佛寺记

曹文蔚（字苟山，汝府通判，贵池人）①

循真之接颍门而东②，故有石佛寺云。自明季寇燹旱疫，民鲜孑遗，文献无征，不知其所自始。询诸父老，第云崇祯中霸贼沈万登络绎蹂躏③，招提遂付之祖龙焰中④，惟石佛寺岿然存耳。嗟乎！佛谓世有小灾三：饥馑、疾病、刀兵是也；大劫三：火、水、风是也。夫天地否泰，阴阳剥复，芸生蒙难，常也。乃修三千二百劫而证金仙者⑤，方且引群生离火宅，而己犹不免于旷劫⑥。然则沧桑岸谷之感⑦，又可胜悼也耶！

予摄篆真阳⑧，以觇风土⑨，过其地，见荆榛瓦砾中，石像参

---

① 曹文蔚：本《志》卷一《学校》下有注释。
② 接颍门：据本《志》卷一《城池》，接颍门是真阳县城东门。
③ 沈万登：汝宁府真阳县（今正阳县）人，明末农民军首领之一。号称"大侠"。崇祯七年（1634）冬，盛之友于岳城起兵，沈万登聚乡勇万人响应，称"顺义王"。十年（1637），为农民军豫楚十三家之一。十二年（1639）七月，请降，授都司，屯兵真阳。十五年（1642）闰十一月，李自成农民军攻陷汝宁府，授沈万登威武大将军，不受。明朝授为副总兵。十六年（1643）十月，沈万登收复汝宁。十七年（1644）五月，与西平刘洪起农民军火并，被杀。
④ 祖龙：指秦始皇。因秦始皇焚书而代指火。
⑤ 道教《高上玉皇本行集经》记载，玉帝"如是修行三千二百劫，始证金仙，号曰清净自然觉王如来"。
⑥ 旷劫：久远之劫。《高上玉皇本行集经》又记载，玉帝"如是修行，又经亿劫，始证玉帝"。
⑦ 沧桑岸谷：亦作"沧桑陵谷"。比喻世事翻覆，变化很大。
⑧ 摄篆：指代理官职，掌其印信。因印信刻以篆文，故名。
⑨ 觇（chān）：暗中察看。

差,坐者、立者、攲者①、仆者、相枕而卧者,甚且肢体折裂而皮肤剥蚀者,盖攒眉久之②。谓佛界之沉沦,抑此邦之流离,至此极也。未几,东关老人刘珍、刘应魁等,叩予而言曰:"善准不兴,善教不新,善俗则不成③。佛者,劝善之准也。顾兹寺之烬于火五十余稔矣,诚不忍石佛如林,溅风雨,冒霜雪,而灵爽之弗安也④。珍等愿为檀那首⑤,将鸠工而新之。敢丐弁语,以为导师⑥。"予闻而韪之。

窃惟瞿昙之教,以地水火风会而成人,命之曰幻身。而又云四大本空,五蕴非有⑦,身相且忘,何有于像。溯彼西域,正法没而象教始兴⑧,优填王刻佛以旃檀树,波斯匿铸佛以紫磨金,维时阎浮提中仅有二象耳⑨。迨汉武时,霍去病过焉耆山得休屠国金人⑩,而象教始入中国。迨有唐而宗风大倡,于是乎金碧庄严,绀宇琳宫

---

① 攲(yī):倾斜不正。
② 攒眉:皱紧眉头。形容忧虑不快的神态。
③ 准:标准,法则。此句的大概意思是:好的法则不兴起,好的教化不更新,好的风俗就难以形成。
④ 灵爽:中心、内心。
⑤ 檀那:梵语 dāna 的音译。意为布施、施主。
⑥ 此句在清嘉庆《正阳县志》中,"鸠工"前无"将"字,"导"后无"师"字,疑均为衍文。
⑦ 四大:地大、水大、火大、风大。五蕴:色、受、想、行、识。佛教认为四大和合的一切万物的本质都是空假的,而不是永恒不变的。而五蕴是因缘所生,而并非实有。
⑧ 象教:释迦牟尼离世,诸大弟子想慕不已,刻木为佛,以形象教人,故称佛教为象教。
⑨ 《增一阿含经》曰:"拘翼国优填王,思念佛,以旃檀造如来像,高五尺。""波斯匿王,闻优填王雕像,乃以紫磨黄金造佛像,亦高五尺。时阎浮提内始有二像。"这是为佛造像的开端。
⑩ 《汉书·匈奴传》:"明年(前121年)春,汉使票骑将军去病将万骑出陇西,过焉耆山千余里,得胡首虏八千余级,得休屠王祭天金人。"按:今人多认为匈奴休屠王"祭天金人"并非佛像。

遍海内矣①。盖象者像也，仿佛佛之形而像之，使人因像以见佛，因佛以见心，进于善而不为不善也。旨哉！婆娑之论曰："增长已生善，如溉甘泉；栽未生善，而令其生如钻木出火。断已生恶，如除毒蛇；断未生恶，如豫防流水。"②信能若是，则象教之设亦劝善之一助也。予性不佞佛，亦不谤佛，惟劝善遏恶颇同情。尔等即发慈悲愿，当持坚忍，应有须达多其人布金满地③，而祇园精舍不日告成。由是而爇戒定香④，献功德水⑤，将见遐迩黔黎瞻拜奉持。敬斯慕⑥，慕斯劝，人人皆佛心，在在皆佛境。以视貌龙象而心蛇蝎⑦，口菩提而腹荆棘⑧，大相径庭，于予化民成俗之意不无小补⑨。言念至此，知众石亦当点头而微笑矣⑩。

（真阳南十方院门前立有曹公德政碑。）

---

① 绀（gàn）宇：即绀园。佛寺之别称。琳宫：仙宫。亦为道观、殿堂之美称。

② 毗婆沙（意译为"广解"）论云："断已生恶法，犹如除毒蛇。断未生恶法，如预防流水。增长已生善，如溉甘果栽。未生善令生，如钻木出火。故名四正勤。"

③ 须达多：梵语 sudatta 的音译。意译为"善与""善给""善授"等。古印度拘萨罗国舍卫城富商，波斯匿王的大臣，释迦的有力施主之一，号称给孤独。后皈依佛陀。与祇陀太子共同施佛精舍，称祇树给孤独园，即祇园精舍。

④ 爇（ruò）：烧。戒定香：《佛说戒香经》曰："世间若有近事男近事女，持佛净戒行诸善法，谓不杀不盗不淫不妄及不饮酒，是近事男近事女，如是戒香遍闻十方。"实际上是要人们念念不忘持戒，注重持戒才是真正的香。

⑤ 功德水：即八定水。佛教谓西方极乐世界中，处处皆有七妙宝池，八定水弥满其中，其水澄净、清冷、甘美、轻软、润泽、安和、除饥渴、长养诸根。

⑥ 斯：则、就。

⑦ 龙象：龙与象。水行中龙力大，陆行中象力大，故佛氏用以喻诸阿罗汉中修行勇猛有最大能力者。蛇蝎：蛇与蝎子。比喻狠毒的人。

⑧ 菩提：佛教音译名，指觉悟的境界。荆棘：泛指山野丛生多刺的灌木。比喻奸佞小人。

⑨ 化民成俗：教化百姓，使形成良好的风尚。

⑩ 结尾这几句话，与清嘉庆《正阳县志》此文有所不同。

重修城隍庙记

国朝 安 圻（字玉调，山西汾阳人，邑令）

粤稽圣王制祀，勤事定国者祀之，御灾捍患者祀之，凡三辰、五行、社稷诸神，胥有祀①。若夫威灵赫奕，彰善瘅恶昭昭不爽，令人瞻依心肃罔敢陨越者②，独城隍为最。顾祀神而殿宇未极堂皇，仪容未极庄严，其亵渎也实甚。慎邑城隍庙在城西北隅，沧桑代易，大约踵事补苴③。庚午岁④，余承乏兹邑，谒庙时周览规模，见神像剥落，庙貌倾圮，不禁怆然。比年思治未遂，迩来民物风景渐有起色，余曰夙愿可少酬矣。爰任厥事，捐俸以为士民倡。未旬日，凡应需材物，输运如山。乃卜吉召工，并手偕作。正殿、寝室、廊房、山门，以及垣壁、阶墀，悉整葺而光大之。庙南旧有显灵门，遗址仅存，与殿宇同日兴作，上建乐楼。凡此，皆余之心目所经营区处者。窃■昔之建立郡邑，张官置吏，而复立庙绘形，以神道设教者⑤，务期导斯人为善，勿为不善。盖幽明无二理也。余兹之举，余盖以前人之心为心。邑人士倘以余之心为心，莫作诸恶，奉行众善，相率鼓舞，俾户尽淳良，人鲜浇漓⑥，无负余更新

---

① 《国语·鲁语上·展禽论祭爰居非政之宜》："加之以社稷山川之神，皆有功烈于民者也。及前哲令德之人，所以为民质也；及天之三辰，民所以瞻仰也；及地之五行，所以生殖也；及九州名山川泽，所以出财用也。非是，不在祀典。"
② 瞻依：瞻仰依恃。表示对尊长的敬意。陨越：比喻败绩，失职。
③ 踵事补苴：因袭前人所为，而弥补缺漏。
④ 庚午：指康熙二十九年（1690）。
⑤ 神道设教：利用神鬼之道进行教化。
⑥ 浇漓：亦作"浇醨"。浮薄不厚。多用于指社会风气。

庙貌、诚敬祀神之深衷，邑人幸矣，余滋幸矣！

诗

吏隐堂二首
吴安国（邑令）

焦明入寥廓①，尺鷃窥藩篱②。物性同逍遥，小大各有知。吾观庄生篇，至理良在兹。兹堂岂弘构，拙计同一枝。绿树画阴阴，好鸟鸣相宜。飒飒多清风，轻纹荡涟漪。春云赋柔翰，华月浮琼邑③。肯将簪弁心④，负此丘壑期。顿忘案牍劳，只觉形神怡。俯仰真俗吏，宁惟此辈嗤。

幽轩敞清坐，兀然忘此身。便有濠濮想⑤，鱼鸟来相亲。兹隐宁待招，主人且为宾。朝辞汝水头，暮指越水滨。垂柳若为别，依依愁向人。人生非金石，此意谁与陈。浩歌一回首，宇宙多风尘。

---

① 焦明：鸟名。《史记·司马相如列传》："捷鸳鸰，掩焦明。"裴骃集解："焦明似凤。"张守节正义："长喙，疏翼，员尾，非幽闲不集，非珍物不食。"

② 尺鷃：即斥鷃。小雀。

③ 琼邑：清嘉庆《正阳县志》中作"琼厄"。

④ 簪弁：簪，冠簪。弁，礼帽。古代仕宦所服。借指官吏。

⑤ 濠濮想：即"濠濮间想"。《庄子·秋水》记有庄子与惠子同游濠梁之上辩论鱼之乐和庄子垂钓濮水巧拒楚王使者的事，表现了庄子志在山海的放逸之心。后以"濠濮间想"谓逍遥闲居、清淡无为的思绪。

古诗为横山烈妇作[1]

赵南星（字梦白,高邑人,吏部尚书,前郡司理）[2]

兔丝蔓女萝,生死不相离[3]。生为横山女,嫁为横山妻[4]。夫长苦田亩,贱妾能安止[5]。旋旋办中馈[6],荷担往馌之[7]。夫也自媚妇,岂知面貌媸[8]。妇也自恭夫,岂羡多金为。结发托微躬,恩爱讵可移[9]。食贫余一载,情契如一朝。何意遭凶荒,四野无寸苗。载路尽饥人,哭声何嗷嗷。东邻夫相弃,西邻妇亦跳[10]。夫泣向妻言:"吾空为若夫,不能令尔饱,终当死道途。不如相弃置,庶以求尔哺。"妻泣向夫言:"君言非其理。天作为婚姻,但须誓古处。君如

---

[1] 此诗最早见于明万历三十六年（1608）纂修的《汝南志》卷二十一《艺文志·诗类》,题作《司理高邑赵南星横山烈妇诗》;其次见于明崇祯戊寅年（1638）刊刻的《赵忠毅公集·诗集》中,题作《古诗为横山妇作》,题下注"嘉靖中事"。现存的另三部《汝宁府志》,即清康熙元年（1662）《汝宁府志》、康熙三十四年（1695）《汝宁府志》、嘉庆元年（1796）《汝宁府志》均收录有此诗。

[2] 赵南星（1550—1627）:字梦白,号侪鹤,真定府高邑（今河北省高邑县）人。明代后期政治家、文学家,东林党领袖之一。万历二年（1574）进士,授汝宁府推官（别称司理、司李）,万历九年（1581）擢升户部主事。在汝宁府推官任上前后五六年,"治行廉平"（《明史·赵南星传》）,《横山烈妇诗》即作于此间。

[3] 首句起兴。《古诗十九首·冉冉孤生竹》有"与君为新婚,兔丝附女萝"句,唐代李白《古意》首句"君为女萝草,妾作兔丝花",用法相承。

[4] 横山:在今确山县新安店镇顺山店村东,临近正阳,明清时期属于真阳县（今正阳县）辖区。本《志》卷三《山川》有"横山"条。

[5] 止:明万历《汝南志》中作"居"。

[6] 中馈:酒食。

[7] 馌(yè):给在田里耕作的人送饭。

[8] 媸(chī):相貌丑陋,与"妍"相对。

[9] 讵(jù):岂,怎。

[10] 跳:通"逃"。逃走。

忍相弃，贱妾何能止。妾乃一妇人，只知及尔死。"夫妇抱头泣，愿以身终始。忍饥待命尽，不敢怨苍天。那知他人子，为计殊不然。百十成群起①，荷锄为戈铤②。白昼行劫掠，聊供为朝餐。四境无鸡犬③，百里绝人烟。被劫者无奈，走去白县吏。县吏闻之怒："我当尽诛殛④。"不闻赈饥民，但云擒盗贼⑤。擒贼者谁子，里中诸健儿。奉令出县门，俱化为枭鸱⑥。所遇即为盗，何论真假为。真盗如流星，疾步不可追。田夫饿无力，擒之如擒鸡。并彼横山夫，一一反接之。反接见县吏，含笑喜不胜。县吏关太守⑦，怒发如飘风。太守语县吏："此曹俱当刑。但须尽扑杀，宁当复从容。"县吏闻此言，顺命如不遑。须臾尽捶死，委积于道旁。野草涂膏血，飞鸟啄肝肠。横山妇忽闻，其夫尸在野。仰天大号哭，泪如飞雨下。疾步至尸边，安能遽识者。反覆众尸中，仅可辨其形。抚之忽一哭，已死而复生："谁者乃为盗？吾夫婴其凶⑧。"负之涤清泉，解衣以覆蒙。抚之再一哭，气绝命顿倾。愁云起天上，白日暗无精。路人尽陨涕，哀哉摧心胸。行者方以目，谁敢传姓名。竟与夫同葬，以明结发情。冤气凝不散，夜雨双悲鸣。天地终枯槁，此恨不可平。

---

① 明崇祯本《赵忠毅公集》中，"十"作"千"。
② 戈铤：戈与铤。亦泛指兵器。明万历《汝南志》卷九《秩官志·宦迹二》"王崇古"条载："嘉靖三十二年守汝宁。……时归德乱起，横山大盗任泰等啸聚千人，遥为声势。公阳为不省，密调汝宁、信阳卫兵一鼓擒之。"
③ 犬：明万历《汝南志》中作"狗"。
④ 诛殛（jí）：诛杀。殛，杀死。
⑤ 云：明万历《汝南志》中作"去"。
⑥ 枭鸱（xiāo chī）：即猫头鹰。旧时以为恶鸟，因亦喻恶人。
⑦ 关：明万历《汝南志》中作"闻"。
⑧ 婴：遭受；遇。

赵南星曰：予为《横山烈妇诗》也，泪簌簌不可禁焉。妇之生微矣，其殉节不爱死可比烈士。彼已长吏者虎噬善良，又禁贞妇之名不彰，痛哉！彼草野固易没，垂缨人上者岂可隐姓名哉？盗钟自掩耳，愚亦甚矣。故知古人之制，失刑则刑，失死则死[1]，不可易也。万历五年秋九月初七日司理梦白识[2]。

食新麦叹

田育心（字不失，号圣呆，邑庠生）[3]

去年几时食新麦，开场呼酒延田客。今年芒种麦不秋，小户荷橐大户索。也知种迟熟应迟，正是穷荒遇闰月。麦正黄时雨早催，滴滴沥沥无休歇。黄者已烂青者黄，泣尽苍生眼中血。被蓑庤铚将生穗[4]，带雨托云泥里撷。乍放新晴观获艾[5]，陌头一望如穷塞。丰年尚余寡妇利，只今不足供螟䗳[6]。簸粮舂糠未到口，那知更有催

---

[1] 失刑则刑，失死则死："刑""死"两字，均前为名词，后为动词。意思是错定刑法就自己受刑，错判死罪就自己以死偿命。语出《史记·循吏列传》："理有法，失刑当刑，失死当死。"

[2] 万历五年：公元1577年。此句在明崇祯本《赵忠毅公集》中作"万历五年秋九月初七日书于信阳州公署"。据此可以想象：在赵南星任汝宁府推官的第二年，这位年轻的官员从汝宁府治所（今汝南县）至下辖的信阳州公署公干，途经横山。在听说了横山妇与丈夫的悲惨故事后，一路心潮起伏。到达公署，仍止不住义愤与悲痛，于是为之作诗，以彰其事。

[3] 田育心：民国《重修正阳县志》卷七《艺文·集诗》此诗作者为"田育性"。本《志》卷五《人物·岁贡》："田育性，字不远，号圣拙。"未知二者是否同一人。

[4] 被蓑庤（zhì）铚（zhì）：披着蓑衣，准备着镰刀。庤，储备、准备。铚，古代一种短的镰刀。

[5] 获艾：即"获刈"，收割。艾，通"刈"，刈割；斩除。

[6] 螟䗳：即"螟螣"，两种食苗的害虫。螣：一种专食苗叶的小青虫。

科迫①。火票火牌促火耗②,如虎如鲸如蛇蝎。割鸡又苦烹无盐,东邻告匮西邻绝。官家或许暂停时,租吏先把干来折③。重是违限逼违限,老稚丁男缚做贼。芭蕉剥尽层层瘦,系向公门跪向北。敲朴之下无完肤④,诉穷直断穷民舌。易儿易女痛飒飒,剜肉割心不可说。村村百姓已无家,有司耽耽云为国⑤。柳州曾说拼一命,伤心难抵年年厄。今年已负来年债,来年几时食新麦。

归来呈余同六社丈⑥(时逃难回)

钟声宏(邑人)

宠辱灰心是处闲,荒城无恙御风还。寻交亲执家家到,穿遍园林树树攀。浪迹似曾归故国,幽姿只拟住深山。招提幸自饶缁侣⑦,一上蒲团早闭关。

---

① 催科:催索赋税。
② 火票:清代邮符的一种,为驿递紧急公文的凭证。火牌:古代军中符信之一。凡兵丁至各地传达命令,皆给火牌一面。沿途凭牌向各驿站支领口粮。火耗:明清时指赋税正项之外加征的税额。
③ 折干:谓以钱代替实物。
④ 敲朴:即"敲扑"。鞭打的刑具,短曰敲,长曰扑。亦指敲打鞭笞。
⑤ 耽耽:瞪目注视貌。
⑥ 社丈:年纪较大的一社之长。多为德高望重、通晓农事者。
⑦ 缁侣:僧侣。

九日登高有作

徐　霓（邑令）

采菊南楼下，更登楼外楼。衣冠见文物①，经略忆名流②。秀气千溪合，秋光一望收。明年当此日，佳景对谁酬。

道院龙池

张　玺（邑令）

玄门深处透灵湫③，神物居中不计秋。大志务酬天下望，一声雷雨遍皇州。

又④

　　　　张　璿

巍然宫殿映山光，灵物其如此处藏。院宇鹤来仙侣降，湫泉龙喷雨花香。谁怜海上真蓬岛，我信人间古道场。天下苍生霖雨望，肯教终只卧南阳。

---

① 衣冠：指绅士，借指礼教、斯文。文物：礼乐典章。
② 经略：筹划治理。名流：名士之类的人物。
③ 玄门：老子《道德经》曰："玄之又玄，众妙之门。"后因以"玄门"指道教。此指道院。灵湫：深潭、大水池。古时以为大池中往往多灵物，故称。
④ 此为同题诗文，故题目省略，以"又"字提示。今遵原著。

禅林雁塔

张　玺

公余乘兴访招提①,坐对云林送夕晖。一塔耸然新笋立,碧霄真碍白云飞。

又

张　璿

老僧卜胜建禅关,千古宗风振此间。云护山门苍柏老,雨迷苔藓断碑残。堂前说法天花坠②,坛上看经贝叶翻③。一塔凌霄名雁塔,题名多士与唐班④。

横山晚照

张　玺

匹马行春过此山,省耕只待月明还⑤。桑林颇喜民安堵⑥,步武明时守令官⑦。

又

---

① 招提:原为四方僧的住处,后泛指寺院或僧房。引申指出家僧侣。
② 天花坠:传说佛祖讲经说法,感动了天神,天上各色香花从空中纷纷落下。后人据此概括出成语"天花乱坠"。
③ 贝叶:古代印度人用以写经的树叶。借指佛经。
④ 据王定保《唐摭言·慈恩寺题名游赏赋咏杂纪》记载:"进士题名,自神龙之后,过关宴后,率皆期集于慈恩塔下题名。"即著名的雁塔题名。
⑤ 省耕:视察春耕。多用于古代帝王。
⑥ 安堵:安定;安居。
⑦ 步武:跟着前人的脚步。比喻模仿、效法。

张　璿

推螺秀色枕碑塘，势入青冥隐夕阳①。满地桑榆垂暮景，一林烟霭弄昏黄。斜留雁塔禅林影，半散龙池道院光。到此令人情兴逸，无边佳致入诗囊。

又

刘宗汉（字缵高，邑庠生）

晚山红树乱栖鸦，耸翠朱楼衬落霞。开霁小池波荡漾，挂晖远岫映参差。光分石壁花丛艳，色映柴门草径斜。薄暮朗陵如画里，隔溪犹见几人家。

淮水春澜

张　玺

桐柏源头彻底清，桃花流水簟纹平②。个中疑有金鳞在，好听春雷第一声。

又

张　璿

昨夜天边宿雨收，长淮春水泊天浮。层层暖送桃花浪，细细香分杜若洲。鸥鹭往来常自适，鱼龙变化暂随流。发源已有潮宗势，不到沧溟志不休。

---

① 青冥：形容青苍幽远。指青天。
② 簟（diàn）纹：席纹。簟，竹席。

南龙古冈

张　玺

一带平冈接翠微①，此名谁与立稀奇。循行故老多来说，时有青云顶上飞。

又

张　璿

盘旋起伏势如蛇，千载相传作县题②。春草长来鳞甲动，野云笼处爪牙迷。名腾海宇声华远，秀拔乾坤造化奇。从此人材科甲盛，好从天上六龙飞③。

朝元废观

张　玺

立马斜阳读古碑，古碑无字只苔莓。凄凉往事知多少，试看周原禾黍离④。

又

---

① 翠微：青翠的山色，形容山光水色青翠缥缈。也泛指青翠的山。
② 题：或为"标志"之意。
③ 六龙：马八尺称为龙。古代天子的车驾为六匹马，故天子的车驾称为"六龙"。
④ 黍离：本为《诗经·王风》中的篇名。《毛诗序》："《黍离》，闵宗周也。周大夫行役，至于宗周，过故宗庙宫室，尽为禾黍，闵周室之颠覆，彷徨不忍去而作是诗也。"后遂用作感慨亡国之词，或用来形容苍凉荒芜的景象。

张　璿

事异时殊几代分，昔年遗迹至今屯。萧萧丹灶空余鼎①，落落残碑不见文。春暖荒台云自锁②，夕阳古木鸟犹闻。经过每感前朝事，犹有当时夜月存。

板桥霜华

张　玺

满天金气挟衣单，枫叶凝寒色正酣。谁报鸡鸣乘晓发，小桥霜重暂停骖③。

又

张　璿

狂风刮地卷尘沙，渐起寒威苦道赊。红锦一林枫老叶，黄金满地菊残花。鸡鸣茅店天将曙，马渡霜桥日正斜④。名利役人真自苦，拂衣何日是安家⑤。

水港流清

张　玺

山中流水不知名，恬淡年年只自清。试问夷齐曾过否⑥，也须

---

① 丹灶：道士炼丹用的炉灶。
② 台：明嘉靖《真阳县志》中作"基"。
③ 停骖：将马勒住，停止前进，有停车的意思。
④ 日：明嘉靖《真阳县志》中作"月"，似更合理。
⑤ 拂衣：振衣而去。谓归隐。
⑥ 夷齐：伯夷和叔齐的并称。商末周初两位著名的贤人。

款立一濯缨①。

又

张 璿

远接山冈近接田，澄澄一脉透渊泉。虹光长跨东南尾②，鸭绿中涵上下天。雨过翠浮云影淡，夜深清映月明圆③。闲来我亦缨斯濯，涤尽尘嚣一豁然。

褒信春游④

何 麟

天地来和气，川原亦敷荣⑤。荒城连绿野，古寺乱书声。把酒临桃绽，授琴傍水清。浩歌迷去路，深树鸟嘤嘤。

间河晚钓⑥

闲日登临处，间河联枣丘。源源山下出，脉脉柳阴流。峻岭风光好，平原草色浮。渔矶闲扫罢⑦，明月散汀洲⑧。

---

① 濯缨：洗涤帽缨。语出《孟子·离娄上》："沧浪之水清兮，可以濯我缨。"
② 南：明嘉靖《真阳县志》中作"西"。
③ 清：明嘉靖《真阳县志》中作"青"。
④ 褒信：古赖国之地。《后汉书·志》第二十《郡国二》"汝南郡"载："褒信侯国。有赖亭，故国。"刘昭注："《史记》：楚封王孙胜白公。杜预曰'褒信县有白亭'。"东汉延光四年（125）为褒信侯国。今信阳市息县包信镇。在今正阳县西严店东约25公里。
⑤ 敷荣：开花。
⑥ 以下七首，皆为何麟所作，故作者省略。今从原著。
⑦ 渔矶：可供垂钓的水边岩石。
⑧ 汀洲：水中小洲。

慎阳夜月

孤城环水立，古寺散钟声。寂寂碧云卷，辉辉明月生。流光黄宪宅，返照戴良城①。借问杯中月，为谁皎皎明。

淮林烟雨

淮水源桐柏，滔滔过息州。千家环浦口②，万柳列湾头。绿爱雨中洗，青宜波际浮。津亭联隐士，烟晓上林游。

金刚献翠

巍巍连楚水，渺渺镇淮康。野竹丛霄汉，白云起石堂。横天苍翠色，叠岭草花香。时倚檐前树，青青照我乡。

汝水回清

浩浩汝河水，潺潺昼夜声。源流天息麓③，波撼汝阳城④。堤柳含新绿，溪泉混大清。津亭风日好，皎皎濯吾缨。

---

① 黄宪、戴良：东汉时期慎阳（真阳）县的两位贤人。参见本《志》卷五《人物·贤良》。
② 浦口：小河入江之处。
③ 天息：即天息山，伏牛山脉的山峰之一。《水经注》卷二十一《汝水》载："汝水出河南梁县勉乡西天息山。"
④ 汝阳：即汝阳县，明代汝宁府驻地，今河南省驻马店市汝南县。

柳寨禅室

云里前朝寺，阴阴古树环。上方鸣细磬，下界隐流泉①。禅室栖贫士，空斋业后天。老僧回草阁，儒客谈松间②。

濮公仙洞③

长淮山势绕，羽客始登仙④。宫院青云拂，松林明月圆。炼丹犹有穴，种药在南阡。乘鹤何时去，飡霞世自传⑤。

九日登南龙冈寄怀仲兄玉京季弟凤石
曹　风（字裨海，江南贵池人）

登高漫惜足蹒跚，穷遍龙冈第九盘。桓景到今还避地⑥，孟嘉

---

① 隐：明嘉靖《真阳县志》作"急"。
② 谈：明嘉靖《真阳县志》作"话"。
③ 濮公：即濮公山，又名浮光山、弋山、弋阳山。在今息县城南3公里，西严店南近30公里。淮河绕濮公山北而东流。《水经注》卷三十《淮水》云："淮水又东迳浮光山北，亦曰扶光山，即弋阳山也，出名玉及黑石，堪为棋。其山俯映长淮，每有光辉。"《读史方舆纪要》卷五十《河南五》曰："浮光山，（光山）县北八十里。一名浮弋山，即弋阳山也。山岩耸秀，俯映长淮，每有光耀，因名。亦曰濮公山，相传旧有濮公者隐于此。"
④ 羽客：道士。
⑤ 飡（cān）：同"餐"。餐霞：餐食日霞，指修仙学道。语出司马相如《大人赋》："呼吸沆瀣兮餐朝霞。"
⑥ 桓景避地登高，躲开了灾祸。事见本《志》卷三《风俗》重阳节下的注释。此处用典说明南龙冈是避地的好去处，意在言其高。

依旧欲投冠①。客中远忆萸房少,天际偏惊雁字单。明发阿咸归去速②,寓书早与报平安。

九日登南龙冈

曹文蔚(字苛山)

霜华皑皑菊斑斑,策马平临楚豫间。漫向他乡寻凤岭,要知此地即龙山。七星台榭供凭眺③,万里风云自往还。更喜徐公分井处④,屹然遗碣点屠颜⑤。

谒黄叔度征君墓

曹 风

生平尚友耽幽讨⑥,每叹逢辰苦不早。蹑影先贤过豫中⑦,驱车更上真丘道⑧。故宫漠漠隐平沙,废冢累累蒙腐草。吊古谁为握手

---

① 孟嘉:字万年,江夏郡鄳县(今属河南省信阳市罗山县)人。东晋时期名士、官员。《晋书·孟嘉传》:"(嘉)后为征西桓温参军,温甚重之。九月九日,温燕龙山,寮佐毕集。时佐吏并著戎服,有风至,吹嘉帽堕落,嘉不之觉。温使左右勿言,欲观其举止。嘉良久如厕,温令取还之,命孙盛作文嘲嘉,著嘉坐处。嘉还见,即答之,其文甚美,四坐嗟叹。"此即"孟嘉落帽"的典故。
② 阿咸:三国魏阮籍侄阮咸,有才名,后因称侄为"阿咸"。
③ 七星台:在南龙冈上,旧名慎子将军墓,今称李冢汉墓群。
④ 南龙冈上有明真阳知县徐霓均田处,时立有碑记。
⑤ 屠颜:险峻、高耸貌。指高峻的山岭。
⑥ 幽讨:谓寻讨幽隐。
⑦ 蹑影:亦作"蹑景"。追随;效法。
⑧ 真丘:真阳。隋朝时真阳县曾称"真丘"。

欢，悲时翻作无情恼。感怀宦海蠹飚风，更惜儒林类转蓬①。汉季纵横多罔两②，汝南豪杰胜丰隆。躬膺黼黻皆衰凤③，血战元黄亦亢龙④。八顾三君罹雉网⑤，炎精赤帝付烟⑥丛。何■征君黄叔度，孟轲绰绰颜回乐⑦。能仪能隐更能■，可见可潜亦可跃。郭泰难量千顷波⑧，陈蕃自愧三公爵⑨。中庸不数劲松涛⑩，外史何须天禄阁⑪。繄子力小欲追踪⑫，垂老差销鄙吝胸⑬。不道牛医成往事⑭，空瞻马

---

① 转蓬：随风飘转的蓬草。后比喻身世飘零。
② 罔两：古代传说中的一种精怪。喻凶恶的坏人。
③ 黼黻：绣有华美花纹的礼服。多指帝王和高官所穿之服。
④ 血战元黄：《周易·坤卦》："龙战于野，其血玄黄。"元，同"玄"。比喻群雄角逐，血流遍野。亢龙：比喻骄横无德之君。泛指刚愎躁进之人。
⑤ 八顾三君：《后汉书·党锢列传》曰："窦武、刘淑、陈蕃为'三君'。君者，言一世之所宗也。……郭林宗、宗慈、巴肃、夏馥、范滂、尹勋、蔡衍、羊陟为'八顾'。顾者，言能以德行引人者也。"他们是反对宦官的士大夫党人集团的领袖与骨干。
⑥ 炎精赤帝：炎精指火德，或应火运而兴的王朝。五行家谓刘汉以火德王，故"炎精赤帝"指东汉王朝及其统治者。
⑦ 孟轲说："我无官守，我无言责也，则吾进退，岂不绰绰然有余裕哉？"（《孟子·公孙丑下》）孔子曰："贤哉，回也！一箪食，一瓢饮，在陋巷，人不堪其忧，回也不改其乐。贤哉，回也！"（《论语·雍也》）此句说黄叔度兼具孟子的进退自如与颜回的安贫乐道这两种精神。
⑧ 《后汉书·黄宪传》记载，郭泰（林宗）曾形容黄叔度的器量"汪汪若千顷波，澄之不清，淆之不浊，不可量也"。
⑨ 《后汉书·黄宪传》载："及蕃为三公，临朝叹曰：'叔度若在，吾不敢先佩印绶矣。'"
⑩ 中庸：待人处事不偏不倚，无过无不及。这是儒家的道德标准，也是黄宪的处世之道。
⑪ 《天禄阁外史》相传为黄叔度作，但多认为是伪托。
⑫ 繄（yī）：文言助词，惟。此句应指荀淑把时年十四的黄叔度当作师表。
⑬ 《后汉书·黄宪传》载："同郡陈蕃、周举常相谓曰：'时月之间不见黄生，则鄙吝之萌复存于心。'"
⑭ 牛医：黄叔度的父亲是牛医。

正阳旧志三种

鬣拜遗封①。吾师此日同荀淑②，殆庶千秋志蔚宗③。只念儒林偕宦海，仰天长啸涕何从。

谒黄叔度征君墓

曹文蔚

为访遗踪到慎阳，山岚迢递水苍茫④。高风见说推荀淑，独步谁甘让戴良⑤。荆棘丛中霞逾紫⑥，麒麟冢上骨犹香⑦。旌贤自是吾侪事⑧，好筑园林护末光。

拜叔度黄征君墓

曹文淡

探奇偶尔向天中，仰止高山拜下风。钩党姑从陈迹论⑨，芳灵

---

① 马鬣：坟墓。因坟地上所封的土，形状有如马鬣，故称为"马鬣"。
② 《后汉书·黄宪传》载："颍川荀淑至慎阳，遇宪于逆旅，时年十四。淑竦然异之，揖与语，移日不能去。谓宪曰：'子，吾之师表也。'"
③ 殆庶：《易传·系辞下》："子曰：'颜氏之子，其殆庶几乎！'"后以"殆庶"指贤德者。蔚宗：范晔，著名史学家，其所著《后汉书》中有《黄宪传》。
④ 迢递：遥远貌。
⑤ 荀淑、戴良：详见本《志》卷五《人物·贤良》中的《黄宪传》。
⑥ 逾：通"愈"。更加。
⑦ 麒麟冢：指名臣贵人的坟墓。
⑧ 旌贤：表彰贤人。吾侪：我辈；我们这类人。
⑨ 钩党：相互牵连的同党。

应许梦魂通。千年马鬣钦黄子，七尺螭碑重鲁公①。仿佛懿型如可即，遥看云际羡飞鸿。

真阳叹

曹　风

百里真阳地，三朝古战涯。朱皋流毒螫②，霸寇簇哀笳。白屋罹龙焰，苍颅落剑花。松岩谋衽席③，叔望理桑麻④。轸恤仳离久⑤，粗安岁月奢⑥。有明当末造⑦，无地不张牙⑧。旱魃兼蝗羽，瘟神类鬼车⑨。平临皆赤地，弥望尽黄沙。鸡语呈妖孽，人餐长乱芽。万登屯虿尾⑩，

---

　①　鲁公：颜真卿（709—784），字清臣，琅琊临沂（今山东省临沂市）人。唐代名臣、书法家。官至吏部尚书、太子太师，封鲁郡公，人称"颜鲁公"。黄叔度墓碑"汉黄叔度墓"五个大字乃颜真卿所题。
　②　此句指元至正十一年（1351）刘福通红巾军攻陷真阳县之事。
　③　松岩：何麟，号松岩。邑人。明嘉靖间举人。衽席：亦作"袵席"。床褥与席子，借指太平安居的生活。
　④　叔望：徐霓，字叔望。明嘉靖间任真阳知县。桑麻：桑与麻。为农家养蚕、纺织所需，后借为农事之代称。
　⑤　轸恤：怜悯、哀矜。仳离：夫妻分离。特指妇女被遗弃而离去。
　⑥　粗安：大致安定；大致安好。
　⑦　末造：末世。指朝代末期。
　⑧　张牙：张口露牙，形容凶恶之相。此处指年景不好，土地不收。
　⑨　鬼车：相传为一种怪鸟。俗称九头鸟、鬼鸟，是古代中国神话传说中的妖鸟。因为在夜里发出车辆行驶的声音，得名鬼车。
　⑩　万登：沈万登。邑人，明末农民军首领之一。虿（chài）尾：蝎尾。因其有毒，故比喻为害人者。

闯令闹蜂衙①。虎子纷如蚁，蛮泯殆若羓②。王舟三窟兔，杨相两头蛇③。受抚仍酿害，旋师为掩瑕。堵墙曾刮篦④，债帅复施枷⑤。十室九无主，余丁总适他。投林虚逐鹿，归树少飞鸦。尚喜天兵雨，来苏土窖蜗⑥。迟公兴地力，顾子课文苴⑦。畚土成垣秃⑧，诛茅筑舍斜。利犁开陇阜，棱磙垦污邪。更畏苛中虎，谁悬屋上瓜。城闉惟菜市⑨，镇集半囊家⑩。苦水连平坂，甘泉远一洼。刀魂分野火，马沥进硝华。生聚村头少，荒残望眼赊。抚怀今若此，三叹有余嗟。

寒香堂偕侄苛山、儿水如晚坐，即事联句⑪

倏然无事且鸣琴，野雀寒鸦噪柏林。天竺枝头怜赤子，蜡梅花

---

① 闯：闯王李自成。蜂衙：蜂早晚定时的聚集，如下属参谒长官于衙中，故称为"蜂衙"。

② 蛮泯：当为"蛮氓"，即"蛮蛮氓"。敦厚而愚昧的人。语出《诗经·卫风·氓》："氓之蚩蚩，抱布贸丝。"羓（bā）：经过加工的大块干肉。

③ 王舟：匪首，后受招安，被仇人周志德所杀。杨相：督师杨可海。本《志》卷六《孝义》"周志德"条有记载。

④ 刮篦：用篦子刮。形容搜刮得非常彻底。

⑤ 债帅：唐大历以后，政治腐败，凡命一帅，必广输重贿。禁军将校欲为帅者，若家财不足，则向富户借贷；升官之后，再大肆搜刮民脂民膏偿还。因被称为"债帅"。及韦处厚、裴度为相，此风稍敛。后遂用以称借行重贿而取将帅之高位者。

⑥ 此句转折。以清朝军队比作天兵雨，以饱受苦难的人民比作土窖蜗。雨来了，蜗更生了。

⑦ 迟公：迟焞。顾子：顾豹文。二人均为清顺治朝真阳知县。详见本《志》卷五《职官·知县》。

⑧ 畚（běn）土：搬装泥土。

⑨ 城闉（yīn）：城内重门。亦泛指城郭。

⑩ 囊家：设局聚赌抽头取利者。

⑪ 由此诗标题可以看出，作者曹风是曹文蔚（苛山）的叔父。曹风的儿子水如，极有可能即曹文淡。

际辨丹心。苍黄向晚频频告，清白随时细细箴。此处尘嚣应不到，虚窗只许月华侵。

游十方禅院

曹　风

岿然鲁殿湛灵晖，即此能参第一机。酒载闲情寻白社①，诗敲借境寄黔围。乘云欲挟龙同去，掣电将携雁塔飞。最喜天华香满座，摩挲宝鼎意定归。

登适蔡城楼有感

曹文蔚

觇风特特陟危陴②，目断荒坰几皱眉③。雁塔飞入城内外，龙池涸尽石参差。汝南毚兔迷黄草④，淮右惊鸿遍绿漪。屈指沧桑多岁月，至今轸恤属伊谁。

---

① 白社：借指隐士或隐士所居之处。
② 觇：察看，观测。特特：特地，特意。陟：登高。陴（pī）：城上的矮墙。亦称女墙；俗称城垛子。
③ 坰（jiōng）：离城远的郊野。
④ 毚（chán）兔：狡兔。

卷　八

灾祥

汉武帝元光五年夏，汝南大水，坏民庐舍。

安帝元初三年十月辛亥，冬雷。

晋武帝太康元年四月，雨雹，伤麦豆。

武帝咸宁五年九月甲午①，麟见汝南。

隋大业中，汝南有马生角，长数寸。

宪宗元和十二年夏，雨雹，中人有死者。

文宗开成二年，雨雹，害稼。

文宗开成三年秋，大蝗，草木叶皆尽。

懿宗咸通三年六月，蝗。

周太祖广顺三年，汝南旬日内无鸟②，既而聚山谷中，集于林，压树枝皆折。

宋太祖建隆二年，蔡州霪雨害田禾，道路行舟。

---

① 武帝咸宁五年（279），应置于上条"晋武帝太康元年（280）"之前。
② 旬日：十天。原文误作"旬日无无鸟"，今据明嘉靖《真阳县志》改。

真宗大中祥符元年，醴泉出汝阳凤源乡，有疾饮之皆愈。

孝宗乾道元年六月，汝南蝗，宪臣姚岳贡死蝗为瑞①，上斥其佞，坐黜。

淳熙三年六月甲申②，蝗起京东北，趋西南，蔽空如云翳日。七月，蔡汝诸州蝗俄抱草自死。

淳熙十二年，淮水冰，断流。

太和四年③，黑虫食苗。

徽宗政和四年④，府畿汝蔡之间连山大小石皆变为玛瑙，尚方取以器玩⑤。

光宗绍熙三年九月，淮西郡县稼皆肃于霜，民大饥。

元成宗大德二年，水旱，免田租十分之三，伤甚者尽免之，老病单弱者差税并免三年。

仁宗延祐三年冬十月，地震。

顺帝至正三年，霪雨自四月至七月不止。

明景泰四年，河南等处灾伤，令所在问刑衙门，责有力囚犯于缺粮州县仓纳米赈济。

天顺元年，蝗，免租。

成化九年，灾，免田租之半。

---

① 宪臣：宋代指提点刑狱，即后之按察使。姚岳：字松卿，京兆府（今陕西西安）人。南宋绍兴二年（1132）进士。为岳飞器重，辟为属官。岳飞遇害后，投靠秦桧。

② 原文误作"甲午"，今据明嘉靖《真阳县志》和《宋史》卷六十二《志·五行一》改。

③ 宋代无"太和"年号，疑为"政和"之误。但查《宋史·五行志》并未见本地有"黑虫食苗"记载。

④ 政和四年（1114），应置于上文"孝宗乾道元年（1165）"之前。

⑤ 尚方：古代制造帝王所用器物的官署。

弘治二年，大水，坏民庐舍。

弘治三年，大有年①。

正德十四年十月十二日戌时，地震，屋瓦摇落逾时乃止。

嘉靖三年，旱。

嘉靖十年秋，大水，免田租之半。

嘉靖十八年，大饥，差主事赈济。

嘉靖三十二年夏四月，雨，至秋七月不止，坏公署、城垣、民居殆尽，谷、黍、秋、菽俱被涝伤，独稻倍收。时荒，盗起，免民田租之半。

万历二十一年，蝗，人相食。

万历四十年，夜半地有火如炬，一炬分数十炬，谓是磷火。

万历四十年，彗星见。

天启六年，水坏民居。

崇祯四年，水坏民舍，鱼入于市，疫大作，民死者半。

崇祯九年，土寇大作，地芜不治，城门日闭；蝗，大饥，人相食。

崇祯十年，流寇往来如织，各村镇焚杀殆尽。寇去，官兵来索粮草，辱官害民。北门内生员彭久昌家鸡作人语②。

崇祯十年，奉旨确查被贼焚杀情形，知县刘进官绘图以进，诏除荒地免征租，止前加月练三饷。

---

① 大有年：意为大丰年。语出《春秋穀梁传·宣公十六年》："五谷大熟，为大有年。"

② "久"字在原文不甚清晰，今据清嘉庆《正阳县志》作"久"字。

崇祯十二年，太白昼见①，土寇沈万登招安②，住扎马乡店。

崇祯十四年，大饥，人相食，申明亭、察院、城濠内外鼎镬数处，居人不敢独行。

国朝

顺治二年春，积雪深数尺，大饥，人相食。

顺治五年，有鸭生四足，鸡翅生爪，食之伤人，有成群飞去者。夏六月二十三日，大风发屋拔木，雨雹大者如升，屋舍梁栋立折。

顺治六年二月二十三日，雨雹如卵，坏民舍。

顺治七年七月二十三日，雨雹伤禾。

顺治九年二月十四日，夜半地震，自西北往震东南，守城者颠倒至地。

顺治十五年夏四月，大风拔木发屋。五月，大雨，麦烂。秋八月，大雨，至九月十八日方止，秋禾漂没，城垣、门楼、民居大坏。

顺治十六年春二月，雨，至三月未止，民居尽坏，谷五倍常时③。夏四月，城外西北五六里许，每晨望之有气如城，虎孕三子于城西。冬十月二十九日戌时，天上红白气见，如旗如枪数十缕。

康熙七年六月，地震。

康熙十年七月，旱。

康熙十三年六月，彗星从西至东，正中白气。

---

① 太白：星名。即金星，又称"长庚""启明"。
② 沈万登：详见本《志》卷七《艺文·碑记》中曹文蔚《重建石佛寺记》文下注释。
③ 此句在清嘉庆《正阳县志》中作"谷贵五倍常时"，当是。

康熙十三年八月，大水。

康熙十八年七月，旱，奉旨蠲免钱粮①。

康熙二十一年六月，水。

康熙二十四年七月，旱。

康熙二十五年，奉旨本年钱粮蠲半，其二十四年未完条银尽行豁免。

康熙二十六年七月，水。

康熙二十八年七月，旱。

康熙二十九年七月，旱，蝗。

康熙三十年六月，天灾，瘟疫，复旱，奉旨蠲免三十一年正赋。

康熙三十二年四月，蝗蝻，旱。

康熙三十三年七月，蝗蝻，旱。

康熙三十四年四月初六日戌时，地震。

康熙三十五年三月，旱。六月初六日，雨，绵络不晴，大水至八月终止。

杂志

公式

庆祝：凡遇圣诞②、长至③、正旦④，知县率僚属先一日习仪于

---

① 蠲（juān）免：除去；免除。
② 圣诞：在中国古代一般指皇帝的生日，又称万寿节。
③ 长至：夏至。夏至日白昼最长，故称。
④ 正旦：农历正月初一。

弥勒寺，至日设龙亭于县治公厅中，设仪仗于露台之东西，各具朝服①，行礼告天，祝寿曰：

　　　汝宁府真阳县知县臣某等，荷国厚恩，叨享禄位，皆赖天生我君，保民致治，今兹圣诞（长至、正旦），圣寿益增，臣等不胜忻跃②，感戴之至。

开读：凡遇诏赦至，知县具龙亭彩舆③、仪仗鼓乐，率僚属出郭迎至县厅，行礼如仪。

救护：凡日月食，前期结彩，向日月设香案于露台上，设金鼓于露台东西。至期，知县率僚属，日食具朝服，月食具常服④，行礼如仪。

鞭春⑤：塑春牛、芒神⑥，于立春先一日各官具吉服⑦、鼓乐、彩具出东郊，迎于县门外。土牛东向，芒神西向。赴公堂春宴。至清晨，设香案酒果，各官具朝服，行礼如仪。

新官到任：行礼如制。

朔望行香⑧：提调官早诣学⑨，师生出迎于门外。谒庙毕，引至明伦堂，讲书，考课，行赏劝。

---

　　① 朝服：又称为"具服"，是古代中国在大祀、庆成、正旦、冬至、圣节及颁诏开读、进表、传制等重大典礼时所穿的礼服，其基本样式是衣裳制（上衣下裳）。
　　② 忻跃：犹言欢欣鼓舞。
　　③ 龙亭：即香亭。结彩为亭以盛香炉。也称香舆、香车。彩舆：彩轿。
　　④ 常服：通常之服；日常穿的便服。
　　⑤ 鞭春：汉族岁时风俗，州县于立春日鞭打春牛，以祈丰年。也称"打春"。
　　⑥ 芒神：即句芒。传说为司春之神。
　　⑦ 吉服：古祭祀时所著之服。祭祀为吉礼，故称。明嘉靖《真阳县志》卷七《仪礼志·礼典》中作"常服"。
　　⑧ 朔望：朔日和望日。农历每月的初一与十五日。行香：此指官吏到孔庙焚香叩拜。
　　⑨ 提调官：负责指挥调度的官吏。诣学：指官员亲临县学。诣，晋谒、造访之意。特指到尊长那里去。

饮射

乡饮①：岁正月望、十月朔，行礼如制。

乡射②：按礼，前期，戒射定耦③，选职事充司正④、司副、司射、司射器、请射、举爵、收矢、执旗、树鹄，陈设讫。至日，执事者入就位，请射者引主射正官及各官员子弟、士民俊秀者各就品位。司射器者以弓矢置于各正官及司射前，请射者诣正官前圆楣，引诣司器前⑤，受弓矢讫，复位。司正执算入⑥，立于中后⑦，请射者诣射前曰⑧："请诱射。"引司射二人耦进，各以三矢搢于腰带之右⑨，以一矢挟于二指间。推年齿相让，年长者为上射，年幼者为下射。上射先诣射位，向鹄正立发矢，司正书"中"⑩，投算置于中，举旗者如所射应之。射毕，退立于旁，让下射者诣位。射讫，请射者俱引复位，收矢者收矢，复于射者，司正取所中算。请射者次请士民俊秀射，次请官员子弟射，次请品卑至品高者射⑪。其就射位，发矢，取算书"中"，举旗，收矢，复位，皆如射仪。既毕，司正、副司正各持算白"中"于主射正官。举爵者酌酒授中者饮

---

① 乡饮：指乡饮酒礼，古代嘉礼之一。

② 乡射：古代一种射箭饮酒的礼仪，兼具击射尚武的精神与修身培德的教化意义。虽然明代多次提倡举行乡射礼，但在民间时兴时废。

③ 耦：双，两个一组。

④ 司正：古代行乡饮、乡射礼或宾主宴会时的监礼者。

⑤ 司器：即"司射器"。

⑥ 算：计算用的筹码。

⑦ 中：装算筹的器具。

⑧ 据《明会典》卷七十八《儒学·学规》，"射"字前有一"司"字。

⑨ 搢：插。

⑩ 书"中"：记录中靶的箭数。

⑪ 卑：原文误作"毕"，今据明嘉靖《真阳县志》卷七《仪礼志·饮射》改。

之，中的者三爵①，中采者二爵②。饮讫，请射者请诸属官以下仍捧弓矢纳于司射器，还诣主射正官前相揖而退。

宾兴

生员应试③：先期，有司设宴于公堂，盛陈鼓乐，出饯于郊，夫马盘缠从旧规。举人会试如应试礼。

科甲捷报：乡试会试捷音至县，有司备礼往贺，树旗送捷报牌。回日，遣夫马伞盖、金鼓旗队，清道结彩，出迎于郊，仍设宴以待。

岁贡出学：生员应贡，有司礼送考试。考中之日，备礼往贺，树旗悬扁。赴部之日，应得夫马盘缠悉照旧规，家事凉者有司破格以赠其行。

恤政

养老：民七十以上及笃废残疾者，许一丁侍养，免其杂泛差役④；八十以上者，给酒肉絮帛；素有德行，邻里称服，别有隆礼。此古礼也，存之令人想见三代之风。

康熙二十八年，钦奉恩诏：内军民七十以上者，许一丁侍养，免其杂派差役；八十以上者，给绢一匹、绵一斤、米一石、肉十斤；九十以上者倍之。八十以上者八人，九十以上者四人。

养济院：在旧县治西。周围垣墙，房屋门有坊扁。孤贫残疾、

---

① 中的：射在靶心。
② 中采：射在彩线。
③ 应试：此指生员参加乡试。
④ 杂泛差役：指各种零碎的临时性差役。

老无所依者，核实收养之，不限以数。月有粮，岁有薪，冬有布花；病有药，死有棺，葬有义冢。此亦明旧制也。今院亦颓废。想先王哀茕独之仁①，当事者勿小省而废大典可也。

惠民药局：在旧县治东。措办药材，置医生，以济贫民之病者。今废。

义冢：东南西北、远近乡村各有义冢。李膺、胡朝、黎珠、万敖辈，不能尽考其名姓。国朝顺治九年二月，奉旨收埋暴骨，设立义冢。司事者傅永庆、李吉等焉。

祈祷

凡遇旱涝蝗疫，县官率师生耆老奔走群望，索鬼神而遍祷之，乡村各从事焉。

武备志②

制度

教场③，在县西关外，为亩二十有四。演武亭三楹，中建将台。明知县张玺市地为之。每端阳、霜降日，率民兵简阅其间。

烟墩④，五里一座，各路俱有。

---

① 茕（qióng）独：孤单；孤独。亦指孤独无依的人。
② 《武备志》与本志前"目录"不一致。"目录"中无《武备志》，有《旧序》，但实际内容中无《旧序》有此《武备志》。
③ 教场：古时操练和检阅军队的场地。
④ 烟墩：烽火台。

[康熙] 真阳县志·卷八　　399

民壮、机兵①，一百七十二名，屡裁，今止民壮五十名。

保甲

城内四街各一百长，十家一甲，每家姓名丁口填于甲长牌名，置器械顿于总甲架。凡甲内有新来久出、招结无籍者，九家公举，不则连坐。

防守

城中：即在各街编定之人户，派在城垛，填定讯地②。乡下：即在编定之姓名，轮守窝铺，登于簿上。无警或三人五人轮次挨守，一遇有警，钟炮一声，各各齐集。

盘诘

邑中守御，设门官防兵司，启门出入。关厢客店置官簿报单，查来历、音貌可疑者禀知官府，方容进城留宿。入必稽其出，宿必验其行。

器械

快枪，每门二十竿。
三眼枪，每门三十竿。
长枪、短枪、腰刀、弓箭，随人执带。

---

① 民壮、机兵：明清时期政府设立的地方民兵，由精壮乡民组成，平时主要负责守卫城池，境内有寇匪或外患时则出战。二者常并称，意思多相通，但机兵以习火器为主，更为精悍。又，清代县官衙前的卫兵，也称民壮或壮班。
② 汛地：明清时期称军队驻防地段。

鸟枪，每城十竿。

硝①、黄②、铅③，无定数。

---

① 硝：硝石。矿物名。白色结晶体，又称"火硝"，可制火药、炸药。
② 黄：硫磺。一种非金属元素。在常温下为黄色固体，性烈易燃，为制造火药、火柴等的原料。
③ 铅：铅子、铅丸。铅做的弹丸，用以射击敌人。

〔嘉庆〕 正阳县志

彭良弼 修，吕元灏等 纂
杨德容 补修，贺祥 补纂
清嘉庆元年（1796）刻本

正陽縣總輿圖

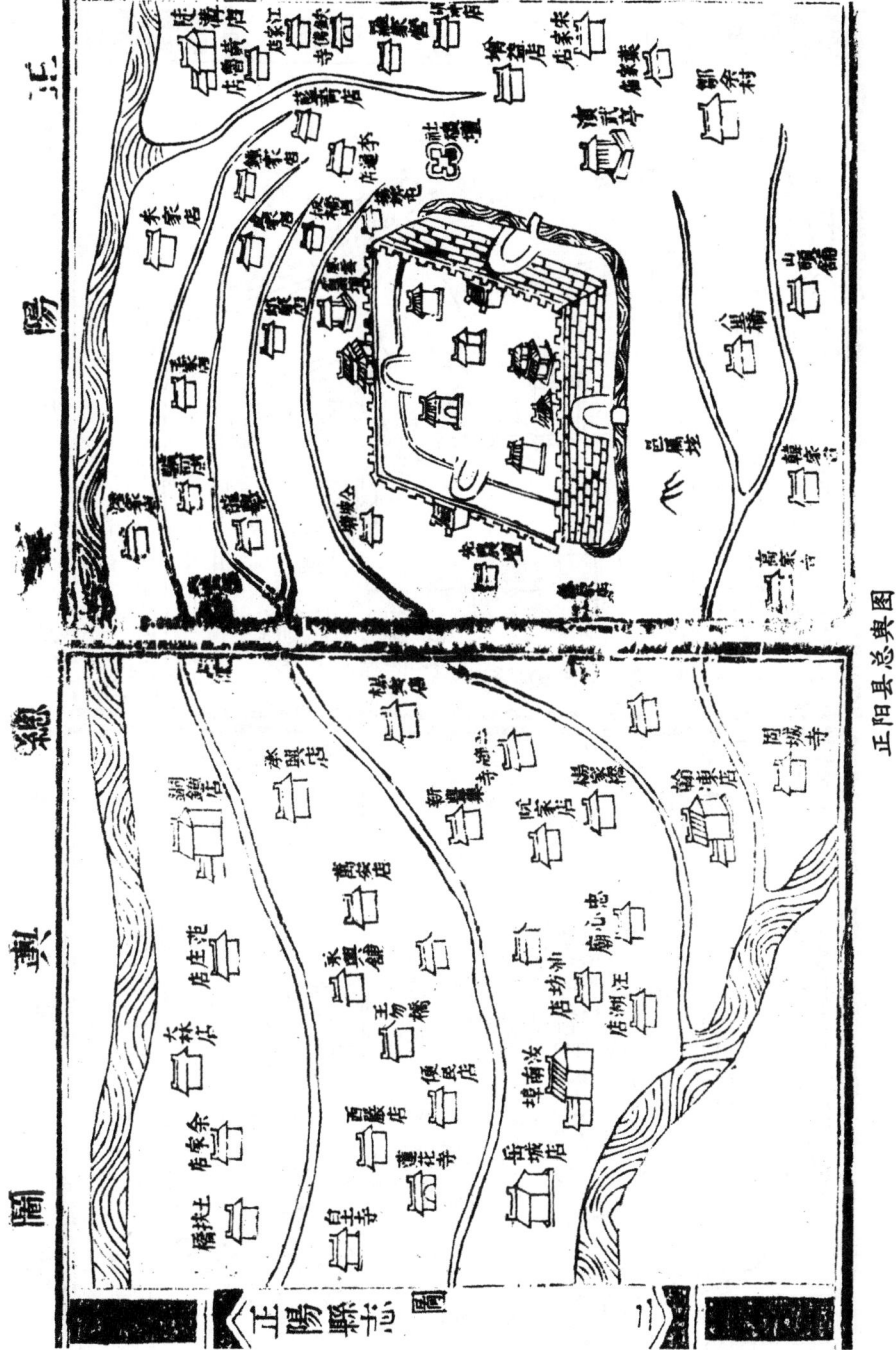

正陽縣城池圖

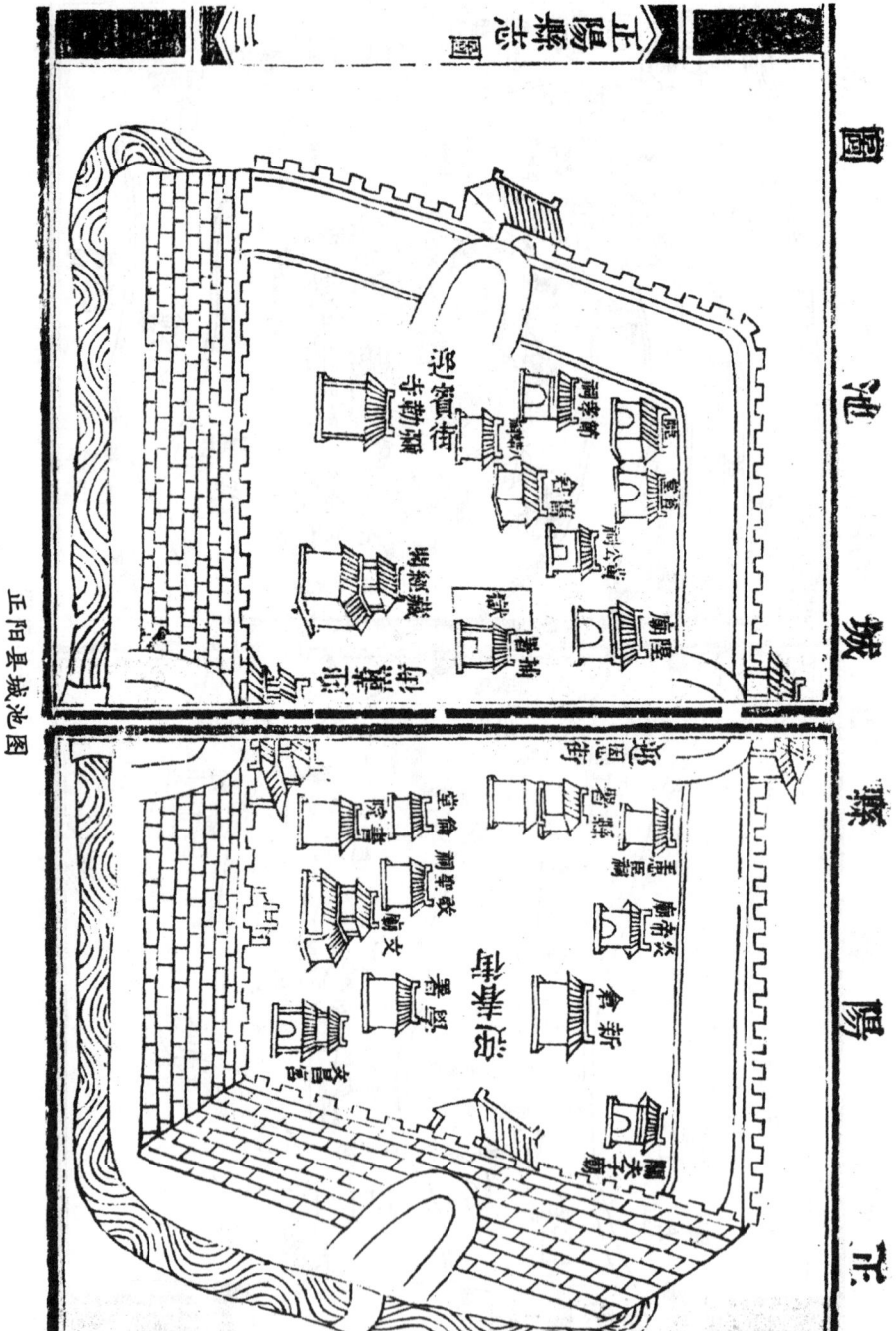

正陽縣學圖

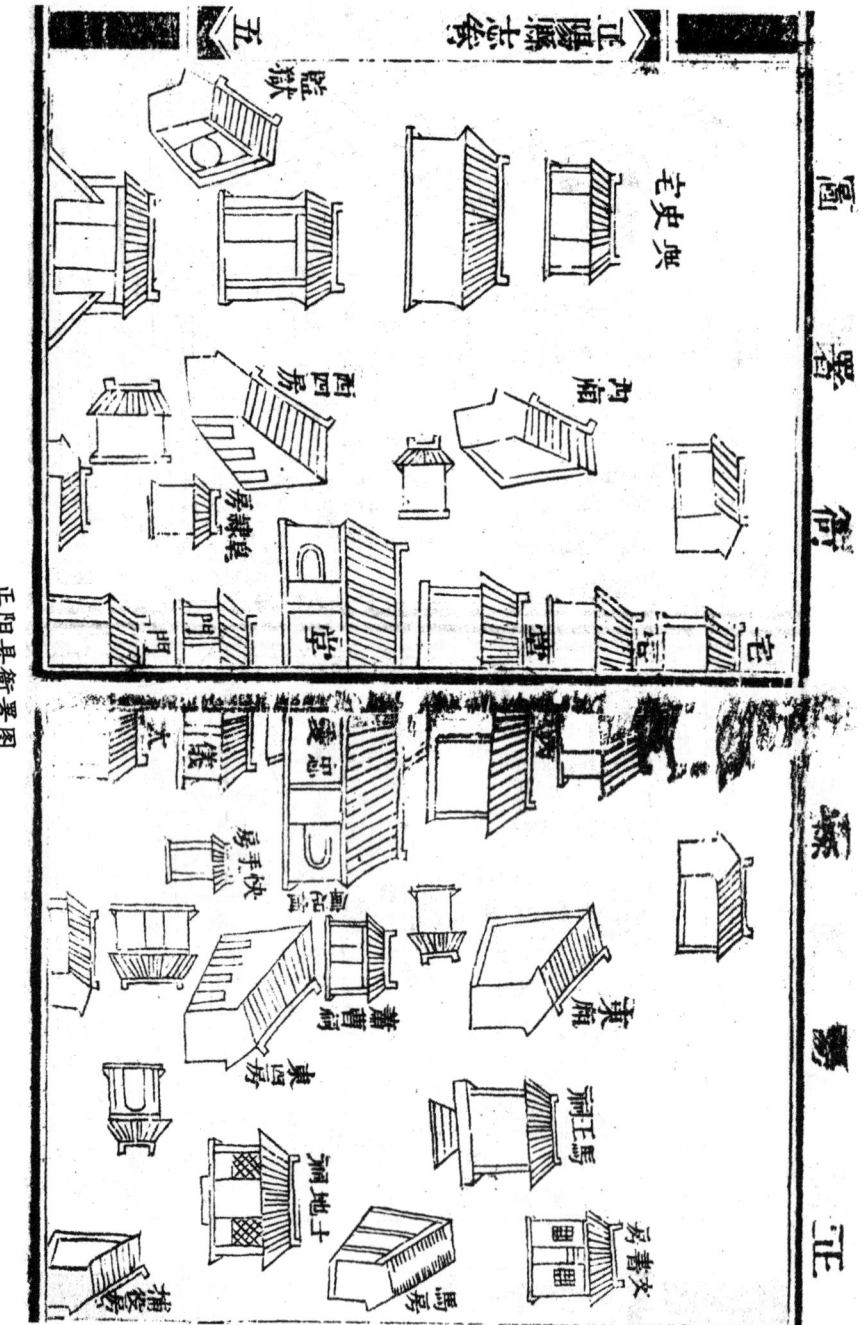

正阳县衙署图

黄征君祠墓图

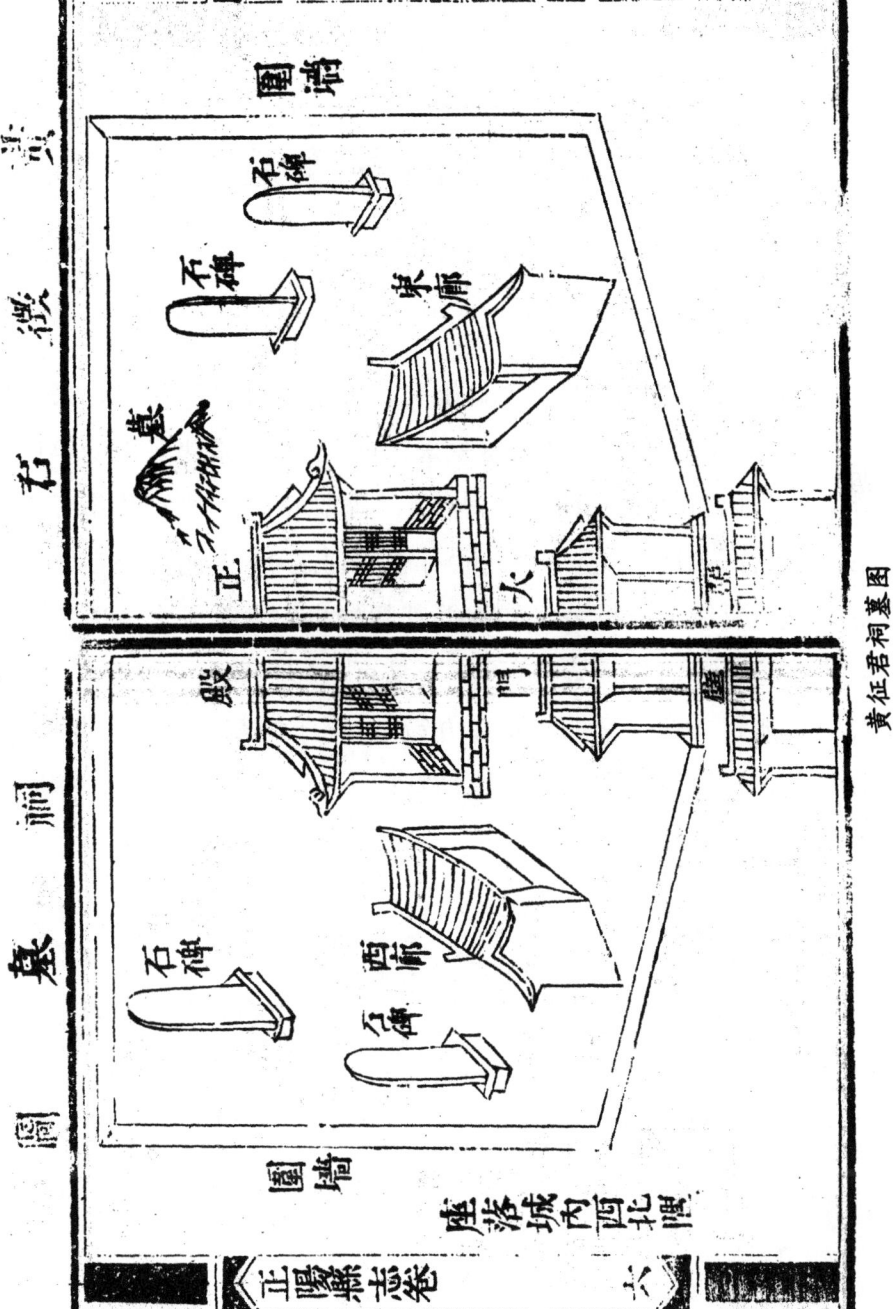

书重修正阳县志后^①

  正阳志之宜修也，不自今日始矣。晋宁杨公以乙卯二月来宰斯邑^②，会郡宪重修《府志》^③，檄令采访前《志》、康熙三十五年后之各事，具呈以备核载。时弼已得代^④，暂留养疴，杨公以并请重修《县志》，就商苫次^⑤。噫嘻！此弼有志未逮之事^⑥。闻杨公言，窃幸文献之绝而复续，而杨公之能弥缝其阙失也，力赞成之。遂条具事宜，申请道宪、府宪，皆报可^⑦。于是百余年之职官、选举、孝义、节烈、宦迹、文章，又灿然布在方策^⑧。至于因革损益，今昔校殊，则详加厘定，事备而文不烦。岂惟官斯土者喜得拾遗补阙，亦邑人

---

 ① 书后：文体之一。写在他人著作后面，对他人著作有所说明或评论。
 ② 晋宁杨公：杨德容，字若愚，号西村，云南晋宁（今云南省昆明市晋宁区）人。乾隆二十七年（1762）举人。历任云南大姚、永善、平彝等县教谕，补河南虞城知县。乾隆六十年（1795）任正阳县知县。乙卯：乾隆六十年（1795）。宰：主管、主持。
 ③ 郡宪：郡里的长官，指汝宁知府。宪，旧时属吏对上司的尊称。
 ④ 得代：谓可得继任。
 ⑤ 苫次：指居亲丧的地方。时彭良弼丧母。苫（shān），草垫子，旧时居丧睡的草席。
 ⑥ 未逮：不及；没有达到。
 ⑦ 报可：批复照准。
 ⑧ 方策：方为木板，策为竹简，皆用以记言记事。故以方策泛指书籍。

士所乐为考究者也。弼报政既拙①，尤抱残守缺之是愧②，辄承宪意，谓弼久任是邦，命与参稽③。盖弼自乾隆戊戌视事④，迄甲寅受代⑤，岁月十有六易。凡乡堡村市，靡不因公周历，间与邑之缙绅先生及诸父老相接，询邑中往事。其间衣冠文物⑥，风俗利弊，莫不入于耳而识于心。斯时有舛错者，弼能从旁证之；有失实者，弼能从旁指之。杨公每以弼言质之邑人士，信而有征，故多听纳。弼之赞襄斯举，以仰答上宪委任之意者，惟此而已。若夫志之大略，具载《凡例》。笔削之事，杨公任之，学博吕公相与商酌裁定⑦，弼初无涓埃之效也⑧。

时嘉庆元年九月下浣⑨，前正阳县知县彭良弼谨书⑩。

---

① 报政：陈报政绩，指任地方官。
② 抱残守缺：守着残缺的东西不放。形容思想守旧，不知变革。
③ 参稽：参酌稽考；对照查考。
④ 乾隆戊戌：乾隆四十三年（1778）。
⑤ 甲寅：乾隆五十九年（1794）。
⑥ 衣冠文物：泛称某地或某时代的人物事迹与风俗、制度。
⑦ 学博：唐朝府郡置经学博士各一人，掌以五经教授学生。后泛称学官为学博。吕公：正阳县儒学教谕吕元灏。本《志》卷三《官师·教谕》有载。
⑧ 涓埃之效：比喻微小的功效。亦作"涓埃之功""涓埃之力"。
⑨ 嘉庆元年：公元1796年。下浣：下旬。唐代定制，官吏每十天休洗浴假一次，称为休浣。每月分上浣、中浣、下浣，后借作上旬、中旬、下旬的别称。
⑩ 彭良弼：字梦孙，江西南昌（今江西省南昌市）人，拔贡，乾隆四十三年（1778）任正阳县知县。后文称"雨苍"，或为其号。

序

　　为政之道，在乎善因，非仅规随执一之谓也①。因时地而损益之，折其中以由其旧，乃臻善治。惟志亦然，修之者述而不作，征后来之文献，守既往之典型，纂言有要，与出治同符②。正阳由汉置慎阳县始，其地襟淮带汝，蔚然奥区③，虽幅员不甚广，而风土实为汝郡冠。县之有志，肇自前明。迨国朝康熙丙子复修以来④，至于今百有余岁。允宜采辑编排，以续前规。乾隆六十年春，滇南杨令德容来接彭令良弼之篆，适奉檄饬修县志，爰征才设局⑤，攀彭令以总其事。彭令江右世家⑥，学有渊源，而才识尤卓荦⑦，无愧

---

① 规随：汉扬雄《法言·渊骞》："或问萧曹，曰：'萧也规，曹也随。'"李轨注："萧何规创于前如一，曹参奉随于后不失。"后以"规随"谓按前人成规办事。执一：固执一端，不知权变。
② 出治：治理国家。同符：相合。
③ 奥区：内地、腹地。
④ 康熙丙子：康熙三十五年（1696）。
⑤ 爰：于是。
⑥ 江右：江西省的别称。古时在地理上以西为右，江西以此得名。
⑦ 卓荦：卓绝超群。

三长①；且在任十六年，治具毕张②，兹因内艰读礼③，既旧政必告矣。复博采殚精，与杨令参订，犁然成帙④。夫志之为体，与史相表里，文词字句抑末也⑤，惟体例之精审辨晰为难。斯帙踵前《志》而加以损益，或分或合，或存或删，若纲在网，有条不紊；因乎前人，而补救衷于至当，非夹漈之沿袭而倒戈者比⑥。从政者考镜于斯，执简御繁，不愆不忘⑦。文也，而治于是乎在。尝见明王文恪公鏊记黄叔度所著《天禄外史》八卷⑧，谓其"议论醇雅，气象明裕，质而尽美，婉而成章，得《国语》《左氏》之体而无其艳，拟子长、孟坚之雄而无其陋⑨"，乃立言之善于因者⑩，正阳人士所俎

---

① 三长：唐代史学家刘知几提出"才""学""识"史才三长论。《旧唐书·刘子玄传》载："礼部尚书郑惟忠尝问子玄曰：'自古已来，文士多而史才少，何也？'对曰：'史才须有三长，世无其人，故史才少也。三长：谓才也，学也，识也。'"又，清代史学家章学诚提出"识""明""公"修志三长之说，《修志十议》曰："识足以断凡例，明足以决去取，公足以绝请托。"

② 治具毕张：各种治理法令全部得到实施。

③ 内艰：旧时指母丧。读礼：古人守丧在家，读有关丧祭的礼书，因称居丧为"读礼"。语本《礼记·曲礼下》："居丧未葬，读丧礼；既葬，读祭礼。"

④ 犁然：整饬的样子。帙：书；书的卷册、卷次。

⑤ 抑末：指末事。语出《论语·子张》："子夏之门人小子，当洒扫应对进退，则可矣，抑末也，本之则无。"

⑥ 夹漈：郑樵（1104—1162），字渔仲，兴化军莆田县（今福建省莆田市）人。南宋史学家、目录学家。不应科举而隐居夹漈山中勤奋著述，故学者称"夹漈先生"。撰有纪传体通史《通志》等，提出"会通"的思想，主张修通史，反对割断史事联系写断代史，重视对历代典章制度的研究。

⑦ 不愆不忘：无过错，无过失。语出《诗·大雅·假乐》："不愆不忘，率由旧章。"

⑧ 王文恪公鏊：王鏊（1450—1524），字济之，号守溪，苏州府吴县（今江苏省苏州市吴中区）人。明代名臣、文学家。谥号"文恪"，世称"王文恪"。王鏊所作《〈天禄阁外史〉序》，本《志》卷十《补遗下·集文》有收录。

⑨ 子长、孟坚：分别指司马迁（字子长）、班固（字孟坚）。

⑩ 因：沿袭，承袭。

豆不祧者也①。斯《志》殆无越先民之矩矱乎②。方今圣圣相承，重熙累洽③，咸五登三④。凡百有位，遵守范围，过者俯而就，不及者仰而企。因地制宜，随时损益，于万斯年，治谱所续，将不胜其相因勿替矣。琛忝察是邦⑤，乐观斯《志》之成，而飔言及之⑥，用勖民社⑦，弁诸简端。

　　嘉庆元年岁次丙辰孟秋月中浣⑧，诰授中宪大夫⑨、分巡南汝光道⑩、前署河南按察使加二级桂林陈钟琛撰⑪。

---

① 俎豆不祧：奉祀不绝。俎豆，指祭祀、奉祀。不祧，比喻永久不废。
② 矩矱：本指画直角或方形的曲尺。比喻规矩法度。
③ 重熙累洽：形容累世圣明有德，天下升平昌盛。
④ 咸五登三：谓德业咸同于五帝而超出三王之上。语本《史记·司马相如列传》："方将增泰山之封，加梁父之事，鸣和鸾，扬乐颂，上咸五，下登三。"
⑤ 忝：辱，有愧于，常用作谦辞。察：巡察。陈钟琛的身份是河南按察使，有巡察之权。
⑥ 飔言：高声朗朗地讲话。犹言大力宣扬。
⑦ 勖（xù）：勉励。民社：指州、县等地方。亦借指地方长官。
⑧ 孟秋月：秋季第一个月，即农历七月。
⑨ 诰授：朝廷用诰命授予封号。中宪大夫：清朝为文职正四品之封赠，属十八阶之第七阶。
⑩ 南汝光道：清朝设置的道，属河南省。康熙九年（1670）设分巡南汝道，兼管全省驿盐事务。驻信阳州，下辖南阳府、汝宁府、汝州。雍正二年（1724），增辖光州。雍正六年（1728），兼水利衔。雍正十三年（1735）五月汝州归属河陕道。乾隆十三年（1748）为分巡南汝道兼管水利事务，按察使司副使衔。咸丰八年（1858），加兵备衔。宣统三年（1911），称分巡南汝光等处地方兵备道兼管水利事务，民国改为豫南道。
⑪ 陈钟琛（1739—1809）：字紫岱，广西桂林府临桂县（今广西壮族自治区桂林市临桂区）人。清乾隆二十四年（1759）举人。历官抚宁知县、太常寺卿、河南按察使、山东布政使等。乾隆五十四年（1789）任分巡南汝光道。

序

邑志与国史相表里。周制"左史记言，右史记动"①；汉法"太史氏位丞相上"②。典至巨，故任之也至隆。下迄方国州邑，无不祖是意③。上以备𫐉轩之采④，而下以博资掌故，考古证今，非徒供省览而已。正阳置县始于汉，由魏晋以迄宋元，因革不一。明初省入汝阳县，弘治年间复置⑤，今三百余年。井疆、赋税、水利、营田，以及风土、人文、山川、道里，今昔各殊，不有简册记载，莅治者将何所取鉴？乾隆乙卯，予恭奉简命，承乏兹邑⑥。下车之始⑦，披

---

① 周代史官有左史、右史之别，但对其职责分工历史上说法不同。《礼记·玉藻》载："（天子）动则左史书之，言则右史书之。"班固《汉书·艺文志》曰："古之王者世有史官。君举必书，所以慎言行，昭法式也。左史记言，右史记事，事为《春秋》，言为《尚书》，帝王靡不同之。"

② 卫宏《汉仪》注："太史公，武帝置，位在丞相上。天下计书先上太史公，副上丞相，序事如古《春秋》。迁死后，宣帝以其官为令，行太史公文书而已。"（《史记》卷一百三十《太史公自序》集解）

③ 祖：效法；承袭。

④ 𫐉轩：本指周代天子使臣乘坐的一种轻车。后用为使臣的代称。𫐉轩使者的工作很多，如代表天子出使各国，安抚诸侯等，其中重要一项是采风观政，即采集四方风俗善恶，代语歌谣，以观政治之得失。

⑤ 弘治：原书因避乾隆帝弘历名讳作"宏治"，今改回。本《志》中年号"弘治"皆此，不再出注。

⑥ 承乏：暂任某职的谦称。

⑦ 下车：官吏到任。

览志乘，篇页就缺，鱼鲁沿讹①。盖自康熙丙子前宰西河安君重辑后②，百年来因仍其旧。前令南昌彭君、武进徐君均有志未逮③，予盍可以再诿？会太守长白德公方设局纂修《府志》④，檄令访求下邑文献并饬重纂邑志，甚盛举也。时彭君以内艰得替，暂留养疴，因攀令总其成事。邑学博新安吕君⑤，宏通博雅，娴于史裁，亦乐成斯举。遂于三月间开馆。赖邑之绅士协力襄赞，纲罗前闻，搜访遗逸。予自愧鞅掌簿书⑥，于载笔无能为役，得从诸君子后，厘定旧志，商榷编纂。纲举目张，颇无放失⑦，凡六阅月告成⑧。时贺、叶二君自都旋里⑨，相与商酌而增益之，为《补遗》二卷，以缀于后。百余年之缺略，得籍手以竟其事，其欣幸为何如耶！书成，因叙其缘始，以及起讫时月，弁于简端。

嘉庆元年岁次丙辰仲春月，正阳县知县晋宁杨德容谨撰。

---

① 鱼鲁：谓将"鱼"误写成"鲁"。泛指文字错讹。
② 安君：安圻，西河（今山西省汾阳市的古称）人，曾任真阳县知县，康熙丙子年（1696）修《真阳县志》。
③ 徐君：徐书受（1751—1807），字尚之，江苏武进（今江苏省常州市武进区）人。本《志》卷三《官师·知县》未载其名，卷八《艺文》收录有其诗作。
④ 德公：德昌，满洲正白旗人，乾隆五十八年（1793）任汝宁府知府。
⑤ 吕君：吕元灏，河南府新安县（今河南省新安县）人，时任正阳儒学教谕。
⑥ 鞅掌：烦劳、忙碌。簿书：官署中的文书簿册。
⑦ 放失：散失。失，通"佚"。
⑧ 六阅月：经历六个月。
⑨ 贺、叶二君：贺祥、叶儒林。详见本《志》卷九前《补遗序》注，卷四《选举·进士》亦载有其名。

序

士君子出膺民社①,非了然于当世之务与上下千百年之久,而欲裁一邑之事靡不当,研一邑之几无不晰②,证乎前而不为传闻所惑,垂乎后而不为当世所讥,其势不能,则志乘尚矣③!汉初入关,萧酂侯独收秦丞相府图籍④,佐高祖成帝业。朱文公守南康⑤,甫下车即问郡志⑥,论者称其识为政体。二者其明验也。顾志乘一书,作者难,述者亦不易。何则?后世从政者大抵厌久任而利速化,瓜

---

① 出膺民社:出任地方长官。
② 几:通"机"。政务。
③ 志乘:志书。尚:假借为"上",尊崇。
④ 萧酂侯:萧何(?—前193),西汉沛郡丰邑(今江苏省徐州市丰县)人。初为沛主吏掾。从刘邦入关,独收秦相府律令图书藏之,以是汉知天下关塞险要、郡县户口。刘邦王汉中,以何为丞相。又荐韩信为大将。楚汉相拒,留守关中,转输士卒粮饷,使军中给食不乏。刘邦称帝,论何功第一,封酂侯。
⑤ 朱文公:朱熹(1130—1200),字元晦,又字仲晦,号晦庵,祖籍徽州府婺源县(今江西省婺源县)。南宋理学家、思想家、教育家、诗人。谥号"文",故世称朱文公。南宋淳熙六年(1179),朱熹任江西南康军知军。
⑥ 南宋淳熙六年(1179),朱熹《晓谕兄弟争财产事》文曰:"当职昨来,到任之初,询访民俗,考按图经。"次年,朱熹《书石经及国子监九经(四)》文中又说:"蒙圣恩,假守兹土,到任之初,考按图经,询究境内民间利病。"《晦庵集》卷七还有《入南康界,阅图经,感陶公、李勃、刘凝之事戏作》之诗。故明代朱昊称誉朱熹说:"昔子朱子守南康,始至问及志书,识者谓其知所当务。"(明正统《南雄府志序》)这一说法后来流传较广。

期一及①，凫舄旋飞②，继至者亦往往传舍视之，听其散佚而弗加参订。洎乎文残献谢③，考镜无资，求之而不得，虽郑重而爱惜之抑晚矣。予今观于彭、杨二宰之《重修正志》，而不禁深有会也。稽正阳《县志》，修自康熙丙子，届今百祀。我国家深仁厚泽，久道化成，设今不修，后将奚鉴？乾隆乙卯春，予方纂修郡志，适晋宁西村杨公奉命视正篆④，亦以重修邑乘为己任，窃喜引为同心，而更喜前令雨苍彭公之雅共斯《志》也。盖雨苍以南昌世家，擅骚雅之宗⑤，备华实之理⑥，尹正阳十六载，生聚教训，善政彰彰，在人耳目，固知其得于中者深矣。夫何以内艰解绶⑦，养疾寓斋？西村每过问旧政，辄以邑《志》叩。雨苍遂乐许其成，与搢绅耆彦昕夕参稽，阅半年而笔削始竣。举凡正邑之山川、风俗、人物、事类，则壤定赋⑧，前后异同，损益详略，悉汰其附会影饰之词，而一衷诸实。至其题材义例，较原本特严，而简洁过之。四难三长⑨，舍雨苍其谁属哉！夫文人之才，立言者未必立功。今雨苍、西村能交

① 瓜期：原指戍守一年期满，后用以指官吏任期届满。
② 凫舄：借指官员。《后汉书·方术列传上·王乔传》："乔有神术，每月朔望，常自县诣台朝。帝怪其来数，而不见车骑，密令太史伺望之。言其临至，辄有双凫从东南飞来。于是候凫至，举罗张之，但得一只舄焉。"
③ 洎乎：等到，待及。文残献谢：文献残缺。
④ 视正篆：执掌正阳官印，到任视事。
⑤ 骚雅：《离骚》与《诗经》中《大雅》《小雅》的并称。借指由《诗经》和《离骚》所奠定的古诗优秀风格和传统。
⑥ 华实：华丽和质朴。
⑦ 解绶：解下印绶。指辞去官职。
⑧ 则壤定赋：划分土地等级，确定赋税多寡。
⑨ 章学诚《修志十议》有"五难""三长"之说，曰："（修志）有三长：识足以断凡例，明足以决去取，公足以绝请托。有五难：清晰天度难，考衷古界难，调剂众议难，广征藏书难，预杜是非难。"至于修志的"四难"之说，则有冯达道在《顺治重修河东运司志》序中概括的"敬慎之难""详核之难""审定之难""裁制之难"。

出绪余①，树不朽伟业，岂非一时之嘉会而千古之大观也哉！间尝读《禹贡》而知厥土厥赋之上下②，读《周官》而知山川薮泽之高广③，读《风诗》而知士女之贞淫、鸟兽草木之变态④，《易》著城郭、封建、井邑⑤，《礼》有王制六义⑥，《春秋》书城虎牢、作南门⑦，《周礼》载职方、冯相诸官⑧，则此《志》未尝不合于经也。读左氏、司马氏、班氏、范氏、欧阳氏诸史⑨，而知立事行政之得失、嘉言懿行之昭垂，则此《志》未尝不合于史也。远合于经史之遗意，近则与《通志》相表里⑩，譬之云霞丽天而文绣亦焕其采⑪，江河行地而沟洫亦润其流。云霞、江河自成其大，文绣、沟洫自成其小，天地之间正以小大并存而益彰其盛⑫。将见后之守土者按籍

---

① 绪余：剩余、多余。多指学问、礼义、道德。
② 《尚书·禹贡》将全国划分为九州，对每个州的土地、赋税都有等级划分。如豫州："厥土惟壤，下土坟垆。厥田惟中上，厥赋错上中。"
③ 《周官》：《周礼》的本名。
④ 《风诗》：指《诗经》中的《国风》部分。
⑤ 《周易·泰卦》："城复于隍，勿用师。"《周易·比卦》："先王以建万国，亲诸侯。"《周易·井卦》："改邑不改井，无丧无得。"
⑥ 《礼》：指《礼记》。《礼记·王制》："司徒修六礼以节民性。"孔颖达疏："六礼，谓冠一、昏二、丧三、祭四、乡五、相见六。"是对冠礼、婚礼、丧礼、祭礼、乡礼（乡饮酒、乡射）和士相见礼等六个方面的礼节规定的总称。
⑦ 《春秋》襄公二年记载有"城虎牢"事，僖公二十年记载有"新作南门"事。此句说明经书中也记载有建置方面的内容。
⑧ 《周礼》夏官有职方氏，掌天下之地图，主四方之职贡；春官有冯相氏，掌天文。此句说明经书中也记载有职官方面的内容。
⑨ 诸史：分别指左丘明《左传》、司马迁《史记》、班固《汉书》、范晔《后汉书》、欧阳修《新唐书》等。
⑩ 《通志》：指《河南通志》。清代顺治、康熙、雍正、乾隆四朝均修过《河南通志》。
⑪ 文绣：刺绣华美的丝织品或衣服。
⑫ "尝读《禹贡》……益彰其盛"这段话，多取自于康熙二十五年（1686）蔡方炳所作《〈增订广舆记〉序》。

而稽，其于裁一邑之事，研一邑之几，而当且晰也何有[①]！虽与宰天下，可也。则是《志》之成，洵彭、杨二宰之大有造于正阳也[②]，岂惟予实嘉赖之[③]？爰喜而书诸简端，以塞西村之请云。

时嘉庆元年岁次丙辰嘉平之吉[④]，诰授通议大夫知汝宁府事长白德昌敬题。

---

① 何有：用反问的语气表示没有什么困难。
② 洵：诚然，确实。造：成就。
③ 嘉赖：嘉许和倚赖。
④ 嘉平：腊月的别称。吉：指朔日，农历每月初一。

修志姓氏

总裁

钦命分巡河南南汝光道兼管水利事务前署按察使陈钟琛（广西桂临人[①]，举人）

河南汝宁府知府德昌（满洲正白旗人）

纂修

前任正阳县知县彭良弼（江西南昌人，拔贡）

校阅

正阳县知县杨德容（云南晋宁人，举人）

分纂

正阳县教谕吕元灏（新安人，拔贡）

[①] 桂临：误。陈钟琛，广西桂林府临桂县（今广西壮族自治区桂林市临桂区）人。"桂临"当为"桂林"或"临桂"。前《序》中则作"桂林"。

协辑

正阳县典史徐万春（安徽婺源人，监生）

驻防把总张如中（南阳人，武生）

拔贡生张拔（邑人）

拔贡生叶文林（邑人，前署光州学正）

原任荥阳县训导王百诵（邑人，岁贡生）

岁贡生陈谔（汝阳人）

采访

举人余秉中[①]

拔贡生叶文林

岁贡生刘橏

廪生李恒泰

廪生徐九思

廪生刘炎勋

廪生苏仰儒

附生刘献书

附生刘敬守

（俱邑人[②]）

补遗

进士贺祥（邑人，原选湖北嘉鱼知县）

---

① 余秉中：清乾隆乙卯（1795）恩科举人。本《志》卷四《选举·举人》中未载其名。
② 指以上未注明籍贯的九位采访者都是正阳县人。

进士叶儒林（邑人，现任卫辉府教授）
廪生叶德林（邑人）

目　录

卷之一

图①

沿革（星野、疆域）

城池（街坊、店集）

卷之二

山川（桥梁、沟塘）

学校（书院、学田）

建置（公署、兵防、仓敖、邮政、恤政）

田赋（户口、仓贮、杂税、盐引）

卷之三

坛庙（寺观）

古迹（冢墓、旧迹）

官师（知县、典史、教职）

---

① 卷一无图，舆图实际在卷前。

卷之四

宦绩
选举（进士、举人、贡生、武科）

卷之五

人物
游寓（方技、仙释）

卷之六

列女

卷之七

艺文

卷之八

艺文

卷之九

补遗上（凡例、风俗、总论、乡仪、节序、物产、典礼、祥异、蠲赈）

卷之十

补遗下（集诗、集文、分野、地里、人物、列女、异闻）

凡　例

一、正邑之有志，始于明正德乙亥①，张学博恕编辑成书；继修者焦学博济成于嘉靖壬寅②，何孝廉麟成于嘉靖乙卯③；国朝顺治庚子④，邑令刘必寿遵台使檄，聘邑明经田育性修辑；康熙丙子安大令圻复修之⑤，即现行之书也。张、焦两《志》均不存，刘《志》及安《志》间援引何本，士夫家自尚有收藏，然刘《志》谓其多庆幸颂美之词，即此已非志体。刘《志》则反而为感慨，间及时事，安《志》概删之而失于编次无伦，参杂论断，均非善本。

一、志不难于纂，而所重在编。纲目厘然，乃不病其庞杂。今首列各《图》；次《沿革》，星野、疆域附之；《城池》则附以街坊、店集；若山川，若桥梁，若沟塘，以类编列；书院、学田附《学校》之后；公署、兵防、仓敖、邮政、恤政则统编《建置》；户口、仓贮、盐引、杂税丽于《田赋》；坛庙载在《祀典》⑥，寺观次之；《古迹》则以冢墓及前明已废之旧迹附焉；《官师》统列令、尉、教

---

① 正德乙亥：正德十年（1515）。
② 嘉靖壬寅：嘉靖二十一年（1542）。
③ 嘉靖乙卯：嘉靖三十四年（1555）。
④ 顺治庚子：顺治十七年（1660）。
⑤ 康熙丙子：康熙三十五年（1696）。
⑥ 本《志》中并未列"祀典"一目。

职；《选举》统列科贡；宦迹、人物各次于其后；游寓、方技、仙释分类汇编；《列女》旧载新增，概为编入；《艺文》择其有关邑里风化者录之；旧《志·序》缀于卷末。

一、祀典配享，从祀姓名、仪注、乐章乃直省通行，非一县之制；风俗则教泽涵濡，家无异俗；物产皆民间种畜之常；祥异乃术家谶纬之说①，旧《志》所载，概宜从删。又如原《志》八景、何麟《志》八景，既非名流胜迹，亦于风土无关，且多附会牵涉，并诗删之。

一、田赋户口，今昔迥殊。兹按照乾隆三十六年编审赋役则例，简明该括，逐款编列。户口则就现年查报，实数载入。

一、封爵、郡守自有纪载，列入《县志》于义无取，今只载令、尉、教职为《官师志》，录自明始。若汉刘陶以下迄元朵阿达实数人，功德在民，但编《宦绩》。惟元教谕卫桂荣、王良辅，旧《志》有名无实可纪，《官师志》仍列名焉。把总专防一县，旧《志》缺略，今亦载入。

一、县属十五保五十五店，旧《志》分载两门，今以店隶保，集市即载其下，较为简明便览。

一、《人物志》统编一卷，但以朝代相次，不另分门类，而仍各以类聚编。行谊虽采乡评②，必须盖棺论定，故不为生人立传。惟《列女》无论已未旌表③，但合例者虽现存亦概录之。

一、旧《志》风俗载孝义社，专豫凶丧，不问贫富，愿入者

---

① 谶纬：谶书和纬书的合称。谶是秦汉间巫师、方士编造的预示吉凶的隐语，纬是汉代迷信附会儒家经义的一类书。
② 行谊：品行，道义。
③ 旌表：封建时代由官府立牌坊、赐匾额对遵守封建礼教的人加以表彰。

听。每朔望会于社，各醵金若干①，以谨厚者一人司出入。会中有丧，出醵金助之。事甚足采，而无类可附，故录存，以见民俗之厚，尚有古风。

① 醵（jù）金：集资，凑钱。

卷 一

沿革

正阳县为《禹贡》豫州之域，周为沈国地，春秋时属楚，秦属颍川郡，汉初为慎阳国。高帝十一年，淮阴舍人栾说封慎阳侯，元狩五年侯栾买之有罪国除，乃置慎阳县，属汝南郡（《史记索隐》曰："'慎阳'本作'滇阳'，永平五年，失印更刻，误以'水'为'心'。故《续汉书》作'滇阳'。"[①]）。东汉、魏晋皆因之。刘宋始改曰真阳县[②]，仍属汝南郡。东魏改置义阳郡，北齐废郡省入保城

[①] 语出《史记·高祖功臣侯者年表》。原文是：《索隐》："慎阳，属汝南。如淳曰：'音震'。阚骃云：'合作"滇阳"，永平五年，失印更刻，遂误以"水"为"心"。《续汉书》作"滇阳"也。'"

[②] "真阳县"之名始自南朝刘宋时期（420—479）。《宋书·州郡志》于豫州汝南太守所辖"慎阳令"下，注曰："汉旧县，《永初郡国》及徐并作'真阳'。"《永初郡国志》反映的是刘宋初年（420—422）的政区状况；徐指徐爰，他纂修的《州郡志》，其断限止于大明（457—464）之末。此外，《宋书·州郡志》中还有两处"真阳令"，其一属南豫州汝南太守，其二属司州南汝南太守。这两处属于侨置县。

县，隋开皇初废，十六年复置县，曰真邱①。大业初，仍改真阳。唐延载元年改淮阳县，神龙元年仍为真阳县。宋金因之，俱属蔡州。元属息州。明洪武四年省入汝阳县，弘治十八年复置真阳县，属汝宁府。国朝因之，仍属汝宁府。雍正元年②，改为正阳县。

星野

《周礼·保章氏》郑氏注："房、心，豫州。"③

西汉《天文志》："房、心，豫州。"

东汉《天文志》："镇星主嵩山，豫州。"又曰："玉衡第七星主豫州，常以五午日候之，丙午为汝南。"

《史记·天官书》："二十八舍主十二州，宋、郑之疆，候在岁星，占为房、星。"

晋《天文志》："自氐五度至尾九度为大火，于辰在卯。宋之分野，属豫州。陈卓、范蠡、鬼谷、张良、诸葛亮、谯周、京房、张衡星次分野：房、心，宋，豫州。汝南入房二度。"

甘公《星经》："房四星，一名右服，二名右骖，三名左服，四名左骖。"

---

① 邱：同"丘"。清雍正三年十二月二十七日（1726年1月29日）规定避孔子讳，"嗣后除四书五经外，凡遇此字，并用邱字，地名亦不必改易，但加偏旁，读作期音。"故明嘉靖《真阳县志》、清康熙《真阳县志》中的"丘"字在嘉庆《正阳县志》中皆改成了"邱"字。

② 雍正元年：公元1723年。因雍正帝名胤禛，为避讳而改真阳为正阳。

③ 郑氏：郑玄（127—200），字康成，北海郡高密县（今山东省高密市）人。东汉末年儒家学者、经学家。郑玄以毕生精力整理古代文化遗产，遍注儒家经典，为汉代经学的集大成者。但此处所引这句话并未见于郑玄《周礼注疏》。

《春秋说题辞》:"心为明堂,天王布政之宫。"①

何麟《志》曰:"历考天文诸说,皆以豫州为房、心之分野。汝宁为豫州之中,正阳乃豫州南境,分野应属房、心。"②

疆域

县属汝宁府,南境介汝、淮之间,广一百五里,袤一百十三里③。

东至新蔡县界七十里,至新蔡县治一百三十里。

南至罗山县界九十里,至罗山县治一百二十里。

西至确山县界三十五里,至确山县治九十里。

北至汝阳县界二十三里,至汝阳县治一百二十里。

东南至息县界七十里,至息县治一百里。

西南至信阳州界六十里,至信阳州治一百四十里。

东北至汝阳县界七十里。

西北至确山县界三十五里。

至府城一百二十里④。

至省城布政司六百二十里⑤。

至京顺天府二千四百里⑥。

---

① 《春秋说题辞》:汉代无名氏创作的谶纬类典籍。原书在宋代以后散佚。此句被《史记索隐》引用,《史记·天官书》司马贞索隐:"《春秋说题辞》云:'房、心为明堂,天王布政之宫。'《尚书运期授》曰:'房,四表之道。'宋均云:'四星间有三道,日、月、五星所从出入也。'"

② 语出明嘉靖《真阳县志》卷一《地理志·分野》。

③ 广、袤:东西的宽度为广,南北的长度为袤。

④ 府城:在今汝南县。

⑤ 省城布政司:在今开封市。

⑥ 顺天府:在今北京市。

何麟《志》曰："左环汝颍，右拥天目，北倚悬瓠，南襟淮浦。地灵川秀，据胜蔡州。"①

城池

县城，旧《志》本《汝南志》谓即汉慎阳城，明洪武初废，正德元年复置县。二年，知县齐渊（《府志》：六年，知县郭仲辰）始筑土城，周围八百丈，高二丈五尺，上广一丈五尺，下广二丈；池深一丈，广二丈。正德八年，流寇陷城，圮如平地。知县张玺重建，甃以砖石，复建四门楼，又增置角楼及警铺。嘉靖二十二年知县李居仁，三十六年知县徐霓相继修葺②。明季同知刘附凤摄县事，浚池深一丈，广三丈。

国朝顺治六年，知县迟焞、训导朱颁禄承兵燹之后，修筑完固。顺治十五年大雨，城圮二百余丈，知县刘必寿补修。康熙九年霪雨，南门圮二百丈，知县任国标复加补修。康熙三十五年夏秋，大雨不止，四城堞土基圮坏二百余丈，知县安圻重修整之，复重建四门楼。知府陈溥题东门曰接颍，南曰通楚③，西曰达洛，北曰适蔡。乾隆二十四年，知县宋世恒浚池，深广如旧。三十五年，知县刘应候补筑土城④。五十八年，知县彭良弼通工补修，并培筑土城以资捍固，重建四城楼，改南门曰适楚，西曰通陕，北曰朝京，东

---

① 语出明嘉靖《真阳县志》卷一《地理志·形胜》。
② 此年代有误。据明嘉靖《真阳县志》记载，嘉靖三十五年（1556），徐霓去职，白应虚继任真阳知县。
③ 通楚：清康熙《真阳县志》作"适楚"。
④ 刘应候：后文作"刘应侯"。

432　　　正阳旧志三种

仍其旧。

角楼四座。窝铺八座。水道凡五：东二，西、南、北各一。

街巷

迎春街，接颖门内。

迎薰街，适楚门内。

迎宾街，通陕门内。

迎恩街，朝京门内。

南十字大街。

北十字小街。

宣化街，迎宾街北。

显灵街，城隍庙前。

崇文巷，迎春街南。

寿仙巷，迎春街北。

循礼巷，迎薰街东。

育才巷，迎薰街西。

修福巷，迎宾街南。

积善巷，迎宾街北。

前溪巷，迎恩街东。

通津巷，迎恩街西。

旧庙巷，迎恩街西。

坊第

聚奎坊，有四，在大十字街，明知县徐霓为进士李经，举人王廷儒、何麟、董宗舒、黎来建。旧毁二，今又毁一。

宣化坊，在宣化街，废。

儒林坊，儒学西，废。

双璧坊，迎春街，为成化癸卯举人刘廷璧立，废。

重光坊，双璧坊东，为刘廷璧立，废。

京闱坊，迎薰街，为成化庚子举人鲁杲立，废。

进士坊，迎恩街，为正德甲戌进士李经立，废。

拔秀坊，迎宾街，为嘉靖甲午举人董宗舒立，废。

文英坊，寿仙巷，为嘉靖辛卯举人何麟立，废。

文魁坊，循礼巷，为嘉靖己酉举人王廷儒立，废。

登科坊，迎薰街，为嘉靖己酉科人黎来立，废。

贞节坊，迎薰街，明万历四十三年为陈嘉言妻卢氏立。

贞烈坊，小东关，明天启四年为段华黼聘妻危大姐立①。

店集

（凡五十五店②，分编十五里，今为十五保）

正阳保

演武亭，县西关外，无集。

邹余村，县西十五里，在本店半个店设集③。

宋家店④，县西三十五里，有集。

---

① 聘妻：已订婚而未娶的妻子。危大姐及上面的卢氏，本《志》卷六《列女》有传。

② 查下文共列有54店，经与民国二十五年（1936）《重修正阳县志》卷一《地理·治区沿革》所载相对比，"柔远保"下漏载"杨家店，县东南二十五里，有集"。其位置在今吕河乡杨店村。

③ 今慎水乡大邹寨村半个店。

④ 今熊寨镇宋店村。

扬旗屯，县西南十里，无集。

叶家店①，县西南二十五里，在本店梁家庙设集②。

增益店③，县西三十五里，有集。

胡冲店，县西南四十里，有集。

柔远保

铜陂塘，县东关外，无集。

王牌寺④，县东十五里，有集。

新丰集⑤，县东三十五里，有集。

万安店⑥，县东四十里，有集。

归化保

铁佛寺，县西南四十里，在本店毛家寨设集⑦。

罗家营⑧，县西南五十里，无集。

江家店⑨，县西南五十里，无集。

蓝青店，县西南三十五里，有集。

李通店⑩，县西南十八里，有集。

南和保

邱家店⑪，县南十八里，有集。

---

① 今清源街道乐堂村叶店。
② 今清源街道梁庙村。
③ 今熊寨镇。
④ 今慎水乡王牌寺村东。
⑤ 今王勿桥乡新丰村。
⑥ 今永兴镇万安村。
⑦ 今熊寨镇毛集村。
⑧ 今兰青乡潘庄村左罗营。
⑨ 今兰青乡江店村。
⑩ 今清源街道李通村。
⑪ 今吕河乡邱店村。

［嘉庆］正阳县志·卷一

钟家店①，县南四十里，有集。

王家店②，县南四十里，有集。

乐善保

龙兴寺，县南十八里，在本店哈店铺设集③。

裴家店④，县南七十里，有集。

黄山铺⑤，县南三十五里，有集。

间河店，县南二十五里，有集。

常丰保

忠心庙⑥，县东四十里，有集。

阮家店，县东三十里，有集。

便民店⑦，县东四十五里，有集。

礼庄保

铜钟店，县南六十里，有集。

范庄店⑧，县南七十里，有集。

王雾桥，县东南五十里，有集。

守信保

寒冻店，县东北六十里，有集。

固城寺⑨，县东北六十里，无集。

---

① 今彭桥乡老店村。
② 今彭桥乡王店村。
③ 今慎水乡台天社区。
④ 今皮店乡。
⑤ 今吕河乡黄山村。
⑥ 今新阮店乡中心庙村。
⑦ 今王勿桥乡便民村。
⑧ 今大林镇范店村范店。
⑨ 今寒冻镇固城村。

汪湖店①，县东北七十里，无集。

新兴保

承兴店，县东南四十里，在本店两路口设集②。

永兴铺，县东南五十里，有集。

土扶桥③，县东南七十里，有集。

涂家店④，县东南九十里，有集。

柳寨保

黄鲁店⑤，县西南五十里，无集。

陡沟店，县西南六十里，有集。

板桥店⑥，县西南三十里，有集。

浅塘保

鲁家店⑦，县东北三十里，有集。

韩家台，县东北十八里，在本店双台镇设集⑧。

杨家桥⑨，县东北三十五里，无集。

高家台⑩，县东北六十里，无集。

汝南保

油房店，县东五十里，有集。

---

① 今平舆县西洋店镇聂寨村汪湖。
② 今永兴镇路口村。
③ 今铜钟镇土桥村，清康熙《真阳县志·乡村镇集》称"土扶桥店"。
④ 今大林镇涂店村。
⑤ 今陡沟镇尚田村黄鲁店。
⑥ 今彭桥乡板桥村。
⑦ 今袁寨镇鲁店村。
⑧ 今傅寨乡双台村。
⑨ 今袁寨镇汪冢村杨桥。
⑩ 今平舆县西洋店镇高台村。

汝南埠，县东七十里，有集。

黄里保

岳城店，县东九十里，有集。

莲花寺①，县东六十里，有集。

塘上保

朱家店②，县南八十里，有集。

潘家店③，县南八十五里，有集。

大林店，县南九十里，有集。

朱黄保

西严店④，县东七十里，有集。

白土店⑤，县东九十里，有集。

山头铺⑥，县北二十里，有集。

八里桥⑦，县北，无集。

旧《志》新钟家店，今并入钟家店；单家集⑧，今为忠心庙；鲖阳寺店，今属息县；哈店⑨，今并入龙兴寺；孟家店⑩，今并入朱家店；张五店⑪，今属汝阳县；西杨家店⑫，今属确山县。

---

① 今雷寨乡。
② 今皮店乡朱店村。
③ 今皮店乡潘店村。
④ 今雷寨乡西严店社区。
⑤ 今息县白土店乡。
⑥ 今慎水乡山头村。
⑦ 今慎水乡八里桥社区。
⑧ 今袁寨镇单楼村。
⑨ 今慎水乡台天社区。
⑩ 今皮店乡康店村。
⑪ 今雷寨乡张伍店村。此地并不临近汝阳县（今汝南县），不知为何改属。
⑫ 今确山县双河镇杨店村。

卷　二

山川

南龙冈，在县南三里①，势极高峻；有台，凡七；明徐霓均田台即其处，勒石台上。

横山②，在县西，介于正、确二县，南北横亘，故名。

老龙脊，在县东四十里，平冈一带状如龙脊，祷雨辄应，疑有神物。

北三里河，自胡家冲发源。

八里河，在县北，自王家冲发源，东流，通张家河，达黑家河，入汝。

塘下沟河，在县北二十三里，自确山县金牛山发源，通淇河，入县境东流达于汝。

汶水河③，在县东北五十里，自青龙陂流入汝，今称汶口。

---

① 在今真阳街道南龙冈社区。
② 在今确山县新安店镇顺山店村东。
③ 今名文殊河。

滇水河①，源出县西王家冲，绕县南一里东北流，入汝。汉置滇阳县或以此水得名。

汝河，在县东北六十里。其源旧出汝州天息山，入西平县境，流经上蔡、汝阳、新蔡、固始朱皋镇，合于淮。元季因汝水泛滥，为蔡州害，自舞阳涡水截断其流，约水东注。今之源起西平县云庄、诸石二山之间，流经上蔡、汝阳、正阳、新蔡、息县、光州、固始，达于淮，为引盐运道。

南三里河，自陈家沟发源，经县东南流入汝。明知县沈恒以附郭居民不获水利，履勘形势，方议设法疏导，以通商贾，适因流寇戒严，未竟其事。

彭家河，在县南十二里，通间河，东南入淮。

白水港②，在县西南三十里，自确山县张家堰发源，东南入淮。

清水港③，在县南四十里，自横山发源，通板桥河，汇诸细流，东南入淮。

龙陂港，在县东六十里，源出遂平县之洪山，南流合清水港，入淮。

间河，在县南二十五里，源出确山县高皇陂，东流合撞陂水，经柳寨寺、西严店，东南流入淮。

淮河，在县南九十里，源出桐柏山南冈支流，潜流三十里，东出大复山，流经信阳、罗山、正阳、息县、光州，合汝水东注，至固始县朱皋镇出境，又南合澧水、涡水，纳沂、泗水，入海。引盐

---

① 今名慎水河。
② 今名白河，或称田白河。
③ 今名清水河。

运道由淮河分入于汝。

桥梁

南三里桥。

北三里桥。

柳寨桥，在县东三十里。

西严店桥，在县东七十里。

龙王港石桥，在县东七十里。

王雾桥，在县东五十里。

秔陂港桥，在县东六十里，有元人牛凤修《碑记》。

土扶桥，在县东南七十里。

彭家桥，在县南十二里。

板桥，在县西南三十里，今易石。

清水港桥，在县南四十里。

间河桥，县南二十五里，邑人黎文章建，黎起泰、何文重修，有田琯《碑记》。

撞北义济桥，在县南二十里，元县丞边将仕，邑民乔海、马广建，有潘遵正《碑记》。

八里桥，在县北。

塘下沟永济桥，在县北二十三里，正德四年知县郭仲辰建，嘉靖三十一年邑民谢敖重修。

老庄桥①，在县西十里，邑人邹作砺建。

---

① 在今真阳街道邹楼社区清水河支流韦甲沟上。

沟塘

正东路沟，自东关口大路两旁迤逦至汝南埠，七十里，入新蔡县界，深广各五尺，雍正五年浚。

正南路沟，自南关口大路两旁迤逦至大林店，九十里，入罗山县界，深广各五尺，雍正五年浚。

正西路沟，自西关口大路两旁迤逦至宋家店，三十五里，入确山县界，深广各五尺，雍正五年浚。

正北路沟，自北关口大路两旁迤逦至塘下沟，二十三里，入汝阳县界，深广各五尺，雍正五年浚。

东南路沟，自南关口大路两旁迤逦至土扶桥，七十里，入息县界，深广各五尺，雍正五年浚。

西南路沟，自南关口大路两旁迤逦至陡沟店，六十里，入信阳州界，深广各五尺，雍正五年浚。

十里沟，在县西十里，沟水由宋家店南流至陡沟店入淮，长四十五里。

石塘陂，在县西北二十里，东汉永平五年汝南太守鲍昱甃石堰水[①]，溉田数百顷。

阳陂塘，在县东南五十里。

杨旺塘，在县北二十里。

荻陂塘，在县东北二十里。

量陂塘，在县东二十五里。

[①] 甃（zhòu）石：砌石；垒石为壁。堰水：堵水；挡水。《后汉书》卷二十九《鲍昱传》载："（鲍昱）后拜汝南太守。郡多陂池，岁岁决坏，年费常三千余万。昱乃上作方梁石洫，水常饶足，溉田倍多，人以殷富。"

鲁家塘，在县东北三十里。
盘龙塘，县南十二里。
秦陂塘，在县东北二十里。
瓢陂塘，在县东二十五里。
南音塘，在县南十二里。
邱陂塘，在县南二十里。
古塘，在县西南三十里。
遂陂塘，在县西十二里。
浒陂塘，在县东北三十里。
南塘，在县南一里。
小刘陂塘，在县北三十里。
桑陂塘，在县东二十里。
界陂塘，在县西南二十里。
蛟龙塘，在县南二十里。
柿陂塘，在县南三十里。
枣邱塘，在县南八十里。
撞陂塘，在县东三十里。
下陂塘，在县南六十里。
白土塘，在县东八十里。
王义塘，在县南三十里。
浅塘，在县南九十里。
双泥塘，在县南九十里。
徐受儿塘，在县南三十里。

上陂塘①，在县南七十里。

较陂塘，在县南七十里。

铜陂塘，在县东二里。

朱贤塘，在县东三十里。

上市塘，在县南八十里。

邱斌塘，在县南五十里。

高陂塘，在县东南七十里。

焦陂塘，在县北十五里。

侯塘，在县东北三十五里。

小亮塘，在县西北三十里。

蕲陂塘，在县北三十里。

学校

儒学在迎薰街东，明正德二年知县齐渊建，正德七年知县张玺、嘉靖二十八年知县徐霓相继修葺。国朝顺治八年，知县迟焞、训导朱颁禄重修。乾隆四十六年，教谕张远览重建。

文庙大成殿，五楹。明正德二年，推官陈溥、知县齐渊创建。正德七年，知县张玺继修，设圣贤像。嘉靖十年，诏撤像易木主。嘉靖二十八年知县徐霓、隆庆三年知县卢守、万历四十五年知县田京源先后修葺。国朝顺治八年，知县迟焞、训导朱颁禄重修；康熙二十五年知县赵楫、乾隆二十四年知县宋世恒相继修理；乾隆五十七年知县彭良弼重建。

① 陂：原文误作"坡"，今据明嘉靖《真阳县志》、清康熙《真阳县志》改。

启圣公祠，五楹，在大成殿后左侧。明嘉靖二十八年知县徐霓建，顺治十六年教谕彭如芝重建，乾隆二十四年知县宋世恒修葺。

东庑，五楹。知县迟焞修，康熙二十七年知县赵楫重修，乾隆五十七年知县彭良弼重建。

西庑，五楹。知县迟焞修，康熙二十八年署知县曹文蔚重修，乾隆五十七年知县彭良弼重建。

戟门，三楹，训导朱颁禄修，知县赵楫重修，乾隆五十七年知县彭良弼重建。

泮池，旧建木桥，废。乾隆五十七年，知县彭良弼重加修砌，改建石桥。

棂星门，明知县刘泌建，乾隆五十七年知县彭良弼重修。

明伦堂，五楹，在大成殿后。顺治十八年，知县刘必寿、教谕彭如芝建。

名宦祠，在戟门东。明知县徐霓建，知县安圻、宋世恒先后修葺。乾隆五十七年，知县彭良弼重建。祀汉刘陶、巴肃，宋葛书举、张云卿，明计朝聘，国朝佟凤彩[1]、朱昌祚[2]、李荫祖[3]、罗

---

[1] 佟凤彩（1622—1677）：字高冈，汉军正蓝旗人，清朝大臣。先任贵州巡抚、四川巡抚。康熙十一年（1672），任河南巡抚。康熙十六年（1677），卒于河南巡抚任上，谥勤僖。

[2] 朱昌祚（1627—1667）：字云门，原籍高唐州（今山东省高唐县），汉军镶白旗人，清代大臣。康熙四年（1665），任兵部尚书，总督直隶、河南、山东三省，人称"朱三省"。康熙六年（1667），因不听从鳌拜的圈地命令，被绞死。康熙帝亲政后，为之平反昭雪，谥勤愍。原文误将"朱昌祚"写作"米昌祚"，今改。

[3] 李荫祖（1629—1664）：字绳武，原籍铁岭（今辽宁省铁岭市），汉军正黄旗人，清初名臣。由户部员外郎累擢兵部尚书兼右副都御史，总督直隶、山东、河南三省。官至湖广总督加太子太保。

文现①、张九徵②、张润民③。

乡贤祠，在戟门西。建修与名宦祠同。祀汉黄宪、戴尊、戴伯鸾、戴良，宋李濡，明刘裔。

文昌阁，在儒学东。明万历二十八年，教谕宋久文、训导乔茂魁建。天启年间，训导刘嘉绩重建。

奎星楼，在儒学东南，适楚门东，土城之巅。明万历二十九年，知县李懋孝建。顺治年间，训导朱颁禄修。乾隆五十八年，知县彭良弼重建，视昔规制有增。

正阳书院，在学宫西侧，乾隆五十七年知县彭良弼建。

学田，一顷四十九亩六分。

书院地四顷，岁纳稞钱二十八缗④，乾隆五十一年知县彭良弼详准加稞钱十二缗，除纳丁赋外，余充膏火⑤。龙兴寺，地二顷；白土店，地二顷。

---

① 罗文现，生卒年不详，汉军正白旗人，世居奉天广宁（今辽宁省北镇市）。由荫生通籍，累任外吏。康熙三十五年（1696），任河南按察使司分巡南汝道金事。任内，励士习，劝耕农，听讼详慎，锄强除暴，每冬月捐俸施粥，全活无数。

② 张九徵（1617—1684）：字公选，号湘晓，江南丹徒（今江苏省镇江市丹徒区）人。顺治四年（1647）进士，授吏部行人司行人，后升至考功司郎中。康熙元年（1662），出京担任河南按察司金事，历官河南督学道金事，时河南大饥，九徵煮粥养活大量灾民，又立育婴堂收容弃婴。康熙十七年（1678），诏举博学鸿儒科。

③ 张润民，生卒年不详，字膏之，号敬斋，解州夏县（今山西省运城市夏县）人。康熙六年（1667）同进士，授内阁撰文中书舍人。历户礼两部员外郎郎中，出为河南督学道金事，考满以参议候补。

④ 稞钱：当为"课钱"。税款。此当指书院地的出租金。缗：原为古代穿铜钱用的绳子。亦用作计量单位，指成串的铜钱，每串一千文。一千文铜钱约相当于一两银子，二十八缗约相当于二十八两银子。

⑤ 膏火：膏，灯油；火，饮食。代指维持书院等运行的费用。

建置

公署

县治，在接颍门内。顺治六年知县迟焞移建，乾隆二十四年知县宋世恒重修，四十二年知县刘鳌重建。大堂曰忠爱堂，堂东为恒足库，前为月台，两廊为书吏房。又前为仪门，又前为大门。月台东为萧曹祠，又东为马王祠，为文书房，为马房。仪门外东西为快皂房，又东为土地祠，为捕快房。忠爱堂后为宅门，为内堂，又后为知县住宅，又后为内宅。内堂东为厅事，又东为书房，为厨房，西为金判房。计为堂，为库，为祠，为厅，为宅，为房，为门，其九十有四楹，周缭以垣。

典史宅，国初僦居民房①，在迎宾街北。阅岁既久②，官历数十任，修葺添建，已成公署。何年何任价售入官，莫可稽考。

监狱，旧在典史宅西，后移建大门内西偏，外缭土垣。乾隆五十一年，知县彭良弼改建砖墙。

兵防

正阳县设经制把总一员③，驻县城，隶汝宁营。

马兵二名。

步兵十八名。

---

① 僦（jiù）居：指租屋而居。僦，租赁。
② 阅岁：经历年岁。
③ 把总：职官名。始置于明代，为营以下部队之领兵官或教练官。清代沿置，为绿营基层编制单位"汛"的领兵官，为武官之末级，位在千总之下，秩正七品，掌巡守营哨汛地。

民壮五十名，裁留二十二名，随营操练。

教场①，在县西关外。

仓敖

旧仓在县治西北，康熙三十三年知县安圻奉檄建。旧止十六间，岁久积贮日增，历任添造，共四十九间，官厅三楹。

新仓在县治东北，乾隆三十三年知县刘应侯建，仓二十间，官厅三楹。

漕谷②、义社谷③，均附贮常平仓。

邮政

驿马四匹，裁留二匹。

驿马夫二名，裁留一名。

探马夫一名。

马牌一名④。

走递夫一名。

铺司兵三十名⑤。在城总铺、东关铺、南街铺、西街铺、北关铺、油房店铺、山头铺、哈店铺、黄山铺、铜钟店铺、漫塘铺、八角庙铺、李通店铺、蓝青店铺、黄鲁店铺。

---

① 教场：古时操练和检阅军队的场地。
② 漕谷：漕运谷物。由水路运往京城或其他指定地点的粮食。专供宫廷消费、官吏俸禄、军队给养之用。品种主要有米、小麦、黑豆等，是清代地丁征银外的另一田赋征收项目。
③ 义社谷：地方政府为预防灾荒、赈济饥民等而储备的谷物。
④ 马牌：指管马的役夫。
⑤ 铺司兵：在急递铺、总铺和分设各地的铺所设置的兵役。

恤政

养济院①，城西北隅，房屋四间。收养孤贫四名，口岁需口粮、棉衣，支销正项②。

普济堂③，城西北隅，房屋三十间，大门一间。收养贫民四十五名，口岁需口粮、棉衣、棺木，支销息银、地租。

育婴堂，交普济堂贫妇收育，另无房屋，岁需养费支销地租。

交典铺银四百两，岁纳息银九十六两，遇闰纳息银一百四两④。

普济堂地八顷八十三亩七分三厘。

育婴堂地四十亩。

岁共纳租银一百一十一两一钱八分，除纳丁赋外，余充养费及堂房岁修。

间河店地一顷二十亩，承兴店地六十七亩六分，铜坡塘地六十二亩四厘⑤，王牌寺地二顷二十三亩七分，宋家店地二十六亩，白土店地二顷，八里桥地六十二亩八厘，八里桥地四十亩（归育婴堂），扬旗屯地三十三亩六分，汪湖店地九十三亩七分一厘⑥。

---

① 养济院：旧时收养孤贫残疾、老无所依的贫民的场所。
② 正项：正税。养济院的支销来自正额收入。
③ 普济堂：清代收容老病孤寡的慈善机构。官民合办，是对养济院的补充。
④ 每年存放于典铺的银子产生的利息，就是养济院的"支销正项"。
⑤ 铜坡塘：疑即"铜陂塘"。
⑥ 分布在不同地方的这些田地，为普济堂、育婴堂所拥有，对外租种，收取租银。

田赋

原额人丁一万六千二百八十六丁①，内除逃亡人丁四千三百一十二丁。乾隆三十六年奉文编审，盛世滋生户口人丁二千三百三十二丁，永不加赋。见在征赋人丁九千六百四十二丁②，历来丁不派银，止照地亩一例派征，并无另征丁银。

原额田地五千四百一十三顷四十四亩一分三厘五毫九丝五忽（外有更名地四十三顷二亩零③，不征颜料等银，《赋役全书》分款开造④，亦遵照另列）。

原额银一万二千八百二十四两三分七厘。又每亩加增九厘，派银四千八百七十二两九分七厘。二项共原额银一万七千六百九十六两一钱三分四厘。每亩照依赋役则例，派银三分二厘六毫八丝九忽二微八纤九沙八尘五埃二渺四灰。

遇闰加额银三百七十四两三钱九分一厘⑤，每亩派银六毫九丝一忽五微五纤四沙四尘五埃。

---

① 原额人丁：又称旧额人丁。清代指明末登名征册的人丁。清初人口流徙严重，在册人丁寥寥无几，为督促地方官迅速招抚流民，减少赋税损失，清政府将各地区明末万历或天启年间的人丁数作为清初人丁的标准数额，称原额人丁。每届人丁编审，编审册中首开原额人丁数，次列现在实际人丁数，两相对比，借以检查人丁恢复情况，并以此衡量地方官的政绩。

② 见在：目前、现在。

③ 更名地：亦作"更名田"。清初政府将明代宗室藩王所遗田产改归原耕种佃农所有的土地。

④ 《赋役全书》：又名《条鞭赋役册》。明清两朝记载各地赋役数额的册籍，是官府公布的征收赋税税则。

⑤ 额银：规定（应征）的银钱。

内顺治三年巡按宁具题①,奉旨免荒,除无主荒地六十三顷八十一亩六厘八毫三丝,除荒银二百八两五钱九分三厘,实在原额地五千三百四十九顷六十三亩六厘七毫六丝五忽,实在原额银一万七千四百八十七两五钱四分一厘。(内分)②

现种行粮成熟地一千五百八十五顷一十五亩二分三毫。每亩照依赋役则例,派银三分二厘六毫八丝九忽二微八纤九沙八尘五埃二渺四灰,遇闰每亩加派银六毫九丝一忽五微五纤四沙四尘五埃。应征银五千一百八十一两七钱四分三厘,遇闰应征银五千二百九十一两三钱七分二厘。

又补征颜料等项,每亩派银八毫二丝八忽九微二纤七沙八尘二埃五渺三漠,应派银一百三十一两三钱九分八厘。

二项共应征银五千三百一十三两一钱四分一厘,遇闰应征银五千四百二十二两七钱七分。

康熙九年起至六十年止,劝垦自首③,并五十五年及雍正十三等年胡简吉等首报入额征解④,共地三千七百六十四顷四十七亩八分六厘四毫六丝五忽。每亩照依赋役则例,派银三分二厘六毫八丝九忽二微八纤九沙八尘五埃二渺四灰,遇闰每亩加派银六毫九丝一忽五微五纤四沙四尘五埃,应征银一万二千三百五两七钱九分八厘,遇闰应征银一万二千五百六十六两一钱四分七厘。

---

① 巡按宁:宁承勋,生卒年不详,顺天府大兴县(今北京市大兴区)人,举人,顺治二年(1645)任河南道巡按监察御史。原文误将"巡按"写作"巡抚",今据清康熙九年(1670)《河南通志·职官》改。具题:谓题本上奏。

② 原句末尾附有"内分"两小字,未解何意。

③ 自首:指自首地。清初为增加赋税收入,对于隐匿熟地不纳钱粮者,允许自首免罪,然后对其照例征粮。这种由自首而清理出的隐漏田地,称为自首地或自首田。

④ 征解:指赋税的征收解送。

又补征颜料等项，每亩派银八毫二丝八忽九微二纤七沙八尘二埃五渺三漠，应派银三百一十二两四分八厘。

二项共征银一万二千六百一十七两八钱四分六厘，遇闰应征银一万二千八百七十八两一钱九分五厘。

更名地四十三顷二亩四分四厘四毫一丝五忽，每亩派银三分二厘六毫八丝九忽二微八纤九沙八尘五埃二渺四灰，遇闰每亩加派银六毫九丝一忽五微五纤四沙四尘五埃，应征银一百四十两六钱四分四厘，遇闰应征银一百四十三两六钱一分九厘。

民更等地共五千三百九十二顷六十五亩五分一厘一毫八丝①。

实征丁地等项共银一万八千七十一两六钱三分一厘。

遇闰加额应征银一万八千四百四十四两五钱八分四厘。

户口

旧管民户一万九千八百六十六户，共一十万五千九百八十八名口。

新收民户一百一十二户，新收丁口一千九百八十八名口。

开除民户四十三户，开除丁口一千五百四十三名口。

实在民户一万九千九百三十五户，共一十万六千四百三十三名口。

---

① 即以上成熟地、自首地、更名地三项的总和。这是清嘉庆元年（1796）正阳县的实在地亩数。

仓贮

常平仓①，原额谷二万四千石，现贮谷二万八千二百六石八斗五升六合六勺。

漕仓②，原额谷五千石，现贮谷五千六百三十六石五斗。

义社仓③，额贮谷三十一石四斗。

劝捐社仓④，原额谷一千一百七十一石六斗九升一合一勺，现贮谷三千三百六十三石三斗四升六合二勺。

杂税

牙帖⑤，五百四十五张，岁纳税银六百二十七两七钱八分八厘。

活税⑥，岁纳银三十三两。

---

① 常平仓：中国古代为调节粮价、备荒救灾在各地设置的粮仓。始于西汉，清代中叶之后大多名存实亡。
② 漕仓：存放漕米的仓库。
③ 义社仓：民间公益性质的仓库。所储米谷，由商民捐输，只向本地贫民借贷。
④ 劝捐社仓：清代于各乡村设立社仓，作为民间公益之仓，每年收获之后，由绅衿士庶随其所盈，捐输谷麦杂粮，存储于社仓，以备荒歉之年或青黄不接之时接济民食或借贷籽种之用。
⑤ 牙帖：旧时捐税之一种。牙商或牙行（在市场上为买卖双方说合、介绍交易，并抽取佣金的商行或中间商人）纳税后取得牙帖，方准营业。
⑥ 活税：定额之外临时多征的商税，无定额。

房地契尾①，税银尽收尽解②。

典铺税③，每所岁纳银五两。

盐引

县境行销淮北纲盐④，每年额销盐三千三百引。

---

① 契尾：地契、房契等重要附件。表示土地、房屋交易已经官方登记，并已缴纳税款。为官府稽考征收典卖田房等不动产税所行之两联单据。始于顺治四年（1647），由布政司颁给，编列号码，一式两份。

② 尽收尽解：赋税制度用语。即不论征收多少，全数解交国库（藩库或部库）之意。清制，凡征收无额定数目之赋或税，如各项杂赋、租银、关税等项，均应尽收尽解；或规定某项税租应照额尽收尽解，不得擅行借动。又，各州县额征之地丁钱粮，除留存备支部分外，亦应尽收尽解，按规定应于三日内解交藩库存储。

③ 典铺税：亦称"典当税"。清制，各省民间开设典当业，应呈明地方官转详布政使司请领照帖，领帖开业后，按年纳税。

④ 纲盐：明清采用纲法运销食盐时，商人按规定年额完税运销的食盐。

卷 三

坛庙

社稷坛，西关外，演武亭前。

风云雷雨山川坛，南关外，十方院前。

先农坛，东关外。坛后有祠。耕耤田在坛左①。雍正五年建。

厉坛，北关外迤东②。

关夫子庙，城东北隅，明叶仲敖建，今为县官朝正③、祝釐所④。

城隍庙，城西北隅，明胡朝古施地建，其后人胡好贤、胡居敬、胡来玉相继修葺，并捐田地三顷六十亩零。乾隆四十二年知县刘鳌重修。

火神庙，南关外。

---

① 耤（jí）田：藉田。古代天子、诸侯征用民力耕种之田。这里应为每年立春时节官府举行开耕仪式的田地。

② 迤：往；向（表示在某一方向上的延伸）。

③ 朝正：也称"贺正""元会"。指大臣在新年向皇帝拜贺。县官朝正，当类似于今天的新年团拜活动。

④ 祝釐（xī）：祈求福佑，祝福。釐，幸福、吉祥。

八蜡祠，城西北隅，乾隆二年知县许勉燉修葺，五十一年知县彭良弼重修。

黄征君祠，城西北隅，祀汉征君宪，明嘉靖间知县周绍稷建，乾隆二十九年知县袁树重修。

王忠臣祠，城北隅，祀明死难知县赠光禄丞信，明时敕建。

忠孝祠，学宫西，祀明忠臣王信。

节孝祠，城西北隅，入祀姓氏见《列女志》，乾隆五十六年知县彭良弼重修。

寺观

义勇武安王庙，南关外，明正德十年知县张玺建，乾隆四十二年邑人张天保等募修。

炎帝庙，城北隅，邑捐职主簿王钟龄募修。

三官庙，城西北隅，明义官赖济建。

真武庙，北关外，明邑人胡明建，乾隆二十年邑人程璐等募修。

东岳庙，东关外，元至大四年邑人陈福成等建，乾隆三十五年邑生员李成人等募修。

弥勒寺，育材巷内，宋明道间僧寔公建[①]，明时僧清恩、净能、道善相继修葺。

藏经阁，弥勒寺东，明万历间邑举人王家幹建。

小寺，城东北隅，即德仙修行处。

[①] 明道：北宋仁宗赵祯的第二个年号，使用时间为公元1032年至1033年。明嘉靖《真阳县志》、清康熙《真阳县志》均记载弥勒寺创建时间在明道二年，即公元1033年。

祖师庙，西关外。

老君庙，西关外。

准提庵，城东南隅，康熙年间邑监生晏允恭等创建。

石佛寺，东关外，康熙年间通判曹文蔚署县事重建。

大悲庵，东关外。

甘泉寺，北关外。

玉皇阁，甘泉寺东。

十方院，南关外，明万历戊午邑人李芳募建①，本院僧间岁兴修②。

弥陀寺，县东南二十里。

双陂寺，县东北二十里。

广教寺，又名柳寨寺，县东三十里。

兴福寺，县东南四十里。

顿教寺，县东北三十里。

清凉寺，县东五十里。

古城寺，县东五十五里。

崇圣寺，县东七十里。

兴国寺，县东七十里。

万寿寺，县东八十里。

延寿寺，县东九十里。

台头寺，县东南九十里。

龙潭寺，县西北三十里。

---

① 万历戊午年：万历四十六年（1618）。
② 间岁：隔一年。

王家寺，县西北三十里。

臧家寺，县西二十里。

诸葛寺，县西南四十里。

龙泉寺，县西南三十里。

铁佛寺，县西南三十里。

观音寺，县南七十里。

陡沟寺，县南七十里。

文殊寺，县南七十里。

临淮寺，县南八十里。

华严寺，县南九十里。

裴家寺，县南六十里。

福寿寺，县南七十里。

重福寺，县南七十里。

观音寺，县南八十里。

铜钟寺，县南六十里。

万首寺，县东南四十里。

古岳寺，县东南三十里。

龙堂寺，县南五十里。

新兴寺，县东南三十里。

龙兴寺，县东南二十里。

圆觉寺，县南二十里。

西严寺，县东七十里。

彭家寺，县南十里。

龙台寺，县东二十里。

石佛寺，县南三十里。

三清观，县东岳城店，九十里。

三官庙，县东南涂家店，九十里。

东岳庙，县东汝南埠，八十里。

普照寺，县南裴家店，七十里①。

古迹

临淮城②，县南八十里，朱家店即其故址。

固城③，县东北七十里，汉建，属汝南郡。

建安城④，县南五十里，始建莫考，遗址尚存。

黄征君故里⑤。

龙池，东关外，东岳庙后。祷辄应，今仅存池形。

甘泉井，北关外，甘泉寺内。水极甘美，异于他井。明崇王常汲运此水⑥，品为"汝南第一泉"。

凤凰台，县西二十里，土阜甚高峻。唐开成年间，凤凰集其

---

① 今址大林镇姚庄村小朱庄东北，俗名彭大寺，已废。

② 在今皮店乡朱店村。2006年，临淮故城遗址被公布为河南省第四批文物保护单位。

③ 在今寒冻镇固城村，汉代称安成。2021年，安成城遗址被公布为河南省第八批文物保护单位。

④ 在今铜钟镇建安村。2006年，建安故城遗址被公布为河南省第四批文物保护单位。

⑤ 在今正阳县城内，现建有黄叔度纪念馆。

⑥ 崇王：明天顺元年（1457），明英宗朱祁镇封嫡六子朱见泽为崇王，成化十年（1474）就藩汝宁府汝阳县（今河南省汝南县），先后共传六王。崇祯十五年（1642），李自成陷汝宁，最后一代崇王朱由樻被俘遇害，崇府消亡。

上，故名。有明人《碑记》，款识字泐莫辨①。

晾马台，汝南埠北里许。台下有莲花池，上有古井。

白狗城，县东南，梁时戍兵于此②。

古柏，县南八十里。朱家店旧有临淮寺，久废，遗址尚存，柏即寺中故物，大可合抱。

莲花池，县南八十里。临淮城旧址，四面皆池，池皆种荷，广数十亩。

鸳鸯湖，县南六十里，两湖左右环抱，故名。

月潭，县东北三十里，形如半月。潭不深广，大旱水常不涸。

蟠冈塔，县南八十里，始建无考。高十余丈，岁久，欹侧不倾。

弥勒寺塔，县城内，宋宣和间本寺紫衣大士昭冥建。

紫衣大士塔，南关外，金大定间建。

德仙塔，南关东里许。

冢墓

慎子将军墓③，县南三里，南龙冈。

征君黄叔度墓④，祠宇后，唐鲁公颜真卿书碑。

---

① 泐（lè）：石头依其纹理而裂开。
② 本《志》卷十《补遗下·地里》对白狗城的建置沿革有较详细的考查。
③ 即今李冢汉墓群。共有七座汉墓，2001年因修公路对五号、六号墓进行了考古发掘，出土有铜器、铅器、铁器、石器、陶器等。2006年，李冢汉墓群被公布为河南省第四批文物保护单位。
④ 2008年，黄叔度墓被公布为河南省第五批文物保护单位。

旧迹

旧县治，城西北隅，明知县齐渊建，知县张玺重建，明季毁。

思补堂，旧县治内，明知县徐霓建，毁。

吏隐堂，旧县治内，明知县吴安国建，毁。

旌善亭、申明亭，旧县治前，毁。

际留仓、预备仓，旧县治内，毁。

敬一亭，明伦堂后，明嘉靖间诏立，废。

射圃，明伦堂西，废。

进德斋，明伦堂东，废。

修业斋，明伦堂西，废。

号舍，东、西各九楹，明伦堂东，废。

石屏，棂星门前，明典史邱桧建①，废。

养贤仓，旧学署内，废。

养贤田，七十亩有奇，明知县王与德、邑民潘仲阳置，废。

贤良书院，旧县治南，明知县黄瑞辉建，废。

慎阳书院，寿仙巷内，康熙年间知县安圻建，知县李天簌改建，儒学前，均废。

社学，适楚门外，废。

典史旧宅，旧县治内，毁。

真阳镇巡检司，旧县东，明景泰时建，废。

铜钟巡检司，县南铜钟店，废。

---

① 邱桧：明嘉靖《真阳县志》、清康熙《真阳县志》中作"丘桧"。清雍正三年十二月二十七日（1726年1月29日）诏令避孔子讳，改"丘"为"邱"字。

阴阳学、医学，旧县治西，废。

察院，旧县治东，废。

布政分司，察院东，废。

按察分司，察院西，废。

惠民局，旧县治东，废。

凝秀楼，南门外桥南，徐霓建，废。

官师

知县

明

齐渊，肃宁人，监生，正德二年任。

郭仲辰，东光人，正德四年任。

张玺，亳州人，监生，正德七年任，有《传》。

高辅①，山东人，正德十二年任。

刘泌，魏县人，监生，嘉靖元年任。

刘宗儒，武进人，举人，嘉靖三年任，有《传》。

计朝聘，成都人，举人，嘉靖五年任，有《传》。

汤时来，澧州人，举人，嘉靖十年任。

周缜，云南人，嘉靖十三年任。

高文昇，五河人②，嘉靖十五年任。

---

① 高辅：明嘉靖《真阳县志》卷三《职官志·知县》作"商辅"。

② 五河：原文误作"三河"。明嘉靖《真阳县志》卷三《职官志·知县》作"直隶五河人"。查清乾隆《三河县志》无"高文昇"，清嘉庆《五河县志》卷四《选举·贡生》有"高文昇"，今据改。

龚泰显，泸溪人，监生，嘉靖十六年任。

王萱，石首人，举人，嘉靖十八年任，有《传》。

田大宜，马湖人①，嘉靖十九年任。

李居仁，观城人，监生，嘉靖二十年任，有《传》。

崔岳，广宗人，监生，嘉靖二十二年任。

王嘉会，永嘉人，监生，嘉靖二十四年任。

陶承祖，天长人，选贡，嘉靖二十六年任。

徐霓，泗州人，选贡，嘉靖二十八年任。

白应虚，江都人，选贡，嘉靖间任。

陈曾，崇阳人，举人，嘉靖间任。

梁乾，郧西人，举人，嘉靖间任。

江延龄，文登人，嘉靖四十年任。

周绍稷，永昌人，举人，嘉靖四十二年任，有《传》。

卢守，长垣人，岁贡，隆庆二年任，有《传》。

蔡明弼，云南人，隆庆四年任。

温如春，郧阳人，举人，隆庆六年任。

江楫，荆门人，选贡，万历三年任。

吴安国，长洲人，进士，万历六年任，有《传》。

吴东，广宁人，选贡，万历八年任，有《传》。

赵焕，上海人，举人，万历十二年任。

蒋承熙，全州人，万历十七年任。

刘逵，黄冈人，举人，万历十八年任。

------

① 田大宜、马湖：原文分别误作"田大益""马瑚"。明嘉靖《真阳县志》卷三《职官志·知县》作"田大宜""马湖"；又查明嘉靖《马湖府志》卷二《人物表·岁荐》载："田大宜，（嘉靖）二年，泥溪人，任真阳知县。"今据改。

董三秦，隆德人，选贡，万历二十年任，有《传》。

王与德，安东人，万历二十一年任。

宁遵，南昌人，举人，万历二十三年任。

余星，莆田人，举人，万历二十五年任。

纪益，邠州人，岁贡，万历二十六年任。

李懋孝，滑县人，岁贡，万历二十八年任，有《传》。

麻永吉，大名人，举人，万历三十三年任，有《传》。

黄瑞辉，宣化人，举人，万历三十六年任，有《传》。

田京源，旧《志》载其重修大成殿，《官师志》缺名。

沈恒，宁羌人，岁贡，万历末年任，有《传》。[1]

王信，宁州人，恩贡，崇祯初年任，有《传》。

刘进官，辽阳人，岁贡，崇祯五年任，有《传》。

刘附凤，北直人，举人，本郡同知署县事，修浚城池。

国朝

李之毅，山东朝城人，岁贡，顺治二年任[2]。

马超群，山东阳信人，岁贡，顺治三年任[3]。

崔凤鸣，满洲人，贡士，顺治五年任。

迟焞，奉天广宁人，贡士，顺治六年任，有《传》。

饶国士，直隶延庆人，贡士，顺治十年任。

顾豹文，浙江钱塘人，进士，顺治十三年任，有《传》。

王文焕，顺天大兴人，恩贡，顺治十五年任。

刘必寿，湖广天门人，举人，顺治十六年任。

---

[1] 明万历末年漏载一人：尹应祥，山东滨州人，举人，约万历四十八年（1620）任。

[2] 清康熙《真阳县志》作"顺治三年任"。

[3] 清康熙《真阳县志》作"顺治四年任"。

夏国泰，奉天广宁人，荫生，康熙三年任。

任国标，山西霍州人，拔贡，康熙六年任，有《传》。

李景明，山东聊城人，举人，康熙十九年任。

邓咸亨，广西全州人，举人，康熙二十年任，有《传》。

赵楫，山西辽州人，例监，康熙二十二年任。

曹文蔚，安徽贵池人，本郡通判署县事，修学宫西庑。

安圻，山西汾阳人，例监，康熙二十九年任，有《传》。

王庭，湖广汉阳人，廪生，康熙四十八年任。

马佩韦，山东邹平人，岁贡，康熙五十五年任。

陆赵泰，浙江秀水人，进士，雍正二年任，有《传》。

邱日昇，陕西渭南人，监生，雍正六年任。

孙念祖，直隶开州人，举人，雍正八年任。

欧阳迁，湖广汉川人，举人，雍正十年任。

胡文元，直隶大兴人，附生，雍正十一年任。

诸齐贤，直隶卢龙人，进士，雍正十三年任。

许勉燉，浙江海宁人，举人，乾隆二年任，有《传》。

骆英，甘肃伏羌人，举人，乾隆三年任。

李天簧，安徽石埭人，举人，乾隆六年任，有《传》。

黄光灿，云南易门人，举人，乾隆十年任。

吴一嵩，江西新建人，进士，乾隆十一年任，有《传》。

解忻，直隶庆云人，举人，乾隆十五年任。

王云鳞，山西阳城人，进士，乾隆十八年任，有《传》。

朱朴，云南通海人，举人，乾隆二十年任。

李国禧，陕西南郑人，进士，乾隆二十一年任。

宋世恒，四川夹江人，举人，乾隆二十四年任，有《传》。

袁树，浙江仁和人，进士，乾隆二十八年任。

刘应侯，山东单县人，贡生，乾隆三十二年任。

鲁浣，江西新城人，举人，乾隆三十四年任。

刘鳌，直隶行唐人，举人，乾隆三十六年任，有《传》。

彭良弼，江西南昌人，拔贡，乾隆四十三年任。①

杨德容，云南晋宁人，举人，乾隆六十年任。

典史

明

王玺，绥德人，正德五年任。

谢爵，大庾人，嘉靖二十五年任。

王栋，夏县人，万历年任。

王化行，大兴人，天启年任。

邱桧，旧《志》载其建棂星门前石屏，《官师志》缺名。②

国朝

张承惠，大兴人，吏员③，顺治二年任。

---

① 彭良弼之后，漏载一人：徐书受，江苏武进人，副贡，乾隆五十九（1794）年任。依常理而言，本《志》于乾隆六十年（1795）开始编纂，嘉庆元年（1796）书成，徐书受离职未久，不可能被迅速遗忘，不知何故未载。

② 以上，明代典史仅著录五人，是在清康熙《真阳县志》所载四人的基础上增添了一"邱桧"。但与明嘉靖《真阳县志》卷三《职官志·典史》名单相比，至少漏载十人。

③ 吏员：亦称"胥吏""吏胥"，俗称"书办"，又统称"书吏"，是以庶民身份在官府办理具体公事的人员，没有官职、品级和俸禄。在各有关官员的督察下，职掌各衙门文书缮写及各项具体公事之办理。任职五年役满，可以通过考职或直接掣签的方式，授予从九品或未入流之官职（如典史）。

郭大仁①，富平人，吏员，顺治十一年任。

张恒胤②，渭南人，吏员，顺治十三年任。

沈邦达，山阴人，吏员，顺治十六年任。

张扩，韩城人，康熙三年任。

屠世英，乌程人，康熙十九年任。

阮世璘，宛平人，康熙二十一年任。

樊琦，铜陵人，康熙二十六年任。

詹廷枢，扬州人，康熙三十四年任。

孙璠，上虞人，吏员，康熙五十二年任。

田相儒，大兴人，儒士③，雍正二年任。

陈宏，宛平人，吏员，雍正六年任。

贾太徵，阳曲人，吏员，雍正九年任。

林必鋐，上虞人，雍正十二年任。

王士端，大兴人，吏员，雍正十三年任。

赵万选，会稽人，吏员，乾隆七年任。

孔毓均，仁和人，供事④，乾隆十二年任。

金文炳，大兴人，吏员，乾隆二十年任。

徐万春，婺源人，监生，乾隆二十九年任。

---

① 清康熙《真阳县志》作"郭大任"。

② 原文中"胤"字无左边一撇，为避雍正帝胤禛名讳而缺笔。

③ 儒士：清代京吏之一种。主要在礼部办事。清光绪《大清会典》卷十二《吏部·验封清吏司》载："礼部于经承之外，复有儒士。"

④ 供事：清代吏胥之一种。清制，中央机构宗人府、内阁、翰林院、詹事府、修书各馆、各则例馆等衙署各置书吏若干名，称为供事，又称书办，为京吏之一种。任职五年役满后，可通过考职转为低级官员。

教谕

元

卫桂荣。

王良辅。

明

陶贤，有《传》。

殷迁，有《传》。

焦济，刘必寿《志》载前修志人官，氏列其名。

宋久文，《府志》载其与训导乔茂魁建文昌祠。①

国朝

董绍舒，叶县人，恩贡，顺治四年任。

王国耀，偃师人，岁贡，顺治八年任。

彭如芝，南召人，岁贡，顺治十四年任。

黄谏，嵩县人，岁贡，康熙十七年任。

张顾行，西华人，举人，康熙二十六年任。

王翊，新安人，拔贡，康熙四十一年任。

王瑜，林县人，拔贡，康熙四十三年任。

孟暠，杞县人，岁贡，康熙五十三年任。

韩曝，唐县人，拔贡，康熙五十六年任。

田锡极，襄城人，举人，雍正三年任。

---

① 以上，明代教谕仅列四人，是在清康熙《真阳县志》所载二人的基础上增添了"焦济"与"宋久文"。但与明嘉靖《真阳县志》卷三《职官志·教谕》名单相比，至少漏载八人。此外，据民国《重修正阳县志·艺文》中刘廷昶《后乐亭碑记》一文的落款"明万历四十八年岁次庚申季夏，典史叶元申立"可知，明代真阳县典史还有一位叶元申。

扈重寅，商邱人①，廪贡，雍正四年任。

岳温，叶县人，恩贡，雍正九年任。

刘铎，通许人，副贡，雍正十一年任。

柴用樑，安阳人，拔贡，乾隆十二年任。

秦堂，偃师人，举人，乾隆十九年任。

邱宅南，河内人，恩贡，乾隆二十四年任。

秦堂，乾隆三十五年再任，丁忧起复②。

张远览，西华人，举人，乾隆四十六年任。

蒋敬源，睢县人，举人，乾隆五十六年署任，倡捐修理文庙。

吕元灏，新安人，拔贡，乾隆五十七年任。

训导

明

张恕，来安人，岁贡。

王汝夔，海门人，岁贡。

黎载，四川人，岁贡。

刘嘉绩，朝邑人，岁贡，有《传》。

乔茂魁，《府志》载其与教谕宋久文建文昌祠。③

国朝

温之鼎，仪封人，恩贡，顺治三年任。

---

① 商邱：即商丘。

② 起复：古时官员服父母丧守期未满即应召赴任官职。明清时专指服父母丧期满后重新复出做官。

③ 以上，明代教谕仅列五人，是在清康熙《真阳县志》所载三人的基础上增添了"王汝夔"与"乔茂魁"。但与明嘉靖《真阳县志》卷三《职官志·训导》名单相比，至少漏载八人。

朱颁禄，中牟人，岁贡，顺治四年任，有《传》。

张其美，孟县人，岁贡，顺治十三年任。

徐珊，杞县人，岁贡，康熙四年任。

张鉁，睢州人，岁贡，康熙九年任。

杨金章，扶沟人，岁贡，康熙十三年任。

苏济世，许州人，岁贡，康熙二十二年任。

胡从虞，西华人，岁贡，康熙二十六年任。

燕光蕴，通许人，岁贡，康熙三十年任。

姜琯，太康人，岁贡，康熙三十三年任。

张缙，阳武人，岁贡，康熙三十五年任。

张舜生，西华人，岁贡，康熙三十七年任。

蒋玶，归德人，岁贡，康熙四十二年任。

郭仮，虞城人，廪贡，康熙五十八年任。

孔尚质，岁贡，雍正二年任。

张振修，洛阳人，岁贡，雍正四年任。

张如洙，虞城人，岁贡，雍正五年任。

王家琏，裕州人，岁贡，雍正九年任。

郭景汤，南阳人，廪贡，乾隆七年任。

李永元，虞城人，岁贡，乾隆十年任，有《传》。

姬邰，汲县人，岁贡，乾隆十五年任。

乾隆十六年裁汰。

把总

王锡禄，新野县人，乾隆元年任。

冯泰，新郑县人，乾隆十五年任。

李刚，南阳县人，乾隆二十一年任。

万成功，南阳县人，乾隆三十二年任。

吴清英，祥符县人，乾隆四十四年任。

卞国枢，直隶永平人，武举，乾隆四十五年任。

武元龙，南阳县人，乾隆四十八年任。

张如中，南阳县人，乾隆五十四年任。

卷 四

宦绩

汉

刘陶,颍阴人,慎阳长。政化大行,道不拾遗。以病去。童谣曰:"悒然不乐,思我刘君,何时复来,安此下民。"①

巴肃,高城人,建和时举孝廉,与郭泰、范滂齐名,历慎阳令,以郡守非人辞去,改贝丘长②。

宋

葛书举,江阴人,举熙宁三年进士,授淮南节度使推官,知真阳县③。有惠政,民思之。

张云卿,真阳县尉。有学行,清介自守,安贫乐道,未尝苟求。应进士举,晚沾一命,士人惜之。文彦博举之,《疏》云:"切

---

① 语出《后汉书》卷五十七《刘陶传》,又见《水经注》卷三十《淮水》。
② 据《后汉书》卷六十七《巴肃传》:"巴肃字恭祖,勃海高城人也。初察孝廉,历慎令、贝丘长,皆以郡守非其人,辞去。"巴肃任职慎令,并非慎阳令。两汉时期,慎县亦属汝南郡,治今安徽省阜阳市颍上县江口镇。另,"贝丘"在原文作"具邱",今俱改。
③ 葛书举(1038—1091):宋神宗熙宁三年(1070)进士,初调余杭任主簿,再任真阳知县,又改任左宣德郎,后任长垣知县,卒于任上。

见蔡州真阳县尉张云卿，通经博古，欲望特除一西京学官，必能师表诸生，亦可敦薄俗，取进止。"①

元

朵阿达实，畏兀儿人，少聪敏，博通经史，得文资散官，出长真阳。清廉慈爱，兴利除害，划革时弊。凡循行劝课②，裹粮而出，惟恐扰民。时真阳粮本色输入朱皋仓③，甚为民累。乃力陈其害，许纳轻赍④，民甚感之。秩满去，民为立石，记其廉善。

明

张玺，号松庵，亳州人⑤。谦厚精敏，宽以济严。当霸贼残破之余，凡县治、学舍、城郭、仓敖，荡然灰烬。玺经营修葺，勤恤民隐⑥，安集流离，于是邑始有起色焉。

刘宗儒，武进人，性耿介，尚风裁，耻于阿奉上官，以此取谤去。

计朝聘，字莘夫，成都人。清介绝俗，自奉甚约，有人所难堪者。接士大夫以礼。勤民事，宽徭赋，明敏有决断，不为纷议所挠，吏但受成而已。擢茶陵知州，寻升澄江府知府。

---

① 语出《文潞公集》卷四十《举官·举张云卿》。西京学官：西京国子监学官。北宋以洛阳为西京，西京国子监即原河南府学。原文作"两京学官"，今据《文潞公集》改。

② 循行：巡视；巡行。循，通"巡"。劝课：鼓励与督责。

③ 本色：旧时纳税的名目。指原定征收的米麦等实物田赋。如改征其他实物或货币，则称折色。朱皋：在今河南省固始县北五十里淮河南岸朱皋村。古代淮河沿岸的一个物资集散地。

④ 轻赍：元代诸色人户所负担的税粮，官府改令折价纳钞，称为轻赍，意为便于携带。

⑤ 原注："《府志》寿州人，未知孰是。"整理者注：查明嘉靖《亳州志·人物表》有"张玺，真阳知县"，当以亳州人为是。

⑥ 民隐：民众的痛苦。

王萱，号西麓，石首人。以儒术饰治，崇奖士类。为教务敦实学，划革时弊，吏民畏服。

李居仁，号寿庵，观成人，敏练有干才。讼者盈庭，一言而决，人皆服其神明。调山西蒲县令。

徐霓，字叔望，泗州人，由江西万安丞擢知真阳。兴学校，均田粮，增户口，捕巨寇，平疑狱。为治务求实济，有古循吏风。巡按御史浦之浩荐于朝①，以资格所限，未竟其才。

周绍稷，字象贤，永昌卫人。雅度清才，饰以儒术。奖掖士子，一时文学振兴，士论翕然归之。慕汉黄征君叔度之高行，捐俸购故参政李经别宅，建祠崇祀。识者谓其知政本云。

卢守，号我泉，长垣人。初任掖县，以面折当道，改三水县，寻调知真阳。慷慨尚气节，不事婠阿②，操履清苦，刻意振刷，三年间百务具举。捐俸修学宫，不费民力。清户口，均徭役，始议条鞭之法。申请两院③，得从所请，且令通省仿行，至今便之。

吴安国，字文中，长洲人，以名进士出宰百里④。通才倜傥，词赋推重一时，著作甚富。

吴东，号青郊，广宁人。聪明机警，人经一面，事经一过，阅数年后能直呼其名，言其事，人莫敢犯。

---

① 巡按御史：职官名。明代中央政府均设有监察机关即都察院，都察院下属有十三道监察御史，监察御史平时在京城都察院供职，奉命巡按地方即为巡按御史。级别不高，为正七品，但职权较重。浦之浩：生卒年不详，字子化，南直隶苏州府嘉定县（今上海市嘉定区）人。嘉靖二十年（1541）进士，初授中书舍人，嘉靖三十一年至三十二年（1552—1553）任河南巡按御史。

② 婠阿（ān ē）：亦作"婠婀"。依违阿曲，无主见。在此有阿谀附合之意。

③ 两院：指抚、按两院，分别是巡抚、巡按御史的别称。

④ 百里：古时一县所辖之地。因以为县的代称。

董三秦，号辅京，隆德人。公明廉威，粹白自矢①，无敢干以私者。

李懋孝，号淳宇，滑县人。严明刚直，每出行，两隶执高脚牌前导，大书"拿积棍，安良民"。邑故多奸猾，由是慑服，畏若神明，一境肃然。

麻永吉，号又存，大名人。精明沉毅，立坐柜之法②，徭赋听民自纳，胥吏无所缘以为奸。培植士气，优礼寒畯③，邑举人钟声宏出其门下。

黄瑞辉，号新寰，宣化人。创贤良书院，以育人才。明决有胆智。时民间多盗警，设法穷捕，讯实，悉坐以法。有陈乞自新者，察其情真，纵之归，令捕盗自赎，盗遂以宁。

沈恒，号连楼④，宁羌人。治真五年，民疾苦纤细皆知，教民以孝弟为先，立法劝导，民多感化。擢宝庆通判。

王信，号孚宇，真宁人，崇祯初知真阳。单骑出抚土寇，会流寇数万掩至，被执，欲挟赚真、罗二城。不从，贼大恨，遂遇害，携其首去。邑诸生员田育性鼓率乡勇追至淮南，获其首以归，面犹如生。赠光禄寺丞，特祠以祀。

刘进官，号荣我，辽阳人，崇祯五年知真阳。时土寇窃发，闭关者九阅月。下车即严守备，募民兵，设方略，扑灭之。

陶贤，固安人，嘉靖十年以岁贡授真阳教谕。时学校初设，诸

---

① 粹白自矢：纯洁而立志不移。粹白，纯洁。自矢，犹自誓，立志不移。
② 坐柜：犹言站柜台。指做生意。
③ 寒畯：出身寒微而才能杰出的人。畯，通"俊"，才智出众。
④ 清康熙《真阳县志》作"连栖"。

[嘉庆] 正阳县志·卷四　　475

生习于放佚①，贤锐意振作，严立科条，无敢偭规越矩者②。课士不专以文，为文必约以绳墨。一时风教，为士林宗。

殷迁，号梧亭，龙江人，以岁贡司铎真阳③。简默厚重，事事以礼法自闲④。年越六旬，与诸生谈究道艺，亹亹不倦⑤。有隳业者⑥，必对众斥之，人以为严师。

刘嘉绩，字喜闻，朝邑人。司训真阳⑦，建文昌阁，辨字学⑧，传等韵⑨，博通古籍，著有《礼书》行世。

国朝

迟焞，号焕宇，广宁人。妙年出宰，敏干廉明。当国朝定鼎之初，创立县治，缮葺城垣，新文庙，建两庑，百废具举。时流亡甫集，村舍多无垣户，计擒巨盗百余人，遂解夜警。讼牒片言立剖，摘发如神⑩，人咸畏服。莅治五年，升岢岚州牧，寻擢太平府知府。取道于真，童叟挽留不绝。

顾豹文，字季蔚，钱塘人。精明缜密，有干济才。当国朝开创之初，辨经界、疏盐法，为政切中窾要。公暇考课士子，口指笔授

---

① 放佚：放纵不受约束。
② 偭规越矩：违反正常的法则。偭（miǎn），违背。语出屈原《离骚》："固时俗之工巧兮，偭规矩而改错。"
③ 司铎：谓掌管文教。相传古代宣布教化的人必摇木铎以聚众，故称。
④ 自闲：谓自设防范。
⑤ 亹（wěi）亹不倦：连续而不倦怠。
⑥ 隳：古通"惰"，懒惰。
⑦ 司训：指担任训导之职。
⑧ 字学：小学，文字学。
⑨ 等韵：一种分析汉字字音结构的方法。是汉语音韵学的一个分支。
⑩ 摘发：揭发。

无倦色。以行取内擢御史①。

任国标，号君佐，霍州人。崇学校，勤考课，士贫不能自给者优恤之。正赋之外，纤毫弗取于民。治真十三载，砥砺清操，始终如一日。以病致仕②，去之日囊橐萧然③，士民泣送于道。

邓咸亨，全州人。为政尚简要，事举而民弗扰。时各保丁户星散，里甲催输，疲于奔走，乃画定保分，疆里相联，赋不逾期，民皆称便。被论降调去任④。

安圻，汾阳人。有干才，勤于图治。葺城垣，修邑乘，兴利除弊，勤恤民隐。以治行卓异，擢九江府同知。

陆赵泰，秀水人。通达治体，未尝以法绳人，而人知奉法。政无弗举，吏不敢奸。以名进士起家，博学能文，崇奖士类。每公暇，与士子讲求道艺，若师弟然。解组东归，士民遮道而送，有涕泣不舍者。

许勉燉，海宁人。慈惠通达，负才自敛。体恤民艰，奖掖寒畯，士服其学，民怀其恩。捐俸修八蜡祠。莅治甫一载，引疾告归，舆论惜之。

李天簌，石埭人，明敏有治才。政尚严，不以施于良善。案牍旁午⑤，听断如流，未尝有屈抑者。捐俸修慎阳书院，延名宿，立

---

① 行取：旧时地方州县官员，若治绩良好，才能出众者，由朝廷行文调职京师，称为"行取"。
② 致仕：旧时指交还官职，即退休。唐白居易《不致仕》诗云："七十而致仕，礼法有明文。"
③ 囊橐萧然：形容缺乏财物，没有什么积蓄。囊橐，盛物的袋子。大称囊，小称橐。借指行李财物。萧然，空寂的样子。
④ 被论：遭到举报或控告。降调：降职调任。
⑤ 旁午：亦作"旁迕"。交错、纷繁。比喻事物繁杂。

规条，督课士子，盖善政而兼善教者。

吴一嵩，新建人，精明廉善。本儒术以为吏治，政暇考课诸生，手定甲乙，高等者奖之，使知劝勉。朔望宣讲圣谕，士民环立敬听，相率感化。莅治四年，士习民风咸臻上理焉。以卓异擢光州牧，迁重庆太守。从征金川，阵亡。恤赠太仆寺卿，谕祭葬，入祀昭忠祠。子嗣蕙以荫生，任芜湖令，能于其官。

王云鳞，阳城人。恺悌慈祥，爱民恤士，若惟恐不及。丁艰，扶柩而归，士民箪食壶浆之祭①，数十里不绝。

宋世恒，夹江人。俭于奉己，勤于莅政。省刑罚，宽徭赋，修葺文庙，挑挖城濠。莅治四年，凡事之有利于士民者，靡不次第兴举。滇水壅塞，方议疏浚，以培一邑气脉，未及行而去任。

刘鳌，行唐人。性严峻，不以嚬笑假人②，未尝务为刻核③。治邑六载，惩凶暴，安善良，捕巨盗，乞灾赈，士民畏威怀德，若召父而杜母焉④。城隍庙及县署岁久不可葺治，曰："此幽明理民之所，亦民事也。"并新之。

朱颁禄，中牟人，顺治初年任训导。修奎星楼，立学规，严考课。动以礼法绳人，能扶掖寒畯。权县事三月，修城垣，立窝铺。迁辉县教谕，寻擢天门令。

李永元，虞城人，以岁贡司训真阳。学问深邃，教士子谆谆善诱，士以此归之。训导旧无斋舍，茅屋数椽，布衣蔬食，处之泰

---

① 箪食壶浆：此指百姓用箪盛着饭，用壶盛着汤来祭祀送别。
② 嚬笑：皱眉和欢笑。指喜怒哀乐情感的流露。
③ 刻核：苛刻。
④ 召父杜母：召父，指西汉召信臣。杜母，指东汉杜诗。二人先后为南阳太守，深得百姓爱戴，故称为"召父杜母"。后用以称扬地方长官的政绩。

然，有箪瓢陋巷之乐焉①。后卒于官。

选举

进士

明

正德甲戌科唐皋榜②：李经（有《传》）。

国朝

乾隆戊戌科戴衢亨榜：贺祥。

乾隆辛丑科钱棨榜：叶枞林（米脂县知县）。

乾隆乙卯科王以衔榜：叶儒林（卫辉府教授）。

举人

明

成化乙酉科：余文章。

成化庚子科：鲁昊。

成化癸卯科：刘廷璧。

弘治乙卯科：陈标（有《传》）。

正德庚午科：李经。

---

① 箪瓢陋巷：《论语·雍也》记载，颜回一箪食，一瓢饮，居陋巷，而不改其乐，孔子称赞他说："贤哉，回也！"后以"箪瓢陋巷"形容生活简朴，安贫乐道。

② 正德甲戌：正德九年（1514）。唐皋：正德甲戌科状元。故称此年会试榜为唐皋榜。

嘉靖己酉科：王廷儒[①]。

嘉靖戊子科：张诰（有《传》）。

嘉靖辛卯科：何麟（有《传》）。

嘉靖甲午科：董宗舒（太平府通判，历滦州知州、户部员外郎）。

嘉靖己酉科：黎来。

嘉靖戊午科：陈昌言（有《传》）。

隆庆丁卯科：单可大（齐河县知县）。

万历己卯科：叶润。

万历戊子科：王家幹（有《传》），施泽久。

万历戊午科：钟声宏（有《传》）。

崇祯庚午科：涂扩然（河间府通判）。

崇祯丙子科：袁润。

国朝

顺治庚子科：张其道（河内县教谕）。

雍正丙午科：冯洵。

乾隆戊午科：杨元龙。

乾隆丁卯科：吴国梁（有《传》）。

乾隆壬午科：王凤梧（睢州学正）。

乾隆丁酉科：贺祥（进士）。

乾隆甲午科：叶栐林（进士）。

[①] 王廷儒：原文误作"嘉靖乙酉科"。明嘉靖《真阳县志》及本《志》卷一《城池·坊第》中均作"嘉靖己酉科"，查《国朝河南举人名录·嘉靖二十八年己酉科》确有"王廷儒"之名，今据改。

乾隆丙午科：叶儒林（进士）。

贡生[1]

明

刘裔（有《传》）

涂锐（有《传》）

张銮（有《传》）

项镛（武邑训导）

王泳（顺德同知）

祝伟（有《传》）

何器（公安主簿）

刘光启（洛南县丞）

何应铨

刘以清（桂东知县）

王默（阳武训导）

刘化

祝君文（长葛训导）

刘仰（密县教谕）

李绂（有《传》）

冯科（有《传》）

杨福徵（有《传》）

---

[1] 贡生：科举制度名。经考试而选入京师国子监读书的生员称贡生，其意是以人才贡献给皇帝。明清时期，贡生从府、州、县学生员（秀才）中选取。明代贡生有岁贡、选贡、恩贡和纳贡之分。清代则分为岁贡、恩贡、副贡、拔贡、优贡、例贡六种。前五种贡生均属正途出身，合称五贡。例贡由捐纳而得，不属正途。

董宗德（有《传》）

刘延昶（荆州同知）

杨寿徵（白水知县）

钟凤韶（庄浪知县）

徐德容（荥泽教谕）

董楫（峡江知县）

陈允（有《传》）

董其成

邹应宿（禹州训导）

刘三锡（临淄训导）

李景明（郧西训导）

李依仁（宝庆教授）

李缜（夷陵学正）

刘以濯

李葆素①

国朝

恩贡②：

贺来苏

余熙（寿光知县）

吴道成③

---

① 以上明朝贡士名录，与明嘉靖《真阳县志》卷五《选举志·贡士》所载相比，漏载单让、李濡绅、张茂、吴玺等多人。

② 恩贡：科举制度中贡入国子监的生员之一种。清代恩贡有两种：一种是遇国家庆典或皇帝登基的大典之年，皇帝特别恩赐的贡生；另一种是先贤后裔蒙恩入监，亦称恩贡。

③ 清康熙《真阳县志》中，吴道成的身份是拔贡。

钟惕

贺斐

王孕麟

王遵道（有《传》）

张宣

孔毓俊（有《传》）

王良佐（荥阳教谕）

王章（有《传》）

王捷

李九畴（有《传》）

余来徵

汤克显

张持

拔贡①：

邹宗孟（山西布政司经历）

杨作楫（有《传》）

王振常（襄城教谕）

冯宗班（有《传》）

王维藩（有《传》）

杨志周

杨元起

黄薰（有《传》）

---

① 拔贡：科举制度中贡入国子监的生员之一种。是各省学臣于通省生员内遴选文行兼优者拔入太学的贡生。拔贡进国子监肄业，三年期满，由祭酒分别等第，核实保荐，任知县、教职。乾隆时，定制每十二年选拔一次。

张拔

叶文林

岁贡①：

李成华

田育性（有《传》）

储昌印（河阴训导）

刘以湛（有《传》）

何天宠（有《传》）

潘衍（都昌县丞）

袁锭

储永固

吕洪响

王位中

张道行

赵翼明（扶沟训导）

王忠望

王珙

陈斌

徐中节（巩县训导）

李特生

王心传

李东生

---

① 岁贡：科举制度中贡入国子监的生员之一种。明清两代，各直省每年从府、州、县学中选送资深的廪生升国子监肄业，谓之岁贡生，简称"岁贡"。

袁纲

黎时雍

王祚远

傅孕淮

幸君惠

刘梦兰

孙谋

黎敏德

甘林

熊如麟

周成

危光

路经

李大新（有《传》）

李士凤（有《传》）

潘起彩

余其质

叶肇昌

李会极

杨通

黎公荣

余宗圣（郾城训导）

杨志吕（河阴训导）

刘永清（有《传》）

王维植（有《传》）

陈琬

杨州贡（有《传》）

李际可

田承露

郭景仪

王在镐（有《传》）

詹莹

杨州采

吴子乾

杨渔

王梦孔

苏子寿（有《传》）

刘纯

汤作新（有《传》）

王以忠（有《传》）

王百诵（有《传》）

邓济美

单恤民（有《传》）

彭谟

杨维朝（有《传》）

王敬修

刘逢源（有《传》）

谢永印

李九思

刘榷

潘嘉咏

叶萲

杨士坊

龚道存

陈会文

廪贡①：

张克孝

王梦说（有《传》）

王国泰（孟县训导）

武举②

国朝

康熙壬子科：彭肃如。

康熙辛酉科：马毓蒲。

康熙壬午科：王懿。

雍正己酉科：鲁经邦。

---

① 廪贡：指府、州、县的廪生被选拔为贡生。亦用以称以廪生的资格而被选拔为贡生者。但由下面所列张克孝，在清康熙《真阳县志》中被列入"监生"来看，此"廪贡"或实为"廪监"，即由廪生援例捐纳取得监生资格的例监。

② 武举：武举是科举制度中专为选拔武官而设的考试，亦称"武科"（在书前《目录》中即作"武科"）。此处则为武举人的简称。清代武科考试每三年举行一次，分为武童试、武乡试、武会试、武殿试四级。每一级考试都有内外场之分，外场试马射、步射和硬弓、舞刀、掇石等，内场默写《武经七书》。武举授官，拣选一、二等者，汉军授门千总，汉人授营千总；三等者，汉军、汉人均授卫千总。

乾隆癸卯科：邹道位。

武职附：

汪鸿程（顺治时人，行伍，陕西兴安营守备，以功擢开封府都司）①。

---

① 此处对汪鸿程的介绍较为简略，更详细的记载可参阅清康熙《真阳县志》卷五《人物·武职》。

卷　五

人物

汉

黄宪，字叔度，慎阳人。世贫贱，父为牛医。颍川荀淑遇宪于逆旅①，时年十四。淑竦然异之，揖与语，移日不能去。谓宪曰："子，吾之师表也。"既而至袁阆所②，未及劳问，曰："子国有颜子③，宁识之乎？"阆曰："见吾叔度耶？"时同郡戴良才高倨傲，而见宪未尝不改容，及归，惘然如有失也。其母问曰："汝复从牛医儿来耶？"对曰："良不见叔度，不自以为不及；既睹其人，则瞻之在前，忽焉在后④，固难得而测也。"同郡陈蕃、周举常相谓曰：

---

①　荀淑（83—149）：字季和，东汉颍川郡颍阴县（今河南省许昌市魏都区）人。曾任郎陵（今属河南省确山县）侯相，以品行高洁著称。有子八人，号八龙，皆有名当时。生平详见《后汉书》卷六十二《荀淑传》。逆旅：客舍。
②　袁阆：原文误作"袁闳"。余嘉锡《世说新语笺疏·德行第一》对此有详细考证，今据改。袁阆，字奉高，东汉汝南郡慎阳县（今正阳县）人。为功曹，辟太尉掾。
③　颜子：颜回。荀淑把黄宪比作孔子最得意的门生颜回。
④　瞻之在前，忽焉在后：颜回仰慕孔子之语。出自《论语·子罕》："颜渊喟然叹曰：'仰之弥高，钻之弥坚。瞻之在前，忽焉在后。夫子循循然善诱人，博我以文，约我以礼，欲罢不能。既竭吾才，如有所立卓尔，虽欲从之，末由也已。'"

"时月之间不见黄生①,则鄙吝复萌。"及蕃为三公②,临朝叹曰:"叔度若在,吾不敢先佩印绶矣。"太守王龚礼进贤达,多所降致,卒不能屈宪。郭林宗游汝南③,先过袁闳,不宿而退;进往从宪,累日方还。或以问林宗,曰:"奉高之器,譬诸氿滥④,虽清而易挹。叔度汪汪若千顷波,澄之不清,淆之不浊,不可量也。"宪初举孝廉,又辟公府,友人劝其仕,亦不拒,暂到京师而还。卒年四十有八,天下号曰"征君"。

戴尊⑤,字子高,慎阳人。家世富于财,好给施,豪侠尚气,食客常三四百人⑥。时人为之语曰"关东大侠戴子高"。平帝时为侍御史⑦,王莽篡位,称病归。

戴伯鸾,慎阳人,性至孝。母卒,居庐啜粥,非礼不行,与弟良俱有毁容⑧,时人称之。⑨

戴良,字叔鸾。才节既高达,论议尚奇,多骇俗。同郡谢季孝

---

① 月:原文误作"日",今据《后汉书》卷五十三《黄宪传》改。
② 陈蕃(?—168):字仲举,汝南郡平舆县(今河南省驻马店市平舆县)人。东汉名臣。东汉桓帝延熹八年(165)任太尉,故称"三公"(古代中央三种最高官衔的合称。东汉以太尉、司徒、司空为三公)。生平详见《后汉书》卷六十六《陈蕃传》。
③ 郭林宗:郭泰(128—169),字林宗,太原郡界休县(今山西省介休市)人。东汉名士。善于赏鉴人才,与许劭并称"许郭"。生平详见《后汉书》卷六十八《郭太传》。
④ 氿(guǐ)滥:小泉。《尔雅》曰:"侧出氿泉,正出滥泉。"原文误作"汎滥",今据《后汉书》卷五十三《黄宪传》改。
⑤ 戴尊:《后汉书·戴良传》作"戴遵",乃戴良曾祖父。此段文字,源自《后汉书》卷八十三《戴良传》。
⑥ 食客:古代寄食于豪门贵家,帮忙帮闲的门客。
⑦ 平帝:即西汉平帝刘衎,公元前1年至公元5年在位。侍御史:汉代中央监察机构御史台的官职。在御史大夫之下,受命御史中丞,接受公卿奏事,举劾非法。
⑧ 毁容:指因居丧哀戚而憔悴的面容。
⑨ 关于戴伯鸾的这段文字,出自《后汉书》卷八十三《戴良传》。因戴伯鸾的弟弟戴良,字叔鸾,故"伯鸾"同样应为字,其名已不知。

问曰："子自视天下孰可为比？"良曰："仲尼长东鲁，大禹出西羌，独步天下，谁与为偶？"举孝廉，不就。再辟司空府，弥年不到。州郡迫之，乃悉将妻子，逃江夏山中。优游不仕。①

明

李绂，字华吾，以贡官商邱训导，迁淮安府教授。时土寇遍野，知府公出，绂代行府事，率文武生，伸大义于署前，誓以身报国。贼惧而逃，民赖以安。

冯天受，崇祯时闯贼围寨，欲逼降之，天受义不受辱，率妻子登楼自焚而死。

王之贞，字凝碧，诸生，崇祯时流寇骤至，从知县王信遇难。

周志德，邑诸生，父重光，弟懋德、之德。当土寇蜂起，光与乡人约曰："宁死贼手，勿死兵手。"贼头王舟率众来攻，光与懋德、之德俱被害，志德带重伤得不死。越三月，督师杨驻扎汝宁，王舟就抚受职，志德怀刃乘间戮舟于辕门，甘以身伏法。督师壮其义，宥而旌之。

陈允，字伯奎，贡生。被寇时，叫曰："受朝廷衣冠，何难于死，其如老母何？"遂遇难。

冯尔栋，邑诸生。崇祯间，叔及兄弟被寇围，栋持刀趋往救脱，力竭，独遇害。妻杨氏为备棺殓，至葬期前一日夜，缢于柩侧。

吴文绅，性至孝。母杨氏遘疾，文绅朝暮侍汤药。及卒，结庐守墓。墓旁枯木复生，群鸦来巢。邑人立石以纪其事。

乐寿，邑诸生，养亲至孝。正德六年，流寇至，乡人皆走避。

---

① 关于戴良的这段文字，出自《后汉书》卷八十三《戴良传》。

寿父景林老病不能行，寿守之勿舍。贼感其孝，皆罗拜洒涕而去。

张雄，父文贤寝病，焚香祝天，愿减己寿以益亲。亲终，庐于墓侧，每哭奠毕，以衣裹土筑墓。年四十余无子，服阕后得子①，乡人以为笃孝所感云。

胡子通，弟子逵，友爱甚笃。值岁饥，父宣命析居，以节冗食。二子意不忍，又重违亲命，勉从之。后兄弟终不忍分，复合居一处，无间言②。

余梓，性至孝。亲殁，庐墓三年，坟成邱陵③。年八十而卒。

叶印龙，父才春早卒，随胞叔三春抚养成立。三春染病垂危，思肉食，龙焚香祝天，割臂肉以啖之，病寻愈。县官给扁旌奖④。

曹文玉，母病笃，医药无效，玉斋沐祷祝，割股肉奉母食之，病果痊。县官给扁褒奖。

毛谟明，字尔猷，诸生。多才能诗，与贺裴友善⑤。贺被诬，逮系数年，谟明不避艰险，白其冤于当事，贺得昭雪。

刘裔，永乐元年以贡生擢监察御史。坐事谪旗手卫经历⑥，寻改行人⑦。奉命出使真腊国⑧，威仪简简⑨，不辱君命。宣德四年迁

---

① 服阕（què）：指守丧期满除去孝服。阕，终了。
② 间言：离间之言，非议之言。
③ 邱：同"丘"。
④ 扁：同"匾"。
⑤ 贺裴：即贺斐。古代"裴"与"斐"常互用。贺斐其人，本《志》卷十《补遗（下）·人物》有传。
⑥ 坐事：因事获罪。谪：降职并外放。旗手卫：官署名。掌大驾金鼓、旗纛，金民间壮丁为力士随皇帝出入并守卫四门。经历：职官名。掌文书出纳。应为从七品。
⑦ 行人：职官名。掌朝觐聘问，接待宾客之事。
⑧ 真腊国：中国古代对中南半岛吉蔑王国的称呼。其境在今柬埔寨境内。刘裔出使真腊，或为郑和下西洋队伍中的一员。
⑨ 简简：盛大貌。

四川知县，致仕。

李经，字文极，中正德甲戌科进士，初授吴县尹。精敏勤恪，历户部主事、员外、郎中，以功绩擢西安太守。下车即问民疾苦，尤属意于学校。关中豪杰，多所拔擢，相继登科第者，率多门下士。寻升本省副使、参政。

涂锐，字武英，贡生，任陕西陇西知县。性刚果，抑强梁，以安良善。令行禁止，境内宁谧。讼牍旁午，剖决如流，民皆惮服。修边墙①，宽严相济，夫役乐于趋事。

冯科，字士由，贡生。嘉靖七年，任直隶交河令。邑有富家匿盗，士大夫率袒救之，科执法不挠，竟置大辟②，都御史以非礼相干。耻于承奉，遂归老林下。

张诰，字忠甫，嘉靖戊子举人。有异秉，早岁领乡荐③，释褐授青州通判④。不以家累自随。行属县，独乘一骑，秋毫无扰。锐意划革时弊，为当道所忌，慨然曰："吾不得事君，宁不得事亲乎？"遂弃官归养。

陈昌言，字思俞，嘉靖戊午举人，宁羌知州。迁兖州同知，督理济宁河道，上《治河十三事》，当事著为令⑤。擢淮安知府，致仕。归著《临云轩集》，王穉登序之⑥。

---

① 边墙：指长城。
② 大辟：古代五刑之一，死刑。俗称砍头。
③ 领乡荐：谓乡试中举。
④ 释褐：旧制，新进士必在太学行释褐礼，脱去布衣而换穿官服。后用来比喻开始做官或进士的及第授官。
⑤ 著为令：将之作为规章制度。
⑥ 王穉登（1535—1612）：字百穀，号松坛道士，苏州府长洲县（今江苏省苏州市）人。明朝后期文学家、书法家。

吴玺，字廷玉，任香河县训导。严毅刚方，精《春秋》，从游者甚众。及归，以《春秋》授汝南士，科第相继，甲于他郡。

何麟，字松岩①，嘉靖辛卯举人，官湖州通判。倜傥潇洒。及归林下，以著述为事，纂修《汝南人物考》《圣学统宗》诸书。

陈标，字立之，弘治乙卯举人，授垣曲令。持守法度，不苟且干进②。何大复序而赠之③。盖廉静孤介之士也④。

张鍪，字朝仪，贡生。博集书史，凡医卜、律历、阴阳、兵略，无不涉猎。尤精释老之学。

祝伟，字南皋，贡生。好作寓言，著《墙壁子》《隐人讀》诸集行于世。

钟声宏，字元实，万历戊午举人。旧《志》称其著作甚富，为儒林之冠。

王家幹，字伯贞，万历戊子举人。性恬退⑤，不乐仕进，游心方外⑥，参宗门之旨⑦，颇得妙语。

杨福徵，字海明，岁贡生。博学多闻，行谊尤笃，以病不能赴廷试，部准给冠带⑧。

---

① 何麟：字仁甫，号松岩。此处误以号为字。
② 干进：谋官，求进仕。
③ 何大复：何景明（1483—1521），字仲默，号白坡，又号大复山人，汝宁府信阳州（今河南省信阳市浉河区）人。弘治十五年（1502）进士，授中书舍人，官至陕西提学副使。文坛领袖，"前七子"之一。明嘉靖《真阳县志》后《补遗·艺文》收录有何景明《送陈子令垣曲序》。
④ 廉静：谓秉性谦逊沉静。孤介：耿直方正，不随流俗。
⑤ 恬退：淡泊谦让。
⑥ 方外：世外。指僧道等。
⑦ 宗门：佛教语。禅宗的自称，而称其他各宗为"教门"。
⑧ 冠带：本指服制，比喻官职。

董宗德，字汝崇，贡生。刻意读书，虽隆冬盛暑，手不释卷。独筑一室，萧然自得，酒后则放怀高歌。或劝之仕，曰："人生贵适意耳，何必乃尔。"① 优游田里以终。

董广，性严毅，奖善恶恶，族里惮之。每里社毕集，约族人早输官税，先公后私。争讼者不畏官府而畏董，或董偶知之，一言即解。

黎珠，字国用，刚方质朴。治家严而有礼，训子孙以义方。置家塾，择文学高行之儒教率族里。尝修间河桥，置义冢②。

国朝

王遵道，字锡极，恩贡生。父郡庠生之纯早殁，贫不能葬，遵道同母刘氏抔土为坟。时方七岁，人咸异之。读书质微钝，杜门三年，饮食自牖入。成诸生，后结草庐，冬夏处之。日以讲学为事，耿介拔俗，后学奉为楷模。或以事就正，是非得失，摘发不少贷③。县官安圻礼重之。

彭宗孟，字浩然，少有至性，事亲以孝闻。父殁，庐墓三年。补弟子员，以"五经"文为学使蔡新所赏拔。读书宗宋五子之学④，讲求实行，规言矩步。遇少年轻薄子必劝之改过力行，然未尝背面言人过失。家贫，授徒别塾。晨起赴学，必向母揖，晚归亦如之。母殁，复庐墓三年。偶至市，虽贩夫竖子，见其来未有不敬礼者。屡举优行，以终。

刘梦骧，字腾骧，诸生，许州学正以湛长子，事亲以孝闻。父

---

① 乃尔：犹言如此。原文无"乃"字，今据明嘉靖《真阳县志》、清康熙《真阳县志》补。
② 义冢：旧时埋葬无主尸体的公墓。
③ 摘发：揭示、阐明。少：稍微、略微。贷：宽恕、饶恕。
④ 宋五子：周敦颐、程颐、程颢、张载、朱熹。即濂、洛、关、闽四家，统称宋学。

殁，两弟惑于内，言请析产。梦骢泣劝不听，乃悉举以让之，一无所取。督教两弟如常，卒赖以成名。为人忠厚醇谨，多隐德①。子承汉、建汉，皆诸生。

叶惠生，父早殁，事母以孝称，与异母兄奇生友爱甚笃。兄殁，抚恤犹子，恩勤备至。族中贫乏者赖以举火，并助之婚娶。居乡姻睦而性极方鲠②，不阿徇曲直③，故能排难解纷。治家严而有法，子孙无敢犯者。

杨州贡，贡生，通之子，性孝友。少丧母，事父以孝闻。父殁，庐墓三年。析居时，以膏腴产让诸昆季④，内外无间言。尝设馆授徒，不计修脯⑤，从学多所成就。以诸生贡成均⑥，子渔亦贡生，县官表其门曰"三世明经"。

祝奋蛰，诸生，读书慕古，事孀母以孝称。家贫，授徒供菽水⑦。耿介自守，不趋荣利。母丧，三月而葬，结庐守墓者三年。

潘思谦，诸生。兄弟五人，笃于友爱。兄思恭早世，谦敬事寡嫂，抚育孤侄，恩礼备至。后析居，膏产悉以让之弟侄。设家塾以教子弟，多成材。为人谦修敦谨，以姻睦倡其乡，乡人化之。终谦之身，无争讼者。子儒、倬，俱诸生。

徐天益，职员，性耿介，轻财好义，乡里推重。父殁，悉以遗

---

① 隐德：施德于人而不为人所知，谓之"隐德"。
② 姻睦：谓对宗族和睦，对外亲密。方鲠：方正耿直。
③ 阿徇曲直：曲意逢迎讨好别人。阿徇，迎合曲从。
④ 昆季：兄弟。长为昆，幼为季。
⑤ 修脯：旧时称送给老师的礼物或酬金。修，通"脩"，干肉。
⑥ 成均：古代的大学称谓，泛指官设的最高学府，在清代则为国子监。
⑦ 菽水：豆与水。指所食唯豆和水，形容生活清苦。语出《礼记·檀弓下》："子路曰：'伤哉！贫也！生无以为养，死无以为礼也。'孔子曰：'啜菽饮水尽其欢，斯之谓孝。'"后常以"菽水"指晚辈对长辈的供养。

产让诸弟。有已嫁妹，家甚贫，携二女就养于天益。又从子德物故，遗幼女无归，并养而嫁之。子九思，廪膳生；九苞，增广生。孙州岱，附学生。

熊握瑜，字怀瑾，家贫课徒，以束脩供父母甘旨①。居丧三年，不茹荤饮酒。兄弟同居，内外敦睦无间言。为诸生，食饩于学以终②。

郭建中，字君弼，附学生。孝弟力行，事亲无所不至。父病笃，祷于神。寻愈，酬地二十亩为香火资。又为父广积阴骘③，捐地置义冢，收掩骴骼④。析产，以膏腴让兄，乡党称其孝友。年七十七而终。孙鹏九，诸生。

张逢丙，诸生，笃学力行，以孝友著称。常体察父母嗜好，必多方购致，以博欢心。兄弟析居，不取膏产。年七十，犹嗜学不倦。卒年八十有六。

张羽，国初人。时流亡甫集，村落为墟，有虎突入其室。父足疾，不遑避，羽挺身捍卫，虎竟去。居恒读书为善，孳孳不倦⑤。施棉衣，捐升斗，周恤里党。族弟琦贫无所归，尤善抚之。子鹤鸣，府学生；孙拔，选拔贡生；持、按、摺、擢，曾孙存仁，俱县学生。

刘源厚，字汉如，性至孝。侍父疾，药必亲尝以进，昼夜未尝离左右。母晚得痰病，夜不解衣，闻咳声即起，问母安否。父母

---

① 束脩：送给教师的报酬。脩，古时称干肉。甘旨：美味的食品。
② 食饩（xì）：指明清时经考试取得廪生资格的生员享受廪膳补贴。亦即成为廪生。
③ 阴骘：原指上苍默默地使安定下民，转指阴德。
④ 骴骼（zī gé）：骸骨；尸体。
⑤ 孳孳不倦：同"孜孜不倦"。勤勉而不知疲倦。

殁，终三年之丧，不茹荤，不入寝室。年五十三卒。子楷、檀，俱诸生。

梁大成，性纯笃，事父母至孝，乡党无间言。父母殁，寝苫枕块①，庐墓三年。以诸生终老。

程中式，县学生。父体羸弱善病，长斋祈愈。尝捐修城北八里桥。子渊、济、继伊，俱附学生。

陈圣书，吏员，家綦贫②，至性纯笃。幼时即有孝子之称，每冬日为父母温枕席，父母或咻止之，则曰："儿贫无他能，此力能为也。"亲丧，哀毁骨立③，三年不出户庭，哀慕如一日。

刘瑗，字异玺，诸生。事父母以孝闻，父母殁，终身不茹荤饮酒。持己甚峻，而能和于其家。析产时，悉以膏腴让之兄弟。为文法先正④，弟子从学者多成材。子献书，诸生。

王梦说，字傅公。祖琪，岁贡生；父祚昌，庠生。梦说生平多隐德，为善常恐人知。弟梦孔，少好佚游，教之读书力行，贡成均。尝捐地一顷，入养济院。县官闻之宪府，礼于其庐。以廪贡生终。子霖，长宁县尉，能于其职。孙钟龄，主簿。

叶成，明末人。兵燹时弟芳避地，转徙于外，成不辞劳瘁，多方踪迹之，遇于河南府，挈以偕归。

徐景洙，字东山。少失怙⑤，笃志力学。为人直而无隐，或以事就质，则曰认理不认人。事母至孝，母殁，不茹荤者三年。知县

---

① 寝苫枕块：睡在草垫上，以土块为枕。古时居父母丧的礼节。
② 綦（qí）：极，很。
③ 哀毁骨立：形容因居亲丧过于悲伤哀痛，以致身形瘦损。
④ 先正：亦作"先政"，前代的贤臣。泛指前代的贤人。
⑤ 失怙：指丧父。语本《诗经·小雅·蓼莪》："无父何怙？无母何恃？"

宋世恒礼其庐。子至元,诸生。

吴琮,字美玉。幼孤,事母至孝,终身如孺子之慕。以母病留心岐黄术①,遂精之。或为人诊候,强之受谢,则曰:"吾以为吾母也。"知县张邦伸表其墓②。

李九畴,字箕陈,恩贡生。读书敦品,足迹不至公庭。县官敬礼之,而罕识其面。内行纯笃,以孝友率子弟,一门雍穆③,咸观法焉。

王以忠,字进思,岁贡生。早丧父,事母与兄以孝弟著称。治家有法,子弟咸率其教。为人慷慨豁达,豪于财,凡急难呼助,无亲疏皆应之。

刘琠,字仰周,力学敦伦。父病笃,为文吁天,愿减己算④,以延父年。居丧,哀毁骨立,三年不至寝所。少时屡踬场屋⑤,遂弃举子业。博览古籍,百家之学,无所不通。卒年七十有四。孙榘,廪膳生。

田育性,字不远,岁贡生。尚气节,见义必为。读书过目即了。县官聘纂邑志,搜罗文献,采辑旧闻,赖其力居多。子拱、琯,俱诸生。

王廷芝,字兰斋,为诸生,廉节有操。家贫,授经淮上,其所

---

① 岐黄术:指(中医)医术。岐黄,岐伯和黄帝的合称,相传为医家之祖。
② 张邦伸(1737—1804):字石臣,号云谷,四川汉州(今四川省广汉市)人。乾隆二十四年(1759)举人,历任辉县知县,光州州判,襄城、固始知县。本《志》卷三《官师·知县》中无其名,未知何时曾任正阳知县。
③ 雍穆:和睦;融洽。
④ 算:寿命。
⑤ 踬(zhì):原意是被东西绊倒,比喻事情不顺利,受挫折。场屋:科举时代试士的场所,又称科场。

主家业鹾①，甚敬礼之。但一折节，千金可立致。廷芝狷介自守，一无所染。

杨作楫，字岩叟，拔贡生。官衡阳知县，为政持大体，宽严称物而施，精勤图治，积弊肃清。因老致仕。

王百诵，字廷诏。少工制举业，潜心性理之学，务穷精奥，旁通百家。授徒三十余年，及门多名下士②。以诸生久次贡成均③，授荥阳训导。修理学宫，振兴文教，以廉正著称。引年告归④。注有《四技取验》。

冯宗班，字定远，康熙丙寅拔贡生。任新安教谕，训士有术，新安科第甲中州，多及门士，学使查嗣廷盛称之⑤。能诗文，有名于时。

李大新，字颖若。性恬退，足迹不至城市，读书刻苦精进，以贡选仪封训导。课士有方，人文蔚起，河督张师载出其门下⑥。

汤作新，字协中。早岁食饩，久次，贡成均，选项城训导。课

---

① 鹾（cuó）：盐。业鹾，即以盐为业，盐商之家。
② 名下士：享有盛名之士。
③ 久次：指年资长短。此句为以诸生的老资历贡入国子监。
④ 引年：谓古礼对年老而贤者加以尊养。后用以称年老辞官。
⑤ 学使：即学政。清代钦派各省的教育行政长官。掌一省学校教育之政令，及按期巡视所属各级儒学、考核教育、考课生童、考选贡生等事。三年一任。不问本人官阶大小，在充任学政时，与督、抚平行。查嗣廷：即查嗣庭（1664—1727），字润木，号横浦，浙江杭州府海宁县（今浙江省海宁市）人。清康熙四十五年（1706）进士。累官至内阁学士，兼礼部侍郎。雍正四年（1726），出为江西乡试主考官。后因文字狱，死于狱中。著有《晴川阁诗》《双遂堂遗集》等。查清雍正《河南通志·职官六·提督学政》，未见查嗣庭之名。
⑥ 张师载（1695—1763）：字又渠，河南开封府仪封县（今河南省兰考县）人，清朝官吏。张伯行之子。康熙五十六年（1717）举人。以父荫补户部员外郎。乾隆间官至河东河道总督，熟悉河务。

士秉正不阿。有误革廪生田士祥者,谳牍已成①,慨然为之申理,事竟得白。以此触忌无悔,士人中负气节者。卒年八十有四。

李士凤,字兆文。性嗜洁,好学能文,以贡授氾水训导。官逾年而归,友教四方,门下多知名士。提学府县官累式其庐②。

刘以湛,字承宠③,岁贡生。行谊纯笃,潜心理学。授邓州训导,执经受业者甚众。迁氾水教谕,改许州学正。

苏滋南,附学生。生平以礼自闲,虽独居无慢容。为学务躬行实践,每朔望宣讲《圣谕十六条》④,乡人环立敬听,多所劝化。文尚清真,远近学者皆造庐请业,事以师礼。

杨维朝,性耿介,然诺不欺。家贫,授徒自给。非其义一介不取,人亦不敢干以私。处乡党乐易近人,未尝立崖岸⑤,当事求其一面不可得⑥。为文务轨先正,不阿时好。以岁贡生终。

张鹤鸣,字九皋,府学生。性豁达,勇于为义。尝立乡学曰"仁义斋",教课里中子弟,不责修脯。又尝于岁腊捐米济贫,赖以卒岁者数十家。有单县人翁姓者,岁饥,鬻妻子。鬻金且尽,行乞遇张,泣诉所苦。为赀赎完聚,助之归籍,乡党称之。为文清真雅正,喜谈修养之学。年八十余,犹日手一卷,当事扁其门曰"耆年

---

① 谳牍:判案的案卷。
② 式:通"轼"。以手抚轼,为古人表示尊敬的礼节。
③ 刘以湛:清康熙《真阳县志》作"字铉海,号承宠"。
④ 《圣谕十六条》:清康熙皇帝为教化百姓、巩固统治而颁布的十六条规范,内容是"敦孝弟以重人伦、笃宗族以昭雍穆、和乡党以息争讼、重农桑以足衣食、尚节俭以惜财用、隆学校以端士习、黜异端以崇正学、讲法律以儆愚顽、明礼让以厚风俗、务本业以定民志、训子弟以禁非为、息诬告以全善良、诫匿逃以免株连、完钱粮以省催科、联保甲以弭盗贼、解仇忿以重身命"。
⑤ 立崖岸:立于险峻的高崖上,形容人的性情十足高傲、倔强。
⑥ 当事:当权者。

宿学"。

徐宗道，诸生。忠信笃实，不轻喜怒人。人或揶揄之，辄走避，弗与校①。家贫，授徒给薪水。从学者日众，绝不言修脯。其雅量类如此。

邹献廷，字圣修，诸生。性悃愊②，以真朴感人。与人言，必举前贤孝友事。明易理，能预知死期。诫其子，生平未尝为人谈休咎③，虽至交亦不知其底蕴云。

何天宠，字君锡，岁贡生。性端严，动遵古礼，足迹不至公府，有澹台子羽之风④。任武陟训导。

吴国梁，字翊宸。幼颖悟，于书无所不读。中乾隆丁卯举人。试礼部⑤，三荐不售⑥。归设家塾，课徒讲学。著《四书讲旨》，工小楷，学者宗之。

王章，字世芳。少颖异，读书过目不忘。补诸生，试辄高等，以恩贡生授登封教谕。因老乞归，年八十而卒。

王在镐，字那居。潜心理学，工于为文，为后辈宗仰。以岁贡生终。

刘永清，字澄泗。生平躬行力学，不苟言笑。家贫授徒，为文清真雅正，以岁贡生终。著《周易注解》，因晚年目瞽，惜未成书。

---

① 校：较量，计较。
② 悃愊（kǔn bì）：至诚。
③ 休咎：吉凶、善恶。
④ 澹台子羽：澹台灭明，字子羽，鲁国武城（今属山东省平邑县）人。孔门七十二贤之一。《论语·雍也》记载："子游为武城宰。子曰：'汝得人焉尔乎？'曰：'有澹台灭明者，行不由径，非公事未尝至于偃之室也。'"澹台子羽之风即指这种行事光明磊落，坦荡无私的精神。澹台，原文误作"詹台"，今改。
⑤ 试礼部：参加礼部的考试，即会试。
⑥ 不售：指考试不中。

王维藩，字价人，固城人，迁居油房店。康熙丁丑拔贡生。读书敦品，善造就后进。门弟子传其学，至今科甲之盛，以县东为最。

黄薰，字陶成，乾隆辛酉拔贡生。少好学，手不释卷。生平谦谨，不肯抗颜为人师。远近学者多造庐请业，必质言无隐①，乡党以睦姻称。

王维植，字吉人。少有文名，为学使蒋涟所赏②，试辄高等，以贡入成均。子在洛，能继其业。

詹理，字燮庵，廪生。弟莹，字映庵，岁贡生。端品力学，动遵礼法。教授乡里，门下多知名士。

唐延儒，字道传，诸生。持己端方，不阿时好。教授门弟子，以孝弟廉耻为先。学者至今称之。

孔毓俊，字佳士，圣裔。幼嗜学，家贫，燃香照夜读。补诸生，膺恩贡而殁。

鲁经邦，字纯锡。好学工书，亲贤乐善。中雍正己酉武乡试。家贫，性廉介。种花莳竹③，萧然自得。不屑事生产，非公事未尝至县庭。县官高其行，造庐访之。

李月，字明夫。醇朴端方，言规行矩，族里多敬惮之。置家塾以教子孙，督课甚严，五子六孙皆林立成名。

刘逢源，字涌泉，岁贡生。淡泊宁静，有古人风。遇人无贫富

---

① 质言无隐：直言无讳。质言，如实而言；直言。
② 蒋涟（1675—1758）：字檀人，号锦风，又号省庵。江南苏州府常熟县（今江苏省苏州市）人，清朝官员、诗人。康熙四十八年（1709）进士。康熙五十九年（1720）十一月，任提督河南学政。
③ 莳（shì）：栽种。

贵贱，执礼惟谨。终日无惰容，人亦不能窥其底蕴。

刘信，生平多隐德，与人言喜谈阴骘事。讼者得其一言即解。有恶少诟詈其门①，信不与校，其人愧谢而去。乡党称为长者。子炎勋，廪膳生。

苏子寿，字福先，岁贡生。性端方，人不敢干以私。教授门弟子，不计修脯，所造就甚众。少年非礼者，经其门，必迁道避之。孙仰儒，廪膳生。

单恤民，字霖苍，居浅塘保村。村东西有两濠，以潴近村之水。濠外皆村人田亩，耕耘馌饷②，每苦病涉。单出资建二桥，以通往来，村人至今德之。教授生徒，不计修脯。训弟侄皆成名。以岁贡生终。

李文新，字汉昭，慷慨好施予。尝创修郑家桥，以利行旅。岁饥，捐粟六十石，设粥以食贫人，全活无算③。由国子监生入赀④，授县丞。

王化，字惠南，邑增生。家贫力学，教授里党。好施与，有求助者，必量力济之。虽修脯不给，无悔也。

李天眷，字锡嘏，吏员，有善行。尝捐地二十亩置义冢。知县李天簌修慎阳书院，天眷输地两顷，以资师生膏火。子鸿儒，诸生。

李成人，字敬修，诸生。慷慨尚节概，好施予。力行诸善事。尝捐资建东门外石桥，至今称便。

---

① 诟詈：辱骂。
② 馌（yè）饷：送食物到田头。
③ 无算：无法算计。形容数目多。
④ 入赀：纳钱财取得官爵功名。

钟其珑，生平谨愿①，有长者之称。家不中赀②，岁施药济人，凡五十余年，全活甚夥，县官给扁奖之。

　　柳文正，仗义疏财。值岁饥，有欲鬻妻子以养父母者，痛哭不能割，柳捐资赡其家，赖以完聚。

　　梁振民，慷慨好施。施棺椁，助婚娶，建桥梁，皆其实事。当事尝式其庐。

　　杨魁士，字殿一，慷慨仗义。岁大祲③，捐资活人无算。修建桥梁，行旅便之。居临路口，每盛暑施茶济渴，岁以为常。

　　冯汝璋，家贫，喜任侠。遇人急难，辄慷慨力任，必黾勉践诺而后已④，其家日不举炊，弗顾也。

　　史造奇，字玉章，吏员。好善乐施，以赀自豪。助婚丧，修桥梁，捐建梵宇，置香火田，其实事也。卒年八十有五。

　　冯国柱，字君勷，慷慨好义。尝捐资修建桥梁，以便行旅。能为人排难解纷，人益多之。

　　刘璧，乐善好施。尝捐资建桥，以便行旅。

　　李继宗者，乡曲细民也。偶夜闻犬吠，启户出视，庄后有声若呼"救人"者。时邻里皆熟寝，继宗挺身趋救，厉声遥呼，贼骇走。近视之，则一人被创仆地，急唤众舁归调治⑤。叩之能言，乃汝南埠人，夜归遇贼要路致伤者。后其人创愈，酬以金帛，力却不受。县官刘鳌奖之曰"义民"。

---

① 谨愿：谨慎，诚实。
② 中赀：谓资产达到豪富的数额，泛指富有。
③ 大祲：亦作"大侵"。严重歉收，大饥荒。
④ 黾勉：勉力；努力。
⑤ 舁（yú）归：抬回。舁：共同抬东西。

游寓

宋

李濡，字泽之，太原人。幼警悟，善读书。诸父置田为业，濡鄙恶之，乃游泰州。仕为虞部郎中①，赠朝请大夫，上轻车都尉，赐紫金绯鱼。后寓真阳，卒。

明

王时辉，字浠涯，江西南昌人。读书过目不忘，随举历代史鉴及诸子集，皆能记诵如流。上下古今，评其得失。为诸生，屡见黜于有司，遂浪游淮右②，授徒讲学。真之人士知为江右名儒，执经问业者恒满户外。惜晚年目瞽，著述无传。

国朝

江伟玉，江南怀宁人，诸生。游学至县南大林店，遂居之。性谦退，友教四方，循循善诱，不以学问炫长。叩之无不答，若涌泉然，人莫得而测也。一日，忽治具召客③，托以后事。客退，焚香沐浴，衣冠端坐而逝，时年六十八。

方技

刘清曲，明时人，世居土扶桥，故富家子。少游惰，其父恶之，遂逐焉。继而悔过，独号泣于大树下，遇异人，授以《素问》

---

① 虞部郎中：官名。秩六品。掌山泽、苑囿、场冶之事，辨其地产而为之厉禁。
② 淮右：亦称"淮西"。隋唐以前，从长江下游通向中原一般都在今安徽省寿县附近渡淮，这一段淮水流向系自南向北，故习称今皖北豫东、淮河北岸一带为淮西或淮右。
③ 治具：备办酒食；设宴。

《灵枢》①，遂能剖析其秘。为神医，著有《方论》若干卷行世。②

冯斌，字建武，附监生。精岐黄术。求者无远近必应，亦不计谢。或病而贫，施药治之，必愈而后已。子继宗，孙霖雨，俱诸生。

汪经，字子隆。能医，尤精外科。生平活人无算，未尝受谢。县官高其行，给扁嘉奖。

刘斌，字雅士。以医术济人，应手立效，不缘以为利。弟纯士，亦精医。县官礼于其庐。

刘之府，善医，尤精幼科，治痘诊立效，能望气知人生死。弟之通，与兄齐名。

刘汝璟，字鼎玉，诸生。精眼科，尤善针灸。当事闻其名，每礼致之。年九十余卒。

王百朋，字锡我。精大小方脉③，能治异候，全活甚众。诊脉知人修短，无不中者。

王遵贵，善眼科，人称为"拨云神手"。

仙释

明

尼僧德仙者，失姓氏，里居亦不知其所自来。祝发小寺为尼④，

---

① 《素问》《灵枢》：中国最早的医学典籍《黄帝内经》的两个组成部分。
② 此载刘清曲之事，与清康熙《真阳县志》卷六《方技》所载刘清渠之事略有相似处，二者或即同一人。
③ 方脉：医方与脉象。引申指医术。
④ 祝发：削发出家为僧尼。

明内典①，能辟谷②，知未来事。人叩之，无不言，言无不中。后顺寂③，其徒瘗之于城南里许④，德仙塔即其处。

张真人，初隐于刀笔吏。年四十，东涉济遇青城赵真人，授以导引术⑤，遂有悟。返而杜门清修三十余年。一日，积薪为塔，或诘之，曰："自作了当。"火解而去。⑥

---

① 内典：佛教徒称佛经为内典。
② 辟谷：一种道术。指不吃五谷以求成仙。
③ 顺寂：顺化圆寂。佛教称僧尼死亡。
④ 瘗（yì）：掩埋，埋葬。
⑤ 导引术：一种道家的养生方法。
⑥ 此载张真人，与清康熙《真阳县志》卷六《方技》所载张真人为同一人，但此处记其事较略。

卷　　六

列女

明

张氏，张五之女。方六七岁时，有媒妁议婚者，适见之，曰："女首有疮矣。"女以为辱己，遂泣涕誓不嫁人。及疮愈，坚守前誓。父母强之，便欲自杀。至九十六岁而终，入祀节孝祠。

横山烈妇者，不知其谁氏，亦不知其夫为谁氏，以其家于横山，故称横山烈妇云。嘉靖三十三年，大盗任泰据横山聚众千人，流劫州县。当道檄信阳卫及汝阳、真阳、确山官兵会剿，时烈妇之夫方荷锄田间，为兵所执，送之县，杖杀之。烈妇走觅其夫，辨于积尸中，仰天大哭曰："嗟乎！冤哉！为盗者谁？而杀吾夫！"负而归，哭六日不绝声，死，遂同穴焉。行路闻而悲之。后三十年，赵忠毅南星为作《横山烈妇诗》[①]。

[①] 本《志》卷八《艺文·诗》收录有赵南星《古诗为横山烈妇作》。

卢氏，陈嘉言妻。夫死守节，事舅姑以孝称①。事闻，诏旌其门，入祀节孝祠。

徐氏，乐元妻。年二十六，元亡。抚遗腹子九成，非岁时祭扫，未尝出阃外②。寻九成又夭，苦节六十年而终③。事闻，旌表，入祀节孝祠。

张氏，生员胡英妻。年二十四英亡，有女方八月，张欲从以死，舅姑止之。乃竭力女工，上事舅姑，下抚遗女，守节历四十余年。县官旌其闾，入祀节孝祠。

吴氏，陈汝谟妻。年三十汝谟亡，无子女，有劝其嫁者，氏矢于天曰④："我为陈氏妇，将从陈氏于地下，宁能复事人苟活耶？"自是无敢言者。年七十而终，入祀节孝祠。

生员裴景度，世居南关，万历年间人。祖母某早年丧夫，景度父尚在襁褓，某守之成立。娶陈氏，生景度，甫三岁而孤。陈苦节抚之。既长，娶某氏，无出，景度又卒。卒三日，陈促窆景度⑤，景度妇曰："不可，骨未冷也。"卒之三月，陈又促窆，妇曰："不可，服未终也。"至三年，陈又促窆，妇曰："不可，二寡妇未终也。"陈泣慰之曰："汝知寡妇苦耶，我当日有子有家，事足以守。汝万不如我，万一回想，晚矣！"陈氏姑亦相向痛哭。妇卒不改节。学官刘嘉绩闻其事，扁于门曰"柏舟并美"，月给谷数斗。后遭寇乱，焚关厢而死。陈氏入祀节孝祠，其二妇姓氏失传。

---

① 舅姑：妇称夫的父母，即公婆。
② 阃（kǔn）：门槛，门限。
③ 苦节：坚守节操，矢志不渝。
④ 矢：通"誓"。发誓。
⑤ 窆（biǎn）：将棺木葬入墓穴，即下葬。

王氏，生员王铭妻。年十八夫死，长子基固二岁，次子际泰方月余。族有利其产迫之嫁者①，氏不从，誓抚二子，皆为诸生。年七十六终。县官表其庐，入祀节孝祠。

刘氏，生员陈侣妻。夫死，子甫一岁。家贫，誓不再适②，苦节抚孤，年八十余死于寇难，入祀节孝祠。

危大姐，危世文女。许聘邑人段我用子华黼，黼以摘桑坠伤左足，其父请辞婚焉。女闻之，泣语其母曰："天作婚姻，一言已定。婿之不幸，吾之命也。贫富好丑，愿生死以之。"后黼病死，女时年十四，痛苦欲往吊，其父兄止之，不得行，乃请以生平女红及遣嫁衣饰悉归段。其母曰："此物尚可留为异日用。"女曰："段子不可再起，吾物可再用乎？"遂登楼自缢。事闻，诏旌其门，入祀节孝祠。

寇氏，王瓒妻。瓒病死，氏年十七，欲殉其夫，阖户自经者三③，屡为姑救，得不死。遂自矢不茹荤，衣缟素。经岁余，犹痛苦如始丧。家贫，有议婚者，姑阴许之。氏侦知，即托疾不食而死。事闻，旌表，入祀节孝祠。

杨氏，周懋德妻。土寇王舟掠于村，懋德与父重光、弟之德俱遇害，兄至德亦被创垂死。氏携二子逃匿他所，冀延夫祀。未几，相继殇亡。遂殉夫自经而死。其母族杨可诲棺葬之。

曹氏，龚可印妻。年二十夫死，子钦方三岁，抚之成立。崇祯乙亥，寇至被围，氏惧辱身，投井死。

马氏，明顺德府同知王泳继妻。夫亡，氏方年少。家甚贫，辟

---

① 利：占；谋利。
② 适：旧称女子出嫁。
③ 自经：上吊自杀。

纴织屡抚三子，皆成诸生。卒年七十四。知县王信表其闾。

国朝

周氏，许大金妻。夫早亡，矢志守节，抚孤成立。孙、曾俱成诸生。卒年八十有五。顺治十八年，奉旨建坊旌表，入祀节孝祠。

李氏，生员雷雨辰妻。夫殁，氏年甫二十五，子声扬方二岁。氏甘贫苦守，抚孤成名。台使给扁表之，入祀节孝祠。

房氏，生员龚行继妻。流寇至，欲杀其子，氏请以身代，曰："若杀吾子，异日何颜见夫于地下？"寇感而去。

万氏，徐湖妻，早寡，以节自矢。一女适张景文，亦早寡。母女守志以终。

万氏，储彦妻。少寡，守节教子成名。子昌印，岁贡生，河阴训导。氏年八十而终。

张氏，张好妻。年十八而寡，守子自修成立。苦节五十余年而卒。

许氏，生员袁思闳妻。早年孀居，抚三子成立。少子纲，廪生。

翟氏，冯大化妻。大化早死，氏抚子守节，备极艰苦。两孙俱成诸生。

张氏，顾进忠妻，入祀节孝祠。

刘氏，庠生王之纯妻。夫死，氏年二十四，欲以身殉。姻族以子幼力劝至再，乃不死。家贫，率长子七岁、次子五岁负土成坟。延师教子，自甘淡泊，束脩取办十指。子遵道贡成均，遵路、遵义并食饩于庠。全节而终，入祀节孝祠。

钟氏，田育明妻。年十九于归田①，生一女甫三岁，子方三月。崇祯壬午夏，城破，举家被虏。氏自缢，贼以刀砍绳刺左肋而去。逾时，氏苏。至十一月，闯贼复攻真阳，育明再虏去，莫知所终。氏忧愤成疾。未几，为子女毕婚嫁，遂绝粒六日而死，时顺治甲午。士民陈其事于县，详请台使题旌，入祀节孝祠。

杨老姐，玉璧女。八岁许字龚洪典为妻②，未嫁而洪典夭，老姐投缳数次不死。时父母已老，家贫无子，老姐誓为龚姓守节，奉父母以终。绅士呈县详请具题，乾隆五年旌入祀节孝祠。

陈惠姐，邑民陈太女。九岁许字秦乔龄为妻，寄养于秦。未及婚而夫殁，舅姑在堂，惠姐剪发纳夫棺内，以明不二，代夫奉养二人。姑患瘵疾③，在床褥者数年，惠姐侍奉益谨。舅姑殁，营葬毕事，茕茕无依，遂归奉父母。守节四十余年。知县彭良弼高其行，奖以布四匹、银十两。乾隆五十九年，详请题旌。

刘氏，叶芳妻。早寡，家贫，矢志守节。以耕织自给，抚子惠生成立，年八十而殁。

姜氏，张大翻妻。年二十八夫亡，守节，遗二子。家贫，令长子宣读书，次子习贸易，后各成立。宣以廪膳生久次，膺恩贡。氏年八十二而终。

王氏，生员雷克化妻。以不受污辱，羞忿而死，年甫二十有三。于乾隆二年附请旌表，入祀节孝祠。

崔氏，李仙元妻。年二十九仙元亡，誓以死殉，家人劝止之，伪语人曰："我死我夫谁上食矣？"徐择夫兄子为嗣，遂自缢而死，

---

① 于归：指女子出嫁。语出《诗经·周南·桃夭》："之子于归，宜其室家。"
② 许字：女方答应男方的求亲而订立婚约。
③ 瘵（zhài）疾：疫病。亦指痨病。

距夫亡两月。

金氏，王载宁妻。年十九归王，甫浃旬夫病不起①，氏誓不独生。夫殁，勺水不入口者三日，家人侦守之，乘隙自经夫棺侧而死。

张氏，杨宗思妻。未逾年而夫死，舅姑年老，旦夕谨事之。氏父母私为议婚，氏知之，遂自缢而死。时年十九，里人有为诗哀之者。

赵氏，王近诚妻。年十八归王，越四年而寡。子建全，甫一岁，氏守节抚之。舅姑在堂，竭力奉养，并以孝闻。卒年六十有一。

王氏，黄禹妻。年十九而嫁，二十四而夫亡，遗孤天佑三岁，孀姑在堂，氏矢志养姑抚子。家贫，纺绩以赡。一日，天佑失足堕水，氏闻趋救出之，已死。方抱子恸哭，则姑又以痛孙投井，氏舍子赴姑，幸已为乡邻人拯活，而天佑亦苏。徐乃谓姑曰："脱今日姑死子丧，媳亦无生理，黄氏绝矣。"辛苦守节，历四十年而终。

单氏，王德彰妻。年十七适王，生子岱，方五岁而德彰殁。时祖姑潘、姑朱俱存，三世孀居。氏奉养二老，抚育孤儿，克慈克孝，守节五十余年而卒。

汤氏，李希禹妻。年十八而嫁，二十而寡。李生一男一女，仅一周。家贫，纺绩自给。兄嫂早殁，遗女抚如己出。年七十八以节终。

王氏，雷纯妻。年十八适纯，仅一载而纯死。有遗腹子，后三月而生。家贫，以抚孤自誓。苦节四十余年，教子成立，家赖

---

① 浃旬：一旬，十天。

以兴。

姚氏,监生任国佐妻。年二十二而寡,抚孤不育,零丁孤苦,守节四十余年。

徐氏,吴作新妻。年二十六而寡,遗二子一女,方离襁褓。祖姑年已垂尽,与舅姑俱在堂。氏竭力侍奉,以养以葬,尽礼尽哀。支持家事,抚育子女,以节孝贤能著称。

张氏,周铎妻。年十七而嫁,嫁二年而夫死。上有舅姑,下无子女。氏守节事亲,养葬如礼。年七十三而殁。

王氏,徐思进妻。年二十四而寡,姑劝之改适①,氏誓不二夫。孝事舅姑,抚子景洙成立。年六十七而终。

田氏,皮耀妻。年二十七夫亡,遗二子,抚之守节,历四十年而终。

陈氏,生员杨维杰妻。嫁五年未生子而寡,时年二十四,誓以身殉。家人劝止之,乃立嗣以守,嗣子又殇。苦节三十余年,足不逾阃外,里党罕见其面。

李氏,冯开勋妻。本周氏女,少失恃,随姑育于李。嫁冯三年而寡,子来仪方一岁。姑老且病,弟妹皆幼弱。氏上事下抚,食蓼茹荼②,守节五十余年。来仪成诸生,请于学使徐光文表其节行③。

胡氏,生员王以节妻。嫁六载而夫死,时氏年二十二,姑老子幼,曲尽孝慈,苦节五十余年。

---

① 改适:改嫁。适,嫁。
② 食蓼茹荼:比喻生活艰辛,受尽苦难。蓼,味辛辣、可食用的一种草本植物。荼,苦菜。
③ 徐光文:生卒年不详,字亭预,兰州府皋兰县(今甘肃省皋兰县)人。乾隆三十四年(1769)进士,乾隆三十七年(1772)以侍读任河南学政。

〔嘉庆〕 正阳县志・卷六　515

景氏，王迎昆妻。年十五为妇，未几，值岁大饥，夫久出不归，氏孝事孀姑，教养子女，贞洁自矢四十余年。

张氏，王信妻。年二十归王，未逾年而信死。苦节自守，抚侄为子，年六十而殁。

曹氏，周玺妻。早寡无子，舅老且病，氏竭力侍奉，终其余年。遗夫弟广尚幼，教养成人。年八十三而殁。

周氏，张绍礼妻。年二十六夫死，抚三子守节。长子澍霖，补诸生。

董氏，张柱妻。年二十七夫亡，子甫六月。抚孤守节，孝事舅姑，年五十九而终。

陈氏，王振妻。适王六年夫死，遗孤继殇，氏矢志不二。以侄孙天智为后，亦娶于陈，又早寡，抚子体谦守节。事祖姑孝谨，未几体谦夭殁，茹苦完贞。

张氏，戴元同妻。年十九归戴，二十三而寡。姑年已七旬，遗子仅一周，薄田五亩。氏昼力农事，夜勤纺绩，事亲教子，守节终老。

李氏，张玉振妻。夫亡时年二十八，家贫，励节抚育遗孤，纺绩自给者四十余年。

王氏，王文福妻。年十七嫁文福，越八年文福死，遗二子。食贫守志，年七十而终。

刘氏，戴兴妻。年二十三夫亡守节，仅遗一女。夫弟侄三岁余，亦失怙恃①，氏抚之成立，经营丧葬婚嫁，年五十四以终。

余氏，生员刘承汉继妻。年二十八生三子，而夫亡。矢志守

---

① 失怙恃：指失去了父亲和母亲。

节，抚前人之子与己子等。事姑至孝，养葬皆尽礼。县官表其门。孙炎勋，廪生。

林氏，张能恭妻。年十七适张，二年夫亡。舅姑怜其年少，欲嫁之。氏誓不改志，抚侄为嗣，苦节六十余年而终。

王氏，生员袁珩妻。年二十一珩死，一子二女俱幼。家贫，舅不谙生计，令携子女归母家，氏不可。戚党劝之，氏出奁具质钱奉舅①，遂依兄以居。子殇，哭泣成疾，苦节数十年而终。袁氏哀其志，立侄为嗣。

王氏，邹忠妻。年二十七夫死，誓不再适。夫弟欲强夺其志，氏移子归王。三年而后返邹，纺绩存活，教三子力田成家。年九十终。

孟氏，葛大德妻。年二十二而寡，遗孤方数月。舅姑劝之改适，氏矢志靡他，愿代夫供子职，抚子成人。卒年七十二。

龚氏，生员李桓妻。年二十二夫死，子恒吉，甫四岁。氏抚之守节，教养成人，侍奉舅姑如礼，年八十四而殁。

吴氏，程卿士妻。夫死，年仅二十，子甫二周。舅姑劝令他适，氏力矢不二。事上抚孤，纺绩以赡，守节三十余年而卒。

李氏，邹士良妻。年二十五夫亡，遗子继泗方七月。姑年七十有九，以痛子得疾。氏竭力侍奉，劳苦无倦。姑以此心慰，疾亦渐瘳。教子继泗，补诸生，食饩。守节至老，足未尝逾阃外。

袁氏，生员王维宸妻。年二十三夫死，甫毕殓，自缢以殉，遇救得苏。舅姑慰谕之，谓能死不如能守。遂不死，嗣侄为子。事舅姑孝谨，守节五十余年，卒年七十有五。乾隆二十九年请旌，入祀

① 奁具：指嫁妆。质钱：犹典钱。

[嘉庆] 正阳县志·卷六 517

节孝祠。

程氏，刘志顺妻。年二十一而寡，守节抚孤，事姑以孝闻，至六十三而殁。

吴氏，刘应芳妻。夫亡，抚一岁子守节，不茹荤者五十余年。卒年八十有五。

王氏，廪生彭谙妻。年十九归彭，生二子，越七载而寡。家贫，舅姑逾迈，事畜皆取给十指①。氏善事二人，养葬如礼。督教二子甚严，长子宿张补诸生，食饩。氏守节三十余年而终。

单氏，张圣治妻。生一子而夫亡，时年十九，上事孀姑，下抚弱息②，勤劳备至。守节六十三年而卒。子甚，增广生。孙丕显，廪膳生。

黎氏，廪生潘嘉令妻。年十九归潘，生二子而夫亡。氏守节教子元益、元修，相继补诸生。年七十六而终。学使王大鹤表其门③。

解氏，李恒一妻。年十六而嫁，越十二年而寡。舅姑在堂，二子俱幼，上事下抚，守节三十余年。

鲁氏，闵天爵妻。年十九适闵，二十三夫亡，遗子仅一岁。氏守节自誓，长斋布衣，奉养舅姑，教子成立。年七十九终。

龚氏，徐珮妻。年二十三而寡，遗二子，教以义方，苦节自守。卒年八十有一。

王氏，杨森妻。年十九归森，越三年森死，矢志守节。一子方

---

① 事畜："仰事俯畜"的省略语。谓侍奉父母，养育妻儿，维持一家生计。
② 弱息：幼弱的子女。
③ 王大鹤：生卒年不详，字子野，号露仲，北通州（今北京市通州区）人，清乾隆二十二年（1757）进士，历官詹事府詹事、国史馆编修、成安宫总裁、充上书房师傅等。乾隆四十二年（1777）任河南学政。

数月，舅姑年老，夫弟妹俱幼。氏一身上事下抚，各尽其力。

刘氏，廪生杨梓妻。少寡无子，与妾王氏相励，守节孝养舅姑，抚侄文渊为嗣，宗党无间言。

潘氏，吴克厚妻。适吴二载而寡，善事舅姑，抚侄为子，守节以终。

杨氏，戴望妻。年二十五夫死，抚一子，矢志守节，卒年八十有五。

戴氏，吴绍曾妻。年十七适曾，二十四曾死，氏奉养舅姑，抚子守节以老。

杨氏，胡存信妻。年十八归胡，生子伟，存信殁。氏苦守之，为子伟娶妻易氏。生子君召，三岁，伟又殁。君召年十五娶易兄女为妻，才五年君召亦死。三世孀居，抚君召遗腹子朝选成人，补附学生。学使李棨表其门①。

冯氏，生员徐宏礼妻。年二十二夫死，遗一子方数月，氏矢志守节，寿至一百一岁而终。孙慎修妻周氏亦早寡，守志四十年。

陈氏，袁崇智妻。年十九归袁，越八年而袁死，遗一子方五岁。时舅犹在堂，氏以十指养舅抚孤，茹苦守节。卒年七十有四。

刘氏，鲍思敬妻。年二十五夫亡，抚一子，子又亡，仅遗一孙，零丁相依，苦节五十余年。

潘氏，孔兴周妻。夫亡，氏年二十六，抚遗孤，守节终老。至今子孙蕃衍，大有造于孔氏。

王氏，叶先直妻。年二十八而寡，家极贫，抚二子守节。勤苦

---

① 李棨（mù）：生卒年不详，字沧云。苏州府长洲县（今江苏省苏州市）人。乾隆三十七年（1772）进士。当在乾隆朝后期任河南学政。嘉庆元年（1796）任四川学政。官至顺天府丞。著有《惜分阴斋诗钞》等。

纺绩，浸致小康。年七十七而终。

田氏，袁履中妻。年二十而寡，无子，家綦贫，茹苦守节，嗣侄为子。

俞氏，王成仁妻。初归王，王即有癫症，氏朝夕扶持，不稍懈。夫殁，氏年二十七，矢志守节，抚侄为子。

余氏，叶文妻。嫁三年而夫死，姑早殁，舅哭子丧明。家贫，令氏改适。氏截发自誓，矢志不移，事舅孝谨，抚二子成立，守节三十余年而终。

范氏，崔大伦妻。年二十二而寡，家贫子幼，舅姑在堂，氏孝事惟谨，抚孤完节。

栾氏，罗珍妻。年二十四珍殁，无出，舅姑悯其年少，令改适。氏誓不二夫，抚侄为子，全节而终。

黄氏，方申妻。年二十七申殁，守节抚周岁儿，以延宗祀，年七十七而终。

郭氏，王九锡妻。年二十四锡殁，无子。舅姑劝其改志，氏不从，立侄为嗣，守节三十余年。

赵氏，杨锡祚妻。早寡，仅遗一女，家綦贫。姑虑其难守，劝之嫁，氏泣涕矢节，事姑惟谨，年七十三而终。

温氏，袁国中妻。年十八归袁，六年而袁殁，舅姑皆高年，子甫四岁。氏矢志守节，养亲抚孤，三十余年以老。

龚氏，监生李庆云妻。年二十归李，又六年而李死。有遗腹，及产，女也。悔不相从以死，继念舅姑逾迈，饮泣事奉，以代夫职。姑性严善怒，氏每长跪请罪，不命之起不敢起，继夫弟子为嗣。①

余氏，邹士璋妻。年二十四璋殁，子方二岁。氏励节抚孤，事舅姑孝谨。卒年八十有八。

郭氏，梁作栋妻。夫亡守节，孝事舅姑，立侄为子。

马氏，冯斐妻。早寡守志，抚子成立。家贫，以十指所入奉养舅姑，闻者贤之。

刘氏，金献策妻。年二十四而寡，舅姑年俱垂暮。守节养亲，继侄为子。

孙氏，张起凤妻。夫亡守志，抚子伟娶媳生子。方二岁，伟死，媳改适，氏抚孤孙度日。既长，娶妇方抱曾孙，而孙又死。乃谓其孙妇曰："吾一门四世惟此呱呱存耳，汝善抚之，以延吾夫宗祀。"

周氏，张图妻。年二十四夫亡，舅姑痛子切，氏能曲慰其志，矢节抚孤。

金氏，刘应聘妻。夫亡守节，养舅抚孤。

裴氏，王居子妻。年十七夫亡，抚遗腹子，以延夫祀。既而子殇，舅姑欲夺其志，誓死不从，立继守节。

雷氏，王百强妻。年二十三归百强，二十七百强死。家贫，茹苦守节。遗孤三岁，抚之成立。婚娶，方抱孙，而子又夭殁。保护辛勤，以存一线。

黄氏，许琦妻。年十九夫亡，舅姑在堂，子甫月余，氏奉亲抚

---

① 民国《重修正阳县志》卷五《人物·列女》收录有龚氏，末云："旌表建石坊，在西大街路南，尚存。"（详见《重修正阳县志》卷五，第九叶后幅。）

［嘉庆］正阳县志·卷六　521

孤，以节自矢。

鲍氏，郑逢吉妻。年十九夫亡，励志守节，抚半岁遗孤，教养婚娶。方生孙而子死，复保护孤孙，为夫延祀。

王氏，史准妻。早寡无子，苦节养姑。姑病，割股愈之。县官解忻表其门。

黄氏，生员李玮继妻。早岁孀居，习勤纺绩，励子读书成名。长恒清，附学生；幼恒泰，廪生。

钟氏，监生杨佩环妻。早寡，矢志与夫妾郭氏食贫相守。

温氏，陈恕宰妻。年十九而嫁，嫁六年而寡。守节奉舅姑终年，抚育二子。家贫，纺绩自给，茹苦完贞。

彭氏，陈天锡妻。早岁夫亡，守节事姑，抚侄为子。

郝氏，刘佐平妻。年二十二夫亡，遗子仁，仅四岁，氏守节抚孤。既长，婚娶，仁又亡，媳隗氏亦全节而终。

鞠氏，潘节妻。年二十三夫亡，遗周岁子。父母劝令改适，氏矢志不从，抚孤守节。

刘氏，吴惠妻。年二十二适吴，越二年夫死，遗孤方一岁，抚之守节。

王氏，张逢辰妻。年二十二寡，守节奉养舅姑，抚子文光成诸生。

冯氏，杨茂林妻。夫亡时年十九，抚孤守节，孝事舅姑。

陈氏，王宏道妻。早寡守志，以侄为子。

袁氏，刘源溦妻。年二十三夫死，抚孤守节，纺绩度日。

熊氏，生员刘檀妻。夫亡守节，以侄为子，教之成立。

金氏，生员刘一勤妻。夫亡，矢志守节，事舅姑惟谨，遗孤赖以成立。

顾氏，张子式妻。夫亡，矢志守节，事姑尽孝，教子成名，学使李檠表其门。

程氏，余洁心妻。夫早亡，无子守节，奉养舅姑，立侄为后。

江氏，王学书妻。年十四而嫁，十五而夫亡。抚孤儿，事舅姑，以节自励。

陈氏，王学诗妻。年二十五夫亡，无子，矢志守节。与娣江氏奉养舅姑，曲尽孝道。

刘氏，皮荣妻。早寡无子，欲以身殉，为舅姑劝止，立侄为嗣。养老抚幼，以孝以慈。孙士俊，廪生。

戴氏，王庭栋妻。夫早亡，守节抚孤。家贫，十指操作。舅姑甘旨无缺，子亦克家。

喻氏，王成人妻。年二十五夫死，无子，矢志不二。以侄为嗣，舅姑年俱逾迈，以养以葬，尽礼尽哀。

韩氏，李永寿妻。年二十一而寿死，家贫无子，孝事两亲，苦节自守。

蔡氏，姚松妻。年二十二寡，矢志守节，孝事舅姑，抚侄为子。

邱氏，傅相廉妻。年二十二夫殁，孀姑在堂，以十指为养，茹苦守节，立夫侄承嗣。

陈氏，雷克弼妻。生子三周而寡，抚子栋娶妻刘氏，亦寡，两世以守节自励。县官彭良弼表其门。

李氏，韩朋妻。年二十一夫殁，矢志守节，事姑惟谨，教子甚严。

段氏，余成群妻。年二十二夫死，有遗腹子，守节抚之。

王氏，李思妻。年二十一夫殁，抚遗孤，事老亲，励志守节。

杨氏，刘一炤妻。年十九夫亡，无出。事舅姑惟谨，抚嗣子，嫁夫妹，以守节自励。

王氏，杨士林妻。年二十四而寡，抚孤守节，孝事舅姑。子秉中，补府学生。

齐氏，适生员李屏翰，生子女各一。年二十九夫故，子三畏，方六岁。族中以其孤寡，颇不为礼。氏闭户守节，训子成诸生，克自振拔，家亦小康。年七十而终。

余氏，生员李振九妻。年二十八夫亡，遗子女各一，教养婚嫁，赖氏以十指经营，今孙曾林立。守节五十余年。

李氏，王宗州妻。年二十而夫殁，家贫无子，矢志守节，事舅姑三十余年，以养以葬，尽礼极哀。

张氏，朱子才妻。年二十三而寡，遗子方四岁，守节抚之，以延宗祀。

闵氏，李才继妻。年二十夫死，抚前妻子元音长成，为之娶妻杨氏。杨年十八亦寡，姑媳励志守节，茹苦相依。

陈氏，武成业妻。舅病，百药不效，氏割股和药以进，食之而愈。县官表其门。

孔氏，史天寿妻。舅病，割股疗之。乡里状其事于县，知县田奖之。

田氏，李克温妻。姑久病不愈，氏割左股和面以进，食之而愈。知县张邦伸表之。

贺氏，倪经妻。舅病剧，势已不治。氏祷于天，剜股肉作汤，手奉食之，病遂愈。

赵氏，董汉文妻。本青楼女子，后归汉文。会汉文犯法，词连及氏。胥役迫之就质，乃谓姑曰："我既从董氏，岂可复露首面，使闾巷小儿掉舌，为董氏辱乎？"遂自缢而死。

卷　七

艺文（志）

真阳巡检司记[①]

彭城马蕙

真阳，汉慎阳县也，隋改真阳县，唐、宋、元因之，其地皆属汝南焉。国朝平定天下，省县入汝阳，民之居是地者，止设保甲，今所谓真阳镇也。镇在汝阳之南，去县百有余里，南至罗山亦如之。息县在其东，确山在其西，地里绵亘，亦与去汝阳相离。土旷而沃，是以他郡邑民无业者多趋之。历岁既久，或遇水旱而值饥馑，则盗贼、狱讼能保其不繁乎？必设官在其地，庶乎有所畏惮而不敢为也。

前汝宁守暨汝阳令方将以事上闻，适居人江镇者已先具其事径

[①] 此文原已收录于明嘉靖《真阳县志·艺文志》、清康熙《真阳县志·艺文》。在明嘉靖《真阳县志》中题作《真阳镇巡检司记》。

自上请矣。由是真阳特设巡检司，以蠡吾张荣子华领巡检事。子华负篆而来，乃相镇之巽隅，得隙地一区，用建乃司。请于今郡守龙泉项公所勤、邑令郲侯廷震躬亲视之，咸曰可。遂命鸠工庀材，范甓陶瓦，建厅事三间，抱厦则减其二，司房在东者三间，在西者如其数。建大门于前，设狱犴于后。官吏有安居之廨，兵士有直宿之庐。缭以高垣，谨严固密，息盗除奸，诚得其所也。肇工于景泰四年之春正月，讫工于明年之秋八月。

子华感郡守公提调之勤、邑侯供助之费，不可无述，来征记以垂永久。予惟今之巡检犹古之关吏县尉，职在巡捕盗贼，禁察奸伪，良民得其安而已。苟或贪暴失职，则将以御暴而反以为暴，与盗奚择哉？今真阳巡检创建廨司，工力材木虽出于县，而其朝夕用心亦勤矣。加以捕获逋亡，缉捉盗贼，数溢于额，使真阳一境农安其业，商乐其利，可谓能举其职者也，容可不书乎？子华秩满，予记廨门创始之由，因书此以为后来继是职者劝。

真阳县记[①]

仪封王廷相（浚川[②]）

真阳，汝宁属邑，襟淮带汝，沃壤冠淮右，为南北要冲、《禹贡》豫州之域。古慎国，世传慎子国，恐或然也。封建之岁月、境土之广狭、世系之修短，载籍寥寥，漫不可考。秦罢侯置守，裂天下而郡县之，故于汉为慎阳县。东魏置义阳郡，北齐省入保城县。

[①] 此文原已收录于明嘉靖《真阳县志·艺文志》、清康熙《真阳县志·艺文》，收录时均题作《新修真阳县记》。

[②] 浚川：原文误作"俊川"，今改。

隋废保城置真邱县，后改曰真阳。唐改曰淮阳，寻复旧。宋属蔡州，元属汝宁府。至正辛卯，刘福通兵据朱皋，犯光、息，遂攻真阳城，乃陷。兵燹屡经，民物为之一空矣。我太祖高皇帝传檄中原，天下大定，乃隶汝宁府。洪武四年，以县民编不足，省入汝阳县。景泰间，即其地为真阳镇，置巡检司。承平日久，民物日盛，草莽极目之乡变而为间阎阛阓之所，何圣代安养之效有如是哉！

皇帝御极之元年，今纪功豸史、前汝阳令隆庆雷公宗，及前邯郸递运大使、邑人吴瑛，率以地远民且不便，请为县，隶府，以闻，诏可之。命下日，河南大参太原王公琼、东阿刘公约，郡守全州蒋公昇①，皆来度地，以定居焉。县治在城之乾隅，即故县基。城隍庙在县西，察院两司在县之大街东、小街之北。弥勒院东即故儒学基，今徙于城之巽隅。学之西则仓储、阴阳、医学、养济、社学之所，则又在弥勒院前小街之南北也。坛壝、射圃、演武之所，罔不各有其地。事既定，以田官涂希濂、义官阮兴分董厥役。二子晨夕展力，虽祁寒盛暑，未尝少斩其劳。推府乐安陈公溥则总其事。收流寓于土著中，得千余家。增以保分，甲归乙附，势日振。首得肃宁齐侯渊，继以东光郭侯仲辰，后先来令是邑。以及邑幕绥德王侯玺，讲画区处，罔所忽。以故学校、官署之所，殆次第而成矣。独城与池尚未举焉。郡守新城毕公昭，复命王侯玺及濂、兴辈曰："保障莫如城池，且今贼马饮河，鸱张中土，脱或噬脐无及，悔将何如？"即并日促工，因其故址而高之深之，不再月而遂成。通府大同李公穆抵邑，犹以为未也，请于巡抚都宪邓公，益之以砖，示坚久。王侯玺实又总督厥役，指画有方，而濂辈亦与焉。适

---

① 全州：原文误作"泉州"。蒋公昇：原文误作"蒋公昇"。今俱改。

邑令亳州张侯玺奉命而来，下车之初，兴学育材，悯劳恤匮，乃尤以城池为急务。遂偕王侯辈，誓诸鬼神，克殚心力，严以威惰而济之以宽，宽以恩勤而济之以严，日又环视，劳赍不倦。民乃德侯之赐，无怨言而大功告举，可谓有金汤之固矣。间以堂宇仓库之火于兵者，寻复之；学校号舍之弗称者，寻增之。凡百营为，悉中绳度，巍然甲于他邑焉。

夫以县治、学校之所计之，凡百三十余楹，足以莅政而储材也；以院司、仓库之所计之，凡八十余楹，足以奉言而储蓄也①；医卜、养济、社学之所，凡若干楹，足以备事；坛壝、祠庙之所，凡若干楹，足以事神。城围七百八十四丈，高二丈五尺，池半之，皆足以奠民也。门四，曰适蔡、通楚、接颍、达洛。坊二十，即城隅、关厢之额扁者。保十有五，即汝阳分析及归附之所编者。凡此，皆予同年乡进士陈君标悉状其实，以书抵予求记。嗟夫！百余年废邑，一旦化而为新如此，其气之贞而复元，冬而复春哉！盖亦遭逢圣世，气数之不偶耳。或曰："邑固新矣，治亦有以新之可焉？"殊不知土地唐虞三代之土地也，吏民唐虞三代之吏民也。凡吏于斯土者，求尽乎吏之职；民于斯土者，求尽乎民之职。则上下亲，教化行，强梁可屏，奸宄可息，侵渔可寝，盗窃可弭，冠裳文物、英华精采可百倍于昔，唐虞三代淳厚之风可挽而回也，圣天子轸念真民之明诏，亦可以少副矣。孰谓邑新而治有不新者哉！是宜笔之以告来者。

---

① 言：清康熙《真阳县志》作"官"，当是。

吏隐堂记[1]

长洲吴安国（文仲）

夫士怀瑾握玉，非徒以自炫饰，欲有所用之也。当其栖迟草壤之时，曷尝不矫首云路，顿足康庄？即徼一命之荣，假百里之便，固当表见其所树立，而浸淫乎夙所许钟鼎旗常之业，此其志顾不伟哉！而古之达人大观，方以圭组为累、案牍为劳，悠然有邱壑之想[2]。若漆园寄傲、彭泽兴思，文园雅非所好，河阳自甘宦拙，此何以称焉？夫富贵显达，何异飘风；得失荣辱，总同晞露。藉使登名麟阁，宣绩燕然，犹曰名与身孰亲乎？而彼偃亢自高，孑然遗世，乃甘湮没而无闻，是箕颍为洁而元凯非夫也。要当使庙廊无失山林之气，轩冕不渝韦布之操而已。

予家苏之阊阖，虎阜诸山不数里而近时蹑屐焉；而或放棹澄湖，山色天光，上下一碧，情景所会旷如也。既而驰驱两都，跋涉千里，览钟华泰岱之雄，挹长江大河之胜，辄神游而心寄于其间。予盖有隐心焉，迨释褐出宰慎阳。慎阳，汝之下邑也，无山水游观之境。终日兀兀，兼以予性迂懒，不长作吏，淮阳之病未瘳，而庄舄之吟顿发矣。幸而期月之间，案无留牍，坐有余啸。邑大夫陈君思俞者，两河间博物君子也，与予有倾盖之雅、忘年之谊。每公暇，则相上下今古，商榷文艺，唱酬风月，梦寐湖山。

予殆不知官之作吏，而身之非隐也。第恨栖息无地，兴寄萧

---

[1] 此文原已收录于清康熙《真阳县志·艺文》。
[2] 邱：同"丘"。

然，旧业久荒，宦情日拙。适署东有隙地，广可三亩，七十年来如有所待。乃营度其中，构堂三楹。前临方池，后翼曲亭，杂树花竹周于轩槛。鸠工聚材，悉捐俸以给，而一不烦于民。不浃月而告成事。凡朝霞夕月四时之景，造物所与人而不忌者，予皆得以领略其概。而与思俞觞于斯、咏于斯，虽赋谢安仁，诗惭谢朓，而亦得以自适矣。夫晨门隐于抱关，而予窃起制科，亲逢盛世，非其时也；方朔隐于金门，而予越在下吏，铅椠无能，非其人也。然于古之所称吏隐者，窃有愿焉。因额其堂曰"吏隐"，而记予之意如此。

新建儒学记[①]

罗山张璿

孔子之圣，其道德功业，大如天地，昭如日星。会人物于一身，万象异形而同体；通古今于一息，百王异世而同神。后天地而生，知天地之始；先天地而没，知天地之终。凡有血气者，莫不尊亲。历代以来，英君谊辟敬仰尊师迭加徽号，戴冕垂旒享以王祀。迨至我朝，列圣相承，右文致治，益加崇礼。内而京师则立太学，外而郡邑则各建学校，皆必创置大成殿以为宗祀之所。春秋则有上丁之祭，朔望则有拜谒之礼，著为令典，传诸无穷。以故文运诞兴，政教备举，家诗书而户礼乐，超三皇而轶五帝，亦孰非吾圣人道德功业之余泽欤？惟圣人道德功业之隆，覃被天下后世如此，所以崇德报功之举，庙貌殿庑之制，不极其宏敞壮丽，则人心有所不

---

① 此文原已收录于明嘉靖《真阳县志·艺文志》、清康熙《真阳县志·艺文》，收录时分别题作《真阳县新建庙学记》《真阳新建儒学记》。

安者。

方今天下一统，固无远近彼此之间，然论其地理形胜，则河南自古为中州，汝宁又中州之乐土，而真阳实汝宁隶治邑也。汉为慎阳县，东魏置义阳郡，北齐省入保城，隋废保城置真邱县，后改真阳，唐改曰淮阳，省入汝阳。今皇上统御之初，诏设县治，仍以"真阳"名之，盖万世不拔之定名也。学宫创于正德之二年，庙貌立于正德之五年。适值流贼猖獗，郡邑污坏，前令郭侯仲辰实罹其害。亳州张侯玺继之，视其城寥寥然，民落落然，时振振然思欲大有完备。顾民力有不堪者，将何以妥圣人在天之灵，副朝廷尊崇之意？且邑人之观瞻，大有不可。虽其莅政之初，兵荒之后，新之之意惓惓有弗息者，以故庙制恢宏，学宫壮丽。又立号宇一十八楹，以为诸生寝息之所。其劳其费，不惮经画之烦。虽然，守令之职，百责攸萃，而学校尤在所先者。张侯知其序而为之，非特异于漫不加省者，抑亦异乎不知所后先而为之者矣。宜乎风俗丕变，民物阜康，侯之视民如赤子，而民之戴侯者真父母也。崇文之效有如是哉！

庙学既成，神人胥悦。不有石以纪厥实，则邑之胜事有遗简册，其何以示劝惩哉？侯人遣礼至，敢不悉心以彰厥美，遂援笔而为之文。诸士子果能思圣人立教之心，有司立学之意，则有体有用而有功于名教也。后之继张侯而治真阳者，幸鉴其庙学之有废而续美之，庶有报于吾先圣功德无疆之休也。故又系之以辞曰：

凡厥生民，物欲交蔽，不约于中，天理斯昧。於穆先圣，三纲五常，道行天下，礼让家邦。匪教弗启，匪学弗成，孔圣之道，日星昭明。殿宇秩秩，神像巍巍，堂庑翼翼，基址恢恢。真侯张公，笃意奋力，撤旧为新，易疏以密。行施溥博，弥远弥芳，事刻真石，万寿无疆。

重修儒学记[1]

邑人何麟（松岩）

帝王之典籍何始乎？庖羲氏之书契始也。典籍之垂宪何始乎？吾夫子之删定始也。自庖羲氏继天立极，尧舜禹汤文武迭兴，所谓《三坟》《五典》《八索》《九邱》，皆所以纪大道之要，而传数圣人之心也。吾夫子继数圣人之后，位不在而道在，乃取其籍而删定之，笔为"六经"以立教，是又所以衍数圣人之心，传之万世而不磨者也。夫不有典籍，则数圣人之心无以传；不有夫子之删定，则道之传自数圣人者又皆散逸无统而后世莫之宗。故今使其道昭如日星，人皆知所传诵服习而不彝伦攸斁者，则吾夫子之功德，夫孰得而媲美哉？

我国家稽古定制，自畿辅以至郡县莫不有学。而必立庙以祀之，所以崇圣道而昭师范也。真阳复置县于正德元祀，而学因之。历岁既久，栋宇垣墙多倾圮。邑侯徐君下车，慨然欲修整之。请诸当道，得百金，计其费则数倍。乃权宜区处，命邑幕宣城徐君洙以董治之。自殿庑祠亭，以至堂斋廨舍，莫不焕然一新。视诸初建，倍轮奂焉。始于嘉靖己酉五月十有五日，而告成实以八月十有九日也。

---

[1] 此文原载于明嘉靖《真阳县志》卷四《学校志》"儒学"下。清康熙《真阳县志·艺文》亦有收录。

邑博士建业殷君迁、姑熟周君恩，偕其徒杨子舒、胡子廷玉、吴子希颜、涂子梗，登麟之堂，属文以记。辞不果，进而语之曰："诸君知徐君之意乎？徐君所以拳拳乎学校而必先为之所者，岂徒观美而已乎？夫学，所以造士也。今之业是学者，皆所以服吾夫子之教，讲明乎'六经'之旨，将以措诸躬行而建诸事业者也。诸茂士讲习恒于斯，弦诵恒于斯，游息恒于斯，其必思吾为臣而无愧于臣，吾为子而无愧于子，吾为夫为兄弟朋友而无愧于夫与兄弟朋友。其所以盉簪而砥砺，切磋而琢磨者，必有相观以善，相勉而不为不善者矣。他日措之事业，不有可观也哉①；其于斯学，有不光美也哉。若乃视为泛常，漫不加意，不求之身心，不体认'六经'之旨义，则虽穷年呫毕无益也。其学校之修不修何与哉！"殷君、周君揖余而谢曰："斯言也，是固徐君急先务之深意也。吾侪其亦知所自励矣。"

明伦堂记②

钱塘顾豹文（季蔚）

圣人之道，历万古而不敝者也，而学宫则有时乎废兴。真之庠，远者不可考。至正之变，刘孽蹯焉，虽欲县之，不可得也，其能庠乎？垂百有余年，而文物日盛，乃设县治。更二年，乃创学宫。更三年，乃立庙貌，旋毁于寇。更五年，乃建庙学③。邑自此日起，名贤巨公，后先相望不绝。及明失其驭，所在蜂起。壬午之

---

① 不有：明嘉靖《真阳县志》作"有不"。
② 此文原已收录于清康熙《真阳县志·艺文》，题作《重修明伦堂记》。
③ 清康熙《真阳县志》在此句后有"详载郡人张璿《记》中"一句。

夏，流氛入汝，慎阳为墟。钟簴零越，鞠为茂草。迨我国朝扫除寓合，崇尚文教，首诏郡邑修举学宫，广厉师儒。前令迟君撤荆榛，筑庙五楹，以祀先师。饶君继之，成戟门。春秋俎豆，岁无或忒。

今年七月，余承乏兹土。首谒庭下，载拜起。榱角筵几，肃乎备观。及循行庑间，制称隘矣。至伦堂一区，延不容膝，袤不逾丈，缭以泥垣，覆以茆茨，旅进旅退，无所措趾。夫庙堂者，二仲则祭，朔望则谒，先圣实式凭之，如曾祖之有寝庙也。若夫伦堂，则师弟以渐德业于斯，以程艺事于斯。箴政治之得失①，考风俗之贞淫，亦莫不于斯，如妇子之有家室也。《记》不云乎："君子将营宫室，宗庙为先。"今庙堂已备制，伦堂之作又乌可已？顾余力不及成之，又未敢遂劳吾民为之。都人士前揖余曰："师幸志存之，二三子敢不惟力是视。"遂有王生履素立输百缗②，鸠工庀材，而诸子之乐于役者，盖鳞相次也。余稍简民之无艺者，输作佐之，堂之成也有日矣。儒林英绝，搏风干霄，盖企予俟之耳③。凡怀尊亲之志者勉旃，无徒让美于多士也。

黄征君祠记④

孙继皋

汝南故有黄叔度祠，岁久不饬，且坏。某君以职事荐苹藻于祠

---

① 清康熙《真阳县志》在此句前有"则守是土者，亲承正人，祈求谠论"一句。
② 此句与清康熙《真阳县志》中略异。
③ 企予俟之：踮起脚跟来等待，形容盼望之心切。企：踮起脚跟。予：相当于"而"，助词。俟：等待。
④ 此文原已收录于清康熙《真阳县志·艺文》，题作《黄征君祠堂记》。

下，周览太息，乃始葺而新之。盖东汉之世距今千三百年，其人与骨俱朽久矣，而其祠辄坏辄理，其名犹若新也。夫俾叔度与当世之贤豪比迹而论列，则慷慨不若李、范，死国不若陈、窦，流化一方不若荀、陈，盖史亦谓其言论风旨亡所表见，而胡以没而祠，祠而至今不绝也？

嗟夫！方汉之季，士争骛卓诡之行，相矜以声，相高以死。当此之时，服桁杨、齿刀锯，甘心而不悔者，盖肩相摩踵相接也。其祸至于正人尽而社稷从之。识者以此亦咨嗟①，叹诸贤之少激矣！叔度何不足为蕃，为武，为膺，为滂？顾以为捐吾生亡救于天下，而又趋之，吾弗忍也。吾既不能以一木支大厦之颠，而又沾沾百里以为惠，使天下犹得而窥其浅深，若太丘②、朗陵者，吾又弗为也。所谓隤然其处顺，渊乎其似道者，真知叔度哉！

后世浅衷之夫以为叔度名迹两晦，此特善自匿者。嗟夫！荀季和之贤也，郭林宗之鉴也，戴良之高才也，蕃举之盛名也，咸匪乐自损而妄誉人者，而靡不退然深服，远去鄙吝，叔度之长岂直善自匿也乎哉！假令叔度而遭时得志，其建竖必在当时诸贤之上。何者？善藏者必善用，倏而蠖屈，倏而龙跃。自千载之下隃度之，其办此也必矣。惟其实能办之，而其言论风旨又一无所见，此真善处浊世者，乃叔度所以贤也。

虽然，叔度并其当时之名与迹欲晦之，而后之人乃区区尸而祝焉，岂叔度之心乎③？盖名以浊世晦者，必以清时显。古之翳迹岩

---

① "以"字或误，清康熙《真阳县志》中作"于"。
② 太丘：陈寔（104—187），东汉颍川郡许县（今河南省许昌市）人，字仲弓。曾任太丘长，修德清静，百姓以安。故称陈太丘。原书中作"太邱"，今改回。
③ 心：清康熙《真阳县志》中作"情"。

薮而垂声来祀者，非一也。则叔度之久而获祠于其乡也，固显晦之理也哉。且使后之人游于其祠，而夷考其人，缘其人以求其意，庶其有风乎？某君之为是举也，知政本矣。余故记之，以诏来者，俾永勿坏。

关侯庙记[①]
吴安国

天地之正气恒钟于人，日月有薄蚀，山川有崩竭，而正气之在人亘千万年不可磨灭。故于子则为孝，于臣则为忠，生则为人，而没则为神，其理有固然者。当汉之末，炎祚式微，篡贼蜂起，操以枭獍之黠虎据中原，权以鬼蜮之雄鸱张江左。堂堂帝室之胄，欲信大义于天下，而势力单弱，旋致颠越。侯起而佐之，分结君臣，情联兄弟，忠烈高于千古，威勇冠于三军，间关百战之中，以肇巴蜀三分之业。其摧廓之勋、慷慨之节，虽与日月争光可也。

方侯威震华夏之时，操贼君臣骇胆栗魄，仓皇失计，议迁许都，即枭操首无难者。奈之何天不祚汉，权贼效逆，暗伤股肱，功烈不竟，可胜痛哉！呜呼，操汉贼也，权亦汉贼也。论者谓报效曹瞒有国士之风，而不知侯之留曹计非得已，诚重其死欲得操之间而图之，乃以报效宗国也。策马刺良，实坚操之心尔，安有徇匹夫之小谅，感儿女之私恩，忘君父之大仇，谓为报效曹贼而称国士者哉？

论者又谓操方强盛，权可以援，宜通和好稍示羁縻，绝婚骂使

[①] 此文原已收录于清康熙《真阳县志·艺文》，题作《关侯庙碑记》。

不无失计。夫权与操声势相倚，操既就歼，次及于权，权不利于汉事之成也章章明甚，权之君臣亦知之矣。即通和好而示羁縻，权肯为吾援乎？非特不为吾援，肯一日忘图我之心乎？其卒堕于吕蒙之谲者，天也，而未可以成败论也。呜呼！天若使汉室之遂兴，必不使白衣之橹行于威震华夏之日；天若使汉统之未绝，必不使营中之星殒于师出祁山之后。此予每读二侯之传辄为之掩卷长叹，涕泗沾襟而不能止也。

夫以侯之烈凛凛若生，即庸夫、担卒、妇人、赤子，皆知尊奉敬畏，而况有忠臣烈士之心者哉？由汉迄今凡几千百年，而侯之神庙食天下者，自大都通邑以暨遐陬僻壤无虚祀焉。孰谓正气之在宇宙间可磨灭也？真阳郭南有侯庙，民奉祀惟谨，而庙碑未立，非所以表功德垂久远。予乃为诠次前语勒之石，而侑以诗，俾祀侯者得而歌之。其辞曰：

汉室不竞炎精幽，离离禾黍悲宗周。洛阳宫阙烬不收，豺狼纷突窥皇州。中山帝胄谁与俦，间关荆豫穷莫投。千古正气钟君侯，手扶日月归金瓯。精忠耿耿贯斗牛，投剑大叫驱貔貅。不诛逆臣死不休，摧枯拉朽将略优。六军水没擒其酋，奸雄夺魄争抱头。宁知江左生衅仇，白衣摇橹多谲谋。忠臣殒命志莫酬，天地晦色山川愁。我言及此双涕流，兴亡有数侯何尤。千年庙食神灵游，凛凛遗貌城南陬。虎头猿臂须蟠虬，英风飒飒生松楸。老幼瞻拜拥道稠，桂酒酹兮椒浆羞。侯兮侯兮神其留，福我真民千万秋。

东岳庙记[①]

张 琯

粤惟清浊分而风气开，天地位而仪象著。岱宗东峙，俯瞰溟渤，巍乎尊冠五岳，神塞霄壤，与肇辟俱生，而宗祀万世者也。故《书》载虞舜巡狩，柴祭之礼。而《管子》言上古封禅之君，无怀氏已降，多至七十余家。虽不经见，要必有近似之者。自秦汉唐宋之际，金泥玉检，史不绝书，咸以东封为太平盛事。我圣元近年锡赠今号，中统萧五祖代天子奉祀先儒，杜止轩作《记》云："泰山惟天子与在境之诸侯得以祀之，且季氏之旅，孔子见议，况其下者乎？"止轩之论固正矣。然迄至齐民吏士，淆混祷祠，或辇父载母，燃香步履，不远数百里而奔走山下以酬信愿者，岁以万计。既无迫督而来，亦无冒躐之禁。用是天下路府州县、乡村聚落，建庙设像，莫之胜数，以便水旱疫疠之所祷也。

真阳，古慎国，土俗纯厚，尤敬祀鬼神。至元中，县人陈福成洎其子良挈家来居。时残宋方下，长淮南北，邑里萧条，城东二里许，得岳庙废址。首倡邑人祁兴等，披草莱，铲荆棘，构正殿，修东西两廊。继继相承，立圣母殿、龙王堂、关王庙，增福所，子孙祠，拜神门，凡十座，计二十八楹。绘塑神像，华彩绚烂，丹青黝垩。材木梁栋，砖石瓦甓，工匠粮饷，雇赏须索，率悉陈氏备。又偕袁友盛命木工造暖帐，殚极工巧，饰以金碧，所费不赀，略无靳

[①] 此文原载于明嘉靖《真阳县志》卷九《博物志》"东岳庙"下。清康熙《真阳县志》收录时题作《东岳庙碑记》。

[嘉庆] 正阳县志·卷七 539

色。日增月益，载筑载戬①，首尾逾三十年。至大末，功始毕。噫！可谓勤矣。进德修业之士，立志不坚，堕窳不恪，校夫斯人得无颜厚乎？抑又闻之，"鬼神无常享，享于克诚"。人能尽诚尽敬，尽孝尽忠，当官不虐，临事奉公，惟其弗祀，祀则神明著而百福汝归矣。敢以是为祀神者告。真石既砻，教谕王良辅因毕善赍书求文于仆，辞不获免，叙岱岳颠末及创力始终以贻。仍系以铭曰：

岩岩岱宗，屹天之东。上摩苍穹，宫殿雄古。式敷下土，威灵是主。休声洋洋，昭被遐荒。神应孔彰，孰善斯引，孰恶斯殒，阴骘明允。帝命司生，载和载平，毕康毕宁；帝命司育，实蕃实畜，登我百谷；帝命司春，嘘屈吹伸，蔼乎其仁。播气含理，与天同体，品汇咸喜。神之格思，念兹在兹。夫何远而，华堂疏绮。俾筵俾几，跄跄济济。酾酒割牲，来献其诚。有苾其馨，无可不可。以侑以妥，福我寿我。保国金汤，时雨时旸。丰年穰穰，有黍有稷。有祀不忒，勒石颂德。

恤赠光禄丞前真阳令王公祠记②

罗山刘广生

崇祯八年正月，流寇入汝宁，围真阳。王公鼓励忠勇登陴誓守，又出奇斩其渠魁，贼退去。二月十三日，土寇乘机聚众，将投贼之自颖、凤来者，公亲往弹压训定。贼至，合围困公，公按剑怒

---

① 筑：明嘉靖《真阳县志》作"梁"。
② 此文原已收录于清康熙《真阳县志·艺文》，题作《敕祀赠光禄寺少卿真阳令王公专祠碑记》。

骂，遂遇害。直指者上其事，天子下所司勘得实，又下部予赠予荫予祭葬，敕建祠真阳县治，崇表节烈。盖圣天子所以彰往诏来，甚巨典也。比予方里居在危城中，闻公所以死状，甚悉而心痛之。

盖真号难治，公下车以至诚感动之，积逋输将如归市，称"神君"焉。自闻寇警，意象闲定，一切捍患御侮事，靡不殚其力经纪之。迨贼逼真城，公能用少击众，居逸待劳。贼创去，真已屹然无恙。真之南将聚众迎贼，公曰："贼方东来，吾民蠢动助贼为虐，诛之不胜，其单骑往也。"至则宣谕朝廷威德，众皆悔罪，泣血稽首，各投刀剑去。而孰意贼以马步数十万猝至哉，左右拥公骑马走，公叱之曰："吾一去，此方无遗类，且吾正欲击贼，胡不令乡勇得一当百①？"于是公挺身出斗，而贼无数蹴公使降，公骂不绝口。公拔剑自刎不得，贼将胁公临真，次临罗，天中诸城第示以公面。贼亦何所求而不如意。公不死，诸城其必断送。谓朝廷疆土何！谓无数生灵何！而公则厉声瞋目骂贼曰："贼奴不杀我，无想我为若吓诱诸城矣。"语毕，刃之。嗟乎哉！次子文凤，乃得真庠义生田育性率兵救援。公已殉难，遂与本店生员寇铨觅首合身以归。颜如生，犹舒指以握子手。观者诧叹异哉。盖公骂贼求死，凛凛有生气固宜。而又以其不畏死之力，保全真、罗无数生灵之命，并保全汝南诸郡邑列城之生民。此其功岂寻常一死塞责，而无所补于朝廷之封疆赤子者可同年道哉？圣天子闻而为之恻然，恤典有加，专祠特祀。

盖公之生也有为，而死且不朽矣。在昔温序为护羌校尉，行部为苟宇所劫，欲降序不得，卒自杀；张许守睢阳，困久绝食至杀妾

---

① 原文无"百"字，疑脱，今据民国《重修正阳县志》补。

烹仆，不少变，卒死。公忠烈之气直可媲美前哲，而保全多城之勋并及死后。夫公之祠于真，夫宁惟真，即列城其尸而祝之矣。公七阅月间，爱民抚字，不忍以茧丝害其保障，去胥蠹，平雀鼠。公固循吏！公为诸生，笃于行谊，父病请身代；居丧，勺水不入口者五日，又庐墓侧三年。公固孝子！语云："平日能为良吏，则急难为忠臣。"又云："求忠臣必于孝子。"斯二者，足以概公生平矣！忠义之气，上烛日星，下亘河岳。公将歆格于斯，以英灵永奠中土，用报圣天子特祠至意。公之功宁有穷哉！公讳信，号孚宇，陕西宁州人，以明经训灵璧，荐擢真阳。余守河南时，公与两嗣皆以文字之知，出余门。敢谓不文，乃捉笔而为之记，并系以奠神之词。词曰：

神之生兮兹土，神之死兮兹祜，英灵植兮皇万古，霓乃疆兮邸乃武，神逢逢兮山岳抚①。

徐公均田记②

何　麟

天下之差起于赋，天下之赋出于田。田有不均则赋有不平，赋不平则差之轻重相去岂直倍蓰什百而已哉？富家田连阡陌，差粮则轻且寡，而贫穷无告者乃包赔倍纳，甚至卖妻鬻子亦有之，其弊有不可胜言者。均田固井田遗意，君子称物平施之仁也。真阳创自正

---

①　此段奠神之词，意不甚通。清康熙三十四年（1695）《汝宁府志》作："神之生兮兹土，神之死兮兹祐。英灵植兮垂万古，血食兹疆兮钦尔，神武亿载兮山岳抚。"当是。

②　此文原载于明嘉靖《真阳县志》卷六《田赋志》"田亩"下。清康熙《真阳县志·艺文》亦有收录。

德纪元，凡百制度，至是而废坠者多矣。我公来令之初，见其倾圮也，凡县治、公署、学校、城郭，皆举而更新之。犹以为此其具观也，非为政之本也。朝夕所图为，惟急急均田之举焉。乃檄诸当道，请独任。乃诹吉①，矢心以示公。乃始其事于邑之南龙冈，画一十字分为四区，以天、地、元、黄为号。区皆方里，区地皆五顷四十亩，内有庄屯、道路、沟渠、古冢则除之。自冈抵东南界皆天字号也，自冈抵西南界皆地字号也，自冈抵西北界皆元字号也，自冈抵东北界皆黄字号也。得区若干区，得顷若干顷，如鱼鳞然，较若画一，而县无余地矣。视地起粮，而赋无偏重矣；视赋起差，而徭役无不均之叹矣。昔张横渠慨然有意三代之治，欲试井田之法而未见之行事，我公见之行事矣。况古人得志则泽加于民，而功德垂之不朽。然则我公功德之在人者，其亦不朽也哉！晦翁有言曰："上有信以惠于下，则下亦有信以惠于上。"今民心惠德之不已也。因举其事之始末，而记之如此。

县令题名记②

邑人李经（文极）

守令之关于民社也大矣，是故民情有好恶，朝廷有黜陟。公道之在天下，岂独于今为然哉！君子之居是官也，思上之所以任我与下之所以仰我者何如。而立身行政，皆正谊明道，以求辙乎循良之途，则两无所负，而声名之隆可以垂诸不朽。否则，不重其任，不

---

① 诹吉：选择吉日。原文误作"诹言"，今据明嘉靖《真阳县志》改。
② 此文原载于明嘉靖《真阳县志》卷三《职官志》"知县"下。清康熙《真阳县志·艺文》亦有收录。

爱其身，则君民之责罔以塞。而吾之所以膺是名者，宁不可畏乎哉？真阳设邑以来，传十余令。间或以行节称，或以政绩著，臧否之在人心，固有不可得而泯者。第姓氏失传，殊无征鉴。广宗清溪崔侯乃始勒著于石，用以昭示久远，真盛志也。侯以簪缨世族，来莅兹土，其孝行登闻迥出一时人物，而达之民牧，六事兼举，真可谓穷达一致矣。侯其知所以自爱其名乎！后之尹若邑者，当亦鉴我侯刻石之意。侯讳岳，字询之，直隶广宗人。

朵阿达实廉善记[①]

卫桂荣

天下一人心也，人心一天理也。善善恶恶，则不得私焉。善者真知其当好，恶者真知其当恶，则有公论矣。公论之所在，人心天理之所在。士大夫居官为政，固不能掩于平时之论。职满去任，人心之真好真恶形焉。好恶明，则毁誉公矣。循吏汉唐为盛，有去而立去思碑者，有去日立生祠者，有卧辙不许其去者，有截镫而拥马遮留者，岂人心之无公论耶？

真阳县达鲁花赤朵阿达实，从仕畏兀儿人氏，乃幹思弥世朝列之子，普鲁罕忽里国公之外孙也。昔故父尝为盐运副，每以廉善训公，袭为随朝七品。公幼读书，试一经史，而得文资散官，出长斯邑。自下车来，以一廉为政，以一善为教，便民者存之，扰民者革之。三年之间，六事俱备。门无私谒，秋毫无取，与民相安无事，可谓廉善邑长矣。公之廉，真廉也；公之善，诚善也。彼有外廉而

---

① 此文原收录于明嘉靖《真阳县志·艺文志》。

内贪，言善而行恶者，岂可同日而语哉！公于琴政之暇，他无所适，惟携"四书"，临学听讲。谓诸生曰："圣朝设科取士，以德为首。汝辈当务正心之学，为治平之具，庶不负明诏矣。"凡遇劝课农桑，裹粮而出，惟恐扰民。教民于低下田畴改种禾稻，民获秋成之利。真阳县与朱皋仓相去三百余里，近年民苦于输纳本色。公与息州赵知州（亦廉介之士）隆冬盛寒不避奔走，计禀省府，不系濒河去处，许纳轻赍。民得其便，皆公之赐也。公之天性慈祥，不肆暴虐，凡处同僚，以和为贵，有难于己者不推辞，有利于人者则容让；凡御诸吏，未尝怒形于色，人皆服其德；凡待士夫，则谦恭自卑，似无官者。公之爱民如赤子，则民亦敬公如慈父。

公将任满，真阳之人诚有依依然不忍舍之意，慨然为公立碑，皆出于自然而然，岂威猛而迫之哉！属予为之记，予曰："县官，亲民之职也。上应列宿，出宰百里，所任非轻。一邑得其人则一邑受福，一邑非其人则一邑受其祸。何则古者有自县官而至太傅者、至宰执者、封公封侯者？圣代岂无之哉？皆自廉善而得之也。"予虽不敏，喜其人心天理公论皎然，勉强直述其事，亦有劝善黜恶之意。小而一邑，大而天下，皆相视为善，则唐虞雍熙之治可坐而致，岂曰小补之哉！

重建石佛寺记[①]

贵池曹文蔚（苛山）

循真之接颍门而东，故有石佛寺云。自明季寇燹旱疫，民鲜孑

---

① 此文原收录于清康熙《真阳县志·艺文》。

遗，文献无征，不知其所自始。询诸父老，第云崇祯中霸贼沈万登络绎蹂躏，招提遂付之祖龙焰中，惟石佛寺岿然存耳。嗟乎！佛谓世有小灾三：饥馑、疾病、刀兵是也；大劫三：火、水、风是也。夫天地否泰，阴阳剥复，芸生蒙难，常也。乃修三千二百劫而证金仙者，方且引群生离火宅，而己犹不免于旷劫。然则沧桑岸谷之感，又可胜悼也耶！

予摄篆真阳，以觇风土，过其地，见荆榛瓦砾中，石像参差，坐者、立者、欹者、仆者、相枕而卧者，甚而剥肤裂体者①，盖攒眉久之。谓佛界之沉沦，抑此邦之流离，至此极也。未几，东关老人刘珍等②，叩予而言曰："善准不兴，善教不新，善俗则不成。佛者，劝善之准也。顾兹寺之烬于火五十余年矣，诚不忍石佛如林，溅风雨，冒霜雪，而灵爽无以安也。愿为檀那首，鸠工而新之。敢丐弁语以为导。"予闻而韪之。

窃惟瞿昙之教，以地水火风会而成人，命之曰幻身。而又云四大本空，五蕴非有，身相且忘，何有于像。溯彼西域，正法没而象教始兴，优填王刻佛以旃檀树，波斯匿铸佛以紫磨金，维时阎浮提中仅有二象耳。迨汉武时，霍去病过焉耆山得休屠国金人，而象教始入中国。迨有唐而宗风大倡，于是乎金碧庄严，绀宇琳宫遍海内矣。婆娑之论曰③："增长已生善，如溉甘泉，栽未生善，而令其生如钻木出火；断已生恶，如除毒蛇，断未生恶，如豫防流水。"信能若是，则象教之设亦劝善之一助也。予性不佞佛，亦不谤佛，惟

---

① 清康熙《真阳县志》中，此句作"甚且肢体折裂而皮肤剥蚀者"。
② 清康熙《真阳县志》中，此句"刘珍"后还有"刘应魁"之名。
③ 此句之前，清康熙《真阳县志》中有"盖象者像也，仿佛佛之形而像之，使人因像以见佛，因佛以见心，进于善而不为不善也。旨哉！"一句。

心乎劝善遏恶则同。是役也，以慈悲之愿持坚忍之心，必有须达多其人布金满地，而祇园精舍不日告成。由是而爇戒定香，献功德水，瞻拜奉持。因像以见佛，因佛以见心，因心以见其本体之善，而变其旧习之非，里仁让而家孝弟，于予化民成俗之意不无裨补。则此举又何可少也哉！①

重修东岳庙内十王殿记
汝阳刘本顺②

汝河之阳有东岳殿，殿后为寝宫，西为子孙祠，其两阶东西相向十六楹，则十王考校司也③。土人岁时祝釐，甚著灵感。岁久，栋宇倾圮，神卫剥落，人心亦日就玩愒④。君子曰："此非所以祀神明、励风俗也。"遂有善士朱礼等，各醵金如干⑤，庀材鸠工⑥，毁者新之，缺者增之，金碧而丹垩之⑦。蒇工之日⑧，设醮落成⑨，俾予纪其事。

---

① "是役也"之后这一段，与清康熙《真阳县志》中有较多不同。
② 刘本顺：字敬庵，汝阳县（今河南省汝南县）庠生。民国《重修正阳县志》所收录与此文有较多文字出入，且题注"明万历戊子年孟冬月立"，知作于明万历十六年（1588）十月。
③ 十王考校司：即十王殿。考校，考核、审查。古代民间道教认为，人死后入墓，要受到阴间地下神吏的考校。
④ 玩愒（kài）："玩岁愒日"的略语。谓贪图安逸，旷废时日。
⑤ 醵（jù）金：集资，凑钱。如干：若干。
⑥ 庀材鸠工：亦作"鸠工庀材"。招聚工匠，筹集材料。指土木工程兴建前的准备工作。庀（pǐ），具备、备办。
⑦ 丹垩：泛指油漆粉刷。
⑧ 蒇（chǎn）工：亦作"蒇功"。竣工；完工。
⑨ 设醮（jiào）：道士设立道场，祈福消灾。

窃以天帝好生而精灵钟于五岳，东岳主生气，橐钥万象①。十王则司善恶之权②，握轮回之柄。故天帝者远而十王则近，岳神者元而十王则显③。善士之功④，裨益于世道人心者，岂浅鲜哉！或曰此土木偶耳，汉以来始设之，勿崇此以为人心惑。不知三代以还，为长吏者率绳人以法，议人以律，愚夫愚妇遗于法律之外者，不畏明而畏幽，不畏生而畏死。俾其一履斯地，纵观十王之俨然，从卫之森然⑤，善恶之昭然，未有不悚然惧⑥，惕然悔⑦，且惺然改也⑧。然则地下有十王⑨，今日之崇祀是也。脱无十王⑩，亦何以为不识不知者之警劝⑪。此亦众善捐资之意也夫。⑫

① 橐钥：亦作"橐籥"。古代冶炼时用以鼓风吹火的装置，犹今之风箱。喻指造化，大自然。
② 十王：十殿阎王。民间认为阴曹地府是由十殿阎王所掌控的，十殿阎王分别是叫：秦广王、楚江王、宋帝王、仵官王、阎罗王、平等王、泰山王、都市王、卞城王、转轮王。第五殿阎罗王总领十殿。
③ 元：同"玄"。神妙难捉摸；深奥。
④ 善士：慈善之士，行善之人。在此意为使人做慈善之士。
⑤ 从卫：随从护卫者。
⑥ 悚然：形容害怕的样子。
⑦ 惕然：警觉醒悟的样子。
⑧ 惺然：领会的样子。
⑨ 然则：用在句子开头，表示"既然这样，那么……"。
⑩ 脱无：倘若没有。
⑪ 何以：原文误作"可以"，今参考民国《重修正阳县志》改。
⑫ 结尾部分的几句话与民国《重修正阳县志》所录原文有所不同。

重修黄征君祠墓记

杨德容

汉征君黄公叔度，高风轶轨①，史册之所记载，采具邑乘者详矣②。城西隅，旧县治前，公故宅也，墓在是焉。唐鲁公颜真卿题石③，表而出之。前明嘉靖甲子④，邑令尹余滇永昌周公绍稷⑤，承太守徐公中行⑥、曹公科意⑦，创祠塑像祀之，孙公继皋记以勒石⑧。崇前哲，表宅里，诚盛举也。明季毁于兵燹，而丰碑赑屃故无恙⑨。乾隆壬申⑩，北平解公忻尹兹土⑪，考遗碑，复建祠宅三楹。癸未⑫，

---

① 高风轶轨：高尚的风操，高洁的轨范。轶轨，同"逸轨"。
② 邑乘：县志；地方志。
③ 颜真卿（709—784）：字清臣，琅琊临沂（今山东省临沂市）人。唐代名臣、书法家。官至吏部尚书、太子太师，封鲁郡公，人称"颜鲁公"。黄叔度墓碑"汉黄叔度墓"五个大字乃颜真卿所题。
④ 嘉靖甲子：嘉靖四十三年（1564）。
⑤ 令尹：泛称县、府等地方行政长官。周绍稷：云南永昌（今云南省保山市）人，举人，嘉靖四十二年（1563）任真阳知县。本《志》卷三《官师·知县》、卷四《宦迹》有传。
⑥ 徐中行：字子与，浙江长兴（今浙江省长兴县）人。嘉靖二十九年（1550）进士，四十一年（1562）任汝宁府知府。
⑦ 曹科：山西宁乡（今山西省中阳县）人，嘉靖三十二年（1553）进士，四十二年（1563）任汝宁府知府。
⑧ 孙继皋（1550—1610）：字以德，号柏潭，南直隶无锡（今江苏省无锡市）人。明万历二年（1574）状元。孙继皋《黄征君祠记》一文，本卷前已收录。
⑨ 赑屃（bì xì）：传说中龙的九子之一，外形似龟，善驮重物。常用来做成碑座，驮负石碑。
⑩ 乾隆壬申：乾隆十七年（1752）。
⑪ 解忻：直隶庆云（今山东省庆云县）人，举人，乾隆十五年（1750）任正阳知县。本《志》卷三《官师·知县》有载。
⑫ 乾隆癸未：乾隆二十八年（1763）。

仁和袁公树踵复修葺①，历今岁且三纪②。春秋将祀，有所役泛扫而已。

乙卯春③，余适承乏。下车后，谒公祠墓，周览之次，恻然者久之。会邑人士请增修邑乘，予既嘉其请，而董厥成事。阅乘至《征君列传》，窃叹生平言论风旨无所表见，而后裔亦泯泯无闻，求一奉祀不可得，益思所以葺治之者。尝以语选贡士张君拔④，恐予志之弗克逮也⑤。越明年，张君诣予曰："邑有隐君黄铎、太学生黄心田者，信征君裔孙，愿出橐资数百缗⑥，任是役。"于是鸠工饬材，范甓陶瓦⑦，重新正祠三楹，复增构两廊各三楹。建门设屏，缭以高垣。累土砌石以培墓，马鬣封而鸟鼠去矣⑧。

是举也，经始于嘉庆丙辰秋九月⑨，凡四阅月告成。铎昕夕冒霜雪亲督匠石⑩，不辞劳勩⑪，更请买田入祠，以岁租供修费，期永勿坏。於戏⑫！可谓贤矣。以斯为征君之后裔，亦无愧矣。明年春，余将于墓之四域，树槐柏数十株；祠前方塘，环植榆柳。先贤遗

---

① 袁树（1730—？）：字豆村，号香亭，浙江仁和（今浙江省杭州市）人。袁枚从弟。乾隆二十八年（1763）进士，授正阳知县（本《志》卷三《官师·知县》有载），历官广东肇庆知府。工诗画，精鉴别。著有《红豆村人诗稿》等。
② 且：表示将要、将近。纪：记年代的方式。一纪12年，三纪36年。
③ 乙卯：乾隆六十年（1795）。
④ 张拔：本《志》卷四《选举·贡生》有载。曾担任本《志》协辑工作。
⑤ 逮：及，达到。
⑥ 橐资：意即"私橐"，个人口袋里的钱。橐，口袋。数百缗：约数百两银子。
⑦ 范甓（pì）陶瓦：用模子烧陶制作砖瓦。甓，砖。
⑧ 马鬣封：坟墓封土的一种形状。亦指坟墓。
⑨ 嘉庆丙辰：嘉庆元年（1796）。
⑩ 昕夕：朝暮。谓终日。
⑪ 劳勩（yì）：劳苦。
⑫ 於戏（wū hū）：同"呜呼"。

迹，厘然一新，俾邦人士有所瞻仰而兴起焉。予既乐此志之竟成，而益幸铎等之克为征君后贤，奉苹蘩于勿替也①。因书此，俾刻诸石。

---

① 苹蘩：苹和蘩。两种可供食用的水草，古代常用于祭祀。因以泛指祭品。勿替：不废，相承。

卷　八

艺文（诗）

吏隐堂二首①

长洲吴安国（文仲）

焦明入寥廓，尺鹦窥藩篱。物性同逍遥，小大各有知。吾观庄生篇，至理良在兹。兹堂岂宏构，拙计同一枝。绿树画阴阴，好鸟鸣相宜。飒飒多清风，轻纹荡涟漪。春云赋柔翰，华月浮琼卮②。肯将簪弁心，负此邱壑期③。顿忘案牍劳，只觉形神怡。俯仰真俗吏，宁惟此辈嗤。

幽轩敞清坐，兀然忘此身。便有濠濮想，鱼鸟来相亲。兹隐宁待招，主人且为宾。朝辞汝水头，暮指越水滨。垂柳若为别，依依愁向人。人生非金石，此意谁与陈。浩歌一回首，宇宙多风尘。

---

① 此诗原已收录于清康熙《真阳县志·艺文》。
② 琼卮：清康熙《真阳县志》中作"琼邑"。
③ 邱：同"丘"。

古诗为横山烈妇作[1]

高邑赵南星（梦白）

兔丝蔓女萝，生死不相离。生为横山女，嫁为横山妻。夫长苦田亩，贱妾能安止。旋旋办中馈，荷担往馌之。夫也自媚妇，岂知面貌媸。妇也自恭夫，岂羡多金为。结发托微躬，恩爱讵可移。食贫余一载，情契如一朝。何意遭凶荒，四野无寸苗。载路尽饥人，哭声何嗷嗷。东邻夫相弃，西邻妇亦跳[2]。夫泣向妻言："吾空为若夫，不能令尔饱，终当死道途。不如相弃置，庶以求尔哺。"妻泣向夫言："君言非其理。天作为婚姻，但须誓古处。君如忍相弃，贱妾何能止。妾乃一妇人，只知及尔死。"夫妇抱头泣，愿以身终始。忍饥待命尽，不敢怨苍天。那知他人子，为计殊不然。百十成群起，荷锄为戈铤。白昼行劫掠，聊供为朝餐。四境无鸡犬，百里绝人烟。被劫者无奈，走去白县吏。县吏闻之怒："我当尽诛殄。"不闻赈饥民，但云擒盗贼。擒贼者谁子，里中诸健儿。奉令出县门，俱化为枭鸱。所遇即为盗，何论真假为。真盗如流星，疾步不可追。田夫饿无力，擒之如擒鸡。并彼横山夫，一一反接之。反接见县吏，含笑喜不胜。县吏关太守，怒发如飘风。太守语县吏："此曹俱当刑。但须尽扑杀，宁当复从容。"县吏闻此言，顺命如不遑。须臾尽捶死，委积于道旁。野草涂膏血，飞鸟啄肝肠。横山妇忽闻，其夫尸在野。仰天大号哭，泪如飞雨下。疾步至尸边，安能

---

[1] 此诗原已收录于清康熙《真阳县志·艺文》。
[2] 跳：同"逃"。

遽识者。反覆众尸中，仅可辨其形。抚之忽一哭，已死而复生："谁者乃为盗？吾夫婴其凶。"负之涤清泉，解衣以覆蒙。抚之再一哭，气绝命顿倾。愁云起天上，白日暗无精。路人尽陨涕，哀哉摧心胸。行者方以目，谁敢传姓名。竟与夫同葬，以明结发情。冤气凝不散，夜雨双悲鸣。天地终枯槁，此恨不可平。

赵南星曰：予为《横山烈妇诗》也，泪簌簌不可禁焉。妇之生微矣，其殉节不爱死可比烈士。为长吏者虎噬善良①，又禁贞妇之名不彰，痛哉！彼草野固易没，垂缨人上者岂可隐姓名哉？盗钟自掩耳，愚亦甚矣。故知古人之制，失刑则刑，失死则死，不可易也。②

真阳叹③

贵池曹风（裈海）

百里真阳地，三朝古战涯。朱皋流毒螫，霸寇簇哀笳。白屋罹龙焰，苍颅落剑花。松岩④谋衽席，叔望⑤理桑麻。轸恤仳离久，粗安岁月奢。有明当末造，无地不张牙。旱魃兼蝗羽，瘟神类鬼车。平临皆赤地，弥望尽黄沙。鸡语呈妖孽，人餐长乱芽。万登屯虿尾，闯令闹蜂衙。虎子纷如蚁，蚩泯殆若豝。王舟三窟兔，杨相两头蛇。受抚仍酿害，旋师为掩瑕。堵墙曾刮箆，债帅复施枷。十室

---

① 此句在清康熙《真阳县志》中作"彼已长吏者虎噬善良"。
② 清康熙《真阳县志·艺文》收录此文末尾有落款"万历五年秋九月初七日司理梦白识"。
③ 此诗原已收录于清康熙《真阳县志·艺文》。
④ 原注："何孝廉麟。"
⑤ 原注："徐大令霓。"

九无主，余丁总适他。投林虚逐鹿，归树少飞鸦。尚喜天兵雨，来苏土窨蜗。迟公①兴地力，顾子②课文苴。畚土成垣秃，诛茅筑舍斜。利犁开陇阜，棱磙垦污邪。更畏苛中虎，谁悬屋上瓜。城闉惟菜市，镇集半囊家。苦水连平坂，甘泉远一洼。刀魂分野火，马沥迸硝华。生聚村头少，荒残望眼赊。抚怀今若此，三叹有余嗟。

修黄公祠

仁和袁树（香亭）

泰山自耸峙，江水日流行。但存流峙迹，乃以高深名。卓荦黄夫子，至道宏汉京。汪洋波万顷，澄搅无浊清。三日不相见，鄙吝还复生。即此光史册，经济如无情③。万物重本根，大道有真源。动出震雷雨，静息镇乾坤。未破天人界，乃会时命屯。陈窦固矫矫④，李杜亦轩轩⑤。身名不共泰，或伤明哲论。神龙藏首尾，至人无危言。所以我夫子，独为东汉尊。

慎阳公故里，惜哉无子孙。祠宇任迁易，窀穸寒朝暾⑥。贤者国之宝，高风终古存。闻风足廉立，况复亲茔门。经营事结构，春秋荐苹蘩。岂惟崇往哲，亦以励后昆⑦。堂隩易以辟⑧，墓木难为

---

① 原注："焞。"
② 原注："豹文。"
③ 经济：经世济民。无情：无情形，犹没有行动。
④ 陈窦：陈蕃、窦武。矫矫：超凡脱俗，不同凡响。
⑤ 李杜：李膺、杜密。轩轩：光彩焕发，仪态轩昂。
⑥ 窀穸（zhūn xī）：墓穴。朝暾（zhāo tūn）：初升的太阳。亦指早晨的阳光。
⑦ 后昆：后代"子孙"。
⑧ 堂隩：亦作"堂奥"。厅堂和内室。隩，古同"奥"。

繁。但令松杉合,应有云霞奔。寄言守土者,此意期共敦。

谒汉黄征君祠,时将复修其墓,以诗志之
武进徐书受(尚之)①

何限荒榛没虎羊,汝南月旦最堂堂②。地因处士遗墟贵③,名脱炎精党焰张④。丰碣仅留争有道⑤,里门无改压高阳⑥。得征《外史》由樵采⑦,封树初来奉瓣香⑧。

---

① 徐书受(1751—1807):字尚之,江苏武进(今江苏省常州市武进区)人。副贡生。由四库全书馆叙议,历官河南南召、叶县知县。著有《教经堂集》。由本《志》卷前杨德容《序》文可知,徐书受在彭良弼之后、杨德容之前担任正阳县知县,时间应在清乾隆五十九年(1794)。大概因为任职时间较短,本《志》卷三《官师·知县》未见记载。

② 月旦:"月旦评"的简写。谓品评人物。典出《后汉书·许劭传》:"初,(许)劭与靖俱有高名,好共核论乡党人物,每月辄更其品题,故汝南俗有'月旦评'焉。"

③ 处士:本指有才德而隐居不仕的人,后亦泛指未做过官的士人。

④ 炎精:指应火运而兴的王朝。即汉朝。

⑤ 原注:"墓有颜鲁公碑。"有道:汉代察举制度中的特举科目。指有道德、才艺的人可由此科被举荐为官。

⑥ 高阳:荀淑。《后汉书·荀淑传》:"初,荀氏旧里名西豪,颍阴令勃海苑康以为昔高阳氏有才子八人,今荀氏亦有八子,故改其里曰高阳里。"

⑦ 《外史》:即《天禄阁外史》。樵采:打柴。也指打柴的人。

⑧ 封树:堆土为坟,植树为饰。古代士以上的葬礼。瓣香:形状像瓜瓣的香,表示祷祝敬慕之意。

谒黄征君祠墓和韵

武进徐重恩（紫封）①

翁仲何年蔓草荒②，墓门谁复奠椒浆③。孤标一代声华峻，遗碣千秋姓氏香。绝少宗支藏《外史》④，犹闻师表叹高阳。芳型已邈余风在，楸槚还堪种几行⑤。

谒黄征君祠墓

武进沈卓吾（甸华)⑥

叶落荒原汝水旁，怀贤宁让郑公乡⑦。波如千顷钦高躅⑧，墓尚双碑奉瓣香。故里不堪征世系，颓垣未足蔽秋阳。名流几许风流尽，谁似先生德益彰。

----

① 徐重恩：生平不详。由后文徐书受《桂树示紫封弟》、徐重恩《慎阳廨舍前桂树，次家兄韵》两诗可知，徐重恩是徐书受的弟弟。

② 翁仲：古代称铜像、石像，后专用以称墓前石人。

③ 椒浆：以椒浸制的酒浆。古代多用以祭神。

④ 宗支：同宗族的支派。

⑤ 楸槚：楸树。槚，一名山楸，古人多植于墓前。

⑥ 沈卓吾：生平不详。或为徐书受同乡亲友，与徐重恩一起到正阳县拜访徐书受时，谒黄叔度祠墓作此诗。

⑦ 郑公乡：《后汉书·郑玄传》："国相孔融深敬于玄，屣履造门。告高密县为玄特立一乡，曰：'公者仁德之正号，不必三事大夫也。今郑君乡宜曰郑公乡。'"后以"郑公乡"赞誉别人的乡里。

⑧ 高躅：崇高的品行。也指有崇高品行的人。

吊黄征君叔度

会昌宋国璜（玉潭）①

漫将高躅拟冥鸿②，许国宁禆干济功③。党祸未成机早伏，宦权已固道终穷。神龙首尾窥难见，衰凤哀歌遇或同。独怪流传《天禄史》，先生岂有近名衷④。

拜黄征君墓

南昌彭邦直（枞谷）⑤

短垣周遭不百步，野鸟飞起棠梨树。孤坟三尺高如垣，蓬蒿欲没坟前路。坟前石碣经千年，完好疑有神呵护。唐颜鲁公真卿书，汉黄征君叔度墓。征君生当汉末造⑥，炎精无光狐鼠跳⑦。威福权归薰腐余⑧，缇骑一出无遗噍⑨。平陵诸君当时贤⑩，忠愤未舒身为歼。

---

① 宋国璜（1742—1803）：江西会昌（今江西省赣州市会昌县）人，乾隆四十二年（1777）拔贡，历任四库馆誊录，河南阌乡县知县等职。
② 冥鸿：高飞的鸿雁。
③ 干济：有良好的成就。
④ 近名：好名；追求名誉。衷：内心，心意。
⑤ 彭邦直：字枞谷，江西南昌（今江西省南昌市）人，正阳知县彭良弼之子。
⑥ 末造：末世。指朝代末期。
⑦ 炎精无光：指汉朝衰微。狐鼠跳：比喻小人当道。
⑧ 薰腐余：即"熏腐之余"，腐刑之后。指宦官。薰腐，阉割。
⑨ 缇骑：穿红色军服的骑士，泛称贵官的随从卫队。遗噍（jiào）：犹遗类。
⑩ 平陵诸君：指以窦武为首的党人。窦武（？—168），字游平，扶风郡平陵县（今陕西省咸阳市西北）人。东汉灵帝时，任大将军，封闻喜侯，掌握朝政。他任用名士李膺等人，与陈蕃谋诛宦官，事泄，被族诛。

生气犹足褫奸魄，饮鸩药虎良徒然。征君少负匡时略，方驾伊周况管乐①。桓灵以降倘可为②，高光之圣无难作③。不然荀郭皆豪英④，当世何人能重轻。见之叹服不容口，此岂处士纯虚声。惟其善藏乃善用，比之颜子非谀颂。世乱更负高世名，如文隐豹辉戢凤⑤。三公印绶宁思存，临朝之言或未中⑥。家君作宰公之乡⑦，拜公墓所扬清芳。生晚乃在千载下，论世仿佛窥中藏⑧。惜哉后裔不可考，坟前蒿满无人扫。溉世常留千顷波，欺人谁作八编稿⑨。

黄征君故里

南昌彭邦彦（俊三）⑩

居人指点北城偏，处士遗墟溯汉年。故土一抔封马鬣⑪，荒祠

---

① 伊周：商朝的伊尹和西周的周公旦。两人都曾摄政，后常并称。亦指执掌朝政的大臣。况：比拟，比喻。管乐：管仲与乐毅。两人分别为春秋、战国时的名臣。比喻有大才的人。
② 桓灵：汉桓帝和汉灵帝。
③ 高光：汉高祖和光武帝。两人分别是西汉、东汉的开国皇帝。
④ 荀郭：荀淑和郭泰。两人都是东汉末的名士。
⑤ 隐豹：比喻隐居而全身远害。戢凤：收敛羽翼的凤凰。比喻退隐不仕。
⑥ 《后汉书·黄宪传》记载，与黄宪同郡的陈蕃，后来位至三公，却临朝叹曰："叔度若在，吾不敢先佩印绶矣。"
⑦ 家君：家父。作宰：当官。由此句可知，作者彭邦直是彭良弼的儿子。
⑧ 中藏：内脏。指内心情感或腹中才学。
⑨ 八编稿：指《天禄阁外史》八卷。此书是后人伪托黄宪作，故云"欺人谁作"。
⑩ 彭邦彦：字俊三，江西南昌（今江西省南昌市）人，当为彭邦直之弟，或亦为正阳知县彭良弼之子。
⑪ 马鬣：坟墓。因坟地上所封的土，形状有如马鬃，故称为"马鬣"。

数宇荐豚肩①。徐亭尚忆携双屐②,陈榻惟应下两贤③。最是不堪凭眺处,野棠开落草芊绵。④

黄征君祠墓
邑人张拔(选贡)

绀宇琳宫遍上方,征君祠墓感荒凉。春秋俎豆三间屋,邑里模型一瓣香⑤。国有圣贤珠照乘⑥,生无表见玉含章⑦。欲将鄙吝消除尽,常向先生酹一觞。

王忠臣祠
南昌彭启夔(丹黼)⑧

有明末造值阳九⑨,流贼杀人如屠狗。十里百里村无烟,髑髅

---

① 荐:进献,祭献。豚肩:猪腿。
② 徐亭:徐孺子亭。《后汉书·徐穉传》记载,徐穉(97—168),字孺子,东汉豫章南昌(今江西省南昌市)人。屡辟公府,皆不就。陈蕃为豫章太守,不接待宾客,特为他设一榻,去则悬之。后以"悬榻"比喻礼待贤士。
③ 两贤:除了徐穉,还应为黄宪下榻。
④ 原注:"徐孺子亭在豫章城内。"芊绵:草木繁密茂盛的样子。
⑤ 模型:楷模;典型。
⑥ 珠照乘:即"照乘珠",光亮能照明车辆的宝珠。
⑦ 含章:包藏美质。
⑧ 彭启夔,字丹黼,江西南昌(今江西省南昌市)人,当为正阳知县彭良弼的亲族。彭启夔此诗与彭邦直的《拜黄征君墓》、彭邦彦的《黄征君故里》,应该是三人到正阳县探望彭良弼时所作。
⑨ 阳九:指灾荒年景和厄运。

号风作人吼①。贼火夜烧骊山红，鬼磷日射石城黝。烟尘起灭势飘忽，官军纵贼利贼有，贼去梳爬蹙其后②。大吏咨嗟束双手，小吏但据危城守。陇西王公天下才③，慷慨许国心肝摧。千金募士士敢死，率以团练娴其材。登陴煌煌誓忠义，日月不蚀阴霾开。刁斗霜严万户寂④，戈矛雪簇千林皑。须眉堂堂丈夫哉！贼慑公威倾国来，画奇一战歼其魁⑤。胡餐未餍围城解，天雨一洗无氛埃⑥。公名屹若长城重，十万贼兵鸡在瓮。妖星已落千丈强，穴鼠敢作一窝哄。曰此愚氓不足诛，单骑宵驰散其众。会时流贼寇颖蓼⑦，衔枚疾走蹑公足。胁之谋赚真罗城⑧，亿万躯将一躯赎。呜呼公死贼亦惩，贼去尸还万手凭。台省章闻诏遗祭⑨，赠之乃以光禄丞⑩。只今邑里仍祠庙，蟏蛸纲户鼱鼩跳⑪。一木能令柯叶繁⑫，得非当日全城效。呜

---

① 髑髅（dú lóu）：死人的头骨。也称为"骷髅"。
② 梳爬：此指像梳子一样搜刮洗劫。蹙：逼迫、逼近。
③ 陇西王公：真阳知县王信，陕西庆阳府真宁县（今甘肃省正宁县）人，故称"陇西王公"。崇祯八年（1635），因率兵御寇遇难。
④ 刁斗：古时行军的用具。铜制，有柄，夜间可用以打更，白天可当锅煮饭，能容一斗米。
⑤ 画奇：即"奇画"。犹奇谋。
⑥ 氛埃：污浊之气；尘埃。比喻战乱。
⑦ 颖蓼：明朝凤阳府所辖区域。颖，颖州，今属安徽省阜阳市。蓼，古蓼国之地，今河南省固始县及安徽省霍邱县一带。
⑧ 真罗城：真阳和罗山县城。
⑨ 台省：汉朝的尚书台、三国魏的中书省，都是代表皇帝发布政令的中枢机关。后因以"台省"指政府的中央机构。
⑩ 光禄丞：王信遇难后，被朝廷敕赠光禄寺少卿。
⑪ 蟏蛸（xiāo shāo）：一种蜘蛛。身体细长，脚很长。多在室内墙壁间结网。通称"喜蛛"或"蟏子"，民间认为是喜庆的预兆。鼱鼩（jīng qú）：小鼠。此句形容王忠臣祠的萧条破败。
⑫ 柯叶：枝叶。

呼明家千百城①，安得如公殚血诚。如公忠勇亦何益，天意方兴我大清。

谒王公祠
邑人刘炎勋（廪生）

王公济世才，忠义夙所负。绾符胜国余②，所至成啸聚。登陴励忠勇，众寡乌足虑。事豫神则闲，安堵及妇孺③。出奇歼厥魁，屹若金汤固。

邑南忽蠢动，公曰此愚顽。抚之免诛夷，感泣投刀环。流寇动地来，公适罹其艰。迫之作向导，誓死安可奸。断首携以去，血渍原草殷。嗟哉孰无死，一死如泰山。常山不烂舌④，睢阳有制兵⑤。抗骂破贼胆，一死垂令名。公身安危系，讵效匹妇贞⑥。后图志不

---

① 明家：指明王朝。
② 绾符：犹统兵、执政。绾，控制。符，符信。胜国：被灭亡的国家。后因以指前朝。
③ 安堵：安定；安居。
④ 常山：指常山太守颜杲卿。唐安史之乱时，颜杲卿与其子颜季明守常山，从弟颜真卿守平原，设计杀安禄山部将李钦凑，擒高邈、何千年。河北有十七郡响应，受唐玄宗嘉许。天宝十五载（756），叛军围攻常山，擒杀颜季明。不久城破，颜杲卿被押到洛阳。他瞋目怒骂安禄山，最终遇害。
⑤ 制兵：清代称绿营编制的地方常备军为"制兵"。此指地方军队。这句话讲的是安史之乱中著名的"睢阳保卫战"。唐至德二年（757）正月至十月，河南节度副使张巡与睢阳太守许远以不到七千人的微弱兵力，抗击十三万叛军，苦守睢阳十个月，顽强抵抗，最终粮尽力竭，城破遇难。这句诗中的"常山""睢阳"既是地名，亦指颜杲卿、张巡两人名。文天祥《正气歌》便有言："为张睢阳齿，为颜常山舌。"
⑥ 讵：岂，难道。

果，幸足全两城①。所以归元时②，面目犹铮铮。伸指握子手，岂以惊愚氓。公心盖未死，归来如平生。

横山郁嵯峨，淮水流清泚③。大节在天壤，不朽应视此。褒忠固国典，庙祀崇邑里。只今村郭间，万户成栉比。仰溯及高曾，非公孰考妣④。我来奠椒浆，瞻拜泪如弥。公灵倘式凭⑤，庶其永绥祉⑥。

听事前两桂树盛开，予名其堂曰"双桂"并纪以诗
徐书受

百斛清香胜水沉⑦，坐来花气散衣襟。还移野菊添秋色，且捉鸣蛩伴冷吟⑧。下邑漫劳通客刺⑨，贫官宁乏济时心。摩挲两树须将护，略比渊明五柳阴⑩。

予作《双桂》诗，前令彭雨苍见之⑪，曰："旧栽双柳，此其改植也。"复次前韵贻之：

---

① 两城：指罗山、真阳两县城。
② 归元：归还人头。元，首也。
③ 清泚（cǐ）：清澈明净（的水）。
④ 考妣：称已死的父母。
⑤ 式凭：依靠，依附。
⑥ 绥祉：平安幸福。
⑦ 水沉：木名。即沉香。指这种香点燃时所生的烟或香气。
⑧ 鸣蛩（qióng）：蟋蟀。
⑨ 客刺：名刺，名片。
⑩ 东晋诗人陶渊明（约365—427）宅边有五棵柳树，因以为号，称"五柳先生"。
⑪ 彭雨苍：彭良弼。"雨苍"或为其号。

深谈跋烛夜沉沉①，促坐初题汉上襟②。闻御板舆亲灌溉③，只今庄舄暗呻吟④。交游已讶添霜鬓，父老应知种树心。谁似一官过五考⑤，后来勿剪视棠阴⑥。

桂树示紫封弟⑦

团团双桂树，灿灿金粟黄。汝洛见亦罕，堪以名我堂。时来参鼻观⑧，微风过邻墙。欲效尹都尉⑨，芥葵焉可荒。移来数丛菊，一枝红拒霜。聊试种花手，犹将傲河阳⑩。

敝庐学舍旁，泉上两桥对。老树郁千章⑪，夏燠阴可爱⑫。舍西桂三株，秋蕊繁十倍。香吹半里遥，即知门巷在。兄弟昔钓游，今复付儿辈。寄语灌溉频，治圃更锄菜。

---

① 跋烛：指快要点完的蜡烛。
② 汉上襟：唐人有《汉上题襟集》，集中多为唱和之作，后以题襟喻赠诗。
③ 板舆：古代一种用人抬的代步工具，多为老人乘坐。代指官吏在任迎养父母。
④ 庄舄：战国时越国人。也称越舄。仕于楚，病中思越而吟越声（见《史记·张仪列传》）。后以"庄舄越吟"指怀乡之咏与感伤之情。
⑤ 五考：唐宪宗时，规定谪贬的官员须经五次考核方可调任。
⑥ 棠阴：《史记·燕召公世家》记载，周时召伯巡行南国，曾在棠树下听讼理事。召公死后，人民思念召公之政，爱其树不忍剪伐。后以"棠阴"誉称去职官吏的政绩。
⑦ 此诗作者仍为徐书受，故在原书中被略去。以下有未署名诗作，情况亦与此同，作者与上一首诗作者为同一人。
⑧ 鼻观：鼻孔。
⑨ 尹都尉：姓尹，官职都尉。著有一部农书，书名即《尹都尉》。《汉书·艺文志》载："《尹都尉》十四篇。不知何世。"
⑩ 河阳：指潘岳。西晋文学家潘岳任河阳令时，在当地广栽桃花，浇花息讼甚得百姓遗爱。人称"桃花县令"。庾信《枯树赋》云："若非金谷满园树，即是河阳一县花。"
⑪ 千章：千株大树。形容大树之多。
⑫ 燠（yù）：暖，热。

慎阳廨舍前桂树，次家兄韵

徐重恩

先子宰荆楚①，廨有老桂黄。是物数百载，阴覆一亩堂。干皆十围抱，郁郁高出墙②。里闬虽暂返③，园圃已尽荒。今来睹双树，不禁感秋霜。名花宜位置，何必数洛阳。

亭亭东西株，俯仰恰相对。退食自逶迤④，坐久弥生爱。花如解人意，芳气较常倍。所由旷士怀⑤，寄托别有在。姜被忻连床⑥，酬和属同辈。绝胜秋风思，吴淞念莼菜。

慎阳署斋双桂，次徐尚之明府韵

武进杨焘（鹤鸣）⑦

连蜷两树露光沉⑧，一院清香涤俗襟。种树亦知多翠霭⑨，弹琴

---

① 先子：称亡父。
② 原注："楚南通道县署听事前桂树高十余丈，大可数抱。"
③ 里闬（hàn）：指里门。代指乡里。
④ 退食逶迤：谓退朝休息而从容自得。语出《诗经·召南·羔羊》："退食自公，委蛇委蛇。"委蛇（wēi yí）：同"逶迤"。从容自得的样子。
⑤ 旷士：胸襟开阔之士。
⑥ 姜被：《后汉书·姜肱传》记载，姜肱秉性纯孝友爱，与弟仲海、季江常同被而寝。后用以比喻兄弟间相亲友爱。
⑦ 杨焘：生平不详。正阳知县徐书受的同乡亲友。
⑧ 连蜷：长曲貌。
⑨ "翠霭"二字在原文中模糊难辨，今据民国《重修正阳县志》补。

雅不废高吟。已分鹤俸钦仙吏①，但设蒲鞭示佛心②。自此品题声价重③，部民应解爱棠阴。

故临淮城

邑人夏执中（廪生）

片石犹能识旧踪，寒芜漠漠晚烟重。曾经歌舞长淮水，不记年时古寺松④。欹塔入云风月朗⑤，断碑溜雨藓苔封。犹闻白狗梁时戍⑥，野草年年织翠茸⑦。

慎阳城故址

邑人张丕显（廪生）

指点遗墟迹已荒，千年兴废感沧桑。舍人无复王侯贵⑧，处士

---

① 鹤俸：亦称"鹤料"。唐代称幕府的官俸。后泛指官吏微薄的俸禄。
② 蒲鞭：用蒲草制成的鞭子。比喻宽刑。
③ 品题：评论人物，定其高下。
④ 古寺：即临淮寺。临淮寺有古柏（此处或为押韵用"松"）。本《志》卷三《古迹》载："古柏。县南八十里朱家店旧有临淮寺，久废，遗址尚存。柏即寺中故物。大可合抱。"下文有邑人张摺《临淮古柏》、刘敬守《古临淮寺柏》两诗即此。
⑤ 欹（qī）：倾斜不正。欹塔，即蟠冈塔。本《志》卷三《古迹》载："蟠冈塔，县南八十里，始建无考。高十余丈。岁久欹侧不倾。"下文有邑人李恒泰《蟠冈塔》诗。
⑥ 白狗：即"白狗城"。本《志》卷三《古迹》载："白狗城，县东南，梁时戍兵于此。"本《志》卷十《补遗下·地里》"白狗城"条有进一步考辨。作者似乎认为临淮城是白狗城故址。
⑦ 翠茸：指细密的嫩草。
⑧ 舍人：淮阴侯舍人栾说，西汉慎阳侯国的始封侯。

犹闻姓字香①。襟要至今雄楚豫，封圻终古属心房②。苍茫欲问前朝事，无数寒雅噪夕阳③。

九日登南龙冈

邑人刘献书（庠生）

城闉咫尺足追攀④，载酒聊寻半日闲。尚有遗风说桓景⑤，却因佳节拟龙山。七星磊落仍台榭⑥，六斗⑦嵯峨自髻鬟。指点徐公分井处⑧，断碑剥蚀藓苔斑。

月 潭

一泓清浅处，半璧势弯环。灰自何年劫，珠应此日还。不分弦上下，怡破镜中间。泮水何如尔⑨，虚名却可删。

---

① 处士：指黄宪。
② 封圻：疆土。心房：按古代星野之说，正阳县属古豫州，豫州对应房、心。详见本《志》卷一《沿革·分野》。
③ 雅：古同"鸦"，乌鸦。
④ 城闉：城内重门。亦泛指城郭。
⑤ 桓景：东汉汝南郡人。据南朝梁时吴均《续齐谐记》记载，九月九日登高饮酒、妇人带茱萸囊等风俗都与桓景有关。
⑥ 七星：南龙冈上有七星台。
⑦ 原注："山名，属罗山。"
⑧ 徐公：明嘉靖间真阳知县徐霓。曾在南龙冈均田，并留有碑碣。
⑨ 泮水：古代学宫前的水池，形状如半月。

蟠冈塔

邑人李恒泰（廪生）

极胜浮图耸碧峰①，蟠冈坐镇势重重。登临绝顶通云气，时有天香拂袖浓。

月　潭

一湾积水想泓渟②，妙相天然半璧形。游赏恰当三五后，恍疑弓月印沙汀③。

鸳鸯湖

两湖交映碧于油④，赢得佳名拟秀州⑤。为考图经寻故迹⑥，派从淮水析涓流。

晾马台

汝水东流去不回，昔人依岸起高台。名云晾马因何昉，想自当

---

① 浮图：指佛塔。
② 泓渟：水深貌。
③ 沙汀：水边或水中的平沙地。
④ 两湖：本《志》卷三《古迹》载："鸳鸯湖，县南六十里。两湖左右环抱，故名。"
⑤ 原注："嘉兴有鸳鸯湖。"秀州包括旧嘉兴府与旧松江府的部分地区，在此指嘉兴。
⑥ 图经：指附有图画、地图的书籍或地理志。

年偃武来①。

鸳鸯湖
张　拔

南溪水暖北溪香,曲岸溁洄荇带长②。寄语采莲诸女伴,莫抛莲子打鸳鸯。

莲花池
邑人张按(廪生)

临淮遗址半蒿莱③,池水涟漪一鉴开。白露自秋烟月晚,曾无人唱采莲来。

临淮古柏
邑人张揩(庠生)

皱尽霜皮干十围,苍颜无改市朝非④。只应相伴长淮水,终古涛声送落晖。

---

① 偃武:指停息武备。
② 溁(yíng)洄:水流回旋的样子。溁,同"濴"。
③ 莲花池在临淮城遗址。本《志》卷三《古迹》载:"莲花池,县南八十里临淮城旧址。四面皆池,池皆种荷,广数十亩。"
④ 市朝:众人合集的场所;公共场合。在此意指世事变迁。

晾马台
邑人刘櫺（廪生）

何缘晾马有崇台，凭吊空余劫后灰。岂是无因成附会，当年曾唱好鹰来。

鸳鸯湖
邑人刘敬守（庠生）

小似西湖里外湖，中分两岸势萦纡①。绿荷成盖莎如毯②，彩笔崔郎赋得无③。

古临淮寺柏

梵王遗址认前朝④，龙树无花法炬消⑤。到底一丝仍挂碍⑥，森森翠柏矗青霄。

---

① 萦纡：盘旋弯曲；回旋曲折。
② 莎（suō）：莎草。多年生草本植物，地下的块根称"香附子"，可入药。
③ 彩笔：指词藻富丽的文笔。崔郎：或指唐朝诗人崔护。
④ 梵王：指色界初禅天的大梵天王。亦泛指此界诸天之王。
⑤ 法炬：佛教语。喻佛法。谓佛法如火炬，能照明黑暗的世间。
⑥ 挂碍：牵挂；惦念。

鸳鸯湖

邑人苏仰儒（廪生）

淮川东汇申陂水，支派南流结两湖。迹考图经于古合，名因附会到今呼。秋风蓼浦翔宾雁①，春雨苔矶起睡凫②。试倩徐熙传粉本③，碧波翠鬣两难摹④。

莲花池

莲池澹荡析淮流⑤，废垒临淮泛野鸥。销后云烟依约在，望中风月等闲收。泠泠碧浸银河夜，漠漠红残玉露秋⑥。地著竞规菱藕利，可怜箫鼓盛金牛。

旧序⑦

先王分茅胙土，邦国既制，即有史以编年纪事，诚巨典也。今

---

① 蓼浦：长满水蓼的湖边。宾雁：鸿雁。语本《礼记·月令》："（季秋之月）鸿雁来宾。"
② 苔矶：水边长着苔藓的石头。凫（fú）：水鸟，俗称野鸭。
③ 倩：请，央求。徐熙：五代南唐杰出画家，金陵（今江苏省南京市）人，一说钟陵（今江西省南昌市）人。出身江南名族，以高雅自任，寓兴闲放，一生布衣。擅画花木、禽鱼、蝉蝶、蔬果等。粉本：画稿。古人作画，先施粉上样，然后依样落笔，故称画稿为粉本。
④ 翠鬣（liè）：鸟头上的绿毛。
⑤ 澹荡：舒缓荡漾。
⑥ 玉露：秋天清晨莹洁如玉的露水。
⑦ 此为清康熙《真阳县志》序文，原载于康熙《真阳县志》卷前。但此文与原序相比，文字出入较多。

之郡县，等古侯伯国。昔之史，犹今之志。志首封建，次则制度因革。与夫山川形胜、风俗人才，以及名物象数之繁，靡不毕萃。致治者兴废举坠，大端莫逾此焉。岁庚午，圻恭膺简命，作宰慎阳。斋宿三日后，周视城池，则纵横瓦砾；巡行阡陌，则漫没蓬蒿。士半鹑衣，民多菜色，凋残至此，责更谁归？会绅士有因公来谒者，询以为政急务，佥曰："慎阳，僻壤也，兵燹屡经，无孑遗矣。图治规模，载在典籍，可考而知也。"乃索观旧《志》，庶冀启予。肇作者徐君霓，成于嘉靖之乙卯。继修者刘君必寿，成于顺治庚子，距今三十年矣。时移事异，阙略孔多。思及时搜辑另编，方惓惓焉有志未逮。会大中丞阎公，檄令郡邑修辑志乘，圻欣逢盛举，获竟初衷。爰偕两学博张君①，明经晏君允恭、刘君梦兰，远稽近考，博采旁搜，前之虚诞者实之，后之遗漏者增之，删繁就简，征信缺疑，甫逾月而卷帙告成。其间纲目具举，巨细毕登，考献征文，了如指掌，非徒以备省览也。政治之得失，民风士习之淳浇②，与夫赋税生齿之盈绌③，胥于是乎考镜焉④。则是编也，讵非为政之急务，而不容或缓者与？虽然真至今日盖难堪矣，求所以拊循而安辑之者⑤，司牧之事也。若夫假以便宜，宽以岁月，俾下吏殚心民瘼，不能无厚望于诸台省大人焉。

康熙丙子仲冬月，正阳县知县西河安圻撰。

---

① 指当时的真阳县教谕张顾行、训导张缙，详见清康熙《真阳县志》中的《修志姓氏》与《职官》。
② 淳浇：指风俗的淳厚与浇薄。
③ 盈绌：有余或不足。
④ 考镜：参证借鉴。
⑤ 拊循：亦作"拊巡"。安抚；抚慰。安辑：安定和睦。

序①

前《志》南昌彭公已编纂成书矣，于风俗、物产、典礼、灾祥、蠲赈不录焉②。晋宁杨明府进邑之绅士而语之曰："前《志》体例精严，允称善本。但阅旧《志》所载，五者颇详，吾不欲没焉。他如诗文、遗事，亦尚有可采者。"商为《补遗》一册，属邑进士叶君③、选贡张君④、文学叶君⑤及余为之编次。余愧不能文，累辞而不得所请。因念顺治十八年旧《志》，余伯高祖韬章府君曾襄其事⑥，今且百余年，而余又得与是役，不可谓非幸事，乃从三君子之后，为之校雠⑦。书成，进之明府。明府曰善，请梓焉。爰缀数言于简端。

时乾隆六十年冬十二月，邑人缓亭贺祥序⑧。

---

① 此《序》乃为后文卷九、卷十《补遗》之序文。下文《凡例》亦同。
② 蠲赈：免除租税，救济饥贫。
③ 叶君：叶儒林，生卒年不详。邑人（今属正阳县寒冻镇）。乾隆六十年（1795）进士。先任河南卫辉府学教授。嘉庆八年（1803）任山西繁峙县知县。长于书法。
④ 张君：张拔。
⑤ 叶君：叶德林。
⑥ 韬章：贺斐，字予璧，号韬章，油房店（今正阳县油坊店乡）人，恩贡生。本《志》卷十《补遗下·人物》有传。
⑦ 校雠：一人独校为校，二人对校为雠。谓考订书籍，纠正讹误。
⑧ 贺祥：字缓亭，生卒年不详。邑人（今属正阳县油房店乡）。乾隆四十三年（1778）进士。原选湖北嘉鱼县知县（似未到任）。工书法，宗二王，笔力遒劲。

凡　例

一、风者，流自上者也；俗者，习于下者也。我国家重熙累洽①，一道同风②，何别于一县，而琐琐志之③？惟土有燥湿，性有刚柔，且传自祖父者守之子孙，一乡一里不必尽符。今录邑之所习与他方不尽同者，以俟职是土者有所取而化导之也。

一、邑无深溪峻岭，故物产亦无大异。菽粟、布帛、菜果之属皆日用之需，生民之命也。录之以俟夫培植生息，养其欲而给其求者。

一、正为蕞尔小邑，民安于朴，士不崇伪，习于质直而视礼仪为旷典者有矣。今特录前《志》所载诸仪，庶后者有所考据也。

一、《春秋》灾异必书，谨天戒而修人事也。国朝百余年来圣圣相继，率以敬天勤民为先务。正阳土地平衍，旧《志》云："连日雨则无麦，连日不雨则无稻。"是丰乐不可屡幸，而祥异之不得不志也。

一、蠲赈为朝廷大典，皇清百余年来轸念民依④，每遭岁祲⑤，不惜巨万以赈济群黎，从古所未有也。志之，使生是时者知国家之深仁厚泽焉。

一、正阳旧《志》修于康熙三十五年，到今未经纂定，文献几

---

① 重熙累洽：形容累世圣明有德，天下升平昌盛。
② 一道同风：道路相同，风俗一致。比喻国家统一。
③ 琐琐：形容事情细小，不重要。
④ 轸念：悲痛地思念。民依：百姓心向往之。
⑤ 祲（jìn）：古代迷信称不祥之气；妖气。

于无征。新《志》限于时日，采访或未备。今参取刘《志》、安《志》所载与得于所见闻者，别为《集诗》《集文》；其有事实不同可资考据者，为《杂录》一卷，以俟博雅君子焉。

卷 九

补遗（上）

风俗

《史记》："汝南其俗剽轻，易发怒，地薄，寡于积聚。"① 《隋志》："尚淳质，好俭约，丧纪婚姻，率渐于礼。"② 《舆地志》："人性清和，乡间孝友。"③《府志》："地广土肥，五谷接产，居人易于聊生，颇不知积聚。"又曰："地瘠民贫。"④ 刘《志》曰："昔性轻剽，今务谨厚；昔俗强忮⑤，今敦道义。"⑥ 至于明季，经兵燹之祸，

---

① 语出《史记》卷一百二十九《货殖列传》。
② 语出《隋书》卷三十一《地理志下》。
③ 《舆地志》：南朝梁陈时期学者顾野王摘抄各种书籍材料所编的一部地理书。原书三十卷，已佚。今有顾恒一等辑注本。此句关于汝南习尚，明《寰宇通志》卷八十七、《明一统志》卷三十一均有引用。
④ 此二句前云出自《府志》，查现存三部《汝宁府志》并无此语。明嘉靖《真阳县志》卷一《地理志·风俗》中所引此语云出自《郡志》，疑出自明正德年间强晟所编纂的《汝南志》，今已佚。
⑤ 强忮（zhì）：固执。
⑥ 刘《志》：即清顺治年间刘必寿所修《真阳县志》，今已佚。但这句话最早出自明嘉靖《真阳县志》卷一《地理志·风俗》。

市里为墟。国初民渐复业,垦荒芟草,日臻朴茂①,而士大夫之家谱牒散亡,著述阙佚矣。今承恩泽,休养生息,士勤于学,农安其居,科名亦继起焉。其务恒产,重迁徙,严闺阃,任恤之行②,贞烈之节,所在有闻,风俗之厚多可述者。

总论

邑当明嘉隆之际③,科名续起,风流文采,辉映一时,仕宦俱有声。其卓卓者,与时所称"七子"辈相唱和④,多推为弗如。今士大夫尚能由旧,而不好标榜,不慕荣利,有黄叔度、戴伯鸾之遗风焉。

邑人重去其乡,离家百里辄有难色,故商贾少而农业多。若无田者,赴逐雇倩⑤,计岁而受值曰长工,计时而受值曰短工。又有种他人之田而计亩均分者曰佃户,少隙则又计日受值为人佣作曰帮忙,操土木匠作者谓之黑白生活。凡农家,业极勤苦。及岁告成,公税私租偿贷之外,其场遽空者什八九。然帖帖自甘⑥,不知怨尤,欧阳修所云"民生不知外事,而安于畎亩衣食"也⑦。

邑之北偏多麦禾,与汝、蔡同;南偏多稻,与光、罗同。旱涝

---

① 朴茂:朴实厚道;诚实。
② 任恤:诚信并给人以帮助同情。
③ 嘉隆:嘉靖(1522—1566)和隆庆(1567—1572)两朝。
④ 七子:明代以七子为代表的文学流派。有"前七子""后七子"之分。嘉隆年间出现的是"后七子",成员包括李攀龙、王世贞、谢榛、宗臣、梁有誉、徐中行、吴国伦、余曰德、张佳胤。
⑤ 倩:请人代为做事。雇倩:雇请。
⑥ 帖帖:形容帖伏收敛之貌。
⑦ 语出欧阳修《丰乐亭记》。

俱有所入。牛一犋①约种田百亩，业不精而收薄。惟近淮汝者地稍肥，余平衍而瘠。《水经注》所称诸陂②，皆在县境。年丰则饮酒击豚，或至贪天，一遇荒歉，十室九空矣。盖吾邑数顷之田，值不及千金，较他邑为贫苦焉。

乡仪

冠仪，刘《志》所载，古礼，今无行者。大抵男子始离襁褓即加帽为总角③，年十二或十四始养发；女子既嫁而后冠笄焉④。

婚仪，旧《志》云⑤："凡男十六、女十四以上，先邀媒氏议婚，纳采纳币称家有无。"⑥今大略不异于昔，亦有襁褓为婚者。议初定，有传柬⑦、换钟诸仪⑧。将婚之先，夫家宴戚党曰会亲，又仿古请期曰下式书。及婚之前数日，又有催装衣。婚之夕，有铺房、

---

① 原注："见贾勰《齐民要术》。"整理者注：犋为牵引犁、耙等农具的畜力单位，能拉动一种农具的畜力叫一犋。一犋可能只需一头牲口，也可能需要两头或两头以上牲口。
② 《水经注》所载有关慎阳县境的陂塘大致有：慎阳南陂、慎阳北陂、同陂、窖陂、土陂、燋陂、上慎陂、中慎陂、下慎陂，等等，详见《水经注》之《汝水》《淮水》部分。
③ 总角：古代未成年的人把头发扎成髻。
④ 冠笄：指古代男女成年时分别举行的冠礼、笄礼。《礼记·乐记》："婚姻冠笄，所以别男女也。"郑玄注："男二十而冠，女许嫁而笄，成人之礼。"此处指女子的笄礼。
⑤ 旧《志》：清康熙《真阳县志》。下同。
⑥ 见于清康熙《真阳县志》卷三《风俗》。
⑦ 传柬：亦称"传大启"、下"龙凤帖"。定亲后择吉日行传柬礼。"柬"是正式婚约的标志。柬文有一定的套语和格式，一般男方的柬文是"久仰名门，愿结秦晋""不揣寒微，仰攀高门"等，左下方落款写"眷姻弟××暨子××现年××岁顿首"，注明年月日。女方柬文写"幸借冰言，仰答洪章""谨遵玉言，愿结秦晋"等，左下方落款写"眷姻弟××暨女××现年××岁顿首"，写明日期。各地格式不尽相同，基本内容相似。
⑧ 换钟：当为"换盅"，也称"会亲家"。未婚的男女找好日子定亲之际，男家将聘礼送到女家，女家收纳之后，要将聘礼陈于祖先位前，双方父亲并肩而跪，以盅斟酒互相递换，先祭祖先，而后互相敬酒为换盅。换盅之后，便视为正式订立婚约。

抛喜、拜堂、拜床、上头①、交盏，其礼特为烦琐。旧《志》云："至期，婿亲迎。"今行之则犹然古也。

丧仪，旧《志》云："敛葬虞祥，俗事释道。"今有丧之家，始死，讣于亲友。来吊者必持楮帛②，助丧者其厚薄各视家之有无与往来之礼为差。丧家不离柩侧，但具酒食请戚党。董丧者款洽之，谓之知客③。将葬，用引状闻于亲友，来送葬者始用赙仪④。葬之日，戚党各具酒肴于路，柩所至祭之，曰路祭。抵墓，拜已，然后去。士大夫之家，多不作佛事。择地营葬，间有信堪舆之说者⑤。至于避煞⑥，有识者弗为，尤邑中之善俗也。

祭仪，旧《志》云："正旦、清明、七月望、十月朔，各祭其先。墓祭者颇多。"或停柩于家，族人于是日具酒帛往奠焉。凡十室之邑、三家之村，必醵金立庙，肖像不一，儒者难言之。遇节序或祈祷，则群往祀焉。

节序

正月元旦，旧《志》云："五鼓栉盥，祀先祀神，贺尊长，亲识互相贺，望云气，占风角，说好梦，为一年庆兆。"今沿之。又于是日晨起，爆竹，爇炭⑦。大小男妇皆衣新衣。设酒肴于庭，邻

---

① 上头：旧指女子出嫁时将头发拢上去结成发髻。这种习俗称为上头，又叫及笄。
② 楮帛：旧俗祭祀时焚化的纸钱。
③ 知客：旧时办理婚丧喜庆等事专管接待宾客的人。又称知宾。
④ 赙仪：犹赙礼。向办丧事的人家送的礼。
⑤ 堪舆：堪，天道；舆，地道。堪舆即风水，中国传统文化之一。
⑥ 原注："见徐健庵《读礼通考》。"整理者注：旧时迷信，谓人死之后若干日，魂随煞返归生时之宅，是日家人外出回避叫"避煞"。
⑦ 爇（ruò）：焚烧。

里来贺节者必欢饮焉。醃肉裹面食之，曰馄饨。熟食至五日乃罢。不试刀剪，马牛皆厌以饼，亦息物之意也。五日忌梳发，不出行，俗名破五。

立春，旧《志》云："官率士民迎芒神于东郊，至县治公堂设春宴，远近来观，以芒神占岁水旱、人闲忙，看五谷盆，以占五谷之丰歉，夜分鞭土牛。"今仍旧制。民复逢日啖萝卜麦饼。

十五日，旧《志》云："作灯市，精工华巧，五色烂然，火树银花，钲铙檀板，游赏彻三夜乃止。"今仍旧。是夕，民间用豆面作灯，门井、圊厕①、鸡棚、豕牢皆遍，名灯节。十六日民间妇女相招，择土阜高处登之，云可免灾。又于是日赴姻戚家，谓之走百病。

二月二日，旧《志》云："引龙。"

社日②，乡社祀先农。今间有行者。

三月三日，祀元帝。

清明，墓祭，添墓土，挂纸钱，放纸鸢，踏青。日未出即折柳插门左右，儿女咸戴柳叶，亦有合族人燕集者。

四月八日，旧《志》云："簪皂角芽。"今少见。民间是日礼佛。

五月五日，旧《志》云："饷角黍，饮雄黄菖蒲酒，彩索缠儿女臂，簪艾叶、榴花以辟邪，捕蛤蟆，衔墨，逆女，追节。"今仍旧。医家亦以雄黄衣香送于常所往来者。

夏至，旧《志》云："食麦粥。"今不拘。

---

① 圊（qīng）厕：厕所。
② 社日：古时祭祀土神的日子，一般在立春、立秋后第五个戊日。

六月六日，旧《志》云："曝衣晒书，窨曲酱①。"

七月七夕，乞巧。今间有行者。

十五日，旧《志》云："祀先，悬麻姑②。"今俗于是日亲族以纸钱馈遗新亡者，悬麻姑则未闻。

八月十五日，旧《志》云："列瓜果酒饼，望月欢饮，戚友馈月饼。"今仍旧。但拜月则只妇女亲之，谚云：男不玩月。

九月九日，旧《志》云："登高，赏菊，逆女，追节，饮茱萸酒。"今沿之，又于是日食柿，谓之柿生日。

十月一日，旧《志》云："墓祭，焚楮衣。"今俗谓之送寒衣。

冬至，旧《志》云："士大夫驰贺，民间不尚。"今同。

十二月八日，旧《志》云："时谓'腊日'，蓄诸物。"今俗于是日以菜羹、豆果、杂米作粥，曰腊八粥。

二十三日，旧《志》云："祀灶，妇女不亲。"今同。祭品用糕豆、饧饼，祭毕，则爇火炉于门外，杂纸钱焚之，谓之送灶。又称是日为小年。

除夕，旧《志》云："易门神、桃符、春帖，斗爆竹，陈祀仪，家人聚饮，曰守岁。时多嫁娶。"今仍旧。多嫁娶则否。又于是夕悬先人画像于堂，设香烛祭以糕果，至新正五日乃彻。爇炭满垆③，置室中，令通宵不烬，曰著岁。家主分钱，大小男女及仆婢皆遍，曰压岁。每门阶下横木阑之④，布禾麻秸于院宇，以祈丰年焉。

---

① 曲：原文误作"面"，今据明嘉靖《真阳县志》、清康熙《真阳县志》改。
② 麻姑：明嘉靖《真阳县志》、清康熙《真阳县志》均作"麻谷"。农历七月十五中元节，民间亦有"鬼节""麻姑节""麻谷节""盂兰盆节"等说法。
③ 垆：当为"炉"。
④ 阑：同"拦"。横木俗称拦财棍。

物产

邑志物产必本邑所独产，及同产他邑而本邑所独盛与独异者，其寻常无烦覙缕也①。乃于邑中所产稍稍著之云。

按《汉书·地理志》"蔡州谷有五种"②，今稻菽之类种名较繁。邑之南，塘堰连界，水车秧马，恃以为生，稻之名品，不让吴楚矣。

《地理志》又言"畜宜六扰"，今羊、豕、鸡、鹅之类，土人常畜之，以规微利。

邑水族之利，亦民所资。村镇沟塘，买鱼苗养之，濒淮汝者多业渔。取鱼之具亦备，结绳持网者总谓之网，其他曰钩，曰罾③，曰罩，曰旋网④，曰籪⑤。或术以招之，或药而尽之。夏秋之交，鱼或大至，顺流而下，各以类分，举网即得，值亦大贱，故北人称为"鱼米之乡"云。

邑中崧菜，一名白菜，又名黄芽，为入馔名品。秋冬以后，园圃弥望皆满，信、罗、光、黄取给焉。淮以南种之而不茂，盖地气使然也。

荠菜，邑中所在有之，用作羹，味甘。十月后，妇女结伴挈筐提篮采之，资以御冬焉。

邑中种棉织布，大概有之，惟陡沟店独盛。家家设机，男女操

---

① 覙（luó）缕：谓详述。覙，详细而有条理地叙述。
② 蔡州：当为"豫州"。《汉书》卷二十八上《地理志上》："河南曰豫州：……畜宜六扰，其谷宜五种。"
③ 罾（zēng）：古代一种用木棍或竹竿做支架的方形鱼网。
④ 原注："俗呼散网。"
⑤ 籪（duàn）：拦河插在水里捕鱼蟹用的竹栅栏。

作，其业较精。商贾至者，每挟数千金。昧爽①，则市上张灯设烛，骈肩累迹②，负戴而来③，所谓布市也。东达颍亳，西达山陕，衣被颇广焉。居人号曰"陡布"。

织绫之业，以寒冻店为最。值亦较昂，号曰"寒绫"。

半夏，刘《志》载为真产，今田间所在有之。

邑北瀕汝有汪湖，大数顷。淮堧有鸳鸯湖④、莲花池，多产莲藕、菱芡之属，秋间采之以易钱米，亦小民生计所资。莲有红、白二种，菱分家菱、野菱。《酉阳杂俎》言⑤："四角、三角曰芰，两角曰菱。"⑥今邑中所产多三角，而皆称菱角，盖土俗相沿之名。芡，一名鸡头、紫梗、蒲包，粒肉如榛。

附载刘《志》"开垦法"：

利犁制，不用全犁，止用犁辕前横木系绳索，后置利刀，以铁为之。长一尺，柄长三寸，博八分，背厚四分，微曲至末。刃向前，刀入土前利后犁，草根既断，埴涂亦易起。

棱磟制，用粗红石细长者凿成棱，欲深而有锋，如常制。荒田中带水碾之，草堰泥起，顿成熟田。夏日用之，利杀草，加热汤尤佳。

---

① 昧爽：拂晓；黎明。

② 骈肩累迹：肩并肩，脚印合脚印。形容人多拥挤。骈，两物并列；累，重迭；迹，脚印。

③ 负戴：以背负物，以头顶物。

④ 堧（ruán）：河边的空地或田地。

⑤ 《酉阳杂俎》：唐代段成式创作的笔记小说集。所记有仙佛鬼怪、人事以至动物、植物、酒食、寺庙等等，分类编录，一部分内容属志怪传奇类，另一些记载各地与异域珍异之物。

⑥ 语出《酉阳杂俎》卷十九《广动植物类之四·草篇》。

典礼

凡典礼之见于旧《志》者,各从其朔录之。送学今犹行之,亦附入焉。以部颁祭文、乐章载于后。

饮射

每岁正月十五日、十月初一日,于儒学行乡饮酒礼。酒肴取官钱量办,务使丰俭得宜。除傧宾外①,众宾序齿列坐,其僚属则序爵。前一日,执事者于儒学之讲堂依图陈设坐次,司正率执事习礼②。至日黎明,执事者宰牲具馔,主席及僚属③、司正先诣学,遣人速傧宾以下。比至,执事者先报曰:"宾至。"主席率僚属出迎于庠门之外以入,主居东,宾居西,三让三揖。而后升堂,东西相向立,赞两拜,宾坐。执事又报曰:"傧至。"主席又率僚属出迎,揖让、升堂、拜坐如前仪。傧、宾、介至,既就位,执事者唱:"司正扬觯。"④ 执事者引司正由西阶升,诣堂中,北面立,执事者唱:"傧、宾以下皆立。"唱:"揖。"司正揖,傧以下皆报揖。执事者以觯酌酒授司正,司正举酒曰:"恭惟朝廷⑤,率由旧章,敦崇礼教。举行乡饮,非为饮食。凡我长幼,各相劝勉。为臣尽忠,为子尽孝。长幼有序,兄友弟恭。内睦宗族,外和乡里。无或废坠,以忝所生。"读毕,执事者唱:"司正饮酒。"饮毕,以觯授执事。执事

---

① 傧宾:古代行乡饮酒礼时辅佐主人的人。《明会典》卷七十九《乡饮酒礼》中作"宾傧"。
② 司正:古代行乡饮酒礼或宾主宴会时的监礼者。
③ "司正率执事习礼。至日黎明,执事者宰牲具馔,主席及僚属"一句原文脱,今据《明会典》补。
④ 扬觯(zhì):举起酒器。觯,古时饮酒用的器皿。青铜制。形似尊而小,或有盖。
⑤ "恭惟朝廷"四字原文脱,今据《明会典》补。

者唱："揖。"司正揖，僎、宾以下皆报揖。司正复位，僎、宾以下皆坐。唱："读律令。"执事者举律令，案于堂之中，引礼引读律令者诣案前，北向立。唱："僎、宾以下皆拱立。"行揖礼如扬觯仪①。然后读律令，有过之人俱赴正席立听。读毕，复位。执事者唱："供馔案。"执事者举馔案至宾前，次僎②，次介，次主。三宾以下各以次举讫。执事者唱："献。"宾主起席③，北面立。执事斟酒以授主，主受爵，诣宾前，置于席，稍退。赞两拜，宾答拜讫。执事者又斟酒以授主，主受爵，诣僎前，置于席，交拜如前仪。毕，主退，复位。执事者唱："宾酬酒。"宾起，僎从之。执事者斟酒授宾，宾受酒，诣主前，置于席，稍退。赞两拜，宾、僎、主交拜讫，各就位坐。执事者分左右立，介、三宾、众宾以下以次斟酒于席讫，执事者唱："饮酒。"或三行，或五行，供汤。又唱："斟酒，饮酒。"供汤三品毕④，执事者唱："彻馔。"候彻馔案讫，唱："僎、宾以下皆行礼。"僎、主、僚属居东，宾、介、三宾、众宾居西。赞两拜讫，唱："送宾。"以次下堂，分东西行，仍三揖，出庠门而退。

一、里社每岁春秋社祭会饮毕，行乡饮酒礼。所用酒肴，于一百家内供办，毋致奢靡。百家内除乞丐外，其余但系年老者，虽至贫，亦须上坐。少者虽至富，必序齿下坐，不许搀越。违者以违制论。其有过犯之人，虽年长财富，须坐于众宾席末听读律，受戒谕，供饮酒，毕，同退。不许在众宾上坐。如有过犯之人不行赴饮

① 原文脱一"扬"字，今据《明会典》补。
② "次僎"二字原文脱，今据《明会典》补。
③ 起席，原文误作"席起"，今据《明会典》改。
④ "又唱：'斟酒，饮酒。'供汤"，原文脱，今据《明会典》补。

及强坐众宾之上者，即系顽民，主席即诸人首告，迁徙边远住坐。其主席者及众宾推让有犯人在上坐，同罪。其各里社，以百家为一会。百家之内，以里长主席。其余百人选年最高有德、人所推服者一人为宾①，其次一人为介，其余各依年齿序坐。如有乡人为官致仕者，主席请以为僎②。择通文学者一人为扬觯，一人为读律，二人为赞礼。前期一日，主诣宾门，宾出迎大门之外③，肃主以入④。至中堂，主宾相揖，讫，主稍前曰："某日行乡饮酒礼，吾子年高德邵，敢请为宾。"曰："某固陋，恐辱命，敢辞。"主回："询诸众，莫若吾子贤，敢固请。"宾曰："夫子申命之，某不敢辞。"主再拜，宾答拜。介亦如之，但改"请吾子为介"。执事者设宾席于堂中稍西，南向。设主席于堂东南，西向。宾六十以上者席于堂中上两序，东西相向。如宾多，年幼者席于堂下阼阶之南，北面西上。是日清晨，宾及众宾皆至门外，主出迎，西向揖，宾东向答揖。主先入门而右，宾入门而左。至阶，主揖宾，宾揖主。主先升自东阶，宾升自西阶。至中堂，主西向立，宾东向立，赞礼唱："拜兴。"⑤ 二主宾皆两拜，主肃宾各就位。赞礼唱："扬觯。"扬觯者举觯酌酒⑥，诣中堂，北向。赞礼唱："在坐皆起。"宾、主以下者起拱立。扬觯者乃扬觯而扬言曰（同前言）。毕，唱："揖。"扬觯者揖，主、宾以下皆揖。扬觯者遂饮酒。讫，复揖，主、宾以下皆揖。以爵授执事者，复位。宾主以下皆坐。赞礼唱："读律。"执

---

① 原文"人"字前衍一"之"字，今据《明会典》删。
② 主席，原文误作"上席"，今据《明会典》改。
③ 原文"宾"字前衍一"介"字，今据《明会典》删。
④ 肃：恭敬地引进。又，原文"入"字前衍一"主"字，今据《明会典》删。
⑤ 拜兴：谓跪拜和起立。
⑥ 原文脱"扬觯"二字，今据《明会典》补。

事者设案于堂中，次引读律者诣案前。赞礼唱："在坐者皆起揖。"唱："读律者揖。"宾、主以下皆立。遂展律于案，详缓读之。讫，复以申明戒谕读之。毕，赞礼唱："揖。"读律者揖，宾、主以下皆揖。读律者复位，赞礼唱："众皆坐。"宾、主以下皆坐。执事者供馔案，行酒。赞礼唱："饮酒。"众皆饮酒，或五行，或七行，礼同前。食毕，彻案。赞礼唱："礼毕。"主先行而西向立，赞礼引宾以下东向立，赞拜兴、拜兴，主宾皆两拜。主送宾于门外，东西相揖，乃退。明日，宾、介、僎、众宾诣主家拜谢乡饮之赐。主出门外，拜谓："辱屈昨日之来。"

一、乡饮之设，所以尊高年，尚有德，兴礼让，敢有喧哗失礼者，许扬觯者以礼责之。其或因而致争竞者，主席者会众罪之。

一、例凡良民中年高有德、无公私犯过者，自为一席，坐于上等。有因户役差税迟误，及曾犯公杖私笞招犯在官者，又为一席，序坐中门之外。其曾犯奸盗诈伪、说事过钱，起灭词讼、蠹政害民、排陷官长及一应私杖徒流重罪者，又为一席，序坐于东门之内。执壶供事，各用本等之家子弟。务要分别三等坐次，善恶不许混淆。其所行仪注，并依原颁定式。如有不遵图序坐，及有过之人不行赴饮者，以违制论。

主，知县。如无正官，以佐贰官代，位东南。

大宾，以致仕官为之，位于东北。

僎宾，择乡里年高有德之人，位于西北①。

介，以次长，位于西南。

三宾，以宾之次者为之，位于宾、主、介、僎之后。

---

① 《明会典》卷七十九《乡饮酒礼》中，大宾位于西北，僎宾位于东北。

司正，以教职为之，主扬觯以罚之。

赞礼者，以老成生员为之。

附：歌章

初歌《鹿鸣》之首章，

次歌《南山》之首章，

再歌《湛露》之首章，

终歌《天保》之首章。

乡饮酒礼图[①]：

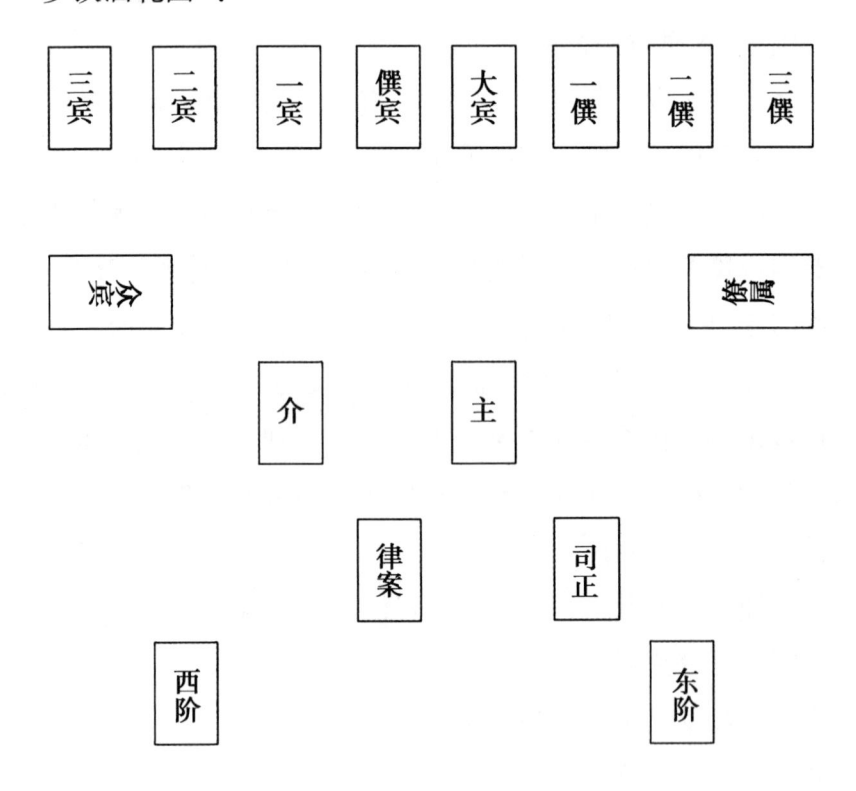

| 三宾 | 二宾 | 一宾 | 僎宾 | 大宾 | 一僎 | 二僎 | 三僎 |

众宾　　　　　　　　　　　　　　众僎

　　介　　　　　　主

　　　律案　　　司正

　西阶　　　　　　　东阶

---

① 《明会典》卷七十九《乡饮酒礼》图中，大宾、僎宾二者的位置相互交换。

乡射礼①：戒射期，定耦，选能者二人，司射，次司正，次司副，次司器，次请射，次司爵，次司矢，次司旗，次司事。届期，序事，请射，导众官及官之子弟与士民之俊秀者入就位。司器束弓矢立，请射诣射者前旋揖，皆导至司器前受弓矢，复位。司正执算入立于中之后。请射诣司射曰："请诱射。"导司射二人耦进，各以三矢搢于带之右，以一矢夹指间。长者为上司射，幼者为下司射。上司射向鹄正立，发矢，中则司正书之，司副投算于地，司旗应之；不中则否。已，退侍。下司射如之。射讫，请射导复位，司矢敛矢，授俊秀。司正取算，纳于房。射如前仪。讫，授官之子弟，如前仪。已，乃授众官，以次射。贵者后，余皆如前仪。既毕，司正操书，司副执算，献中于长官。司爵酌酒，授中者饮之。中正者三爵，中而出正者二爵，不中者一爵。饮讫，请射导众官以下，捧弓矢，纳于司器。还，各诣长官，揖而退。

月之朔望，县令率乡约②、耆老③、木铎④，讲谕于乡约所。

宾兴

生员乡试，预期设宴于公堂。宴讫，出钱于郊，给路费。举人会试，如乡试礼。

乡试、会试有中式者，闻于县，具币往贺，书旗表其门。中式者来谒，遣役人肩舆、张盖、鼓吹，迎于郊，设宴以待。

廪生充贡赴考时，给路费，余较乡会试中式仪有差。

---

① 乡射：古代一种射箭饮酒的礼仪，兼具击射尚武的精神与修身培德的教化意义。虽然明代多次提倡举行乡射礼，但在民间时兴时废。
② 乡约：指奉官命在乡里中管事的人。
③ 耆老：年老而有地位的士绅。
④ 木铎：指宣扬教化的人。

新补诸生者，至期同赴县，于堂上宴讫，知县鼓吹送入学，同教谕率诸生谒至圣先师。知县、教谕与诸生以次行相见礼。

每月朔望，县令诣学，教谕率诸生出迎于门，入谒至圣先师讫，至明伦堂讲书考课，行赏劝。

部颁祭文

维年月日具官某致祭于至圣先师孔子曰①：惟先师德隆千圣，道冠百王，揭日月以常行，自生民所未有。属文教昌明之会，正礼和乐节之时。辟雍钟鼓，咸恪荐于馨香；泮水胶庠②，益致严于笾豆③。兹当春（秋）仲，祇率彝章，肃展微忱，聿将祀典。以复圣颜子、宗圣曾子、述圣子思子、亚圣孟子配。尚飨！

乐章

迎神，《昭平之章》（无舞）：大哉孔子，先觉先知。与天地参，万世之师。祥征麟绂，韵答金丝。日月既揭，乾坤清夷。

初献，《宣平之章》（有舞）：予怀明德，玉振金声。生民未有，展也大成。俎豆千古，春秋上丁。清酒既载，其香始升。

亚献，《秩平之章》（有舞）：式礼莫愆，升堂再献。响协蕡镛④，诚孚罍甗⑤。肃肃雍雍，誉髦斯彦。礼陶乐淑，相观而善。

终献，《叙平之章》（有舞）：自古在昔，先民有作。皮弁祭菜，於论思乐。惟天牖民，惟圣时若。彝伦攸叙，至今木铎。

---

① 具官：居官。谓徒居官位。
② 胶庠：周代学校名。周时胶为大学，庠为小学。后世通称学校为"胶庠"。语本《礼记·王制》："周人养国老于东胶，养庶老于虞庠。"
③ 笾豆：笾和豆。古代祭祀及宴会时常用的两种礼器。竹制为笾，木制为豆。借指祭仪。
④ 蕡镛（fén yōng）：大鼓和大钟。借指高雅之乐曲。
⑤ 罍甗（léi yǎn）：酒樽与炊具。代表酒食。

彻馔，《懿平之章》（无舞）：先师有言，祭则受福。四海黉宫，畴敢不肃。礼成告彻①，毋疏毋渎。乐所自生，中原有菽。

送神，《德平之章》（无舞）：凫绎峨峨②，洙泗洋洋③。景行行止，流泽无疆。聿昭祀事，祀事孔明。化我烝民，育我胶庠。

右乐章，春祭夹钟为宫，倍应钟起调；秋祭南吕为宫，仲吕起调④。

崇圣祭文

维年月日具官某致祭于肇圣王、裕圣王、诒圣王、昌圣王、启圣王曰：惟王奕叶钟祥，光开圣绪，圣德贻后，积久弥昌。凡声教所覃敷，率循源而溯本，宜肃明禋之典，用申守土之忱。兹届仲春（秋），聿修祀事，配以先贤颜氏、先贤曾氏、先贤孔氏、先贤孟孙氏。尚飨！

名宦乡贤祭文

维年月日具官某致祭于本邑忠义孝弟之神曰：惟灵禀赋贞纯，躬行笃实。忠诚奋发，贯金石而不渝；义问宣昭，表乡闾而共式。祗事懋彝伦之大，性挚莪蒿；克恭念天显之亲，情殷棣萼。楷模咸推夫懿德，纶恩特阐其幽光。祠宇维隆，岁时式祀，用陈尊簋，来格几筵。尚飨！

---

① 告：原文误作"先"，今改。
② 凫绎：凫山和绎山。均在山东省邹县。
③ 洙泗：洙水和泗水。古时二水自山东省泗水县北合流而下，至曲阜北，又分为二水，洙水在北，泗水在南。春秋时属鲁国地。孔子在洙泗之间聚徒讲学。《礼记·檀弓上》："吾与女事夫子于洙泗之间。"后因以"洙泗"代称孔子及儒家。
④ 中国古代律制，用三分损益法将一个八度分为十二个不完全相等的半音，从低到高依次为：黄钟，大吕，太簇，夹钟，姑洗，仲吕，蕤宾，林钟，夷则，南吕，无射，应钟。奇数各律又称为"律"，偶数各律称为"吕"，总称为"六律""六吕"。

祥异

自《书》陈《洪范》[①],汉儒遂多五行家言。班固《汉书·五行志》后[②],史书多仿之,或流为阴阳谶纬之学,然天人征应不可诬也。至有关一县之故者,众以为不载则前事无征。乃考前史,慎阳置县后祥异之见于书,及旧《志》所载、近日故老传闻可据者,列于篇。

汉元光五年夏,汝南大水,坏民庐舍。

永建四年,霪雨,伤稼。

晋太康元年夏四月,雨雹,伤麦豆。

永宁元年,霖雨,淹害秋麦。

义熙五年冬十一月丁亥,大风发屋。

咸宁五年九月甲午,麟见于汝南。[③]

隋大业中,汝南有马生角,长数寸。

唐仪凤二年,大旱。

永淳二年夏,大旱。

开元三年秋七月,蝗飞蔽天。

元和十二年夏,雨雹中人有死者。

---

① 《洪范》:《尚书》中的篇名。旧传为箕子向周武王陈述的"天地之大法"。今人或认为系春秋战国后期或两汉儒者所作。其中提出水、火、木、金、土"五行"及其性能作用。

② 《汉书·五行志》:中国正史中的第一篇《五行志》。以《尚书·洪范》中的"五行"作为理论基础,将夏商至秦汉的灾异事件分门归类,以时间先后依次排列,从天人感应的角度把人事、气象与灾祸联系起来进行解释。

③ 咸宁五年(279)应在晋武帝太康元年(280)之前。

贞元十八年，旱。①

开成二年，雨雹，害稼。

开成三年秋，大蝗，草木叶皆尽。

咸通三年六月，蝗。

梁开平元年夏六月，许、陈、汝、蔡、颍五州蝝生，有野禽群飞蔽空②，食之皆尽。

周广顺三年，汝南旬日内无鸟，既而聚山谷中，集于林，压树枝皆折。

宋建隆二年，蔡州霪雨害田禾，道路行舟。

端拱二年，汝南大旱，民多饥死。

庆历八年，汝南蝗。

治平元年春，蔡汝旱。

乾道元年六月，汝南蝗，宪臣姚岳贡死蝗为瑞，上斥其佞，坐黜。

淳熙三年夏六月甲午，蝗起京东北，趋西南，蔽空如云翳日。七月，蔡汝诸州蝗，俄抱草自死。

淳熙十二年，淮水冰，断流。

太和四年③，黑虫食苗。

徽宗政和四年④，府畿汝蔡之间，连山大小石皆变为玛瑙，尚方取以器玩。

---

① 贞元十八年（802）应在上一条元和十二年（817）之前。
② 原文脱"蔽"字，今据明嘉靖《真阳县志》卷九《博物志·祥异》补。
③ 宋代无"太和"年号。
④ 徽宗政和四年（1114）应在上文"乾道元年（1165）"之前。

绍兴三年秋七月①，淮西雨害禾麦。四年夏五月，淮西郡县水坏圩田，害蚕麦。

绍熙三年秋九月，淮西郡县稼皆肃于霜，民大饥。

延祐三年冬十月，地震。②

至正三年，霪雨，自四月至七月不止。

至正十一年，颍州妖人刘福通据朱皋，兵破真阳城，焚掠一空。

至正十九年，蝗飞蔽天，所落沟堑尽平，民大饥。

天顺元年，蝗，免租。③

弘治二年，大水，坏民庐舍。

弘治十五年，旱。

正德三年，大旱，人相食，田野沟壑皆死尸。

正德六年冬十二月，流寇刘良攻城④，焚掠一空。

正德十四年冬十月十二日，地震，屋瓦摇落，逾时乃止。

嘉靖三年，旱。

嘉靖十年秋，大水，免田租之半。

嘉靖十八年，大饥，遣官赈之。

嘉靖三十二年夏四月，雨，至秋七月，坏公署、城垣、民居殆尽，无麦，禾稻倍收，免民田租之半。

---

① 绍兴三年（1133），应在乾道元年（1165）之前、徽宗政和四年（1114）之后。
② 此条开始为元代事。
③ 此条开始为明代事。
④ 刘良：当为"刘惠"。明正德五年（1510），刘六、刘七在霸州（今河北省霸州市）发动农民暴动，刘惠为领导者之一（故称"霸寇"）。次年，兵分两路，刘惠、赵燧等人率领的西路军，活跃于河南、安徽一带。正德七年（1512），兵败。

万历二十一年，蝗，人相食。

天启六年，水坏民居。

崇祯四年，水坏民舍，鱼入于市，疫大作，民死者半。

崇祯七年，流寇入境，四乡废耕。

崇祯九年，蝗，大饥，人相食；土寇大作，城门日闭。

崇祯十年，流寇往来如织，村镇焚杀殆尽。北门内生员彭久昌家，鸡作人语。蝗。是年，确查被贼焚杀情形，知县刘进官绘图以进，诏除荒地免征租。

崇祯十四年，大饥，人相食。申明亭、察院、城濠内外鼎镬数处，居人不敢独行。

崇祯十五年夏五月二十日，流贼一堵墙破城。冬十月，沈万登入城镇守①。十一月，闯贼破汝宁县，民多逃亡。

崇祯十六年，闯贼遣伪官朱士熹为县尹，封沈万登威武将军。

国朝

顺治二年春，积雪深数尺，大饥，人相食。

顺治五年，有鸭生四足，鸡翅生爪，食之伤人，有成群飞去者。夏六月二十三日，大风发屋拔木；雨雹，大者如升，中屋舍梁栋立折。

顺治六年春二月二十三日，雨雹如卵，坏民舍。

顺治七年秋七月二十三日，雨雹伤禾。

---

① 沈万登：汝宁府真阳县（今正阳县）人，明末农民军首领之一。号称"大侠"。崇祯七年（1634）冬，盛之友于岳城起兵，沈万登聚乡勇万人响应，称"顺义王"。十年（1637），为农民军豫楚十三家之一。十二年（1639）七月，请降，授都司，屯兵真阳。十五年（1642）闰十一月，李自成农民军攻陷汝宁府，授沈万登威武大将军，不受。明朝授为副总兵。十六年（1643）十月，沈万登收复汝宁。十七年（1644）五月，与西平刘洪起农民军火并，被杀。

顺治九年春二月十四日夜分,地震,自西北至东南,守城者俱倾倒。

顺治十五年夏四月二十五日,大风拔木发屋。五月十三日,大雨,至二十二日,麦萎无收。秋八月二十七日,大雨如注,至九月十八日,秋禾漂没,坏城垣、民居。

顺治十六年春,久雨,坏庐舍,薪草每斤三十钱,谷贵五倍常时。夏四月,城外西北五六里许,每晨望之有气如城。虎孕三子于城西。

康熙七年夏六月,地震。

康熙十三年秋八月,大水。

康熙十八年秋七月,旱。

康熙二十一年夏六月,大水。

康熙二十四年秋七月,旱。

康熙二十六年秋七月,水。

康熙二十八年秋七月,旱。

康熙二十九年秋七月,旱,蝗。

康熙三十年夏六月,旱,大疫。

康熙三十二年夏四月,旱,蝗。

康熙三十三年秋七月,旱,蝗。

康熙三十四年夏四月初六日戌时,地震。

康熙三十五年春三月,旱。夏六月初六日,雨,连绵至秋八月,大水。

康熙三十七年,饥。

康熙三十八年,大饥。

康熙四十七年，霪雨，害稼。

康熙四十八年，春夏连雨，腐二麦①，秋禾大熟。冬，北方流民死者遍路。

康熙四十九年春，大饥，人相食。

康熙五十年冬，木冰，树枝半折，鸟兔多死。

雍正元年夏四月，雨冰雹，伤麦，秋谷贵。

雍正七年，淫雨伤麦，刈于泥。

雍正八年春，连雨，大水。

雍正十三年春，汝水臭六七日。

乾隆元年，大旱。

乾隆二年，麦大稔。秋九月，雷击大成殿兽吻。

乾隆七年，汝水七溢，大饥，南方熟，斗米八十钱。

乾隆十五年春三月初六日，大风，发屋折石拔木。

乾隆十八年秋九月初二日，连雨十八日。

乾隆二十一年，大饥，人相食。二十二年如之。

乾隆二十三年，岁大熟，斗谷二十钱。

乾隆三十四年春二月初三日，雨土霾。

乾隆三十五年秋七月二十八日夜，红明似画。

乾隆三十八年，春潦秋旱，饥，谷价腾贵。

乾隆四十年，麦大稔。

乾隆四十三年，大旱，谷贵。夏六月，热风十八昼夜，禾尽焦，后返生，不实。

乾隆四十五年，汝水溢。四十六年，如之。

---

① 二麦：指大麦和小麦。

乾隆四十七年，汝水大溢，与淮、洪二水通流，沿河村庄漂没无数。

乾隆五十年，大旱，麦收不能十二。秋，大无禾无蔬。五月至九月不雨，斗谷千钱，鬻男女者遍道路。

乾隆五十一年，麦大稔，较常数倍，谷贱农困，大疫。秋，蝗，庐舍林木交集，沟途填满，不伤禾。

蠲赉

志蠲赉者，纪国恩也。

顺治十七年，特恩蠲免河南租税①（顺治十六年以前直省钱粮②，凡拖欠在民者，俱蠲免）。

康熙二十四年，特恩蠲免河南等省粮（康熙二十五年应征地丁各项钱粮，蠲免一半，康熙二十四年未完地丁钱粮亦尽蠲免）。

康熙三十年，特恩蠲免河南等省钱粮（康熙三十一年钱粮通行蠲免）。

康熙五十年，特恩蠲免直隶各省等处钱粮（自五十年始，三十年之内全免，通河南省五十一年应征地亩人丁银全完，并历年旧欠亦俱免征）。

雍正七年，特恩蠲免河南钱粮（豫省雍正七年额征钱粮蠲免四十万两）。

雍正十一年，特恩蠲免河南地丁钱粮四十万两（河南本年地丁钱粮蠲免四十万两，即以存贮之耗羡照数拨补③）。

---

① 蠲免：除去；免除。
② 直省：指各省，因直属中央，所以又叫直省。
③ 耗羡：旧时官府征收钱粮时以弥补损耗为名，在正额之外加征的部分。

雍正十三年，特恩蠲免钱粮分惠佃户。

乾隆八年，恩免被灾丁地银两，赈恤贫生贫民有差。

乾隆十年，特恩蠲免直省应征钱粮（乾隆丙寅年直省应征钱粮通行蠲免）。

乾隆十一年，特恩缓征耗羡银两（各省正赋分作三年蠲免[1]，将蠲免正赋之年应征耗羡一并缓至开征年按数完纳）。

乾隆十五年，巡幸河南，蠲租肆赦[2]。

乾隆二十六年，恩免被灾丁地银米，赈恤贫生贫民有差。

乾隆三十一年，特恩蠲免天下漕粮（应输漕米照康熙年间之例，于乾隆三十一年为始，按年分省通行蠲免一次）。

乾隆三十五年，特恩普免天下钱粮（自庚寅年始，普蠲直省钱粮，分三年轮免，河南首免）。

乾隆三十八年，奉恩旨酌缓征钱粮十分之五（河南省京兵经过地方，本年应征钱粮缓，三十九年带征）。

乾隆四十二年，特恩普免天下钱粮（自戊戌年照普蠲天下钱粮分三年轮免，河南钱粮轮于四十五年蠲免）。

乾隆四十三年，特恩先免豫省钱粮（因豫省雨泽愆期，将四十五年轮免钱粮即于本省先行蠲免。本县是年自二月开征起，至四月二十一日奉文蠲免停征，止征收过丁地银六千四百二十七两一钱七分，以作四十四年正赋）。

又奉上谕，借给籽粮极贫下户[3]一月口粮。

又奉恩旨，并留豫省新漕十万石。

---

① 正赋：主要的赋税。指地丁税。
② 蠲租：免除租税。肆赦：犹缓刑，赦免。
③ 下户：指贫困的人家。

乾隆四十四年，特恩先免豫省漕粮（因豫省漫工久稽堵合①，将四十五年应行输免漕即就今岁概赐蠲免）。

又奉上谕，缓征丁地钱粮（豫省四十四年钱粮缓至四十五年为始，分作三年带征）。

乾隆四十七年（本县是年汪湖店、高家台、翰栋店、固城寺、汝南埠等五地方秋后被水，勘明成灾八分，共地丁银一千四百二十两五钱五分四厘，应免十分之四，豁免银五百六十八两二钱二分二厘，灾户已完过带征银二百二两八钱八分六厘，未完成灾户带征银六百四十九两四钱四分六厘，以四十八年为始分作三年带征）。

乾隆五十年，特恩蠲免钱粮十分之三。

又奉特旨缓征漕粮。

又奉上谕赏给极贫下户一月口粮。

又奉恩豁四十三年种粮十分之三。

乾隆五十三年，特恩缓征钱粮（豫省彰、卫、怀三府属本年春雨未透，应征新旧钱粮共缓至秋后，分别征收）。

乾隆五十五年，特恩普免天下钱粮（自辛亥年始，普蠲天下钱粮照各直省所属府州，次第均匀搭配，分作三年轮免，系五十八年应免丁地银两）。

乾隆六十年，特恩普免天下钱粮（照五十五年普免之例，通计三年轮免）。

康熙二十七年，恩诏八十岁以上老民每人给绢一匹、绵一斤、米一石、肉十斤，九十以上者倍之。

康熙四十二年，恩诏七十岁以上老民每人许一丁侍养，八十以

---

① 久稽：长期延续；长期拖延。

上、九十以上老民每人给绢绵如例。

康熙四十八年、五十二年恩赏老民如例。

雍正元年，恩赏老民如例。

乾隆元年，恩诏妇女年七十以上者，每人赏给布一匹，米五斗；军民年七十以上者，准给一丁侍养，免其杂派差役；军民八十以上者，每人赏给绢一匹、绵一斤、米一石、肉十斤；九十以上倍之。

乾隆十五年，跸路经临①，恩赏老民如例。

乾隆二十七年，恩赏老民如例。

乾隆三十七年，恩赏本县七十以上老民李成人等一百三人、八十以上老民赵万选等六十四人绵绢米肉如例。

乾隆四十五年，恩赏老民如例。

乾隆五十年，恩赏本县七十以上老民袁光祖等一百十九人如例，八十以上老民胡琏等四十六人、九十以上老民王丕显等五人绢绵米肉均如例。

乾隆五十五年，恩诏各直省有同堂五世者，着各督抚查明具奏，赐予恩赉；军民年七十以上者酌加恩赉；八十以上、九十以上者均如例；至百岁者题明旌表，加赏大缎一匹、银十两。

恩赏本县七十以上老民袁环等九十七人如例，八十以上老民张锡贤等四十一人、九十以上老民彭秉德一人绢绵米肉均如例。

嘉庆元年，恩诏各直省有同堂五世及亲见七代者，除例赏匾额外，查明各加恩赉；军民年七十以上者许一丁侍养，免其杂派差役；八十以上者给与绢一匹、棉一斤、米一石、肉十斤；九十以上者倍之。

---

① 跸路：谓古代帝王出行时，禁行人以清道。此指帝王车驾行经之路。

卷 十

补遗（下）

集诗

志之有诗与选诗异，不专取其词之工也①。有关于一县之旧迹者录之，或其人本能诗，而集已不传者录之。至田、贺两君诗②，自所存数篇外，尚有群儿嬉戏、废寺钟鸣、度材伐木、客归展墓四章。虽古无此体，而民当离散之余，生气渐复，两君歌诗以纪其实，录之以当妇谚童谣，未始不可备观风者采择也③。

---

① 工：精巧，精致。
② 田、贺：指下文的诗作者田育性、贺斐。
③ 观风：观察风俗得失。

宋

过淮赠景山兼寄子由[①]

苏 轼[②]

过淮山渐好，松桧亦苍然。蔼蔼藏孤寺[③]，泠泠出细泉。故人真吏隐[④]，小槛带岩偏[⑤]。却望临淮市，东风语笑传。

回首灉阳幕[⑥]，簿书高没人[⑦]。何时桐柏水，一洗庾公尘[⑧]。此去渐佳境，独游长惨神[⑨]。待君诗百首，来写浙西春。[⑩]

---

① 景山：孙奕，字景山，福州闽县（今福建省福州市）人。北宋仁宗皇祐元年（1049）进士。历官南陵、海陵、吴县知县。吕诲累荐知封丘县，荐台推，迁监察御史。论王安石新法不便，为邓绾所劾，出监陈州酒税。官至福建转运使。孙奕与苏轼兄弟交往颇深。子由：苏轼的弟弟苏辙（1039—1112），字子由。此诗原名《过淮三首赠景山兼寄子由》，共有三首，此为后两首。第一首是："好在长淮水，十年三往来。功名真已矣，归计亦悠哉。今日风怜客，平时浪作堆。晚来洪泽口，捍索响如雷。"

② 明嘉靖《真阳县志·艺文志》中收录有苏轼《正月十八日蔡州道上遇雪，次子由韵》二首，是在"乌台诗案"后，于元丰三年（1080）正月南下黄州路经蔡州所作。但《过淮赠景山兼寄子由》却并非此行所写。

③ 孤：原文误作"幽"，今据《苏轼诗集合注》改。

④ 吏隐：谓不以利禄萦心，虽居官而犹如隐者。此指诗题中的孙景山。

⑤ 此句意为庭园依着山岩远离闹市。

⑥ 灉阳：指北宋南京府商丘，因灉水在其南，故称。苏轼的弟弟子由时任南京幕僚。

⑦ 没：原文误作"汶"，今据《苏轼诗集合注》改。此句形容子由忙于处理公文，任务繁重。

⑧ 庾公：庾亮（289—340），字元规，颍川郡鄢陵县（今河南省鄢陵县）人。东晋名臣、名士。庾公尘，比喻高官权贵的鄙俗与气势凌人，又泛指尘污。

⑨ 此二句讲江南景色优美，但远离亲人，美景徒增伤感。

⑩ 原注："按旧《志》县南八十里有临淮寺，疑即东坡所谓临淮市也。"整理者注：诗中的临淮在泗州。西，原文误作"江"，今据《苏轼诗集合注》改。末句寄托希望，盼子由去湖州拜访，共写佳篇。

［嘉庆］正阳县志·卷十

元

淮上偶成

马祖常[1]

出京不寄入京书[2],淮水南边有旧居。官比马曹过骑省[3],文因狗监愧相如[4]。西岩仙店终来凤,东谷汤泉亦戏鱼。岂是高情能放逸,山中萝桂正扶疏。[5]

华严寺

化国日迟迟[6],招提独往时[7]。鹤驯看梵磬[8],猫定护斋糜[9]。贝叶翻经译[10],沙墙应制诗。庭前双树好,长夏得风吹。

---

[1] 马祖常(1279—1338):字伯庸,光州(今河南省潢川县)人。元代色目人,著名诗人。自元英宗朝至顺帝朝,历任翰林直学士、礼部尚书、参议中书省事、江南行台中丞、御史中丞、枢密副使等职。明嘉靖《真阳县志·艺文志》收录有马祖常《发淮浦》《适意》两诗。

[2] 出:原文误作"由",今据《石田先生文集》改。

[3] 马曹:管马的官署。多用以指闲散的官职或卑微的小官。骑省:指西晋文学家潘岳。语本晋潘岳《秋兴赋序》:"寓直于散骑之省。"

[4] 狗监:汉代内官名。主管皇帝的猎犬。相如:西汉文学家司马相如。司马相如因狗监杨得意的荐引而名显,故后常用以为典。

[5] 原注:"按:县东七十里有西岩店。"

[6] 化国:教化施行之国。

[7] 招提:原为四方僧的住处,后泛指寺院或僧房。

[8] 梵磬:佛寺之磬。亦指佛寺击磬声。

[9] 斋糜:素粥。

[10] 贝叶:古代印度人用以写经的树叶。借指佛经。

明

谒征君祠

王万祚[①]

高竹倚清流，不见黄叔度。西风吹角巾[②]，扁舟二人渡。

真阳寺中联句（并序）[③]

刘 约、王 琼

弘治乙丑九月十九日，予偕博之参政以设县至真阳，赋此。太原王琼题。

霜风动寥廓（王），竺林抵暮晏。村杯泛楚醪（刘），宾筵杂僧馔。饮多酒圣伏（王），奇出阃兵战。封疆此中州（刘），磊落当代彦。光阴客里过（王），陵谷眼中变。辟地版图并（刘），编民闾里遍。高歌贺升平（王），长途敢言倦（刘）。

---

① 王万祚：字君锡，号二固，浙江台州府临海县（今浙江省临海市）人。万历二十三年（1595）进士，授当涂知县。万历二十八年（1600）任汝阳知县，在职五年，后升为南京福建道御史。执法铁面无私，人称"王铁面"。
② 角巾：方巾，有棱角的头巾。为古代隐士冠饰。
③ 此诗原已收录于明嘉靖《真阳县志·艺文志》。

次韵和王刘联句诗

史　学①

真阳复为县,河海正清晏。我行远宦蜀,父老劳供馔。为言王与刘,公余事笔战。劝农易田畴,设学储俊彦。富足礼义生,风俗亦丕变。比屋诵读声,四野桑麻遍。丁宁新令尹,为政期无倦。

真阳道中口占②

汝南议置旧真阳,敢竭臣心报圣皇。记得相如曾视草③,与闻诏可拜龙章。

真阳镇改为县,抚藩臬诸公建议④。予适在民曹⑤,其覆奏报可之章疏皆得与焉。

---

① 史学(1454—1513):字文鉴,应天府溧阳县(今江苏省溧阳市)人。成化二十三年(1487)进士,授户部山东司主事,迁户部河南司郎中,官终山东左参政。明嘉靖《真阳县志·艺文志》收录有《参议溧阳史学〈次王刘二公韵〉二首》,其中第二首与此诗相近,但又有较多不同。

② 明嘉靖《真阳县志·艺文志》收录有史学《口占》一首,与此诗韵同而内容不同。

③ 视草:古代词臣奉旨修正诏谕一类公文,后亦称词臣起草诏谕为视草。《汉书·淮南王传》:"时武帝方好艺文,以安属为诸父,辩博善为文辞,甚尊重之。每为报书及赐,常召司马相如等视草乃遣。"

④ 抚藩臬:巡抚、布政使、按察使等省级行政部门官员的合称。

⑤ 民曹:官署名。户部的代称。

送杨静之归真阳①

何景明

人物遥从泮水看,眼中乡里旧衣冠。江鸿终拟登逵路,海鹄还应爱羽翰。九日黄花聊对酒,千山红树正凭栏。真阳城外秋仍好,怅望西风白露繁。

自汝适越留别思俞四首

吴安国②

傲吏天涯早倦游③,教人分袂重夷犹④。烟含绿柳枝枝别,秋入丹枫叶叶愁。流尘暗绕陈蕃榻⑤,好景谁登庾亮楼⑥。还向括苍山上望⑦,白云何处是中州。

---

① 此诗原已收录于明嘉靖《真阳县志·艺文志》。
② 明万历八年(1580),吴安国卸任真阳知县,调任浙江永康知县。在真阳任上,与邑人陈昌言(思俞)交好,此四首诗当作于离任分别之时。
③ 傲吏:不为礼法所屈的官吏。
④ 分袂:离别;分手。夷犹:犹豫迟疑不前。也作"夷由"。
⑤ 陈蕃榻:《后汉书·徐穉传》记载,后汉陈蕃为豫章太守,在郡不接宾客,唯徐穉来特设一榻,去则悬之。后因以"陈蕃榻"为礼贤下士之典。
⑥ 庾亮楼:《世说新语·容止》记载,太尉庾亮在武昌时,秋夜天气凉爽、景致清幽,他与属官、随从等众多贤士一起登南楼吟诗、谈笑,尽情欢乐。后因以"庾亮楼"指风流儒雅之场所。
⑦ 括苍山:位于浙东中南部,距离吴安国赴任的永康县较近。

平生意气独逢君，矫首风尘自不群①。载酒相过频问字②，弹灯无寐细论文。晴空烟树吴山近，落日江湖越水分。别后相思真欲老，只将长剑倚秋云。

萧萧匹马又南征，一笑人间万事轻。已分风尘为俗吏，强将诗赋学书生。河阳秋色添愁鬓③，渭水离歌动客情④。何日相逢更投辖⑤，楚天无尽月空明。

蘼芜秋尽雁横沙⑥，江上孤帆日影斜。久向文园悲绿绮⑦，岂缘勾漏觅丹砂⑧。百年星聚怜同调⑨，一日萍分感岁华。此去从君乞元草⑩，欲将名姓附侯芭⑪。

---

① 矫首：昂首；抬头。
② 问字：《汉书·扬雄传下》记载，扬雄校书天禄阁时，多识古文奇字，刘棻曾向扬雄学奇字。后来称从人受学或向人请教学问为"问字"，亦称"问奇字"。
③ 河阳令潘安三十二岁仕途不顺，使他那密云般乌黑的秀发添了几缕银丝，当时正值秋天，他借古人宋玉、贾谊悲秋的典故写下了《秋兴赋》。
④ 唐朝诗人王维在渭城送友人元二远赴安西都护府，写下送别诗《送元二使安西》。后有乐人为之谱曲，名为《阳关三叠》，又名《渭城曲》。
⑤ 投辖：《汉书·陈遵传》载："遵耆酒，每大饮，宾客满堂，辄关门，取客车辖投井中，虽有急，终不得去。"辖，车轴两端的键。后因以"投辖"指殷勤留客。
⑥ 蘼芜：草名。芎䓖的苗，叶有香气。
⑦ 文园：指司马相如。西汉文学家司马相如曾任孝文园令，故称。绿绮：琴名。梁王慕名请司马相如作赋，相如为之写了一篇《如玉赋》。梁王高兴之余，以收藏的传世名琴"绿绮"相回赠。相如得"绿绮"，如获珍宝。他精湛的琴艺配上"绿绮"绝妙的音色，使"绿绮"琴名噪一时。后来，"绿绮"就成了古琴的别称。
⑧ 勾漏：亦作"勾扁"。山名。在今广西壮族自治区北流市东北。有山峰耸立如林，溶洞勾曲穿漏，故名。为道家所传三十六小洞天的第二十二洞天。丹砂：同"丹沙"。一种矿物，炼汞的主要原料。可做颜料，也可入药。又叫辰砂、朱砂。
⑨ 星聚：行星聚于某宿。犹会聚。同调：比喻志趣或主张相同的人。
⑩ 元草：玄草。指西汉扬雄所作《太玄》。
⑪ 侯芭：又名侯辅，西汉巨鹿（今河北省邢台市巨鹿县）人，著名文学家、哲学家扬雄的弟子，学习《太玄》《法言》。《汉书·扬雄传》末附其名。

题王博士令母贞节卷

陈昌言

千里悲风江草长,锦屏西出郁青苍。绝弦当日缘何事①,捧檄于今只自伤②。白首已经排剑阁③,青山宁复壮铜梁④。崚嶒似共高千古⑤,白首无言夜夜霜。

送别吴明府文仲之婺州⑥

山悬孤石倚云霄,君去天台望不遥⑦。霞色总临沧海气,练光应动赤城标⑧。行时可忆三花树,到日宁随入月潮。独有子期今寂

---

① 绝弦:琴弦断绝。语本《吕氏春秋·本味》俞伯牙与钟子期的故事。比喻知音亡故。
② 捧檄:奉命就任。《后汉书》卷三十九记载,东汉人毛义有孝名,张奉去拜访他,刚好府檄至,要毛义去任守令,毛义拿到檄,表现出高兴的样子,张奉因此看不起他。后来毛义母死,毛义终于不再出去做官,张奉才知道他不过是为亲屈,感叹自己知他不深。后以"捧檄"为为母出仕的典故。
③ 剑阁:今四川省广元市剑阁县。
④ 铜梁:今重庆市铜梁区。
⑤ 崚嶒(líng céng):山势高峻。
⑥ 吴明府:真阳知县吴安国,字文仲。婺州:浙江金华的古称。吴安国即将赴任的永康县即属金华府。此诗当作于明万历八年(1580)吴安国从真阳知县调任永康知县之时。
⑦ 天台:天台山,地处今浙江省宁波、绍兴、金华、温州四市的交界地带。
⑧ 赤城:浙江台州(府)的别称。因境内赤城山得名。

窦①，莫言白雪向人骄②。

归来呈余同六社丈③
钟声宏

宠辱灰心是处闲，荒城无恙御风还。来寻故旧家家到，去认园林树树攀。浪迹宁期归故园，幽情只合住深山。招提幸自多僧侣，一上蒲团即闭关。

横　山④
刘宗汉

晚山红树乱栖鸦，耸翠朱楼衬落霞。朝霁小池波荡漾，夕晖远岫映参差。光分石壁花丛艳，影入柴门草径斜。西望朗陵如画里⑤，隔溪犹见几人家。

---

① 子期：钟子期。代指自己。
② 白雪：原指楚国的一种高雅乐曲。战国楚宋玉《对楚王问》："其为'阳春''白雪'，国中属而和者数十人。"此指高雅的艺术作品或精神追求。
③ 原注："时避乱初归。"此诗原已收录于清康熙《真阳县志·艺文》，个别字句有变动。
④ 此诗原已收录于清康熙《真阳县志·艺文》，题为《横山晚照》，个别字句有变动。
⑤ 朗陵：汉旧县，故址在今河南省确山县西南任店镇。

南龙冈①

陈 标

一陇南来绕慎阳，昔年人道是龙冈。地灵蟠结千秋固，天目连绵百里长②。两岸曾无青嶂耸，四时定有白云藏。太平郊野农桑遍，何处登高望帝乡。

淮 水③

张 璿

昨夜天边宿雨收，长淮春水泊天浮。层层暖送桃花浪，细细香分杜若洲。鸥鹭往来如有约，鱼龙变化暂随流。发原已有朝宗势④，不到沧溟志不休。

清水港

张 玺

小港潆洄澈底清，不知谁与锡嘉名⑤。含情欲问沧浪水，能否

---

① 此诗原已收录于明嘉靖《真阳县志·艺文志》，题为《南龙古冈》，是陈标《真阳八景》八首之一，但两诗有较多不同之处。
② 天目：天目山，在正阳县城西约60公里，地处今确山县、平桥区、桐柏县接壤处。
③ 此诗原已收录于明嘉靖《真阳县志·艺文志》、清康熙《真阳县志·艺文》，题为《淮水春澜》，是张璿《真阳八景》八首之一，但两诗个别词语有变化。
④ 朝宗：比喻川水流归大海。
⑤ 锡：通"赐"，给予，赐给。

朝朝可濯缨①。

间河晚钓②
何　麟

暇日登临处，间河联枣邱。泠泠山下出③，浩浩柳阴流。峻岭风光好，平原草色浮。渔矶闲扫罢，明月散汀洲。

柳寨寺④

云暗前朝寺，高低树影联。上方鸣细磬，下界响流泉。禅室栖贫士，梵音静远天。僧归当日暮，坐客话前缘。

九日登高有作，时宰真阳⑤
徐　霓

采菊南楼下，更登楼外楼。衣冠见文物，经略忆名流。秀气千溪合，秋光一望收。明年当此日，佳景对谁酬。

---

① 濯缨：洗涤帽缨。语本《孟子·离娄上》："沧浪之水清兮，可以濯我缨。"后以"濯缨"比喻超脱世俗，操守高洁。
② 此诗原已收录于明嘉靖《真阳县志·艺文志》、清康熙《真阳县志·艺文》，是何麟《西岩八景》八首之一，但两诗个别词语有变化。
③ 泠泠：状声词。形容清脆激越的声音。
④ 此诗原已收录于明嘉靖《真阳县志·艺文志》、清康熙《真阳县志·艺文》，题为《柳寨禅室》，是何麟《西岩八景》八首之一，但两诗字句有较多不同。
⑤ 此诗原已收录于明嘉靖《真阳县志·艺文志》、清康熙《真阳县志·艺文》，题作《九日登高有作》。

固城寺①

张九一②

断岸回溪迹已陈，烟消金刹独嶙峋。苔中卧碣开皇岁，图里传衣证果人③。忍草长如春草绿④，觉花尤较晓花新⑤。出门无处无风雨，愿借空王慧日轮⑥。

真阳道中风雨骤至

惨惨阴霞抱日翔，萧萧朔吹拔林狂。蛟龙骤裂千崖出，天地俄依片雾藏。神女何当行暮峡⑦，闺人应是望朝阳。此生久拟泥涂老，愁听寒声入夜长。

---

① 原注："寺中有碣，题'开皇二年'。"
② 张九一（1533—1598）：字助甫，号周田，汝宁府新蔡县（今河南省驻马店市新蔡县）人。明嘉靖三十二年（1553）进士。授黄梅知县，历官吏部主事、广平府同知、湖广按察司佥事、布政司参议、凉州副使，累至右佥都御史，巡抚宁夏。著作有《绿波楼集》十卷。
③ 传衣：谓传授师法或继承师业。证果：佛教语。谓佛教徒经过长期修行而悟入妙道。泛指修行得道。
④ 忍草：即"忍辱草"。佛经中说雪山有草，名为忍辱，牛羊食之，则成醍醐。
⑤ 觉花：觉悟之花。
⑥ 空王：佛的尊称。佛说世界一切皆空，故称"空王"。慧日：佛教语。指普照一切的法慧、佛慧。
⑦ 峡：或为"霞"字之误。

国朝

荒村新舍

田育性

归来日事斩荆榛,补屋牵萝倚水滨①。无碍篱边栖好鸟,有时门外走惊麋。烟光绕壁青林霭,夜色侵窗皓月新。故老可能频见过,绿杨为幕草为茵。

输纳醉归

勤勤南亩事公家,赢得公余乐岁华。天赐有年皆国福,人能无累即生涯。升平共沐君王泽,欢笑何嫌僮仆哗。把酒相同学击壤②,更须努力课桑麻。

穷巷书声

贺 斐③

慎阳村郭半成墟,难觅诗书煨烬余④。昨夜鸡鸣人起舞,天开

---

① 补屋牵萝:亦作"牵萝补屋"。意思是拿藤萝补房屋的漏洞。本来形容生活贫困,挪东补西。后多比喻将就凑合。语出杜甫《佳人》诗:"侍婢卖珠回,牵萝补茅屋。"
② 击壤:古代的一种游戏。把一块鞋子状的木片侧放地上,在三四十步处用另一块木片去投掷它,击中的就算得胜。
③ 贺斐,字予璧,号韬章,油房店(今正阳县油坊店乡)人,恩贡生。本《志》卷十《补遗下·人物》有传。
④ 煨烬:灰烬,燃烧后的残余物。

草昧念皇初①。

荒村新舍

几年鸿雁各飞鸣,烟火萧条不计程。鸡犬忽闻荆棘里,离魂犹恐吏人惊。

茅边闲径

崎岖不异走蚕丛②,拨草褰裳小径通③。访旧归来人迹少,前村指点认西东。

故旧谈心

相逢万语总难休,共此百罹凡几秋④。往事追思成蝶梦,连床永夜话离愁。

郭外牧牛

驱犊刚逢雨霁时,平原一望草离离。莫言放马休难再,卖剑从

---

① 天开草昧:同"天造草昧"。谓天地之始,万物草创于混沌蒙昧之中。语出《周易·屯卦》:"天造草昧。"孔颖达疏:"言天造万物于草创之始,如在冥昧之时也。"皇初:最初的帝王。
② 蚕丛:相传为蜀王先祖,教人蚕桑,后泛指蜀地、蜀道。在此似指崎岖小道。
③ 褰裳:撩起下裳。
④ 百罹:种种不幸的遭遇。

今比户知①。

此余伯高祖韬章府君作也。府君生当明季,百难备尝,及遇升平,追维往事,作为此诗。读之,念先人手泽犹存,而我国初太平景象且如将见之也。祥谨识②。

黄叔度故里

金　镇③

醴泉本无原④,芝草宁有根。名贤不世出,往往生单门⑤。我怀黄叔度,高节冠中原。戴子既服下⑥,奉高矢弗谖⑦。咄哉牛医儿⑧,道德一何尊⑨。言遵滇水旁⑩,仿佛昔徽存⑪。圣贤贵自树,世俗安

---

① 卖剑：即"卖剑买牛"。《汉书·循吏传》记载,汉宣帝时,渤海郡因饥荒,居民多带持刀剑为盗,龚遂为太守后,劝民舍弃刀剑,改业归农。后比喻改业务农或坏人改恶从善。比户：家家户户。

② 这段说明是本《志》最后两卷《补遗》的编纂者贺祥所写。上面的五首诗则为贺祥伯高祖贺斐（韬章）所写。

③ 金镇（1622—1685）：字又镳,号长真,浙江山阴（今浙江省绍兴市越城区）人,宛平（今北京市丰台区）籍。明崇祯十五年（1642）举人。入清,先后任山东曹县知县,河南阌乡县知县,銮仪卫经历,刑部河南司员外郎、郎中。顺治十五年（1658）,任汝宁府知府,治汝十六年。康熙十二年（1673）改补扬州知府。复由江宁驿传盐法道副使,升江南提刑按察使,诰授通议大夫。著有《清美堂诗集》等。

④ 醴泉：甘甜的泉水。原："源"的古字。水源,水流起头的地方。

⑤ 单门：门第微贱孤寒。

⑥ 戴子：戴良。

⑦ 奉高：袁阆,字奉高。矢弗谖：誓不忘。语出《诗经·卫风·考槃》："考槃在涧,硕人之宽,独寐寤言,永矢弗谖。"

⑧ 咄：表示惊异。牛医儿：指黄叔度。叔度父为牛医,故称。

⑨ 一何：何其；多么。

⑩ 言：语助词,无义。遵：沿着。

⑪ 徽：美好的（形象、名声）。

足论。

吊黄叔度

彭　宾①

大海无曲流，崇山无拳石。清浊苟不淆，夷险皆为迹。高躅有征君，党人皆避席②。浊汉不可仕，衰周又谁适。硕画干诸侯③，游说不辍轫④。慕圣乐琴弦，搴芳耀图籍⑤。王佐有遗才⑥，韬光泣今昔⑦。

---

① 彭宾：生卒年不详。字燕又，一字穆如，号五蕤，又号大寂子，松江府华亭县（今上海市松江区）人。明崇祯三年（1630）举人。入复社、几社，与陈子龙友善。入清，顺治十四年（1657）任汝宁府推官。晚岁居家授徒。康熙末其孙士超掇拾残剩，整理其作品为《搜遗稿》四卷。

② 避席：离开座位说话，以示尊敬。

③ 硕画：远大的谋划。

④ 轫：古代车上置于辕前端与车横木衔接处的销钉。不辍轫，不停车。此二句从《天禄阁外史》内容而来，以为《外史》一书所述黄宪游说汉末诸侯王事迹为真。

⑤ 搴芳：采摘花草。

⑥ 《汉书·董仲舒传》载："刘向称董仲舒有王佐之材，虽伊、吕亡以回。"后遂以"王佐之才"形容某人（或谋臣）具有非凡的治国能力。王，君主或帝王；佐，辅佐。王佐，即为"佐王"。

⑦ 韬光：藏匿光芒。比喻人隐藏才能而不外露。

汝南咏古

陈维崧①

末流尚厓异②,薄俗善抵牾③。寥寥千载间,我思黄叔度。时事至桓灵④,群阉窃国步⑤。甘陵恣品目⑥,郡国炫厨顾⑦。失之生疻痏⑧,得之长毛羽⑨。虚声煽贤豪,余波骇行路⑩。独有千顷波⑪,不受党人误。牛医大自佳,仕亦无所忤。

---

① 陈维崧(1625—1682):字其年,号迦陵,常州府宜兴县(今江苏省宜兴市)人。明末清初词人、骈文家,阳羡词派领袖。早年曾寓居河南商丘。康熙九年(1670),陈维崧途经汝宁,写下《汝宁杂感八首》《汝南咏古五首》等诗。康熙十八年(1679),举博学鸿词科,授官翰林院检讨。尝与朱彝尊合刊所作曰《朱陈村词》,传世有《湖海楼诗文词全集》。
② 厓异:即"崖异"。高立山岸。表示异于众人。
③ 抵牾:牛角相抵触。引申为相互冲突。
④ 桓灵:东汉桓帝(147—167在位)和灵帝(168—189在位)。
⑤ 群阉:宦官。国步:国运。
⑥ 甘陵:泛指朋党。恣:放纵。品目:品评。
⑦ 厨顾:"俊厨顾及"的简写。东汉士大夫互相标榜,效法古代"八元""八凯"之称,每取号以称当世名士,如"八俊""八顾""八及""八厨"等。俊,言人之英也;顾,言能以德行引人者也;及,言其能导人追宗者也;厨,言能以财救人者也。(见《后汉书·党锢传》)后因以"俊厨"或"俊厨顾及"指才德超著的人。
⑧ 疻痏(zhǐ wěi):殴伤。轻伤为疻,重伤为痏。泛指伤痛。
⑨ 毛羽:比喻人的名声。
⑩ 行路:路人,在路上行走的人。
⑪ 千顷波:代指黄叔度。出自郭泰(林宗)语:"叔度汪汪若千顷波,澄之不清,淆之不浊,不可量也。"

赠彭孝子浩然①

刘乐滢（淮宁诸生）②

蔡顺千年后③，汝南见此君。经从庐墓得④，游惜倚间勤⑤。菽水愁丰岁⑥，薪苏负夕曛⑦。慎阳三万户，不间好声闻⑧。

孝子事实，《志》已载之，可以传矣。忆孝子曾与余同举优行⑨，余愧焉。同里选贡张君称：其庐墓时，一夕天大风雨，发屋拔木，而孝子之庐无恙。卒之日，历叙生平为某事无愧，某事少歉。言毕，端坐而逝。非有道者不能。卒以无子，惜哉！读刘君诗，因书其轶事于后。叶儒林识。

---

① 彭孝子浩然：彭宗孟，字浩然。本《志》卷五《人物》有传。
② 刘乐滢：生平不详，陈州府淮宁县（今河南省周口市淮阳区）人。府学生，乾隆十六年（1751）贡生。
③ 蔡顺：字君仲，东汉汝南郡人。以奉母至孝闻名。事迹见《后汉书·周磐传》。
④ 经：指儒家典籍"五经"。彭宗孟在父亲死后庐墓三年，勤奋读书，之后补弟子员，以"五经"文为学使蔡新所赏拔。
⑤ 游惜："游息"之误。游息，犹行止。倚间：靠着里门。形容父母急切盼望子女回家的心情。
⑥ 菽水：豆与水。指所食唯豆和水，形容生活清苦。语出《礼记·檀弓下》："子路曰：'伤哉！贫也！生无以为养，死无以为礼也。'孔子曰：'啜菽饮水尽其欢，斯之谓孝。'"后常以"菽水"指晚辈对长辈的供养。
⑦ 薪苏：柴火。夕曛：日暮时夕阳的余晖。
⑧ 不间：不时；时常。
⑨ 优行：品学优良。

慎阳，古汝南名地也。闲居兴怀，追咏古迹作诗八首

叶儒林

水利全资太守贤①，慎陂上下受淮川。塘开四百童谣验②，修复人称建武年。

阡陌谁曾记旧闻，鸿陂水脉细流分。淮阳自古称襟要③，尸祝无忘许伟君④。

残碑岁纪开皇号⑤，古镜铭镌小篆文⑥。一种销沉犹未尽，人间留得播清芬。

王子长沙封邑在⑦，交流汝颍旧钟灵。后来但使余徽续⑧，太史重为奏德星⑨。

---

① 太守：指东汉汝南郡太守邓晨。《后汉书·邓晨传》载："晨兴鸿郄陂数千顷田，汝土以殷，鱼稻之饶，流衍它郡。"

② 《汉书·翟方进传》载："王莽时常枯旱，郡中追怨方进，童谣曰：'坏陂谁？翟子威。饭我豆食羹芋魁。反乎覆，陂当复。谁云者？两黄鹄。'"

③ 原注："顾景范云：'荆豫之间，自古称襟要处。'"

④ 原注："后汉许杨，字伟君，由慎陂达鸿郄陂起塘四百余里，百姓得其利。"尸祝：祭祀。

⑤ 原注："孙观察星衍续入《中州金石记》。"

⑥ 原注："土人耕田得古镜二，一铭'长宜子孙'四字，一有'乘紫云驾飞龙、东王公西王母'等字，余模糊难辨，归即墨张司马鹤家，定为汉器。"

⑦ 原注："汉武帝元光六年，封长沙定王子刘苍为安成侯。"整理者注：汉代安成不止一处，据《汉书·地理志》长沙国亦有安成。安成侯刘苍封地，《汉书·王子侯表》注在豫章，即此安成，治今江西省吉安市安福县西。

⑧ 余徽：遗留下来的美德。

⑨ 太史：职官名。编载史事兼掌天文历法。秦汉称为"太史令"。魏晋以后，修史之职转归著作郎，太史则专掌历法。德星：古以景星、岁星等为德星，认为国有道有福或有贤人出现，则德星现。

征君祠墓附城闉，有客登临慨叹频。踯躅斜阳芳草地，为吾师表是何人①。

南望荆山隔暮云，淮流荡荡瀫波纹。临淮废垒今荒草②，吊古人来日又曛。

渺渺荒城旆影昏③，孤臣仗节答君恩④。诸生尚有田畴义⑤，配食应为酹一尊。

名士汝南接迹生，湾环汝水抱安成。自惭负郭山庄在⑥，未歇流风怀古情。

咏怀县中古迹五首

叶慎林

寒云杳杳水湝湝⑦，吊古何人赋感怀。令尹空城余蔓草⑧，将军废垒半幽霾。烟涛浩渺连三楚，车马喧阗剩九街⑨。最是不堪凭眺处，秋风回首故临淮。

兵储农事本相资，回忆昔年全盛时。诏遗万军屯狗栅，田开百

---

① 原注："用荀淑称征君语。"
② 此诗写临淮城遗址。
③ 旆（pèi）：古代旗末端状如燕尾的垂旒。泛指旌旗。
④ 孤臣：指王信。此诗写明崇祯年间真阳知县王信御敌殉难事。
⑤ 原注："谓田生事。"整理者注：知县王信御敌被执，真阳生员田育性率乡民义勇救援，追至罗山，救下王信的儿子，并寻得王信尸首。其事详见本《志》卷七《恤赠光禄丞前真阳令王公祠记》一文。畴：同"俦"。同类，类别。
⑥ 原注："余居里在安成西偏。"
⑦ 湝湝（jiē）：水流动的样子，亦指水流声。
⑧ 原注："《左传》：'楚王使令尹蒍艾猎城沂。'姚培谦注：在今真阳县境。"
⑨ 原注："明崇王娶县钟氏女，今城中有钟妃故第。"喧阗：喧哗，热闹。

顷号龙陂。南临淮水环襟带，东望江城负角觭①。百姓而今安堵久，万家烟火庆重熙②。

名贤此地旧经过③，无限低徊汝水波。要地可怜频蹂躏，遗编无复见搜罗④。遵娴尺牍收藏少⑤，朔忆金门感慨多⑥。争似当年周与戴⑦，一门竞爽盛如何⑧。

安成旧事说全昌，此日登临望渺茫。万户宁输齐稷下⑨，千年犹见鲁灵光⑩。列侯勋业铭钟鼎⑪，名士声称到梓桑⑫。六代风流能续否，残碑拂拭记开皇。

---

① 觭（jī）：像两个角一向上一向下弯的，不对称的。
② 重熙：旧时用以称颂君主累世圣明。
③ 原注："见《后汉书·黄征君本传》。"
④ 原注："县之《艺文·天禄阁外史》即属赝托，后有作者，亦皆散佚。"
⑤ 原注："明邑人陈思俞与王百縠、赵㑺鹤、张助甫诸名士相唱酬，著有《临云轩稿》，罕见之者。"遵：陈遵。《汉书·陈遵传》记载，西汉陈遵极有德行，颇受时人尊敬。他善于写尺牍，凡得到他书札的人，都珍藏起来，并引以为荣。
⑥ 原注："明邑令吴文仲尝以东方朔自况。"金门：即金马门。汉代宦署名。因门旁有铜马，故称"金马门"。汉武帝曾使东方朔待诏金马门。
⑦ 周与戴：周氏与戴氏。二氏在古代汝南郡是望族，名人辈出，如周仁、周燕、周扬、周甥、周夔、周嘉、周畅、周乘、周防、周举、周业、周磐、周浚、周馥、周访、周光、周密、周颛、周嵩、周抚、周闵、周谟、周楚、周仲孙、周琼、周虓、周朗、周峤、周顗、周舍、周弘正、周弘让、周弘直、周炅、周法尚，等等；戴氏有戴遵、戴伯鸾、戴良、戴凭、戴绍等人。
⑧ 竞爽：媲美；争胜。
⑨ 原注："安成故城东有寒冻店，土人相传为旧日安成东关，汝水环之，人烟荟萃，汝南一都会也。"齐稷下：齐国的稷下。本为战国时期人才荟萃的学术研究中心，在此似指人口众多的繁华之地。
⑩ 原注："城中尽犁为田，惟余一寺，重檐飞屋，行人于数里外即望见之。"鲁灵光："鲁殿灵光"的简写。汉代鲁恭王所建灵光殿屡经战乱而独存，后因以指硕果仅存的人或事物。
⑪ 原注："居人往往于城中掘得铜器，篆文铭词俱极古雅，博物者定为汉时贵者所制。"
⑫ 梓桑：即"桑梓"。古代常在家屋旁栽种桑树和梓树。又说家乡的桑树和梓树是父母种的，要对它表示敬意。后人遂用"桑梓"比喻故乡。

萧瑟西风吹慎陂，前贤墓左奉专祠。清流应笑渔洋误①，旧迹还征检讨诗②。树影苍茫连古刹，苔纹历碌蚀丰碑。王陈本是忘年友，可赏奇文共析疑。③

集文

集文之例与集诗同，虽不尽雅驯④，而有关于一县之故者录之。至王守溪《天禄阁外史序》见汉魏丛书中，所谓过而存之也。

徐公均田记⑤

吴以旆

或问田可均乎？曰：势难、时难、人难。势难则沟渠、道路、庄屯、冢墓弗一⑥，非大垦辟之不可为也；时难则朝夕急于资生，经画缓于揣摩，非假数岁不能定也；人难则州县因循乎阡陌之废，豪强坐拥乎兼并之利，贫富不均，教养无法，甚为斯民病也。然则田终不可均乎？秦以匪人废，周以得人兴。《书》曰"丕平富"，

---

① 渔洋：王士祯（1634—1711），原名王士禛，字子真，一字贻上，号阮亭，又号渔洋山人，世称王渔洋。山东新城（今山东桓台县）人。清顺治十五年（1658）进士。康熙四十三年（1704），官至刑部尚书。清初诗人、文学家、诗词理论家。
② 检讨：陈维崧（1625—1682），字其年，号迦陵，官任翰林院检讨。
③ 原注："王尚书贻上《过黄叔度墓》云：'落月汉江上，樯乌初动时。一抔悲马鬣，千顷拜牛医。鄙吝消何有，清流本自危。如何无愧色，惟说蔡邕碑。'不知征君既为慎阳人，则祠墓宜在慎阳，汉江自伪耳。陈检讨其年《汝宁杂感》云：'名士汝南多，旧迹以目验。'而知之也。"
④ 雅驯：指文辞优美，典雅不俗。
⑤ 原注："碑在南龙冈七星台上，今颓。"整理者注：此文原载于明嘉靖《真阳县志》卷一《地理志》"山川"下。
⑥ 此句与明嘉靖《真阳县志》卷一《地理志·山川》所录原文略有异。

《诗》曰"我疆我理，南东其亩"，周室之所以兴隆也，要在得人耳。窃闻真邑向者雉堞荒，楼橹鞠，而城减复新于柔兆摄提岁，百制未备。士大夫临是邑相顾束手，我徐侯甫莅厥事，发硎中肯綮，了无留难，是诚得人也。至论均田一事，乃其深造所自得者，曰："总百里之地，皆林林然黎元赤子之命所系也。此而弗均，民丽何奠？"是故以仁心为立政之本，以井田为均田之要，毅然请诸当道而行之。效驾于南龙冈以始其事，告于神以示公。画一十字分为四区，以天、地、元、黄为号，方里而区，区皆五顷四十亩，内有沟渠、道路、庄屯、冢墓则除之。区各有界，有封，有长，有票，四隅从十，纵横如一。可以立步而制亩，可以经土而塞争，可以安业而定分。昔苏洵不能因地之宜，限于势之不利；叶适不能得数之精，惑于时之积久；秦人病于付之匪人，变法至今为梗也。然则侯其得井田遗意乎？夫"井"字虚中环八，八家同锄粟于公也。"田"字立十环四，四隅之土如一，虽不言锄粟而公赋已寓其中矣。史所谓"地著而数详，民不习伪"，《礼》所谓"审端径术，善相丘陵阪险原隰[1]，土地所宜"，于此见侯之所以善于均田也。或论黄钟为万事之根本，根本既得，则度量权衡自此合律。推之天下，田可分，禄可均，礼可制，乐可作，又不但均一邑之田已也。侯之善均田，或者其然欤！余闻邻封曾借寇，巡抚曾叠奖。圣天子闻之，必侧席容贤，而问经界事矣。侯御是邑，精神流布，父老咸喜。兹又惧其去也，偕门人阮琮等，请刻石为记。愧不能文，而论撰其光明俊伟之政，则一本于学古积中之效。是均田无奇法，均于心耳。爰镌于

---

[1] 原书为避孔子名讳作"邱"。今遵从《礼记·月令》原文，改回"丘"字。

石，以示无忘焉^①。

真阳县新建广济义田碑记^②

国家重养老之典，而养济院之设，凡郡邑皆是。顾食可限人不可限，久之而人浮于食，聚而养之者，实所以聚而殍之^③。守令者又斤斤束缚于岁额之内，而无可以通之之道，则养老之典于是乎穷。汝宁故称沃土，而真阳近在肘腋^④，亦称善地。迩来非亢则淫^⑤，天地且藏其宝，而民物遂罹其凶，于是乎少壮者且无以若其天年^⑥，而何有于耄耋^⑦？赖二三长吏加意抚循^⑧，虽得以缓其须臾，然竟非所以保世。则以派入限于计口，而给食患于溢额也。于是兵道黄公悯然有慨于中^⑨，而捐其赎锾^⑩，俾州县各置义庄若干亩，岁

---

① 此文结尾部分与明嘉靖《真阳县志》卷一《地理志·山川》所录原文有所不同。
② 原文未注明作者，不详何人。按习惯，诗文不署姓名者，作者与上一篇同，但由此文中所涉及的河南右参议黄炜、汝宁府通判柳宿任职时间都在明万历三十年（1602）前后来看，作者不可能是吴以旃。
③ 殍（piǎo）：饿死。
④ 肘腋：胳膊肘儿和腋窝。比喻非常近的地方。
⑤ 亢：干旱。淫：浸淫，雨水过多。
⑥ 若其天年："终其天年"之意。到达应有的寿数。指长寿而善终。若，及、到。
⑦ 耄耋（mào dié）：耄，年纪约八九十岁。耋，年纪为七十岁。耄耋指年纪很大的人。
⑧ 长吏：称地位较高的县级官吏。抚循：安抚，慰问。
⑨ 兵道：明代所设的职司部门，由参政副使担任道官。因武将不熟悉文墨之事，故设兵道往各总兵处整理文书，商榷机密，不实管军务。黄公：黄炜，顺庆府南充县（今四川省南充市西充县）人，明万历二十年（1592）进士，二十七年（1599）由兵部郎中升任河南布政使司右参政，分守汝南道，二十八年（1600）兼佥事分巡汝南整饬兵备，二十九年（1601）加副使衔，三十一年（1603）为河南右参政，分巡汝南道，三十四年（1606）调任山东按察使。
⑩ 赎锾（huán）：赎罪的银钱。

赋其入以周其不给。盖受其惠者，凡二十六域。而真阳所捐之锾凡五十两，有司又益以未登之赎，所得地六十八亩，皆邑民王用等之所愿售，悉所称膏腴者云。计其入岁可得二十钟有奇①，赋入养济于额派之外，可全活二十余口。吁嗟乎！公之利赖汝人②，有若是其宏博悠久也乎！夫人我之分久矣，急人之颠连无告而为之周之③，又推己之所有以与人而不惜，且也以一时之布置，垂百世之永赖，此岂但所谓引手投足④、解衣推食而已者⑤？非公之恫瘝身切、沟壑己推者⑥，不能有是；非公之宇宙域中、民物度内者⑦，不能有是。何也？盖公蜀之南充世家也，大人之游业未竟而尽以经纶茂绩广其家学⑧，彼木天之气味方属辛烈而扬历中外。公之树立尤伟，布宪持纪⑨，外若秋霜，而内若冬日。以耳目所睹记，束跳梁于矩内⑩，敛觥猾于縠中⑪。尊崇先达，奖进后学，劳来疾苦⑫，煦哺凶荒⑬。

---

① 钟：容量单位。一钟合六斛四斗。明代一钟为三十四斗，合今四百多斤。有奇：有零、有余。

② 利赖：谓依傍；依靠。

③ 颠连无告：非常困苦而无处诉说。

④ 岂但：难道只是；何止。引手投足：比喻出微力便能援救别人。

⑤ 解衣推食：脱下自己的衣服给别人穿，把自己的食物给别人吃。形容对别人极为关怀。

⑥ 恫瘝身切：对人民的痛苦感同身受。形容爱民殷切。沟壑己推：对人民的困厄设身处地。沟壑，山沟，借指野死之处或困厄之境。

⑦ 宇宙域中、民物度内：天下的人民与万物都在思虑之内。有"以天下为己任"的意思。

⑧ 经纶茂绩：治理国家的丰功伟绩。经纶，整理丝缕，比喻治理国家，也指政治才能。

⑨ 布宪持纪：颁行法令，掌管法纪。

⑩ 跳梁：跳跃。在此比喻上蹿下跳、猖狂捣乱而又微不足道的人。

⑪ 觥（wěi）猾：老奸巨猾。縠（gòu）中：弓箭所射及的范围。比喻牢笼、圈套。

⑫ 劳来：亦作"劳徕"。慰劳、慰问。

⑬ 煦哺：抚育、抚慰。

盖以无闳为宇，而以不闭为闳①；以旴江为垒②，而以洛阳为裘。充此念也，安知鳏寡孤独人而非己，又安知赎镪资俸己而非人；安知推赐赍予属人属己，又安知恩泽惠利分己分人？即一念而终身事业可知，即一隅而天地万物可知，特在乎先后广狭之间而已③。于是田且就理，宜有丰碑以纪其事。而署县者郡倅柳君宿也④，以执笔之役属余。顾余不文，而跧伏草莽⑤，观太平之日久矣。感时怀遇，忍无一言以彰盛美。且舆人之诵⑥，谓何也？于是乎不敢以不文辞，而为之序次若此，以记岁月云。

黄征君墓碑记

解　忻⑦

　　古之所称不朽者：立德、立功、立言⑧，非是则无得而称焉者也⑨。故士贵修名之立。其有德未生民之被，功未社稷之施⑩，当时

---

① 闳：门；小门。
② 旴江：汝水的别名。
③ 特：只，但。
④ 郡倅：郡佐。郡守的副职。柳宿：明汝宁府通判，任职时间在万历三十年（1602）前后。明万历《汝南志》记载，"颍州人，选贡。岁荒盗起，新息之间有号'济民王'者，聚众千人，焚劫数处。宿仗剑策马，直捣贼巢，以一鼓平之，功在地方，良亦不细。"
⑤ 跧伏草莽：蜷伏在乡野。
⑥ 舆人之诵：指普通百姓对某件事议论不停，纷纷发表意见。舆人，众人。诵，陈述。
⑦ 解忻：直隶庆云（今山东省德州市庆云县）人，举人，乾隆十五年（1750）任正阳知县。本《志》卷三《官师·知县》有载。
⑧ 语出《左传·襄公二十四年》："太上有立德，其次有立功，其次有立言，虽久不废，此之谓不朽。"
⑨ 无得而称：指没有什么可以称道的。
⑩ 此二句宾语前置，意为"德未被之生民，功未施之社稷"。

亦具有韶音令旨之可挹①；要未尝托竹素成一家言②，足以藏名山而播文采于后世，而接其光耀，通国倾心，流连至弥日信宿③，洒然俾鄙吝之尽袪④。历载千有余，荒林抔土中犹煜煜腾生气⑤，令人俎豆之不祧⑥。呜呼！此其德器必有度越寻常者矣⑦。

汝南黄公叔度，其生平行事逸于史策⑧，而一时士论翕然⑨，方诸颜子⑩。拟古贤非轻，拟孔门诸贤尤非轻，矧拟颜子哉！顾予谓世降自春秋，先后公拟颜子者犹有三人，其卒攀乎颜子与否，则学之至不至殊焉也。战国时有乐正子，中乎信善⑪，邹峄升堂者只一

---

① 韶音令旨：此指美好的名声。挹：推挹，推崇。
② 竹素：犹竹帛。多指史册、书籍。
③ 《世说新语·德行》："郭林宗至汝南，造袁奉高，车不停轨，鸾不辍轭；诣黄叔度，乃弥日信宿。人问其故，林宗曰：'叔度汪汪如万顷之陂，澄之不清，扰之不浊，其器深广，难测量也。'"
④ 《世说新语·德行》："周子居常云：'吾时月不见黄叔度，则鄙吝之心已复生矣。'"
⑤ 抔土：借指坟墓。煜煜：明亮清晰的样子。
⑥ 俎豆不祧：奉祀不绝。俎豆，俎和豆。古代祭祀、宴飨时，用来盛祭品的两种礼器。亦泛指各种礼器。在此指祭祀、奉祀。不祧，一种古代庙制。古时要把世次过远的祖先神主，陆续迁于太祖庙合祭，称为"祧"，只有创业的始祖是永不迁移的，称为"不祧"，后比喻永久不废。
⑦ 德器：道德修养与才识度量。
⑧ 史策：史册，史书。
⑨ 士论翕然：士人一致称颂。
⑩ 方：比拟。
⑪ 乐正子：名克，战国时人，仕于鲁。约与孟子同时，一说为孟子弟子。《孟子·尽心下》："可欲之谓善，有诸己之谓信，充实之谓美，充实而有光辉之谓大，大而化之之谓圣，圣而不可知之之谓神。乐正子，二之中，四之下也。"

人①；程明道起北宋②，拗相亦平心降气与周旋③；而城南课童子，天机盎洽，没犹使人欲闻其名而返赠之，则归季思实超然于有明士大夫中④。与公之克远党祸，不峭激以取戾⑤，不放达以鸣高，落落辉映于宇宙间，暄然而和气至，蔚然而庆云生，拟诸箪瓢陋巷之丰概，夫岂不于其伦哉！

余以庚午夏⑥，来尹正阳⑦。正阳，公故里也，邑治之偏，墓在焉。祠堂倾圮，思新之，乃与二三君子谋，事遂集。众欲得予一言，纪之石。予惟公之得自成其不朽者远矣，匪予名言之所得而添缋之也⑧。予检阅邑乘⑨，载王守溪所为《天禄阁外史叙》一篇。《外史》，余尝见于丛书及诸子中，心颇疑之。守溪之《叙》，谓或

---

① 邹峄：峄山。位于孟子故里、山东省济宁市邹城市东南。在此指代孟子。升堂：比喻学问技艺已入门。
② 程明道：程颢（1032—1085），字伯淳，世称明道先生，洛阳（今河南省洛阳市）人，北宋哲学家、教育家。与弟程颐同为理学的奠基人，世称"二程"。提出"天理"之说。"二程"学说后来为朱熹所继承和发挥，世称程朱学派。著作收入《二程全书》。
③ 拗相：王安石。《警世通言》卷四《拗相公饮恨半山堂》："因他性子执拗，佛菩萨也劝他不转，人皆呼为'拗相公'。"程颐《明道先生行状》："先生每与（王安石）论事，心平气和。"
④ 归季思：归子慕（1563—1606），字季思，号陶庵，学者称清远先生，南直隶苏州府昆山县（今江苏省昆山市）人，散文大家归有光第五子。
⑤ 峭激：严厉激烈。取戾：获罪；受谴责。
⑥ 庚午：乾隆庚午，即乾隆十五年（1750）。
⑦ 尹：治理。
⑧ 添缋（huì）：增添描绘。
⑨ 邑乘：县志。此指清康熙《真阳县志》。

出于晋世之隐君子①，向亦意其然②。近见应雷徐氏著《叔度二诬辨》③，云"《外史》出明嘉靖末昆山王舜华逢年手"④，徐犹逮见其人。夫以公之屡辞征辟，而以今日宾鲁明日宾齐浼之⑤，不足浊千顷之波。然恐世有未见徐氏之书，而疑于《外史》之所述，不可以不辨。且守溪之《叙》作于嘉靖二年，而是书出于嘉靖末，守溪成化十一年进士，卒年七十有五，至嘉靖末当百余载，又孰能起已朽之骨而为之《叙》乎？则不惟《外史》诬，即守溪《叙》亦赝也。余故并识之，以俟后之君子考览焉。

黄征君祠堂记

刘　绘⑥

尝考圣哲所钟⑦，元灵秘发，非若生众庶可以年时纪也⑧。古今

---

① 隐君子：隐居的高士。
② 向：从前。
③ 徐应雷：字声远，号白毫子，生卒年不详，明代吴县（今江苏省苏州市）人。诸生。工古文辞，著有《白毫集》二十二卷。徐应雷《黄叔度二诬辨》一文，可见于明末清初黄宗羲所编《明文海》卷一百一十七。
④ 王逢年：字舜华，生卒年不详。王同祖（1497—1551）次子。以诗文、书法闻于世。与王世贞相友善。
⑤ 《天禄阁外史》八卷，分别为《宾韩文》《宾鲁文》《宾齐文》《宾魏文》《宾秦文》《宾晋文》《宾蜀文》《宾楚文》，讲述了黄宪游说汉末诸侯王事迹。浼（měi）：央求；请求。
⑥ 刘绘（1505—1573）：字子素，一字少质，光州（今河南省潢川县）人。明嘉靖十四年（1535）进士。授行人，改户科给事中，出为重庆知府。因得罪阁臣夏言，被罢官，家居二十年卒。著有《嵩阳集》。《明史》卷二百八有《刘绘传》。
⑦ 钟：凝聚，集聚。
⑧ 年时：年龄。

奇人伟烈多起髫髦①,其神骏休雅才一几露②,已推服一世。一世称豪士,逸老磐节争下之③,乃炫炜上京④,师表人伦也,安得可偕常论哉⑤!

黄征君宪,生东汉末,卒年四十八。中间鸿绪未标⑥,文采风旨不概著。其达俊先生⑦,肯束轨敛席以逊之,名迹镜百世⑧,何故也?当荀高阳相见⑨,悚然揖避,年十四也⑩。此孤童曾非有积借,又何从所熔铸?即陈蕃、周举且三公,临朝发叹,赧赧于印绶先佩⑪,此知征君天所启尔。世家汝旁,汝自分部甘陵⑫,为汉祸始。一时士大抵皦皦戢华撄节⑬,虽蒙惨烈,然历踬而名益昭⑭,蹈厉而

---

① 髫髦(dàn máo):古时小儿发式。代指小儿或幼时。
② 神骏休雅:超凡才智与美好品质。骏,同"俊"。
③ 逸老:指遁世隐居的老人。磐节:磐石般的坚贞气节。指气节之士。
④ 炫炜:显耀光明。
⑤ 偕常:等常。
⑥ 鸿绪:原多指帝王世传的大业。在此意指伟大的事业,或光辉的履历。
⑦ 达俊先生:地位显要、才智出众之士。
⑧ 镜:照耀。
⑨ 荀高阳:荀淑。
⑩ 《后汉书·黄宪传》:"颍川荀淑遇宪于逆旅,时年十四。淑竦然异之,揖与语,移日不能去。"
⑪ 《后汉书·黄宪传》:"同郡陈蕃、周举常相谓曰:'时日之间不见黄生,则鄙吝复萌。'及蕃为三公,临朝叹曰:'叔度若在,吾不敢先佩印绶矣。'"
⑫ 《后汉书·党锢列传》:"初,桓帝为蠡吾侯,受学于甘陵周福,及即帝位,擢福为尚书。时同郡河南尹房植有名当朝,乡人为之谣曰:'天下规矩房伯武,因师获印周仲进。'二家宾客,互相讥揣,遂各树朋徒,渐成尤隙,由是甘陵有南北部,党人之议,自此始矣。"
⑬ 皦皦(jiǎo):光明磊落。
⑭ 历踬(zhì):遭受挫折。

志不诎①,声华题拂②,宕轶先躅③,莫可殚述④。征君融融与与⑤,不澄不挠,动不窒于中庸,言不彪于文苑,高不竖于独行,低不沉于诡时⑥。由是观之,气方英少,居逼里井,结炽希风⑦,灼染弗及。是不惟顺恕嘿容,耳彼元风⑧,秀韵披拂。高倨士往往夸于未见,萎于既睹,得之于前,失之于后,至却汛滥之器,消瑕吝之萌,其亦秉道速化与非耶?颜氏未三十而传孔绪,叔度甫二十而为人师,范蔚宗曰:"若及门孔氏,其殆庶乎!"⑨

史传叔度汝南慎阳人,即今真阳也。太守徐公中行行部⑩,访古采风,立祠著永久。公去,曹公科至,仰叹仪型,命邑周君绍稷时增雕饰,考定祀仪,崇令甲也。嗟哉!在昔子贱十九治单父⑪,

---

① 蹈厉:经历危险。不诎(qū):不屈服。
② 声华题拂:褒扬名声。声华,美好的名声。题拂,品评,褒扬。
③ 宕轶:亦作"宕逸"。奔放洒脱。先躅:前人的遗范。
④ 殚述:详尽叙述。
⑤ 融融与与:和乐中适。
⑥ 诡时:与时代风尚不合。
⑦ 结炽希风:紧密勾结,相互仰慕风操。《后汉书·党锢列传》:"自是正直废放,邪枉炽结,海内希风之流,遂共相摽搒,指天下名士,为之称号。"
⑧ 元:同"玄"。玄风:道家清静无为的思想潮流和玄谈的风气。
⑨ 语出《后汉书·黄宪传》。
⑩ 行部:巡行所属部域,考核政绩。
⑪ 子贱:宓子贱,名不齐,字子贱,春秋时鲁国人。孔子的弟子。曾为单父宰,弹琴而治,为后世儒家所称道。

甘罗十二使燕赵①，子房以童孺击秦②，邓仲华仗策亦年十九③，此天壤英类，道业不同，咸有颜、黄之智者也。吾党小子，固宜企而抗愤焉④。

重修儒学记

薛　耳⑤

夫学者，觉也，以斯道觉斯民也⑥。汝属真阳，古之慎国，相传为黄叔度故里。邑侯迟君⑦、学博王君⑧、诸生余熙等⑨，睹学宫之颓靡，慨然输资而重修之。以辛卯二年二月始⑩，至八月而工成。

---

　　① 甘罗：生卒年不详，战国末期下蔡（今安徽省颍上县）人。秦左丞相甘茂之孙。自幼聪颖过人，进入丞相吕不韦门下，担任少庶子。十二岁时出使赵国，使计让秦国得到十几座城池，因功被秦王政赐任上卿，封赏田地、房宅。

　　② 子房：张良（？—前186），字子房，西汉开国功臣，杰出政治家。张良出身韩国贵族世家，国破家亡后，志在灭秦。前218年，张良在博浪沙指挥大力士以百二十斤的大铁锤伏击东巡的秦始皇，误中副车。

　　③ 邓仲华：邓禹（2—58），字仲华，南阳郡新野县（今河南省新野县）人。东汉开国名将，云台二十八将之首。邓禹年轻时游学长安，与刘秀交好。后来刘秀在河北招兵买马，邓禹杖策北渡，追及于邺，协助刘秀夺取天下。

　　④ 固宜：本就应当。企：踮着脚看。表示企盼、盼望。抗愤：激昂愤慨。

　　⑤ 薛耳：字子元，号固庵，江南武进（今江苏省常州市武进区）人，清顺治四年（1647）进士，次年任罗山知县。

　　⑥ 《孟子·万章上》："天之生此民也，使先知觉后知，使先觉觉后觉也。予，天民之先觉者也，予将以斯道觉斯民也。"意即以尧舜之道启发觉悟天之生民。

　　⑦ 迟君：迟焞，奉天广宁（今辽宁省北镇市）人，贡士，顺治六年（1649）任真阳知县。本《志》卷三《官师·知县》、卷五《宦迹》有传。

　　⑧ 王君：王国耀，洛阳府偃师县（今河南省洛阳市偃师区）人，岁贡，顺治八年（1651）任真阳县儒学教谕。本《志》卷三《官师·教谕》有载。

　　⑨ 余熙：邑人。曾任山东寿光县知县。本《志》卷四《选举·贡生》有载。

　　⑩ 辛卯：顺治八年（1651）。辛卯二年，即公元1652年。

[嘉庆] 正阳县志·卷十

属余为之记。

窃思庙碑之作，盛于唐，仅推杨盈川[①]、皮日休两首修学记[②]。传于宋，仅推欧阳永叔[③]、曾子固两篇[④]。余何人斯，敢当斯命。然考古者建学，三代以下，未有主名。汉以来，止过鲁一祀[⑤]，临雍一拜耳[⑥]。唐开元间始有通祀之令[⑦]，读盈川、日休两碑，则郡邑未祀者尚多。宋绍兴间[⑧]，令府州县皆置学，读永叔、子固两《记》，

[①] 杨盈川：杨炯（650—693），字令明，华州华阴（今陕西省华阴市）人。唐朝大臣、文学家，"初唐四杰"之一。武则天如意元年（692），迁盈川县令，深得百姓爱戴，次年卒于任上，故称"杨盈川"。杨炯曾为蜀地写过两篇孔庙碑文，即《大唐益州大都督府新都县学先圣庙堂碑文》和《遂州长江县先圣孔子庙堂碑》。

[②] 皮日休（约838—约883）：字袭美，一字逸少，复州竟陵（今湖北省天门市）人。曾居襄阳鹿门山，自号鹿门子，又号间气布衣、醉吟先生。晚唐诗人、文学家。皮日休曾作有《孔子庙碑》文。

[③] 欧阳永叔：欧阳修（1007—1072），字永叔，号醉翁，晚号六一居士，吉州庐陵永丰（今江西省吉安市永丰县）人，北宋政治家、文学家。作有《吉州学记》一篇。

[④] 曾子固：曾巩（1019—1083），字子固，建昌军南丰县（今江西省南丰县）人，北宋文学家、史学家、政治家。作有《宜黄县县学记》等。

[⑤] 《汉书·高帝纪》记载，汉高祖十二年（前195）十一月，汉高祖平英布，"自淮南还，过鲁，以大牢祠孔子"。这是历代皇帝祭祀孔子的开端。

[⑥] 雍：辟雍。本为周代为贵族子弟设立的大学，汉代指京师的太学。《后汉书·显宗孝明本纪》记载，永平二年（59）三月，汉明帝"临辟雍，初行大射礼"；"冬十月壬子，幸辟雍，初行养老礼"。

[⑦] 唐开元八年（720），唐玄宗命国学祭祀孔子，以孔门"四科"中的十人为"十哲"配享。开元二十七年（739），唐玄宗封孔子为"文宣王"，让孔子南面称王。阙里孔子庙也扩大制度："正庙五间，祀文宣王，南向坐；颜子西向，闵子以下十哲及曾子东西列座皆为塑像。两庑二十间，祀七十二贤，图绘于壁上。"

[⑧] 绍兴：宋高宗年号。取"绍祚中兴"之意。从公元1131年至公元1162年，前后共使用32年。

则僻壤之未建学宫者亦有。岂非武城无言子①、南康无仲晦②，而所谓以斯道觉斯民者，顾不易哉。

汝南一区，在东汉时则有陈仲举诸人以节义著③，应仲远诸人以经学著④，魏晋间则有干令升诸人以文词著⑤，于宋则有谢显道诸人以理学著⑥。其道德、节义、文章，师表无穷，风流未坠。过是境者，盖无不景仰爱慕，留连而不能去焉。余在鄳五年⑦，远近问业者无虚日。过慎郊，张子国香、其仲国馥，及钟子惕、刘子孕锜、储子襄、张子其道、李子特生、吕子洪响、王子忠望、张子锡华设榻以待，剧酒慰藉，倾雪侠肠。嘻！诸子于余厚矣。余于东汉以来，独重黄叔度之为人，谓其澄不清而淆不浊。今日者，履其遗

---

① 言子：言偃（前506年—前443），字子游，又称叔氏。吴国（籍贯在今江苏省常熟市）人。春秋时期思想家，"孔门七十二贤"中唯一的南方弟子。曾任鲁国武城县令，阐扬孔子学说，使用礼乐教化士民。

② 仲晦：朱熹（1130—1200），字元晦，又字仲晦，号晦庵，晚称晦翁。南宋理学家、思想家、教育家、诗人。曾任江西南康军知军，在任三年，兴修水利，抗灾救荒，兴学育材，政绩卓著。

③ 陈仲举：陈蕃（？—168），字仲举，东汉汝南郡平舆县（今河南省驻马店市平舆县）人。初仕郡，后举孝廉，历官乐安、豫章太守、太尉等职。与李膺等反对宦官专权，受到太学生敬重，当时称为"不畏强御陈仲举"。灵帝时为太傅，与外戚窦武谋诛宦官，事泄被杀。

④ 应仲远：应劭（约153—196），字仲远，一作仲瑗，汝南郡南顿县（今河南省项城市）人。东汉末年著名学者。"凡所著述百三十六篇"，如《汉官礼仪故事》《汉仪》《中汉辑序》《风俗通义》《汉书集解》等。

⑤ 干令升：干宝（？—336），字令升，新蔡（今河南省驻马店市新蔡县）人，后迁居海宁盐官之灵泉乡（今属浙江省）。东晋文学家、史学家。勤学博览，以才器召为著作郎。著有《晋纪》，已佚。又编有志怪小说集《搜神记》，为我国古代著名小说。

⑥ 谢显道：谢良佐（1050—1103），字显道，蔡州上蔡（今河南省驻马店市上蔡县）人，人称上蔡先生或谢上蔡。北宋官员、学者。从程颢、程颐学，与游酢、吕大临、杨时号称"程门四先生"。

⑦ 鄳（méng）：汉代县名，在今河南省罗山县西南。在此代指罗山县。

址，景行行止①，从诸君以风慎士②，从慎士以风汝南，进文章于节义，进节义于道德，斯亦学而觉之之一机也。乃者庙宇一新，宫墙巍焕，游于堂芜之下则见其俎豆森然③，进于讲肆之堂则见其师弟斌然④，登于藏书之阁则见其经籍煌然。于是而父兄子弟胥讲于孝友⑤，邻里乡党咸淑于姻恤⑥。凡冠婚丧祭、交际往来，无不中于《礼经》⑦。则斯学之修，所关岂不巨哉！迟君讳焞，关东人；王君讳国耀，偃师人；朱君讳颁禄，中牟人。余悉载之碑阴。

重修慎阳明伦堂记

刘必寿

邑有文庙，即构明伦堂。慎阳明伦堂何昉⑧？当在置郡县之后。汉高帝六年，始令天下县邑城，遭秦焰所在不尽学校。而生徒之征，必自鲁始。其过鲁临雍一拜，为马上盛举。郡县通祀之典，州县置学之令，肇自唐开元、宋绍兴间。寿读盈川、日休、永叔、子固《记》，郡县未尽建学宫⑨。或一时废兴，彝伦攸斁实甚，不独慎

---

① 景行行止：本义为沿着大路前进或效仿着大德。表示对德高望重者的敬仰。语出《诗经·小雅·车辖》："高山仰止，景行行止。"

② 风：教育、感化之意。

③ 俎豆：俎和豆。古代祭祀、宴飨时，用来盛祭品的两种礼器。亦泛指各种礼器。森然：肃穆冷清的样子。

④ 斌然：文质兼备的样子。斌，同"彬"。

⑤ 胥：全，都。

⑥ 淑于姻恤：相互亲近体恤。淑，认为好而学习、取法。

⑦ 《礼经》：《仪礼》的本名，先秦"六经"之一。共十七篇。内容记载周代的冠、婚、丧、祭、乡、射、朝、聘等各种礼仪，以记载士大夫的礼仪为主。

⑧ 何昉：始自何时。昉，起始。

⑨ 本文开头这一段与上文《重修儒学记》有相似之处，可参见上文有关注释。

阳而然。

慎自汉多隐君子①，伦教素著。其改为义阳、真邱②，废而为镇③，不过堂塾乡社。其咏《子衿》而忧废庠④，不知几何年。正德初，慎阳复置县，而明伦堂自此昉。相传为黄征君遗址，用是究图⑤，理势亶然⑥。后之人慕高士庐而僦为黉宫⑦，日讲贯于其堂⑧，谁曰不宜？抑叔度亦愿执弟子之礼，与从祀诸贤往来于其庭，不仅恋恋一寒溪已也。昔范文正闻庐舍当世出公卿，谓以一家为之何如一郡为之，遂置郡学⑨。今苏州人士忠孝节廉甲于他郡，皆范氏之堂有以公之。古崇伦章教者⑩，如作宫室，肯堂构，不啻别业云⑪。每见瘠土陋民，过天竺古先生旧处⑫，辄肃然起敬，即缩衣节口，

---

① 隐君子：隐居的高士。
② 义阳、真邱：本《志》卷一《沿革》载："（真阳县）东魏改置义阳郡，北齐废郡省入保城县，隋开皇初废，十六年复置，曰真丘。"
③ 明洪武四年（1371），因户编不足，撤真阳县，并入汝阳县。明代宗景泰四年（1453），置真阳镇，设巡检司。
④ 《子衿》：《诗经·郑风》篇名。毛《传》："青衿，青领也。学子之所服。"后因称学子、生员为"子衿"。
⑤ 用是：因此。究：深思。图：思虑。
⑥ 亶然：诚然。《诗经·小雅·常棣》："宜尔家室，乐尔妻帑。是究是图，亶其然乎。"
⑦ 僦（jiù）：租赁。黉宫：学宫。黉（hóng），古代的学校。
⑧ 讲贯：讲习、研习。
⑨ 《姑苏志》记载，北宋景祐二年（1035），担任苏州知州的范仲淹买了一块地准备建宅居住，风水先生告诉他说，这是块风水宝地，主人家将不断出公卿高官。范仲淹表示，他家子孙尊贵，怎么比得上整个苏州读书人都尊贵呢？于是，他把这块地拿出来办了州学，开启了宋代兴办地方学校的先河。
⑩ 崇伦章教：尊崇伦常，彰明教化。
⑪ 不啻：如同。别业：别墅。
⑫ 古先生：东汉末有老子入夷狄为浮屠的传说，至《老子化胡经》《西升经》等道经，益增附会，证成其说，谓老子西游化胡成佛，并以佛为其弟子，自号为"古先生"。后世因以"古先生"借称佛及佛像。

［嘉庆］正阳县志·卷十

亦乐输囊粟①,以饬其圮敝②。何堂庑榛芜沦于劫灰③,衣冠重地鞠为茂草哉④?

前令顾公且庵⑤,率士民鸠工庀材,规画初定,旋以台重巡楚⑥。寿拮据经年,捐俸若干,都人士助资若干,明伦堂始创。乃揖学博彭公而前曰⑦:"明道召判武学⑧,伊川请为学正⑨,皆中州先贤也,岂为具文哉⑩?鲁泮宫修⑪,史不书者,学校以明伦。虽用民力而不废⑫,况一瓦一甓,不歌《民劳》⑬,或栌或垩⑭,用广士心。

---

① 乐输囊粟:乐于捐纳微薄的财物。囊粟,口袋里的一点儿粮食,形容很微薄。
② 饬其圮敝:整饬它的倾圮与凋敝。其,指天竺古先生(佛像)。
③ 榛芜:指丛杂的草木。
④ 衣冠:指绅士,借指礼教、斯文。鞠为茂草:谓杂草塞道。形容衰败荒芜的景象。鞠,通"鞫",穷尽。
⑤ 顾公:顾豹文,字季蔚,号且庵,浙江钱塘(今浙江省杭州市)人,顺治十二年(1655)进士,十三年(1656)任真阳知县。本《志》卷三《官师·知县》、卷四《宦迹》有传。
⑥ 台重:这里是对御史的尊称。顾豹文后升为监察御史,巡按湖广。
⑦ 彭公:彭如芝,字岱仙,河南南召(今河南省南召县)人,岁贡,顺治十四年(1657)任真阳县儒学教谕。后任江西石城县知县。本《志》卷三《官师·教谕》有载。
⑧ 明道:程颢,字伯淳,又称明道先生。武学:官学名。设教授一人,掌讲授兵书、兵法。《二程遗书·外书》记载,程颢以北宋熙宁八年(1075)差知扶沟县,元丰二年(1079)召判武学,为李定、何正臣所劾,仍归扶沟,坐盗逸狱罢。
⑨ 伊川:程颐,字正叔,又称伊川先生。北宋嘉祐四年(1059),吕公著主政国子监,邀请程颐为学正,但被程颐婉拒。
⑩ 具文:空文;徒有形式而无实际作用的文字。
⑪ 春秋时期,鲁僖公姬申(前659—前627在位)为了兴学养士,在鲁国都城南的泮水岸边营建了一座规模庞大的泮宫。但据鲁国历史而编撰的《春秋》一书却未载此事。
⑫ 不废:不妨碍;不影响。
⑬ 《民劳》:《诗经·大雅》篇名。诗歌描写平民百姓极度困苦疲劳之状,劝告周厉王要体恤民力,改弦更张。
⑭ 栌(lú):柱头承托栋梁的短木。即欂栌、斗栱。垩(è):白土,泛指可用来涂饰的土。

愿多士宁为教授蒙古之大儒①，勿废黜《麟经》于明堂②，庶方轨黄、范诸君③，以垂不朽。"寿亦附诸君子以刊名于石堂。经始以顺治十八年春季④，而观成于本年秋七月二十有一日也。爰综厥初末，以告来者。

天禄阁外史序⑤

王 鏊

黄叔度所著《外史》八卷，议论醇雅，气象明裕，质而尽美，婉而成章，得《国语》《左氏》之体而无其艳，拟子长、孟坚之雄而无其陋，皆孔氏之遗言逸论而书史之所不载者也。试读一过，诚有令人毛发泠泠、凛然透骨，精神爽达、乐而忘倦者。春花明而秋云敷，江涛雄而蛟龙鸣，一造化自然之昭著，岂人之所能与其工哉？考之当时，与叔度并举孝廉，如周子居、艾伯坚、郅伯向、封

---

① 多士：古指众多的贤士。蒙：受。
② 《麟经》：《春秋》的别称。相传孔子修《春秋》，绝笔于获麟，后遂把《春秋》称为《麟经》。原文中"经"误作"径"，今改。
③ 黄、范：指本文前面所讲到的黄宪、范仲淹。
④ 顺治十八年：公元 1661 年。
⑤ 此文原收录于清康熙《真阳县志·艺文》。

武兴、盛孔叔此五人者①,皆产于汝南,而文章事业寥寥无闻。而叔度独有仲尼作《春秋》之志,扶世教植人纪,真汉世隐君子之出类者矣。宜其见推于林宗,受式于元礼,而一时诸君子咸高让之也。然此书不恒有于世,仅出于晋后,藏于唐之田宏万卷楼,复流散不传。至宋,韩洎学士乃得之秘阁典籍中,加之以论赞,岂斯文之绝续果有数乎?世又有疑之者,以范蔚宗不立传必其未见此书②,而当时所封诸侯王之国不免有一二之舛,况叔度之高驾又非汉之诸侯王所能聘者。其文多自述之辞,虽或出弟子之所记而事不征诸列国,以或类于《左氏》之诬未可知也。晋谢安直褒此书而不辨其同异,何耶?意者晋时隐君子值晋室之末运,忠愤激烈而不敢言,托为此书,引类属讽,言之者无罪,闻之者足以劝,其或然欤?初,予承乏翰林,三山林公手授是编,曰:"此某三世家藏之,吴中亦得见此否耶?"后二十余年,乞归休老,日于仲山徐公论文林下,因检出以示人,佥曰:"是不传之秘也。"一时学者争手抄而私宝之。予恐其未知所从得也,故书之简端。

---

① 此五人与黄叔度一起并称为东汉汝南郡"六孝廉"。东汉应劭《风俗通义·十反》记载有六孝廉之事。此外,南宋吴垌《五总志》引《汝南传》云:"太守李佽选周子居、黄叔度、艾伯坚、郅伯向、封武兴、盛孔叔为六孝廉,以应岁举,未行,佽死,子居等遂驻行丧。佽妻于柩侧下帐见六孝廉,厉以宜行。子居叹曰:'不有行者莫宣公,不有止者莫恤居。'于是与伯坚即日辞行,留封、黄四人随柩。时人以为知礼。"其中,周子居,即周乘,字子居,安成(治今寒冻镇)人,官至交州刺史、泰山太守等。原文误作"周之居"。郅伯向,原文误作"郅伯尚"。封武兴,即封祈,字武兴,官至豫章太守。原文误作"封或兴"。今俱改。

② 范蔚宗:范晔(398—445),字蔚宗,顺阳郡顺阳县(今河南省淅川县南)人。南朝宋时期著名史学家、文学家、官员,编撰有《后汉书》。《后汉书》中虽有《黄宪传》,但未提及《天禄阁外史》。

尹令君台谏交荐序[1]

李宗延（郡人，吏部尚书）

　　滇隶汝郡之宇下，所谓股肱之邑也。邑之北，为房，为柏，滇人无其悍焉；邑之南，为江，为黄，滇人无其谲焉；其东南，为㵲，为郪，滇人无其儇且巧焉。夫不悍、不谲、不儇巧，不几于善国乎？所称善国者，教化明，风俗正，上下各安其一定之分，而不敢越法纪一步。乃阴持有司之短长，雌黄在口吻间，时而螫官螫吏，因而螫良善人，有"土察院"之号，此何以称焉？嗟乎！滇割吾汝之南鄙，蕞尔于淮水之阳，其夫马之驰逐，供亿之腆鲜，伏腊之筐篚，不得不备责之于里甲。里之薄，役之厚也；役之肥，民之瘠也。驯至今日，亩括镪几三百，而吏而胥而祗候诡于身之无所给[2]，而又饱愚弱之所输，父子兄弟世相啖也，肥极矣。因损其余，广结纳于梁苑、申苑、瓠城之豪有力者，出则捆载，入则歌舞，怒马轻裘，翘其威于衿生之上以自雄[3]。官有不良于去者间归咎于若曹，若曹亦矜为己功不少逊谢。以此，士君子视侠为鬼蜮，视滇为宦阱。呜呼！此可以瞀瞆茸龌龊之辈，聋寻常簿书之吏，而难侧足于高等卓异之庭[4]。

---

① 此文原收录于清康熙《真阳县志·艺文》。
② 祗候：原文作"祗侯"，今改。
③ 衿生：读书人；士人。衿，专指古代读书人穿的衣服。清康熙《真阳县志》中"衿生"作"有司"。
④ 清康熙《真阳县志》此句无"足"字，"等"为"荜"字，"异"为"仪"字。

不闻世有贤令乎，左右竦之以逻事者在门，令曰："无讯无赎也①，赎无一之不谷也，谷无粒之不报当路也。无征无羡也，羡无一之不帑也，帑无锱铢之私吾橐也。安得诸上大夫日坐我堂皇之上，面睹其行事，请益而质成焉！吾何恤乎逻者？"彼逻者咋舌而潜去②。尹公符之矣。余读邑博士刘君所持《德政状》，如新大成殿、葺明伦堂、移文昌祠，敷政有本矣。朔望群诸弟子员讲说诗书，谆谆于敦伦励行之为。兢兢月三课举子艺③，甲乙其次第，树之的以鼓其趋，彬彬乎薰其德而式于度④。市人子之就社塾也，端蒙养也。饩之粟月石，而师无内顾有专政。圣谕六言日星炳矣，二百年来久道化成乎天下。俗吏忽为迂事，而解说督劝。抱赤子于膝下，聒聒然若螟蠃之祝其子也。婺生活计涩矣，稻若而釜，镪若而缗，起菜色而润之以酥。建厂烹谷，饭馁者、袄冻者、医病者、赒孤独者及荷桎梏者靡不饲焉，生养备矣。他如歼萑苻、绳博赛⑤、斥狐鼠、搜侵渔，种种善政靡得而记云，大都行不影愧，寝不衾愧，三尺可白于朝廷，四知可对于天地。

不屑屑于扑侠，不棘棘于威侠，镕之以孝弟，惺之以忠良，惕之以铁钺，俾其洗念涤虑，弃其旧染，铲其痼习，渐就于平康正直之路，盖以不治治之也。即龚、黄、卓、鲁，奚以逾焉？政未及期⑥，民誉四起。此御史芳菱卢公⑦、给谏秀水祝公、御史宪松张公

---

① 无讯：清康熙《真阳县志》中作"吾讯"。下句首"无征"亦如此。
② 潜：清康熙《真阳县志》中作"屏"。
③ 子：清康熙《真阳县志》中作"于"。
④ 式于度：清康熙《真阳县志》作"市于庭"。
⑤ 赛：清康熙《真阳县志》作"塞"。博塞，又作"博簺"，古代的一种赌博性游戏。
⑥ 未：原文作"为"，今据清康熙《真阳县志》改。
⑦ 此：清康熙《真阳县志》作"屯"。

交荐于朝，以风有位。博士弟子员相率称觞，而李子述其大概无美词也。虽然滇、汝骨肉之邦也，汝之岁徭四倍于滇，滇之津贴十倍于汝，绝不经之暴费，斩额外之苛敛，猾役积蠹勿庸侵牟其间，夫岂异人任哉？布圣天子之德泽手授之民，竭方百里之赋税手授之官，明府与闾阎呼吸相连、肝胆相照而痛痒之相关，滇之民苏然更生矣，滇之政奕然改观矣，滇之令褒然房、柏、江、鲁①、黄、鄢、鄹之上矣。兹者交荐，特其嚆矢云尔。博士刘君曰："我公于阜城治矣，郑州治矣，郾城治矣，历历乎丰碑载之矣。毓山海之奇秀，衍洙泗之家法，其于滇也何有。"遂录其言以为之贺。

赠杨静之归真阳序②

何景明

静之先生学于乡，贡于国，卒业于监，历事于台③，乃铨于选部④，而归省以需政焉⑤。归之日，友人集送之⑥，叹曰："嗟乎！予今也始见天下事矣。昔之人曰'不出户，知天下'⑦，此非平昔曾识

---

① 本文开头未提到"鲁"邑，疑此处"鲁"字为衍文。
② 杨静之：明嘉靖《真阳县志》卷五《选举志·贡士》记载："杨宁，正德十二年贡，任直隶昆山县主簿。"疑即其人。
③ 台：当为"台省"简写。
④ 铨：古代称量才授官，选拔官吏。选部：官署名。汉置，三国魏改为吏部。后以为吏部的代称。
⑤ 归省：回故乡探望父母。需政：指到地方任职。
⑥ 送之：明正德十三年（1518），何景明升任吏部验封司员外郎。疑此文即于此时在京城为杨静之送行所写。
⑦ 语出《道德经》第四十七章："不出户，知天下；不窥牖，见天道。其出弥远，其知弥少。"

余于乡也①。弗于国于监也，弗于台于选部也，何以见之哉？今也予始见天下事矣。向之言难行者，未必不可也；其可行者，未必可也。情有所难径，形有所难格，意有所难通，而理有所难会，耳与目异，身与心方也②。故曰'民与生不同论，匹夫诸侯不相谋'，势固然也。"何子闻之，曰："静之其有得乎！夫天下有巨有细，有常有变，有常之常，有变之变，有巨之巨，有细之细，有巨而细，有细而巨，有常而变，有变而常。故凿一户者昧四方之远，专一节者失三时之利，帆海者不知山，驾陆者不知水，饮水而寒者不知向火之焦。天下之事，其藏也一，其见也不一；其趋也一，其散也不一。其见也散也，不一也，故君子多其见闻焉，广其思虑焉，悉其蹈履焉③。其藏也趋也，一也，故君子约其见闻焉，精其思虑焉，矩其蹈履焉④。理，贞也；事，情也。贞者，正其体；情者，几于动也。体非正不立，几非动不行。是故学而卒业者，尚本也；贡而历事者，达用也。教以成士，政以资官，厚其身而周其知，夫然后可以见天下而无行不之矣。静之其有得乎？"

真阳县志旧跋⑤

黄　镇

国家有《一统志》，以博采天下舆图之广、川谷风气之异，班

---

① 平昔：以往，过去。
② 方：不一致，相违背。
③ 悉：尽，全。蹈履：履行，实行。
④ 矩：规则、法度（制约）。
⑤ 此跋文原载于明嘉靖《真阳县志》卷末。

班乎详且备矣，若无庸于县志者。顾彼之所载，率宏纲巨要，而纤微琐细之实，见诸幽遐而径行于一时者，则固简册之所未书，而纪录之所不及，是故县志不可以无作也。真阳旧有《志》，而脱略俚劣，与无志同。静泉徐明府甫下车①，兴废举坠，百务维新，慨然曰："政有大于是者乎？"即延松岩何君，俾纂修之。未逾岁，而篇帙秩然成焉。其文质，其事核，其考据精详而不谬，视旧《志》大有径庭矣。呜乎！微静泉明府之贤明②，莫能识时务之大；微松岩何君之博雅，莫能成静泉之大。兹《志》也，允足以悉史书之未备，而传诸后矣。镇捧诵之，不能已于言③。

真阳县志旧序

刘必寿

上古之书，有《三坟》《五典》《八索》《九邱》。邱，聚也。言九州所有，土地所生，风气所宜，聚此书也④。古人以是为学，故能道训典⑤，以叙百物，献善败于人主⑥。今之图志，盖《九邱》之

---

① 明嘉靖《真阳县志》中此句作"邑侯静翁徐公甫下车"。
② 静泉明府：明嘉靖《真阳县志》作"静翁公"。
③ 明嘉靖《真阳县志》文后附有落款："嘉靖乙卯八月朔后三日，儒学训导武定黄镇谨书。"
④ 西汉孔安国《尚书序》曰："古者伏羲氏之王天下也，始画八卦，造书契，以代结绳之政，由是文籍生焉。伏羲、神农、黄帝之书，谓之《三坟》，言大道也。少昊、颛顼、高辛、唐、虞之书，谓之《五典》，言常道也。至于夏、商、周之书，虽设教不伦，雅诰奥义，其归一揆。是故历代宝之，以为大训。八卦之说，谓之《八索》，求其义也。九州之志，谓之《九丘》。丘，聚也。言九州所有，土地所生，风气所宜，皆聚此书也。"
⑤ 训典：古圣先王所留下来的典籍。
⑥ 语出《国语·楚语下》："又有左史倚相，能道训典，以叙百物，以朝夕献善败于寡君，使寡君无忘先王之业。"

遗也。吴楚柏举之役①，蒙縠负《鸡次之典》以浮于江。楚国既定，蒙縠献典，五官得法，百姓大治②。此则经散乱之后典章复存者，是以昔人美而诵之。君子之致治也，四海九州之大，不易民而理；三户十室之聚，不违俗而观③。化于冥昧之中，而成于揣摩之际，必也左右辟违④，先后乖方⑤，岂如典籍具在，方策毕陈⑥？灿然备者，胪若贯珠⑦；毅然行者，审如中鹄⑧。彼武城单父⑨，所以政刑平而民悦，教化兴而俗美，未必不有取于斯也。

真阳旧《志》成于嘉靖三十三年⑩，前此之事略而未详，后此之事缺而罔稽。我大清十有六年，开府贾公⑪、侍御李公⑫，莅兹土

---

① 柏举之役：公元前506年（周敬王十四年），由吴王阖闾率领的三万吴国军队深入楚国，在柏举（今湖北省麻城市境内，一说湖北汉川北）击败楚军二十万主力、继而占领楚都的远程进攻战。

② 《战国策·楚策一》记载，柏举之战，吴国攻入郢都，楚昭王逃亡，百姓离散奔走，楚臣蒙縠却设法进入楚宫"负鸡次之典，以浮于江，逃于云梦之中。昭王反郢，五官失法，百姓昏乱；蒙縠献典，五官得法，而百姓大治"。

③ 《战国策·赵策二》："臣闻之：'圣人不易民而教，知者不变俗而动。'因民而教者，不劳而成功；据俗而动者，虑径而易见也。"

④ 辟违：邪僻背理。指行邪僻背理之事。

⑤ 乖方：违背法度；失当。

⑥ 方策：即方册。简册，典籍。后亦指史册。

⑦ 胪若贯珠：胪列得像成串的珍珠。

⑧ 审如中鹄：确切得像射中靶子。

⑨ 武城：孔子的学生子游出任武城邑令，用礼乐教化百姓。单父：孔子的学生宓子贱为单父宰，甚得民心。鸣琴，身不下堂而单父治。两个典故均表示为政者重视礼乐教化，为政得法，治绩显著。

⑩ 此《志》即徐霓任真阳知县时由何麟编纂的明嘉靖《真阳县志》。

⑪ 开府：清人习称任督抚为开府。贾公：贾汉复（1606—1677），字胶侯，号静庵，满洲籍，山西曲沃（今山西省临汾市曲沃县）人，清初贰臣、名将。顺治十四年（1657）任河南巡抚，康熙元年（1662）调任陕西巡抚。

⑫ 侍御：清朝时为御史的通称。李公：李粹然，字君焕，辽东辽阳（今辽宁省辽阳市）人，贡士。顺治十五年（1658）任河南巡按监察御史。

者，政成人和，修废举坠，邑之志尤属意焉。寿承乏真土，适逢盛事，谋诸广文彭君①，掇拾旧闻，收罗残编，裒集而附益之。其秉笔者，贡生田子育性、庠生贺子斐、钟子惕、张子国香、刘子宗汉。越二月而志成。展卷而覆观之，观乎躔次②，而祲祥具焉③；观乎疆域，而险易具焉；观乎城市，而盛衰具焉；观乎风俗，而淳漓具焉④；观乎物产，而丰俭具焉；观乎户口，而登耗具焉⑤；观乎田赋，而轻重具焉；观乎前政，而宽猛具焉；观乎人物，而典型具焉。纲举目张，纤细靡遗。悬户牖之箴铭⑥，昭盘盂之劝诫⑦；绍往事之芳徽，作后来之艺谱。为是编者，岂徒以资考据、备记载而已哉？夫宣上恩德以布于下者，有司之事也；采下风俗以贡于上者，亦有司之事也。寿也敢不勉旃⑧！

书真阳县沿革志后⑨

田育性

真阳远不可稽，由北齐至今，为沿为革⑩，固昭然人耳目间。

---

① 彭君：彭如芝，时任真阳县教谕。本《志》卷三《官师·教谕》有载。
② 躔（chán）次：日月星辰在运行轨道上的位次。
③ 祲祥：灾祲与吉祥。
④ 淳漓：厚与薄。多指风俗的淳厚与浇薄。
⑤ 登耗：清朝时登记新添人口及除去死亡者户籍的记录。犹增减。
⑥ 《大戴礼记·武王践阼》："王闻书之言，惕若恐惧，退而为戒书，于席之四端为铭焉……于户为铭焉，于牖为铭焉……"意即周武王在宫里所有能看到、触及的地方写了很多自戒自勉的铭文，以提示自己不要忘记上天的旨意和太公的教诲。
⑦ 盘盂：盘与盂。盛水和盛食物的器皿。古代常将铭言或功绩刻于盘盂，以为法鉴。
⑧ 勉旃：努力。多于劝勉时用之。旃，语助，之焉的合音字。
⑨ 此文是清顺治十七年（1660）刘必寿任知县时所修《真阳县志·沿革志》文末所附评论。
⑩ 沿：因袭。革：变革。

神武文宣①，守境不暇，能无革乎？至隋文，土宇之扩②，三代未尝有。乃下议曰："官烦民敝，革之。"然犹有爱惜之意焉。历元至正，妖人刘福通据朱皋，犯光、息，破确山，交蹂斯土，虽欲县而有所不能也。至明弘治百余年德泽，然后生计渐繁，虽不县而不可得也。其地平原旷野，即无山产③，又少水畜，谷蔬不堪远行，水陆未能通商，养生惟恃五谷。所以生息而噢咻之者④，必有道也。职斯土者，幸深长计之。

书塘堰志后⑤

田育性

真阳高无仰止之山，低无百尺之水，旬日雨则无麦，旬日不雨则无稻。雨旸时若⑥，南亩之妇子尽展其力，麦之敛不及汝北之半，稻之入不及淮南之半。《汝南志》云："地瘠民贫，故土广赋轻。"识真阳之地利者，惟汉郡守邓晨一人耳，因势利导，复古塘四百余口，涝足以杀水之势不伤禾于地，旱可以导塘之水而救谷于田。故旧《志》云："五谷接种，高下兼施也。"又沟洫之会，复鼓民间之

---

① 神武：东魏权臣、北齐王朝奠基人高欢。高欢次子高洋建立北齐后，追尊高欢为献武皇帝，庙号太祖，后改尊为神武皇帝，庙号高祖。文宣：北齐开国皇帝高洋，庙号显祖，谥号文宣。
② 土宇：疆土；国土。
③ 即：当为"既"。
④ 噢咻：亦作"噢休"，原为抚慰病者的声音，引申为安抚、笼络。
⑤ 此文是清顺治十七年（1660）刘必寿任知县时所修《真阳县志·塘堰志》文末所附评论。
⑥ 雨旸时若：语出《尚书·洪范》："曰肃，时雨若；曰乂，时旸若。"后用以表示晴雨适时，气候调和。旸，晴天。时若，四时和顺。

乐善者为桥十六。行者歌于途，农夫歌于野，诚千载一时也。明初尚存三十八塘，淤久不能积水，当时以为无益，官民下令开垦之，小纳以愚上。万历间，西林党复取其租，以媚郑贵妃为胭粉地，而塘堰永不可复矣。呜乎！岂异人任也？

杂录

分野

分野之说，原于《周礼·保章氏》[1]，而肇自七国之甘石[2]。自后州域或系之北斗[3]，或系之二十八宿[4]，或系之五星[5]。至唐，一行又为山河两戒之说[6]。宋之言分野者，多宗之。而因数推理如守心蚀柳之类，古今悉有明征，未可废也。正阳县，今属河南，为古豫州，故旧《志》据《汉书·天文志》"房、心，豫州"，遂以县为房、心分野，今按《地理志》则以房、心为宋之分野。《清类天文》

---

[1] 《周礼·春官宗伯·保章氏》："保章氏掌天星，以志星辰、日月之变动，以观天下之迁，辨其吉凶。以星土辨九州之地，所封封域，皆有分星，以观妖祥。"

[2] 甘石：战国时齐人甘公与魏人石申的并称。两人皆擅天文之学。甘德著有《天文星占》八卷，石申著有《天文》八卷，两书合称《甘石星经》。

[3] 北斗：由天枢、天璇、天玑、天权、玉衡、开阳、瑶光七星组成。前四颗称"斗魁"，又名"璇玑"；后三颗称"斗柄"，又名"玉衡"。

[4] 二十八宿：我国古代天文学家把天空中可见的星分成二十八组，叫作二十八宿，东西南北四方各七宿。东方苍龙七宿是角、亢、氐（dī）、房、心、尾、箕；北方玄武七宿是斗、牛、女、虚、危、室、壁；西方白虎七宿是奎、娄、胃、昴（mǎo）、毕、觜（zī）、参（shēn）；南方朱雀七宿是井、鬼、柳、星、张、翼、轸（zhěn）。

[5] 五星：指水、木、金、火、土五大行星，即东方岁星（木星）、南方荧惑（火星）、中央镇星（土星）、西方太白（金星）、北方辰星（水星）。

[6] 一行（683—727）：本名张遂，魏州昌乐（今河南省濮阳市南乐县）人。唐朝僧人，著名天文学家和佛学家。主持编制《大衍历》。将天文与地理相结合，提出天下山河两戒的分野体系。

云①："归德，睢州，为房、心分，即宋地。"②历考他书，虽时有错综，亦未有以房、心属汝宁者，则正阳之与房、心无涉无疑义矣。夫天文既不易考，而区区一县分野亦可略而不载。然虑其久而遂淆也，故取诸家之说著于篇。

《汉书·地理志》："楚地，翼、轸之分野也。汝南，楚分也。"③

《晋书·天文志》："自张十七度至轸十一度为鹑尾，于辰在巳，楚之分野。"④

《唐·天文志》："角、亢，寿星也。初，轸十度；终，氐一度。自原武、管城，尽陈、蔡、汝南之地，至于申、息诸国，皆豫州之分，属鹑火，氐涉寿星。"⑤

《明清类天文分野书》："轸十度至氐一度，寿星之次也。汝宁府、光州皆角、亢、氐分。"⑥

《一统志》："汝宁府，古豫州之域，角、亢、氐分野。"⑦

按：汝宁府分野，或属之翼、轸，或属之角、亢、氐，惟星次分野言汝南入房二度。盖当日之汝南郡，今自西华、项城诸县皆隶之，与宋接壤故也。则所云"汝南入房二度"者，亦自与今之汝宁无关。谨识之，以待专精于天文者厘正焉。

---

① 《清类天文》：《大明清类天文分野之书》的简称。明洪武年间刘基奉敕编撰。全书二十四卷，以一州一县推测躔度，剖析毫厘，但附会相沿，内容破碎。
② 语出《大明清类天文分野之书》卷二十二。
③ 语出《汉书》卷二十八下《地理志下》。
④ 语出《晋书》卷十一《天文志上》。
⑤ 语出《旧唐书》卷三十六《天文志下》，又见《新唐书》卷三十一《天文志一》，所引文字均有精简。
⑥ 语出《大明清类天文分野之书》卷二十一。
⑦ 此语见于明清各朝所修《一统志》，字句略有不同。

地 里

安成城，建于汉，数见于史志，未详其所在也①。明《一统志》谓"在府东七十里，汝水北"，今《汝宁府志》因之，《汝阳县志》亦因之，安成遂属汝阳。按《水经注》云："汝水东南迳平舆县南，安成县故城北。"②于安成之上则言"溱水入之"，下言"汶水注之"。今县治东北六十里、距汝宁府七十里汝水南有故城，土人讹为固城，正阳旧《志》仍为安成。固城旧址宛然在溱之下、汶之上，与《水经注》吻合。盖《一统志》仍元《大一统志》之旧，识者讥李贤等编次疏舛③。而郦道元为河南尹④，曾循汝水穷源而溯流，则其精确为何如者，而固城之为安城故城可不辨而自明也。顾子景范亦以安成在汝水北⑤，而言封侯则与《水经注》同，至其于真阳县之江城下，又附有固城在县东北六十里，未知何年建置。昔魏叔子称景范言山川险要，而景物游览之胜不录，则安成者亦特游览之属，故第据所闻而录之，亦无嫌于疏也。乃更能访得固城，亦

---

① 原注："班氏《地理志》注云'侯国，莽曰至成'，范氏《郡国志》云'安成，侯国，有武城亭'。"

② 语出《水经注》卷二十一《汝水》。

③ 李贤（1409—1467）：字原德，南阳邓（今河南省邓州市）人。明代名臣。天顺五年（1461）曾奉敕编《大明一统志》。并著有《鉴古录》《体验录》《看书录》《天顺日录》等书。

④ 郦道元（466—527）：字善长，范阳涿州（今河北省涿州市）人。北魏时期官员、地理学家。著有《水经注》四十卷。郦道元曾长期在河南境内任职：北魏景明元年（500）任颍川郡（治今河南省长葛市）太守，永平三年（510）任鲁阳郡（治今河南省鲁山县）太守，延昌四年（515）任东荆州（治今河南省泌阳县）刺史，正光五年（524）任河南尹。

⑤ 顾子景范：顾祖禹（1631—1692），字景范，号庐下（一作：字瑞五，号景范），苏州府常熟县（今江苏省常熟市）人，原籍常州府无锡县（今江苏省无锡市锡山区）。清初历史地理学家。所著《读史方舆纪要》一百三十卷，于每一地名之下，必详言历代战守得失之迹，被公认是一部伟大的历史地理学巨著。

不可谓不勤。而参之旧《志》，按诸《水经》，安成之属正阳且因之益昭矣。邑人王广文廷诏留心地理①，尝循汝之北岸行数十里遍觅所谓安成者，绝无遗迹，且其地皆卑湿不可筑城，此亦一解也。

白狗城，在县东南，梁置白狗戍，又为白狗堆，后魏将尧雄谓"白狗堆，梁北面重镇，宜备之"是矣②。魏收《志》："梁置西淮州③，治豫州界白狗堆，又淮川郡亦治焉④，领梁兴、真阳二县。"⑤高齐于此置齐兴郡，郡寻废，改为白狗县。隋改县为淮川，大业初省入真阳。唐初复置淮川县，属息州，贞观初废。元和十二年李愬攻蔡州，遣兵下白狗栅⑥，即故白狗城也。《方舆纪要》云："萧衍承齐之后，淮、沔南北，得失不常。白狗堆尝为重镇⑦。"⑧旧《志》析白狗城、白狗堆而二之，误。

新阳城，在县西南四十一里。《汉书·陈涉传》云"涉故涓人

---

① 王广文廷诏：王百诵，字廷诏。曾任荥阳训导。本《志》卷五《人物》有传。广文，明清时期对教授、教官的别称。

② 尧雄（499—542）：字休武，上党郡长子县（今山西省长治市）人，北魏、东魏名将。《北齐书·尧雄传》记载，东魏天平二年（535），尧雄在豫州（治今河南省汝南县）打败南梁名将陈庆之，后庆之复围南荆州，雄曰："白苟堆，梁之北面重镇，因其空虚，攻之必克，彼若闻难，荆围自解，此所谓机不可失也。"遂率众攻之，庆之果弃荆州来。未至，雄陷其城，擒梁镇将苟元广，兵二千人。

③ 西：原文误作"两"，今据《魏书》改。

④ 川：原文误作"州"，今据《魏书》改。

⑤ 语出魏收《魏书》卷一百六中《地形志》。

⑥ 《资治通鉴》卷二百四十《唐纪五十六》记载，元和十二年（817）四月，李愬手下阎士荣攻克白狗、汶港两处栅垒，为进一步军事行动扫除了障碍。该年十月，李愬雪夜袭蔡州（治今河南省汝南县），生擒叛将吴元济，平定了淮西之乱，使唐后期藩镇割据的局面因之暂告结束，唐朝又恢复统一。

⑦ 原注："注云'今河南真阳县东南，有故白狗城'。"整理者注：疑在今息县白土店乡。

⑧ 语出顾祖禹《读史方舆纪要》卷四《历代州域形势四》。

将军吕臣起新阳"①,颜师古注"县名也,属汝南郡"②,即此。应劭曰:"地在新水之阳,故名。"③后汉光武封阴就为侯邑④,晋省。《水经》云"颍水东南,迳新阳城北",注云"颍水不出其北,《经》误"⑤。盖细水注颍出新阳,故城北新沟注细,迳新阳故城南。今县西南增益店有遗址,土人呼为将军城⑥。

安阳城,《方舆纪要》云:"在县东,与光州息县接界。杜预曰:'安阳,本春秋时江国。汉置安阳县。属汝南郡。'"⑦班氏《地理志》注云:"侯国,莽曰均夏。"⑧应劭曰:"故江国,有江亭。"⑨范氏《郡国志》云:"安阳,侯国,有江亭。"⑩汉文帝封淮

---

① 语出班固《汉书》卷三十一《陈胜传》。

② 颜师古(581—645):名籀,字师古,以字行。雍州万年(今陕西省西安市)人,祖籍琅邪临沂(今山东省临沂市),经学家、训诂学家、历史学家。奉太子李承乾之命所注《汉书》,是现存最早最为通行的《汉书》注本。

③ 语出《汉书》卷二十八上《地理志上》颜师古注。

④ 阴就:东汉外戚,新阳侯。东汉光武帝皇后阴丽华的弟弟。

⑤ 语出《水经注》卷二十二《颍水》。

⑥ 新阳城在今正阳县熊寨镇西将军城(今属确山县双河镇)的说法,最早来自唐代《括地志》。《史记正义》引《括地志》云:"新阳故城在豫州真阳县西南四十二里,汉新阳县城。应劭云在新水之阳也。"(《史记》卷一八《高祖功臣侯者年表》)李贤注《后汉书》亦多持此说。但今天学界普遍认为,新阳城在今安徽省阜阳市界首市光武镇。

⑦ 语出《读史方舆纪要》卷五十《河南五·汝宁府》。

⑧ 语出《汉书》卷二十八上《地理志上》。原文脱"夏"字,今据补。

⑨ 语出《汉书》卷二十八上《地理志上》颜师古注。

⑩ 语出《后汉书·志》第二十《郡国志二》。范晔《后汉书》本无《志》,今本《后汉书》八篇三十卷《志》,乃史学家司马彪(?—306)所著《续汉书》的一部分。南朝时期,刘昭(约510年前后在世)为《后汉书》作注时,把司马彪《续汉书》的八篇《志》抽取了出来,分为三十卷,置于范晔《后汉书》之后,使《后汉书》更为完备,同时使《续汉书》的八《志》得以传世。也因此,《后汉书·郡国志》有时被简称为《续汉志》或《续志》,而《汉书·地理志》则被简称为《汉志》。

南厉王子勃为侯邑①。武帝封济北贞王子乐为侯邑②。晋改为南阳。以河北有安阳，故也。刘宋仍曰安阳县。北魏仍属汝南郡。正始中置安阳郡，属郢州。《梁书》"大通元年③，夏侯夔自广陵进屯安阳，遣别将屠楚城，义阳北道遂绝"是也④。东魏属义阳郡。隋废，入真阳。《水经》云"淮水东迳安阳县故城南"⑤，是矣。

江城，在县东南界。据杜氏、应氏之说⑥，疑即安阳。而顾氏分为二城⑦。两存之。

建安城，在县南五十里，魏收《志》："建安县，属冯翊，盖东魏侨置郡也。"又《方舆纪要》引《志》云⑧："县南八十里有临淮城，今为朱家店。"⑨

慎阳废县，在县北四十里。自汉以来，县皆治此⑩。明弘治十八年，改置今县。

---

① 刘勃（176—152）：沛郡丰县（今江苏省徐州市丰县）人，生于淮南（今属安徽省）。汉朝宗室，汉高祖刘邦之孙，淮南厉王刘长次子。公元前172年，汉文帝封刘勃安阳侯。

② 安阳侯刘乐，所封安阳侯国据《汉书·王子侯表》注在平原郡，地望在今山东省菏泽市曹县东。

③ 大通元年：公元527年。

④ 语出《梁书》卷二十八《夏侯夔传》。

⑤ 语出《水经注》卷三十《淮水》。

⑥ 杜预曰："安阳，本春秋时江国。"应劭曰："故江国，有江亭。"（参见上段引文）

⑦ 顾祖禹《读史方舆纪要》卷五十《河南五·汝宁府》中，安阳城、江城前后并列，分别阐述。

⑧ 《志》：查《寰宇通志》《大明一统志》均未见此语。《大清一统志》中有此语，但它比《读史方舆纪要》晚出。故此《志》当指明嘉靖《真阳县志》。

⑨ 此段引文均出自顾祖禹《读史方舆纪要》卷五十《河南五·汝宁府》。原文"今"字误作"本"，今据改。

⑩ 此说存疑。慎阳当在慎水之北，慎水在今正阳县城南，未闻县北四十里有慎水，又何有废县。

保城废县，在县西北。刘宋孝建二年置宝城①，属义阳。后魏改保城县属汝南郡，高齐因之，隋省。今县西北三十五里，土人呼为小亮城②。

南龙冈，《方舆纪要》云："在县南三里，势颇高峻，拱峙如屏。"③

龙陂港，见《方舆纪要》："唐元和十三年以蔡州牧地为龙陂监，盖因龙陂港而名。"④ 今县东六十里秔陂港是。

汶港栅，即《水经注》所云汶水也。栅在水上。唐时淮西拒命，立栅汶港。元和十二年李愬攻蔡，遣兵下白狗、汶港二栅，即其处。今称汶口。

莲湖，在县南。《水经注》云："淮水自慎口东与申陂水合，水上承申陂于新息县北，东南流，分为二水，一水迳深丘西，又屈迳其南，南派为莲湖水。"⑤ 土人呼为鸳鸯湖。

东、西莲湖，在县东南。《水经注》云："淮水自慎口东，又左迤流结两湖，谓之东、西莲湖。"⑥ 土人呼为莲花池。

燋陂，见《水经注》。旧《志》作"焦"，在县北⑦。

同陂，见《水经注》。旧《志》作"铜"，在县东⑧。

---

① 孝建二年：公元455年。
② 小亮城：在今汝南县常兴镇小亮寺村。
③ 语出《读史方舆纪要》卷五十《河南五·汝宁府》。
④ 语出《读史方舆纪要》卷五十《河南五·汝宁府》。
⑤ 语出《水经注》卷三十《淮水》。
⑥ 语出《水经注》卷三十《淮水》。
⑦ 明嘉靖《真阳县志·塘堰》、清康熙《真阳县志·塘堰》均载："焦陂塘，在县北十五里。"
⑧ 明嘉靖《真阳县志·塘堰》、清康熙《真阳县志·塘堰》均载："铜陂塘，县东二里。"

上慎陂，见《水经注》，即旧《志》所谓上陂塘，在县南①。

下慎陂，见《水经注》，即旧《志》所谓下陂塘，在县南②。

窖陂，见《水经注》，旧《志》作"较"，在县南③。

望闾台。明邑人何别驾麟晚年致仕④，曾奉檄赈饥民。民感之，为绘图，徐太守中行题诗其上，以为美谈。家綦贫，顾好游，徐太守行春至真阳，屏驺从⑤，躬造其庐，时别驾方浮舟于淮上。使人邀之归，乃与登高欢饮，即命之曰望闾台。太守见其白屋柴门，归出俸金为买田数顷于汝颍之间，强别驾往疆理之⑥。别驾至，则尽

---

① 明嘉靖《真阳县志·塘堰》、清康熙《真阳县志·塘堰》均载："上陂塘，县南七十里。"

② 明嘉靖《真阳县志·塘堰》、清康熙《真阳县志·塘堰》均载："下陂塘，县南六十里。"民国《重修正阳县志》卷一《地理·河流》"慎水河"注云："按《水经》，有上慎陂、下慎陂。陡沟西、邑水入淮处，名慎口。足征是邑水之名慎者，非止一二。旧《志》谓上、下陂塘，即为上、下慎陂，或未足以尽之。查正阳自汉许扬、邓晨等，由慎陂达鸿郤陂起塘四百余口，宋张云卿修广丰陂，复旧陂三十八，是皆就川流以作陂。陂各有专名，《水经》碍难列举，遂因地名而统称为慎，分上、下部以概括之。若谓上慎陂、下慎陂，仅仅为二水，则慎之水利，不其微乎？据查邑名旧为慎阳，确由附城之慎水得名。考之经史，如吴人伐慎、楚白公之后封慎各节，毫无疑义，其上、下慎陂之称，盖以明全县之水，以慎为主系而均属于慎也。闻尝综观正邑水系，皆起点于宋店境，宋店北部水，类皆顺地势东流，直达邑东边而北入汝；宋店南部水，类皆顺地势东南流，直达邑东南边，而南入淮。《水经》所称上、下慎陂，殆即指此两部，而约言之。不然，仅此两慎陂，何能括尽邑之水利耶？夫言上、下者，必有中，间河一线，附近行潦，泄之蓄之，居民利之，北不及汝，南不及淮，是为中慎陂也，明矣。厥后慎阳改为真阳，诸水只各存其专名，惟此附城一流，系原有之主水主名，仍久存而不可变，盖名实自有真也。旧《志》又引《史记索隐》，谓'慎'本作'滇'，后汉因失印，误刻作'慎'等语，与《春秋左传》《史鉴》《水经》诸书均作'慎'者不符。其说尤虚诞无征，而不足信。"（民国《重修正阳县志》卷一，第十七页前幅。）此可备一说，但亦存疑。

③ 明嘉靖《真阳县志·塘堰》、清康熙《真阳县志·塘堰》均载："较陂塘，县南七十里。"

④ 别驾：明清时期为各府通判的别称。何麟曾任湖州通判，故称何别驾麟。

⑤ 驺从：古代贵族、官员出行时的骑马侍从。

⑥ 疆理：划分，治理。语本《诗·小雅·信南山》："我疆我理，南东其亩。"

散于居民之贫者,民至今颂之不绝也。

碑碣坊表附:

开皇碑

在安成故城,题"隋开皇二年",骈体文,多彼家言。碑侧俱镌字,碑阴镌佛像数十,勒名男称"发心主",女称"邑子某妃"。书法遒劲,有晋人遗矩焉①。

禅塔碣

在县南门外十方院,题"金大定戊申二十八年",末署"殿中丞朝散大夫某官",字多剥落,不甚可辨。

东岳庙碑

在县东门外东岳庙,题"元至大二年光州训导张瑄"②,文已入《志》③,真阳县尉虎都鲁别书④。元人碑,言金石者不录,而县所见者绝少,且此碑文字俱有法,存之。

同知坊

在寒冻店西南七里,前明为荆州同知刘延昶立。

节孝坊

在寒冻店西南三里,乾隆三十二年为生员王维宸妻袁氏立。

按:旧《志》于地里之可述而识者往往阙如,今掇拾旧闻,较前加详,而一征于古。附以碑碣坊表,俾考古者得所依据,且使邑之人知为旧物而爱护之也。若夫不逢好古之士,而沉埋于荒榛墟莽

---

① 遗矩:指前人的法度、准则。
② 此言"元至大二年",但明嘉靖《真阳县志》、清康熙《真阳县志》俱作"元至大四年"。
③ 参见本《志》卷七《艺文志》所收录张瑄《东岳庙记》一文。
④ 县尉:官名。从九品。掌巡捕盗贼。虎都鲁别:蒙古族人名。

中者，不知其几矣。

黄征君祠

邑令袁树重修，有诗为记。岁久渐圮，嘉庆元年，征君后裔黄心田、黄铎捐资修葺，置祀田焉。附载于此。

人物

汉

周燕，字少卿，安成人，约之子，宣帝时为郡决曹掾。五子：重合令子舆、栎阳令子羽、东海太守子仲、兖州刺史子明、颍阳令子良，号曰五龙。各居一里，并以儒素退让为业。（见《汉书》①）

东汉

周嘉，字惠文，燕四世孙。举孝廉，拜尚书侍郎。光武称为长者，诏尚公主，嘉称病笃，不肯当。迁零陵太守，卒，吏民祠祀焉。（见《后汉书》②）

周磐，字坚伯，安成人。好礼有行，非典谟不言③。以孝称。除任城长，迁阳夏、重合令，皆有惠政。（见《后汉书》④）

周畅，字伯持，嘉之弟。性仁慈，位至光禄勋。（见《后汉书》⑤）

周乘，字子居，安成人。天资聪明，高峙岳立，非陈仲举、黄

---

① 周燕生平事迹，《汉书》不载，今见于《后汉书》卷八十一《周嘉传》，又见于《初学记》卷十四《礼部·葬》引《汝南先贤传》，但均未言及周燕五子。
② 见《后汉书》卷八十一《独行列传·周嘉传》。
③ 典谟：《尚书》中《尧典》《舜典》和《大禹谟》《皋陶谟》等篇的并称。借指经典，法言。
④ 见《后汉书》卷三十九《周磐传》。
⑤ 见《后汉书》卷八十一《独行列传·周嘉传》。

叔度之俦则不交也。为太山太守，甚有惠政。（见《后汉书》①）

周燮，字彦祖，安成人，燕之后也。十岁就学，能通《诗》《论》；及长，专精《礼》《易》。不读非圣之书，不修贺问之好②。举孝贤方正，特征，皆不应。（见《后汉书》③）

魏桓，汝南安阳人，以清节数被征辟，不应，遂隐身不仕。（见《后汉书》④）

三国

周纂，安成人，吴威远将军⑤。（见《三国志》⑥）

周浚⑦，字开林，安成人。父斐，少府卿。浚初不应州郡之辟，后为扬州刺史，封射阳侯。又以功进封武城侯，移镇秣陵，迁侍中，卒于位。三子颙、嵩、谟。（见《晋书》⑧）

周恢，浚从弟。武帝问："卿宗谁可？"浚曰："恢称重臣宗，馥称清臣宗。"帝并召用。与同郡和郁号二十四友⑨。（见《晋书》⑩）

周颙，字伯仁，浚长子也。神采秀彻，亲狎莫能媟⑪。弱冠袭

---

① 此段实出自《世说新语·赏誉》刘峻注引《汝南先贤传》。
② 贺问：祝贺与省问。借指应酬交往。
③ 见《后汉书》卷五十三《周燮传》。
④ 见《后汉书》卷五十三。
⑤ 威远：原文误作"威武"，今据《晋书·周访传》改。
⑥ 《三国志》中无周纂，其名在《晋书》卷五十八《周访传》中。周访系周纂之孙，详见下文。
⑦ 周浚：原文作"周俊"，今据《晋书》改。
⑧ 见《晋书》卷六十一《周浚传》。
⑨ 和郁（？—311）：字仲舆，汝南西平（今河南省驻马店市西平县）人。西晋官员，鲁公二十四友的重要成员。二十四友：原文误作"三十四友"，今据《晋书·贾充传》改。
⑩ 见《晋书》卷六十一《周浚传》、卷四十《贾充传》。
⑪ 媟（xiè）：轻侮；不恭敬。

爵，历吏部尚书、左仆射。王敦构逆①，折以忠义，遂遇害。追赠光禄大夫，仪同三司，谥曰康。（见《晋书》②）

周嵩，字仲智，浚中子也。狷直果侠，每以才气陵物。出为新安太守，寻除名。久之，补庐陵太守，拜御史中丞。（见《晋书》③）

周访，字士达，安成人。祖纂，吴威远将军。父敏，左中郎将。少沈毅，果于断割，周穷振乏，家无余财。累官安南将军、都督、梁州刺史。长子抚，有父风。（见《晋书》④）

周光，安成人，浔阳太守，以功赐爵曲江男。（见《晋书》⑤）

周楚，抚子，犍为太守。平司马勋之乱。妖贼李宏称号⑥，改年凤皇，楚遣子琼讨平之。（见《晋书》⑦）

周虓，字孟威，访之元孙也。少有节操。州辟为祭酒，后历位至西夷校尉⑧，领梓潼太守。苻坚挞之，徙太原，以病卒。谢元亲临哭之⑨，因上疏请表其忠节。诏曰："虓励志贞亮，无愧古烈。未及拔身，奄殒厥命。甄表义节，国之典也。其赠龙骧将军、益州刺

---

① 构逆：造反，发动叛乱。
② 见《晋书》卷六十九《周颛传》。
③ 见《晋书》卷六十一《周嵩传》。
④ 见《晋书》卷五十八《周访传》。周访家族世系：祖父周纂，父亲周敏，长子周抚，次子周光。周抚子周楚，周光子周仲孙。周楚子周琼。周琼子周虓。
⑤ 见《晋书》卷五十八《周光传》。
⑥ 李宏：即李弘（？—370），广汉郡雒县（今四川省广汉市）人。东晋时期宗教起事领袖。
⑦ 见《晋书》卷五十八《周楚传》。
⑧ 夷：原文作"彝"，今据《晋书》改。
⑨ 谢元：即谢玄（343—388），字幼度，陈郡阳夏（今河南省太康县）人。东晋名将、军事家。

史。"(见《晋书》①)

南齐

周颙②,字彦伦,颛七世孙。善《老》《易》,清贫寡欲,隐居钟山。后起为国子博士,累官中书侍郎。著《四声切韵》行于世。(见《南齐书》③)

梁

周舍,字昇逸。幼聪颖,既长,博学。高祖召拜尚书祠部郎。时天下草创,礼仪损益,多自舍出。国史诰诏、仪体法律、军旅谟谋,皆兼掌之。预机密二十余年。普通五年④,迁右骁骑将军,知太子詹事。(见《梁书》⑤)

陈

周弘正⑥,字思行。幼孤,及弟弘让、弘直,皆为叔父舍所养⑦。起家梁太学博士。普通中,初置司文义郎,直寿光省,以弘正为司仪侍郎,累迁国子博士。及陈高祖受禅,授太子詹事。太建六年卒⑧,年七十九。诏赠侍中中书监,谥曰简。所著《周易讲疏》十六卷,《论语疏》十一卷,《庄子疏》八卷,《老子疏》五卷,《孝

---

① 见《晋书》卷五十八《周𫖮传》。
② 颙:原文作"禺",今据《南齐书·周颙传》改。
③ 见《南齐书》卷四十一《周颙传》。
④ 普通五年:公元524年。普通,南朝梁武帝萧衍的第二个年号,从公元520年至527年,前后使用8年。
⑤ 见《梁书》卷二十五《周舍传》。
⑥ 弘:原文作"宏",为避乾隆帝弘历名讳而改,今改回。下文"周弘让"亦同。
⑦ 叔父:《陈书·周弘正传》作"伯父"。
⑧ 太建六年:公元574年。太建,南朝陈宣帝陈顼的年号,从公元569年至582年,前后使用14年。

经疏》两卷,《集》二十卷,行于世。子坟,官吏部郎。(见《陈书》①)

周弘让,弘正弟也。性简素,博学多文。梁承圣初,召为国子祭酒,寻为仁威将军。后入陈,以白衣领太常卿、光禄大夫,加金章紫绶。(见《陈书》②)

周炅③,字文昭。有将帅才。仕陈,累迁都督、江州刺史,进爵为侯。田陇叔以江北叛于齐④,讨之,尽复江州之地,号平北将军。卒,谥曰壮⑤。子法僧,嗣官至宣城太守。(见《陈书》⑥)

周法尚,炅之子也。果劲有风概,好读兵书。为定襄太守。年五十九卒,赠武卫大将军,谥曰僖。有子六人,长子绍基,灵寿令;少子绍范,最知名。(见《陈书》⑦)

唐

周允元,安成人。武后时为御史中丞、同凤阁鸾台平章事。宴宰相⑧,诏陈书传善言,允元曰:"耻其君不如尧舜。"卒,赠贝州刺史。(见《新唐书》⑨)

明

王基固,字苞竹,寒冻店人。少孤,为人豪迈,有奇气。喜读

---

① 见《陈书》卷二十四《周弘正传》。
② 见《陈书》卷二十四《周弘正传》,《南史》卷三十四《周弘让传》。
③ 炅:原文误作"昊",今据《陈书·周炅传》改。
④ 田陇叔:《陈书·周炅传》中作"田龙升"。
⑤ 壮:原文误作"庄",今据《陈书·周炅传》改。
⑥ 见《陈书》卷十三《周炅传》。
⑦ 《陈书》卷十三有《周法尚传》,但极为简略。此段文字,实出自《隋书》卷六十五《周法尚传》。
⑧ 句首疑脱"武后"二字。
⑨ 见《新唐书》卷一百一十四《周允元传》。

书，通知兵律。崇祯中，烽烟四起，土寇郭德啸聚数万人，屯寒冻，召与共谋，不则胁之以威。基固见寇势方张，其锋难犯，夜具渔舟自汝而南达于颍，居深山之中者数载。乱定，始旋里，遂隐身不出，以诸生终。无子，卒年七十有五。弟际泰与兄齐名，寇至其村，迫之使起，坚不从。寇幽囚之，竟瘦死。（参《王氏家谱》）

李梅先，廪生，寒冻店人。流寇闯塌天屯寒冻店①，被执，骂贼死。（见《府志》）

赵纯，寒冻店人。流寇屯寒冻，被执，骂贼死。（见《府志》）

赵朴，寒冻店人。流寇屯寒冻，被执，骂贼死。（见《府志》）

冯元之，寒冻店人。崇祯十一年十月，贼闯塌天乘虚犯汝，屯寒冻店，元之兄弟统乡勇力战死之。（见《府志》）

李甲，寒冻店人。流寇屯寒冻，被执，骂贼死。（见《府志》）

尹尚，寒冻店人。天启中，任山西洪洞县主簿。

国朝

贺斐，字予璧，号韬章，油房店人，恩贡生。父朝宝，隐君子。兄承恩，弟灿、拔、文，皆以德行重乡里。值明季，人苦兵役，斐独嗜书史。性爽，重然诺，与同社毛谟明友。一时推为国士。本朝初，为仇人所挤，陷于狱。直指某按视汝光②，见所为文，大奇之，曰："此轶才也。"辨其冤，出之。由是杜门不出，学益

---

① 闯塌天：原名刘国能（？—1641），延安（今陕西省延安市）人，明末农民军首领之一。起初与李自成、张献忠同时举兵，后效忠于朝廷，自号"闯塌天"。崇祯六年（1633），率兵入河南，后转战湖广。崇祯十一年（1638）正月就抚于随州。下文又有"崇祯十一年十月，贼闯塌天乘虚犯汝"，似乎别有"闯塌天"。

② 直指：亦称"直指使者""绣衣使者""绣衣直指"等。职官名。汉武帝时置，为奉派出巡各地督察处理政事的官员。明清时期，为巡按监察御史的别称。

进。顺治辛丑①，与田贡生育性纂修《县志》。后选某县教谕，檄至之日而斐没。同时有斐族孙贺来苏，亦恩贡生，年长于斐，与斐齐名，性谨悫②，博学多闻，工书法。时人为之语曰："乃祖高明，乃孙纯粹。文行卓卓，一门之内。"

贺仲龙，油房店人。母老家贫，自食糠籺③，而母食必精凿④。每出，遇枣栗之属，辄袖之。或问之，曰："吾以遗母也。"适母病，欲肉食，仓猝无所得，割肱烹之，以献。母食之，病愈，初不知为仲龙肉。后藩司某巡行县属⑤，经油房店闻其名，进而与之语，赐银牌，铸字曰"旌孝之牌"。县令有公事辄延仲龙至署，优礼之，曰："以教孝也。"仲龙不知书，其孝盖出于天性云。

李秉善，字元长，寒冻店人，以孝友闻。教子侄以宽，子侄自严惮之⑥，胥以礼自持。人皆推为长者，三举耆德⑦。受粟帛时，必率家人北面谢曰："吾生平未尝读书，得沐此荣，真异数也。"卒年九十有七。子九思，岁贡生。

贺辅，字定一，生员，油房店人。为学务精专书史，读过者终身不忘。父天佑卧病，辅侍汤药卧床下，不解带者三阅月。教子严而有法，虽成立，督课不少贷。家人内外，皆兢兢守礼。贫而好施，亲族中有以无衣食告者，必以己所余与之，曰："天下物与其积而无用，不若用而有济也。"故终身无余财。年七十有二卒于家。

---

① 顺治辛丑：顺治十八年（1661）。
② 谨悫：厚重朴实。
③ 糠籺（hé）：指粗劣的食物。
④ 精凿：舂去谷物的皮壳，亦指舂过的净米。
⑤ 藩司：官名。明清时布政使的别称。主管一省民政与财务的官员。
⑥ 严惮：畏惧；害怕。
⑦ 耆德：年高德劭、素孚众望者之称。

叶蕙，字名间，固城寺人。父九经，多隐德。蕙少颖悟，弱冠补诸生。学使孙公灏见其文①，疑非应童子试者所能。再试之日，孙公命坐其案侧，守视之。时与试者百余人，蕙文先成，特见奖许。充贡后，不求仕进。与弟太学生崧同居，大小男妇数十人，无间言。县当明季兵火之余，少知书者，城之东北偏自蕙而后始多文学之士矣。

黄榜，柳寨保人，征君祠奉祀。生性简静嗜学，人咸重之。

刘承汉，邑庠生，柔远保人。好施济。国初田地荒芜，又值凶岁，邻里穷乏者，汉捐米粟以济之。邑令安公旌其门曰"天中佳士"。

列女

戴氏五女，皆慎阳戴良女也。资性严明，勤事女工。质貌虽不殊，咸克遵家训，而妇德甚备。有求昏②，良辄便许嫁，粗裳布被、竹笥木履以遣之。节操行谊，有隐者风焉。（见《后汉书》③）

李氏络秀，周𫖮母也。𫖮父浚为安东将军，出猎遇雨，止络秀家。会其父兄不在，络秀与一婢于内宰猪羊，具数十人馔。甚精办，而不闻人声。浚使觇之④，独见一女子甚美俊，因求为妾。其父兄初不许，络秀曰："门户殄瘁⑤，何惜一女。若联姻贵族，将来或大益父兄。"许之。遂生𫖮及嵩、谟。（见《晋书》⑥）

---

① 孙灏（1700—1760）：字载黄，号虚船，杭州府钱塘县（今浙江省杭州市）人。清雍正八年（1730）进士。乾隆十八年（1753），任河南学政。
② 昏：古同"婚"，婚姻。
③ 见《后汉书》卷八十三《逸民列传·戴良传》。
④ 觇（chān）：暗中察看。
⑤ 殄瘁：亦作"殄悴"。困穷，困苦。
⑥ 见《晋书》卷九十六《列女传·周𫖮母李氏》。

邓氏，贺瑄妻，油房店人。瑄没，氏年二十有六，生一子。夫亡，哭泣几不欲生，家人慰解之。时国初民间多豪横人，或为氏危。氏抚孤儿，茕茕一室，足迹不逾中门①，邻里罕有识其面者。卒年六十有七，守节四十二年。

周氏，吴霞妻，油房店人。年十八适霞，又二年生一女，而霞没。时霞父年六旬，氏矢以死守，事翁如夫在时。念家无嗣续，泣请于翁置妾焉。后妾生二子，长来鹏，次来鹤。翁没，氏抚之成立。卒年六十，守节四十一年。来鹏、来鹤衰绖送葬②，如母丧焉。

王氏，史准妻，寒冻店人。年十七归准。夫亡，氏年二十。无子，姑老，苦节自甘。姑病，割股以进。知县解忻表其门曰"节孝可风"。家贫，纺绩自给，亲族助以财米，辞之曰："老寡妇自食其力，足矣。"年今七十一，守节四十二年。

黄氏，孔继世妻，寒冻店人。归孔三载，相敬如宾。生一女，方数月，夫亡。氏哀泣三日，沐浴洁衣，自缢死，时年二十二。知县李国禧表其门曰"苦节殉身"。

蔡氏，叶九畴妻，固城寺人。年十七归九畴，七年夫亡，一子方五岁。守节五十四年，卒年七十六。

张氏，叶九龙妻，固城店人③。年十七归九龙，五年夫亡，一子方数月。守节六十三年，卒年八十三。

朱氏，叶芹妻。年十八归芹，先芹未娶而病，氏入门，药裹汤匕不离手④。三年，夫亡，逾年一子又殇。以夫兄子为嗣，守节三

---

① 中门：内、外室之间的门。
② 衰绖（cuī dié）：丧服。此指穿丧服。
③ 固城店：与上面的固城寺应属同一地。
④ 药裹：药包；药囊。匕：古代指勺、匙之类的取食用具。

十八年。

邱氏，生员李成身妻，演武亭人。夫亡，年二十九，一子一女，抚之成立。年今七十，守贞四十二年。

韩氏，刘继祖妻。归刘八年，生一子而夫亡，氏年二十七。翁姑疾，侍汤药不懈。年今五十八，守贞三十年。

冯氏，胡云妻，莲花寺人。归云五年，夫亡，氏年二十四，欲从以死。姑慰之曰："汝遗腹未卜男女，天其遂绝胡氏乎？"月余，举一男。家贫，竭力女工，以给朝夕，族党共怜之。年五十九卒，守节三十七年。

按：旧《志》未明安成之所属①，又不载安阳城，故置其人于弗录，非略也。今举安成、安阳人物列女之见于史册者，综其生平出处行事著于篇，俾有志者知此邦故多名贤，庶观感兴起而因以自励也。至近日有克自表见者，亦附入焉。

异闻

县东北四十里有古墓，土人呼为扁鹊墓②。墓西有桥，为扁鹊桥。康熙中，大雨陷焉，露石椁巉巉然③，椁旁有立石二，又一石横于颠，疑即古丰碑也。水实其中，病者饮之立愈。遂相传扁鹊为神医，其水可疗病，远近多操盎缶来汲者。

雍正中，邑民余乙以好博荡其产，有老母冻馁不恤也。母初戒之，辄怒目相加，继出恶声，母不复言。夏日晨起，谓母曰："好看门户，我到村东乘凉去。"遽出，母倚门独立。俄见黑云蠡起，

---

① 旧《志》：指清康熙《真阳县志》。
② 原注："《史记·扁鹊列传》秦越所适之国不一，未尝至汝南也。"整理者注：扁鹊姓秦氏，名越人。
③ 巉巉：形容山势峭拔险峻。巉巉然，峭拔险峻的样子。

风雨交作，雷声沉沉绕屋角，母祝曰："雷神欲击吾不孝子耶。"时乙方在村东瓜架下与里中数无赖子共博，骤闻霹雳一声，雨遂霁。村之人遥见火光闪烁，惊往集视，乙已焦头烂额而死，数无赖子俱僵卧于瓜田中，濡首于泥者数寸。舁归之，半夜方苏。

民某，寒冻店人。事母孝，结庐汝水之厓，家无四邻。乾隆四十七年秋七月，汝水涨溢。某夜起视，室中已水深尺许。大惊，不暇顾妻子，被裹其母，负之出。至村外高处，置大树之颠。度可无虞，始归，则庐尽倾圮。念妻子已无复生理，幸母犹存，殊无所苦。旋至树下，候天晓，水稍杀，负其母赴近村乞食，食母。邀素相识者数人，荷畚锸往视其庐，水周四围。掘之，中乃干土，无少浸渍，屋梁横据瓴甋上①，妻子蹲其下，竟不死，众神之。遂奉其母，移居别村，室家得完好焉。

徐乙，父早殁，贫不能娶，与其母暨妹僦居富者之室②。乙方独卧，顿觉风习习，寒气袭人，朦胧中，见一女子解衣登榻，乙遂沉沉睡去。后无夕不至，渐就羸瘠③，心惧焉。白诸母，母为延巫，百方驱除，卒无验。一夕风声作，祟又至，乙以手摩挲之，力扼其颈，厉声一呼，即昏不知人。母与妹共秉烛往视，一巨蛇缚乙身数匝，乙手持之，坚不可开。蛇死，人亦僵，急取庖刀，碎断蛇而解脱之，达旦始苏，祟遂绝。

一民家，患狐扰。尝数人坐室中，仰见椽间火起，焰高数尺，急觅水，缘梯上，则火已熄，烧痕才如钱大。买葛布数丈，越夕取

---

① 瓴甋（líng dì）：陶制容器，似瓶。
② 僦（jiù）居：租屋而居。
③ 羸瘠：瘦弱。

视，卷轴如故，而中幅已剪空。别室积薪其中，户常扃闭①，忽烟如云拥，自窗中腾出，启户视之，固无恙。如此类者甚多，家人不复能堪。后郡人有为江西某县令者，寄与天师符一纸，贴壁间，狐不复至。

王媪②，汝南埠人，年六十余，子业灌园③。乾隆五十年夏月，媪构疠疾，遂不起。殁七日，俗谓之"一七"，其子为作佛事，忽闻棺中呻吟，惊呼家人启视之，媪已复活，瞪目呼曰："将水来，热杀我矣。"扶出，饮以水，病寻愈。后寿至七十余。诘之，则秘不言，若冥冥中有戒之者，第云去而复归耳。

---

① 扃（jiōng）闭：关闭。
② 媪（ǎo）：老妇人的通称。
③ 灌园：浇灌园圃，或从事田园劳动。

参考文献

《周易》，阮元校刻《十三经注疏》本，中华书局，1980年。
《尚书》，阮元校刻《十三经注疏》本，中华书局，1980年。
《诗经》，阮元校刻《十三经注疏》本，中华书局，1980年。
《周礼》，阮元校刻《十三经注疏》本，中华书局，1980年。
《礼记》，阮元校刻《十三经注疏》本，中华书局，1980年。
《春秋左传》，阮元校刻《十三经注疏》本，中华书局，1980年。
《春秋穀梁传》，阮元校刻《十三经注疏》本，中华书局，1980年。
《论语》，阮元校刻《十三经注疏》本，中华书局，1980年。
《尔雅》，阮元校刻《十三经注疏》本，中华书局，1980年。
《孟子》，阮元校刻《十三经注疏》本，中华书局，1980年。
《庄子》，郭庆藩《集释》本，中华书局，1961年。
《孔子家语》，中华经典名著三全本，中华书局，2011年。
《道德经》，中华经典名著三全本，中华书局，2021年。
《大戴礼记》，王聘珍《解诂》本，中华书局，1983年。
《管子》，黎翔凤《校注》本，中华书局，2004年。

《国语》，上海师范大学古籍整理研究所校点本，上海古籍出版社，1998年。

《吕氏春秋》，许维遹《集释》本，中华书局，2009年。

《楚辞》，中华经典名著三全本，中华书局，2010年。

［汉］司马相如著，金国永校注：《司马相如集校注》，上海古籍出版社，1993年。

［汉］司马迁：《史记》，中华书局，1959年。

［汉］刘向集录：《战国策》，上海古籍出版社，1985年。

［汉］刘向撰，林屋译注：《列仙传》，中华书局，2021年。

［汉］扬雄撰，汪荣宝疏，陈仲夫点校：《法言义疏》，中华书局，1987年。

［汉］班固：《汉书》，中华书局，1962年。

［汉］许慎：《说文解字》，中华书局，2013年。

［汉］应劭撰，王利器校注：《风俗通义校注》，中华书局，1981年。

［汉］甘公、石申：《星经》，《丛书集成新编》第42册，台湾新文丰出版公司，1985年。

［汉］黄宪著，［宋］韩洎赞：《天禄阁外史》，明嘉靖二年（1523）序刊本。

［三国魏］曹丕：《魏文帝集》，《汉魏六朝百三家集》卷24，景印摛藻堂四库全书荟要本，世界书局，1988年。

［晋］陈寿：《三国志》，中华书局，1959年。

［晋］潘岳著，董志广校注：《潘岳集校注》（修订版），天津古籍出版社，2005年。

［晋］范宁集解，许超杰整理：《春秋穀梁传集解》，商务印书馆，2023年。

［晋］陶潜著，龚斌校笺：《陶渊明集校笺》，上海古籍出版社，1996年。

［南朝宋］范晔：《后汉书》，中华书局，1965年。

［南朝宋］刘义庆著，［南朝梁］刘孝标注，余嘉锡笺疏：《世说新语笺疏》，中华书局，2007年第2版。

［南朝梁］沈约：《宋书》，中华书局，1974年。

［南朝梁］萧子显：《南齐书》，中华书局，1972年。

［北魏］郦道元著，陈桥驿校证：《水经注校证》，中华书局，2007年。

［北齐］魏收：《魏书》，中华书局，1974年。

［北周］庾信撰，［清］倪璠注，许逸民校点：《庾子山集注》，中华书局，1980年。

［唐］陆德明：《经典释文》，上海古籍出版社，2013年。

［唐］姚思廉：《梁书》，中华书局，1973年。

［唐］姚思廉：《陈书》，中华书局，1972年。

［唐］李百药：《北齐书》，中华书局，1972年。

［唐］魏徵、令狐德棻：《隋书》，中华书局，1973年。

［唐］房玄龄等撰：《晋书》，中华书局，1974年。

［唐］徐坚：《初学记》，中华书局，1962年。

［唐］李白著，瞿蜕园、朱金城校注：《李白集校注》，上海古籍出版社，1980年。

［唐］杜甫著，［清］杨伦笺注：《杜诗镜铨》，上海古籍出版

社，1980年新1版。

［唐］杜佑撰，王文锦等点校：《通典》，中华书局，1988年。

［唐］韩愈著，马其昶校注、马茂元整理：《韩昌黎文集校注》，上海古籍出版社，1986年。

［唐］段成式撰，许逸民、许桁点校：《酉阳杂俎》，中华书局，2018年。

［唐］韦绚撰，阳羡生校点：《刘宾客嘉话录》，《唐五代笔记小说大观》上册，上海古籍出版社，2000年。

［唐］李白等著，［清］曹寅、彭定求等编：《全唐诗》，中华书局，1960年。

［五代］刘昫等撰：《旧唐书》，中华书局，1975年。

［五代］王定保撰，阳羡生校点：《唐摭言》，上海古籍出版社，2012年。

［宋］李昉等撰：《太平御览》，中华书局，1960年。

［宋］欧阳修、宋祁等合撰：《新唐书》，中华书局，1975年。

［宋］文彦博：《文潞公集》，山西人民出版社，2008年。

［宋］张载著，章锡琛点校：《张载集》，中华书局，1978年。

［宋］程颢、程颐著，王孝鱼点校：《二程集》，中华书局，2004年第1版。

［宋］苏轼著，［清］冯应榴辑注，黄任轲、朱怀春校点：《苏轼诗集合注》，上海古籍出版社，2001年。

［宋］司马光编著，［元］胡三省音注：《资治通鉴》，中华书局，1956年。

［宋］胡安国，王丽梅校点：《春秋传》，岳麓书社，2011年。

参考文献　673

〔宋〕郑樵：《通志》，浙江古籍出版社，2000年。

〔宋〕吴坰：《五总志》，文渊阁四库全书本。

〔宋〕洪迈：《容斋随笔》，四部丛刊续编影印本，商务印书馆，1934年。

〔宋〕朱熹撰，朱杰人、严佐之、刘永翔主编：《朱子全书》，上海古籍出版社、安徽教育出版社，2002年。

〔元〕王恽：《秋涧先生大全文集》，四部丛刊影印明弘治本，商务印书馆，1919年。

〔元〕马端临：《文献通考》，中华书局，1986年。

〔元〕马祖常著，李叔毅点校：《石田先生文集》，中州古籍出版社，1991年。

〔元〕脱脱等撰：《宋史》，中华书局，1977年。

〔元〕脱脱等撰：《金史》，中华书局，1975年。

〔明〕朱元璋：《御制大诰》，明洪武十八年（1385）刻本。

〔明〕刘基：《大明清类天文分野之书》，《四库全书存目丛书·子部》第60册，齐鲁书社，1995年。

〔明〕陈循、彭时等：《寰宇通志》，明景泰七年（1456）刻本。

〔明〕李贤、彭时等撰：《大明一统志》，三秦出版社，1990年。

〔明〕王鏊：《姑苏志》，明正德元年（1506）刻本。

〔明〕王道修，〔明〕韩邦靖纂：《朝邑县志》，明正德十四年（1519）刻本。

〔明〕朱昋：《南雄府志序》，嘉靖《南雄府志》卷末《附录旧志序》，明嘉靖二十一年（1542）刻本。

〔明〕王琮修，〔明〕吴俸纂：《淄川县志》，明嘉靖二十五年

（1546）刻本。

［明］曾嘉诰修，［明］汪心纂：《尉氏县志》，明嘉靖二十七年（1548）刻本。

［明］李行简修，［明］余承勋纂：《马湖府志》，上海古籍书店据天一阁藏明嘉靖三十四年（1555）刻本影印，1963年。

［明］李先芳纂修：《亳州志》，明嘉靖四十三年（1564）刻本。

［明］李濂：《国朝河南举人名录》，天一阁藏明代科举录选刊，宁波出版社，2010年。

［明］徐阶、张居正等：《明世宗实录》，上海书店出版社，2015年。

［明］李弘道修纂：《罗山县志》，明万历十二年（1584）刻本，日本藏中国罕见地方志重刊本，书目文献出版社，1992年。

［明］王祖嫡：《师竹堂集》，《四库未收书辑刊》第5辑23册，北京出版社，1997年。

［明］于邦栋修，［明］南宫纂：《重修岐山县志》，明万历十九年（1591）刻本。

［明］申时行等修：《明会典》，明万历朝重修本，中华书局，1989年。

［明］杨洵修，［明］徐銮纂：《扬州府志》，明万历三十三年（1605）刻本。

［明］黄似华修，［明］李本固纂：《汝南志》，明万历三十六年（1608）刻本。

［明］洪应明著，杨春俏译注：《菜根谭》，中华书局，2016年。

［明］冯梦龙编著，吴书荫校注：《警世通言》，中华书局，

2014年。

［明］杨殿元：《乾州志》，明崇祯六年（1633）刻本。

［明］赵南星：《赵忠毅公集》，明崇祯十一年（1638）刻本。

［明］张自烈编，［清］廖文英补：《正字通》，国际文化出版公司，1996年。

［明］陆应阳原纂，［清］蔡方炳增辑：《增订广舆记》，清康熙二十五年（1686）刻本。

［清］黄宗羲编：《明文海》，中华书局，1987年。

［清］顾炎武著，［清］黄汝成集释，栾保群、吕宗力校点：《日知录集释》，花山文艺出版社，1990年。

［清］冯达道：《重修河东运司志》，三晋出版社，2018年。

［清］顾祖禹撰，贺次君、施和金点校：《读史方舆纪要》，中华书局，2005年。

［清］庄泰弘修，［清］孟俊纂：《光州志》，清顺治十七年（1660）刻本。

［清］金镇修，［清］孔暹纂：《汝宁府志》，清康熙元年（1662）刻本。

［清］洪若皋：《海寇记》，《丛书集成续编史部》第25册，上海书店出版社，1994年。

［清］徐化成增修：《河南通志》，清康熙九年（1670）刻本。

［清］周虔森修，［清］张璇纂：《阳信县志》，清康熙二十一年（1682）刻本。

［清］曾王孙修，［清］徐孟深纂：《都昌县志》，清康熙二十五年（1686）刻本。

〔清〕丘天英修，〔清〕李根茂等纂：《汝阳县志》，清康熙二十九年（1690）刻本。

〔清〕杨廷望修，〔清〕张沐纂：《上蔡县志》，清康熙二十九年（1690）刻本。

〔清〕莫玺章修，王增纂：《新蔡县志》，清乾隆六十年（1795）刻本。

〔清〕顾汧修，〔清〕张沐纂：《河南通志》，清康熙三十四年（1695）刻本。

〔清〕何显祖、董永祚修，〔清〕董正纂：《汝宁府志》，清康熙三十四年（1695）刻本。

〔清〕陆陇其：《陆稼书先生三鱼堂全集·外集》，清康熙四十年（1701）刻本。

〔清〕田文镜、王士俊修，〔清〕孙灏、顾栋高等纂：《河南通志》，清雍正十三年（1735）刻本。

〔清〕鄂尔泰修，〔清〕靖道谟纂：《云南通志》，清乾隆元年（1736）刻本。

〔清〕张廷玉等：《明史》，中华书局，1974年。

〔清〕张钺修，〔清〕万侯纂：《信阳州志》，清乾隆十四年（1749）刻本。

〔清〕金忠济修，〔清〕祝旸纂：《遂平县志》，清乾隆十九年（1754）刻本。

〔清〕嵇璜、刘墉等：《清朝通典》，浙江古籍出版社，1988年。

〔清〕郑交泰修，〔清〕曹京纂：《望江县志》，清乾隆三十三年（1768）刻本。

［清］章学诚著，高国抗选注：《章学诚方志论文选注》，岭南美术出版社，2009年。

［清］永瑢等撰：《四库全书总目》，中华书局，1965年。

［清］德昌修，［清］王增纂：《汝宁府志》，清嘉庆元年（1796）刻本。

［清］刘光辉修，［清］任镇及纂：《息县志》，清嘉庆四年（1799）刻本。

［清］温之诚修，［清］曹文深等纂：《全州志》，清嘉庆四年（1799）刻本。

［清］王启聪修，［清］言尚炜、陈瑜纂：《五河县志》，清嘉庆八年（1803）刻本。

［清］穆彰阿、潘锡恩、廖鸿荃等：《嘉庆重修一统志》，四部丛刊续编影印本，商务印书馆，1934年。

［清］孙传栻修，［清］王景美纂：《赵州志》，清光绪二十三年（1897）刻本。

［清］崑冈、徐桐等：《大清会典》，清光绪二十五年（1899）重修本。

赵尔巽等撰：《清史稿》，中华书局，1976年。

刘月泉、刘炎光修，魏松声、陈全三纂：《重修正阳县志》，民国二十五年（1936）铅印本。

方廷汉、谢随安修，陈善同纂：《重修信阳县志》，民国二十五年（1936）铅印本。

何炳棣：《明初以降人口及其相关问题（1368—1953）》，中华书局，2017年。

周振鹤撰集，顾美华点校：《圣谕广训：集解与研究》，上海书店出版社，2006年。

王原茵：《西安碑林珍藏明嘉靖重刻本〈谕俗恒言〉》，《碑林集刊》总第18辑，三秦出版社，2012年。

吕友仁、赵心田等：《〈汝南先贤传〉辑本注译》，中州古籍出版社，2015年。

张伟然：《官印与地名——"慎阳"及相关地名变迁的传说与史实》，《复旦学报（社会科学版）》2019年第3期。

整理后记

正阳县自西汉高帝十一年（公元前 196）建立慎阳侯国，作为县级行政区，至今已有 2200 多年历史。在这漫长的岁月中，这块平原沃土曾经历过无数金戈铁马，也曾见证过众多王朝兴衰；曾养育过无数士农工商，也曾演绎过众多悲欢离合。沧海桑田，多少古人已泯灭无存，如树叶一般回归于大地；又有多少往事已渺不可寻，如流水一般消逝于远方。当我们试图拂去历史的尘埃，了解家乡的过往，触摸其真实的脉动，哪里才是最佳入口呢？

志者，记也。国有史，邑有志。地方志是记录一地之全史，但凡地理、建置、沿革、职官、学校、选举、物产、田赋、风俗、礼仪、人物、诗文，等等，无不包含在内。故欲通晓一地之历史地理与风土人情，最好的办法莫过于阅读此地之方志。唐代韩愈将至韶州，先向地方官借阅《图经》；南宋朱熹到南康军为官，下车首以《郡志》为问。地方志在存史资政方面的重要意义，由此可见一斑。除此之外，地方志对于教化育人、文化研究，乃至于乡村建设、旅行指导，等等，都有着重要的价值。故自古暨今，人们都非常重视地方志的编修与利用。

在正阳县的历史上，现已知先后纂修过九种县志。它们分别是：

1. 明正德十年（1515），时任真阳县儒学训导张恕纂修的《真阳县志》；

2. 明嘉靖二十一年（1542），时任真阳县儒学教谕焦济纂修的《真阳县志》；

3. 明嘉靖三十四年（1555），时任真阳知县徐霓聘请本县举人何麟纂修的《真阳县志》；

4. 清顺治十七年（1660），时任真阳知县刘必寿聘请本县贡生田育性纂修的《真阳县志》；

5. 清康熙三十五年（1696），时任真阳知县安圲聘请本县贡生晏允恭、刘梦兰等人纂修的《真阳县志》；

6. 清嘉庆元年（1796），前任正阳县知县彭良弼、时任教谕吕元灏等人纂修，本县进士贺祥、叶儒林等人补修的《正阳县志》；

7. 民国二十五年（1936），魏松声、陈全三、涂幹济、吕兆璜等人纂修的《重修正阳县志》；

8. 1996年，正阳县地方史志编纂委员会编纂的《正阳县志》（1840—1985）；

9. 2010年，正阳县地方史志编纂委员会编纂的《正阳县志》（1986—2000）。

上述九种县志中，第1、2、4种现已亡佚不存。剩下的六种，最后两种属于近年所出新志，自不必说。第7种产生于新旧交替的民国时期，是正阳县第一部铅字排印的县志，虽为繁体竖排，但文中已有句读标记。2015年，原正阳县史志办公室的王玉丰先生又将其以简体横排形式整理出版，阅读更为方便。而现存第3、5、6种产生于明清时期的三种县志，今人却鲜少知晓，更谈不上阅读使用。

因年代久远，存世稀少，明清三种《真（正）阳县志》的价值显得尤为珍贵。无论是从古籍版本而言，还是从志书内容而言，它们都具有无可替代的意义。据《中国地方志联合目录》统计，明嘉靖《真阳县志》现仅存两部，清康熙《真阳县志》存世亦不过三部，清嘉庆《正阳县志》稍多，有32部。其中，现藏宁波天一阁博物院的明嘉靖《真阳县志》，已于2020年10月成功入选第六批《国家珍贵古籍名录》。

一方面，明清三种《正阳县志》长期"藏在深闺"无人知；另一方面，

整理后记 681

我们渴望了解家乡的历史文化。解决这一矛盾，需要我们把旧志进行重新整理出版，让它化身千百，走进千家万户。现在，全国上下都非常重视文化建设，传统文化亦呈复兴之势。对于正阳县来说，这三种县志就是最大最珍贵的传统文化资源。

源于以上认识，更出于对乡邦文化的热爱，我一直有志于整理正阳旧志。但多年来，亦无缘一识县志真面目，对家乡历史文化所知不多。2011年，我负笈武汉读研，开始从事专业的历史文化学习。读研期间，在图书馆查阅到天一阁影印本明嘉靖《真阳县志》。欣喜之余，打算把它复印下来。但书在特藏室，不外借，我只好拿着相机，一页页拍照，然后又把照片打印出来。2014年，我回到家乡继续从事基础教育工作。教学之余，开始阅读标点明嘉靖《真阳县志》。与此同时，我接受了导师周积明先生的邀请，一起撰写《〈四库全书总目〉：前世与今生》。2017年，书成出版后，我又接受驻马店市地方史志办公室赵心田主任的建议，利用丰富的史料，编撰《两汉汝南郡志》。在此前后，我又从网上获取了清嘉庆《正阳县志》的电子版。但是，还有一种旧志——清康熙《真阳县志》一直无处寻觅。

2021年初，我偶然得知河南省地方史志办公室编纂出版了一套《河南历代方志集成》。该《集成》汇编影印了现存1949年以前历代编纂的河南通志、府（州）志、县志、乡土志586种，非常全面。随后，我从驻马店市地方史志研究所（原史志办）借得《河南历代方志集成·驻马店卷》第10册，该册集中了包括民国《重修正阳县志》在内的四种正阳旧志。《两汉汝南郡志》初稿完成，我便迫不及待地开始整理明清三种《正阳县志》。经历两个寒暑，挤出工作、带孩子之余不多的闲暇，熬过无数个夜晚，牺牲大量的睡眠时间，终于做完了整理工作，了却了一桩心愿。

在一无团队协作，二无经费支持，三无宽裕时间的情况下，我为什么坚持做这份苦差事？或者说，支撑我做这项工作的心理动力是什么呢？首先，还是前面所说的对乡邦文化的热爱，这份热爱是无条件无理由的。生于兹土，岂有不爱之理？既爱之，便欲知之。阅读整理旧志，便是了解熟悉家乡历史的过程。当一个熟知的地名，突然出现在几百年前的旧志中，我们在获得其丰富历史内涵的同时，也会产生出一种穿越时空的惊喜。其次，便是我对古籍整理工作的兴趣。把那些繁体竖排无标点的古籍，整理成今天通行的简体横排标点本，这本身就充满了乐趣。当遇到生僻的异体字不能认出，遇到难解的语段无从断句，遇到未听说过的典故无法理解，经历一番努力探寻乃至千方百计的查阅，问题终于解决了，思路终于畅通了，释然而欣然，困扰也就变成了快乐。最后，我始终认为这项工作很有价值，很有意义。把旧志整理出来，让家乡人民通过阅读旧志，了解本地过去的历史，更加热爱、认同我们的家乡，自觉地为家乡建设添砖加瓦，不亦说乎！当然，精神劳动成果所产生的价值难以立竿见影。但当一个后生学子读了家乡的旧志，慨然立志，希望有所成就时；当一个公职人员读了旧志中古代官员的为官操守、为民情怀，掩卷沉思而有所警悟时；当一个企业家看到旧志中古代乡绅为正阳修桥、兴学、捐地作养济院或义冢，能心有所动而去为家乡人民做点实事时，这本书就产生了它最大的价值。就是凭借着这些信念，我义无反顾地独自做完了明清三种《正阳县志》的整理工作，虽辛苦有加，亦乐在其中。

这部《正阳旧志三种》看似我一人整理的结果，但它的诞生却离不开众多因缘。首先，能有这部《正阳旧志三种》，能了解几百年前的正阳历史，我们应感谢三种《正阳县志》的原作者。正是他们焚膏继晷的辛勤写作，才为我们留下了弥足珍贵的文字记忆。没有他们的工作，也不可能有今天的这部《正阳旧志三种》。我们首先向这些先贤们致敬！

其次，我能够整理出版这部《正阳旧志三种》，尤其要感谢赵心田、刘强、孙晓等几位先生。自我2017年与赵心田先生结缘相识之后，多年来他一直对我关怀有加，我也视他为兄长。赵兄鼓励我从事地方历史研究，积极为我提供各种资料，使我在困顿中一直坚持着学术追求。《正阳旧志三种》的整理工作，离不开赵兄提供的资料支持。此书初稿完成后，他又给予高度肯定，使我有信心把此项工作做得更好。刘强先生是正阳乡贤，虽身在上海高校，却情系桑梓，始终关注着家乡发展。对于我在教学之余尝试学术研究，刘先生亦多有鼓励，并不遗余力地提携帮助，推荐我参加学术研讨会等。孙晓先生也是正阳籍学者。此书初稿完成后，我请孙先生阅读指正，他却主动为我联系出版事宜，并称多年来一直想回报家乡，为正阳做点事情。此书的出版，离不开孙先生的努力。我一默默无名之辈，能得到诸位先生的支援帮助，何其幸哉！

最后，本书的完成，还得益于众多亲人朋友的协助。由于个人条件限制，无法到全国各大图书馆一一查阅《正阳县志》原本，而我所能见到的有限版本还存在一些文字难以识别甚至遗漏的地方。为解决这一问题，我让在郑州读书的女儿朱可到河南省图书馆查阅了清嘉庆《正阳县志》，弥补了原所依据的《河南历代方志集成》影印本中漏印的四叶内容；又请在中山大学读书的陈敏同学查阅了中山大学图书馆所藏清康熙《真阳县志》，请在武汉大学读书的刘乐同学、在河南大学读研的魏子怡同学分别代查了武汉大学图书馆、河南大学图书馆所藏清嘉庆《正阳县志》，使之前难以辨识的若干处文字得到确认。当然，此书的最后完成，还需要感谢福建教育出版社的鼎力扶持，还有唐瑜敏编辑的辛苦工作，在此一并致谢！

由于本人学识所限，本书肯定还存在着诸多问题。恳望读者方家，不吝赐教，以使本书更加完善，正阳旧志能更好地传承。